시장의 마법사들

MARKET WIZARDS
시장의 마법사들

잭 슈웨거(Jack D. Schwager) 저 / 임기홍 역

이레미디어

나의 아내 조 안(Jo Ann)과
나의 아이들
다니엘(Daniel), 재커리(Zachary), 사만사(Samantha)에게
그들이 보여준 사랑에 감사하며
그들이 받을 소중한 사랑을 위하여

날기 전에 추락하는 법부터 배워라. - 폴 사이먼(Paul Simon)

한 사람의 천장은 다른 사람의 바닥이다. - 폴 사이먼(Paul Simon)

만약 내가 방랑자가 되기를 원한다면,
나는 내가 만날 수 있는 방랑자들 중 가장 성공한 방랑자에게서
정보와 조언을 구할 것이다.
만약 내가 패배자가 되기를 원한다면,
나는 성공해본 적이 없는 사람들에게서 조언을 구하게 될 것이다.
만약 내가 모든 것에서 성공하기를 원한다면,
나는 내 주변의 성공한 사람들을 찾아 그들과 같은 것을 할 것이다.

- 조지프 마셜 웨이드(Joseph Marshall Wade)
(해리 슐츠(Harry D. Schultz)와 삼손 코슬로(Samson Coslow)가 편집한
『월스트리트 지혜의 보고(Treasury of Wall Street Wisdom)』에서 인용함.)

 머리말

놀라운 얘기 좀 들어 보시겠습니까?

- 초기 몇 번에 걸쳐 파산의 쓰라린 경험을 겪은 후 결국에는 3만 달러 계좌를 8천만 달러로 만든 트레이더가 있습니다.
- 많은 사람들이 불가능하다고 생각하는 5년 연속 3자리 수의 수익률이라는 대 업적을 이룬 펀드매니저가 있습니다.
- 미국 시골의 작은 마을 출신으로, 보잘것없는 자본으로 시작하여 세계에서 가장 스케일이 큰 채권 트레이더가 된 사람이 있습니다.
- 지난 7년 동안 월 평균 25퍼센트(연 1,400퍼센트 이상)의 수익률을 주가지수 선물거래로 실현한 전직 증권분석가가 있습니다.
- 컴퓨터 매매기법으로 16년 만에 250,000퍼센트라는 도저히 믿기지 않는 수익률을 달성한 MIT대학 전자공학과 출신의 트레이더가 있습니다.

위의 이야기는 단지 이 책에 소개된 인터뷰 중 몇 개의 견본에 불과합니다. 이 책에 소개된 인터뷰의 주인공들 모두는 자기 나름의 기법으로 놀라운 성공을 거둔 트레이더들입니다.

무엇이 이들을 일반인과 다르게 만들었을까요? 대부분의 사람들은 금융시장에서 돈을 버는 것이 어떤 비법을 아는 것과 관련이 있다고 생각합니다. 그러나 제가 인터뷰한 트레이더들의 공통점은 그들의 매매기법이라기보다는 매매에 대한 마음가짐에 있었습니다. 이들 중 일부는 오로지 기본적 분석만을 사용했고, 일부는 기술적 분석만을 고집했습니다. 기본적 분석과 기술적 분석을 모두 사용하는 트레이더도 있었습니다. 이들 중 일부는 몇 시간 또는 몇 분이라는 범위 내에서 매매했으며, 나머지는 보통 수개월 또는 수년을 유지할 작정으로 매매포지션을 구축했습니다. 비록 이들의 매매기법은 폭 넓은 다양성을 보였지만, 앞으로 소개될 인터뷰는 이들의 매매태도와 매매원칙에서 중요한 공통점이 있음을 보여줄 것입니다.

금융시장에서 매매하는 것은 우리나라 경제제도 내에서 가장 첨단의 기회를 제공받는 것입니다. 한 개인이 비교적 적은 자금으로 시작하여 실제로 백만장자가 될 수 있는 몇 안 되는 방법 중 하나입니다. 물론 단지 소수의 사람들(즉 이 책에서 인터뷰로 소개된 그런 사람들)만이 그런 위업을 이루는 데 성공하지만 최소한 기회는 존재합니다.

저는 이 책의 독자 모두가 최강의 트레이더로 변모할 것이라고 기대하지는 않습니다. 세상이 그런 식으로 돌아가지 않는다는 것을 잘 압니다. 그러나 여기 소개된, 시사하는 바가 적지 않은 인터뷰는 진지하고 열린 마음을 가진 독자들 대부분에게 개인적 매매성과의 향상을 가져올 것이라고 믿습니다. 어쩌면 선택 받은 몇 명의 소수가 최강 트레이더가 되는 데 일조할지도 모르겠습니다.

잭 슈웨거
골든 브릿지, 뉴욕
1989년 5월

감사의 말

우선 먼저 스테픈 크로노비츠(Stephen Chronowitz)에게 고맙다는 인사를 드리고 싶습니다. 그는 이 책 각각의 장을 꼼꼼히 읽고 유용한 제안과 편집을 제공해줬습니다. 저는 양적(시간적)으로나 질적으로 스테픈이 제공한 정보와 의견에 은혜를 입었습니다. 저의 작품의 성과가 무엇이든 이는 스테픈의 기여가 주요하게 작용했기 때문이라고 생각합니다.

그리고 아내 조안(Jo Ann)에게도 고맙다는 인사를 전합니다. 책 과부로 9개월 동안 버텨준 데 대해서 뿐만 아니라, 유용한 소감 피력자가 되어준 것에 대해서도 감사합니다. 조안은 잔인하도록 솔직하게 그 역할을 수행했습니다. 예를 들어 "이 부분은 지금까지 당신이 쓴 것 중에 최악이에요!"라고 말하기도 했습니다(물론 그 부분은 이 책에서 삭제됐습니다). 조안에게는 일반상식이 풍부하므로 저는 의심 없이 그녀의 충고를 따랐습니다.

물론 인터뷰에 응한 모든 트레이더들에게도 고마움을 표합니다. 만약 그들이 없었다면 이 책은 없었을 것입니다. 대체로 이분들은 대중을 상대로 한 홍보를 필요로 하지도 않고 원하지도 않는 분들입니다. 왜냐하면 자신의 계좌만을 운용하는 분들이거나 이미 자신들이 원하는 크기의 펀드를 운용 중인 분들이기 때문입니다. 많은 분들이 애타심(愛他心)을 계기로 인터뷰에 참여했습니다. 예를 들면 한 트레이더는 "내가 매매를 시작했을 때 성공한 트레이더들의 인터뷰와 일대기가 특히 도움이 됐습니다. 저도 신참 트레이더들을 위해 그와 유사한 역할을 하고 싶군요"라고 말했습니다.

또한 일레인 크록커(Elaine Crocker)에게 진심으로 고마움을 표합니다. 그녀의 친절한 설득으로 이 책 중 몇몇 단원이 가능했습니다. 그리고 다음 분들에게 그들의 조언과 지도와 갖가지 호의에 고맙다는 인사를 드리고 싶습니다. 코트니 스미스(Courtney Smith), 놈 자데(Norm Zadeh), 수잔 애벗(Susan Abbott), 브루스 밥콕(Bruce Babcock), 마틴 프레슬러(Martin Presler), 척 칼슨(Chuck Carlson), 리 스티븐스(Leigh Stevens), 브라이언 겔버(Brian Gelber), 마이클 마커스(Michael Marcus), 윌리엄 래프터(William Rafter). 끝으로 저에게 장시간의 인터뷰를 허락하는 호의를 베풀어주셨지만 이 책에 포함되지 않은 다음 세 분의 트레이더께도 고마움을 전합니다. 어브 케슬러(Irv Kessler), 더그 레드먼드(Doug Redmond), 마틴 프레슬러(Martin Presler). - 앞의 두 분의 경우에는 저의 질문이 너무 난해하고 전문적이었다고 생각해서 제외했고, 마지막 분의 경우에는 출판 마감일이 촉박하여 필요한 후속 인터뷰와 편집을 할 수 없게 돼서 제외했습니다.

잭 슈웨거
골든 브릿지, 뉴욕
1989년 5월

서언

그 책의 제목은 『뉴욕 증권 거래소』였다. … 외계인에게 납치된 지구의 남자와 여자에 관한 이야기였다. 그들은 지르콘 – 212라고 불리는 행성의 한 동물원에 전시됐다.

동물원에 갇힌 이들 소설 속의 사람들에게는 우리 한쪽 벽에 주식과 상품의 가격을 보여주는 큰 판이 있었으며, 뉴스 수신기와 지구의 증권 중개회사와 연결된 것으로 보이는 전화기가 있었다. 지르콘 – 212의 외계인들은 지구의 포로들에게 그들을 위해 지구에다 백만 달러를 투자해 놨으며, 그들이 이 돈을 어떻게 운용하느냐에 따라 지구로 돌아갔을 때 엄청난 부자가 될 수도 있다고 말했다.

물론 전화기와 시세판과 뉴스 수신기 모두 가짜였다. 동물원의 관람객들에게 지구 포로들이 생동감 넘치는 공연을 하도록 자극하기 위한 것일 뿐이었다. 아래위로 풀쩍풀쩍 뛰며 환호하거나, 좋아서 히죽거리거나, 골이 나 부루퉁하거나, 머리를 쥐어뜯거나, 오줌을 지릴 만큼 겁에 질리거나, 엄마 품에 안긴 아기처럼 흡족해 하거나 등등의 행위를 이끌어내기 위한 장치들이었던 것이다.

지구 포로들은 장부상 잘 해나갔다. 물론 장부도 무대장치의 일부였다. 그리고 종교적 이슈가 더해졌다. 뉴스 수신기는 미국 대통령이 '국가 기도 주간'을 선포했고, 누구나 기도해야만 한다는 것을 주지시켰다. 이 선포가 있기 전 지구인들은 시장에서 좋지 않은 한 주를 보내야만 했다. 그들은 올리브오일 선물매매로 약간의 돈을 잃었던 것이다. 그래서 그들은 기도라도 해보게 된 것인데 결과는 좋았다. 올리브오일의 가격이 상승했던 것이다.

커트 보네거트 2세(Kurt Vonnegut Jr.)

제5 도살장(Slaughterhouse Five)

만약 취보(random walk)[1] 이론가들이 옳다면 지상의 트레이더들은 킬고어 트라우트(Kilgore Trout : 커트 보네거트 소설 도처에 등장하는 공상과학 소설가) 소설의 동물원 포로들과 같은 기만을 당하고 있는 것이 된다. 지르콘-212의 포로들은 자신들의 매매결정이 실제 호가에 기초해 이루어진다 생각하고(사실 호가는 속임수이다), 현실 세계의 트레이더들은 자신들의 통찰력과 기술로 시장을 능가할 수 있다고 믿는 것이다. 만약 모든 기간에 시장이 정말 효율적(efficient)[2]이고 취보적이라면 현실 세계의 트레이더들은 실제로 모든 것이 운에 달린 문제인데도 자신들의 성공과 실패를 자신들의 기술적 우위나 결함에 기인한다고 생각하는 것이다.

나는 이 책을 위해 트레이더들과 인터뷰를 가진 후 취보이론가의 관점을 믿기 어렵게 됐다. 만약 취보이론을 믿는다면, 몇몇 트레이더들이 수년간 수없이 많은 매매를 하며 그렇게 일관되게 성공했다는 사실을 있을 수

---

1) 취보/난보 이론(Random walk theory) : 주가의 변동은 술 취한 사람의 걸음걸이와 같아 과거 주가의 움직임이나 주가의 추세가 미래 주가의 방향을 예측하는 데 무익하다는 이론. 이 이론에 반대하는 사람들은 주가의 움직임이 추세를 형성하므로 진입 시점과 청산 시점을 잘 선택하면 시장 대비 높은 수익을 올릴 수 있다고 주장함 — 역자 주.

2) 효율적 시장 가설(Efficient market hypothesis) : 시장의 효율성으로 인해 주가는 이미 이용 가능한 정보를 충분히 반영하고 있다는 가설. 이 가설에 따르면 시장에는 저평가된 주식도 없고, 고평가된 주식도 없으므로 주식을 잘 고르는 것과 시장 타이밍을 잘 맞추는 것으로는 시장 대비 높은 수익을 올릴 수 없다는 것임 — 역자 주.

없는 일로 여겨야 하기 때문이다. 물론 충분히 많은 수의 트레이더들을 표본으로 삼는다면 단지 확률 법칙의 결과로, 그중에서 긴 시간의 경과 후에도 돈을 번 몇몇 트레이더들이 있을 수도 있을 것이다. 이 책에 인터뷰로 소개된 사람들이 이룩한 성공과 그 성공이 지속된 만큼, 어떤 트레이더가 성공하고 성공을 지속할 수 있는 확률 가능성을 결정하는 일은 수학자의 몫으로 돌린다. 그러나 한 가지 첨언하자면 인터뷰한 트레이더들은 장기적으로 누가 성공하고 실패하느냐는 운이 아니라 기술에 의해 결정된다는 데 대해 추호의 의심도 없었다. 나 역시 그들의 확신에 동의하는 바이다.

나의 이야기

    나는 대학원을 졸업하자마자 상품 동향을 연구하는 애널리스트로 취업할 수 있었다. 나는 나의 경제학적·통계학적 분석이 주요 상품가격의 변동을 수차례 정확히 예측하는 것을 보고 즐거운 경탄을 하게 됐고, 곧 매매를 해야겠다는 생각에 사로잡히게 됐다. 문제는 우리 부서는 애널리스트가 매매하는 것을 일반적으로 용인하지 않는다는 사실이었다. 나는 이런 상황에 대한 나의 좌절감을 마이클 마커스와 의논했다(마이클 마커스는 이 책의 첫 인터뷰의 주인공이다).

    나는 그가 사퇴하는 연구직 후임으로 일하기 위해 인터뷰를 하면서 그와 친구가 됐다. 마커스는 "내가 거기에서 일할 때 나도 같은 문제에 부딪쳤었죠. 슈웨거 씨도 내가 한 대로 하지 그러세요. 나는 다른 회사에 계좌를 열었어요" 하고 말하며 나에게 그의 새 직장의 한 중개인을 소개해줬고, 그 중개인은 나를 반기며 계좌를 열어줬다.

    그 당시 나는 우리 부서의 여비서보다 월급이 적었기 때문에 딱히 위험자본이라 할 만한 돈이 없었다. 나는 동생에게 2,000달러짜리 계좌를 트게 하고 그의 조언자 역할을 하게 됐다. 그 계좌에 관해서는 비밀이 유지돼야 했기 때문에 나는 내 자리에서 주문을 넣을 수가 없었다. 포지션을 개시하거나 처분하고 싶을 때마다 매번 엘리베이터를 타고 빌딩 지하로 내려가서 공중전화를 사용해야만 했다(같은 문제에 관한 마이클 마커스의 해결책은 그의 인터뷰에서 논의될 것이다). 이런 상황에서 가장 안 좋은 점은 사람을 초조하게 만드는 주문 지연이 잦다는 점과 자리를 몇 번 비웠는지에 관해 매우 용의주도하게 신경 써야만 한다는 사실이었다. 가끔은 의심을 사지 않기 위해 주문을 다음날 아침까지 지연하기도 했다.

처음 몇 번 거래의 세부적 사항은 기억나는 것이 없다. 단지 수수료를 지불하고 나면 본전보다 조금 더 남았다는 기억만 날 뿐이다. 그러다 나는 내 기억에 각인되는 첫 거래를 경험하게 됐다. 나는 2차 세계대전 이후의 전 기간에 걸친 면화시장의 매우 세부적인 분석을 통해, 정부의 갖가지 지원 프로그램 때문에 1953년 이래로 단지 두 시즌만이 진정한 자유시장이라고 불릴 수 있다는 것을 발견했다(여기서 자유시장이란 널리 행해지던 정부의 프로그램에 의해서가 아니라 수요와 공급에 의해 가격이 결정되는 시장을 말한다). 나는 가격을 예측하는 데 이 두 시즌만이 사용될 수 있다는 바른 결론에 도달했다. 그러나 불행히도 존재하는 데이터가 의미 있는 시장분석을 가능하게 하기에는 부족하다는 더 중요한 결론까지는 미치지 못했다. 나는 이 두 시즌의 비교분석에 기초하여 당시 1파운드에 25센트로 거래되던 면화가격이 상승할 것이며, 32~33센트에서 고점을 형성할 것이라고 판단했다.

나의 판단 중 앞부분은 옳은 것으로 판명됐다. 왜냐하면 면화의 가격이 수개월에 걸쳐 서서히 상승했기 때문이다. 그러더니 가격상승에 속도가 붙기 시작하여 한 주 만에 28센트에서 32센트로 폭등했다. 그 폭등은 내가 중요하지 않다고 여겼던 어떤 뉴스에 의한 것이었다. 나는 내가 예측한 고점에 충분히 가까워졌다고 생각하고 매도포지션으로 돌아섰다. 그런 후 시장은 미미하게 상승하더니 빠른 속도로 29센트 레벨을 깨고 주저앉았다. 나는 시장이 나의 분석을 따르리라고 예상하고 있었기 때문에 이런 시장 움직임은 너무도 당연한 것이었다. 그러나 나의 수익과 우쭐한 기분은 그리 오래가지 못했다. 곧 면화가격은 다시 반등하여 신고가를 갈아치우더니 가차없이 32, 33, 34, 35센트로 마구 상승하는 것이었다. 결국 계좌가 거덜나면서 나는 포지션을 정리해야만 했다. 그때 내게 자본이 얼마 없었다는 것은 나의 가장 큰 행운 중 하나였다. 왜냐하면 면화는 결과적으로 99센트라는 믿기지 않는 레벨까지 치솟았기 때문이었다. 99센트는 같은 세기 내에서 이전 최고가의 두 배보다 더 높은 가격이었다.

이 매매는 한동안 나를 매매에서 완전히 손을 떼게 만들었다. 그런 후 나는 몇 년 동안 다시 매매에 두어 번 손을 댔다. 매번 나는 2,000달러를 크게 넘지 않는 자금으로 시작했고, 또한 매번 단 한 번의 큰 실패로 인해 계좌는 결국 거덜이 나고 말았다. 비교적 적은 돈을 잃었다는 것이 나의 유일한 위안이었다.

이런 나의 실패 패턴을 깨부순 두 개의 사건이 있었다. 그 첫째는 스티브 크로노비츠를 만난 것이다. 당시 나는 혼블로어앤윅스(Hornblower & Weeks) 사(社)의 상품 연구부장이었는데 스티브를 귀금속 애널리스트로 채용하게 됐다. 스티브와 나는 같은 사무실을 쓰면서 곧 좋은 친구 사이가 됐는데, 순수한 기본적 분석가인 나와는 달리 스티브가 시장에 접근하는 방식은 순전히 기술적 분석에 의한 것이었다(기본적 분석가는 가격을 예측하는 데 경제 데이터를 사용하는 반면, 기술적 분석가는 가격, 거래량, 시장심리 등 시장 내부의 데이터를 이용하여 가격을 예측한다).

그때까지만 해도 나는 기술적 분석을 상당히 회의적인 시각으로 바라보고 있었다. 내게는 차트를 분석하는 것 같은 그런 간단한 일이 무슨 값어치가 있을까 하고 의심하는 경향이 있었다. 그러나 스티브 곁에서 일하며 그의 시장 예측이 빈번하게 들어맞는 것을 목격하게 됐다. 결국 나는 기술적 분석에 관한 나의 초기 평가는 그릇된 것이었다는 확신을 가지게 됐다. 기본적 분석 하나로는 성공적 매매에 도달하기에 불충분함을 깨달은 것이다. 최소한 내게는 그랬다. 정확한 매매 시점을 위해 기술적 분석도 포함시킬 필요가 있었던 것이다.

나를 승자의 명단에 올려놓은 두 번째 열쇠는 위험관리가 성공적 매매에 절대적이라는 사실을 깨달은 것이었다. 나는 다시는 한 번의 매매에 모든 것을 잃도록 나 자신을 내버려두지 않겠다고 결심했다. 내가 자신의 시장 전망에 대해 얼마나 많은 확신을 가지든 간에 말이다.

역설적이게도 내 매매의 전환점이 됐으며, 지금껏 나의 최고의 매매 중 하나라고 생각하는 매매는 실제로 손실을 본 매매이다. 그 당시 독일 마르크화는 장기간의 하락 후 긴 횡보 국면에 있었는데, 나의 시장분석에 기초하여 나는 독일 마르크화가 의미 있는 가격 바닥을 형성하고 있다고 믿게 됐다. 나는 횡보 국면에서 매수포지션을 취했고 동시에 최근의 최저점 바로 아래로 가격이 무너지면 바로 전매도 되게끔 스톱주문[3]을 넣어뒀다.

나의 판단이 맞다면 가격은 신 저가를 형성할 수 없다고 생각했다. 며칠 후 가격은 떨어지기 시작했고 나의 포지션은 작은 손실을 보고 청산됐다. 이후 놀라운 일이 벌어졌는데 나의 포지션이 정리된 후 시장은 마치 돌덩이가 절벽 아래로 떨어지듯이 곤두박질쳤던 것이다. 옛날 같았으면 나는 또다시 빈털터리가 됐겠지만 작은 손실을 입는 것으로 나의 매매는 마무리 됐다.

　　그 후 얼마 지나지 않아 나는 일본 엔화에 대해 매수포지션을 취하게 됐다. 일본 엔화는 당시 기술적 분석상 상승을 위한 바닥 다지기를 하고 있었고, 이런 바닥 다지기는 손절용 스톱주문을 넣는 데 필요한 의미 있는 포인트를 제공했다. 보통 나는 1계약만으로 포지션을 시작했는데, 당시 매매에서는 계약 당 15틱으로 리스크를 한정할 수 있다고 느끼고 3계약으로 포지션을 시작했다(지금 나는 그렇게 작은 범위 내에서 내가 손절을 할 수 있었을 것으로 믿지 않는다). 그 후 시장은 결코 뒤돌아봄 없이 앞으로만 마구 내달렸다. 비록 내가 그 포지션을 너무 일찍 청산한 것으로 결론났지만, 그래도 나는 그중 1계약을 충분히 오래 유지하여 나의 소규모 계좌를 3배로 부풀리게 됐다. 그 매매는 내 성공의 시작점이 됐다. 그 후 몇 년 동안 나는 기술적 분석과 기본적 분석을 융합하고, 거기에 위험관리법을 결합하여 나의 소규모 투자 자본을 100,000달러가 훌쩍 넘게 만들 수 있었다.

---

3) 스톱주문(stop order) : 가격이 고객이 정한 특정 레벨을 깨고 내려가면 매도주문이 시장가격으로 발동되며, 특정 레벨을 뚫고 올라오면 매수주문이 시장가격으로 발동되는 주문방식. 주로 손실을 제한하는 방법으로 사용되는 주문방식으로 이 경우 'stop loss order'라고도 함 — 역자 주.

그리고 나의 연승은 끝났다. 회상해보건대 나는 배웠던 규칙에 따르지 않고 충동적으로 매매했으며, 너무 자만하고 있었던 것이다. 특히 콩을 매매하다 손실을 입은 때를 잊지 못하고 있다.

시장이 나와 반대로 움직일 때 작은 손실을 받아들이는 대신, 나는 가격의 하락이 강세장의 일시적 조정 국면이라는 확신에 차서 포지션을 상당량 증대시켰다. 게다가 나의 이 실책은 정부의 수확고 발표 직전에 발생하여 사태는 더욱 심각했다. 정부의 발표는 가격하락을 암시하는 것이었기에 결과적으로 나는 자산의 극적인 감소를 경험하게 됐던 것이다. 불과 며칠 사이에 나는 그간 축적된 이익 중에서 4분의 1을 내줘야 했다.

집을 장만하는 데에 현금이 필요했고, 얼마 후에는 책[4]을 한 권 쓰려고 1년간 휴직기간을 가졌기 때문에 나의 저축액은 5년 동안 매매를 중지해야 할 만큼 고갈됐다. 내가 다시 매매를 재개했을 때 나의 오랜 습관대로 적은 액수(8,000달러)로 시작했다. 1년이라는 기간 동안 이 돈 대부분을 잃게 된 나는 다시 8,000달러를 계좌에 더했다. 그리고 얼마간의 소소한 손실이 더 있은 후 마침내 몇 번의 매매에서 큰 이익을 거둘 수 있었다. 약 2년이라는 기간 동안 나는 다시 한 번 나의 매매계좌를 100,000달러 이상으로 만들었다. 그 후로는 별 진전이 없는 상황으로 지난해부터 내 계좌의 자산은 고점 아래에서 오르락내리락 하고 있다.

객관적으로 봤을 때 나의 매매는 성공적이었으나 감정적으로 나는 나의

---

4) Jack D. Schwager, A Complete Guide to the Futures Markets (John Wiley & Sons, New York, NY, 1984)

매매를 실패한 것으로 여긴다. 시장에 관한 나의 지식과 경험을 고려했을 때 나는 더 잘했어야 했다고 느끼게 된다. 나는 "10,000달러가 채 안 되는 계좌를 두 번씩이나 10배 이상 부풀리고도 왜 그 이상의 수준을 넘어서지는 못하는 것일까? 그 몇 배는 고사하고라도 말이다" 하고 나 자신에게 묻곤 하는 것이다.

이 질문에 대한 답을 찾고자 하는 욕구가 이 책을 쓰게 된 동기 중 하나였다. 나는 성공한 트레이더들에게 물어보고 싶었다. 귀하의 성공의 열쇠는 무엇이었습니까? 시장에서 어떤 방법을 사용하십니까? 어떤 매매원칙을 고수하십니까? 초기 매매경험을 말해주시겠습니까? 다른 트레이더들에게 어떤 조언을 해주고 싶습니까?

좁게 보면 이런 질문에 대한 대답을 구하는 나의 노력은 내 개인적 한계를 극복하기 위함이었지만, 넓은 견지에서 볼 때 나는 보통 사람으로서 다른 보통 사람들도 기회가 주어지면 물어보리라 생각되는 질문들을 던지고 있는 것이다.

C ONTENTS

MARKET
WIZARDS

Michael Marcus

Bruce Kovner

Richard Dennis

Paul Tudor Jones

Gary Bielfeldt

Ed Seykota

Larry Hite

1부
선물과 통화시장의 마법사들

선물의 미스터리를 파헤침

이 책에서 논의되는 시장들 중에서 선물시장이 대부분의 투자자들이 이해하는 데 가장 어려움을 갖는 시장일지도 모른다. 선물시장은 가장 빠르게 성장하고 있는 시장 중 하나이다. 선물 거래량은 지난 20년 동안 20배 이상 증가했다. 1988년 미국에서 거래된 모든 선물 계약의 달러화 가치는 10조 달러를 넘어섰다![5] 돼지고기 매매는 선물시장의 극히 작은 부분에 지나지 않는 것이 분명하다.

오늘날 세계의 모든 주요 시장그룹에는 선물시장이 있다. 즉 이자율(예 : 국채), 주가지수(예 : S&P 500), 통화(예 : 일본 엔화), 귀금속(예 : 금), 에너지(예 : 원유), 농산품(예 : 옥수수)과 같은 시장그룹이 선물시장을 형성하고 있다. 비록 농산품에서 선물시장이 유래됐지만, 현재 농산품 분야는 전체 선물거래의 약 1/5을 차지할 따름이다. 지난 10년 동안 새로운 형태의 계약이 많이 도입되고, 투자자가 수(數)적으로 성장하면서 금융 형태의 시장(통화, 이자율, 주가지수)이 현재

---

5) 이 수치는 개략적이지만 매매된 2억 4천 6백만 계약을 기반으로 평균 계약 당 4만 달러 가치 이상으로 가정하고 보수적으로 잡은 추정치이다(유로달러 같은 단기 이자율 선물을 제외하면 1계약의 선물 가치는 파운드당 10센트인 설탕의 선물 가치 11,500달러에서 1지수 당 300달러인 S&P 500의 선물 가치 150,00달러의 범위에 있었다).

전체 선물거래의 약 60퍼센트를 차지하게끔 됐다(에너지와 금속시장은 나머지 40퍼센트 중 약 반을 차지하고 있다). 따라서 흔히 상품이라는 용어가 선물시장을 지칭하는 데 쓰이지만, 시간이 흐를수록 이 용어는 잘못된 용어가 되고 있다. 금융증서와 같이 가장 활발한 거래가 이루어지는 선물시장들이 실제로 상품을 거래하는 시장이 아니며, 반면에 많은 상품시장은 그에 상응하는 선물시장을 갖고 있지 않다.

선물(先物)시장의 본질은 그 이름에서 찾을 수 있다. 선물거래는 금(金) 같은 상품이나 채권과 같은 금융증서를 현재가 아니라 미래의 어느 시점에 인수 및 인도하겠다는 계약을 규격화하여 행하는 것이다. 예를 들면 자동차 제조사가 현재 진행 중인 작업에 구리가 필요하다면 구리 생산업자로부터 곧바로 구리를 구입할 것이다. 그러나 만약 자동차 제조사가 구리 가격이 6개월 후 상당히 상승할 것이라고 염려한다면, 구리 선물을 지금 매수함으로 6개월 후의 구리 매입비용을 현재 가격으로 묶어놓을 수 있다(이렇게 미래의 가격의 상승 또는 하락에 대한 위험을 상쇄하는 것을 'hedge'라고 한다). 만약 구리 가격이 상승한다면 선물에서의 이익이 6개월 후 구리를 구입하는 데 드는 높은 비용을 상쇄하는 것이다. 물론 구리가격이 상승하지 않고 하락한다면 선물거래는 손실을 초래하겠지만, 자동차 제조사는 구리를 낮은 가격에 사게 되므로 선물에서의 손실은 상쇄되고 구리를 구입하는 비용은 결과적으로 6개월 전과 거의 같게 된다.

위의 예로 든 자동차 제조사와 같은 선물거래자를 헤저(hedger)라고 하는데 이들은 자신에게 불리한 가격변동의 위험을 줄이려고 선물시장에 참여한다. 반면 트레이더들은 예상되는 가격의 변화를 기회로 삼아 이익을 얻으려고 시장에 뛰어든다. 사실 많은 트레이더들이 현물시장보다 선물시장을 여러 이유로 선호하고 있다.

1. 규격화된 계약 : 선물 계약은 양과 질에서 규격화 되어 있다. 따라서 트레이더는 포지션을 취하거나 현금화하기 위해 특정 매수자나 매도자를 찾아 나설 필요가 없다.

2. 유동성 : 모든 주요 선물시장은 완벽한 유동성을 제공한다.

3. 매도포지션의 구축이 용이함 : 선물시장은 매수포지션이나 매도포지션이나 똑같이 간편하게 구축할 수 있다. 예를 들어 주식시장에서 공매도자는 포지션을 구축하려면 반드시 가격의 한 단계 상승을 기다려야만 한다(up-tick rule). 선물시장에서는 그런 규정이 존재하지 않는다.

4. 레버리지(leverage) : 선물시장은 엄청난 레버리지를 제공한다. 간단히 말하면 대개 거래를 열 때 계약 가치의 5에서 10퍼센트의 증거금(margin)만 있으면 된다(선물시장에서 마진margin]이라는 용어의 사용은 주식시장에서 마진의 개념[신용거래]과 엄청난 혼란을 야기할 소지가 있어 안타깝다. 선물시장에서 마진은 부분 지불을 의미하는 것이 아니다. 그 이유는 만기일까지 어떤 물리적 교환도 발생하지 않기 때문이다. 마진은 단지 상호신뢰를 위한 보증금일 뿐이다). 비록 선물이 트레이더에게 높은 레버리지를 제공할지라도 레버리지는 양날의 칼과 같다는 점을 잊어서는 안 될 것이다. 레버리지의 무분별한 사용이 많은 트레이더들이 선물시장에서 돈을 잃는 가장 중요한 이유이다. 일반적으로 선물가격이나 현물가격이나 그 변동성은 동일하다. 사람들이 선물을 위험하다고 하는 이유는 레버리지의 결과 때문이다.

5. 낮은 거래 수수료 : 선물의 거래 수수료는 매우 낮다. 예를 들어 주식 포트폴리오 운용자가 보유 물량을 얼마 동안 줄일 필요가 있다고 할 경우 개별 주식을 파는 것보다 동일한 가치의 주가지수 선물을 매도하는 것이 훨씬 비용이 적게 들 것이다.

6. 청산의 용이함 : 선물포지션은 시장이 상한가 또는 하한가에서 거래가 정지

된 상태가 아닌 이상 장이 열려있는 시간 동안에는 언제든지 청산 될 수 있다(일부 선물시장은 하루 가격변동의 제한폭을 설정하고 있는데, 시장의 힘이 가격 제한폭을 벗어나 균형가격을 형성하려 할 때, 시장은 가격의 상한선 또는 하한선에 다다라 거래가 중지되게 된다).

7. 거래소의 보증 : 선물 트레이더는 거래 상대방의 지불능력에 대해 걱정할 필요가 없다. 모든 선물거래는 해당 거래소의 청산기관에서 지불을 보증하고 있기 때문이다.

선물은 구조상 현물과 밀접하게 연결돼 있으며, 선물가격의 변동은 현물가격의 변동과 매우 유사함을 보인다(차익매매자(arbitrageur)[6]들의 활동으로 선물가격과 현물가격 사이의 편차는 미미하며 단기간이 될 수밖에 없다). 선물거래 행위의 대다수가 금융 증서에 집중돼 있는 점을 감안할 때 많은 선물 트레이더들이 실제로 주식, 채권, 그리고 통화를 거래하는 트레이더들이라는 점을 알 수 있다. 이런 점에서 다음 장에 소개될 선물 트레이더들의 인터뷰는 주식과 채권의 범위를 벗어난 적이 없는 투자자들에게조차 직접적인 연관성을 가진다.

---

6) 차익매매(arbitrage) : 한 시장에서 매수포지션을 취하고 밀접하게 연관된 다른 시장에서 같은 크기의 매도포지션을 취하는 것. 예를 들어 주가지수 선물이 현물보다 더 비싸게 거래될 때 선물에 매도포지션을 취하고 같은 양의 현물 바스켓을 매수하여 그 차이를 이익으로 챙기는 매매. 거래비용, 금융비용 등등 모든 관련사항을 고려해야 하는 높은 난이도의 매매기법임 — 역자 주.

은행간 통화시장이란?

　은행간 통화시장은 24시간 시장으로 그야말로 지구를 도는 태양을 쫓아다니는 시장이라 할 수 있다. 미국의 뱅킹 센터(banking center)를 출발하여 호주를 거쳐 극동과 유럽을 돌아 마침내 미국으로 다시 돌아오는 시장이다. 이 시장은 통화 가치가 급속도로 출렁대는 세상에서 환율 위험을 헤지(hedge)할 필요가 있는 회사들을 위해 존재한다. 예를 들어 일본의 전자제품 제조사가 미국에 스테레오 장비를 수출하며 6개월 후 달러화로 지불받는 협상을 했다면, 그 전자제품 제조사는 그 기간 동안 엔화 대비 달러화 가치 하락의 위험에 노출된다. 만약 그 전자제품 제조사가 판매 이익을 보장하기 위해 지역 통화(엔화)로 가격을 고정시키기를 원한다면, 그 제조사는 은행간 통화시장에서 스테레오 판매대금 지불이 예정된 날짜에 인도되는 같은 액수의 달러화를 매도하여 환율 위험을 헤지할 수 있는 것이다. 은행은 그 제조사에 제조사가 요구한 액수에 대한 지정된 미래 날짜의 환율 시세를 알려주게 된다.

　투기자들은 환율 변화에 대한 예측으로 이익을 얻어 보려고 은행간 통화시장에서 매매를 한다. 예를 들면 달러 대비 영국의 파운드화가 하락할 것이라고 예측하는 투기자는 영국의 파운드화를 미리 파는 것이다(은행간시장의 모든 거래 업무는 달러화로 이루어진다). 영국의 파운드가 일본 엔화 대비 하락할 것이라고 예상하는 투기자는 일정 달러화 가치의 일본 엔화를 매수하고 그와 같은 달러화 가치의 영국 파운드화를 매도하는 것이다.

Michael Marcus _ 마이클 마커스

병충해는 결코 두 번 오지 않는다

마이클 마커스는 한 중견 증권 중개회사의 상품가격 동향을 연구하는 애널리스트로서 생애 첫 직업을 갖게 된다. 그러나 그는 매매에 대한 거의 강박에 가까운 유혹을 주체할 수 없어 전업 트레이더의 길을 걷기 위해 월급을 받는 직장을 그만두게 된다. 그런 뒤 적성에도 맞지 않는 거래소의 회원 트레이더가 되어 짧은 기간을 어이없이 허비하다 코머더티즈 코퍼레이션(Commodities Corporation)이라는 회사에 일자리를 얻어 그곳으로 옮기게 된다. 그 회사는 전문 트레이더들을 고용하여 회사가 소유한 기금을 관리하고 있었는데, 마커스는 그 회사의 가장 성공적인 트레이더들 중 한 명이 됐다. 수년에 걸쳐 그의 수익은 다른 트레이더들의 수익을 모두 합친 것보다 많았으며, 10년이라는 기간 동안 자신의 회사 계좌를 2,500배라는 믿을 수 없는 수치로 증가시켰다.

우리가 처음 만난 날은 내가 선물을 연구하는 애널리스트로 라이놀즈 시큐어리티즈(Reynolds Securities)라는 회사에 입사한 날이었다. 마커스는 라이놀즈 시큐어리티와 경쟁관계에 있는 회사로부터 내가 맡으려는 일자리와 유사한 일자리를 제안받고 이를 수용한 상태였으며, 나는 그의 후임으로 라이놀즈 시큐어리티즈에 들어가는 것이었다. 우리는 직장인으로 활동하던 초창기에 정기적으로 만나게 됐다. 시장분석에 관해 나와 마커스의 의견이 상충할 때마다 나는 늘 나 자신의 분석이 더 설득력 있다고 생각했지만, 시장의 방향에 관해서는 결국 마커스의 의견이 옳은 것으로 드러나곤 했다. 그리고 얼마 후 마커스는 트레이더 일자리를 제안받게 되고, 이를 수용하여 매우 성공적인 트레이더가 되며, 나중에는 서부로 이사 가게 됐다.

처음 이 책을 구상했을 때 '마커스'라는 이름은 나의 인터뷰 후보 목록에서 윗부분을 차지하고 있었다. 내가 인터뷰를 제의했을 때, 마커스의 첫 반응은 수용할 의사가 있지만 아직 확신할 수는 없다는 것이었다. 그는 수 주 후, 이름을 드러내고 싶지 않은 마음이 흥미로운 일에 참여하기를 좋아하는 자신의 타고난 성향보다 더 크게 작용한다며 인터뷰를 거절했다(마커스는 내가 인터뷰 중인 다른 트레이더들을 알고 있었으며, 그들에 대해 높이 평가하고 있었다). 나는 매우 실망하게 됐는데, 그 이유는 마커스는 내가 알게 돼서 정말 행운이라고 여기는 훌륭한 트레이더들 중 한 명이기 때문이었다. 다행스럽게도 나와 마커스 모두와 가깝게 지내는 친구의 설득 덕분에 마커스의 마음은 바뀌게 됐다.

이 인터뷰를 위해 나와 마커스가 만난 때는 우리가 서로를 마지막으로 본 후 7년이라는 세월이 흐른 시점이었다. 인터뷰는 마커스의 집에서 진행됐다. 마커스의 집은 캘리포니아 서쪽에 위치하고 있었으며, 주택 건물 두 개가 하나의 세트를 이루는 구조로, 마커스 개인 소유의 해변이 내려다보이는 언덕 위에 자리 잡고 있었다. 나는 기갑 사단의 공격도 견뎌낼 것 같은 거대한 문을 통과하여 그 저택으로 들어설 수 있었다(자동차로 그 집까지 가는 길을 안내해 준 마커스의 종업원은 '놀라운 대문'을 통과하게 된다고 묘사했다).

첫 인사 때 마커스는 서먹해하며 수줍어했다. 마커스의 이런 내성적인 면은 그가 짧은 기간 동안이나마 거래소의 회원 트레이더가 되고자 했다는 사실을 믿을 수 없게 만든다. 그러나 마커스는 자신의 매매 경험을 얘기하기 시작하며 곧 활기찬 띠었다. 우리의 대화는 마커스가 자신의 트레이더 인생에서 가장 흥미롭다고 여기는 초창기 '롤러코스트'의 날들에 초점이 맞춰졌다.

-- *interview*

처음 어떻게 선물매매에 관심을 가지게 됐나요?

나는 모범생이었고 학자가 되길 원했어요. 1969년 존스홉킨스 대학(Johns Hopkins)을 학과 최고 수준의 성적으로 졸업하면서 파이 베타 카파[7]의 회원이 됐죠. 클락 대학(Clark University)의 심리학과 박사과정에 장학생으로 뽑혔고, 교수의 삶을 살게 될 것이라고 믿어 의심치 않았어요. 그런데 한 친구를 통해서 존이라는 이름의 친구를 만나게 됐죠. 이 친구가 주장하길 자기가 두 주마다 자동적으로 내 돈을 두 배씩 증가시킬 수 있다는 거예요. 아주 기막힌 얘기로 들렸죠. [웃음] 어떻게 그렇게 할 수 있냐고 존에게 묻지도 않았던 것 같아요. 너무 많은 것을 알려고 하다 일을 그르치지나 않을까 할 정도로 너무나 멋진 일이었거든요. 행여 주눅이 들어서 멋진 일을 망치지 않을까 염려됐죠.

의구심이 들지는 않던가요? 그의 말이 마치 중고차 판매인이 하는 얘기와 흡사하다는 생각 안 해보셨어요?

아뇨. 그때까지 어떤 것에도 투자해본 적이 없었고, 순진했어요. 나는 주당

---

7) 파이 베타 카파(Phi Beta Kappa) : 성적이 우수한 미국 대학생 및 졸업생으로 조직된 모임 — 역자 주.

30달러로 학교 후배인 존을 나의 상품매매 조언자로 고용했어요. 때때로 감자칩과 콜라를 무료로 지급했고요. 존에게는 감자칩과 콜라만으로 생존할 수 있다는 이론이 있었어요.

그것이 존에게 지불한 전부였나요? 수익에 따른 인센티브는 없었나요? 예를 들어 조언을 잘 하면 감자칩을 더 준다든가…?

아뇨.

매매를 위해 돈은 얼마나 넣었나요?

약 1,000달러요. 그때까지 내가 모은 돈 전부였어요.

그래서 어떻게 됐나요?

객장에 처음 가던 날은 무척 흥분됐어요. 하나밖에 없는 양복을 잘 차려 입고 볼티모어에 있는 라이놀즈 시큐어리티즈의 영업점으로 갔죠. 오래된 돈 냄새가 물씬 풍기는 크고 호화로운 곳이었어요. 모든 가구는 적갈색의 마호가니였고, 사람들의 목소리는 낮고 공손했죠. 꽤 인상 깊었어요.

영업점의 앞면에 설치된 커다란 상품 시세판은 모든 사람의 시선이 집중되는 곳이었죠. 달칵거리는 구식 시세판이었는데, '달칵' 하는 소리를 듣는 것은 정말 흥분되는 일이었어요. 관람석이 있어서 트레이더들은 그곳에서 시세판을 볼 수 있었죠. 하지만 너무 멀어서 가격을 보려면 쌍안경을 사용해야 했어요. 그것 또한 흥분되는 일이었죠. 왜냐하면 경마 관람과 비슷하게 느껴졌거든요.

내가 다소 겁먹기 시작한 것은 콩(大豆)가루를 매수하라는 추천이 스피커에서 큰 소리로 흘러나오면서부터였어요. 확신에 찬 얼굴을 기대하며 존을 바라봤죠. 그런데 존은 나를 바라보며 "사야 할까?" 하고 묻는 거예요. [웃음] 존이 아무것도 모른다는 생각이 불현듯 밀려오더군요.

콩가루는 78.30, 78.40, 78.30, 78.40 이런 식으로 별 변동 없이 횡보하고 있었죠. 우리가 주문을 넣고, 매매 채결을 확인받자마자 신기하게도 가격은 아래로 달칵거리며 떨어지기 시작하는 거예요. 내가 매수하자 시장은 그걸 하락을 시작하라는 신호로 받아들인 듯했어요. 내 생각인데, 그때 이미 내게 자질이 있었나 봐요. 왜냐하면 "별로 잘 하고 있는 것 같지 않아. 그만 빠져나오자!" 하고 내가 존에게 즉시 말했으니까요. 그 매매에서 약 100달러를 잃었죠. 그 다음 매매는 옥수수였는데, 똑같은 일이 벌어졌죠. 존은 내게 매매를 해야 하는지 말아야 하는지 물었고, 난 "그래, 좋아, 옥수수로 해보는 거야" 하고 말했죠. 결과는 마찬가지였어요.

당시 자신이 도대체 무엇을 하고 있는지 조금이라도 알고 있었나요? 상품이나 매매에 관해 이전에 무언가 조금 읽어보기라도 했나요, 어땠나요?
아뇨, 아무것도….

계약의 크기에 관해서 알고 있기는 했나요?
아뇨, 우린 그것도 몰랐어요.

그럼 한 틱(tick)당 얼마라는 것은 알고 있었나요?
예.

그것이 알고 있는 유일한 것이었군요.
맞아요. 다음으로 밀을 매매했는데 역시 안 되더군요. 그리고 나서 다시 옥수수로 갔는데 옥수수매매는 이전 매매보단 조금 나았어요. 그 매매에서 돈을 잃기까지는 3일이 걸렸죠. 우리는 돈을 잃기까지 며칠 소요됐는가로 매매의 성공 여부를 평가하고 있었어요.

항상 100달러쯤 잃고 나면 포지션을 정리했나요?

예. 그러나 거의 200달러를 잃은 매매가 하나 있긴 해요. 약 500달러쯤 남았을 때 존이 '우리를 구해줄' 아이디어라며 말하길, 돼지고기 8월 물을 사고 2월 물을 팔자는 거예요. 왜냐하면 스프레드가 유지비보다 크다는 거예요[유지비(carrying charge) : 8월 물건을 받아 보관했다가 2월에 물건을 건네주는 데 드는 비용]. 존은 이 거래는 절대 손실을 볼 수 없는 거래라고 말했죠. 나는 흐릿하게나마 그의 아이디어를 이해했고 그 매매를 실행하는 데 동의했죠. 그 매매가 우리가 점심 먹으러 밖으로 나갈 수 있었던 첫 번째 매매였어요. 다른 때는 시세판을 보느라 너무 바빴으니까요. 그 매매는 '잃을 수가 없는' 매매였으므로 자리를 비워도 안전했죠. 식사 후 돌아왔을 때, 나는 거의 빈털터리가 되고 있던 중이었어요. 그때의 충격, 절망, 그리고 불신의 감정이 지금도 기억나는군요.

나는 존의 이미지를 결코 잊지 못할 거예요. 그는 매우 뚱뚱했고, 두껍고 흐릿한 안경을 쓰고 있었죠. 시세판 앞으로 나가 시세판을 쾅쾅 두드리며 주먹을 휘두르곤 했어요. "보증된 이익을 원하는 분 없습니까?" 하고 소리치던 존의 모습, 잊을 수가 없죠. 나중에서야 돼지고기 8월 물은 2월 계약용으로 인도될 수 없다는 것을 알게 됐어요. 애당초 그 매매를 뒷받침하는 논리적 근거에 결함이 있었던 거예요.

존에게 과거 매매를 해본 경험이 있기나 했나요?

아뇨.

그럼 두 주마다 돈을 두 배씩 늘리겠다는 얘기는 어떻게 만들어낸 건가요?

나도 모르죠. 하여간 그 매매가 있은 후 나의 자본금은 바닥이 났어요. 나는 존에게 "지금까지 일어난 일들을 보면 너만큼은 나도 안다는 생각이 들어. 다시 말해 너나 나나 아는 게 하나도 없는 건 마찬가지라는 말이야. 지금부터 너는 해고야. 더 이상 감자칩도 콜라도 없어"라고 말했죠. 존의 대답은 결코 잊을 수 없을 것 같아요. 존은 "너는 네 평생에 가장 큰 실수를 하고 있는 거야"라고 말했죠. 내가 그에게 앞으로 무얼 하려 하느냐고 물으니, 존은 "버뮤다로 가서 접시를 닦아 매매할 자금을 만들 거야. 그리고 백만장자가 된 후 은퇴할 거야" 하고 말하더군요. 재미있는 것은 존이 "나는 버뮤다로 가서 일자리를 구해 매매자금을 만들 거야"라고 말하지 않았다는 것이에요. 그는 매우 구체적이었죠. 매매자금을 만들기 위해 '접시를 닦으려 한다' 고 말했으니까요.

결국 존은 어떻게 됐나요?

오늘날까지 그가 어떻게 됐는지에 대해 아는 건 없어요. 아마도 버뮤다에서 백만장자로 살아가고 있겠죠. 접시를 닦았으니까요.

그 매매 이후에 나는 급히 500달러를 다시 그러모을 수 있었고, 그 돈으로 은을 몇 회 매매하게 됐죠. 그렇지만 그 돈도 다 잃고 말았어요. 나의 처음 여덟 번의 매매는 전부 실패였어요. 다섯 번은 존과 함께 했고, 세 번은 나 혼자 했죠.

매매가 자신에게 안 맞는다는 생각을 한번이라도 해본 적이 있나요?

아뇨. 난 학교에서 늘 공부를 잘했어요. 그래서 이것도 요령을 어떻게 터득하느냐의 문제라고 판단했죠. 내가 열다섯 살 때 아버지께서 돌아가셨는데, 아버지는 내게 생명보험으로 3,000달러를 남겨놨죠. 어머니의 반대에도 난 그걸 현금화하기로 마음먹었어요. 하지만 나는 매매를 다시 하기 전에 진짜 뭘 좀 배워야 한다는 걸 깨달았죠. 밀과 콩에 관한 체스터 켈트너(Chester Keltner)의 책들을 읽었고, 매매추천을 해주는 그의 마켓레터(market letter)도 정기 구독하게 됐어요. 밀을 매수하라는 그의 첫 번째 추천을 따라 했는데, 그게 먹혀들었어요. 부셸(bushel) 당 4센트의 수익이 났죠(1부셸은 200달러). 나의 첫 번째 성공이었어요. 무척 흥분됐죠.

그리고 다음 마켓레터가 오기도 전에 밀은 내가 처음 매수했던 가격으로 다시 떨어졌어요. 그래서 나는 다시 매수를 했고, 또 한 번 수익을 올렸어요. 나스스로의 판단으로 말이죠. 내게 매매에 대한 감각이 싹트고 있음을 느꼈어요. 처음부터 나는 나 스스로 무언가를 행한다는 그 느낌을 좋아했어요. 다음 매매는 완전히 행운이었죠. 1970년 여름 켈트너의 추천을 근거로 옥수수 12월 물을 3계약 매수했는데, 그해 여름 병충해가 옥수수 작물을 황폐화시켰어요.

그 매매가 첫 번째 대박이었나요?

그렇죠. 그 매매에 이어 옥수수와 밀과 콩을 조금 더 샀고 모두 성공했죠. 일부는 마켓레터의 추천이 매매를 결정하는 근거가 됐고, 일부는 나의 직관에 의해서 매매가 결정됐죠. 그해 화려한 여름이 끝날 무렵 3만 달러를 축재했죠. 중산층 가정 출신인 내게는 굉장히 큰돈이었어요. 나는 선물매매가 세상에서 가장 훌륭한 것이라고 생각했죠.

이익을 현실화시키는 시점을 어떻게 결정했나요?

일부는 상승 중에 챙기고, 일부는 장이 하락으로 돌아설 때 챙겼죠. 전체적으로 봐서 나는 이익을 현금화하는 데 뛰어났어요.

말하자면 본능적으로 그때에도 올바른 조치를 취하고 있었군요?

그렇죠. 그리고 나서 그해 가을부터 매사추세츠 주의 우스터 시에서 대학원을 다녔어요. 그런데 논문에 신경 쓰기가 싫어지는 거예요. 자주 수업을 빼먹고 우스터의 파인웨버(Paine Webber) 영업점으로 몰래 매매하러 가곤 했죠.

정말 즐거운 시간이었어요. 많지는 않았지만 약간의 돈도 벌 수 있었죠. 하지만 어느 순간 빈번히 수업을 빼먹는 나 자신을 발견하곤 놀라게 됐어요. 왜냐하면 존스홉킨스 대학에 있을 때 난 공부벌레였거든요. 확실히 문제가 있다는 생각이 들었어요. 그래서 1970년 12월, 학교를 그만두고 뉴욕으로 이사를 가게 됐어요. 얼마 동안 YMCA에서 머물렀죠. 사람들이 내게 무슨 일을 하느냐고 물으면 나는 다소 거드름을 피우며 투자자라고 말했죠. 투자자라…, 왠지 그럴듯한 어감이 느껴지더군요.

1971년 봄, 곡물이 다시 재미있게 됐어요. 떠도는 설(說)에 의하면 병충해가 겨울을 잘 보냈다는 거예요. 말하자면 겨울을 잘 견뎌내고 다시 옥수수 작물을 공격한다는 거죠. 이번에는 병충해에 진짜 한번 걸어봐야겠다고 결심했어요.

그 설(說)은 켈트너의 이론이었나요, 아니면 그냥 시장에 떠도는 루머였나요?

켈트너 역시 그렇게 생각했던 것 같아요. 나는 어머니께 2만 달러를 빌리고, 내가 가진 3만 달러를 합해서 그 모두를 병충해에 베팅했어요. 5만 달러 증거금으로 할 수 있는 최대한의 매수 계약을 옥수수와 밀에다 한 거예요. 처음에는 시장에 움직임이 없었어요. 왜냐하면 병충해에 대한 공포가 가격을 떠받칠 만큼 충분했으니까요. 나는 따지도 잃지도 않고 있었어요. 그러던 어느 날, 월스트리트 저널(Wall Street Journal)에 기사가 하나 났죠. 그날은 결코 잊지 못할 거예요. 그 기사의 제목은 "중서부의 옥수수 밭보다 시카고 상품 거래소(Chicago Board of Trade) 안에 더 많은 병충해가 있다"였어요. [웃음] 옥수수시장은 폭락가격으로 출발하더니 이내 하한가에 다다르더군요[많은 선물시장은 하루 동안의 최대 가격변동 폭을 규정하고 있다. 하한은 가격하락의 최대 크기를, 상한은 가격상승의 최대 크기를 나타낸다. 이 경우에서처럼 만일 자유시장의 힘의 상호작용으로 결정되는 균형가격이 하한가 아래라면 시장은 하한가에 갇히게 된다. 즉 매매가 실제로 중지되는 것이다. 그 이유는 팔고자 하는 사람은 넘쳐 나는데 규정된 하한가에 사고자 하는 사람은 없기 때문이다].

시장이 무너지는 것을 보고 있었나요?

예. 가격이 추락할 때 중개 영업소에서 시세판을 보고 있었죠.

하락하는 중에 빠져나올 생각은 안 해봤나요? 하한가에 도달하기 전에 말이에요.

빠져나와야 한다고 느꼈지만 그냥 보고만 있었어요. 나는 완전히 마비돼버렸던 거예요. 시장이 돌아서길 바라며 계속 바라만 보고 있는 동안 시장은 빠져나올 수 없는 하한가까지 다다라버렸죠. 밤새 생각을 해봤지만 선택의 여지가 없더군요. 더 이상 돈도 없었기 때문에 빠져나오는 수밖에 별다른 방법이 없었어요. 다음날 아침에 개장과 함께 모든 포지션을 청산해버렸죠.

시장은 다시 폭락으로 시작됐나요?

아뇨, 폭락은 아니었어요. 한 2센트쯤 하락으로 시작됐죠.

포지션을 정리했을 때 그 매매로 얼마나 손실을 보았던가요?

내 돈 3만 달러와 어머니가 빌려준 돈 2만 달러 중 1만 2천 달러를 잃었어요. 그 매매는 가진 돈 전부를 베팅하면 어떻게 되는지를 배운 호된 교육이었죠.

그 후에는 무얼 하셨나요?

나는 정말 깊은 좌절감에 빠졌어요. 일을 해야겠다고 결심했죠. 당시는 경기침체기여서 좋은 일자리를 구할 수는 없으리라 생각했어요. 시시한 자리라도 감수해야 한다고 생각하고 내 자격이 과하다 싶은 일자리들을 찾아 면접을 보러 다녔지만 일자리를 구할 수 없었어요. 마침내 내가 면접에서 떨어지는 이유를 깨닫게 됐는데, 그건 내가 정말로 그런 일을 하고 싶어 하는 것이 아니기 때문이었죠.

내가 발견한 훌륭한 구인광고들 중에 라이놀즈 시큐어리티즈에서 상품 동향을 연구하는 애널리스트를 찾는 것이 있었어요. 나는 이런 좋은 자리를 얻기가 더 쉽다는 것을 알게 됐죠. 왜냐하면 면접관들도 내가 그 일을 진정으로 원하고 있다는 사실을 알 수 있기 때문이에요. 진정 원하는 목표물을 겨냥할 때 맞힐 가능성이 더 크다는 사실을 알게 됐죠. 왜냐하면 훨씬 더 많은 마음을 쓰게 되니까요.

하여간 그곳에 입사를 하게 됐어요. 내 사무실과 중개인들이 앉아 있는 큰 사무실 사이에 유리로 된 칸막이가 있었죠. 나는 여전히 매매에 대한 욕구가 있었기 때문에 중개인들이 매매하며 큰 소리로 떠들어대는 광경을 그저 바라만 봐야 하는 일은 매우 고통스러웠어요.

그저 상품 동향에 대해 연구만 하며 말이죠?

그렇죠. 애널리스트에게 매매는 엄격히 금지됐으니까요. 하지만 그런 조항 때문에 포기할 수는 없었어요. 어머니께 또 빌리고, 동생과 여자 친구에게서도 얼마간 융통해서 라이놀즈 시큐어리티즈가 아닌 다른 회사에 계좌를 열었죠. 사무실의 사람들이 내가 규칙을 위반하고 있다는 사실을 눈치 채지 못하게 하기 위해 나는 내 중개인과 복잡한 암호를 만들었어요. 예를 들어 내가 "해가 졌군요"라고 하면 이 말은 무엇인가 특별한 것을 의미했죠. 또 내가 "구름이 잔뜩 낀 날씨네요"라고 말하면 이 말은 다른 무엇인가를 의미했어요.

시장보고서를 작성하기 위해 애쓰는 동시에 유리 칸막이를 통해 밖을 계속해서 주시해야 했어요. 중앙 사무실에 있는 대형 시세판에서 가격을 보기 위해 말이에요. 따고 있을 때는 의기양양한 기분을 감추려 노력해야 했고, 잃고 있을 때는 암울한 기분이 얼굴에 나타나지 않도록 신경 써야 했죠. 다행히 아무도 눈치 채지 못했던 것 같아요. 그러나 나는 그 기간 동안 미칠 것 같은 우울증에 빠진 상태였어요. 고문이 따로 없었죠. 그런 힘든 표정연기를 하지 않고 자유롭게 매매하고 싶었어요.

그 당시에는 돈을 따셨나요, 잃으셨나요?

잃었어요. 돈을 빌리고 그 돈을 어김없이 잃는 과거 패턴의 반복이었죠.

그때 본인이 무엇을 잘못하고 있는지 알았나요?

좋은 질문이에요. 기본적으로 나는 매매원리에 대한 실질적 이해가 전혀 없었어요. 모든 것을 그르치고 있었죠. 그런데 1971년 10월에 내 중개인의 사무실에서 내가 성공하는 데 결정적 도움을 주게 되는 한 사람을 만나게 됐어요.

그 사람이 누구죠?

에드 세이코타(Ed Seykota)에요. 천재이자 경이적 성공을 거둔 위대한 트레이더죠. 에드를 처음 만났을 때는 그가 MIT를 졸업한 지 얼마 안 됐을 때였어요. 그는 컴퓨터 프로그램을 하나 개발해놓고 있었는데, 그 프로그램은 기술적 분석에 기초한 매매시스템을 시험하고, 그 시스템으로 매매를 할 수 있도록 하는 것이었죠. 나는 어떻게 에드가 매매에 관해 그렇게 많은 지식을, 그것도 그렇게 이른 나이에 축적할 수 있었는지 여전히 모르겠어요.

에드는 "우리 회사에서 일하시지 그러세요? 우리 회사는 연구팀을 하나 운영하려 하고 있는 중인데, 여기 연구원은 자신의 계좌로 매매할 수 있어요"라고 말하더군요. 아주 괜찮은 얘기로 들렸죠. 그런데 문제는 그 회사의 연구팀 감독이 나를 고용하길 거부한다는 사실이었죠.

왜죠?

나는 경험도 있고 글도 잘 썼기 때문에 왜 거절당하는지를 이해할 수 없었어요. 거절하는 이유를 말해달라고 그 감독에게 졸랐더니 그는 "나는 누군가를 가르치고 싶은데 댁은 이미 너무 많은 것을 알고 있어요"라고 하더군요. 그래서 나는 "보세요, 저는 감독님이 원하는 무엇이든 할 거라고요"라고 말했죠. 결국은 나를 채용하도록 설득시킬 수가 있었어요.

아주 좋았어요. 에드에게서 배울 수 있다는 점이 아주 좋았죠. 그는 이미 많은 성공을 거둔 트레이더였거든요. 에드는 기본적으로 추세추종자였어요. 전통적인 매매원리를 활용하는 사람이었죠. 그는 손절을 어떻게 하는지와 따고 있는 포지션을 계속 유지하는 것이 왜 중요한지에 대해 가르쳐줬죠.

에드는 훌륭한 역할모델이었어요. 예를 들면 한번은 에드가 은(銀)을 매도한 상태였는데 시장은 하락폭을 계속 확대하고 있었죠. 0.5센트 하락하면 다음날 1센트 하락하는 식으로 말이에요. 다른 모든 사람들은 상승마인드를 가진 듯했어요. 그들은 은 가격이 너무 내렸기 때문에 반드시 상승할 것이라고 말했죠. 하지만 에드는 계속 매도포지션을 유지했어요. 에드는 "추세는 하락이야. 나는 추세가 바뀌기 전까지는 매도포지션을 유지할 거야"라고 말했죠. 추세를 추종하는 에드의 태도에서 나는 참을성을 배웠어요.

에드의 매매를 보고 트레이더로서 자신을 변화시키게 됐나요?

처음에는 아니었어요. 나는 에드와 함께 거기에서 근무할 때도 계속 잃고 있었으니까요.

그때 무엇을 잘못하고 있었는지 기억하나요?

내게는 상황이 명백히 정의될 때까지 기다리는 충분한 참을성이 없었던 것 같아요.

에드가 그렇게 성공적이었다면 그냥 한번 그를 따라 해볼 생각은 안 해봤나요?

아뇨. 그렇게까지 할 마음은 안 생기더군요.

매매를 그만둬야겠다는 생각은 지금까지 해본 적이 없나요?

때론 매매를 그만둬야 하는 게 아닌가 하고 생각하곤 했죠. 왜냐하면 계속 잃는다는 것은 매우 고통스러운 일이니까요. 「지붕 위의 바이올린」이라는 영화를 보면 주인공이 하늘을 쳐다보며 하느님께 말하는 장면이 있잖아요. 나도 하늘을 쳐다보며 이렇게 말하곤 했죠. "제가 정말 그렇게 어리석은가요?" 하고 말이에요. 그런데 명료한 대답이 들리는 듯했어요. "아니, 너는 어리석지 않아. 끝까지 견뎌내면 돼" 하는 대답이었죠. 그래서 계속 버티게 됐어요.

그 당시 시어손(Shearson)에서 은퇴 후 비상근으로 일하던 아모스 호스티터 (Amos Hostetter)라고 하는 중개인과 친해지게 됐죠. 그는 매우 친절했고 아는 것도 많았으며, 중개인으로서도 성공한 사람이었어요. 내 글을 좋아해서 우리는 자주 얘기를 나누곤 했죠. 아모스는 에드가 나에게 가르쳐준 많은 것들이 더욱 굳건해지도록 도와줬어요. 나는 그 두 사람에게서 같은 원리를 배웠던 거예요.

그 당시 시어손에 매매추천을 해주고 있었나요?

예.

매매추천의 결과는 어땠나요?

이전보다는 나았어요. 왜냐하면 내게 참을성이 더 생겼으니까요. 하여간 나는 빈털터리였고 내게 돈을 빌려줄 사람도 더는 없었죠. 그러나 내게는 여전히 어떻게 하든 다시 시작해서 올바른 매매를 할 수 있으리라는 고집스러운 확신 같은 것이 있었어요. 나는 연간 12,500달러밖에 벌지 못했지만 그럭저럭 700달러를 저금할 수 있었어요. 700달러는 계좌를 열기에 부족한 금액이었기 때문에 한 친구와 공동으로 계좌를 열었죠. 그 친구도 700달러를 출자했어요.

그 공동계좌의 매매결정은 혼자서 하셨나요?

예. 그 친구는 시장에 대해 아무것도 몰랐거든요. 그때가 1972년 7월이었는데, 그 당시 시장은 가격통제를 받고 있었죠. 선물시장도 가격통제를 받는 걸로 여겨졌어요.

닉슨의 물가동결을 말씀하시는 거죠?

네, 맞아요. 내 기억에 합판가격은 천 평방피트 당 110달러에 이론적으로 동결됐어요. 합판 시장은 내가 회사를 위해 분석하던 시장 중에 하나였죠. 가격은 110달러에 바짝 다가서 있었어요. 나는 합판에 대해 '비록 공급은 부족하지만 가격이 110달러를 넘어설 수 없기 때문에 110달러에서 매도포지션을 취한다고 해서 잃을 것은 없다' 는 취지의 하락마인드를 내포한 뉴스레터를 내냈죠.

어떻게 정부는 가격을 정해진 제한가격으로 묶어둘 수 있었나요? 수요와 공급이 더 높은 가격을 요구하는데 이를 어떻게 막았지요?

값을 올리는 것은 위법이었어요.

그러니까 생산자가 더 높은 값을 요구할 수 없었다는 얘기로군요?

그렇죠. 그런데 일이 어떻게 됐나 하면, 가격이 인위적으로 낮게 묶이고 인위적으로 낮게 책정된 가격은 공급부족을 초래한다는 경제원리가 말해주듯 합판의 공급부족이 나타나게 된 것이죠. 선물시장 역시 정부 지침을 따르는 듯했어요. 하지만 아무도 이를 확신할 수는 없었어요. 이도 저도 아닌 일종의 회색지대였죠. 그런데 어느 날 내가 시세판을 보고 있는데 가격이 110달러를 건드리더니 110달러 10센트, 110달러 20센트, 이런 식으로 위로 치받는 거예요. 다시 말해서 선물가격이 법적 제한가격보다 20센트 높게 거래되고 있었던 거예요. 그래서 나는 뭐가 어떻게 되고 있는지 알아보려고 여기저기에 전화를 걸기 시작했죠. 그런데 아무도 아는 사람이 없더군요.

합판시장이 가격동결선을 넘어선 유일한 시장이었나요?

예. 그런데 아무 일도 일어나지 않더군요. 그날 시장은 110달러 약간 위에서 마감된 것 같아요. 다음날 시장은 약 110달러 80센트 선에서 출발했죠. 나는 이렇게 판단했어요. '만약 오늘 정부가 110달러 위에서 매매되는 것을 방치한다면 어느 가격에서 매매되든 가만히 놔두겠다는 것이다' 이렇게 말이에요. 그리고 이 판단을 실천으로 옮겼죠. 한 계약 매수했어요. 결론적으로 합판은 200달러까지 치솟았죠. 나는 첫 번째 계약을 사고 가격이 상승하기 시작한 후부터 포지션을 타고 계속 계약 수를 늘려갔어요.

옥수수 시장에서 다 털리고 난 뒤 처음으로 진짜 큰 매매를 하셨군요?

예.

현물시장에서 합판가격은 110달러에 머물러 있었나요?

선물시장은 다른 곳에서 공급을 받을 수 없는 사용자들이 찾는 최후의 수단 역할을 했던 것이죠.

근본적으로 일종의 합법적 암시장을 포함하는 2단계로 구성된 시장이 생긴 것이군요?

그렇죠. 생산자와 장기간 관계를 유지하지 않아 합판 구매가 불가능하게 된 사람들은 그나마 선물시장에서 높은 가격에 합판을 구매할 수 있었어요. 생산 자들은 합법적 최고가로만 팔 수 있다는 사실에 엄청 화가 나 있었고요.

왜 생산자들은 현물시장에서 통제된 가격으로 파는 대신 선물을 팔아 계약을 이행하는 그런 방법을 선택하지 않았나요?

좀 영리한 사람들은 그 방법을 배우고 있었어요. 하지만 합판의 선물매매는 초기 단계였고, 대부분의 생산자들은 그렇게 약지를 못했죠. 생산자들 중 일부 는 그게 합법적인지 어떤지에 대해서도 확신이 없었고요. 그들이 그게 합법이 라 생각했어도 그들의 변호사는 이렇게 말했을 거예요. "사람들이 선물시장에 서 어느 가격으로나 합판을 살 수도 있어요. 그러나 합법적 최고가 이상으로 물건을 넘기는 일은 안 하는 게 좋을 것 같아요" 이렇게 말이에요. 많은 의문들 이 있었으니까요.

정부가 선물시장에 간섭하려고 시도한 적은 있었나요?

글쎄, 반드시 그렇다고 할 순 없지만…. 그 질문은 잠시 후에 대답해 드리도록 하죠. 하여간 나는 단지 몇 개월 사이에 합판 매매로 700달러를 12,000달러로 불렸죠.

합판만 매매하고 있었나요?

예. 그리고 나서 나는 목재에도 똑같은 공급부족 상황이 발생할 것이라는 명쾌한 발상을 하게 됐죠. 목재도 가격제한선까지 솟구치리라 기대하면서 밀과 옥수수매매에서 했던 것처럼 한 번의 매매에 모든 것을 걸었죠.

그 당시 목재시장은 어땠나요?

아무 일도 없었어요. 합판시장이 110달러에서 200달러로 치솟는 것을 보고만 있는 듯했어요. 목재나 합판이나 다 나무에서 나오는 제품이고, 목재도 공급부족 상태였기에 나는 목재 값이 한참 높이 상승할 수 있다고 추론했어요. 사실 이미 그랬어야 했고요. 그런데 내가 약 130달러에 목재를 매수하고 났더니 그제야 정부가 합판에 생긴 일에 대해서 자각하더군요. 목재에는 그와 같은 일이 발생하지 않도록 하겠다는 의지가 강력했어요.

내가 매수한 다음날 정부 관료가 나와 합판시장처럼 목재시장에서도 시세를 끌어올리려 하는 투기꾼들을 이제는 호되게 다스리겠다고 발표했어요. 목재시장은 그 말이 있자마자 바로 무너지더군요. 나의 포지션은 반대매매 되기 직전까지 몰렸죠. 두 주 동안 그런 성명이 계속 나왔어요. 시장은 내 포지션이 반대매매 되기 직전보다 조금 위의 가격 선에서 별 변동 없이 흘러가고 있었죠. 내게는 포지션을 유지할 수 있는 돈 외에는 한 푼도 남지를 않았어요.

매수 당시 130달였죠? 얼마 정도의 선에서 옆으로 흐르고 있었나요?

약 117달러요.

그럼 합판가격의 상승보다 목재가격이 하락하는 힘이 훨씬 약했군요. 그렇다면 합판에서 딴 것만큼 목재에서 잃은 이유는 목재에서 합판 때보다 훨씬 더 큰 포지션을 갖고 있었기 때문이로군요.

맞아요. 그 두 주 동안 나는 빈번히 반대매매의 벼랑 끝으로 몰렸죠. 내 평생 최악의 2주였어요. 매일 영업점에 가서 포기할 준비를 갖추고 있었죠.

고통을 멈추기 위한 포기였나요, 아니면 다만 얼마라도 남기고 싶어서 포기하려 했던 것인가요?

둘 다였어요. 스트레스를 너무 받아서 손이 떨리는 것도 멈출 수가 없었죠.

반대매매가 됐을 때 돈은 얼마나 남던가요?

12,000달러가 4,000달러 이하로 줄었어요.

자신이 똑같은 오류를 두 번이나 범한 게 어리석게 여겨지지 않았나요?

그랬어요. 그 후 그런 일은 결코 없었죠. 그것이 한 번의 매매에 모든 것을 베팅한 마지막 매매가 됐어요.

결국에는 어떻게 됐나요?

그럭저럭 포지션을 지탱할 수 있었어요. 그리고 마침내 시장이 돌아서기 시작하더군요. 공급이 부족했고, 정부는 선물시장을 닫을 의지가 있는 것 같아 보이지 않았죠.

포지션을 지탱하게 한 의지력은 통찰력에서 기인한 것인가요, 용기에서 기인한 것인가요?

절망에서 기인한 것이었죠. 차트상에 시장이 뚫을 수 없을 것으로 여겨지는

지지점이 있기는 했지만, 대체로 절망 때문에 포지션을 지탱할 수밖에 없었다고 말할 수 있죠. 하여간 난 포지션을 유지했어요. 그해 말, 12,000달러로 부풀어 올랐다 4,000달러 이하로 쪼그라들었던 나의 최초 자본 700달러는 24,000달러로 확대됐어요. 그 소름끼치는 경험이 있은 후 나는 과대한 매매를 다시는 하지 않게 됐고요.

다음 해인 1973년에 정부는 가격통제를 철폐하기 시작했죠. 가격통제가 인위적 공급부족을 가져왔기 때문에 그것이 철폐되자 많은 상품의 가격이 엄청나게 폭등했어요. 거의 모든 것이 상승했다고 할 수 있죠. 많은 시장에서 가격이 두 배로 뛰었고, 나는 낮은 선물 증거금이 제공하는 레버리지를 잘 이용할 수 있었어요. 시장에서 큰 추세를 따르라는 에드의 교훈은 진정한 진가를 발휘했죠. 1973년, 내 계좌는 24,000달러에서 64,000달러로 성장했어요.

그 당시 우리는 완전히 새로운 것을 경험하고 있었죠. 나도 당시의 시장이 기억나는군요. 가격이 최종적으로 상승한 폭의 단 10%만 상승을 진행했을 때라도 역사적으로 보면 그 상승은 매우 큰 가격 변화로 느껴졌을 거예요. 가격이 훨씬 더 멀리까지 나갈 수 있다는 것을 어떻게 알았나요?

그 당시 나는 정치적으로 우익에 속했는데, 그 점은 인플레를 요란스럽게 경고하는 사람이 되기에 딱 적합했죠. 나쁜 정부는 끊임없이 화폐가치를 떨어뜨린다는 이론이 1970년대 중반 통화팽창의 시장에서 매매하는 데 완벽한 사고방식을 제공했어요.

그 시기에 딱 들어맞는 이론이었군요?

맞아요. 그 당시 시장은 매매하기에 너무나 풍요로워서 나는 많은 실수를 저지르고도 여전히 잘할 수 있었죠.

철저하게 위쪽 방향을 고수하며 말이죠?

그렇죠. 모든 것이 올라갔으니까요. 내가 잘 하긴 했는데, 한번 끔찍한 실수를 저지르기도 했어요. 콩이 3달러 25센트에서 거의 12달러까지 치솟은 거대한 상승장의 와중에서 나는 충동적으로 이익을 챙기고 시장에서 빠져나왔죠. 추세와 함께 머무르지 않고 화려한 기교를 부리려 했죠. 에드 세이코타는 추세가 바뀌지 않으면 결코 포지션을 정리하지 않아요. 그래서 에드는 포지션을 쥐고 있었고, 나는 포지션이 없었어요. 나는 콩이 12일 연속 상한가를 치며 달리는 것을 고통스럽게 보고만 있어야 했죠. 그때 나는 상당히 경쟁적이어서, 매일 에드는 포지션이 있고 내겐 포지션이 없다는 사실을 의식하며 사무실에 들어서야만 했어요. 일하러 가기가 겁이 났어요. 왜냐하면 콩은 또 상한가를 칠 텐데 나는 시장에 참여할 수 없다는 사실을 잘 알고 있었거든요.

달리는 시장에 뛰어 오를 수 없었던 그 경험은 실제로 돈을 잃을 때의 경험만큼 괴로운 경험이었나요?

예. 잃을 때보다 더 했어요. 너무 괴로웠죠. 하루는 더 이상 참을 수 없어서 신경안정제를 먹고 정신적 괴로움을 덜어보려 했죠. 그런데 별 효과가 없었어요. 그때 누군가가 "더 센 것을 먹어보지 그래요. 쏘라진(Thorazine) 같은 거 말이에요" 하고 말하더군요.

그래서 집에서 쏘라진을 먹고 일하러 가기 위해 지하철을 탔어요. 내가 지하철에 오를 때 문이 닫히기 시작했는데 그때 쓰러졌죠. 처음엔 쏘라진 때문이라고 생각하지 않았어요. 하여간 난 집으로 비틀거리며 돌아와 현관에 들어서면서 바로 쓰러졌어요. 그만큼 강한 약이었어요. 나는 완전히 녹초가 돼서 결국 그날은 결근을 해야 했죠. 그때가 내 매매경력의 저점이었죠.

패배를 인정하고 어느 시점에서 콩을 다시 매수하지 그랬어요?

그럴 수 없었어요. 잃을까 봐 겁이 났거든요.

조금 전에 연말이 될 때까지 계좌를 64,000달러까지 키웠다고 말씀하셨죠? 콩 매매를 실수했는데도 말이에요. 그 다음은 어떻게 됐나요?

그때쯤 면화 거래소에 종종 갔어야 했어요. 그곳에서 트레이더들이 고함치고 소리지르는 것을 들었을 때 아드레날린이 솟구치더군요. 세상에서 가장 흥분되는 곳이라는 생각이 들었지만 10만 달러가 있어야 참여할 수 있다는 사실을 알게 됐죠. 상품 계좌 말고는 사실상 재산이 전혀 없었기 때문에 나는 자격 미달이었어요.

나는 시장에서 계속 돈을 따서 몇 개월 후엔 10만 달러라는 목표치를 넘어서게 됐죠. 그때 에드 세이코타가 커피를 매수하라고 추천하더군요. 그래서 매수했죠. 하지만 하락을 대비해서 매수가격의 바로 아래에 스톱주문을 넣어놨어요. 시장은 돌아섰고 나의 포지션은 스톱주문이 발동돼서 빠르게 정리됐죠. 하지만 에드는 큰 추세를 따르는 사람이라 스톱주문을 넣지 않았고, 그래서 며칠간 연속되는 하한가에 갇혀 빠져나오지 못했죠.

에드 세이코타는 매일 돈을 잃으면서도 시장에서 빠져나올 수 없었고, 나는 시장을 벗어나 있었죠. 지난번 콩 매매와는 정반대의 상황이었어요. 그때는 에드가 돈을 따며 시장 안에 있었고, 나는 시장에 진입하지 못하고 있었잖아요. 나는 일종의 기쁨 같은 것이 솟구치는 것을 참을 수가 없었어요. 나는 나 자신에게 "다른 사람의 실패에서 큰 기쁨을 얻게 되다니, 도대체 이곳은 어떻게 돼먹은 곳이야?" 하고 묻게 되더군요. 내가 하고 있는 일이 엄청나게 경쟁적임을 인식하게 된 것도 바로 그 시점이었어요. 그런 뒤 나는 뉴욕 면화거래소의 회원 트레이더가 되기로 결정했죠.

거래소 안이 훨씬 더 경쟁적이지 않나요?

음, 그렇게 여길 수도 있지만 아니에요.

거래소 안의 트레이더가 되는 것에 관해서 염려되는 점은 없던가요? 기회 영역을 하나의 시장에 국한시켜야 하잖아요?

그 점이 조금 거슬리기는 했어요. 결과적으로 보면 그때 매우 염려했어야 했는데…. 하지만 거래소 안에서 매매한다는 생각은 나를 매우 흥분시켰죠. 하여간 실상은 이랬어요. 나는 매매를 결정하는 데는 매우 뛰어났지만 주문을 넣는 데서는 완전히 낙제였죠. 나는 너무 숫기가 없고 소심해서 거래소 안에서 내 목소리가 들릴 정도로 충분히 크게 소리 지르지를 못했거든요. 결국 같은 거래소 안의 트레이더인 친구에게 내 주문을 슬그머니 넘겨주기에 이르렀죠. 그 친구가 내 주문을 대신 처리해줬어요. 내가 도대체 무슨 짓을 하고 있는지를 깨닫기까지 그런 상태가 몇 개월이나 지속됐죠.

거래소 안에 있을 때에도 장기적 추세에 입각해서 시장에 접근했나요?

예. 그러나 소심함 때문에 그렇게밖에 할 수 없었죠.

그러니까 많은 날들을 매매하지 않고 보냈다는 얘기군요.

맞아요.

거래소 안에서 얻게 되는 어떤 이점이 있던가요?

아뇨. 내게는 없었지만 그 경험에서 많은 것을 배우기는 했어요. 더 나은 트레이더가 되기를 원하는 사람이라면 누구에게나 거래소에 있어 보라고 권하겠어요. 나도 거기에서 배운 것을 수년간 사용했으니까요.

무엇을 배우셨는데요?

거래소 안에 있으면 잠재의식 속에 시장에 대한 감각이 형성돼요. 트레이더들이 매매하는 곳에서 나는 소리의 크기로 가격변동을 판단하는 법을 배우게 되죠. 예를 들면 시장이 활기를 띠며 가격움직임이 있은 후 곧 조용해지면, 그 움직임에 더 이상 진전이 없으리라는 신호일 가능성이 크죠. 또한 트레이더석(席)이 조금 시끄럽다가 갑자기 매우 시끄럽게 되면 흔히 생각하듯이 시장이 폭발할 준비가 됐다는 신호가 아니라, 실제로는 반대 방향으로 향하는 엄청난 주문이 쇄도한다는 것을 나타내죠.

그러면 어떻게 거래소에서 나와서 그런 종류의 정보를 이용할 수 있었나요? 거래소에서 배운 것들이 나중에 도움이 됐다고 말씀하셨잖아요?

일중차트의 저점과 고점의 중요성을 알게 됐죠. 예를 들면 이른 아침의 1일 고점 같은 것이죠. 일중차트상의 중요한 지점에서 내가 감당할 수 있는 포지션보다 훨씬 큰 포지션을 취할 수 있었어요. 그리고 즉각적으로 효과가 나타나지 않으면 재빨리 빠져나왔죠. 예를 들면 일중차트상의 결정적인 지점에서 내가 유지하기에 여유로운 3계약이나 4계약의 포지션이 아니라, 20계약의 포지션을 취하고 포지션을 시작한 지점과 아주 가까운 곳에 스톱주문을 넣어두는 거예요. 시장이 박차고 나가 질주하거나, 아니면 내가 시장에서 나오게 되는 것이죠. 때때로 단지 10포인트의 위험으로 300에서 400 이상의 포인트를 벌었으니까요. 거래소 안에 있던 경험 때문에 일중차트상의 저점과 고점에 시장이 어떻게 반응하는지 알게 됐죠.

그 당시 나의 매매는 서핑(surfing)과 조금 비슷했어요. 정확한 순간에 파도 위에 올라타려고 했던 거예요. 그런 후에 여의치 않으면 바로 빠져나오고요. 거의 무위험으로 수백 포인트를 따려고 시도했던 거지요. 나중에 거래소에서 나와 책상에 앉아 매매하면서 그 서핑 기술을 사용했었죠. 그 당시는 그 매매 기법이 정말 잘 통했는데, 오늘날의 시장에서는 아닌 것 같아요.

그 이유는 오늘날의 시장이 오르락내리락하는 변동이 심해서인가요?

그렇죠. 그 당시에는 시장이 일중차트상의 저점이나 고점에 도달하면 그 지점을 뚫고 달려 나갈 수 있었고, 그러면 다시 뒤를 돌아보는 일이 없었는데 오늘날은 흔히 되돌아오곤 하죠.

그렇다면 해결책은 무엇인가요?

비법은 매매 횟수를 줄이는 것이라고 생각해요. 가장 훌륭한 매매는 기본적 분석, 기술적 분석, 시장 분위기 이 세 가지 모두가 자신에게 유리하게 작용하는 매매죠. 첫째로 기본적 분석은 수요와 공급의 불균형을 암시해야만 해요. 그 불균형은 시장의 거대한 움직임으로 귀결되죠. 둘째로 차트는 기본적 분석이 암시하는 방향으로 시장이 움직이고 있음을 보여줘야 하죠. 셋째로 뉴스가 나올 때 시장은 움직이고 있는 방향과 적합한 심리적 상태로 반응해야 해요. 예를 들어 상승장은 가격하락을 암시하는 뉴스가 나오면 무시해야 하고, 가격상승을 암시하는 뉴스에는 격렬하게 반응해야 하죠. 만약 이런 조건에 자신의 매매를 한정할 수 있다면 반드시 돈을 따게 되어 있어요. 어떤 시장, 어떤 상황에서도 말이에요.

결국 그런 구속적인 매매방식을 시장 접근방식으로 채택하셨군요?

아뇨. 나는 기본적으로 게임을 너무 즐겼어요. 내가 그런 최적의 매매만을 해야 한다는 것은 알고 있었지만, 매매는 내게 취미이자 스트레스 해소의 역할을 했거든요. 내가 세운 기준보다 매매하는 즐거움을 더 우선시했죠. 하지만 내가 살아남을 수 있었던 이유는 나의 모든 기준을 만족하는 상황이 오면 나는 보통의 다섯 배 내지는 여섯 배 되는 크기의 포지션을 취했기 때문이에요.

모든 이익은 조건을 만족시키는 매매에서 비롯됐나요?

예.

그 외에 다른 매매는 본전치기를 하셨군요?

본전치기를 했지만 내게 재미를 줬잖아요.

상황이 어떻게 진행되는지를 알기 위해 구체적인 사항들을 기록하셨나요?

머릿속에다 했죠. 나의 기준에 부합되지 않는 매매에서 나의 목표는 본전치기였어요. 큰돈은 나의 기준을 충족하는 매매에서 얻게 된다는 사실을 알고 있었거든요. 나의 기준을 충족하는 매매 상황은 언제나 있겠지만 그 수는 점점 줄어들지도 몰라요. 그러니 더 많은 참을성이 있어야겠죠.

왜 그런 매매 상황이 줄어들고 있죠? 시장이 더욱 약아져서인가요?

그렇죠. 내가 초기 시장에 뛰어들었던 그때보다 훨씬 더 많은 전문 트레이더들이 있어요. 그 당시는 에드 세이코타와 아모스 호스테터가 가르쳐준 책략이 있어서 유리한 고지에 있을 수 있었지만 지금은 모든 사람이 그 원리를 다 알고 있고, 매매현장에는 머리 좋은 사람들과 컴퓨터로 가득하잖아요.

초창기 때는 옥수수 시세판을 보다가 가격이 차트상 의미 있는 지점 위로 움직이면 매수하는 거예요. 한 시간 후면 곡물가격을 끌어올릴 사람이 자기 중개인에게서 전화를 받고 매수에 나서게 되죠. 다음날 중개회사는 매수추천을 내서 시장을 조금 더 밀어 올리죠. 셋째 날이면 매도포지션을 취하고 있던 사람들이 백기를 들고 포지션 청산에 나서고, 마지막으로 매수하기에 좋은 때라는 말을 들은 개미들이 새로 들어오게 되죠. 그 당시 나는 출발점에서 매수에 나서는 사람들의 부류에 속했는데, 그 이유는 나는 몇 안 되는 전문 트레이더 중 한 명이었기 때문이었죠. 결국 나는 며칠 후 개미들에게 나의 포지션을 넘기고 시장에서 나오게 되죠.

단기 매매를 말씀하시는 것이로군요. 시장의 큰 움직임을 보고 매매하지는 않으셨나요?

몇 번 장기적인 매매를 하기도 했죠. 하지만 많은 경우 2, 3일 안에 이익을 챙겼어요. 조금 전의 경우와 같은 매매에서 말이에요.

그럼 언제 다시 시장에 들어갔나요?

개미들은 자기들의 포지션을 유지하지 않죠. 왜냐하면 매수타이밍이 잘못 됐으니까요. 그래서 시장이 다시 주저앉게 되고, 나는 그때 다시 들어가게 되죠. 지금은 시장이 차트상 의미 있는 지점을 깨트리자마자 모든 트레이더들이 그 사실을 인지해 버려요.

그러니까 꾸물대며 뒤늦게 따라오는 트레이더들은 더 이상 없다는 얘기군요?

맞아요. 곡물 가격을 끌어올릴 사람이 이미 베팅을 한 상태죠. 개미는 중요하지 않아요. 왜냐하면 그들의 매매 비중은 극소량이니까요.

요즘은 개미들이 직접 매매하지 않고 자기들의 돈을 펀드매니저에게 맡겨 투자하기 때문인가요?

그렇죠. 그리고 설령 개미들이 있어도 그들은 한 계약씩 매매하죠. 펀드매니저들이 수천 계약을 한 번에 매매하고 있을 때 한 계약씩 매매하는 것은 시장으로서는 무의미하죠. 요즘은 거의 역투자[8]자가 돼야 해요. "전문 트레이더들 모두가 이미 들어온 게 사실이야? 그럼 들어올 사람이 누가 남아있지?"하고 자문해봐야 하죠. 전에는 그런 것을 걱정할 필요가 없었어요. 왜냐하면 정보를 늦게 받거나, 반응이 늦은 사람들이 항상 있어서 그들이 뒤늦게 들어오도록 되어 있었으니까요. 요즘은 모두가 빠르고 과단성 있게 행동하죠.

오늘날의 시장은 과거보다 실패한 돌파가 많나요?

그렇죠. 훨씬 더 많죠.

그렇다면 추세를 추종하는 시스템은 시시한 것이 되어버릴 운명에 놓였군요.

나는 그렇게 생각해요. 추세추종의 시대는 끝났어요. 시장에서 다른 모든 것들을 능가하는 특별한 수요공급의 불균형이 없는 한은 끝난 것이죠(이 인터뷰가 있고 얼마 지나지 않은 1988년, 미국 중서부 곡창지대에서 발생한 가뭄은 마커스가 말하는 예외의 완벽한 예가 될 것이다). 다른 예외로는 메이저급 통화팽창이나 수축의 상황이 되겠죠.

다시 말해 모든 것을 압도하는 어떤 매우 강력한 힘이 없다면 추세추종의 시대는 끝났다는 말이군요.

그렇죠.

---

8) 역투자(contrarian investment) : 시장의 우세한 방향과 지배적 견해에 반하여 투자하는 투자방법. 즉 시장이 약세이고 부정적 견해가 지배적일 때 매수에 임하고, 시장이 강세이며 긍정적 견해가 대부분일 때 매도에 임하는 것. 역투자자(contrarian investor)는 가격이 올라갈 것이라고 예측하는 사람들을 이미 매수포지션을 갖고 있는 사람들이라고 보며, 가격이 내려갈 것이라고 말하는 사람들은 이미 매도포지션을 갖고 있는 사람들이라고 간주한다. 따라서 한쪽 견해가 시장에서 지배적일 때, 더 이상 그런 견해로 시장에 참여할 사람이 남아있지 않다고 보고 그 반대의 견해로 베팅을 한다 — 역자 주.

줄곧 오류를 범하기 일쑤인 개미들에 비해 요즘은 전문 머니매니저들이 투기성 매매활동의 더 큰 비중을 차지하잖아요. 그로 인해 지난 5년에서 10년 동안 시장이 변했나요?

시장은 변했어요. 수년간 성공을 거두던 리차드 데니스(Richard Dennis)가 1988년에 자기가 관리하던 펀드의 50퍼센트 이상을 날린 것이 그 증거예요. 추세추종 시스템의 접근방법은 더 이상 효과가 없어요. 추세를 찾아 포지션을 취하는 그 순간, 다른 모든 사람들도 포지션을 취하고, 이후 시장에 들어올 수 있는 남은 사람이 없으니 시장은 다른 방향으로 출렁이며 흔들리죠. 그러면 시장에서 빠져나올 수밖에 없죠.

좋은 추세가 더 이상 많지 않은 이유 중에 하나는 중앙은행들이 환율의 움직임을 통제 불가능하도록 놔두지 않는다는 것이죠. 추세를 반대 방향으로 틀어버리거든요.

항상 그렇게 하지 않았나요?

나는 그렇게 생각하지 않아요. 외국 중앙은행이 소유하고 있는 미 재무부 채권 차트를 보면 지난 몇 년 동안 천문학적인 수치로 올랐다는 것을 알 수 있죠. 외국 은행들이 외국의 개인투자자들로부터 우리나라의 무역 채무를 넘겨받고 있는 것처럼 보이거든요.

매매하는 데에서 그것이 무엇을 의미한다고 생각하세요? 그 이유로 자신의 매매방식에도 변화가 생겼나요?

한동안 외화를 대량으로 매매하곤 했죠. 예를 들면 레이건(Reagan)이 처음 선출된 후부터 달러가 매우 강했던 수년간 나는 내 계좌와 내 회사의 계좌를 합쳐 6억 독일 마르크의 포지션을 취하곤 했어요. 그 당시 달러화로 약 3억 달러에 다다르는 포지션이었죠. 꽤 큰 포지션이었어요. 아마 나도 은행을 포함한 세계의 거대 외환 트레이더들 중에 한 명이었을 거예요.

환율시장은 24시간 시장이라 사람을 매우 지치게 하죠. 잠자리에 들어서도 거의 두 시간마다 일어나 시장을 확인해야 했어요. 호주, 홍콩, 취리히, 런던 등 모든 메이저급 센터가 개장될 때마다 그 센터의 상황을 확인했죠. 이 때문에 결혼생활이 완전히 망가졌어요. 외환시장은 완전히 정치적 상황에 좌우된다는 느낌이 들어서 요즘은 외환시장을 피하려고 하죠. 중앙은행이 무엇을 하려 하는지 판단해야 하니까요.

외환을 활발히 매매하던 시기에 밤에 자다가 일어난 이유는 미국에서 장이 개장되기도 전에 가격의 큰 움직임으로 일격을 당할까 염려해서였겠죠?

예.

처음부터 항상 그렇게 매매했나요, 아니면 여러 번 당해봐서 그렇게 24시간 매매를 하게 됐나요?

여러 번 당해서 신경이 날카로워졌기 때문이죠.

외국의 센터에서 매매함으로 해서 큰 갭을 형성하는 시장 움직임을 피할 수도 있었겠군요?

그렇죠. 예를 들어보죠. 1978년 말로 기억되는군요. 달러가 매일 신저점을 형성하며 난타 당하고 있었죠. 그 당시에는 브루스 코브너(Bruce Kovner)와 직장동료로 서로 협력하며 매매하고 있었어요. 우린 매일 장시간 대화를 나누곤 했는데, 하루는 불가사의하게 달러가 강력해지는 거예요. 알려진 어떤 정보로도 설명될 수 없는 강력한 가격 움직임이었죠. 우리는 손실이 있어도 맹렬히 우리가 매수한 외환을 처분해 버렸죠. 주말에 카터(Carter) 대통령이 강한 달러

정책을 발표하더군요. 만약 미국의 외환시장이 열릴 때까지 기다렸더라면 우리는 전멸 당했을 거예요.

이 경험은 우리가 믿는 원리 중 하나를 잘 묘사하죠. 즉, 정부를 포함한 큰 손들은 항상 정보를 슬쩍 흘려놓는다는 것이죠. 도무지 이해가 안 되고, 우리에게 불리한 엄청난 가격움직임이 나타나면 우리는 주로 먼저 빠져나오고 보죠. 이유는 나중에 찾는 거예요.

저도 그 당시 시장을 잘 기억하고 있어요. 외환 선물시장은 그 발표가 있은 후 며칠을 연달아 하한가로 치달았죠. 시장의 꼭대기 근처에서 정확히 빠져나오셨군요.

우리는 그 매매에서 훌륭한 탈출을 경험했던 거죠. 하여간 내가 강조하고 싶은 점은 유럽의 중앙은행은 미국의 중요한 정책 변화에 대해 일종의 호의 차원에서 통보를 받고, 흔히 미국이 정책을 발표하기 이전에 행동에 나선다는 거예요. 난 그렇게 믿어요. 결과적으로 가격변동은 유럽에서 먼저 나타나게 되죠. 비록 그 가격변동의 원인이 우리에게 있어도 말이에요. 그렇지만 만약 유럽 사람들에 의해 촉발되는 조치가 있다면, 분명 가격변동은 유럽에서 먼저 발생할 거예요. 만약 내 인생을 매매에 모조리 바쳐야 한다면 나는 유럽에서 살고 싶을 거예요.

그럼 다시 아까 하던 이야기로 돌아가서 마커스 씨의 역사에 대해 못다 한 이야기를 마저 하도록 하죠. 거래소의 회원 트레이더를 포기하고 나서는 어떻게 됐나요?

시어손에서 친구로 사귀었던 아모스 호스테터로부터 전화 한 통을 받았죠. 그 당시 그는 코모더티즈 코퍼레이션이라는 회사를 대신해서 얼마간의 돈으로 매매를 하고 있었어요. 아모스가 코모더티즈 코퍼레이션에 트레이더로 들어올 것을 신중히 고려해보라고 하더군요.

그 당시 그 회사는 많은 훌륭한 계량 경제학자들을 고용해서 트레이더로 만들 생각이었어요. 폴 새뮤얼슨 같은 사람들이 이사회의 중역으로 있었어요. 이사회 미팅에서 나를 채용하는 문제가 거론됐죠. 그들은 "그 사람 무슨 논문을 썼지? 어떤 학술지에 발표했어?" 하는 질문을 했어요. 나는 교양학부 학사학위가 전부였는데 말이죠. "마커스는 매매만 하는 사람입니다"라는 말이 그날의 압권이었죠. 모두가 무척이나 우습다고 생각했으니까요.

그렇지만 그들은 매매로 돈 버는 사업을 하고 있었잖아요?

그들은 박사학위가 없으면 진짜로 돈 벌기는 불가능하다고 생각하는 사람들이었어요. 그러나 아모스는 내게 기회를 한번 주라고 그들을 설득했죠. 내가 그들이 고용한 트레이더들 중 박사학위가 없는 첫 번째 사람이었을 거예요. 1974년 8월에 3만 달러를 내게 맡기고는 매매를 시작하도록 했죠. 약 10년 후 나는 그 계좌를 8천만 달러로 바꿔놨어요. 그 10년은 아주 잘나가던 시기였죠.

첫 번째 받았던 3만 달러를 8천만 달러로 부풀렸나요, 아니면 도중에 회사에서 돈을 더 얹어줬나요?

초기 몇 년이 지난 후 회사에서 나에게 10만 달러를 더 얹었어요. 그 후 회사는 항상 돈을 빼갔어요. 그 당시 회사가 확장기여서 회사는 트레이더들에게서 연간 30퍼센트의 세금을 거둬서 확장비용에 충당했죠.

그렇다면 계좌를 현상유지하려면 30퍼센트의 수익을 내야 했다는 말이네요. 마커스 씨의 계좌 성장을 보면 놀라운 수익률을 달성한 시기였군요. 특히나 30퍼센트의 핸디캡 상황에서 말이에요.

수년 동안을 매년 100퍼센트 이상의 수익을 올렸죠.

최고의 해는 언제였나요?

1979년이 최고의 해였어요. 정말 대단한 1년이었죠. 금을 잡았어요. 이놈이 800달러까지 오를 때 말이에요.

상승의 처음부터 끝까지 타고 달렸나요?

뛰어올랐다 내렸다 했죠. 하지만 한 번에 온스 당 100달러씩 상당히 큰 폭을 타고 올랐던 게 기억나는군요. 광란의 시기였어요. 그 당시 호주에서 금을 매수하면 홍콩시장이 10달러 밀어 올리고, 런던 시장이 또 10달러 올리고, 뉴욕 시장이 개장하면 나는 30달러의 이익을 남기고 시장에서 나오곤 했죠.

해외시장에서 금을 사는 게 미국에서 사는 것보다 훨씬 더 이로웠다는 말씀인가요?

그 당시 캘리포니아에 살고 있었기 때문에 유리한 입장에 있었죠. 뉴욕의 동료가 자고 있을 때 난 홍콩시장에서 매매하며 깨어 있었으니까요. TV 뉴스로 아프가니스탄 침략에 관해 들었을 때가 기억나는군요. 사람들이 아는지 어떤지 알아보려고 홍콩에 전화를 했죠. 그런데 아무도 모르는 것 같았어요. 가격에 변화가 없었거든요. 그래서 무슨 일이 벌어지는지 아무도 모를 때 금 20만 온스를 살 수 있었어요.

20만 온스면 2천 계약이군요! 홍콩에서 그렇게 큰 포지션을 감당할 수 있을 만큼 유동성에 문제가 없었나요?

유동성 문제는 없었어요. 내게 그만큼의 물량을 넘겨주더군요. 물론 그 사람들은 그걸로 작살났죠. 지난번에 홍콩을 갔을 때 사람들이 나더러 금 거래소는 방문하지 말라고 하더군요. 아직도 그 사건을 기억하는 사람들이 있다는 거예요.

그 사람들이 거래 상대방이 누군지 알았나보죠?

예, 알았어요.

그럼 마커스 씨가 뭔가 알고 있다고 생각할 수도 있었을 텐데요?

아뇨. 아마 그 사람들은 내가 불쑥 들어와서 금을 싹쓸이 했을 때 날 미쳤다고 생각했나 봐요. 그러고 나서 약 5~10분 후 뉴스가 터져 나오자 모두들 우왕좌왕하기 시작했죠. 나는 즉각 20만 온스의 금에서 온스 당 10달러의 이익을 챙겼죠.

TV 뉴스를 보고 그 정보로 매매를 했다니 믿기 어렵군요.

물론 그렇죠. 그 이전에는 절대 그런 적이 없었어요. TV 뉴스의 정보로 매매를 한 것은 그때가 처음이자 마지막인 유일한 매매였죠. 어쨌건 나도 그런 적이 있어요.

그때 금시장은 수직 상승 후 수직 하락하며 끝마쳤죠. 적기에 빠져나오셨나요?

예. 상승 중 750달러에서 털어버렸죠. 그 후 금이 900달러 근처까지 치솟는 것을 지켜보며 무척 괴로워했지만 나중에 다시 400달러로 주저앉는 것을 보고 기분이 훨씬 나아졌죠.

대체로 아주 잘 빠져나오셨군요. 꼭대기 근처라는 것을 어떻게 아셨나요?

그 당시 우리는 많은 난폭한 시장을 경험하고 있었어요. 내가 시장을 빠져나오는 원칙 중에 하나는 변동성과 탄력성이 완전히 광적일 때죠. 변동성과 탄력성이 광적인지 어떤지를 알아내는 방법 중 하나는 상한가나 하한가의 날들을 살펴보는 거예요. 그 당시 우리는 시장이 연속적으로 수일 동안 상한가로 치닫는 경험을 많이 했었죠. 시장이 3일 연속 상한가에 다다르면 나는 매우 신중해져요. 나는 거의 항상 4일 연속 상한가를 치는 날에 시장을 빠져나왔어요. 그리고 만약 내 포지션의 일정 부분이 어떻게 해서 4일 연속 상한가를 지나쳤다면, 5일째 상한가에서는 반드시 모든 포지션을 정리하도록 강제적인 규칙을 세워놓고 있었죠. 그렇게 변동성이 극심한 때는 시장에서 빠져나오도록 나 자신에게 강제적 조치를 취했어요.

마커스 씨가 돈을 잃는 트레이더에서 매우 성공적인 트레이더로 전환되는 시기는 1970년대 초기에서 중기까지의 상품시장의 거대한 상승기와 맞물려 있군요. 그렇다면 초기 성공 중 얼마만큼이 마커스 씨의 트레이더로서의 기술에서 기인한 것이며, 얼마만큼이 시장 그 자체에서 기인한 것이라고 생각하시나요?

솔직히 말하면 당시는 시장이 너무 좋아서 사서 쥐고만 있으면 돈을 잃고 싶어도 잃을 수가 없었어요. 많은 성공이야기가 그 당시에 생겼죠. 많은 부가 형성되던 시기였어요.

그러나 그들 중 많은 사람들이 자신들의 부를 지키지 못했죠?

사실이에요. 그러나 난 매우 운이 좋았지요. 시장이 다시 어려워지기 시작했을 때 나는 이미 유능한 트레이더로 변모해 있었거든요. 나는 나의 진정한 기술을 획득한 상태였다는 말이죠.

또한 나는 그때쯤 한 시장에 대해 매우 많은 것을 알게 돼서 유리한 입장에 있을 수가 있었죠. 그 시장은 코코아시장이었어요. 나는 핼멋 웨이머(코모더티즈 코퍼레이션의 설립자)로부터 얻은 정보와 도움으로 거의 2년 동안 코코아만 매매했어요. 핼멋은 코코아에 대해 대단한 전문성을 가진 사람이었어요. 그분은 책을 한 권 썼는데, 너무 깊이 있는 책이라 나는 표지도 이해할 수가 없더군요. 또한 사업상 많은 사람들과 친분을 쌓고 있었어요. 핼멋과 그가 친분을 쌓고 있는 사람들을 통해 얻은 지식과 정보로 나는 코코아의 세계를 내가 전에 다른 시장에 대해 알았던 그런 식이 아닌 더 차원 높은 수준으로 안다고 느꼈어요.

코코아만 매매하던 시기가 끝난 것은 분명하네요. 무슨 일이 있었죠?
핼멋이 코코아매매에서 은퇴를 했죠.

핼멋은 마커스 씨만큼 그렇게 성공적인 트레이더는 아니었나보군요?
그냥 이렇게 말해두죠. 핼멋이 준 정보를 가지고 핼멋보다 내가 더 매매를 잘했다고요.

초기에 돈을 잃던 날들을 제외하고 특별하게 충격을 줬던 매매가 있었다면 말씀해주시겠어요?
글쎄요. 나는 잠재적인 위협과 재앙에 내 자신이 사로잡히도록 그냥 두지는 않았어요. 내게 가장 안 좋은 상황은 내가 대량으로 외환을 거래하던 시기에 발생했어요. 나는 그 당시 잘 하고 있었고, 거대한 포지션을 보유할 여력도 있었죠. 한번은 독일 마르크화를 정말 큰 포지션으로 갖고 있었는데 분데스방크(Bundesbank : 독일 중앙은행)에서 들어와 투기꾼들을 혼내주려는 거예요. 나는 이 모든 일이 벌어지던 그 순간에 전화를 넣었고, 약 5분 만에 2백5십만 달러가 날아갔다는 사실을 알게 됐죠. 그래서 그 2백5십만 달러의 손실이 천만 달러로 늘어나는 것을 보지 않으려고 포지션을 정리했는데 시장이 하락분 모두를 회복하더군요. 그것을 바라보며 혼란에 사로잡혔던 경험은 고통스러운 경험이었어요.

포지션을 정리하고 얼마 만에 시장이 회복됐나요?

30분 정도요.

다시 들어가셨나요?

아뇨. 나는 그 시점에는 완전히 무기력 상태였어요.

회상해볼 때 포지션을 정리한 것이 바른 조치였다고 느끼시나요?

예. 그러나 '만약 가만히 앉아서 아무것도 하지 않았다면 2백5십만 달러를 잃지도 않았을 것이고, 아무 일도 없었을 텐데' 하고 생각했을 때는 무척이나 고통스러웠죠.

매매에서 번 돈 중 일부를 다른 곳에 투자하셨나요, 아니면 본인의 매매계좌에 재투입하셨나요?

나는 여러 번 다른 곳에 투자했다가 실패했어요. 그래서 매매에서 번 돈 중에 꽤 많은 돈을 날렸죠. 크게 매매할 때 내게는 매매를 지속하는 이유가 필요했어요. 그래서 돈을 미친 듯이 썼죠. 한번은 집을 열 채 정도 소유한 적도 있었는데, 그 열 채 모두에서 손실을 입었죠. 그중 일부는 하룻밤도 자보지 못하고 팔았어요. 비행기를 전세 냈다 그로 인해 많은 돈을 날리기도 했죠. 결국 어느 시점에서 나는 내가 버는 돈의 30퍼센트는 정부가 가져가고, 30퍼센트는 비행기 유지비에 들어가고, 20퍼센트는 부동산 관리비로 날린다는 것을 깨닫게 됐죠. 그래서 결국 모든 것을 팔기로 결심했어요.

트레이더로서 현명했던 만큼 투자자로서는 순진했군요.

예. 무척이나 순진했죠. 꽤 많은 횟수의 부동산 거래에서 한 번을 제외하고는 모두 돈을 잃었으니까요. 부동산 거래는 캘리포니아에서 많이 했었죠. 어쩌면 내가 매매에서는 따고 투자에서는 잃는, 그런 희한한 차별성을 보이는 살아 있는 유일한 사람일 거예요.

투자에서 그렇게 엉망이었던 이유가 무엇이라고 생각하세요?
모든 일을 감정적으로 처리했어요. 어떤 것도 분석하려 들지 않았죠.

어떤 면에서 보면 초창기 매매할 때 했던 실수를 투자에서 반복하고 있었다고 볼 수 있군요. 아무것도 모르면서 뛰어들어 돈을 잃는 것 말이에요. 어떤 경고음 같은 것이 안 들리던가요? 마커스 씨가 다른 분야에서 돈을 잃는 양태는 어쩌면 자기를 파괴하고자 하는 본능처럼 여겨지는군요.
예, 정말 그래요. 아마 내가 벌었던 돈의 절반 이상을 날렸을 거예요.

그 모든 어리석은 일을 하는 동안 아무도 마커스 씨의 어깨에 손을 얹고 "지금 무얼 하고 있는지 아시는 거예요?" 하고 말하려던 사람이 없었나요?
있었죠. 하지만 직원 중에 누군가가 그런 말을 할 때마다 해고해 버렸어요. 한번은 60~70명가량을 직원으로 고용하고 있던 적도 있었어요. 투자에서 돈을 잃은 것에 더해서 엄청난 인건비를 대야 하는 힘든 일도 해야 했죠. 솔직히 내가 번 돈 중 많은 돈이 그냥 하수구로 흘러들어 갔던 거예요.

투자에서의 손실이 시장에서 매매하며 손실을 입게끔 마커스 씨의 감정에 영향을 미치지는 않았나요? 제가 이 질문을 드리는 이유는 자신의 투자 손실에 대해 매우 담담하게 이야기하시기 때문입니다.
그랬어요. 내가 얼마나 어리석었는지를 깨달았을 때는 정말 고통스러웠죠.

하지만 나는 물질적인 것에 그렇게 매달리지 말아야 한다는 교훈을 배웠어요. 인생교육으로 받아들였죠. 세상의 모든 아름다운 곳에 집을 한 채씩 소유할 필요가 없다는 것도 배웠고요. 호텔에 묵으며 해변을 거닐거나 산길을 오르면 되고, 만약 흥청대고 싶어 정말 안달이 난다면 비행기 한 대를 전세 낼 수도 있겠죠. 그렇지만 살 필요는 없잖아요?

그래요. 정말 일리 있는 말씀이에요. 그러나 내가 이해하는 바로는 만약 매매하며 그와 같은 크기의 돈을 잃었다면 훨씬 더 큰 충격이 됐으리라는 것이죠. 매매에서 돈을 잃었을 때보다 충격을 덜 받은 것은 마커스 씨의 자존심이 다른 사업에는 그리 얽매이지 않았기 때문인가요?

그래요. 확실히 맞는 말씀이에요. 나는 항상 최소한 한 가지에는 뛰어나다고 생각했으니까요. 내가 진짜 잘 하는 유일한 것은 매매인 것 같아요. 매매가 없었다면 구두나 닦으며 살았을 거예요.

훌륭한 트레이더가 되려면 타고난 재능이 있어야 한다고 생각하시나요?

성공적인 트레이더들 중에서도 상위에 속하려면 타고난 기술, 즉 신의 선물이 있어야 한다고 생각해요. 훌륭한 바이올린 연주자 되기와 똑같은 것이죠. 그러나 조금 유능한 트레이더가 되고, 그로 인해 돈을 버는 것은 타고나는 것이 아닌 배워서 얻는 기술이에요.

실패에서부터 최상의 성공까지 매매에서 모든 경험을 해보시니 어떤가요? 어떤 기본적인 조언을 초보 트레이더나, 돈을 주로 잃는 트레이더에게 해주실 수 있나요?

첫 번째로 말하고 싶은 것은 항상 하나의 아이디어에 자본금의 5퍼센트 이상을 베팅하지 말라는 거예요. 그러면 20번 이상 잘못을 저지를 수 있죠. 돈을 다 잃기까지 긴 시간이 걸린다는 얘기에요. 이 5퍼센트 규칙은 하나의 아이디어에 적용된다는 점을 강조하고 싶어요. 만약 서로 연관성이 있는 두 곡물 시장에 각각 매수포지션을 취하고 있다면 그것 역시 하나의 아이디어인 셈이죠.

다음으로 조언을 주고 싶은 것은 항상 스톱을 사용하라는 거예요. 내 얘기는 실제적으로 스톱주문을 넣으라는 것이죠. 왜냐하면 그렇게 함으로써 특정 포인트에서 시장에서 나오도록 자신을 조율할 수 있으니까요.

마커스 씨는 항상 시장에 들어가기 전에 나올 포인트를 설정하시나요?
예. 나는 항상 그렇게 해왔죠. 트레이더라면 반드시 그렇게 해야 해요.

마커스 씨의 경우 주문량이 너무 많아 실제로 스톱주문을 넣을 수 있었을까 하는 생각이 드는데요?
주문량이 많긴 했지만 나의 중개인은 스톱주문을 받아둘 수는 있었죠.

포지션을 취하기 위해 주문을 넣을 때, 포지션을 어떤 상황에서 정리하라는 주문까지 함께 넣으시나요?
예, 틀림없이 그렇게 해요. 그 외에도 만약 포지션을 취하자마자 잘못 취한 포지션이라고 느껴지면 당황하거나 주저하지 않고 생각을 바꿔서 바로 나와버려요.

그러니까 포지션을 취하고 나서 5분 후 그 포지션이 옳지 않았다고 느껴질 때, '이렇게 빨리 나오면 중개인이 나를 바보 취급할 거야'라는 생각 따위를 하지 말라는 것이죠?
예, 바로 그거예요. 만약 자신이 취한 포지션에 대해 확신이 없거나 무엇을 어떻게 해야 할지 모를 때는 그냥 나오라는 것이죠. 언제나 다시 들어갈 기회는 있으니까 의심스러울 때는 그냥 나와서 편안한 밤을 보내면 돼요. 나는 수없이 많은 그런 경험을 했어요. 다음날이 되면 모든 것이 명백해지죠.

때때로 나오자마자 다시 들어가기도 하나요?

예, 주로 그 다음날이죠. 포지션을 가지고 있는 동안은 이성적인 사고를 할수 없지만 시장에서 나오면 다시 명료하게 사고할 수 있게 되죠.

초보 트레이더에게 하고 싶은 다른 조언이 있다면 무엇인가요?

아마도 '따고 있을 때는 포지션을 꼭 붙들고, 잃고 있는 포지션은 손절하라'가 가장 중요한 매매규칙이 될 수 있을 거예요. 둘 다 똑같이 중요하죠. 따고 있는 포지션과 오래도록 함께 가지 않으면 잃는 것에 대한 지불능력이 없어져요.

또한 자신의 관점과 매매원칙을 고수해야 한다는 것이에요. 내게는 재능 있는 트레이더 친구들이 많아서, 나는 자주 나 자신에게 그들의 방식이나 관점으로 매매하면 잃는다는 점을 상기시켜야 하죠. 모든 트레이더는 장점과 단점을 동시에 지니고 있어요. 어떤 트레이더는 따고 있는 포지션을 오래도록 타는 데 능숙하지만 손절이 늦고, 어떤 트레이더는 따고 있는 포지션을 다소 일찍 자르지만 손절이 빠르죠. 자신의 방식을 고수하는 한, 자신의 매매방법의 장단점에 따라 얻을 것은 얻고 잃을 것은 잃게 되죠. 그러나 다른 사람의 방식을 자신의 방식에 접목시키려 하다간 두 방식의 최악의 단점만을 취하게 돼요. 내게 그런 경험이 많았어요.

타인의 아이디어에서 나온 매매에 대해서는 자신의 아이디어에서 나온 매매와 같은 그런 확신이 없기 때문에 문제가 발생하는 것인가요?

맞아요. 결국은 포지션을 쥐고 위험을 감수하는 용기가 필요한 사람은 본인이니까요. '옆집 아저씨가 사니까 나도 샀다'는 식의 포지션을 취했을 때는 용기를 가지고 그 포지션을 적절한 기간 동안 유지할 수 없거든요. 그러니까 처음부터 그런 매매는 안 하는 게 낫죠.

요즘도 시장에 관해 다른 트레이더들과 대화를 나누나요?

그렇게 자주는 아니에요. 트레이더들과 시장에 관해 얘기를 나누고 매매를 하면 주로 잃게 된다는 사실을 오랜 경험을 통해 알게 됐죠. 다른 트레이더들과 얘기할 때 나는 매우 의식적으로 말을 조심하려고 노력해요. 또한 그들의 견해에 과도하게 영향을 받지 않으면서도 그들의 정보를 취하려 노력하죠.

대화의 상대가 매우 유능한 트레이더들인데도 그렇다는 말씀이군요. 자기 자신의 아이디어가 아니면 결국 매매를 망친다는 얘기죠?

그렇죠. 세상은 매우 약아빠졌다는 점을 항상 인식하고 늘 자신에게 "이와 같은 생각으로 시장에 참여할 사람이 몇 명이나 남아 있지?" 하고 질문해봐야 해요. 시장이 그와 같은 생각을 이미 다 반영했는지, 어떤지에 대해서 고려해봐야만 하죠.

그것을 어떻게 측정할 수 있죠?

모멘텀을 표시하는 종류의 고전적인 지표를 사용하거나 시장의 심리상태를 관찰하면 되죠. 연이어 며칠 동안 하락 또는 상승을 했는지, 시장의 심리지표는 얼마인지 등을 살펴보는 것이죠.

시장 심리를 읽는 것이 매매하는 데 도움이 된 좋은 예를 하나 들어주실 수 있나요?

1970년대 말 콩이 상승하던 때의 일화가 가장 고전적인 예로 떠오르는군요.

그 당시 콩은 엄청난 공급부족 상태에 있었어요. 시장을 밀어 올리는 요인 중 하나로 수출 계약과 판매량이 강하다는 것을 보여주는 정부의 주간보고가 있었죠. 나는 무척 많은 양의 콩을 매수하고 있었는데, 코모더티즈 코퍼레이션의 어떤 사람에게서 최근 수출 물량에 관한 전화가 왔어요. 그 사람 말이 좋은 뉴스와 나쁜 뉴스가 있다는 거예요. 그래서 내가 좋은 뉴스가 뭐냐고 물었죠. 그 사람이 말하길 좋은 뉴스는 수출 계약 건수가 환상적이라는 것이고, 나쁜 뉴스는 내가 취할 수 있는 최대한의 크기의 포지션을 취하지 않고 있다는 사실이라는 거예요. 사람들은 시장이 향후 3일간은 상한가로 치달을 거라고 예상하고 있었어요.

실제로 나는 더 큰 포지션을 취하지 않았다는 사실에 대해 다소 우울하게 생각했어요. 그래서 다음날 아침 혹시 운 좋게 시장이 곧장 상한가로 개장되지 않고 얼마간 거래가 있은 후 상한가에 다다를 가능성도 있다는 생각에 장이 열리면 조금 더 매수하라고 주문을 넣어놨죠. 그리곤 재미있는 광경을 보려고 앉아서 기다렸어요. 예상했던 대로 시장은 상한가로 개장되더군요. 그런데 개장 후 얼마 지나지 않아 많은 거래 건수가 기록되는 광경을 목격할 수 있었어요. 시장은 상한가에서 활발한 거래가 이루어지는 것 같더군요. 그리곤 가격이 상한가에서 약간씩 밀리기 시작했고, 곧이어 중개인에게서 나의 주문이 채결됐다는 전화가 왔죠. 그때부터 시장은 아래로 흘러내리기 시작하더군요. 그때 문득 "3일간 상한가로 치고 나가야 되는 콩이 첫날 아침부터 상한가를 지탱하지 못하는구나" 하고 중얼거리게 되더군요. 그리곤 곧장 중개인에게 전화를 걸어 미친 듯이 "매도! 매도! 매도!"라고 소리쳤죠.

포지션 모두를 정리하셨나요?
포지션 모두를 정리했을 뿐만 아니라 너무 흥분해서 내가 얼마나 많은 매도

주문을 넣고 있는지를 셈하는 것도 잊어버렸죠. 그래서 본의 아니게 상당량의 콩 매도포지션을 취하게 됐어요. 그리고 그 매도포지션은 40~50센트 아래에서 환매하여 청산했죠. 그때가 내가 실수로 엄청난 돈을 벌어본 유일한 때였어요.

그와 아주 유사한 상황이 기억나는군요. 면화 값이 상승하던 장이었죠. 가격이 거의 파운드 당 1달러에 육박했었죠. 그때 일은 오늘날까지 기억에서 지워지지 않는군요. 내가 면화의 매수포지션을 취하고 있을 때, 그 주의 수출물량보고서가 나왔는데, 중국으로 50만 베일(bail)의 수출을 알렸죠. 내가 그때까지 봤던 그 어떤 보고서보다 가격상승을 강하게 암시하는 보고서였어요. 그러나 그 다음날 상한가에 장이 개장되지 않고 단지 150포인트쯤 높게 시작하더니 점점 밀리는 거예요. 그날이 정확히 고점을 형성한 날이었죠.

내가 기억하는 다른 재미있는 예를 하나 더 말씀드리죠. 인플레가 매우 심할 때였는데 모든 상품시장들이 마치 발맞춰 행진하는 것처럼 진행됐죠. 하루는 장들이 유독 강한 날이었는데, 거의 모든 시장이 상한가로 치달았어요. 그날 면화는 상한가로 시작하더니 뒤로 밀리면서 미미하게 오른 가격으로 장을 마치는 거예요. 그날이 면화시장의 고점이 형성된 날이었죠. 다른 모든 시장이 상한가에 장을 마쳤지만 면화는 결코 다시 살아나지 못했죠.

시장들이 같은 모습을 보이는데 한 시장만 뒤처질 때, 그 시장을 매도하라는 말씀이군요? 그 시장이 아래로 떨어지기 시작하면 말이에요.

어떤 한 시장이 다른 모든 시장과 비교해서 아주 안 좋게 움직일 때는 분명 아래로 베팅해야 해요. 아무리 좋은 뉴스가 나와도 어느 한 시장만 위로 올라가지 못하면 그 시장에서 매도포지션을 취해야 하죠.

사람들은 시장에 관해 어떤 잘못된 생각을 함으로써 수렁에 빠지게 되나요?

금융시장에서 무능력에 빠지게 되는 주된 원인은 전문가한테 기대서 도움을 받을 수 있다고 믿는 것이에요. 만약 진짜 유능한 전문가를 안다면 그럴 수도 있겠죠. 예를 들어 폴 튜더 존스(Paul Tudor Jones)의 이발사가 돼서 그가 시장에 관해 이야기할 때 주의 깊게 들어보는 것은 나쁘지 않을 거예요. 하지만 대개 전문가라 불리는 이들은 트레이더가 아니죠. 보통 수준의 중개인이 트레이더가 되려면 수백 년은 걸릴 거예요. 다른 어떤 때보다 중개인이 하는 말을 듣고 매매할 때에 더 많은 손실을 입게 되죠. 매매에는 매매자 자신의 직접 참여가 강력히 요구돼요. 자신의 숙제는 스스로 해야 한다는 점을 충고하고 싶군요.

그 외에 다른 잘못된 생각이 있다면 무엇일까요?

시장에 음모가 있다는 어리석은 믿음이죠. 나는 세계적으로 큰손인 트레이더들을 많이 알고 있어요. 자신 있게 말하는데 99퍼센트의 경우 시장이 그 어떤 큰손보다 더 크죠. 시장은 자기가 가고자 하는 곳으로 가게 되어 있어요. 예외가 있긴 하지만 그 예외는 그리 오래 지속되지 않죠.

마커스 씨는 본인의 성공의 많은 부분을 매매원리를 가르쳐준 에드와 아모스에게 돌리고 있는데, 그럼 마커스 씨 자신이 다른 트레이더를 가르쳐본 일은 없나요?

있어요. 내가 함께 일해본 트레이더 중에서 가장 뛰어난 트레이더이며, 친한 친구가 된 브루스 코브너(Bruce Kovner)를 내 최상의 교육 결과로 꼽고 싶군요.

그의 성공에 마커스 씨의 교육이 얼마나 기여를 했으며, 그 자신의 재능은 얼마나 기여를 했다고 생각하시나요?

브루스를 처음 만났을 때 그는 작가이자 교수였어요. 그는 여유 시간이 있을 때 매매를 했지요. 나는 그렇게 짧은 시간에 그렇게 폭 넓은 매매지식을 축적한 그가 경이롭더군요. 브루스를 처음 만난 날이 기억나는군요. 나는 복잡한 개념으로 브루스에게 깊은 인상을 주려 했죠. 그렇지만 그 당시 매매와 시장분석으로 하루 15시간을 보내던 전문 트레이더인 내가 브루스가 이해 못하는 그 무엇도 꺼내 들 수 없었다니까요. 그때 곧바로 그의 재능을 간파했죠.

그건 브루스의 지성과 관계된 것이고, 그가 훌륭한 트레이더가 될 것이라는 점을 나타내는 어떤 다른 특징은 없었나요?

있었죠. 그의 객관적 성격이었죠. 완고한 성격의 소유자는 훌륭한 트레이더가 될 수 없어요. 모든 것을 진정 열린 마음으로 보는 사람이 있다면, 그 사람은 훌륭한 트레이더가 될 수 있는 자질을 갖춘 거예요. 나는 즉각적으로 브루스에게서 그 자질을 발견했죠. 그를 처음 만났던 그 순간에 그가 훌륭한 트레이더가 되리라는 사실을 알았어요.

내가 한 일은 브루스에게 내가 매매하며 얻은 기술과 에드와 아모스가 내게 가르쳐준 매매원리를 전달한 것이었어요. 내 최고의 매매는 내가 브루스와 공동으로 일할 때 발생했죠. 내가 연간 300퍼센트의 수익률을 올리고, 브루스가 1,000퍼센트의 수익률을 올리던 때가 있었어요. 그는 매우 뛰어난 재능을 타고났어요.

트레이더로서 의욕이 상실되는 것을 느낄 때도 있나요?

물론이죠. 1983년경, 매매하면서 나 자신 점점 쪼그라드는 것 같은 느낌을 받았어요. 에너지를 충전할 필요가 있다고 느꼈죠.

매매에서 직감이 중요한가요?

매우 중요하죠. 내가 아는 한 직감이 없는 훌륭한 전문 트레이더는 없어요. 성공적인 트레이더가 되려면 용기도 있어야 해요. 도전해보는 용기, 실패를 감수하는 용기, 성공하려고 노력하는 용기, 상황이 어려워도 계속 나아가는 용기, 이런 용기가 있어야 하죠.

현시점에서 매매 말고 다른 어떤 목표가 있나요?

수년간 가라테를 배우고 있어요. 지금도 꽤 높은 수준에 있지만 검은 띠를 따고 싶어요. 또한 영적인 양식에 관해 연구하고 있는데, 그에 관해 조금 더 하고 싶은 일이 남아있고요.

매우 막연하게 들리는군요. 더 자세히 말하고 싶지는 않으신가 보죠?

구체적으로 말하기에는 참 어려운 문제에요. 이렇게 말해두죠. 알버트 아인슈타인은 가장 중요한 질문이 '우주는 우호적인가' 하고 묻는 것이라고 했어요. 내 생각으로는 모든 사람이 우주가 우호적이라고 마음속으로 느끼는 어느 지점에 도달하는 것이 중요한 듯해요.

마커스 씨는 지금 그 지점에 도달하셨나요?

가까이 다가가 있죠.

하지만 그곳이 마커스 씨가 출발했던 지점은 아니겠죠?

그렇죠. 나는 우주는 비우호적인 곳이라는 생각으로 시작했으니까요.

지금부터 10년, 20년 후에도 자신이 매매를 계속할 것이라고 생각하나요?

예. 그만두기에는 너무 재미있으니까요. 그렇지만 많은 돈을 벌고 싶은 생각은 없어요. 또 부동산에 그냥 꼬라박을지도 모르잖아요.

하루 13시간씩 매매한다고 해도 매매에서 여전히 재미를 느낄 수 있나요?

아뇨. 매매가 삶 그 자체라면 매매에서 얻는 흥분은 고문에 가까운 것이 되겠죠. 그렇지만 생활을 균형 있게 유지하면 매매가 즐거워져요. 이 직업에서 살아남은 성공한 트레이더들 중 내가 봐온 사람들은 모두 빠르게 그 점을 이해했죠. 그 사람들은 균형 있는 삶을 살고 있어요. 매매 외의 여가를 즐기죠. 매매 외에 집중할 다른 어떤 것이 없으면 이 생활을 지속하기란 매우 어려워요. 결국은 과도한 매매를 하게 되고 일시적인 실패에 지나치게 괴로워하게 되죠.

연속해서 매매에 실패할 때는 어떤 조치를 취하시나요?

과거에는 매매에서 연속해 돈을 잃게 되면 싸우기라도 하듯이 더 큰 포지션을 매매해서 잃었던 매매를 상쇄하려 한 적도 있었죠. 그러나 일반적으로 그런 매매 행태가 효과를 보기는 힘들어요. 그래서 이젠 거의 완전히 매매를 그만둘 정도로 매매의 크기를 줄이죠. 물론 그렇게까지 상황이 어렵게 되면 말이에요. 하지만 보통 그런 나쁜 상황은 없어요.

때로는 연속된 실패와 싸워 이긴 적도 있나요?

가끔은요. 내게 승부사 기질이 있어서 그냥 조금 쉬었다면 한결 더 좋았을 상황에서 그렇게 하기가 힘들었죠. 나의 전형적 패턴은 손실을 입으면 그 손실을 만회하려 싸우고, 그로 인해 또 손실을 입고, 그러면 포지션을 줄이거나 때로는 매매를 쉬는 거예요. 돈을 따는 궤도에 다시 오르기까지 말이에요.

얼마 동안 쉬셨어요?

대개 3, 4주 정도였죠.

매매에서 연속 손실을 보는 것은 시장에 동조하지 못해서 그런가요, 아니면 다르게 그 현상을 표현할 방법이 있나요?

결국은 손실이 손실을 낳는 것이죠. 손실을 보기 시작하면 심리적으로 부정적 요인이 자극을 받게 되고, 그러면 비관적으로 흐르게 되거든요.

마커스 씨만큼 성공한 트레이더는 매우 드문 게 사실입니다. 본인의 무엇이 자신을 다른 트레이더와는 다르게 만들었다고 생각하나요?

전 편견이 없는 사람이에요. 감정적으로는 받아들이기 힘들어도 옳다고 생각되는 정보는 기꺼이 수용하죠. 나보다 훨씬 더 빨리 돈을 벌었지만 결국 다 뱉어내고야 마는 사람들을 봤어요. 그들은 잃기 시작하면 좀처럼 매매를 멈추지 못하더군요. 연속해서 손실을 보는 안 좋은 상황이 내게 발생하면 나는 나 자신에게 "더 이상 매매하면 안 돼!"라고 말할 수 있었어요. 시장이 나의 기대와 반대로 움직일 때 나는 "이 포지션으로 많은 돈을 벌기를 바랐지만 생각대로 안 되는군. 이제는 그만 포지션을 정리하는 거야" 하고 항상 말할 수 있었죠.

자신의 자산을 매일 기록하시나요? 자산 변동을 그래프로 그리나요?

과거에는 자주 그렇게 했죠.

그게 도움이 됐나요? 자신의 자산이 변동하는 모습을 그래프로 그리는 것이 트레이더들에게 도움이 된다고 생각하세요?

예, 그렇게 생각해요. 자산 변동의 추세가 아래쪽이라면 매매를 줄이고 재평가해보라는 신호로 받아들여야 해요. 또한 돈을 땄던 것보다 훨씬 빠른 속도로 잃고 있는 자신을 발견한다면 경고로 받아들여야 하죠.

마커스 씨가 주의를 기울여 듣는 조언자가 있다면요?

내가 좋아하는 마켓레터로 캘리포니아 기술 주 소식지(California Technology Stock Letter)를 들고 싶어요. 주제에 대한 깊은 이해와 기지의 풍부함, 그리고 쉽게 이해할 수 있는 문체가 돋보이죠. 또한 마티 츠바이크(Marty Zweig)의 마켓레터와 리차드 러셀(Richard Russell)의 마켓레터도 좋아해요.

제가 인터뷰한 트레이더들 중 많은 사람들이 츠바이크를 언급하더군요.

마티 츠바이크의 마켓레터에는 언제나 가치 있는 무언가가 발견되죠. 츠바이크는 매우 견실한 사람이에요.

언급하신 마켓레터로 볼 때 주식도 매매하신다고 간주해도 될 것 같군요. 주식을 매매하신 지는 얼마나 됐나요?

2년 정도 됐어요.

주식을 매매할 때와 선물을 매매할 때가 어떻게 다른가요?

주식을 매매할 때는 참을성이 더 필요해요.

주식 선택의 과정이 선물을 매매할 때 하는 과정과 다른가요?

아뇨. 차트와 기본적 분석 그리고 시장반응을 보고 결론을 도출하려 하죠. 내 생각에 그것만 있으면 어떤 시장에서도 매매할 수 있을 것 같아요.

특정한 종류의 주식에 중점을 두고 매매하시나요?

다우 주식은 매매하지 않아요. 소형주를 선호하죠. 왜냐하면 소형주는 서로 물어뜯으며 잡아먹고 먹히는 상어 떼같이 구는 거대한 전문 트레이더들에 의해 지배되지 않거든요. 기본원리는 독일의 마르크화보다 호주 달러를 매매하는 것이 낫고, 다우의 대형주보다 장외시장의 소형주를 매매하는 게 낫죠.

주식에서 기본적 분석으로 보는 것은 무엇인가요?

인베스터즈 데일리(Investor's Daily) 지(紙)에 나오는 것들을 잘 활용해요. 주당순이익(EPS)[9] 같은 거요(주당순이익 순위는 한 주식의 주당순이익의 성장을 다른 모든 주식의 주당순이익의 성장과 비교하여 매긴다. 주당순이익에 관한 더 자세한 사항은 윌리엄 오닐(William O'Neil)과 데이빗 라이언(David Ryan)의 인터뷰에서 읽을 수 있다). 나는 주당순이익과 시장점유 잠재력에 대한 나의 직관을 결합하죠. 만약 한 회사가 이미 세상에서 점유할 수 있는 시장은 다 점유했다고 했을 때, 그 회사의 높은 주당순이익은 별로 중요하지 않아요. 하지만 주당순이익이 성장하고 있고, 여전히 시장 잠재력이 크다면 상황은 훨씬 더 매력적이죠.

또한 PER[10]을 주당순이익과 연계하여 관찰하기를 좋아해요. 다시 말하면 강력한 순이익의 성장패턴을 보여주는 회사를 찾되, 시장이 그런 순이익 성장패턴에 대해 얼마나 값을 지불하고 있는가 하는 점도 알고 싶다는 것이죠.

그러니까 높은 주당순이익과 낮은 PER을 원하신다는 것이군요.

---

9) 주당순이익(EPS : earnings per share) : 비용과 세금을 지불하고 남은 수익의 총액을 발행한 보통 주식 수로 나눈 값 — 역자 주.

10) PER(주가수익률 : price/earnings ratio) : 주가(price)를 주당순이익(EPS)으로 나눈 값. 이 비율이 높으면 기업의 이익에 비해 주식이 고평가 됐음을 뜻하며, 반대일 때는 주식이 저 평가됐다는 말이 된다. PER은 "피이알"이라고 발음해야 하나 우리나라에서는 때때로 "퍼"로 발음하기도 한다 — 역자 주.

그렇죠. 높은 주당순이익에 낮은 PER은 최상의 콤비라고 할 수 있죠. 컴퓨터로 그 둘을 결합하여 아주 훌륭한 시스템을 만들어낼 수 있다고 알고 있어요.

상대강도(Relative Strength)는 어떤가요? 인베스터즈 데일리에서 중요하게 다루는 지표잖아요(상대강도지표 : 한 주가의 변화의 강도를 다른 주가의 변화와 비교하여 나타내는 것).

그게 그렇게 도움이 된다고 생각하지는 않아요. 상대강도는 주식이 이미 이뤄놓은 것을 나타내죠. 어떤 주식이 높은 상대강도수치를 나타낼 때는 이미 그 주식을 살 사람은 다 샀음을 암시하는 경우가 흔하죠.

그 외에 주식에서 보는 것이 있다면 무엇인가요?

기간산업을 살펴보죠. 예를 들면 현재(1988년 5월), 나는 유조선 운임이 오르리라고 생각해요. 따라서 해운업 종목이 오를 것이라고 보죠.

무슨 이유 때문이죠?

수요와 공급 때문이죠. 유조선 운임은 상품가격과 흡사해요. 전통적인 순환 패턴을 보이죠. 운임이 오르고 돈 버는 사람이 많으면 사람들은 많은 배를 만들죠. 그러면 다시 운임은 내려가요. 결국 배들은 다시 고철로 해체되고, 그러면 다시 운임은 상승하죠. 수년 동안 운임이 너무 낮았어요. 그래서 매년 매우 많은 유조선이 고철로 해체됐죠. 따라서 지금은 다시 운임이 상승하는 순환기로 들어서고 있어요.

계좌의 크기가 커지면 매매는 더 어려워지나요?

그렇죠. 왜냐하면 매매할 수 있는 시장의 수가 줄어들기 때문이죠. 상대해줄 큰손의 전문 트레이더를 만나야 하니까요.

**제각각인 여러 종류의 시장들이 다 같이 공유하는 성질이 있다면 그것은 무엇일까요?
예를 들어 옥수수를 매매하듯 채권을 매매할 수 있나요?**

한 시장에서 매매할 수 있다면 어느 시장에서나 매매할 수 있다고 생각해
요. 원리는 같으니까요. 매매는 감정이죠. 탐욕과 불안으로 정의되는 군중심리
에요. 이는 모든 상황에 다 똑같이 적용되죠.

대부분의 훌륭한 트레이더들에게 초기의 실패는 예외가 아니라 관례였다.
장기간에 걸쳐 놀라운 성과를 냈지만 마이클 마커스도 자신의 매매인생을 연
속된 손실로 시작했다. 더구나 그는 한번이 아니라 여러 번 빈털터리가 됐었
다. 이것이 시사하는 바는 초기의 매매 실패는 무엇인가 잘못하고 있음을 나타
내는 신호이지 궁극적 실패나 성공을 예견하는 것이 아니라는 점이다.

내가 특히 흥미롭게 느낀 것은 여러 번 매매에서 고통스러운 손실을 봤음에
도 실제로 마커스의 가장 절망적 경험은 이익을 주는 포지션을 성급히 정리한
때였다는 점이다. 큰 이익을 얻을 가능성이 있는 매매를 십분 활용하는 것은
트레이더의 정신건강에도 중요할 뿐만 아니라 궁극적 승리의 결정적 요인인
것이다. 인터뷰에서 마커스는 이익이 나는 포지션을 이익이 나도록 가만히 놔
두는 것은 모든 면에서 손실을 빠르게 자르는 것만큼이나 똑같이 중요하다고
강조했다. 지금 그의 말을 다시 반복해본다. "따고 있는 포지션과 오래도록 함
께 가지 않으면 잃는 것에 대한 지불능력이 없어져요."

마커스는 쓰라린 경험을 통해 과도한 매매의 위험에 관해 배웠다. 한 예로
(옥수수 병충해가 없던 해의 곡물매매), 그는 매우 작은 자본에서 3만 달러까지 부풀
렸던 계좌를 한 번의 매매에 모든 돈을 베팅하여 거의 다 날려버렸다. 그는 목
재 시장에서 같은 실수를 다시 범하여 재앙의 문턱까지 갔다가 가까스로 탈출

할 수 있었다. 이런 경험들은 마커스의 매매철학에 엄청난 영향을 미치게 됐다. 평범한 트레이더들에게 조언을 해달라는 요청을 받았을 때, 마커스가 첫째 규칙으로 절대 자본금의 5퍼센트 이상을 한 번의 매매로 날리지 말라고 언급한 것은 이런 그의 경험에서 기인한 것이다.

과도한 매매를 하지 말 것에 추가하여 마커스는 매매 때마다 포지션을 정리하는 포인트를 지정해두는 것이 얼마나 중요한지 강조했다. 그는 손절을 위해 스톱주문을 넣어두는 일이 매우 중요하다고 생각하는데, 그 이유는 스톱주문을 넣어둠으로 해서 트레이더는 자기와의 약속을 이행하게 되는 것이다. 그는 또한 돈을 잃고 있고, 혼란스러워서 시장에 대해 결정을 내리지 못할 때 포지션을 정리하여 명료한 정신을 되찾을 것을 권고했다.

마커스는 트레이더로서 자기 자신의 생각을 추구하는 것이 필요하다는 점도 강조했다. 다른 사람의 조언을 따르다 보면, 설령 그 사람이 훌륭한 트레이더일지라도 그 사람의 약점과 자신의 약점을 결합하여 매매에 적용하는 문제가 야기될 수 있다고 말했다.

끝으로 마커스는 자기 자신이 공격적인 트레이더면서도 매매를 결정하는 데서 제한적인 것이 좋다고 굳게 믿었다. 그는 모든 중요한 요인들이 한 방향을 가리키는 매매기회를 만날 때까지 기다리라고 조언했다. 그렇게 함으로써 각각의 매매에서 성공할 수 있는 가능성을 크게 확대시키게 되는 것이다. 조건이 조금밖에 좋아 보이지 않는 상황에서 많은 매매를 하는 것은 매매에서의 성공을 위한 것이라기보다는 즐거움을 위한 것이라고 볼 수 있는 것이다.

Bruce Kovner _ 브루스 코브너

세계적 트레이더

　현재 브루스 코브너를 은행간 통화시장과 선물시장에서 세계에서 가장 큰 손의 트레이더라 생각해도 별 무리는 없을 것이다. 1987년 한 해 동안 그는 3억 달러를 초과하는 수익을 자신과 자신의 펀드에 투자한 운 좋은 사람들에게 남겼다. 지난 10년 동안 코브너는 연평균 87퍼센트의 복리이윤이라는 놀라운 수익을 달성했다. 1978년 초기에 코브너에게 2,000달러를 투자했다면 10년 후 백만 달러가 넘는 돈으로 부풀게 되는 것이다.

　자신의 경이로운 실적과 거대한 매매의 크기에도 코브너는 자신의 인지도를 놀랍도록 낮게 유지하는 데 성공했다. 그는 모든 인터뷰 요청을 단호히 거절하며 언제나 자신의 개인적 삶이 침해되는 일이 없도록 행동했다. 그는 "내가 이 인터뷰를 왜 허락했는지 궁금하실 거예요"라고 내게 말했다. 사실 나도 그것이 궁금했지만 그 질문을 끄집어내고 싶지는 않았다. 나는 그의 동의를 나에 대한 신뢰와 믿음을 반영하는 것으로 간주했다. 왜냐하면 7년 전 코머더티즈 코퍼레이션에서 나는 애널리스트로, 그는 회사의 주요한 트레이더 중 한 사람으로서 일하며 우리들의 인생행로가 잠시 교차한 적이 있었기 때문이다.

코브너는 "대중에게 조금 알려지는 일을 피할 수는 없을 것 같아요. 얘기가 왜곡되고 상상으로 지어낸 것이 대부분이거든요. 이 인터뷰가 최소한 하나의 정확한 기록을 남기는 데 일조할 것으로 생각되는군요"라며 말을 이어갔다.

코브너는 우리가 직관적으로 떠올릴 수 있는 수십억 달러의 액면가치 포지션을 매매하는 트레이더의 전형적 이미지와 전혀 어울리지 않는다. 그의 예리한 지성과 편안한 몸가짐은 높은 레버리지의 통화시장과 선물시장의 거대 트레이더라기보다는 대학교수의 이미지를 더 많이 떠올리게 했다. 실제로 코브너는 대학교수로 그의 직업적 경력을 시작했다.

코브너는 하버드대학을 졸업한 후 하버드대학과 펜실베이니아 대학에서 정치학을 가르쳤다. 그는 가르치는 일을 좋아하기는 했지만 학자로서의 삶에 열정적으로 파묻힐 수는 없었다. "아침이면 항상 하얀 백지를 마주하고 뭔가 기발한 것을 쓰려고 애써야 하는 생활이 즐겁지는 않았어요" 하고 그는 말했다.

1970년대 초기, 코브너는 자신도 후에 선거에 나서보려는 의도로 여러 선거운동에 운영자로 참여했으나 정치자금도 부족하고 위원회에서 정치적 출세를 꾀하고자 하는 욕망도 사라지고 해서 정치를 그만뒀다고 한다. 그는 그 당시 여러 주(州)정부 기관과 연방정부 기관의 자문역으로 일하기도 했다.

정치를 그만두고 자신의 천직을 고민하던 코브너는 1970년대 중반 금융시장으로 눈을 돌리게 된다. 그는 자신이 받은 경제학과 정치학 교육이 금융시장에서 활동하는 데 적절한 배경으로 작용하리라고 믿었다. 또한 매매를 판단하기 위해 세계를 분석하는 일을 한다는 생각이 매우 마음에 들었다. 약 1년 동안 코브너는 시장분석과 그에 관계되는 경제학 이론을 연구하는 데 푹 빠지게 된다. 그는 손에 닿는 모든 것들을 읽었다.

코브너가 특히 집중적으로 연구한 분야는 금리이론이었다. 그는 "수익률곡선과 사랑에 빠졌죠"라고 말했다(수익률곡선은 정부가 발행한 채권들의 수익률과 그 채권들의 만기일까지 남은 기간과의 관계를 나타낸다. 예를 들어 미 재무부 발행의 5년 만기 채권의 수익률이 미 재무부 발행의 1년 만기 채권의 수익률보다 높은 경우와 같이, 만약 만기까지 시간이 오래 남은 채권이 만기까지 시간이 더 적게 남은 채권보다 높은 수익률을 제공한다면 수익률 곡선은 그래프에서 상승 기울기를 나타낼 것이다).

코브너가 금리시장을 연구한 때는 금리선물시장이 열려 금리선물의 매매가 시작된 지 몇 해 안 되던 때였다. 그 당시 금리선물시장은 비교적 정교하지 못했고, 오늘날은 차익매매자(arbitrageur)들에 의해 금방 사라질 가격 왜곡이 장기간 지속됐다. 코브너는 "금리선물시장이 시티은행이나 솔로몬 브라더스 사(社)에는 그다지 중요하지 않았지만, 내겐 무척 중요했죠"라는 말로 그때의 상황을 설명했다.

코브너가 발견한 중요한 왜곡은 만기가 다른 선물들 사이에서의 가격차이(price spread)와 관계된 것이었다. 선물은 특정 달의 어느 날을 만기일로 정하고 거래된다(예를 들면 3월, 6월, 9월, 12월의 어느 날을 만기일로 정하면 4개의 선물 계약이 거래되는 것이다). 경제 순환의 일반적 현상을 고려할 때 금리이론은 근 월의 선물(예를 들어 3월 물)이 그보다 더 이후의 선물(예를 들어 6월 물)보다 더 높은 가격(더 낮은 수익률)으로 거래돼야만 하는 것이다. 코브너는 가장 최근 월의 두 선물은 실제로 이런 관계를 반영하려는 경향이 있지만 더 이후의 선물들은 이런 가격차이가 거의 없이 흔히 매매가 이루어진다는 점을 발견하게 됐다. 그의 첫 번째 매매는 최근 월보다 먼 금리선물을 사고 그보다 더 먼 금리선물을 파는 것이었다. 이는 시간이 지남에 따라 매수한 선물이 최근 월 물이 되면 두 선물 사이의 가격차이가 더 벌어지리라고 기대한 데 기인한 매매였던 것이다.

그의 첫 번째 매매는 교과서 이론대로 성공했고 그는 트레이더로서 황홀경에 빠졌다. 그의 두 번째 매매 또한 동일 시장 내의 스프레드였다[동일 시장 내의 스프레드(intra-market spread) : 한 시장에서 어떤 선물을 매수하고, 매수한 선물과 만기가 다른 어떤 선물을 매도하는 것]. 이번에는 근 월의 구리 선물을 사고, 더 먼 선물을 판 것이다. 이는 공급부족으로 인해 근 월의 선물이 더 먼 선물보다 상대적으로 더 오르리라는 기대 때문이었다. 그의 생각이 결과적으로는 옳은 것으로 드러났지만 그의 매매는 너무 성급했고, 그는 이 매매에서 돈을 잃게 된다. 이 두 번의 매매 결과로 그의 3,000달러 계좌는 약 4,000달러로 불어나게 됐다.

-- *interview*

나는 세 번째 매매에서 이 직업의 진정한 매력에 빠져들게 됐죠. 1977년 초, 콩시장에 명백한 공급부족이 보이기 시작했어요. 수요가 넘쳐나는 시장이었죠. 매주 분쇄량(crush)은 기대보다 높았는데 아무도 그 수치를 믿지 않았어요[분쇄량(crush)은 콩가루나 콩기름으로 사용하기 위해 가공되는 콩의 총량을 말함]. 나는 7월/11월 스프레드를 주의 깊게 보고 있었죠[7월/11월 스프레드 : 오래된 작물인 7월 선물과, 새 작물인 11월 선물의 가격차이]. 나는 콩이 곧 모자랄 것이라고 내다봤고, 새 작물인 11월 선물에 대한 오래된 작물인 7월 선물의 프리미엄이 확대될 것이라고 생각했죠. 7월/11월 스프레드는 7월 물에 60센트 가까이의 프리미엄으로 좁은 박스권을 형성하며 거래되고 있었어요. 나는 박스권 바로 아래인 45센트 프리미엄 근처에서 쉽게 손절하고 빠져나올 수 있으리라고 생각했어요. 그 당시에는 스프레드가 얼마나 변동성이 심해질 수 있는지를 잘 몰랐죠. 나는 60센트 근처에서 스프레드 하나를 매수했죠[7월 물을 매수하고, 동시에 11월 물을 매도함]. 그러자 스프레드가 70센트로 벌어지

더군요. 그래서 스프레드를 하나 더 매수했죠. 그 후 계속해서 포지션을 늘렸
어요.

얼마나 큰 포지션으로 만들었나요?

결국은 약 15계약의 포지션으로 만들었지만 그 전에 중개회사를 옮겨야 했
죠. 내가 처음 매매를 시작했을 때는 조그마한 중개회사에다 계좌를 열고 있었
어요. 오래 전 거래소 회원 트레이더였던 회사 사장은 매일 매매 현황을 점검
했는데, 내가 무얼 하고 있는지를 알아차린 거예요. 그때는 포지션을 10에서
15계약 정도의 크기로 키워놓은 상태였죠. 선물 한 계약의 증거금은 2,000달
러였는데, 스프레드의 증거금은 400달러에 불과했어요.

사장은 "코브너 씨가 갖고 있는 스프레드 포지션은 스프레드가 아니라 매수
만 한 포지션처럼 움직입니다. 그래서 증거금을 계약 당 400달러에서 2,000
달러로 올려야겠습니다" 하고 말하더군요[스프레드 증거금은 매수 또는 매도
만 할 때 필요한 증거금보다 작은데, 그 이유는 매수 또는 매도만 있는 포지션
은 스프레드 포지션보다 훨씬 더 변동성이 크다는 점을 반영해서이다. 즉 스프
레드에서는 매수한 계약이 매도한 계약의 가격변동을 최소한 부분적으로 상쇄
할 것이기 때문이다. 그러나 공급이 부족한 상황에서 7월 콩 매수와 11월 콩 매
도와 같은 동일 작물의 스프레드 포지션은 매도만 했거나 매수만 한 포지션과
변동성이 거의 같아질 수도 있다].

사장은 코브너 씨가 가진 포지션의 위험에 대해 꽤나 염려가 됐나 보군요?

그렇죠. 내가 매수만 있는 포지션과 거의 같은 작용을 하는 스프레드 포지
션을 단지 400달러의 증거금으로 갖고 있다는 점에 대해 염려했었죠.

사장에게 실제로 일리가 있었다고 생각되는군요.

사장이 옳았지만 나는 화가 났어요. 그래서 계좌를 다른 회사로 옮겨버렸죠. 그 회사 이름은 말하고 싶지 않군요. 이유는 인터뷰가 더 진행되면 알 수 있을 거예요.

사장이 공정하지 않다고 생각하셔서 화가 나셨나요?

내가 사장이 공정하지 않다고 생각했는지 어땠는지는 기억이 잘 안 나는군요. 하지만 그가 나의 목적에 방해가 된다는 사실만은 분명하게 알았죠. 나는 내 계좌를 큰 중개회사로 옮겼고, 별로 유능하지 않은 사람이 나의 중개인이 됐죠. 시장은 계속 상승했고 나는 포지션을 계속 늘렸어요. 2월 25일에 처음 스프레드를 매수해서 4월 12일 내 계좌는 35,000달러까지 성장했지요.

시장이 상승할 때 그냥 포지션을 늘리기만 했나요, 아니면 어떤 계획에 따라 매매 했나요?

계획이 있었어요. 어떤 특정 수준으로 시장이 오르고 다시 지정 범위만큼 물러나면 스프레드 수를 1개 늘렸죠. 내가 포지션을 늘렸던 것은 문제가 아니었어요.

시장은 연속 상한가가 며칠씩 계속되는 기간으로 들어서더군요. 4월 13일 시장은 다시 신(新) 고가를 경신했어요. 시장의 동요는 대단했죠. 그때 내 중개인이 집에 있는 나에게 전화해서는 "콩이 달나라로 가고 있어요. 7월 물이 상한가를 향해 치닫고 있고, 11월 물이 그 뒤를 따르고 있는 듯이 보여요. 11월 물의 매도분을 그대로 두는 것은 바보짓이에요. 제가 11월 매도분을 정리해 드릴까요? 앞으로 며칠 간 시장이 상한가로 달리면 더 큰 돈을 벌 수 있잖아요!" 하고 말하더군요. 나는 그 말에 동의하고 매도분을 정리했죠.

모두 말인가요?

모두 정리했죠(이때 코브너는 크게 웃었다).

순간적 충동에 의한 결정이었나요?

순간적으로 정신이 나갔던 것이죠. 15분 후 내 중개인에게서 다시 전화가 왔는데, 극도로 흥분해 있었어요. 그는 "이 말을 어떻게 해야 할지 모르겠는데 요, 시장이 하한가로 폭락했어요. 빠져나오게 해 드릴 수나 있을지 모르겠어 요" 하고 말하더군요. 나는 완전히 충격을 먹고, 날 빼내라고 그에게 고래고래 고함을 질렀죠. 시장은 하한가에서 조금 물러났고 난 그때 빠져나올 수가 있었 어요.

하한가에 포지션을 정리하셨나요?

하한가 조금 위에서요. 손실의 크기란 이루 말할 수 없었어요. 11월 매도분 을 정리하고 7월 매수분만으로 포지션을 갖췄을 때 내 계좌는 약 45,000달러 크기였어요. 그날이 끝났을 때 22,000달러가 계좌에 남더군요. 또한 나는 정 서적 쇼크 상태에 빠졌어요. 나 자신이 그토록 어리석었다는 사실이 믿기지 않 더군요. 시장을 수년간 연구하고도 시장을 그토록 이해하지 못하는 나 자신을 믿을 수 없었죠. 며칠간 속이 매스꺼워서 먹지도 못했어요. 나는 트레이더로서 의 내 경력은 끝났다고 생각했죠.

시작할 때 3,000달러였던 것을 생각하면 22,000달러의 계좌는 여전히 성장해 있는 거잖아요. 전체적 시야로 보면 여전히 괜찮은 성적이 아닌가요?

분명 괜찮은 성적이죠. 하지만….

정신적 고통의 원인은 잃은 돈 때문인가요, 아니면 그런 실수를 한 자신의 어리석음 때문이었나요?

돈하고는 전혀 상관없었어요. 시장에 시련이 엄연히 존재한다는 사실을 깨달았기 때문일 거예요. 그전까지 3,000달러를 45,000달러로 키우며 한 순간도 고통을 겪어보지 못했거든요.

시장이 위로 뻗어 오를 때 '이거 누워 떡 먹기군' 하고 생각하셨나요?

실제로 누워서 떡 먹기였어요.

시장이 언젠가는 다른 방향으로 돌아설 수 있다는 가능성에 대해 생각해 보지는 않으셨나요?

안 해봤어요. 하여간 분명한 것은 시장이 극도로 동요할 때 스프레드 포지션의 매도부분을 정리한 나의 결정은 위험을 완전히 무시한 행위였다는 것이죠. 내가 그토록 화가 났던 이유는 내가 갖추고 있다고 생각한 이성적 사고를 잃어버리고 말았다는 자각이 있었기 때문이에요. 그때서야 시장은 내게 줬던 모든 돈을 같은 속도로 모두 되가져 갈 수 있다는 진실을 깨닫게 됐죠. 그 경험은 내게 매우 강력한 인상을 남겼어요. 실제로 22,000달러를 갖고 시장에서 나올 수 있었던 것도 내게는 엄청난 행운이었어요.

그날 빠르게 행동하셔서 그나마 엄청난 재앙을 피할 수 있었다고 여겨지는군요.

물론이죠. 그날 이후 시장은 올라온 속도와 같은 속도로 아래로 곧장 곤두박질쳤죠. 아마 내가 매도분을 정리하는 어리석은 실수를 범하지 않았다면 시장을 타고 끝까지 내려가는 다른 종류의 실수를 범했을지도 모르죠.

스프레드는 어떻게 됐나요?

스프레드도 무너졌어요. 결국은 내가 처음 사기 시작했던 그 수준보다 아래로 내려갔죠.

시장과 스프레드가 고점을 형성한 날 포지션을 정리하셨잖아요. 그렇다면 포지션을 모두 정리해야 하는 그와 같은 치명적인 실수를 범하지 않았다 해도, 결국엔 어쨌거나 이익의 일정부분을 내어주게 됐으리라고 생각되는군요.

아마 그랬을 거예요. 그러나 내게 그때의 매매는 파산으로 향하는 매매였어요. 파산에 가장 가깝게 다가간 때였죠. 그리고 심리적으로는 이미 파산했다고 느꼈어요.

그때의 매매가 코브너 씨가 한 매매 중 가장 고통스러운 매매였나요?

예. 다른 어떤 매매보다 극심한 고통을 안겨준 매매였죠.

실제로 그 매매로 상당히 많은 돈을 땄어도 말이죠?

그 매매로 나의 돈을 약 6배로 불리게 됐죠. 물론 제정신이 아니게 큰 레버리지를 이용해서 말이에요. 내 포지션이 얼마나 위험한지를 이해하지 못했죠.

중개인이 전화해서 시장이 하한가로 폭락했다고 말하자마자 모든 포지션을 정리한 것은 공황상태에 빠졌기 때문인가요, 아니면 자신에게 위험관리에 대한 본능적인 감각이 있었기 때문이었다고 생각하나요?

글쎄요. 그 당시 나는 자제하는 마음가짐이 내게 있다고 생각했는데, 그걸 다 날려버렸구나 하는 자각에 직면하게 됐죠. 오늘날에도 나는 어떤 것이 내 마음의 평정과 세상이 어떻게 돌아가고 있다는 데 대한 나의 감각을 어지럽히면 그와 연관된 모든 포지션을 정리해버려요.

최근에 그런 적이 있었나요?

1987년 10월 19일이요. 주식시장의 붕괴가 있던 주간이었죠. 나는 내가 이해 못하는 무언가가 세상에서 일어나고 있다 느끼고, 10월 19일과 20일에 걸쳐 모든 포지션을 정리했죠. 매매에서 첫째 규칙은 이해할 수 없는 이유로 많은 돈을 잃게 되는 상황에 빠지지 말라는 거예요. 물론 그 외에도 매매에서 첫 번째 규칙이 될 수 있는 것들은 많이 있겠지만요.

다시 코브너 씨가 콩 스프레드를 매매했던 시점으로 돌아가 보죠. 그 일이 있은 뒤 언제 다시 매매를 시작하셨나요?

거의 한 달 후에요. 그리고 몇 개월 후 계좌를 다시 약 40,000달러로 키웠죠. 그때쯤이었어요. 코모더티즈 코퍼레이션에서 트레이더 보조자를 구한다는 광고를 보고 지원하게 됐죠. 마이클 마커스가 그가 늘 하는 특유의 방식으로 면접을 봤어요. 몇 주 후에 마커스가 코모더티즈 코퍼레이션으로 나를 다시 부르더군요. 마커스는 "좋은 소식과 나쁜 소식이 있어요. 나쁜 소식은 우리 회사는 댁을 트레이더 보조자로 뽑지 않겠다는 거예요. 그리고 좋은 소식은 우리 회사가 댁을 트레이더로 뽑으려 한다는 것이고요" 하고 말하더군요.

코모더티즈 코퍼레이션에서 매매하라고 얼마를 주던가요?

35,000달러요.

회사 돈 말고 자신의 돈으로도 매매를 하셨나요?

그랬죠. 그 점이 참 좋았어요. 코모더티즈 코퍼레이션은 회사의 트레이더가 회사 계좌 말고도 트레이더 자신의 개인 계좌로 매매하는 일을 허락하는 정책을 폈죠. 마이클 마커스와 저는 매우 공격적인 트레이더였죠.

마이클에게서 영향을 받으셨나요?

예. 매우 많은 영향을 받았죠. 마이클은 매우 중요한 한 가지를 내게 가르쳐줬어요.

아! 참 반가운 얘기네요. 그것이 무엇인가요?

마이클은 누구나 백만장자가 될 수 있다는 것을 가르쳐줬어요. 그는 혼신의 힘으로 전념하면 엄청나게 좋은 일이 생길 수 있다는 것을 보여줬죠. 사람들은 하면 할 수 있다는 것을 이해하지 못하는 경향이 있어요. 마이클은 내게 포지션을 취하고, 배운 것을 바르게 적용하면 승리할 수 있다는 것을 보여줬죠.

마이클이 자신감을 심어줬다는 말씀인가요?

맞아요. 또한 결정적으로 중요한 것을 하나 더 가르쳐줬어요. 그건 기꺼이 정기적으로 잘못을 범해야 한다는 것이죠. 잘못을 범하는 것은 지극히 정상적인 일이에요. 마이클은 최선의 판단을 내리고, 그 판단이 잘못된 것으로 드러나면 다시금 최선의 판단을 내리고, 그 판단이 또 잘못된 것으로 드러나면 또다시 최선의 판단을 내리고, 그러다 보면 계좌를 배로 부풀리는 대박이 터진다는 것을 가르쳐줬어요.

코브너 씨는 세계에서 가장 성공한 트레이더 중 한 명이라고 할 수 있을 것입니다. 코브너 씨와 같은 수완을 가진 트레이더는 극히 드물다고 말할 수 있겠죠. 그렇다면 코브너 씨는 무엇이 자신을 평균적인 트레이더들과 다르게 만들었다고 생각하시나요?

어떤 트레이더는 성공하고 어떤 트레이더는 실패하는 이유를 정확히 말할 수 있는 것인지에 대해서는 확신이 서지 않네요. 나 자신에 관해서 말해본다면, 두 가지 중요한 요소를 생각해 볼 수 있겠어요. 첫째로 내게는 오늘과 다른 세상의 형태를 상상하고 그렇게 될 것이라고 확신하는 능력이 있어요. 콩 값이 두 배로 뛸 수 있다거나, 달러가 100엔으로 떨어질 수 있다는 상상을 할 수 있다는 것이죠. 둘째로 나는 궁지에 몰려도 이성을 유지하고 자제할 수 있어요.

매매 기술은 교육으로 습득될 수 있나요?

제한적 범위 내에서 그렇다고 볼 수 있어요. 지난 수년에 걸쳐 약 30명가량을 교육시켜봤는데, 그중 단지 4, 5명만 괜찮은 트레이더가 되더군요.

다른 스물다섯 명은 어떻게 됐나요?

그 사람들은 다 그만뒀죠. 그들의 지적능력과는 아무 상관이 없었어요.

훌륭한 트레이더로 성장한 교육생과 그렇지 못한 대부분의 교육생을 비교할 때, 두 그룹을 구분하는 특징으로는 어떤 것이 발견됐나요?

성공적 교육생들은 의지가 강하고 독립심이 있으며 극단적으로 역투자자의 성향을 보이죠. 그들은 다른 사람이 취하기 꺼려하는 포지션을 취할 수 있어요. 그들은 또한 자제심이 있어서 적당한 크기의 포지션을 취하죠. 탐욕스러운 트레이더는 항상 한 방에 다 날려버려요. 영감은 정말 뛰어나지만 자기들이 딴 돈을 결코 지키지 못하는 트레이더 몇 명을 알고 있어요. 코모더티즈 코퍼레이션에 내가 늘 천재로 여기던 한 트레이더가 있었어요. 그 사람 이름을 밝히고 싶지는 않군요. 그가 끄집어내는 아이디어는 기가 막혔죠. 그는 빈번히 시장 선택에서 옳았어요. 지적인 면에서 그는 나보다 시장을 더 잘 알았죠. 그러나 나는 내 돈을 지켰고, 그는 지키지 못했어요.

그렇다면 그 사람이 잘못한 점은 무엇이었나요?

포지션의 크기죠. 그는 너무 크게 매매했어요. 내가 한 계약 매매하면 그는 열 계약 매매했으니까요. 그는 매년 자기 돈을 두 배로 튀기는 시기를 두 번씩 가지곤 했지만, 결국은 본전으로 내려앉았죠.

코브너 씨는 매매결정을 하기 위해 항상 기본적 분석을 사용하시나요?

거의 항상 시장의 전망을 보고 매매하죠. 기술적 정보만 갖고 매매하지는 않아요. 기술적 분석은 굉장히 뛰어난 도구죠. 나도 기술적 분석을 꽤 많이 사용하기는 해요. 그러나 시장이 움직여야 하는 이유를 이해하지 못하는 상황에서 포지션을 잡고 있을 수는 없죠.

그렇다면 코브너 씨가 취하는 거의 모든 포지션의 배후에는 기본적 분석상의 이유가 있다고 말해도 될까요?

예, 그렇게 말해도 될 것 같군요. 그러나 기술적 분석은 종종 기본적 분석의 결과를 더 명확하게 해 줄 수 있다는 점을 부연하고 싶어요. 예를 하나 들어드리죠. 지난 6개월 동안 캐나다 달러가 하락하리라는 그럴듯한 이유와, 상승하리라는 그럴듯한 이유가 양립했었죠. 어느 쪽 분석이 맞는지 나는 명백하게 알 수가 없었어요. 그러나 만약 누군가 내 머리에 총구를 대고 시장의 방향을 말하라고 강요했다면 아마 아래쪽이라고 말했을지도 모르겠어요.

그때 미국과 캐나다의 무역 협정이 발표됐고, 그로 인해 전체적인 상황이 바뀌게 됐죠. 사실 발표가 있기 며칠 전, 그러니까 협상이 마무리 돼가던 무렵부터 시장은 위쪽으로 뚫고 올라가고 있었어요. 그 순간 나는 캐나다 달러를 평가하는 데서 중요한 한 부분이 바뀌었고, 시장은 이미 이를 반영하여 방향을 잡았다고 완전히 확신할 수 있었죠.

그 협정이 있기 전, 나는 캐나다 달러가 한 언덕의 정수리에 있다고 생각했었죠. 이놈이 뒤로 물러날지 아니면 계속 더 높은 언덕으로 올라갈지에 대해서는 확신이 없었어요. 그렇지만 시장이 움직이기 시작하자 그 움직임과 함께 갈 준비가 갖춰지더군요. 왜냐하면 근본적인 면에서 시장에 주요한 변화가 왔다는 점과, 기술적 분석상 위쪽으로 가격이 치고 올라갔다는 점, 이 두 가지 중요한 요소를 결합하여 생각했기 때문이죠. 사실 나는 무역 협정으로 인해 시장이 어느 쪽으로 움직일지 알 수 있을 만큼 똑똑하지는 못했지만 말이에요.

무역 협정 발표가 시장을 어느 쪽으로 움직일지 알 만큼 똑똑하지 못했다는 말씀은 무엇을 의미하나요? 미국과 캐나다의 무역이 캐나다의 전체 무역에서 차지하는 비중과 미국의 전체 무역에서 차지하는 비중과 비교해보면, 캐나다에서 차지하는 비중이 훨씬 더 크다는 것을 알 수 있잖아요. 그렇기 때문에 무역 협정으로 캐나다 달러가 상승하리라고 가정하는 것이 논리적이지 않은가요?

꼭 그렇다고는 할 수 없어요. "무역 협정이 무역 장벽을 제거하면, 미국으로부터 수입이 들어오고, 그렇게 되면 캐나다의 이자율이 하락하게 되고, 그것은 캐나다 달러에 부정적으로 작용한다" 하고 논박할 수도 있으니까요. 아직도 그런 논리에 집착하는 애널리스트가 있어요. 내가 강조하고 싶은 것은 나보다 훨씬 더 많은 것을 아는, 정보가 풍부한 트레이더가 있다는 거예요. 나는 단지 상황을 판단할 뿐이죠. 그 트레이더들은 어느 쪽으로 가야 하는지 알았고, 캐나다 달러를 매수하여 시장에 자신들의 의견을 전달했던 것이죠.

지금까지의 얘기를 '시장에 중요한 근본적 변화가 일어났을 때, 시장이 처음 어느 방향

으로 움직였는가 하는 것은 앞으로의 장기간 추세에 대한 좋은 정보를 제공한다' 라고 정리해도 될까요?

바로 그거예요. 시장은 늘 앞서가죠. 그 이유는 우리보다 더 많은 것을 아는 사람들이 있기 때문이에요. 예를 들면 소련 사람들은 매우 훌륭한 트레이더들이죠.

어느 시장에서 그 사람들이 그렇게 매매를 잘 하나요?
외환시장에서죠. 그리고 곡물 시장에서도 어느 정도 두각을 나타내죠.

소련 사람들이 무엇을 하는지 어떻게 알 수 있나요?
소련 사람들은 상업은행과 중개인을 통해 행동하기 때문에 그들에 대한 얘기는 쉽게 접할 수 있죠.

자신들의 경제를 관리하기에도 힘이 벅찬 가난한 나라 사람들이 훌륭한 트레이더라니, 다소 모순으로 여겨지는군요.
그래요. 그렇지만 이 분야의 사람들에게 물어보면 그들에 대해 알게 될 거예요.

어째서 그 사람들은 그렇게 매매를 잘할 수 있죠?
농담으로 그 사람들이 우리의 우편물을 읽는다고들 하죠. 소련 사람들은 때때로 앞선 정보를 갖고 있어요. 소련 말고 일부 다른 정부도 그렇지만 말이에요. 그 사람들은 세계에서 가장 발전된 정보기관을 갖고 있잖아요. 소련 사람들이 상업적인 대화를 도청할 능력이 있다는 것은 정보계에서는 잘 알려진 사실이죠. 그래서 대형 상품매매회사에서 매우 민감한 전화를 할 때면 도청방지

시스템을 사용하기도 하는 것이고요.

내가 말하고자 하는 바는 시장을 선도하는 이해하기 어려운 메커니즘이 수천 가지 있다는 사실이에요. 그리고 이런 메커니즘은 책상 앞에 앉아있는 일부 가여운 트레이더들에게 뉴스가 전달되기 전에 시장에서 이미 작용한다는 것이죠. 그리고 엄청난 양의 매수 또는 매도가 시장에 큰 충격을 가하기도 하고요.

그게 바로 기술적 분석의 근본 이론 아닌가요?

나는 기술적 분석을 많은 부분에서는 옳다고 생각하고, 다른 많은 부분에서는 속임수 같은 마술이라고 생각해요.

참 재미있는 말씀이시군요. 어떤 면이 옳고 어떤 면이 마술이죠?

기술적 분석이 미래를 예측한다고 주장하는 일부 기술적 분석가들이 많은 허위를 기술적 분석에 첨가했죠. 기술적 분석은 과거를 탐지하는 것이지 미래를 예측하는 것이 아니거든요. 어떤 트레이더들의 과거 행적에서 다른 트레이더들이 미래에 취하게 될 행동에 대한 실마리를 얻기 위해서는 자기 자신의 지식을 사용해야만 하죠.

내게 기술적 분석은 온도계와 같은 것이죠. 차트는 절대 보지 않겠다고 말하는 기본적 분석가들은 환자의 체온을 재지 않겠다고 말하는 의사와 같아요. 정말 어리석은 행동이죠. 책임감을 갖고 시장에 참여한 사람이라면 시장이 어디에 와 있는지, 흥분으로 달아올라 있는지, 아니면 차갑게 식어 정체돼 있는지 항상 알고 싶어 하죠. 조금이라도 유리한 위치에 있기 위해 시장에 관해 알 수 있는 모든 것을 알고 싶어 해요.

기술적 분석은 시장 참여자들이 시장에다 대고 투표한 결과를 반영하는 것이에요. 그래서 특이한 시장의 행동을 감지할 수 있게 하죠. 차트에 새로운 패턴이 나타나면 그 원인이 무엇이든, 그것은 일반적이지 않은 '어떤 것'이라고 정의할 수 있어요. 가격움직임을 세부적으로 연구하는 것은 내게는 매우 중요한 일이죠. 왜냐하면 이는 모두가 어떤 방향으로 투표하고 있는지에 관해 알려줄 실마리를 찾는 것이니까요. 차트를 연구하는 일은 절대적으로 중요해요. 왜냐하면 차트는 존재하고 있는 불균형과 가능성 있는 변화에 대해 나에게 경고를 해주기 때문이에요.

차트를 보고 "이 패턴을 본 적이 있는데, 시장이 앞으로 상승할 것이라는 전조가 되곤 했지" 하고 말하며 매매를 하기도 하나요? 다시 말하면, 어떤 기본적 분석상의 이유 없이도 차트만으로 매매를 하는지요?

예, 가끔 그러기도 하죠. 많은 시장을 봐왔고, 많은 시장에 참여했던 트레이더로서 나는 사람들이 이해 못하는 박스권을 뚫고 나가는 가격움직임에 대해 당황해 본 적이 없었다고 말할 수 있어요.

그 말씀은 코브너 씨는 일반적으로 박스권을 뚫고 나가는 가격의 움직임과 함께 한다는 말인가요?

물론이죠.

하지만 박스권 돌파는 흔히 실패로 귀결되기 일쑤잖아요. 박스권 돌파에 뭔가 다른 요소가 추가돼야 하지 않을까요?

아주 조밀한 박스권에서 아무도 이해 못하는 돌파가 일어나야 하죠. 이 경우에는 일반적으로 위험 대비 높은 수익을 기대할 수 있는 매매가 되죠.

월스트리트 저널에 기사가 난 날, 그 기사로 인해 돌파가 일어났다면 어떤가요?

그 경우 돌파의 의미는 매우 많이 희석되죠. 물리학의 하이젠베르크이론을 시장에 비유적으로 적용할 수 있겠네요. 만약 무언가가 자세히 관찰되고 있다면 그것은 진행 과정상 변화를 겪을 가능성이 커지죠. 만약 옥수수가 조밀한 박스권에 갇혀있다, 월스트리트 저널이 옥수수의 공급부족 가능성을 기사로 내보내는 날 돌파가 일어났다면 그 돌파가 지속될 가능성은 희박해지죠. 그러나 만약 모든 사람들이 옥수수가 좁은 박스권을 돌파할 이유가 없다고 믿고 있을 때 불현듯 돌파가 일어나게 된다면 어떤 중요한 근본적 원인이 발생했을 가능성은 매우 크죠.

가격움직임이 발생한 데 대한 해석이 적으면 적을수록 더 낫다는 말씀이신가요?

예, 나는 그렇게 생각해요. 가격의 패턴이 많은 투기꾼들에 의해 관찰되면 실패 신호가 발생할 가능성은 커지지만 시장의 패턴이 투기자들의 행동 결과로 발생한 것이 아닐 때 기술적 분석상 돌파의 중요성은 더욱 커지게 되죠.

컴퓨터화 된 추세추종 매매시스템의 사용이 대폭 늘어남으로 해서 기술적 실패 신호의 빈도가 높아졌나요?

예, 그렇다고 봐요. 수십억 달러가 이동평균선이나 다른 간단한 패턴을 인식하는 방법의 기술적 시스템에 의해 매매되고, 그로 인해 훨씬 많은 실패 신호가 발생하고 있죠. 나 또한 그런 유사한 시스템을 개발한 적이 있어요. 따라서 다른 시스템들이 시장에 언제 들어올지를 알아챌 수 있죠. 시스템매매로 돌아가는 수십억 달러가 시장에 진입함으로 해서 가격이 움직일 때 그 움직임은 별로 흥미로운 일이 아니죠. 그렇지만 러시아 사람들이 매수해서 돌파가 일어난다면 이는 엄청 흥미로운 일이 되죠.

예를 들어 조밀한 박스권을 상향 돌파할 때 매수했는데 가격이 역방향으로, 그러니까 다시 박스권 내로 움직이기 시작한다고 가정해 보죠. 빠져나와야 할 시점을 어떻게 아시나요? 그러니까 시장이 잠시 물러서는 것인지, 처음부터 매매를 잘못한 것인지, 그 차이점을 어떻게 알 수 있나요?

나는 포지션을 시작할 때 언제나 나올 지점을 미리 정해놓죠. 그래야만 잠을 잘 수 있어요. 시장 진입 전에 시장에서 나올 시점을 미리 알고 있는 것이죠. 매매 시 포지션의 크기는 손절지점에 의해 결정되고, 손절지점은 기술적 분석을 근거로 결정돼요. 예를 들어 시장이 박스권의 중앙에 있을 때, 손절지점을 박스권 내에 둔다는 것은 의미 없는 일일 거예요. 왜냐하면 십중팔구는 손절하고 나올 가능성이 크기 때문이죠. 나는 항상 기술적 분석상 경계선이 되는 지점 너머에 손절지점을 두죠.

다른 많은 사람들도 코브너 씨와 같은 지점에 손절을 설정하고, 시장은 그 지점까지 후퇴하는 그런 문제에 봉착할 수도 있지 않을까요?

그렇게 생각해 본 적은 없어요. 왜냐하면 기술적 분석상 경계선이 되는 그 지점은 나의 판단이 옳다면 시장이 도달하지 말아야 할 지점이니까요. 나는 오랜 기간 시장을 기술적 분석의 측면에서 연구했거든요. 거래소의 회원 트레이더들이 쉽게 포착해내는 지점은 되도록 피하려 하지만 때때로 명백한 지점을 손절지점으로 설정하기도 해요. 만약 그 지점이 아주 멀리 있고 도달하기 어려운 지점이라면 말이죠.

실제 예를 하나 들어 드리죠. 최근 어느 금요일 오후였어요. 채권시장이 오래 지속된 박스권을 빠른 속도로 뚫고 내려간 적이 있었어요. 내가 아는 한 그때의 가격움직임은 전혀 예상할 수 없었던 놀라운 일이었어요. 나는 매우 편안한 마음으로 채권을 매도할 수 있었죠. 왜냐하면 나의 매매가 옳다면 시장은 이전의 박스권 내의 어느 지점까지 다시 올라오지 말아야 한다는 가설이 가능했으니까요. 그 지점이 나의 손절지점이었죠. 만약 시장이 그 지점까지 다시 올라오면 나는 시장에서 나오리라 생각하며 포지션을 갖고도 편하게 잠잘 수 있었어요.

코브너 씨의 매매의 크기를 생각해 볼 때, 코브너 씨의 손절포인트는 항상 머릿속에만 있었다고 여겨지는군요. 아니면 저의 생각이 잘못일 수도 있나요?

이렇게 말해 두죠. 나는 손절이 제대로 작동하도록 내 생활을 체계화해놨다고요. 스톱주문을 넣지는 않았지만, 그렇다고 손절이 머릿속에만 있었던 것은 아니죠.

중요한 포지션 매매에서 잘못 판단했을 때, 궁극적으로 이를 코브너 씨에게 알려주는 것은 무엇인가요? 정해놓은 손절지점은 첫 번째 손실을 한정하겠지만, 매매결정의 기반이 됐던 기본적 분석을 여전히 신뢰한다면 다시 매매를 시도할 수도 있는 것 아니겠어요? 만약 시장의 큰 방향에 대해 잘못 판단했다면 연속해서 여러 번의 손실을 감수해야 할 텐데, 어느 시점에서 매매에 대한 판단의 잘못을 인정하고 완전히 항복을 하시나요?

우선 돈을 잃는다는 사실 자체가 나로 하여금 속도를 줄이게 해요. 따라서 포지션의 크기를 줄이게 되죠. 둘째로 방금 묘사하신 상황에서는 기술적 분석상의 밑그림이 바뀐 점이 나를 다른 방향으로 생각하게 만들 거예요. 예를 들어 달러가 하락하리라고 생각했는데, 큰 추세의 중간 정도로 여겨지는 고점이 뚫린다면 나는 내 시장 관점을 다시 점검해야 하겠죠.

조금 전에 추세를 따르는 매매시스템을 개발한 적이 있다고 말씀하셨죠? 시중에 그와 유사한 시스템 하에서 운용되는 엄청난 돈이 어느 지점에서 시장을 때릴지 예측하는 하나

의 척도로 그 시스템을 사용하신다고 말씀하셨잖아요. 그런데 혹시 운용 중인 자금의 일부를 개발하신 시스템을 사용해서 매매하지는 않으시는지요?

자금의 약 5퍼센트를 시스템으로 매매하고 있어요.

5퍼센트는 코브너 씨가 시스템을 신뢰하는 수준인가요? 손실제한이 5퍼센트가 아니라면, 5퍼센트보다 더 큰 손실을 볼 수도 있지 않겠어요?

전체적으로 봐서 나의 시스템은 돈을 번다고 할 수 있어요. 하지만 변동성이 심하고, 위험관리와 연관해서 문제점이 있어요. 그 점이 마음에 안 들어요. 그렇지만 나의 매매에 또 다른 다양성을 부여한다는 의미로 작은 범위 내에서 그 시스템을 사용하고 있죠.

코브너 씨는 유능한 트레이더만큼 매매를 잘 하는 시스템 개발이 가능하다고 생각하시나요?

가능할 것 같지 않아요. 왜냐하면 그렇게 되려면 시스템에 고도의 학습능력을 부여해야 하거든요. 컴퓨터는 정보와 전례(前例)의 분류체계가 명백할 때만 학습에 훌륭한 능력을 보이죠. 예를 들면 환자의 진단에 쓰이는 전문 의료 시스템은 아주 유능한데, 그 이유는 진단에 사용되는 방법과 규칙들이 아주 명백하기 때문이죠. 전문 매매시스템을 개발하는 데서의 문제는 매매와 투자라는 게임에 사용되는 방법과 규칙들은 계속 바뀐다는 사실이에요. 나는 전문 매매시스템 개발자들과 같이 일한 적이 있는데, 그때 우리들은 매매를 하는 데 컴퓨터 시스템을 적용하는 일은 적절하지 않다고 결론을 내렸죠. 그 이유는 매매 결정에 도달하기 위해서는 너무나 많은 종류의 지식이 요구되고, 확보되는 정보를 분석하고 해석하는 방법도 계속 바뀌기 때문이었죠.

초창기에 매매할 때보다 엄청나게 더 큰 포지션을 매매함으로써 매매가 훨씬 더 어렵게 됐나요?

나의 최적 크기의 포지션에 충분한 유동성을 제공해 줄 수 있는 시장은 초창기에 비해 그 숫자가 매우 적어졌다고 해야겠죠.

현재 얼마나 많은 돈을 운용하시는지요?

6억 5천만 달러가 조금 넘어요.

그중 반 이상이 수익에 의한 것이리라 생각되는데요?

예, 작년 수익만 3억 달러 가까이 됐으니까요.

충분치 않은 유동성 때문에 매매하는 데 애를 먹고 있는 시장에 대해 말씀해 주시죠.

내가 무척 좋아하지만 유동성이 아주 안 좋은 시장으로 구리시장을 들 수 있어요. 요즘 구리시장에서 나는 코끼리 같은 존재죠.

구리 같은 시장에서 문제없이 편안하게 매매하려면 포지션의 크기가 어느 정도 돼야 할까요?

하루 500에서 800계약 정도면 편하게 매매할 수 있을 것 같군요. 그 이상이면 조금 애를 먹게 되죠. 구리의 일일 거래량은 7,000에서 10,000계약 정도 되는데, 그중 많은 부분이 거래소 안에서 이뤄지는 매매이거나 스프레드매매죠. 그에 반해 미국 재무부가 발행하는 장기채권시장에서는 5,000계약도 문제없이 매매할 수 있죠. 또한 은행간 통화시장에서도 매우 큰 포지션을 매매할 수 있어요.

커피 같은 시장은 어떤가요? 유동성은 없지만 가끔 거대한 추세를 만들곤 하잖아요.

예, 작년에 커피를 매매해서 몇 백만 달러를 벌었죠. 지금 6억 달러를 운영하는 상태에서 커피매매로 2백만 달러를 벌어들인 일은 별로 중요한 의미가 되지 못해요. 사실 비생산적인 매매였을 수도 있어요. 커피매매에 쏟았던 시간과 정력으로 인해 나는 그 만큼 통화시장에 집중할 수 없었으니까요. 통화시장은 내가 훨씬 더 크게 매매하는 곳이거든요.

코브너 씨의 매매성과에 해를 끼치는 수준까지 매매의 크기가 커져버린 것 같군요. 본인에게 충분히 많은 개인 자금이 있으니까 본인의 개인 자금으로만 매매해 볼 생각은 안 해 보셨나요? 그러면 매매 크기 등과 같은 펀드 운용과 연관된 골치 아픈 문제들을 제거할 수 있잖아요.

그래요. 하지만 내가 그렇게 하지 않는 데는 여러 이유가 있죠. 나는 내 펀드에 나 자신의 돈을 많이 투자하고 있죠. 나의 펀드 중에서 내 돈이 아닌, 내게 맡겨져 운용되는 돈은 콜옵션 같은 것이에요(콜옵션은 가격이 상승할 때 무한대의 이익을 낼 수 있고, 가격이 하락할 때의 위험은 옵션의 가격에 국한되는 옵션을 말함). 이런 말을 해서 경솔해 보일까 걱정되는군요. 왜냐하면 내게 투자한 투자자들에게 나의 명성을 좋게 유지하는 일은 매우 중요하거든요. 하여간, 콜옵션이 잃느냐 따느냐 하는 대칭적인 포지션보다 훨씬 나으니까요.

펀드매니저가 운용할 수 있는 자금의 크기에 실제적인 한계가 있나요?

대부분의 상품 선물시장에는 분명 한계가 있어요. 그러나 통화시장, 이자율시장, 그리고 원유와 같은 일부 상품시장의 한계는 매우 높아 한계가 없다고 해도 되죠. 나는 내가 운용하는 펀드의 크기가 성장함에 따라 펀드의 크기에 대한 앞으로의 계획을 매우 세심하게 세워두고 있어요.

유동성이 좋지 않은 시장, 즉 미국 장기채권이나 주요 통화시장 같이 큰 시장이 아니라 작은 시장에 주문을 넣을 때, 자신의 주문이 시장을 움직이는 것을 보기도 하나요?

예, 내 주문이 시장을 움직일 수도 있어요. 하지만 나는 절대 시장에 겁을 주는 일은 하지 않아요.

그 점에 관해 조금 더 얘기 해보죠. 사람들은 거대한 트레이더들이 시장을 밀어 올리거나 끌어내리려 한다는 말을 흔히 듣게 되는데 그게 가능한가요?

나는 그렇게 생각하지 않아요. 짧은 기간은 가능할 수도 있겠죠. 하지만 결국 그런 시도는 중대한 실책으로 귀결돼요. 그런 시도를 하는 사람들은 일반적으로 거만해져서 시장의 근본적인 형세에 대한 감각을 잃게 되죠. 기본적 측면과 기술적 측면 모두에서 판단력을 상실하는 거예요. 자신들의 능력을 너무 높게 생각한 몇 명의 트레이더들을 나도 알고 있는데, 그 사람들 시장에 으름장을 놓으려고 시도한 적이 있어요. 결국 그들은 과도한 매매를 하게 됐고 그래서 파산해 버렸어요.

이름은 말씀하지 마시고, 그들 중 한 명을 예로 들어주실 수 있나요?

최근 영국의 한 매매회사에서 원유를 매점하고 나서 엄청난 어려움에 빠진 적이 있어요. 처음에 그들은 성공하는 것 같았는데 얼마 안 가서 시장 지배력을 잃게 됐고, 결국 기름 값은 4달러나 떨어지고 말았죠.

결국 어떤 결말이 났나요?

그들은 약 4천만 달러를 잃었고, 그 회사는 어려움에 빠져 있죠.

코브너 씨는 아마 세계의 다른 어떤 선물트레이더보다 더 많은 돈을 운용하고 있는 사람일 거예요. 저는 큰손의 트레이더들은 잃고 있을 때 어떻게 감정적인 괴로움을 제어할까 하는 것이 늘 궁금했거든요. 코브너 씨의 경우는 어떤가요?

매매에서 감정적으로 느끼는 무게감은 대단하죠. 나는 하루에 수백만 달러를 잃을 때도 있어요. 만약 이런 손실에 대해 개인적으로 괴로워한다면 매매를 할 수가 없죠.

더 이상 손실로 인해 괴로움을 느끼지 않는다는 말씀이신가요?

괴로움을 느끼는 유일한 때는 돈을 잘못 운용했을 때죠. 나는 때때로 엄청나게 큰 손실을 입기도 해요. 그렇지만 나는 돈을 잃는 과정 중에도 괴로움을 겪지는 않아요. 그 손실이 건전한 매매기법의 결과로 발생했다면 말이에요. 전에 말씀드린 7월/11월 콩 스프레드에서 매도분을 정리한 것과 같은 매매가 나를 공포로 몰고 가는 것이죠. 그 경험을 통해 위험관리에 대해 많은 것을 배웠어요. 하지만 매일 일상적 매매의 과정 중에서 손실을 입음으로 인해 괴로워하지는 않죠.

손실을 본 해가 있나요?

예. 1981년 약 16퍼센트의 손실을 봤죠.

손실을 본 이유가 코브너 씨의 실책 때문인가요, 아니면 그 당시 시장의 특성 때문인가요?

그 두 가지 이유가 결합해서 손실의 원인으로 작용했죠. 가장 큰 문제는 그때 나는 처음으로 상품시장의 큰 하락 추세를 경험해 보게 됐는데, 하락장은 상승장과 그 성격이 다르더군요.

항상 상승하는 장에 만족하던 습관 때문인가요?

아뇨. 문제는 하락장의 주된 성격이 가파른 하락과 그에 따르는 빠른 되돌림이라는 것이죠. 나는 항상 너무 늦게 매도포지션을 취했고 그로 인해 되돌림 구간에서 손절을 하고 물러나야 했어요. 그런 되돌림 구간은 나중에 수렴 구간의 일부로 판명이 나죠. 하락장에서 포지션을 시작할 때는 추세와 역행하는 반등을 이용해야 해요.

그 외에 다른 실책을 범하신 게 있나요?

자금관리가 허술했죠. 서로 연관성이 있는 매매를 너무 많이 했어요.

그해, 자신감에 동요가 오지는 않았나요? 처음부터 다시 점검해야겠다는 생각은 해보지 않으셨는지요?

처음으로 다시 돌아가서 많은 위험관리 시스템을 고안했죠. 나의 모든 포지션이 어떻게 상호 연관성이 있는지 세심한 주의를 기울였어요. 나는 그때부터 시장에 노출된 위험의 전체 크기를 매일 측정해 오고 있죠.

외환을 매매할 때 은행간시장을 이용하나요, 선물시장을 이용하나요?

은행간시장만 이용하고 있어요. IMM에서 차익매매를 할 때를 제외하고 말이죠[IMM(International Monetary Market)은 시카고 상품거래소의 자회사로 세계에서 가장 앞서가는 통화 선물거래소라고 할 수 있다]. 훨씬 더 나은 유동성을 제공하고 거래 비용도 훨씬 낮죠. 그리고 24시간 시장이잖아요. 그야말로 하루 24시간 매매하는, 24시간 열려있는 시장이 우리에게는 좋죠.

외환매매가 총 매매의 약 몇 퍼센트를 차지하나요?

평균적으로 수익의 약 50에서 60퍼센트를 외환매매에서 얻어요.

현재 IMM에서 활발히 매매되는 다섯 나라의 통화 말고도 다른 나라들의 통화도 매매하시죠?

높은 유동성이 있다면 어떤 통화든 매매하죠. 스칸디나비아의 나라들을 포함하여 사실상 모든 유럽 국가들의 통화를 매매해요. 또한 아시아와 중동의 주요 통화를 모두 매매하죠. 교차(cross)는 아마 우리가 이용하는 가장 중요한 매매 수단일 거예요. 따라서 IMM에서는 매매가 어렵죠[교차(cross)는 두 외환을 동시에 매매하는 것을 가리킨다. 예를 들어 영국의 파운드화를 사고 독일의 마르크화를 같은 달러화 가치만큼 파는 것이다]. IMM에서는 계약의 크기가 고정돼 있어서 교차매매를 할 수 없어요.

두 통화의 선물 계약의 수를 비율적으로 조정하면 IMM에서도 교차매매를 할 수 있지 않나요? 그러면 각 포지션의 달러화 가치가 같아지니까 말이죠.

그보다 은행간시장을 이용하면 훨씬 더 정확하고 직접적이죠. 예를 들어 독일 마르크/영국 파운드의 교차나 독일 마르크/일본 엔 교차는 거래량도 많고 거래 역시 활발하거든요.

마르크/엔 교차매매를 한다고 가정할 때, 두 통화 중 한 통화로 값을 매기는 것이 아니라 달러로 값을 매기죠?

그렇죠. 마르크 1억 달러어치 매수에 엔 1억 달러어치 매도, 이렇게 말하죠. 은행간시장에서는 달러가 전 세계의 교환 단위로 쓰이죠.

기대와 어긋나는 경제적 통계수치의 발표나 어떤 충격적인 뉴스가 통화시장에서 큰 가격변동을 야기할 때, 은행간시장이 선물시장보다 그래도 조금 덜 난폭하게 움직이나요? 아니면 차익매매자에 의해 그 두 시장은 밀접하게 연결되어 있나요?

그 두 시장은 차익매매자들에 의해 가격 균형이 잘 이루어져요. 그러나 방금 말씀하신 상황에서는 매우 민첩한 차익매매자라면 돈을 좀 벌 수 있죠. 그런 상황에서 시장은 다소 균형을 잃기는 하지만 벌어짐이 그렇게 크진 않아요.

그런 일이 터졌을 때 은행간시장의 가격움직임이 덜 극단적인가요?

그렇죠. 선물시장에서는 거래소 안의 트레이더들이 한 발 물러서게 되고, 스톱주문이 발동돼서 가격의 움직임이 커지죠. 선물시장을 제자리로 돌려놓는 것은 은행간시장에 대칭되는 포지션을 갖고 있는 차익매매자들이죠.

은행간시장의 거래 중 몇 퍼센트가 상거래나 헤지(hedge)를 위한 거래인가요? 투기적 목적의 매매와 비교해서 말이에요.

연방준비제도[11]에서 그 점에 관해 조사한 적이 있는데 지금 그 수치가 기억나지는 않는군요. 하지만 근본적으로 은행간시장은 헤지 시장이죠. 은행과 나 같은 일부 트레이더들만이 주요한 투기꾼들이고요.

선물시장이 세계 통화의 매매에서 큰 비중을 차지할 수 없는 이유가 있나요?

통화선물시장은 여러 가지 중요한 측면에서 효율적이지 못하죠. 첫째로 헤지를 하려면 일반적으로 특정 액수의 달러와 특정 날짜가 요구되죠. 예를 들어

---

11) 연방준비제도(Federal Reserve System) : 미국의 중앙은행. 흔히 'Fed'라고 불린다. 이 중앙은행의 7인의 이사로 구성된 이사회를 연방준비이사회(또는 연방준비제도이사회, 영문은 Federal Reserve Board—FRB)라고 하며, 이들 7인과 5명의 지역 연방준비은행장들이 연방공개시장위원회(Federal Open Market Committee—FOMC)를 구성하여 금리를 결정한다 — 역자 주.

만약 내가 3백6십만 달러를 4월 12일까지 헤지하기를 원하면, 은행은 내가 그런 헤지를 하도록 나의 거래를 그냥 받아들이죠. 그러나 선물시장은 만기 날짜와 계약의 크기가 정해져 있어서 트레이더들은 자신의 포지션을 정확히 헤지할 수는 없어요.

은행간시장은 고객이 어떤 식의 헤지를 하든 이에 맞춰줄 수 있으니까 선물시장이 은행간시장과 경쟁에서 이길 수 있는 방법은 실제로 없다고 봐야겠군요.

그렇죠. 게다가 거래 행위는 통상적인 상업 은행들 간의 관행으로 이루어지죠. 즉 헤지를 원하는 트레이더는 은행업자에게 확정된 이익이 있다는 것을 보여주고, 그것을 담보로 돈을 빌릴 수가 있는 것이죠.

본인의 기본적 분석 방법을 말씀해주실 수 있나요? 시장에서 올바른 가격이 얼마여야 한다는 것을 어떻게 결정하시죠?

그날 시장에서 매겨지는 가격이 올바른 가격이라고 생각해요. 나는 그 가격을 움직일 상황의 변화가 일어날지 어떨지를 알아내려 노력하는 것이죠.

유능한 트레이더가 하는 일 중 하나가 여러 가지 시나리오를 상상해보는 것이에요. 나는 세상이 어떻게 될 것이라는 그림들을 여러 가지로 머릿속에 그려보고 그중 하나가 들어맞기를 기대하죠. 한 번에 한 개씩 그 그림들을 맞춰보는 거예요. 필연적으로 대부분의 그림들이 잘못 그려진 것으로 드러나죠. 다시 말해 내가 그린 그림 중에서 단지 몇 안 되는 요소들만 옳았던 거예요. 그러나 불현듯 한 그림에서 10개의 요소 중 9개가 작동하는 것을 발견하게 되기도 하는데, 그 그림이 세상의 현실에 대한 나의 생각이 되는 것이죠.

예를 하나 들어드리죠. 10월 19일 주식시장의 붕괴가 있은 후, 그 주 금요일 나는 잠을 이룰 수가 없었죠. 나는 웬만해서는 잠을 못 이루는 날이 없거든요.

하여간 나만 밤새 잠 못 이루고 뒤척인 것이 아니라는 점에 대해서는 확신할 수 있어요. 나는 그 주 내내 주식시장의 붕괴가 달러에 어떤 영향을 미칠지를 고민하고 있었죠. 세상에 대한 여러 가지 전망을 시도해 봤어요. 그 전망들 중 하나는 완전히 공황상태에 빠지는 것이었죠. 세계의 금융시스템이 죽음을 맞이하고요.

이 시나리오에서 달러는 정치적으로 가장 안전한 천국이 될 것이고, 그 결과 달러의 엄청난 상승이 쉽게 예상되죠. 사실 그 주의 화요일에 많은 사람들이 다른 곳에 투자한 자금을 회수하면서 달러는 극적인 상승을 보였죠. 그리고 그 다음 3일 동안 시장은 혼미한 상태로 빠져들다가 그 주의 막바지에 달러는 퇴각하기 시작하더군요.

그때 내 머리 속에 모든 것이 착착 조합되더군요. 세계 금융시스템의 엄청난 공황을 막으려면 부양책이 필요하다는 점, 인플레를 유발할 수 있는 방향으로 가고 싶지 않은 일본은행과 독일의 분데스방크, 그리고 계속 커지는 미국의 무역 적자 이 세 가지를 결합할 때 미국 재무장관 베이커가 할 수 있는 유일한 해결 방안은 달러가 아래로 가도록 하는 것이죠. 누군가 촉매의 역할을 해야 하는데 그 역할은 미국이 맡게 되겠죠.

결과적으로 달러는 떨어질 테고, 다른 중앙은행이 달러의 하락을 막을 이유가 없다는 것이죠. 나는 달러 하락이 베이커가 할 수 있는 유일한 선택이라는 확신을 갖게 됐죠.

금요일 늦게 이 모든 것을 추론했군요. 시장에서 행동을 취하기에는 너무 늦은 것이 아닌가요?

늦었죠. 달러가 큰 폭으로 떨어지며 시장이 개장될 것을 알았기 때문에 매우 긴장하며 주말을 보내야 했어요. 나는 극동 지역의 시장이 열리는 일요일 밤을 기다렸죠.

미국 외에 다른 지역에서 많은 매매를 하시나요?

물론이죠. 내가 가는 모든 곳에 모니터가 설치되어 있어요. 내 집에도 있고, 고향 집에도 있죠. 또한 하루 24시간 시장을 지키는 직원들이 있어요.

직원들은 어떤 큰 일이 발생하면 즉각 코브너 씨에게 알리도록 교육돼 있나요?

그럼요. 모든 통화에 대해 연락해야 하는 수준이 정해져 있어요. 직원들에게 만약 어떤 통화가 미리 정해놓은 범위를 아래나 위로 깨고 나간다면 내게 연락해야 한다고 지침을 내려놨거든요.

그로 인해 얼마나 자주 밤중에 전화를 받으시나요?

내게 조수 트레이더가 있어요. 농담으로 나를 깨우는 것을 1년에 두 번만 허락한다고 하죠. 그렇지만 자다가도 필히 일어나야 하는 때가 그렇게 자주 있지는 않아요. 시장이 바쁘게 돌아갈 때면 무슨 일이 벌어지고 있는지를 언제나 알고 있죠. 우리 집은 매매에 필요한 모니터를 갖추고 있고, 시장과 직통으로 연결되는 전화선이 설치돼 있어요. 또한 내 조수의 일이 잠을 안 자고 전화를 받는 것이니까요. 아마도 그 친구는 밤중에 서너 번은 전화를 받을 거예요.

한밤중의 매매결정은 조수에게 위임한다는 말씀인가요?

최소한 한 주에 한 번은 모든 통화에 대해 시나리오를 만들어요. 각각의 통화에 우리가 예상하는 가격움직임의 범위를 상정하고, 이 범위를 벗어날 경우 어떻게 할 것인지 미리 정해두죠.

말하자면 코브너 씨의 조수는 어떤 통화가 예를 들어 135라는 수치에 다다르면 무엇을 해야 할지 안다는 얘기군요.

사거나 팔거나 해야겠죠. 결정은 이미 내려져 있으니까요. 그러나 만약 어떤 나라의 총리가 물러난다거나, 예상하지 못했던 주요한 통화의 재평가가 있을 때, 또는 최근의 시나리오를 무효로 할 수 있는 어떤 사건이 발생했을 때 직원들은 나에게 연락하도록 교육되어 있죠.

한밤중에 매매해야 하는 때도 있나요?
예. 많이 있죠.

24시간 내내 매매할 수는 없잖아요. 일과 개인적인 삶을 균형 있게 해나가려면 시간을 잘 조절하셔야 할 텐데, 시간은 어떻게 관리 하시나요?
일반적으로 아침 8시부터 오후 6시나 7시까지만 매매를 하려고 하죠. 그러나 극동은 매우 중요해서 통화시장이 매우 활발하게 움직일 때면 오후 8시에 열리는 극동지역의 시장에서 매매를 하기도 하죠. 도쿄의 오전 장이 12시까지거든요. 시장이 엄청난 움직임을 보일 때면 도쿄의 오전 장이 끝나고 한 두어 시간 자고 일어나서 오후 장의 움직임을 보죠. 기막히게 재미있고 흥분되는 일이에요.

한 나라의 시장에서 다른 나라의 시장으로 넘어가며 가격이 요동치는 모습을 지켜보는 일이 그렇다는 말씀이죠?
바로 그거예요! 시장에 열중하고 있을 때는 컴퓨터 모니터에 몰입 돼버려요. 매매가격이 변동하는 과정에 혼이 나가 버리죠. 변동 폭이 확대되고 난폭해지는 것을 보면 말이에요. 나는 세계 도처에 있는 각 나라의 시장과 관계해서 연락망을 갖춰놓고 있거든요. 그래서 시장에서 무슨 일이 벌어지고 있는지를 잘 알고 있죠. 외환매매는 엄청 흥분되는 게임이에요. 좋은 기회도 항상 존재하고요. 매매 말고도 내가 이 직업에 종사하는 이유 중 하나는 세계의 정치적, 경제적 사건들을 분석하는 일이 굉장히 매혹적이기 때문이에요.

코브너 씨가 매매에 관해 말씀하시는 걸 들으면, 코브너 씨에게 매매의 전체 과정은 일이 아니라 끊임없이 계속되는 게임인 듯하네요. 매매의 과정을 정말 그렇게 생각하시나요?

돈을 잃을 때 말고는 매매 과정이 일처럼 여겨지지 않죠. 돈을 잃을 때는 일이죠. [웃음] 내게 시장분석은 다차원의 거대한 체스판과도 같아요. 시장분석의 즐거움은 순전히 지적 즐거움이죠. 예를 들면 뉴질랜드의 재무장관이 무슨 문제에 직면해 있는지, 그 문제를 어떻게 해결하려 할 것인지를 알아내려고 시도하는 것이죠. 많은 사람들이 너무나 먼 외국의 일이라 좀 어처구니없다고 여길지도 모르겠지만 내게는 전혀 먼 외국의 일이 아니죠. 상상해 보세요. 여기에 어느 작은 나라를 관리하는 남자가 있어요. 그는 여러 문제에 직면해있죠. 그를 미치도록 만드는 호주와 미국과 노동 단체들. 그는 어떻게 그 문제들을 해결해야 할지를 생각해야 하죠. 나의 일은 그와 함께 퍼즐을 풀어보는 것이죠. 그가 무슨 결정을 내릴지, 그 자신과 시장도 예측 못하는 그의 조치로 인해 발생될 결과, 이런 것들을 알아내는 게 나의 일이죠. 내게는 그 일 자체가 굉장한 재밋거리죠.

세계의 각기 다른 시장을 모두 추적하려면 엄청나게 많은 양의 경제 관련 서적이나 논문, 기사 등을 읽으셔야 하겠죠. 그런 것 말고도 시장에 관한 각종 추천 서신에도 주의를 기울이시나요?

매일 '전문가 보고서'를 받고 있어요.

누구에게서죠?

많은 독자층을 갖고 있는 모든 전문가들로부터죠. 프렉터(Prechter), 츠바이크(Zweig), 데이비스(Davis), 일리아데스(Eliades) 등등과 같은 사람들이죠.

'전문가 보고서'를 역투자적인 견해를 형성하기 위한 하나의 수단으로 사용하나요?

가격움직임이 큰 추세를 이루는 기간 중 일정 기간 동안은 이들 전문가들이 바르게 예측하니까 지나칠 정도로 똑똑해질 필요는 없어요. 그렇지만 내가 정말로 찾고자 하는 것은 시장이 인정하지 않는 일치된 의견이에요. 나는 잘못될 사람들이 엄청 많이 있는 순간을 알아내고 싶은 거예요.

말하자면 시장이 위로 움직이지 않고 코브너 씨는 기본적 분석상 하락 쪽으로 의견을 갖고 있는데, 전문가들 대부분이 상승 마인드를 표시한다면 이때가 자신의 매매에 대해 더 강한 확신을 갖게 되는 때이겠군요?

그렇죠. 훨씬 더 강한 확신이 서게 되죠.

코브너 씨는 사람들이 이들 전문가들의 의견에 따라 매매함으로써 이익을 남길 수 있다고 생각하시나요?

그럴 수도 있겠죠. 하지만 내 생각에는 돈을 따려면 신념을 갖고 포지션을 잡고 있어야 하는데 다른 사람의 의견에 따라 구축한 포지션은 그렇게 하기가 어렵다고 봐요. 그렇지만 훌륭한 전문가들은 있어요. 예를 들어 나는 주식시장에서 마티 츠바이크(Marty Zweig)를 괜찮게 생각하죠. 그의 위험관리는 훌륭해요. 그는 다른 전문가들과 달리 자신이 미래를 예측한다고 생각하지 않고, 단지 지금 무슨 일이 발생하는지를 관찰하고 이성적으로 베팅한다고 생각하죠.

위험관리의 중요성과 포지션을 잡고 있을 수 있는 신념의 필요성, 이 둘 다를 말씀하시는데…, 코브너 씨는 한 번의 매매에서 일반적으로 얼마나 큰 위험을 감수하시나요?

우선 첫째로 한 번의 매매에서 내 포트폴리오의 1퍼센트 이상의 위험이 발생하지 않도록 최대한의 노력을 기울이죠. 둘째로 내 포지션들의 상관관계를 조사해서 위험에 대한 노출을 줄여요. 매일 컴퓨터 분석을 통해 나의 갖가지 포지션들이 어떻게 서로 연관돼 있는지 알아보죠. 나는 쓰라린 경험을 통해서 포지션 사이의 상관관계를 잘못 이해하면 매매에서 치명적인 문제를 야기할 수 있음을 알게 됐어요. 만약 여덟 개의 서로 밀접한 관계가 있는 포지션을 갖고 있다면 실제로는 여덟 배 큰 하나의 포지션을 갖고 있는 것과 같거든요.

만약 독일 마르크와 스위스 프랑이 둘 다 상승한다는 의견이면 어느 것이 더 나은지 결정하여 나은 쪽에만 매수포지션을 취한다는 말씀이신가요?

예, 확실히 그렇죠. 그러나 훨씬 더 중요한 아이디어는 한 시장에서 매수포지션을 취하면 그와 연관된 다른 시장에서 매도포지션을 취하는 것이죠. 예를 들어 현재 나는 전체로 볼 때 달러를 매도한 상태지만, 실제로 엔화를 매수하고 독일 마르크를 매도해 놓은 상태죠. 모든 매매에서 나는 어떤 것을 매수하면 다른 무언가를 매도하기를 좋아해요.

독일 마르크/일본 엔과 같은 교차 환율이 개별 통화의 환율보다 더 느리게 움직이나요?

반드시 그렇지는 않아요. 예를 들어 영국 스털링/독일 마르크의 교차환율은 최근 1년 내내 2.96과 3.00 사이의 좁은 박스권에 갇혀있었죠. 그런데 약 한 달 전에 박스권을 깨고 나왔어요. 박스권을 깨던 날, 약 스무 번 가량 박스권의 상단을 타진하더군요. 영국은행이 계속해서 방어를 하고 있던 중이였던 것이죠. 마침내 영국은행이 포기했어요. 교차환율이 3.01 수준을 뚫고 올라서자 매매가 사라지더군요. 그리곤 매매 없이 3.0350까지 올라섰어요. 말하자면 매매 없이 1퍼센트가 움직인 거예요.

은행간시장에서 흔치 않은 상황인가요?

매우 흔치 않죠. 모두가 3.00 레벨을 바라보고 있었다는 의미에요. 모두 영국은행이 더 이상 끼어들지 않는다는 것을 알아차렸을 때, 그들 중 누구도 매도자가 되기를 원치 않았던 거예요.

그런 종류의 난폭하고 빠른 돌파가 일반적 돌파보다 더 신뢰할 수 있는 돌파인가요?

그렇죠. 훨씬 더 신뢰할 수 있는 돌파죠.

주문 체결이 상당히 불리하게 이루어져도 말인가요?

주문 체결이 엄청 불리해져도 괜찮아요. 주문 체결 결과가 나쁘면 나쁠수록 매매가 더 잘 된 것이죠. 조금 전에 말씀드린 스털링/마르크의 경우는 3.04와 3.02 사이에서 두어 시간 횡보하다 3.11로 곧장 치솟았거든요.

통화시장에서 교차환율 매매가 달러 대비 순 매도나 순 매수의 포지션을 취하는 것보다 더 나은 매매 기회를 제공한다고 생각하시나요?

예. 왜냐하면 교차환율에 주목하는 사람이 훨씬 더 적으니까요. 주목을 덜 받을수록 매매 기회는 더 좋아지죠. 이는 일반적인 법칙이에요.

코브너 씨의 매매방식은 기본적 분석과 기술적 분석을 혼합했다고 할 수 있겠군요. 그런데 만약 제가 "코브너 씨 당신을 방에 가두겠소. 당신에게는 기본적 분석상의 모든 정보가 주어지거나, 기술적 분석상의 모든 차트가 주어질 것이요. 당신은 이 둘 중 하나만을

선택할 수 있소." 이렇게 말한다면 어느 쪽을 선택하시겠어요?

그건 마치 의사에게 환자의 증상을 진단하여 치료하기를 좋아하는지, 환자의 증상을 차트로 나타내는 모니터를 통해 알아내어 치료하기를 좋아하는지 물어보는 것과 같군요. 둘 다 절대적이죠. 그러나 어느 한쪽만을 선택해야 한다면 기본적 분석이 현재는 더 중요하다고 하겠어요. 1970년대에는 기술적 분석만을 사용해서 돈을 버는 일이 지금보다 훨씬 더 쉬웠죠. 돌파가 실패로 귀결되는 예가 지금보다 훨씬 적었으니까요. 요즘은 모두가 차트 전문가에요. 게다가 엄청나게 많은 기술적 분석을 토대로 하는 매매시스템이 있잖아요. 이런 변화들로 인해 기술적 분석만으로 매매하는 트레이더들은 많은 어려움에 직면해 있다고 생각해요.

추세를 따르는 시스템은 매매 단위가 크고, 대부분의 시스템이 비슷한 전략을 사용하므로 결국 자기 파괴적인 방법이다, 이렇게 생각하시나요?

그렇죠. 그런 기술적 분석에 근거한 매매시스템이 살아남을 수 있는 유일한 때는 인플레가 빠른 속도로 상승하는 기간이에요. 그런 기간에는 추세를 추종하는 매매방법이 잘 먹혀들죠. 그렇지만 안정적이며 적당한 인플레 하에서는 기술적 분석의 매매시스템들은 서로 먹고 먹히게 된다는 사실에는 의심의 여지가 없어요.

이제는 주식시장으로 화제를 옮겨보죠. 주식시장의 성격은 다른 시장들과 다르다고 생각하시는지요? 또 다르다면 어떻게 다른가요?

주식시장은 다른 시장들보다 추세상 조정 국면을 훨씬 더 많이 경험하죠. 어느 정도 상승하면 꼭 되돌림이 있어요. 상품시장은 실재하는 상품의 수요와 공급에 의해 움직이죠. 따라서 공급부족이 있으면 가격의 상승추세는 계속 유지되는 경향이 있죠.

주가지수시장의 상하 움직임이 훨씬 더 빈번하다면 주가지수시장에 적용할 수 있는 기술적 방법이 있을까요?

어쩌면 있겠죠. 그러나 그 방법들은 끊임없이 변할 거예요. 장기간을 전망하는 시스템들은 주식시장의 큰 상승추세를 포착해낼 수는 있지만, 매우 큰 폭의 손절지점을 설정해야만 해요.

다시 말해 아주 장기간을 내다보는 매매를 해야 한다는 말씀이군요. 시장의 일시적 흔들림에 버티려면 말이에요.

큰 폭의 조정을 여러 번 버텨내야 하니까 대부분의 트레이더들이 감당할 수 없을 정도의 장기간이 될 거예요. 대안으로 주가지수시장에서 좋은 수익을 거두는 한 트레이더에 관해 말씀드리면, 그는 주식시장이 대부분의 트레이더들을 어떻게 골탕 먹이는지 알아내려고 시도하죠. 그 방법이 그에겐 아주 유효하게 작용하는 것 같아요.

그 사람은 어떻게 그걸 정량화할 수 있죠?

그는 시장심리지표를 보죠. 하지만 근본적으로 그의 육감에 의한 판단이에요.

어떤 사람들은 1987년 10월의 주식시장 붕괴를 프로그램매매에 기인한 것이라며 이를 비난하죠. 코브너 씨는 이에 대해 어떻게 생각하시는지요?

나는 두 가지 다른 원인이 있다고 봐요. 첫째, 너무 높이 오른 주가는 주식시장을 이미 취약하게 만들었는데, 상승하는 금리와 다른 기본적 분석상의 요인이 시장 하락의 촉매 역할을 한 것이죠. 둘째로 연금펀드가 포트폴리오 보험이라 불리는 기법을 사용함으로 해서 과도한 매도를 하게 됐는데, 이는 시장하락을 가속화했죠.

포트폴리오 보험과 차익을 노리는 프로그램매매는 별개의 것이죠? [포트폴리오 보험은 주가지수 선물을 주가가 하락할 때 체계적으로 매도하고, 주가가 상승할 때 매도포지션을 청산하는 것을 말한다. 이는 포트폴리오의 위험을 줄이기 위한 조치이다. 프로그램매매는 주가지수 선물과 이에 대응하는 한 바스켓의 현물 주식 사이에 가격의 균열이 보일 때, 한 쪽을 사고 다른 한쪽을 팔아 이익을 노리는 매매이다]

맞아요. 차익매매가 그날의 주식시장 붕괴를 일정 부분 방어했다고 하지 않고 이를 촉진했다고 말할 수 있는 유일한 근거는 차익 프로그램매매가 없었다면 포트폴리오 보험도 개발되지 않았으리라는 것뿐이죠.

다시 말하면 차익매매자들이 그날의 시장 폭락에 책임이 있다고 비난받을 유일한 부분은 그들이 포트폴리오 보험이 가능하도록 했다는 것뿐이라는 얘기군요.

그렇죠. 브래디(Brady) 보고서를 읽어보면 포트폴리오 보험 매매로 단 몇 시간 만에 수십억 달러의 매도가 발생했다는 사실을 알 수 있어요. 시장은 그 매도를 수용할 능력이 없었던 것이죠. 포트폴리오 보험은 정말 어처구니없는 아이디어에요. 이름만 보험이지 사실 손절을 위한 대량의 스톱주문에 불과해요. 그날 포트폴리오 보험으로 발생한 매도가 없었어도 시장은 큰 폭으로 하락했겠지만 우리가 경험한 500포인트 하락과 같은 그런 충격은 없었을 거예요.

뛰어난 트레이더가 되려면 특별한 재능이 있어야 한다고 보시나요?

그런 측면이 있다고 봐요. 매매는 제로섬 게임이기 때문에 우월한 트레이더는 상대적으로 당연히 소수일 수밖에 없거든요.

매매 성공에서 재능과 노력 중 어느 쪽이 더 중요한가요?

노력하지 않으면서 뛰어난 트레이더가 될 수 있는 가능성은 극히 희박하죠.

타고난 재능으로 힘들이지 않고 성공하는 트레이더들도 있나요?

얼마 동안은 성공적일 수 있겠죠. 트레이더들 중에 1년 동안 지속되는 기적은 많이 발생해요. 설탕이 40센트까지 간다거나, 구리 스프레드가 극적으로 확대될 것이라고 강하게 확신하는 사람이 자신의 확신이 올바른 확신으로 판명되는 것을 경험하는 일은 흔하죠. 예를 들어 최근에 나는 한 트레이더에 관한 얘기를 들었는데, 지난 한 해 동안 구리 스프레드를 매매해서 2,700만 달러를 벌었다는 거예요. 그런 뒤 그 돈 모두를 다시 잃었다더군요.

초보 트레이더들에게 조언 한마디 부탁드리겠습니다.

첫째로 위험관리에 관해 바르게 이해하는 것이 가장 중요하다고 말하고 싶어요. 둘째로는 매매의 크기를 작게 하라는 충고를 하고 싶군요. 자신이 생각하는 포지션의 크기가 있으면 이를 최소한 절반으로 줄이라고 권하고 싶어요. 내가 초보 트레이더들을 겪어본 바로는 그들은 자신들에게 적당한 크기의 3배에서 5배 가까이 큰 매매를 하더군요. 1에서 2퍼센트의 위험밖에 감수할 수 없는 매매에서 5에서 10퍼센트의 위험을 감수하더라고요.

과도한 매매 외에 초보 트레이더들이 전형적으로 범하는 실책이 있다면 무엇일까요?

시장을 인격화하는 것이죠. 시장을 개인적으로 극복해야 할 강력한 상대로 여기는 것이 일반적인 잘못이에요. 물론 시장은 완전한 비인격체죠. 누가 돈을 따든 잃든 상관하지 않아요. 만약 어떤 트레이더가 "원합니다" 또는 "희망합니다"라고 말한다면, 그는 파괴적 사고방식에 젖어있는 거예요. 왜냐하면 그런 생각은 시장을 바르게 진단하는 과정이 불가능하도록 하니까요.

　나는 코브너와 대화를 나누면서 굉장히 복잡하고도 광범위한 그의 시장분석에 깊은 인상을 받게 됐다. 그렇게 많은 나라들의 얽히고설킨 경제를 추적하여 분석하려면 엄청난 시간이 소요될 텐데, 어떻게 그런 시간을 낼 수 있는지 아직도 수수께끼이다. 물론 이런 여러 분석들을 하나의 아이디어로 통합하는 데 드는 시간은 차치하고라도 말이다. 전 세계를 대상으로 하는 코브너의 기본적 분석과 기술적 분석의 독특한 조합을 일반 트레이더들이 이해할 수 있도록 전달하는 일은 불가능할 것이다. 그렇지만 코브너의 매매기법에는 평범한 트레이더들과 직접적 관련성이 있는 중요한 요소들이 있다.

　코브너는 성공적 매매의 열쇠로 위험관리를 들었다. 그는 항상 포지션을 취하기 전에 포지션을 정리할 포인트를 미리 결정한다. 그는 또한 위험을 산정할 때 각각의 매매를 독립적으로 보고 위험을 산정하는 것이 아니라 포트폴리오 전체를 대상으로 위험을 산정해야 하는 필요성에 대해 강조했다. 서로 밀접한 연관성이 있는 포지션들을 갖고 있을 때 이런 위험산정원칙은 절대적으로 중요하다. 이는 포트폴리오 전체의 위험이 트레이더가 인식하는 위험보다 훨씬 더 클 수가 있기 때문이다.

　나에게 특히 강한 인상을 남긴 코브너의 말은 그가 손절하는 지점을 설정하는 방법과 관련된 것이었다. 그는 "나는 손절의 지점을 아주 멀거나 도달하기 어려운 지점에 두죠"라고 말했다. 그렇게 함으로써 코브너는 결과적으로 이익을 남기는 것으로 귀결될 포지션이 손절지점에서 청산되는 상황을 최대한 방지하는 것이다. 이런 손절지점의 설정은 엄격한 자금 관리 규칙을 매매에 적용함으로 인해 가능한 것이다. 매매 시 미리 달러 가치로 최대한의 위험을 지정하고, 작은 수의 계약으로 폭넓은 손절지점을 설정하여 지정된 달러 가치의 위험을 감수하는 것이 많은 수의 계약으로 폭 좁은 손절지점을 설정하는 것보다 더 바람직하다고 생각하는 것이다. 이런 생각은 범상한 트레이더들이 하는 매매패턴의 정반대라는 사실을 알 수 있다. 범상한 트레이더들은 계약 당 손실을 한정하고 가능한 많은 수의 계약을 매매한다. 범상한 트레이더들의 이런 매매방식은 일반적으로 많은 훌륭한 포지션을 시장이 예상했던 방향으로 움직이기도 전에 손절되게 한다. 따라서 우리는 다음과 같은 교훈에 다다를 수 있다. 손절지점을 계약 당 잃을 수 있는 돈의 액수에 의해 결정하지 말고, 도달할 경우 매매가 잘못됐다고 논리적으로 표시해 주는 지점에 둬야 한다. 만약 의미 있는 손절지점이 계약 당 너무 많은 손실을 초래한다면 계약 수를 줄여 작게 매매해야 한다.

코브너의 가장 안 좋았던 매매 실책, 즉 그가 '파산으로 향하는 매매'라고 명명한 그 매매 실책은 순간적이며 충동적인 결정에 기인한 것이었다. 나 역시 개인적 경험을 통해 충동적 매매보다 더 실패율이 높은 매매는 없다는 사실을 알 수 있었다(여기서 충동적 매매와 직관적 매매를 혼동해서는 안 될 것이다). 어떠한 매매방식을 사용하든 일단 전략이 선택됐으면 트레이더는 자신의 계획을 고수하고, 충동적 매매결정을 피해야 한다(예를 들어 친구가 추천해서 계획에도 없던 매매를 한다거나, 시장이 예측한 방향의 반대 방향으로 움직인다고 미리 정해놓은 손절지점에 도달하기도 전에 포지션을 정리한다거나 하지 말아야 한다).

끝으로 코브너는 뛰어난 트레이더는 의지가 강하고, 독립적이며, 극단적인 상황에서 역투자자가 되는 사람이라고 했다. 또한 자제심과, 실수를 기꺼이 범하겠다는(그리고 인정하겠다는) 마음가짐을 승리하는 트레이더의 중요한 특징으로 지목했다.

Richard Dennis _ 리차드 데니스

전설, 은퇴하다

리차드 데니스는 1960년대 말, 적은 급여를 받으며 거래소에서 심부름꾼으로 일하다가 상품매매에 흥미를 느끼게 되어 1970년 여름 독자적으로 매매를 해봐야겠다고 결정하고, 가족에게서 1,600달러를 빌려 미드 아메리카 거래소(Mid America Exchange)의 회원권을 구입하게 된다.

'미드암' 이라고도 불리는 미드 아메리카 거래소는 일종의 '마이너리그' 거래소로, '메이저리그' 거래소에서 매매되는 선물 계약의 일반적인 단위를 사용하지 않고 파인트 단위를 사용하여 작은 크기의 계약을 매매하는 곳이다. 미드암은 일반적인 단위를 사용하는 선물 계약의 크기가 부담스러운 소규모 헤지거래자나 투기거래자에게 매력적인 거래소이다. 작은 자본의 풋내기 트레이더인 데니스에게 미드암은 딱 알맞은 거래소였고, 자신이 가진 돈으로 회원권을 살 수 있었던 유일한 거래소이기도 했다.

데니스는 거래소 회원권을 구입하는 데 1,200달러를 지불했고, 나머지 400

달러라는 보잘 것 없는 돈으로 매매를 시작했다. 믿기지 않겠지만 그는 그 400달러라는 극히 빈약한 자본금을 큰 재산으로 바꿨는데, 사람들의 말에 의하면 그 크기가 2억 달러 가까이 된다고 한다. 어느 기사에서 그의 아버지는 "리차드가 그 400달러를 그런대로 잘 굴렸어요"라고 언급했다고 보도됐다. '그런대로 잘 굴렸다'는 표현은 말을 삼가서 해도 심하게 삼가서 했다고 생각된다.

장기간으로 보면 예외적으로 성공한 데니스지만 그도 몇 번의 침체기를 견뎌내야만 했다. 우리가 인터뷰를 가졌던 시기도 데니스가 그런 침체기를 겪고 있는 중이었다. 1987년 말에서 1988년 초, 데니스가 운용한 공모펀드들 중 여러 개가 50퍼센트의 손절포인트에 도달하여 매매가 중지됐으며, 데니스의 개인계좌도 그와 비슷한 시련을 겪어야 했다. 그는 투자자들에게 보낸 편지에서 "이런 손실은 나의 개인적 매매에서의 엄청난 손실과 그 크기가 동일합니다"라고 자신의 상황을 설명했다.

아마도 데니스의 트레이더로서의 가장 인상적인 자질은 감정적인 충격 없이 그런 힘든 시간들을 잘 헤쳐 나가는 그의 능력일 것이다. 그는 때때로 발생하는 큰 손실을 그의 직업상의 한 부분으로 받아들이는 것이 분명하다. 그런 어려운 기간 동안에도 그의 자신감에는 흔들림이 없었는데, 그 이유는 자신의 매매 전략의 근본에 충실하면 결국에 가서는 다시 회복하리라고 믿기 때문이다. 만약 내가 그의 최근의 손실에 관해 몰랐다면, 인터뷰 때 그에게서 볼 수 있었던 자신감과 활기찬 분위기 때문에 나는 그가 돈을 조금 벌었구나 하고 쉽게 추측했을지도 모른다.

수억 달러 거부의 전형적인 이미지가 무엇이든 간에 데니스는 그 이미지에 전혀 어울리지 않는다고 할 수 있다. 그의 절약하는 삶은 하나의 전설에 가깝다. 사실 그의 무절제한 씀씀이라고 할 수 있는 것은 그가 정치 단체와 자선 사업에 상당한 크기의 기부를 하는 것이 유일하다. 그의 정치적 견해 또한 사람들이 일반적으로 생각하는 부자의 그것과는 거리가 멀다. 데니스는 진보적 두뇌 집단인 루스벨트 미국 정책연구 센터(Roosevelt Center for American Policy Studies)의 설립자이며 미국의 부자들에게 더 높은 세금을 물려야 한다는 생각을 지지하는 사람이다. 그는 최근 몇 년 동안 진보 성향의 후보들을 지원하며 정치 분야에서 점점 더 많은 활동을 하게 됐는데, 매매와는 다르게 정치에서의 그의 승률은 실망스러운 것이었다. 그는 1988년 대통령 선거에서 민주당 후보 경선에 출마한 배빗(Babbitt)의 선거캠프 공동의장으로 활동하기도 했다.

나는 이 책을 위해 인터뷰할 대상의 목록을 작성하며 데니스는 빠져서는 안 될 인물로 생각했다. 그 이유는 우리 시대의 가장 뛰어난 전설적 트레이더인 그를 빼 놓을 수 없기 때문이었다. 이 책에 소개된 다른 많은 트레이더들이 데니스에 관해 "나는 그의 수준에는 못 미쳐요"라고 언급했다.

데니스와의 인터뷰를 성사시키기 위해 나는 그의 조수와 먼저 접촉해야만 했다. 내가 쓰려는 책에 관해 설명하니 그는 데니스에게 얘기를 전달한 후 나에게 다시 연락을 주겠다고 말했다. 그는 약 1주 후 나에게 전화를 했는데, 데니스가 한 달 후쯤인 어느 날에 정확히 한 시간 동안 인터뷰를 할 수 있다고 말했다. 나는 시카고에 가는 유일한 목적이 데니스를 인터뷰하기 위한 것이며, 한 시간은 필수적인 분야 모두를 다루기에는 결코 충분한 시간이 아니라고 설명했지만 이에 대한 그의 대답은 한 시간이 나에게 할당된 시간의 전부라는 것이었다. 말하자면 하고 싶으면 하고 하기 싫으면 말라는 얘기였다. 나는 인터뷰가 잘 되면 조금 더 시간을 얻을 수 있으리라 기대하며 인터뷰를 하겠다고 말했다.

약속 시간보다 약 5분 전에 도착한 나는 크지만 수수하게 꾸민 사무실로 안내됐다. 데니스는 정확히 약속 시간에 도착했으며, 친절하게 악수를 청한 후 그의 책상에 앉았다. 그는 인터뷰 중 시세판을 때때로 쳐다보더라도 양해해 달라며, 시세판을 봄과 동시에 인터뷰에 정신을 집중할 수 있다고 했다. 또한 주문을 넣어야 할 경우에는 나에게 미리 신호를 보내겠다고도 말했다. 나 역시 매매를 해본 경험이 있는지라(그에 비하면 보잘것없는 규모지만), 나는 이해한다고 말했다.

인터뷰가 시작되자 우리는 서로 다른 이유로 편치 않은 기분을 느껴야 했다. 나의 경우 당면한 과업을 완성할 충분한 시간이 없다는 생각 때문에 똑딱거리는 시계 바늘에 정신이 분산되는 듯했고, 데니스의 경우에는 수줍음을 타는 그의 성격 탓에 편안함을 느끼지 못하는 듯했다. 첫 만남이라 그런지 그는 어색해 했으나 5에서 10분 정도의 시간이 흐르자 긴장감은 사라지고 분위기는 느슨해졌으며 대화는 순조롭게 진행됐다.

인터뷰를 시작한 지 45분 가까이 시간이 흘렀을 때, 나는 모든 게 순조롭게 진행되는 걸로 봐서 할당된 한 시간보다 더 오래 인터뷰를 끌고 갈 수 있겠다고 생각하게 됐다. 그러나 주어진 한 시간이 끝나기 정확히 10분 전에 나의 이런 착각은 산산조각 나게 됐다. 데니스가 "이제 남은 시간이 10분밖에 없군요. 아직 중요한 뭔가가 남아있다면 그걸 다루시는 게 좋을 것 같아요"라고 말했기 때문이었다. 나는 나의 인덱스카드를 이리저리 넘겨보며, 아직 다루지 못한 중요한 질문이 있는지 빠르게 찾으려 했다. 정확히 한 시간이 지났을 때 데니스는 "한 시간이 제가 가진 시간의 전부라서…, 감사합니다" 하고 말했다.

내가 다루지 못한 부분은 데니스가 정치적 분야에서 겪은 경험에 관한 것이었다. 데니스와 루스벨트 센터, 그리고 데니스가 알고 지낸 여러 정치적 인물들이 저질렀다고 의심받은 콩시장 조작혐의에 관한 상원 청문회도 여기에 포함된다. 이런 정치적 주제들이 호기심을 자극하는 흥밋거리인 것은 틀림없지만 이 책의 중심 주제와는 거리가 멀다. 따라서 나는 정치적인 것에서 기인한 문제를 다루기 전에 매매와 관계된 질문들을 우선적으로 선택했다.

인터뷰 말미에 나는 "정치적인 것과 연관된 질문에는 손도 못 댔군요"라고 말하며 나의 마지막 주제를 꺼내려 했다. 데니스는 "사람들이 별로 관심도 가지지 않는 것이잖아요"라고 말한 뒤, 친절하게 작별인사를 하고 사무실을 떠났다.

약 6주 후, 나는 데니스에게 후속 인터뷰를 요청했고, 그와 다시 인터뷰를 할 수 있었다. 이 장의 후반부에 소개되는 재정적자 문제와 최근 발생한 그의 공모펀드의 큰 손실에 관한 내용은 이 두 번째 인터뷰에서 나온 것이다.

두 번째 인터뷰가 있고 약 1개월 후, 데니스는 그의 정치적 관심사항에 전력하기 위해 트레이더라는 직업에서 은퇴한다고 발표했다. 데니스가 다시 매매를 하지 않을 수 있을까? 그럴지도 모르겠다. 하지만 이에 대해서는 확신하지 않는 편이 더 나을 것 같다.

interview

처음 상품매매에 관심을 가지게 된 동기가 무엇인가요?

고등학교를 졸업하고 그해 여름 거래소의 심부름꾼으로 아르바이트를 하게 됐죠. 그때 장난삼아 매매를 조금 해 봤어요. 나는 주 당 40달러라는 아주 적은 임금을 받는데, 한 시간 매매로 그 40달러를 다 날리곤 했죠. 그때는 내가 뭘 하고 있는지도 몰랐어요. 적은 돈으로 매매를 할 수밖에 없었다는 것이 하나의 행운이었죠. 배운 것에 비하면 등록금이 쌌다고 말할 수 있겠네요.

데니스 씨는 스물한 살이 되기 전까지 아버지를 거래소의 트레이더석에 세워두고 외부에서 매매신호를 보내 매매를 했다는 이야기를 들은 적이 있는데, 그것에 관해 말씀해 주시겠어요?

1968년과 69년도의 일이에요. 아버지는 회원권을 가지고 있었지만 매매에 관해서는 아는 게 없었죠. 미성년인 내가 매매하기를 원했기 때문에 아버지는 그냥 함께 해주신 거예요. 내가 스물한 살이 되던 날이 아버지의 생애에서 가장 행복한 날들 중 하루가 됐죠. 아버지는 그날 "난 정말 이 일이 싫구나. 도대체 내가 뭘 하고 있는지도 알 수 없으니…. 이제 네가 알아서 하거라" 하고 말씀하셨어요.

아버지가 주문을 대신 넣어주고 데니스 씨는 한 발 물러서 있어야 했기 때문에 매매하기가 불리했나요?
물론이죠. 우리는 계속 잃었으니까요.

그래도 매우 작은 돈으로 매매했으니까 그렇게 많이 잃지는 않았겠군요?
그 기간 동안 한 2,000달러 정도는 잃었을 거예요.

그럼에도 그 기간 동안 배운 것 때문에 그 기간이 가치 있었다고 여기시는군요?
그래요. 회상해보면 매매를 시작하는 사람들에게 시작 초기에 트레이더로서 다시는 접해서는 안 될 최악의 상황을 접해보라고 말하고 싶어요. 비록 고무적인 말은 아니지만 말이에요.

왜냐하면 시작 초기 매매의 크기가 작으니까 말이죠?
그렇죠. 심각한 실책을 범했을 때 충격이 너무 심하면 안 되니까요.

트레이더들 중에서 시작 초기의 성공이 파멸의 원인이 되어버린 사람들을 알고 계시나요?

그와 유사한 여러 유형을 목격했죠. 오리처럼 잘 길들여지는 사람들이 많이 있어요. 어린 오리에게는 전함이 엄마라고 가르칠 수도 있거든요. 많은 트레이더들에게 그들의 첫 번째 큰 매매가 성공이었느냐 그렇지 못했느냐가 문제되는 것이 아니라, 그들의 큰 수익이 매수포지션에서 났느냐 매도포지션에서 났느냐가 문제가 되죠. 그에 따라 이 사람들은 변함없는 강세론자나 약세론자가 되거든요. 아주 좋지 않은 것이죠. 위쪽과 아래쪽에 똑같은 마음을 둬야 하는데 말이에요. 심리적으로 어느 한쪽이 더 마음에 든다고 할 수 있는 게 아니거든요. 만약 어느 한쪽이 더 마음에 든다면 매매는 한쪽으로만 치우치게 되죠.

1973년 콩시장이 치솟아 오르던 때에 많은 사람들이 위쪽으로 길들여졌어요. 시장의 광란과 엄청난 돈을 따는 일부 트레이더들을 목격한 사람들은 자신들은 정작 돈을 벌지도 못했으면서 위쪽으로 길들여졌죠.

1973년의 콩시장을 경험한 후 사람들은 강세 쪽으로 편향된 마음을 갖게 됐군요.
그렇죠.

미드 아메리카 거래소에서 매매를 처음 시작했을 때, 그렇게 작은 자본을 가지고도 자신감을 가질 수 있었던 이유가 뭔가요? 사실 한번 잘못하면 시장에서 축출되잖아요?
아뇨, 그렇지 않아요. 미드 아메리카 거래소의 특징은 일반계약이 아니라 소형계약이 매매된다는 것이죠. 내게 몇 가지 실수를 범할 소지는 있었어요. 그리고 다는 아니지만 대부분 그 실수들을 범했죠. 내게 자신감이 있었는지 어땠는지도 사실 잘 모르겠군요. 그냥 사람들이 이 일에 뛰어들며 품는 생각을 나도 품었다고 봐요. 성공해야 한다는 욕구 말이에요. 내 말은 앞으로의 일을 예측해서 베팅을 해야 하는 이런 일을 할 때는 잘 되지 않을 수도 있다는 사실에 대한 명백한 인식이 우선적으로 있어야 한다는 말이에요. 의심의 여지가 없는 진리죠.

대부분의 트레이더들은 첫해에 성공을 거두지 못하죠. 데니스 씨는 무엇을 그들과 다르게 하셨는지요?

나는 바르게 실행한 것들이 상당수 있었기 때문에 그렇게 작은 자본으로도 전복되지 않을 수 있었어요. 1970년 대규모 옥수수 병충해가 있기 전에 운 좋게도 정확한 포지션을 잡게 됐고요.

옥수수 병충해가 있기 전에 정확한 포지션을 잡게 된 것은 우연한 행운이었나요, 통찰력이 있었기 때문인가요?

통찰력이 있었다는 쪽에 조금 더 무게를 두고 싶군요. 그 당시 희미하게나마 시장 접근에 관한 개념과 규칙이 있었고, 매매에 임하는 올바른 태도에 대한 사고가 있었던 것 같아요. 예를 들어 추세와 함께하는 것 같이 내가 배운 것들 중 일부는 옳은 것이었죠.

어느 금요일에 곡물시장들 모두가 그해 최고가로 마감되더군요. 나는 그 당시 추세와 함께하고, 그 추세가 강하면 강할수록 더 좋다고 믿고 있었죠. 물론 지금도 여전히 그렇다고 믿고 있고요. 마감에 임박해서 장에 뛰어들었던 걸로 기억하는데 옥수수, 밀, 콩을 각각 2개씩 소형계약을 매수했죠. 다음 주 월요일 아침이 되자 옥수수 병충해 뉴스 때문에 세 시장 모두가 상한가로 개장되더군요.

물론 병충해가 일어나지 않았을 수도 있었겠죠. 그랬다면 나는 돈을 조금 잃었을 테고, 내 계좌가 2,000달러에 도달하는 데 훨씬 더 많은 시간이 걸렸겠죠. 400달러와 비교하면 2,000달러는 진짜 자본이라고 할 수 있잖아요. 하여간 찍기로 매매를 결정한 것은 아니었어요. 장기적 안목으로 보면 효과를 얻게 되어있는 매매 방법을 실행했어요. 다시 말해 추세와 함께 했던 거예요.

금요일 장이 매우 강하게 마감되는 것과 같은 패턴을 다음 주의 가격움직임을 알려줄 수 있는 유용한 시장 특징이라고 보시나요?

예. 최소한 금요일 시장이 전고점을 돌파하며 마감하는데도 손실을 보며 매도포지션을 취하거나 유지하는 것, 또는 전 저점을 뚫으며 마감하는데 매수포지션을 취하거나 유지하는 것은 좋지 않아요.

초기 매매에서 성공을 거두고도 대학원에 진학했던 것에 관해 말씀 좀 해주시죠.

1970년 여름이 시작되기 전에 대학원에 등록을 했어요. 그때는 내가 처음으로 트레이더석에서 매매하던 때였죠. 그해 여름 동안만 매매할 계획이었는데, 3개월간 3,000달러의 수익을 올리며 상당히 고무됐어요. 그런 후 뉴올리언스(New Orleans)에 있는 툴레인(Tulane)대학으로 갔는데, 그곳에서 약 1주일을 버틸 수 있었어요. 나는 빨래방에서 쓸 25센트짜리 동전으로 시카고(Chicago)에 전화해서 매매를 했죠. 내게 있던 25센트짜리 동전을 다 쓰고 지저분한 빨래만 남았을 때는 시카고로 돌아가는 것 말고는 다른 선택의 여지가 없더군요.

그때 이후로 전업 상품 트레이더가 되셨군요.

예.

본인의 가장 극적인, 혹은 가장 감정에 치우친 매매경험으로 어떤 것이 떠오르나요?

첫해에 그런 경험을 한 번 했어요. 매매하려고 대학원을 그만 둔 바로 그 시점이었죠. 하루는 아주 안 좋은 매매를 해서 300달러를 잃게 됐어요. 당시 내게는 약 3,000달러밖에 없었기 때문에 300달러는 아주 큰 손실이었거든요. 그래서 나는 안정을 잃게 됐어요. 나는 뒤이어서 첫 번째 포지션의 반대 포지션을 취해서 손실을 증폭시켰죠. 끝으로 다시 처음 포지션으로 돌아가서 세 번째 손실을 겪어야 했고요. 그날 장이 마감됐을 때 내 전체 자본의 1/3인 1,000달러를 잃었더군요.

나는 그 일로 해서 안정을 잃게 하는 손실을 입었을 때는 시장에서 나와 집에 가서 낮잠을 자든, 다른 뭔가를 하든 해서 다음 결정을 내리기 전까지 일정 기간의 안정기를 가져야만 한다는 것을 배우게 됐죠. 심하게 맞았을 때는 덤비기보다 물러나서 정신부터 차리는 일이 중요하거든요. '만약 손실에 적용되는 규칙이 있었다면 그런 충격적인 경험을 하지 않아도 됐을 텐데' 하고 그때 일을 돌이켜보며 깨달음을 얻었죠.

돌이켜봤을 때 그때의 손실이 가장 값진 매매경험이었다고 할 수 있을까요? 왜냐하면 그 경험을 깊이 새겨 다시는 그렇게 큰 손실을 보는 실책을 범하지 않게 됐잖아요. 물론 손실의 크기를 퍼센티지로 봤을 때 말이에요.

물론입니다. 손실을 만회하려고 포지션의 크기를 늘린다거나, 성급히 시장의 움직임을 따라잡으려 한다거나 하는 행동들은 하지 말아야 함을 알게 됐죠. 또한 손실이 일정 수준이 되면 판단을 하는 데 영향을 미치기 때문에 손실을 입었을 경우에는 다음 매매를 하기 전에 일정 기간의 휴지기를 가져야 한다는 사실도 깨닫게 됐지요.

'일이 잘 안 풀릴 때 서두르거나 애쓰지 말라.' 이렇게 정리할 수 있을까요?

그렇죠. 요컨대, 짧은 기간에 큰돈을 벌 수 있는 몇 안 되는 시기에 대비해서 자본을 유지하고 있으려면 손실을 최소화해야 한다는 것이죠. 절대 해서는 안 될 일이 최적의 매매시기가 아닌 때에 자본을 낭비하는 일이에요. 그렇게 자본을 낭비하면 투자자본이 너무 빈약해져서 좋은 기회가 왔을 때 매매를 할 수가 없게 되거든요. 비록 매매를 하게 되더라도 매매의 크기가 상대적으로 작아질 수밖에 없죠. 왜냐하면 자본이 다른 매매에서 입은 손실로 고갈됐으니까요.

1973년 콩시장이 데니스 씨가 경험한 첫 번째 큰 시장이었나요?

그 시장에서 돈을 많이 벌어서 다음해 시카고 선물거래소(Chicago Board of Trade)로 옮길 수 있었죠. 내가 돈을 번 것이 단지 콩을 매수해서 포지션을 유지했기 때문이 아니었어요. 나는 기본적으로 자주 샀다 팔았다 하는 거래소의 회원 트레이더잖아요. 시장은 많은 거래량으로 훌륭한 유동성을 제공해줬고, 거래소 안에서 매매하기에는 아주 좋은 날들이었지요.

말하자면 시장의 추세를 어떻게 타느냐 하는 문제가 아니라, 시장에서 어떻게 성공적으로 시세 차익을 남기느냐 하는 문제였군요?

그렇죠. 많은 사람들이 이익을 챙기는 데 눈이 멀어 굉장히 안 좋은 매매를 하곤 했어요. 사람들은 시장이 상한가로 치솟았을 때, 다음날도 상승할 것이 불을 보듯 뻔한데도 포지션을 정리하곤 했죠. 이익이 조금이라도 빠져나가면 그걸 참지 못하는 거예요. 사람들이 장에서 나올 때 나는 들어가곤 했어요.

거저먹었다는 말씀처럼 들리는군요.

물론 약간의 위험은 있었지만 강한 추세에 순응하는 성향의 사람에게는 좋은 매매 기회였어요. 사람들이 내게 유리한 조건을 제공한 거예요.

사람들이 다음날 상승할 가능성이 높은데도 포지션을 넘겨줬다는 말씀이군요?

곡물 시장 중 일부는 10일 동안 연속 상한가로 치달았다는 사실을 기억해보세요. 대부분의 사람들은 4, 5일 연속 상한가도 불가능하다고 생각했거든요.

시장이 연속해서 며칠간 상한가로 치닫는 경우, 어느 시점에 가서 갑자기 하한가로 장이 열리기도 하죠. 상한가라 하더라도 매수할 때가 아니라는 것을 어떻게 느낄 수 있나요?

확률 게임이라고 봅니다. 변동성이 심한 것은 사실이지만, 상한가에서 매수 포지션을 취할 때 확률은 자기편이라는 것이죠.

지금까지 매매를 해오며 정말 안 좋았던 해가 있었나요? 말하자면 어느 한 시장에 관해 너무 그릇된 판단을 해서 "그해는 정말 안 좋았다" 이렇게 말할 수 있는 연도가 있으면 말씀해 주시겠어요?

하나의 시장으로 인해 "정말 안 좋았다"라고 말할만한 시기를 겪지는 않아요. 매매 성적이 좋지 않은 기간은 거의 모든 시장들이 횡보하면서 돌파 실패를 많이 만들어 내는 때예요. 한 시장이라도 괜찮으면 일반적으로 "정말 안 좋다"라고 말할 만한 기간을 보내지는 않죠.

그런 관점에서 보면 특히 몇 년도를 안 좋았던 해라고 할 수 있을까요?

1978년은 매매하기 좋은 해가 아니었어요. 당시 나는 거래소 회원 트레이더를 그만 두고 거래소 밖에서 매매를 시작하던 때였는데, 거래소 안과 밖의 차이에 대해 잘 몰라서 쓸데없는 손실을 입어야만 했어요.

1978년이 개인 사무실에서 매매를 시작한 해였군요.

예. 1977년은 대체로 거래소 내에서 매매를 하다가 1978년에는 완전히 거래소 밖으로 나오게 됐지요.

거래소 밖으로 나옴으로 해서 포지션을 오랫동안 유지하는 트레이더에 더 가까워지게 됐나요?

궁극적으로 1978년에 내가 배운 것은 책상 앞에 앉아서 매매하는 트레이더는 포지션을 오래 유지해야만 한다는 거예요. 거래소 내에서는, 예를 들어 콩이 3센트를 깨고 내려갈 것 같으면 매도한 후, 만약 3센트를 깨지 못하면 정리하죠. 하지만 거래소에서 나오면 그런 사치는 사라져요. 왜냐하면 그렇게 유리한 조건으로 주문을 넣을 수가 없기 때문이에요. 또한 컴퓨터 모니터에 나타나는 가격을 보며 하는 시장 판단이 거래소 내에서 돌아가는 상황을 관찰하며 하는 시장 판단만큼 올바를 수는 없거든요. 거래소 내에 있다 보면 무의식적으로 습득하게 되는 지표가 있어요. 예를 들자면 '이 친구들은 시장이 변곡점에 있을 때 올바른 판단을 한 적이 한 번도 없었어' 하는 식으로 말이죠. 만약 이 친구들 모두가 동시에 같은 행동을 한다면 경고등이 깜빡이게 되죠. 거래소 내에서 누렸던 이런 장점들을 더 이상 누릴 수 없다는 사실을 인식하기까지는 꽤 긴 시간이 걸렸어요.

거래소 안에서 잘 하셨는데 왜 나오셨나요? 책상 앞에 앉아 매매해야 할 이유가 있었나요?

1970년에 내가 매매를 시작했을 때는 통화, 이자율, 금과 같은 시장에 선물시장이 없었죠. 이 시장들은 1978년쯤이 돼서야 실질적으로 접근이 가능할 만큼 충분히 성숙됐어요. 통화시장은 1974년에 시작됐는데 충분한 양의 거래가 이루어지기까지는 수년이 소요됐죠.

말하자면 거래소에서 나온 이유가 더 많은 시장에 참여하고 싶어서였군요? 거래소 내에서는 물리적으로 참여가 가능한 시장의 수가 제한적이니까 말이죠?

그렇죠. 5년 전에는 거래소 밖에 좋은 기회가 없었으니까 거래소 안에 있었던 거예요.

데니스 씨가 트레이더 훈련 프로그램을 처음 시작하셨다고 알고 있는데, 그해가 몇 년도였나요?

1984년 초에 한 무리의 사람들을 고용했고, 1985년 초에 또 한 무리의 사람들을 고용했지요.

트레이더 훈련 프로그램을 시작하게 된 동기는 무엇이었나요?

고등학교 때부터 친구인 동업자가 있어요. 우리는 상상 가능한 모든 것에 대해 철학적 이견을 보였죠. 우리가 벌인 논쟁 중에 하나가 성공적 트레이더의 기술을 몇 가지 규칙으로 규정할 수 있느냐, 아니면 말로는 표현할 수 없는 신비적이고 개성적이며 직관적인 어떤 것이 훌륭한 트레이더를 만드느냐 하는 것이었어요. 나의 의견은 성공적 트레이더의 기술을 몇 가지 규칙으로 규정할 수 있다는 쪽이었지요. 이 논쟁은 너무 오랜 기간 지속되어, 아마도 나는 쓸데없는 공론에 다소 짜증이 났던 것 같아요. 마침내 나는 "이 논쟁을 확실히 끝낼 방법이 있다. 사람들 몇 명을 고용해서 훈련시킨 후 결과를 보자!" 하고 말했죠. 내 동업자는 이 제안에 동의했어요.

하나의 지적 호기심을 충족하기 위한 실험이었어요. 우리는 최선을 다해 그 사람들을 교육했죠. 그래야 올바른 실험이 된다고 생각했거든요. 나는 시장에 관해 내가 알고 있던 모든 것을 체계적으로 성문화(成文化) 하려고 했어요. 우리는 확률, 자금 관리, 그리고 매매에 관해서 교육을 실시했죠. 결과는 내가 옳은 것으로 드러났어요. 자랑하려고 하는 말이 아니라, 나도 그렇게 좋은 결과가 나오는 걸 보고 놀랐어요. 교육이 효과를 발휘하는 것을 보고 놀라움을 금치 못하겠더군요.

어느 정도 이성적인 사람이면 누구나 훌륭한 트레이더로 만들 수 있다는 것이 데니스

씨의 기본적인 주장이었나요?

아니요. 우리는 심사를 통해 적임자를 선발했어요. 약 1,000명으로부터 지원서를 받았는데, 그중 40명을 선별해서 인터뷰를 한 후, 최종적으로 10명을 뽑았죠.

어떤 자질을 보셨나요?

그 점에 관해서는 얘기하고 싶지 않군요. 이유는, 만약 내가 "우리는 체스 선수를 찾고 있어요" 하고 말한 뒤 다시 사람을 모집한다면 수많은 체스 선수들로부터 이력서가 홍수처럼 밀려들 게 뻔하거든요.

지적능력도 중요시 됐나요?

지적능력이 그들의 특징 중 하나이기는 했지만 선발되기 위한 필수적인 사항은 아니었어요. 우리는 우리가 찾는 자질을 가진 사람들을 선발하려 했을 뿐이었죠. 그런데 지원한 사람들 중 일부는 지적인 사람들이었고, 일부는 굉장히 지적인 사람들이 있었어요. 우리는 굉장히 지적인 사람들 중에서 교육생을 선발했는데, 그 이유는 그냥 그런 훌륭한 사람들이 지원해줬기 때문이었어요.

매매비법을 가르쳐주는 데 어떤 주저함도 없었나요?

주저했지요. 하지만 대부분의 트레이더들이 매매 전략을 다른 사람들이 알면 효과를 상실한다고 생각하지만 나는 그렇게 생각하지 않았어요. 바른 매매를 할 때, 다른 사람들에게도 그런 매매전략에 관한 보편적 상식이 있다고 해도 그 매매는 효과를 발휘할 거예요. 나는 늘 매매규칙을 신문에다 공개해도 아무도 따르지 않을 것이라고 말하고 있어요. 중요한 것은 일관성과 자제력이죠. 거의 모든 사람들이 우리가 교육생에게 가르친 매매규칙이 내는 효과의

80퍼센트의 효과를 발휘하는 매매규칙을 세울 수 있다고 봐요. 그들이 할 수 없는 일은 상황이 안 좋아졌을 때 자신들이 세운 규칙을 고수하는 것이죠.

교육과정은 얼마나 오래 걸렸나요?

매우 짧았어요. 첫해에는 2주 소요됐죠. 2주 교육 후, 한 달 동안 매매를 시키며 자신들이 한 매매와 그 이유를 일지에 기록하도록 시켰어요. 우리가 알고 싶었던 것은 그들이 교육받은 대로 일관되게 행하는지, 그렇지 않은지였어요. 두 번째 해에는 우리가 이 일에 아주 능숙해져서 교육과정이 1주밖에 소요되지 않았죠.

교육생은 몇 명이었나요?

모두 23명이었어요.

결과는 어땠나요?

좋은 성과를 못 내는 세 사람을 제외시켰죠. 나머지 20명은 한해 평균 약 100퍼센트의 수익을 냈어요.

사람들을 교육시킬 때 데니스 씨 자신의 시장 접근방법을 알려주셨겠죠? 그렇다면 리차드 데니스라는 사람의 복제인간 20명을 만들 위험성이 있었던 것은 아니었나요? 다시 말해, 그 사람들의 매매결과가 데니스 씨가 매매하는 것과 매우 깊은 상관관계를 갖게 되는 게 아닐까요?

그렇지 않았어요. 엄청난 차이가 있었죠. 우리는 반복해서 수업시간에 다음과 같이 말했어요. "우리는 우리가 효과가 있다고 생각하는 것을 여러분에게 가르치려고 합니다. 그러나 여러분은 자신만의 능력, 감각, 판단력 등을 우리가 가르쳐준 것에 추가해야 합니다." 이렇게요.

교육 받은 트레이더들이 사용하는 자금은 얼마나 되나요?

그들이 수년에 걸쳐 돈을 벌었기 때문에 자금은 늘어났어요. 1인당 2백만 달러쯤 되죠.

최초 얼마를 가지고 시작했나요?

1인당 10만 달러였어요.

이 사람들을 '거북이들(turtles)'이라고 부르더군요. 재미있는 이름이라고 생각했는데, 이 이름은 어떤 유래로 생기게 됐나요?

내가 트레이더 훈련 프로그램을 실시하기로 결정했을 때는 극동지역 여행에서 돌아온 직후였어요. 나는 누군가에게 이 프로그램에 관해 얘기하며, "우리는 트레이더들을 싱가포르 사람들이 거북이를 키우듯이 키워보려고 합니다" 하고 말하게 됐죠. 싱가포르에서 한 농장을 방문했을 때, 그곳에서 수천 마리의 거북이가 꿈틀대는 커다란 통을 봤거든요. 그 통이 트레이더들을 키우는 데 대한 이미지로 나에게 다가왔던 것이죠.

매매에서 행운이 차지하는 비중은 어느 정도 된다고 보시나요?

장기적으로 보면 없습니다. 분명 '0'이라고 봐요. 이 분야에서 운 좋게 시작했다는 이유로 끝까지 돈을 버는 사람이 있다고는 생각하지 않습니다.

하지만 매매를 개별적으로 고려해 볼 때 분명 운이 있고 없고의 차이는 크잖아요?

그래서 사람들이 착각하게 되는 거죠. 매매를 개별적으로 놓고 보면 운으로 승패가 갈린 거예요. 매매는 통계의 문제거든요. 만약 매번 53퍼센트의 성공 가능성이 있는 어떤 것을 선택한다면 장기적으로는 100퍼센트의 성공 가능성이 있잖아요. 두 트레이더의 결과를 분석할 때 1년 미만의 어떤 결과를 보는 일은 무의미해요. 한 사람이 다른 사람보다 더 낫다고 결정하려면 적어도 2년은 지켜봐야 하죠.

데니스 씨는 자유재량으로도 매매하고 시스템매매도 하는 몇 안 되는 트레이더 중 한 분이시죠. 이 두 방법의 차이점에 대해 말씀해 주시겠어요?

전문 트레이더들은 매우 재치 있는 행동을 취할 수 있지만, 자신들이 취한 행동에 대해서 체계적인 사고를 하지 않는 경향이 있어요. 예를 들어 대부분의 트레이더들은 효력을 발휘하는 매매를 해도 왜 그 매매가 효력을 발휘했는지, 다른 때 다른 시장에서도 할 수 있었던 무엇을 한 것인지 등을 생각해 보려 하지 않아요. 매매과정에 관한 충분한 반추(反芻)가 없다는 말이죠. 반대로 나는 항상 매매에 관해 분석적이었다고 생각해요. 기계적 시스템매매를 연구하기 전에도 그랬어요.

그리고 전문 트레이더들과는 정 반대로 매매하기 전에 늘 연구하는 학자적인 사람들이 있어요. 이 학자적인 사람들은 훌륭한 매매시스템을 개발하는 데 필요한 현장 감각이 결여되어 있죠. 다행히도 나는 매매부터 먼저 했어요. 그래서 우리가 연구하고 개발하는 것은 현실 세계에 적용이 용이하죠.

현실 세계에 대한 경험 부족이 연구자들에게 치명적일 수 있는 예를 하나 들어주실 수 있나요?

일례로 많은 손절이 발생하는 경향이 있는 지점에 스톱주문을 넣으라는 신호를 내는 기계 시스템을 개발했다고 가정해 봅시다. 현실 세계에서는 다른 많은 사람들이 손절지점으로 지정하는 곳에 자신의 손절을 둔다는 것은 현명한 일이 아니죠. 그런 시스템은 매매체결 상황이 평균보다 더 불리하거든요. 만약 이를 이해하지 못한 상태에서 시스템을 개발해서 모의테스트로 결과를 산출해 낸다면 훌륭해 보일 거예요. 그러나 현실 세계에서 그런 시스템은 지속적으로 좋지 않은 결과를 가져올 거예요.

기계적 매매시스템을 개발하기 전에 매매과정에 세밀한 주의를 기울였다고 말씀하셨는 데, 그럼 자신이 무엇을 잘못했는지, 그리고 잘한 것은 무엇인지에 관한 일지를 작성하셨 나요, 아니면 그냥 머릿속에 기억으로 담아두셨나요?

관찰한 것들을 글로 기록해 두고 그것들에 관해 생각하곤 했죠. 내가 행하고 있는 모든 것들에 관해서 반추했어요.

무엇을 잘 못했는지 잘했는지에 관한 기록을 남겨두는 일은 트레이더들에게 매매 향상 을 위해 한번 해보라고 권유할 만한 것인가요?

물론이죠. 매매경험은 너무 강렬해서 그날 장이 끝나면 그에 관해 생각하는 것을 회피하려는 것이 자연스러운 경향이에요. 모든 것이 제대로 작동될 때는 나도 그래요. 그러나 그렇지 못할 때는 내가 무엇을 하고 있는지, 어떻게 하면 더 잘할 수 있을지를 생각하게 돼요. 생각대로 일이 안 풀릴 때 머리를 이불 속에 처박고 더 나아지기만을 마냥 바라고 있는 트레이더는 되지 말아야 해요.

그러니까 시장에 관해 전혀 생각하고 싶지 않은 때가 바로 시장에 관해 가장 많이 생 각해 봐야만 하는 때라는 말씀이군요?

바로 그거죠. 내 경우 시장에 관해 반추하는 데에는 아무 문제가 없어요. 왜 냐하면 나는 항상 시장에 사로잡혀 있거든요.

트레이더로서의 느낌은 어떤 방향으로 행동할 것을 요구하고, 자신의 시스템은 그와는 반대되는 방향의 행동을 요구할 때, 그런 때에는 어떻게 하시나요?

그 둘이 정반대로 대립하는 문제가 발생하면 그 문제를 해결할 때까지는 아무것도 하지 말아야죠.

데니스 씨의 시스템 대부분은 성격상 추세 지향적이라고 할 수 있을까요?

예.

그렇다면 시장이 변곡점에 있을 때 당연히 시스템들은 바른 방향으로 포지션을 취하고 있을 수 없겠죠. 그렇지만 데니스 씨는 경험 많은 트레이더로서 시장의 방향이 바뀔 때 나타나는 특성을 감지하실 수 있지 않겠어요? 이런 상황에서, 다시 말해 시스템은 매도포지션을 취하고 있지만 트레이더로서의 감은 위쪽일 때, 매수를 하시나요 어쩌나요?

아마도 가만히 있을 거예요. 나는 심리적이며 개인적 견해에 기인하는 매매와 기술적 분석상 추세추종의 의미로 발생하는 매매에 같은 비중의 중요성을 두니까요.

그렇다면 행동을 취하기 전에 시장이 돌아서는 모습을 봐야 한다는 말이로군요?

그렇다기보다는 추세가 형성됐을 때 바른 포지션을 취하고, 추세추종의 매매시스템보다 더 빨리 직관적 판단에 의해 포지션을 정리하는 결정을 내린다고 할 수 있겠죠.

지배적 추세에 반대해서 포지션을 시작하기도 하나요?

물론 그렇게 하기도 하죠. 추세에 역행해서 포지션을 시작한 적도 있어요. 그렇지만 일반적 규칙으로 그렇게 하는 것은 바람직하지 않다고 생각해요.

추세에 역행하는 매매가 다른 매매보다 결과가 나빴나요?

일반적으로 그랬어요. 추세에 역행하는 매매가 가끔 대단한 이야기를 만들어 낸 때도 있었지만 말이에요. 예를 들어 내가 60센트에 설탕을 매도했던 일 같이 말이죠[설탕은 1974년 11월 66센트의 고점에서 불과 7개월 만에 12센트 아래로 폭락했다. 설탕의 1센트 움직임은 1계약 당 1,120달러의 가치가 있다. 데니스와 같은 대규모 트레이더는 수천 계약의 포지션을 취하는 것이 흔한 일이다]. 사실 그와 유사한 경험이 열 번은 있었지만, 진짜 정직하게 말해서 그런 류의 매매가 전체적으로 봤을 때 이익을 봤다고 생각하지는 않아요.

설탕을 아랫방향으로 매매했던 일은 대단한 일이었어요. 시장이 폭발적으로 엄청 상승한 상황에서 60센트에 매도자로 나서기란 많은 용기를 필요로 했을 테니까요. 하지만 그 반대의 경우를 생각해 보죠. 설탕이 심한 하락을 겪으며 5센트로 떨어지면 모든 추세추종의 매매시스템은 매도포지션을 취하게 되겠죠. 그런데 기본적 시장 상황이 과도기에 있고, 시장 가격은 설탕이 포장된 주머니의 가격보다 조금 더 비싼 정도라고 할 때, 추세에 반대되는 매매를 하시겠어요?

사실 나는 그런 상황에서 돈을 더 많이 잃었어요. 왜냐하면 시장은 1센트 더 내려가게 돼있고 거기에서 포지션이 청산되니까요. 나는 설탕을 60센트에 매도해서 많은 돈을 땄지만 6센트에 매수해서 더 많은 돈을 잃었어요.

그런 매매를 할 경우, 다시 말해 하락할 수 있는 폭이 제한적이기 때문에 매수를 했는데 시장이 하락할 경우, 계속 포지션을 지키며 시장이 돌아서기를 기다리나요, 아니면 패배를 인정하고 포지션을 정리하시나요?

정리해야지요. 2센트까지 하락할지, 1센트까지 하락할지 어떻게 알겠어요?

내 생각에 계속 매수포지션을 유지할 경우에는 만기일이 먼 계약이 있어서 지속적으로 프리미엄을 깎아먹어야 한다는 것이 주된 근심거리가 될 것 같군요. [하락장에서는 만기일이 먼 계약일수록 높은 프리미엄으로 매매되는 경향이 있다. 예를 들어 설탕의 가격이 5월 물은 6센트, 7월 물은 6.5센트, 10월 물은 7센트, 이런 식으로 형성되는 것이다. 따라서 현물가격에 변화가 없어도 10월 물 매수자는 5월과 10월 사이에 1센트의 손실을 보게 되는 것이다]

그렇죠. 3센트에 손절하고 나서 5센트에 다시 매수하게 되면 또 3센트로 떨어지게 되니까.

그런 경우만 없다면 그렇게 많은 위험이 있지는 않을 텐데 말이에요.

맞아요. 시장에서 이쪽 방향에 남은 것이 없으니까 다른 쪽에 훨씬 많은 가능성이 있다는 생각은 착각이에요. 만약 그 생각이 맞는다면 시장은 거기 그렇게 머물러 있지 않을 것이거든요. 1973년 콩이 4달러 할 때 많은 사람들이 매도포지션을 시작했죠. 왜냐면 설탕이 4센트에서 아래로 더 내려갈 수 없다고 여기듯, 콩도 4달러에서 위로 더 올라갈 수 없다고 여겼거든요. 하지만 콩은 4달러를 넘어섰을 뿐만 아니라 4, 5개월 만에 12.97달러까지 치솟았지요.

중요한 것이 하나 더 있어요. 그것은 이 업계에서는 있을 것 같지 않은 일을 예상하고 또 기대해야 한다는 것이죠. 시장이 어디까지 갈 것이라고 한정하는 경계를 설정하고 그 범위 내에서 생각하면 안 돼요. 이 바닥에서 20년 동안 구르며 배운 것이 있다면, 그것은 때때로 예상 밖의 움직임이나 불가능하다고 생각했던 일들이 발생한다는 사실이에요.

말하자면 역사에 너무 매이지 말라는 얘기군요?

바로 그겁니다!

하지만 데니스 씨의 모든 매매규칙은 역사에 기초한 것 아닌가요? 그렇다면 모순 아닌가요?

아니에요. 훌륭한 추세추종형 매매시스템은 추세가 바뀌었다는 증거가 있기 전까지는 포지션을 유지하거든요. 1972년의 콩에 관한 역사적 연구를 한 사람이라면 콩이 50센트 움직였을 때 포지션을 정리했을 거예요. 왜냐하면 시장은 50센트 정도의 폭을 넘어서서 아래나 위로 움직인 적이 없었기 때문이죠. 허나 그 추론은 명백히 잘못된 것이었죠. 가격은 8달러나 올랐으니 말이에요. 훌륭한 추세추종형 시스템은 포지션을 유지하며 움직인 폭의 대부분을 수익으로 만들었을 거예요.

말하자면 시장의 과거 움직인 기록에서 한계가 되는 지점을 추론해내지 않는다는 말이로군요?

맞아요. 정확히 말하면 이런 것이죠. "이 형태는 상승을 의미한다. 이 형태는 더 이상 상승을 의미하지 않는다." 이렇게 추론하되, "이 형태는 여기까지의 상승을 의미한다"라고 추론하면 안 된다는 얘기죠.

데니스 씨는 시스템으로 매매할 때 과거 데이터를 토대로 시험해 봐서 가장 좋은 결과를 산출하는 시스템을 선택하시나요, 아니면 다른 어떤 요인들을 고려하시나요?

어떻게 매매할지를 결정하는 데에 가장 어려운 것 중 하나가 데이터 베이스 상의 최적의 결과를 산출하는 것을 채택할 것인가, 아니면 다른 어떤 전제를 고려할 것인가 하는 점이죠. 아마 의도적으로 '최적 매개변수 세트[(optimal parameter set) : 과거의 데이터를 입력했을 때 가장 훌륭한 결과를 산출하는 시스템]'와는 다른 어떤 것을 가지고 매매할 수도 있을 거예요. 왜냐하면 미래는 어떤 특정한 형태로 과거와 다르리라고 생각할 수 있기 때문이죠. 물론 과

거의 데이터를 입력했을 때 최적 매개변수 세트보다 더 좋은 결과를 산출할 수 있는 다른 매개 변수는 없어요. 그러나 만약 그 차이가 불과 10퍼센트라면 그 10퍼센트의 차이를 감수하는 것도 괜찮아요. 만약 과거의 데이터로 측정했을 때 최적이 아니라 차선인 매개변수 세트가 미래에는 더 잘 맞을 것이라고 믿는다면 말입니다.

데니스 씨는 개미 트레이더로 시작해서 지금은 거대 트레이더가 되셨죠. 특히 외부에서 맡긴 돈을 관리하게 돼서 더더욱 그렇다고 생각되는군요. 혹시 주문의 크기가 너무 커서 곤란을 겪지는 않으시는지요? 매매를 대량으로 해야 하므로 해서 매매에서 수익을 내는 것이 더 어렵게 되지는 않았나요?

어느 수준이 되면 그럴 수도 있겠죠. 그렇지만 우리가 그 수준에 도달했다고 생각지는 않아요. 그 수준에 까마득히 못 미치는 것은 아니지만요. 현재 우리는 고객 펀드로 약 1억 2천만 달러를 관리하고 있는데, 우리가 다루는 자금의 세 배쯤 돼야 그 수준에 도달했다고 볼 수 있어요.

그럼 거대한 자금 때문에 곤란을 겪은 적이 없다는 말씀이군요.

네, 없습니다.

곤란을 겪은 일이 없는 이유가 다양한 방법으로 시장에 접근함으로써 주문이 한 지점에 몰리는 일이 없기 때문인가요?

그렇죠. 항상 분산하는 것을 염두에 두거든요. 만약 매매결정을 하는 데 한 가지 매매방법이나, 한 사람만이 매매결정에 참여한다면 그렇게 많은 돈을 관리할 수는 없을 거예요. 만약 다양한 전략을 사용하고, 매매결정에 참여하는 사람도 다양하다면 큰 문제없이 수억 달러를 관리할 수 있죠.

트레이더 훈련 프로그램을 개발했을 때 잠재의식 속에 그런 것을 염두에 두셨나요? 그러니까 매매결정을 내리는 과정을 분산하려는 의도가 있었는가 하는 것이지요.

실제로 그런 생각을 해본 적은 없었지만 결과적으로는 우리에게 유리하게 돌아갔어요. 사실 우리가 훈련시킨 트레이더 중 몇 명을 고객의 돈으로 매매할 수 있도록 시장에 내놓으려고 해요.

매매에서 슬립피지[slippage : 컴퓨터 프로그램이 가정하는 이론적인 매매체결 가격과 실제로 매매가 체결되는 가격과의 차이]가 문제가 되나요?

아뇨. 우리는 시스템에 매매비용을 산정하여 부여할 때 빈틈없는 계산을 하려고 노력하지요. 또한 우리들만의 중개인을 보유함으로써 매매비용을 크게 줄여요.

큰 포지션 매매를 했을 때 어느 시점에서 그 포지션이 잘못됐음을 알게 되나요? 또한 무엇이 포지션을 정리하도록 만드나요?

매매를 한 후, 한 주나 두 주가 지난 뒤 손실을 보고 있다면 명백히 포지션을 잘못 취한 것이죠. 많은 시간이 지난 뒤에도 여전히 본전이라면 그 포지션도 아마 잘못된 포지션이겠죠.

포지션을 시작할 때 최대로 감당할 수 있는 위험을 지정하시나요?

트레이더는 항상 최악의 경우를 산정(算定)해야 해요. 최악의 경우일 때 유일한 선택은 되도록 빨리 시장에서 빠져나오는 것이죠.

데니스 씨는 스스로 배워서 깨달았다고 생각하시나요, 아니면 다른 트레이더들이 쓸 만한 방법을 가르쳐 줬나요?

스스로 배웠다고 말하는 쪽이 맞을 거예요. 이상하게도 매매에 관해 출판된 서적은 얼마 안 되거든요.

혹시 매매에 관심이 있는 사람들에게 추천해 주고 싶은 책이 있나요?

에드윈 르페브르(Edwin Lefevre)의 『어느 주식 투자자의 회상(Reminiscences of a Stock Operator)』은 재미도 있고, 매매의 느낌과 분위기를 잘 포착하고 있죠. 65년 전에 쓰인 책이에요[『어느 주식 투자자의 회상』은 전설적 주식 트레이더인 제시 리버모어(Jesse Livermore)의 전기를 소설 형식으로 쓴 책으로 알려져 있다 ― (도서출판 이레미디어에서 2007년 7월 출간함)].

핵심적인 매매 전략을 얘기해주실 수 있을까요? 물론 비법을 드러내지 않는 범위 내에서 말이죠.

시장이 추세를 형성할 때 우리는 매매에 나서게 되죠. 아주 간단하잖아요? 일관되게 항상 추세가 형성될 때만 매매한다는 원칙이 추세를 판단할 때 어떤 지표를 사용하느냐보다 더 중요할 거예요. 매매할 때 어떤 방법을 사용하든 가장 중요한 점은 큰 추세가 있을 때 자신의 매매방법이 그 추세를 따르도록 보장해야만 한다는 것이죠.

추세는 간단한 시스템으로 쉽게 정의될 수 있지 않은가요? 추세를 판단하기 위해 데니스 씨가 주의 깊게 보는 특별한 것이 있나요?

아니요, 없어요. 추세가 형성되는 것을 보면 언젠가는 시장에 참여해야 한다는 사실을 알게 되죠. 문제는 일찍 뛰어드느냐 아니면 조금 더 기다리느냐인데, 그것은 시장이 뉴스에 어떻게 반응하는지를 보고 결정하게 되요. 시장이 올라야 할 때 오르면 일찍 뛰어들겠지만, 그렇지 않고 올라야 할 때 내려간다면 기다릴 거예요. 추세가 더욱 명백해질 때까지 말이죠.

여러 시장에 공통된 습성은 얼마나 많은가요? 다시 말해 콩시장의 패턴이 채권시장의 패턴과 유사한가요, 아니면 개개의 시장은 그 시장만의 고유한 성격이 있나요?
나는 시장의 이름이 무엇인지 몰라도 매매를 할 수 있을 것 같군요.

그렇다면 여러 다른 시장에 매우 비슷한 패턴들이 있다는 말씀이군요.
그래요. 우리는 시스템을 연구할 때 어느 시스템이 콩과 채권시장 모두에서 효력을 발생시키지 못하면 그 시스템은 폐기해 버려요.

주식시장은 예외라고 말해도 될까요? 주식시장도 다른 시장들과 비슷한 행동패턴을 보이나요, 아니면 주식시장은 주식시장만의 고유 패턴이 있나요?
주식시장은 별개인 것 같군요.

왜 그렇게 생각하시죠?
개별 주식에 대해 연구해본 결과 주가의 변동에는 거의 일정함이 없다는 사실을 알게 됐어요. 상품가격의 변동보다 훨씬 더 일정함이 없지요. 상품가격이 추세를 형성한다는 점은 논증할 수 있는 사실이고, 주식 가격이 되는대로 움직인다는 말에는 이론의 여지가 있지만 그럴듯한 논설은 될 수 있다고 봐요.

그 현상에 대해 이유를 설명해주실 수 있나요?
내 생각에 개별 주식에 대한 기본적 분석상의 정보가 충분하지 않아서 주가는 추세를 형성하지 못하고 되는대로 움직이는 듯해요. 또한 상품의 종류는 주식처럼 그렇게 많지도 않고요.

다른 말로 하면 상품시장에서처럼 정보 유입이 원활하지 않다는 얘기군요.

그래요. 충분한 정보가 없어요. 특히 펀더맨틀에 대한 정보가 없지요.

상품시장에서 기술적 정보는 근본적으로 가격, 거래량, 그리고 미결재약정으로 한정되죠. 주가지수 시장에는 상승/하락 종목 비율, 여러 가지 심리지표들, 여러 종목 집단들 간의 관계 등등 너무나 많은 기술적 정보가 있잖아요. 그렇다면 특수하지 않은 보통의 추세 추종 시스템은 주가지수 시장에서 크게 불리한 입장에 놓이게 되나요? 왜냐하면 충분한 양의 정보를 사용하지 않으니까요.

나는 그게 불리한지 어떤지 잘 모르겠군요. 내 생각에 불리한 점은 주가지수의 움직임은 너무나 일정하지 않아서 명백히 정의할 수 있는 추세를 형성하지 못한다는 것이죠. 왜냐하면 주가지수를 형성하는 개별 주식의 움직임이 일정하지 않으니까요.

최근 프로그램매매에 대해 비판하는 목소리가 있는데, 이에 대한 견해가 있다면 말씀해 주시죠.

프로그램매매에 대해 불평을 늘어놓는 그 사람들, 창피한 줄 알아야 해요.

금융계에 종사하는 사람들을 말씀하시는 건가요?

그렇습니다. 그 사람들은 더 세련된 지식을 습득해야 해요. 그래야 자신들의 불평이 지각없는 행위임을 이해할 테니까요.

프로그램매매를 하락장에서 쉽게 써먹을 수 있는 희생양으로 보시나요?

물론입니다. 어리석은 매매를 했을 때 자기 자신과 고객에게 좋은 핑계거리가 되는 것이죠. 그들의 주장은 프로그램 트레이더들이 주식시장에 투자하는 사람들의 주머니를 턴다는 것인데, 정말 어처구니없는 얘기가 아닐 수 없지요. 프로그램매매가 주식시장을 약간 들썩이게 할 수는 있지만 고의적이거나 조직적으로 그렇게 하지는 못해요. 만약 프로그램매매가 가격을 너무 높거나 너무 낮게 만든다면, 이는 가치투자자들에게 아주 좋은 기회가 되겠지요. 물론 가치투자자인 척하지만 실제로는 트레이더인 그들에게는 나쁜 상황이겠지만 말이에요.

연속해서 돈을 잃을 때는 어떻게 하시나요?

매매 크기를 줄이죠. 만약 정말 나쁜 상황이라면 시장에서 나오고요.

때때로 며칠 동안 시장에서 나와 있어야 할 때도 있나요?

일반적으로 하루에서 이틀 정도지요. 하여간 일정 기간의 멈춤은 필요합니다. 마치 투수가 보크를 하지 않는 것과 같은 이치죠. 공을 던지기 전에 짧은 순간 동안 멈춰야 하잖아요. 그게 바로 내가 하는 거예요. 최소한의 멈춤. 그게 단 하루가 될 수도 있는 것이죠.

시장의 움직임에 관한 사람들의 가장 잘못된 생각은 무엇일까요?

시장의 움직임이 납득 가능해야 한다는 것이죠.

그럼 기술적 분석에 관한 잘못된 생각은 무엇일까요?

기술적 요인들은 기본적 요인들만큼 그렇게 중요하지 않다는 생각이 있는데, 이는 잘못된 생각입니다.

시장 애널리스트들 중에 가치 있는 분석을 내놓는다고 생각하는 사람이 있다면 말씀해 주시죠.

많이 있는데, 예를 들자면 츠바이크(Zweig)는 뛰어나다고 할 수 있죠.

데니스 씨는 외부 애널리스트의 분석을 매매를 결정하는 요인 중 하나로 고려하시나요?

아뇨. 사람들에게 매매를 가르칠 때 가설적 질문을 하나 던졌습니다. 다음과 같이요.

시장에 관해 아는 모든 것들이 매수를 지시한다. 그때 거래소 중개인에게 전화를 했더니 그는 데니스가 매도하고 있다고 말한다. 위와 같은 상황에서 어떻게 하시겠습니까?

ⓐ 매수한다 ⓑ 매도한다 ⓒ 아무 것도 하지 않는다

이 셋 중에서 하나를 선택하시오.

왜 ⓐ가 정답인지를 끝까지 이해하지 못하는 사람들은 우리의 교육 프로그램에 적합하지 않아서 제외됐어요. 왜냐하면 시장에 관한 판단은 스스로 하는 것이니까요.

다른 사람들의 돈을 관리하는 이유는 무엇인가요? 자신의 돈만으로도 매우 좋은 결과를 보고 계시잖아요.

아주 유리한 이점이 있어요. 다른 사람의 돈을 관리하면 위험부담 없이도 수익의 가능성을 제공받게 돼요. 지난 십여 년간 사람들은 나에게 이렇게 묻곤 했어요. 위험의 부담감으로 지치지 않느냐, 기력이 소진되는 것처럼 느껴지지 않느냐, 그만둬야 할 것 같은 생각은 안 해봤느냐?

그 긴 시간 동안 나는 사람들이 무엇을 애기하는지도 이해하지 못했어요. 그러나 지금은 자신의 위험을 줄이는 일이 얼마나 가치 있는 일인지를 이해한

다고 인정해야겠군요. 내가 작은 위험을 감수하고 작은 이익을 얻으며 작은 규모로 매매할 수도 있었겠죠. 하지만 고객의 돈이 들어와서 그 돈으로 수익을 확대하고, 나 자신의 위험은 여전히 낮게 가져갈 수 있었습니다. 더 나은 기회를 제공받는 것이지요.

후속 인터뷰에서 데니스는 다른 사람의 돈을 관리하는 일에 대한 자신의 생각을 바꿨다. 이는 아마도 그의 공모펀드가 입은 큰 손실의 심각성에서 기인한 듯했다. 데니스는 점차적으로 펀드매니저 일에서 손을 떼기로 결정했다며 다음과 같이 말했다. "다른 사람의 돈을 관리하는 일이 득보다 실이 더 많다는 것을 알게 됐습니다. 내가 여기에서 말하는 실(失)은 경제적인 것이 아니라 심리적인 것을 가리킵니다."

다음 글은 후속 인터뷰의 내용이다.

-- *interview*

지금 제가 하려는 질문이 데니스 씨에게 그리 달갑지 않으리라 여기지만 이 질문을 하지 않을 수가 없군요. 데니스 씨가 관리한 펀드들 중 일부는 1988년 4월 중지됐는데, 그 이유가 50퍼센트 손실을 보면 자동으로 중지한다는 규정 때문이었나요?

사실 그 펀드들의 매매를 중지했을 때는 49퍼센트 정도 손실을 보고 있었습니다. 펀드의 자동 종결 지점인 50퍼센트에 도달하기 전에 모든 포지션을 정리한 것이죠. 그리고 투자자들에게 중지 포인트를 더 낮춰달라고 사정했어요.

이번의 특별한 경험으로 인해 다음부터는 다르게 해야겠다고 생각한 부분이 있나요?

다음에는 조금 더 빨리 손절을 해야겠다는 것이지요. 하지만 매매하는 방법은 여전히 똑같을 것입니다. 누군가가 나에게 이렇게 말하더군요. "데니스 씨, 시장이 나쁘다고 주장하시는데, 만약 본인이 정 반대로 매매를 했다면 많은 돈을 따지 않았겠어요? 그런 경우는 시장이 정말 좋은 게 아닐까요?" 하고 말입니다. 나는 그 사람에게 "내가 마지막으로 하고 싶었던 일이 정반대 포지션을 취하는 것이었어요" 하고 말했지만 그렇게 하는 것은 결국 돈을 완전히 잃게 되는 지름길이지요.

1987년 10월 이자율 시장에서 매도포지션을 취해서 큰 손실을 보시게 됐는데, 그때 상황에 대해 말씀을 해주시겠어요?

손실의 큰 부분은 시장이 나의 매도포지션이 손절되도록 정해놓은 지점을 훌쩍 뛰어넘으며 갭 상승으로 출발해서 발생했어요. 예를 들어 10월 20일 유로달러(Eurodollar)의 매도포지션을 보통 때 같으면 40에서 50포인트 상승했을 때 정리했겠지만, 시장은 그날 240포인트 갭 상승하며 개장됐거든요. 190포인트를 손 한번 못 써보고 눈 깜짝할 사이에 날렸지요.

시장의 변동이 그렇게 심할 때에도 포지션을 바로 정리하시나요?

물론이죠. 그런 상황에서 가능한 빨리 빠져나오는 조치에 대해 일말의 의구심이라도 가지게 된다면 정말 큰 재난을 겪게 될 수도 있어요.

이번에 자신이 겪은 큰 손실이 시장의 질이 변했기 때문이라고 생각하시는지요?

어려운 질문인데요. 내가 객관적으로 확인해줄 수 있는 유일한 것은, 요즘은 돌파 실패가 더더욱 빈번히 일어난다는 사실이에요.

최근에 돌파의 실패가 아주 빈번해진 것은 지난 5년에서 10년 사이 추세추종을 기본으로 하는 컴퓨터 매매시스템의 숫자가 엄청나게 늘어난 것과 관계가 있다고 보시나요? 다시 말해 똑같은 행위를 하는 사람들이 너무 많아서일까요? 서로에게 방해가 되면서 말이에요.

그렇습니다. 거기에는 의심의 여지가 없어요. 조금 비논리적인 관점에서 보면 이런 현상은 기술적 분석이 기본적 분석을 이겼음을 의미한다고 할 수 있어요. 내가 비논리적이라고 말한 이유는 그 승리가 기술적 분석의 가치를 저하시키기 때문이죠.

추세추종의 매매시스템이 더 이상 효과를 내지 못하는 날이 오리라고 생각하시나요?

쉽게 발견해서 경박하게 고안된 추세추종의 매매시스템은 더 이상 효과를 내지 못하게 될 테고, 괜찮은 시스템을 개발하는 일은 더욱 어려워지겠지요.

그렇다면 데니스 씨가 전에 사용하던 매매방법들은 여전히 같은 효능을 발휘할까요?

만약 문제가 무엇인지를 정확히 이해한다면 시장에 많은 추세추종자들이 있다는 사실을 자신에게 이롭게 작용하도록 할 수 있다고 나는 생각합니다. 그 방법에 대해 너무 자세하게는 말할 수는 없는데, 만약 우리의 생각이 옳다면 이는 꽤 값어치 있는 정보가 될 테니까요. 성공하려면 항상 다른 모든 사람들보다 한 발 앞서 가야만 하죠.

마치 데니스 씨의 얘기는 1987년 후반에 큰 손실을 경험하기 훨씬 이전부터 이 문제를 연구해온 것처럼 들리는군요.

그래요, 맞아요. 지난 10년 동안 사람들은 추세추종의 매매방법에 맹목적으로 편승하려는 경향이 있었고, 우리는 오랜 기간 이 문제에 관해 생각해 왔죠. 이 문제를 해결하려는 노력의 반은 '이런 현상을 어떻게 개념적으로 바르게 정리할 수 있을까' 였어요. 우리가 올바른 질문들을 끄집어 낼 수 있기까지는 수 년의 세월이 걸렸지요.

만족할만한 해결책에 도달한 때는 언제인가요?

아이러니하게도 공모펀드를 중지한 바로 그 시점이었어요.

자세히 말씀하시기 곤란하시겠지만 돌파 실패에 대한 데니스 씨의 해결책으로 포지션을 훨씬 짧게 가져가는 것이 포함되나요? 그렇게 되면 돌파 실패의 상황에 훨씬 빨리 대처할 수 있으니까요.

비법은 자신의 매매방식에 따라 최대한 길게 가져가든지, 최대한 짧게 가져가든지 하는 것이에요. 많은 추세추종자들을 곤란에 빠트리는 것이 어중간한 손절의 설정이죠. 가장 좋은 전략은 어중간하게 손절을 설정하는 일을 전염병 피하듯 하는 것이죠.

개인적인 큰 손실에다가 펀드로 관리하던 1억 달러가 넘는 돈 중에서 50퍼센트 가까이 손실을 본 것에 대해 얘기하면서도 데니스 씨는 어떤 감정적 표현이나 감정이 개입된 말씀을 하지 않으시는군요. 정말 그렇게 담담하게 받아들이시나요, 아니면 사실은 감정적인 부분이 있는데 드러내지 않으시나요?

감정적인 부분이 발생하지 않도록 노력하는 것이죠. 매매 결과에 몰입하는 것은 정말 비생산적인 일이에요. 매매결정은 가능한 한 감정 개입 없이 냉정히 이루어져야 하고요.

그렇군요. 하지만 어떻게 그렇게 할 수 있죠?

사물을 올바로 바라보는 시각을 유지해야겠지요. 매매보다 삶 자체에 더 많은 것이 있잖아요. 내게 감정적으로 풀죽어 있다는 것은 하는 일에 대한 확신이 없음을 의미하곤 했어요. 나는 항상 단기간의 결과에 대한 집착이 사람을 오도(誤導)할 수 있다고 생각했기 때문에 감정적이 되지 않으려 노력하는 거예요.

따라서 데니스 씨는 감정의 덫을 피할 수 있다는 말씀군요?

그렇습니다. 그리고 반대 상황에서도 마찬가지죠. 모든 것이 순조롭게 되어갈 때도 감정적으로 우쭐하는 일이 일어나지 않도록 자제하는 일 말이에요. 한쪽 상황에서만 감정 컨트롤이 되어서는 안 되거든요. 일이 잘 풀린다고 기분이 우쭐해진다면 일이 안 풀릴 때는 반드시 풀이 죽게 되어 있지요. "한 3년 매매하니까 저절로 터득이 되더라" 하고 주장하는 게 아니에요. 20년 정도 매매하고 나면 미치거나, 그렇게 사물을 볼 수 있는 시야가 생기거나 둘 중 하나로 귀결되지요.

20년이 지나니까 감정 컨트롤이 더 쉬워졌나요?

꼭 그런 것은 아니에요. [웃음] 사물을 바라보는 시야가 넓어지기는 했지만, 모든 사람은 시간이 지남에 따라 충격을 흡수하는 능력이 저하되지 않겠어요? 트레이더는 복서와 같아요. 시장은 때때로 트레이더에게 강펀치를 먹이죠. 20년 동안 그렇게 얻어맞으면 비틀거릴 수밖에 없어요.

다른 트레이더들에게 손실을 보는 기간에 정서적으로 흔들리지 않는 방법에 관한 조언을 해주실 수 있나요?

골프와 같아요. 나쁜 샷을 한 후에 클럽을 내던지기도 하지만 다음 샷을 할 때는 머리를 숙이고 공을 주시해야만 하죠.

데니스 씨는 매매결정을 내릴 때 경제성장, 인플레이션, 그리고 달러화의 가치, 이 세 가지에 대한 장기간의 시나리오를 참고하시나요?

머릿속에 그림을 그려두지만 매매할 때는 그 그림들을 참고하지 않으려고 노력해요. 나에게 매매란 자신에게 다소 유리하도록 조작된 주사위를 던지며 베팅하는 것과 같거든요. 다시 말해 시장에 대한 통계학을 조금 안다는 것이죠. 장기에 걸친 시나리오는 옳을 수도 있고, 아닐 수도 있어요. 그러나 설령 그 시나리오가 옳았다 하더라도 개별적인 매매의 결과에 영향을 미쳤다고 말할 수는 없을 것 같아요.

달러가 무너질 것이라고 예상하는 상황에서도 기본적인 매매패턴에는 별 다른 변화를 주지 않을 것이라는 말씀인가요?

그렇다고 말하는 게 맞겠군요. 과거에 그랬던 적이 있었지만 이제는 그런 것이 나의 기본적인 매매패턴에 영향을 미쳐야 한다고 생각하지 않습니다. 트레이더가 하지 말아야 할 가장 안 좋은 일이 수익을 볼 수 있는 기회를 놓치는 것이죠(손실을 짧게 끊는 충분한 훈련이 되어 있다고 가정할 경우를 말함). 생각해 보면 경직된 장기적 관점이 그런 실수를 범하는 가장 흔한 원인임을 알 수 있어요. 예를 들어 내가 달러가 약세를 보일 것이라 생각하고, 그로 인해 여러 다른 나라의 외환에서 보이는 매도신호를 무시한다면 나는 어쩌면 큰 이익의 기회를 놓치게 될지도 모르는 일이잖아요. 설혹 달러에 대한 나의 관점이 옳았다 했을지라도 내가 얻게 되는 것은 무엇인가요? 매도하지 않았기 때문에 작은 손실을 피할 수 있었다는 것뿐이겠지요. 따라서 이익에 대한 위험 비율이 나의 매매 방식과는 맞지 않죠.

장기적 안목이 야기할 수 있는 그런 위험성에 대한 말씀은 이해할 수 있을 것 같군요. 그래도 오랫동안 시장을 봐온 사람으로서 '앞으로 수년에 걸쳐 어떤 큰 추세가 형성될 것이다' 하는 예상은 하시지 않나요?

1990년이 끝날 무렵이면 기록적 수준의 인플레를 겪게 되리라고 확신합니다[이 인터뷰는 1988년 중반에 이루어졌다].

인플레로 치닫는 원인이 되는 힘은 무엇인가요?

경기의 깊은 침체를 피하려는 시도가 그 원인이죠. 경기침체는 연방정부의 재정적자로 인해 야기될 것인데, 이는 투자자들이 채권을 살 때 더 높은 실질금리를 요구할 것이기 때문이에요. 정부는 경제를 부양해서 경기침체를 피하려 시도하겠지만, 그런 전략은 근본적으로 먹혀들지 않게 되어 있거든요.

다시 말하면 경기침체에 대한 염려가 엄청난 통화이완을 야기할 것이며, 그로 인해 인플레가 야기된다는 얘기인가요?

불행히도 아주 공화당다운 발상이지만 그렇게 될 거예요. 좋든 싫든 금융시장은 보수주의자들의 손에 있으니까요. 정부와 기업에 돈을 빌려주는 사람들은 통화이완을 경기침체의 해결책으로 받아들이지 않을 겁니다.

재정적자의 문제는 결국 경제를 파괴시킬 시한폭탄과 같다는 그런 말씀인가요?

물론이죠. 사람들은 지금 당장의 문제가 아니니까 나중에도 문제가 안 되리라고 생각하는 경향이 있어요. 사람들은 살아가며 연속적인 어떤 것을 예상하지만 경제, 그리고 분명 시장은 연속적이기보다는 비연속적이에요.

사람들이 매년 연속해서 재정적자를 보면서도 "글쎄, 그렇게 나쁘지는 않아. 경제가 튼튼하잖아?" 하고 생각한다는 말씀인가요? 그러다 어느 날 모두가 화들짝 놀라게 되리라는 말씀이시죠?

마치 집을 떠받치는 기둥의 밑바닥에 개미들이 잔뜩 서식하고 있는 상황과 같은 거예요. 개미들이 기둥을 갉아먹어 큰 구멍이 생기고 결국 집이 무너질 때까지 개미들의 존재를 눈치 채지 못하는 것이죠. 여러 여건들이 잘 맞물려 돌아가는 것처럼 보인다고 너무 좋아하지는 말아야 할 겁니다.

데니스 씨가 대통령이라고 가정해 보죠. 그래서 변화를 주도할 수 있다고 말이에요. 그렇다면 재정적자가 데니스 씨가 변화시킬 가장 첫째 항목인가요?

물론입니다. 케인스(Keynes) 학설은 훌륭하지만 현실 세계에 적용하기 어려운 학설임을 받아들이는 일은 민주당 사람들에게 특히 중요하다고 생각해요. 왜냐하면 그 사람들이 케인스 학설의 기치를 먼저 내걸은 사람들이었으니까요 [케인스 학설은 정부의 사업으로 고용을 늘리는 것을 지지하는 학설].

케인스가 경기가 호황일 때 적자 지출을 하라고 말한 적은 없었죠.

물론입니다. 케인스는 흑자와 적자가 서로 정반대의 경기 국면에서 필요하다고 말했어요. 흑자는 호황기에 적자는 불황기에요. 문제는 우리가 단지 한쪽 국면에서만 케인스의 이론을 따른다는 것인데, 그 이유는 경기가 호황일 때 흑자를 창출하려는 정치적 의지는 없기 때문입니다. 그러니까 케인스 경제학은 그냥 쉽게 생긴 돈으로 넘치게 지출하고 과하게 소비하기위한 변명일 뿐임을 인정해야 해요. 정부는 빚에 중독돼 있고, 적자지출이라는 개념은 실제적인 적용에서는 왜곡된다는 점을 인정하자는 얘기죠.

그러니까 케인스가 주장한 경제이론 자체를 말씀하시는 것이 아니라, 케인스의 경제이론이 현실에 적용됐을 때를 말씀하시는 것이군요.

케인스의 경제이론은 훌륭한 이론입니다만 단지 현실 세계에 적용될 수 없다는 말입니다. 그러니까 이제 이 이론은 더 이상 이용하지 말아야죠. 더군다나 케인스 경제이론은 과도한 저축과 저소비 문제에 대한 해결책이었어요. 대공황에서 빠져나오기 위한 훌륭한 시도였죠. 지금의 문제는 대공황과 정반대거든요. 낮은 저축률과 과소비가 문제니까요. 비록 케인스 경제이론이 정치적으로 지지될 수 있다 해도 우리에게는 여전히 또 다른 해결책이 있어야 합니다. 왜냐하면 방금 말했듯이 지금 우리가 처한 문제는 그때와는 정반대니까요.

현시대에 잘 어울린다고 생각되는 경제이론이 있다면 말씀해 주시죠?

적자 지출을 그만둬야 해요. 적자를 일정한 기간을 두고 순차적으로 제거해야죠. 연방 정부도 주 정부처럼 예산의 균형을 맞춰야 할 거예요. 이런 점에서 볼 때 성장 요인에 맞춰 통화 공급을 일정하게 조절하자는 밀턴 프리드먼(Milton Friedman)의 제안은 아마 훌륭한 아이디어가 될 수 있을 거예요.

신참 트레이더에게 해주고 싶은 가장 중요한 조언이 있다면 한마디 해 주시죠.

작게 매매해야 해요. 왜냐하면 최악의 상황을 언젠가는 꼭 경험하게 되니까요. 그리고 자신의 실수에서 배울 줄 알아야 해요. 또한 하루하루 출렁이는 자신의 자산 가치에 현혹되지 말아야 하죠. 자신이 하고 있는 것이 옳은지 아닌지에 대해 초점을 두고 생각해야지 우연히 발생한 매매 결과에 초점을 둬서는 안 돼요.

데니스가 자신의 정치적 관심 사항을 추구하기 위해 트레이더로서 은퇴한다는 발표를 한 후, 나는 몇 개의 후속 질문이 필요하다는 생각에 전화를 하게 됐다. 그의 조수가 내 전화를 받고 내 질문을 적어놨는데, 그는 며칠 후 데니스의 대답을 갖고 나에게 전화를 해줬다. 이 질문과 대답을 다음에 옮겨 놓는다.

--- *interview*

데니스 씨가 펀드매니저로 활동하던 마지막 해에 데니스 씨의 펀드에 투자한 사람들은 많은 손실을 봤습니다. 그렇다면 데니스 씨가 펀드매니저로 활동을 시작하던 첫째 날 투자하여 데니스 씨가 펀드매니저를 그만두던 날까지 투자금액 전부를 고스란히 유지한 투자자가 있다면, 그 사람의 성과는 어땠을까요?

1,000달러를 투자했다면 3,833달러로 계좌가 종결됐을 겁니다[이는 거의 연간 25퍼센트의 복리 수익이다. 약 1년 전 자산 가치가 정점에 달했을 때 계좌를 종결했다면 이 수치의 두 배 이상의 실적을 얻었을 수도 있었을 것이다].

마지막 1년 동안 데니스 씨는 개인 재산도 상당히 많이 잃었다는 소문이 있습니다. 이 소문이 사실인가요 아니면 과장된 것인가요?

시장에서 벌었던 돈의 10퍼센트 정도를 잃었습니다. 물론 내 총 재산의 퍼센티지로 말하면 수치는 훨씬 더 올라갈 수도 있습니다. 그 이유는 수년에 걸친 나의 자선 헌금과 정치 헌금 때문이지요.

지난해의 좋지 않았던 매매 실적 때문에 직업을 바꾸는 일을 더 서두르게 됐나요?

지난해의 매매 실적과는 아무런 관계가 없습니다.

매매에서 완전히 손을 떼셨나요, 아니면 여전히 소량으로나마 매매를 하시나요?

전혀 매매를 하지 않습니다.

리차드 데니스는 우리 시대의 전설적 상품 트레이더 중 한 사람이다. 사람들은 데니스를 시장이 바닥일 때 대량의 매수포지션을 시작하고, 시장이 천장에 다다랐을 때 대량의 매도포지션을 시작하는 그런 트레이더로 상상할지도 모른다. 따라서 데니스가 중요한 변곡점을 찾아내려는 시도에 대해 가치를 부여하지 않는 점을 이상하게 여길 수도 있을 것이다. 그러나 데니스는 그런 매매는 매매에서 성공하는 데 별 기여를 하지 못한다고 주장했다.

데니스는 트레이더가 범하는 가장 좋지 않은 실수가 큰 이익의 기회를 놓치는 것이라고 믿었다. 데니스 자신의 계산에 의하면 그가 거둔 이익의 95퍼센트는 그가 행한 매매 중 단 5퍼센트에서 나온 것이었다. 그런 이익의 기회를 몇 번 놓치게 되면 전체 실적에 굉장히 부정적인 결과를 초래하게 되는 것이다. 결론적으로 말해 시장에 관해 너무 경직된 견해를 가지지 않도록 조심할 필요가 있다는 것이다. 왜냐하면 그런 경직된 태도는 큰 추세를 놓치게끔 하기 십상이기 때문이다.

데니스의 조언 중 특히 음미해볼 필요가 있는 대목은 '매매에 관해 생각하기 싫을 때, 즉 손실을 보고 있을 때, 그때가 바로 매매에 관해 가장 많이 생각해야만 하는 때이다' 라고 생각된다.

Paul Tudor Jones _ 폴 튜더 존스

공격적 매매 기술

1987년 10월은 대부분의 투자자들에게 악몽과도 같은 달이었는데, 그 이유는 세계의 주식시장이 1929년에 버금가는 붕괴를 경험했기 때문이다. 그러나 같은 달 폴 튜더 존스에 의해 운영되던 튜더선물펀드는 62퍼센트라는 놀라운 수익률을 기록했다. 존스는 항상 독립적 트레이더로 활동해왔다. 그는 독특한 매매방식을 갖고 있으며, 그의 실적은 다른 펀드매니저들과 비교되지 않는다. 그에게서 가장 주목할만한 점은 아마도 그가 많은 이들이 불가능하다고 생각한 일을 해냈다는 사실일 것이다. 그는 5년 연속 3자리 숫자의 수익을 거두었는데, 이 기간 동안 몇 번의 아주 미미한 자산 후퇴를 거쳤을 뿐이었다(사실 1986년 존스의 펀드는 99.2 퍼센트밖에 수익을 내지 못했다. 이 때문에 내가 다소 과장하고 있다고 여겨도 할 수 없는 일이다).

존스는 그가 시도했던 모든 사업에서 성공을 거뒀다. 그는 중개인으로 이 업계에 첫 발을 들여놨고, 2년 만에 백만 달러 이상의 수수료라는 실적을 올렸다. 1980년 가을, 존스는 뉴욕 면화거래소로 자리를 옮겨 그곳에서 독립적 회원 트레이더로 활동하기 시작했다. 이곳에서도 그는 불과 몇 년 동안에 수백만 달러를 벌어들이는 놀라운 성공을 거두게 된다. 그러나 그가 이룬 성공에서 진정으로 인상적인 면은 그가 번 돈의 크기가 아니라, 그의 실적이 일관적이라는 점이다. 회원 트레이더로 3년 6개월간 활동하며 그의 실적이 마이너스였던 달은 단 한 달에 불과했다.

1984년 존스는 거래소 트레이더의 일에 권태도 느끼고, 이러다 자신의 목소리를 잃게 되지 않을까 염려되기도 해서 거래소 트레이더 일을 그만두고 펀드 운용이라는 새로운 사업을 시작하게 된다(목소리가 변하는 것은 고함을 질러야 하는 거래소 트레이더의 직업적 위험이다). 그래서 1984년 9월 150만 달러를 운용하는 튜더선물펀드가 시작됐다. 만약 이 펀드에 1,000달러를 투자했다면 그 1,000달러는 1988년 10월 말에는 17,482달러로 불어났을 것이다. 존스의 총 운용 금액은 1988년 10월 말 3억 3천만 달러에 달했다. 존스는 1987년 10월부터 새 투자자금을 더 이상 수용하지 않고 있으며, 또한 그때부터 현금지급을 하고 있는 중인데, 이런 일들이 없었다면 그의 총 운용 금액은 3억 3천만 달러보다 더 클 수도 있었을 것이다.

인생에 주기가 있다고 생각한다면 존스의 직업상 변화 주기가 다시 도달한 것 같다(사실 존스 자신도 인생에 주기가 있다고 믿는다). 그러나 그가 이번에는 무엇으로 변화를 꾀할 것인가를 추측하기란 여간 어려운 일이 아니다.

존스를 묘사하는 일은 정반대의 성격을 나열하는 것과 같다. 사적인 담화에서 존스는 긴장을 풀고 편안한 모습을 보이지만, 트레이더로서 업무를 수행할 때는 군대의 훈련교관처럼 사납게 소리 지르며 주문을 넣는다. 일반 대중이 느끼는 그에 대한 이미지는 거드름을 피우며 으스대는 이기적인 트레이더이지만, 개인적으로 그를 대해보면 그가 겸손하며 편안한 인물이라는 사실을 알게 된다. 매스컴은 호화로운 그의 삶을 호들갑 떨며 극화하기를 좋아하지만(체사피크 만의 대저택, 3,000에이커의 개인 소유의 야생 생물 보호 구역, 아름다운 여자들, 고급 레스토랑 등이 그 예이다) 그는 가난한 사람을 돕는 일을 제2의 직업으로 삼고 있다.

존스는 뉴욕의 사업가이며 자선가인 유진 랭(Eugene Lang)을 본받아 브룩클린(Brooklyn)의 경제적으로 낙후된 베드포드 스터이비슨트(Bedford - Stuyvesant) 지역의 초등학교 졸업생 85명의 대학 교육비용을 지원하는 기금을 설립했다. 또한 존스는 헌금하는 데만 그치지 않고 매주 자신과 결연을 맺은 학생들을 만나 사적인 교류를 가지고 있다. 더 최근에는 로빈 후드 재단을 설립하여 재단 기금을 5백만 달러로 키웠다. 이 단체는 그 이름에 걸맞게 부자들로부터 돈을 모금하여 가난한 사람들을 돕는 사설 단체나 개인들에게 그 돈을 나눠주고 있다.

존스는 나와의 인터뷰를 오후 3시 15분으로 잡았다. 3시 15분은 주가지수 선물을 제외한 모든 선물시장이 폐장하는 때이다. 비록 주가지수 선물시장이 열려있는 유일한 시장이지만, 나는 3시 15분에 실제로 인터뷰를 시작할 수 있을지에 대해 조금은 염려스러웠다. 그 이유는 내가 S&P 주가지수 선물이 존스의 주요한 매매 대상 중 하나라는 사실을 알고 있었기 때문이었다. 사실 내가 도착했을 때 존스는 S&P 매매에 한창이었다.

나는 존스가 스피커폰에다 대고 소리를 지르며 주문을 넣는 동안 기다리다가 매매하는 동안에는 방해가 되고 싶지 않다고 말하며 폐장 때까지 인터뷰를 연기하자고 제의했다. 그러나 존스는 "문제없어요. 시작합시다"라고 말하며 나의 제의를 거절했다.

나중에 알게 됐지만 존스는 그때 S&P를 단순히 매매하고 있던 정도가 아니라, 주식시장의 거대한 움직임을 예상하고 큰 포지션을 구축하고 있던 중이었다. 존스가 주문을 넣는 모습을 보면 마치 강한 발리 공격을 하고 있는 테니스 선수와 같은 강렬함을 느끼게 된다("300계약 평균가 매수! 서둘러! 매매는 체결 된 거야? 대담해!"). 그러면서도 그는 매매와 인터뷰 사이를 쉽게 오갔다.

존스는 자신의 첫 번째 스승인 전설적 면화 트레이더 엘리 툴리스(Eli Tullis)에 관해 얘기하며 그에 대한 많은 찬사를 표했다. 아마도 존스에게 가장 큰 영향을 준 툴리스의 특징은 그의 강철 같은 감정 제어력일 것이다. 존스는 툴리스가 그의 포지션이 큰 손실로 쪼그라들고 있는 와중에도 눈 하나 깜짝하지 않고 방문객들과 친절하고 편안한 대화를 이끌어 갔던 일을 회상하며 내게 얘기해줬다.

존스가 방문객을 만날 때나 자기 직원들과 대화를 나눌 때, 그리고 S&P를 대량으로 매매하며 동시에 이 인터뷰를 할 때 보여준 격식 없는 태도는 자신의 스승인 툴리스의 특징을 투영하고 있었다. 그날 장이 끝날 무렵 주가지수 선물이 크게 상승하여 존스의 포지션은 백만 달러가 넘는 손실을 입었지만 그가 너무 침착했기에 나는 그때 시장이 그와 반대로 움직이고 있는지를 알아채지 못하다 나중에 그날의 종가를 확인하고서야 그 사실을 알게 됐다.

첫 번째 만남에서 인터뷰를 완료하기에 충분한 시간을 갖지 못한 나는 약 2주 후 존스와 두 번째 만남을 갖게 됐는데, 이 두 번째 만남에서 존스에게 두 가지 주목할 만한 점이 발견됐다. 첫째로 존스와 첫 번째 만남을 가졌을 때 그는 강한 하락마인드를 가지고 있었으며 대량의 매도포지션을 취하고 있었으나, 그 사이 그의 주식시장에 관한 단기적 견해는 상승 쪽으로 바뀌어 있었다. 주식시장이 자기가 예상했던 시간 안에 추정했던 가격 수준으로 떨어지지 않았다는 사실이 존스에게는 주식시장이 향후 단기간 상승 쪽으로 방향을 잡았다는 신호가 된 것이었다.

두 번째 만남에서 존스는 "시장은 과매도 상태에요"라고 말하며 자신의 견해를 강조했다. 이렇게 존스가 자신의 견해를 짧은 시간 안에 180도 바꿀 수 있다는 사실은 그가 성공하는 데 밑바탕이 된 극도의 유연성을 보여주는 한 예이다. 존스는 원래의 매도포지션을 빠르게 정리했을 뿐만 아니라, 자신의 첫 번째 예상이 잘못됐다는 증거가 나타나자 기꺼이 그 반대 방향에 합류했던 것이다(그리고 그의 그런 심적 변화는 때를 잘 맞춘 아주 적절한 것으로 판명됐다).

둘째로 존스는 주식시장과 경제에 관한 예측을 할 때 매우 조심스러운 어조를 사용했다. 그는 주식시장에 제2의 거대한 매도 물결이 닥칠 수도 있으며, 이는 금융시장에 일종의 매카시즘을 야기할 것이라며 걱정했다(여기서 제1의 매도 물결은 1987년을 말한다). 사실 존스가 그렇게 염려하는 데는 역사적 배경이 있다. 1930년대 상원 청문회에서 상임위 의원들은 1929년 주식시장의 붕괴에 책임이 있는 악한을 찾는 데에 절망적으로 매달려 있었다. 그래서 그들은 어이없게도 주가가 폭락하고 있을 때 매수포지션을 취하고 있던 뉴욕 주식거래소 임원들을 청문회에 끌어들였던 것이다.

존스는 경제의 추세를 예측하고 그에 따라 베팅을 하는 사람들 중 꽤나 이름이 알려진 한 사람으로서 자신이 앞으로 발생할지도 모르는 정부의 마녀사냥에 쉬운 표적이 될 수도 있다는 점을 염려했다. 특히 그는 높은 자리에 있는 정부 관료로부터 자신의 매매와 관계된 전화를 받고 동요됐던 것이다. 존스는 "그 사람이 얼마나 높은 사람인지 믿기지 않을 거예요"라고 말했는데, 그의 말에서 자신도 믿기지 않는다는 어감이 느껴졌고, 또한 세부적인 사항을 누설하지 않으려고 특별한 주의를 기울이는 모습이 엿보였다.

존스가 여전히 친절하게 나를 대하기는 했지만, 두 번째 대화에서는 첫 번째 인터뷰에서 보았던 솔직함 대신 마치 사전에 자신이 할 말을 정해둔 듯한 태도를 보였다. 예를 들면 매매 전략에 대한 나의 질문에 그는 선점매매에 관한 얘기로 답변을 했던 것이다[선점매매(front-running)는 중개인이 고객의 대량 주문을 처리하기 전에 자신의 주문을 먼저 넣어 이익을 꾀하는 불법 행위].

이런 존스의 대답은 터무니없는 것인데, 왜냐하면 존스는 고객의 주문을 처리하지 않기 때문이다. 마치 축구 도박에 돈을 건 한 축구 팬이 경기에서 일부러 져주는 대가로 뇌물을 안 받았다고 하는 말과 마찬가지로 난센스인 것이다. 존스는 나와의 인터뷰를 공적 진술을 남기는 기회로 사용하려는 듯 했는데, 아마도 이 진술을 미래에 혹여 있을지도 모르는 국회 증언대에서 증거로 사용할 생각인 듯했다. 나는 존스가 피해망상증에 걸린 게 아니라면 지나치게 신중하다고 생각했다. 그러나 곧 다시 생각해보니 엄중한 경제 위기가 그 위기에 대해 먼저 말한 사람들이 비난 받는 상황을 야기할 수도 있다는 추측이 그리 애먼 일만은 아닌 듯했다.

-- *interview*

언제 처음으로 매매에 관심을 갖게 됐나요?

대학을 다닐 때 리차드 데니스(Richard Dennis)에 관한 기사를 하나 읽게 됐는데, 그때 그 기사가 내게 깊은 인상을 남겼죠. 데니스가 세상에 가장 훌륭한 직업을 갖고 있다고 생각했어요. 나는 그때 이미 매매에 대해 좋은 인상을 품고 있었는데, 나의 삼촌 빌리 뒤나방(Billy Dunavant)이 면화시장에서 매우 성공적인 매매 업자였기 때문이었죠. 1976년에 대학을 졸업한 나는 삼촌에게 가서 내가 트레이더가 되도록 도와줄 수 있느냐고 물었죠. 삼촌은 나를 유명한 면화 트레이더인 엘리 툴리스(Eli Tullis)에게 보냈어요. 엘리 툴리스는 뉴올리언스(New Orleans)에 살고 있었죠. 삼촌은 "엘리는 내가 아는 가장 훌륭한 트레이더야"라고 말씀하셨죠. 나는 엘리를 만나려고 뉴올리언스로 내려갔고, 그는 내게 뉴욕면화거래소(New York Cotton Exchange)에 일자리를 하나 마련해줬어요.

삼촌이 아니라 엘리 밑에서 일해야만 했던 이유가 있었나요?

삼촌은 면화시장의 현금 거래에 주로 관계하고 있었거든요. 나는 곧바로 트레이더가 되고 싶었고요.

거래소에서 어떤 일을 얼마 동안이나 했나요?

거래소의 사환이었어요. 모두들 그렇게 시작하죠. 그러나 그 당시 내 나름대로 많은 분석을 했어요. 시장을 주의 깊게 관찰하며 무엇이 시장을 움직이는지 찾아내려고 노력했죠. 약 6개월 동안 뉴욕에서 사환으로 일한 뒤, 엘리 밑에서 일하기 위해 뉴올리언스로 돌아가게 됐죠.

엘리에게서 매매에 관해 많이 배웠나요?

물론이죠. 엘리와 함께 일을 한 것은 아주 좋은 경험이었어요. 시장의 전체 미결제약정이 3만 계약에 불과한 때에 그는 3천 계약의 포지션을 매매하곤 했어요. 거래소 밖에서 매매하는 사람 중에서 가장 많은 양의 계약을 매매하는 사람이었을 거예요. 그의 매매를 지켜보는 것만으로도 굉장한 경험이 됐죠.

엘리는 선물을 현물에 대한 헤지(hedge)로 매매했나요, 아니면 투기적 목적으로 매매했나요?

엘리는 투기적 목적으로만 매매를 했어요. 놀라운 것은 엘리가 거래소에 자신만을 위해 일하는 중개인을 두고 있었기 때문에, 모두가 그의 포지션이 어떤지 항상 정확하게 알고 있었죠. 엘리를 추적하는 일은 너무나 쉬웠어요. 이에 대한 엘리의 태도는 "마음대로 하라고 해. 나는 그들과 정면 대응할 테니까" 하는 식이었죠.

그러니까 모두가 엘리의 패를 읽고 있었다는 말이군요?

명확히 읽고 있었죠.

그렇지만 그게 엘리에게 불리하게 작용하지 않은 것이 분명하군요.

그렇죠.

패가 읽히는 것이 불리하게 작용하지 않은 것은 예외적인 일인가요? 존스 씨 본인은 어떤가요? 자신의 포지션을 숨기려고 노력하나요?

노력은 하지만 현실적으로 거래소 안에서 5년에서 10년씩 굴러먹은 사람들에게 내 매매를 감추기란 어려워요. 내가 매매할 때면 모두가 눈치 채죠. 내가 엘리에게서 배운 것은 시장은 결국 시장이 가기로 되어있는 곳으로 간다는 것이에요.

그렇다면 존스 씨는 자신의 포지션을 숨기는 일을 그리 중요하게 생각하지 않으시는군요?

숨기려 애쓰는 것은 중요하다고 생각해요. 예를 들어 예전에 내 주문은 너무 빨했어요. 300계약씩 매매 했거든요. 지금은 주문을 나눠서 하죠. 한 중개인에게 116계약을 주문하고 다른 중개인에게 184계약을 주문하는 식으로요. 나는 모든 거래소에 최소한 네 명의 중개인을 두고 있어요.

엘리에게서 또 무엇을 배웠나요?

엘리는 내가 지금까지 알아온 사람들 중 가장 강한 사람이라고 할 수 있어요. 그는 내게 매매는 매우 경쟁이 심해서 시장에서 엿 먹었을 때는 자신을 잘 컨트롤 할 수 있어야 한다고 가르쳤어요. 아무리 자기 컨트롤을 잘한다고 해도 때때로 엄청난 감정적 동요를 피할 수는 없거든요.

전반적으로 어떤 성격과 태도를 형성해야 하는가에 대한 가르침이었군요. 매매에 관한 세부적인 가르침은 없었나요?

엘리는 내게 대량의 거래를 어떻게 소화해야 하는지에 대해 가르쳤어요. 대량의 포지션을 매매할 때는 자신이 포지션을 현금화하고 싶을 때가 아니라, 시장이 현금화할 수 있는 여건을 제공할 때 해야 한다는 것이에요. 엘리는 내게 큰 포지션을 매매하기 원한다면 시장이 신 고가나 신 저가에 다다를 때까지 기다리면 안 된다고 가르쳤어요. 그 이유는 만약 그 지점이 변곡점이라면 거래량이 매우 작기 때문이죠.

거래소 회원 트레이더로 있을 때 배운 것인데, 예를 들어 만약 전고점이 56.80이면, 아마 56.85에 많은 매도포지션 보유자들이 스톱주문을 걸어 놓고 있으리라는 것이죠. 만약 시장이 매수 56.70, 매도 56.75에 호가가 형성돼 있는데 거래소 회원들이 모두 매수 쪽에 관심을 가지면 시장은 스톱주문이 걸려 있는 포인트를 건드리며 청산매매를 유발하죠. 이는 거래소 안에서 매우 일반적으로 벌어지는 일이에요. 거래소 밖의 트레이더로서 나는 거래소 안에서 터득한 것과 엘리가 나에게 가르쳐 준 것을 함께 적용하고 있어요. 만약 그런 상황에서 포지션을 현금화하고 싶을 때면 나는 56.75에서 반을 청산하죠. 그러면 스톱주문이 걸려있는 포인트에서 나머지 포지션을 청산하는 일에 대해 염려할 필요가 없거든요. 나는 항상 포지션의 반을 신고점의 아래나 신 저점의 위에서 청산하고 나머지 반은 신고점이나 신 저점을 넘어서서 청산해요.

엘리에게 배웠다고 할 수 있는 다른 것을 조금 더 말씀해 주시겠어요?

엘리를 지켜보며 나는 시장이 신고점을 형성하며 아주 좋아 보일 때가 매도의 최적기가 될 수도 있다는 사실을 알게 됐어요. 그는 내게 훌륭한 트레이더가 되려면 어느 정도는 역투자자가 돼야 한다는 사실을 깨닫게 해줬죠.

지금까지 수만 번의 매매를 해오셨을 텐데, 그중에서 특히 기억에 남는 매매가 있다면 말씀해 주시겠어요?

1979년 면화시장이 특히 기억에 남아요. 사람은 성공이 아니라 실수에서 가장 많이 배우죠. 그 당시 나는 중개인이었어요. 많은 투기적 계좌를 처리해 주고 있었죠. 나는 그때 면화 7월 물을 약 400계약 매수해서 갖고 있었어요. 시장은 82센트에서 86센트의 밴드에서 횡보하며 매매되고 있었는데, 가격이 밴드 하단에 닿을 때마다 매수했죠.

하루는 시장이 신 저점을 형성하며 밴드를 깨고 내려가서 스톱주문을 유발하고는 곧장 30, 40포인트쯤 반등하는 거예요. 나는 시장이 그렇게 질 나쁘게 움직인 이유가 신 저점에 근접해 있는 뻔한 스톱주문이 가격의 취약성을 의미하기 때문이라고 생각했죠. 이제 스톱주문을 발동시키는 포인트에 닿았으니 시장은 상승할 준비가 됐다고 생각했어요.

그 당시 나는 거래소의 트레이더석 밖에 서 있었어요. 우쭐하는 기분으로 나의 거래소 회원 중개인에게 100계약을 82.90으로 매수주문 넣으라고 했죠. 그가 82.90에 매수주문을 넣자 레프코(Refco)의 중개인이 "매도!" 하고 소리치며 트레이더석을 가로질러 달려 나오는 거예요. 레프코는 그 당시 공인된 재고품의 대부분을 소유하고 있었거든요[공인된 재고품은 선물 계약에 대응하여 넘겨 줄 수 있는 면화를 말함]. 순간 나는 그들이 7월 선물 계약에 대하여 면화를 넘겨줄 의도를 갖고 있음을 깨달았죠. 그 당시 7월 물은 10월 물보다 약 4센트 높게 매매되고 있었거든요. 또한 나는 82센트와 86센트 사이에서 형성됐던 좁은 밴드는 시장이 앞으로 하락할 치수가 되리라는 점을 인식하기 시작했죠[82센트에서 하락하는 폭이 밴드의 폭, 즉 4센트와 같을 것이라는 얘기].

즉각 자신의 잘못을 알았다는 얘기군요?

즉각 시장은 78센트로 곤두박질 칠 것이며, 내 피는 말라버리리라는 사실을 깨달았죠. 400계약의 매수포지션에다가 데이트레이드용으로 100계약을 매수하고, 끝에 가서는 절대 하지 말았어야 할 터프가이 흉내를 내며 100계약 매수주문을 냈잖아요.

곧바로 시장에서 빠져나와야 한다고 깨달았나요?

아뇨. 곧바로 내가 매도포지션을 원한다는 사실을 인식했죠.

얼마나 빨리 대응하셨나요?

거의 즉각적이었죠. 레프코의 중개인이 "매도!" 하고 소리쳤을 때 거래소의 트레이더석에 있던 모든 사람들이 나를 쳐다봤어요. 왜냐면 그 사람들 내가 무얼 했는지를 알고 있었으니까요. 내 옆에 서있던 남자가 "화장실에 가고 싶으면 여기서 해결하세요" 하고 말하더군요. 내 얼굴이 백지장 같다면서요. 나는 돌아서서 밖으로 나가 물을 한잔 마시고는 다시 돌아와서 내 중개인에게 팔 수 있는 한 다 팔라고 말했죠. 시장은 1분도 안 돼 하한가에 다다랐고 나는 겨우 220계약을 팔 수 있었어요.

나머지는 언제 다 정리하셨나요?

다음날 아침에 시장은 100포인트 갭 하락으로 출발했죠. 나는 장이 시작하자마자 팔기 시작했지만 시장이 다시 하한가에 도달할 때까지 겨우 150계약 정도만 팔 수 있었어요. 모두 정리하고 나서 보니 전체 포지션 중 일부 계약은 내가 포지션이 좋지 않다고 깨달았던 지점에서 4센트나 낮게 정리 됐더군요.

꽤 빨리 대응했지만 그래도 큰 타격을 받으셨군요. 돌이켜보면 무얼 잘못했다고 생각하시나요?

우선 첫째로 시장에서는 절대 터프가이처럼 으스대면 안 돼요. 둘째로 절대 과하게 매매하면 안 되죠. 그 당시 나의 주된 문제는 얼마나 많은 포인트를 잃었느냐가 아니라, 관리 중인 계좌들의 크기에 맞지 않게 너무 많은 계약을 매매했다는 점이에요. 그 한 번의 매매로 관리 중인 계좌들에서 약 60~70퍼센트가 날아갔으니까요.

그 매매로 인해 위험관리라는 관점에서 자신의 매매방식에 대폭적인 변화가 오게 됐나요?

물론이죠. 나는 완전히 의욕을 상실하게 됐어요. "나는 이 직종에 원래 자질이 없었나 봐. 더 이상 못 버틸 것 같아." 이렇게 말하곤 했죠. 너무 낙담해서 거의 그만 둘 뻔했죠.

그 당시 이 직종에서 일한 지 몇 년이나 됐었나요?

한 3년 6개월 정도 됐을 때였죠.

그때까지는 성공적이었나요?

비교적 그랬다고 할 수 있죠. 나의 고객 대부분이 돈을 벌었고, 우리 회사에서 실적이 좋은 중요한 사람이었으니까요.

만약 그 3년 동안 존스 씨에게 10,000달러를 맡긴 사람이 있다면 어떻게 됐을까요?

아마 약 3배 정도로 불었을 거예요.

그럼 장기간 존스 씨에게 매매를 맡긴 사람이라면 여전히 수익을 보고 있었다는 말이군요?

그렇죠. 하지만 중간 중간 상당한 되돌림을 몇 번 겪어야 했어요. 방금 얘기한 면화매매는 내게 업무 중단의 의미와도 같았죠. 나는 "멍청이. 한 번의 매매에 모든 것을 걸다니. 왜 행복을 추구하는 삶이 아니라 고통을 추구하는 삶을 살려고 했더냐? 이 바보야" 하고 혼자 중얼거렸어요. 그리고 그때 처음으로 자금 관리와 자제심에 관해 배워야 한다고 결심했죠.

그 경험은 나에게는 일종의 카타르시스였어요. 위기에 몰려 트레이더로서 나의 자질을 의심하게 됐지만 결국은 그만두지 않겠다고 결심한 일련의 행동들을 생각해 보면 말이에요. 나는 돌아가 싸우기로 굳게 결심했죠. 강한 자제심을 갖고 철저히 업무적으로 매매에 접근하겠다고 굳게 결심했죠.

그때부터 매매방식이 확 바뀌었나요?

그렇죠. 이제는 하루를 최대한 행복하고 편안하게 보내려 노력하죠. 만약 포지션이 내 의지와 반대로 작동하면 바로 정리해 버리죠. 제대로 작동하면 계속 그대로 유지하고요.

작게 매매하고 빠르게 대응하게 됐다, 이렇게 보면 될까요?

"빠르게, 그리고 방어적으로"라고 말해도 되겠군요. 나는 항상 돈을 따는 것이 아니라 돈을 잃는 것에 대해 생각하거든요. 문제의 그 면화매매가 있었을 때 나는 7월 물이 89센트까지 올라가리라는 견해를 갖고 있었고, 내가 보유한 400계약으로 벌어들이게 되는 돈에 대해서만 생각했죠. 내가 얼마나 잃을 수 있는지에 대해서는 생각하지도 않았어요.

항상 매매에 임하기 전에 어느 지점에서 나오겠다는 결정을 하시나요?

마음속에 손절포인트를 정해두죠. 그 지점에 닿으면 무슨 일이 있어도 정리해요.

한 번의 매매에 얼마나 많은 위험을 감수하나요?

매매 하나하나에 어느 정도의 위험을 감수할 것이냐를 염두에 두지는 않아요. 내가 행한 모든 매매는 서로 연관돼 있죠. 나는 매일 아침 내게 속한 순 자산이 얼마인가를 보고 내가 감당할 수 있는 위험을 산정해요. 예를 들면 이런 것이죠. 나는 내일 아침 출근하여 포지션을 보며 'S&P를 264에서 아래로 잡았는데, 어제는 종가가 257이었다, 그러니까 어느 정도의 반등을 견딜 수 있을 것이다' 이렇게 생각하지는 않는다는 얘기죠. 항상 어제의 종가에서 매도포지션을 처음 시작했다고 간주하니까요.

매매에서 위험관리만큼 중요한 것은 없어요. 예를 하나 또 들면, 나는 현재 이달 들어 6.5퍼센트의 손실을 보고 있어요. 이달의 남은 기간 동안 나의 순자산에 3.5퍼센트의 손실이 더 있게 되면 자동으로 나의 포지션은 손절이 되게 돼있죠. 나는 한 달 동안 두 자리 수의 손실은 절대 보지 않을 확실한 조치를 원하거든요.

존스 씨의 매매방식의 한 단면으로 변곡점에서 매수포지션이나 매도포지션을 취하는 역투자자적인 시도를 들 수 있겠지요. 이렇게 가정해 보죠. 시장이 신고점을 경신했을 때, 존스 씨는 시장이 천장에 다다랐다고 보고 매도포지션을 취합니다. 매도포지션을 시작한 지점과 매우 가까운 지점에 손절지점를 두고 말이죠. 그 후 존스 씨의 포지션은 시장이 손절지점을 건드려 정리되는 거예요. 매매 아이디어가 하나 떠오르면 몇 번이나 변곡점을 잡으려고 시도하나요? 마침내 포기할 때까지 말이에요.

기본적 분석에서 내 생각이 바뀌기 전까지 계속 시도하겠지만 돈을 잃는 매매를 하게 되면 포지션의 크기를 줄여요. 매매가 신통치 않을 때는 포지션의 크기를 계속 줄이죠. 그렇게 하면 나의 매매가 최악일 때에는 가장 작은 포지션을 매매하게 되겠죠.

존스 씨가 반드시 지키는 매매규칙이 있다면 말씀해 주시죠.

절대 물타기[12]를 하지 말 것. 매매가 신통치 않을 때 매매의 크기를 줄일 것. 매매가 생각대로 잘 되면 매매의 크기를 늘릴 것. 자신의 통제범위를 벗어나는 상황에서는 절대로 매매하지 말 것. 예를 들면 이런 것이죠. 나는 중요한 발표를 앞둔 시점에 큰돈을 베팅하지 않아요. 왜냐하면 그건 매매가 아니라 도박이거든요.

만약 자신의 포지션이 돈을 잃고 있고, 그로 인해 걱정이 된다면 그 해결책은 간단해요. 포지션을 정리하는 것이죠. 왜냐하면 포지션은 언제든지 다시 잡을 수 있잖아요. 신선한 새 출발보다 더 좋은 것은 없거든요.

시장에 참여하는 시점에 대해 너무 많은 생각을 하는 것은 좋지 않아요. 당면한 문제는 자신이 시장의 방향을 위쪽으로 생각하는가, 아니면 아래쪽으로 생각하는가 하는 거예요. 항상 시장에 진입하는 포인트를 어제의 종가로 생각하세요. 나는 신참 트레이더를 한눈에 알아볼 수 있어요. 왜냐하면 신참들은 항상 내가 매도포지션을 갖고 있는지 매수포지션을 갖고 있는지를 묻거든요. 사실 내가 매도포지션을 갖고 있든 매수포지션을 갖고 있든, 그건 신참이 시장에 대한 견해를 형성하는 데 별 상관이 없더군요. 만약 내가 매수포지션을

---

12) 물타기 : 매수포지션은 시세가 내림에 따라 점점 계약 수를 늘리고, 매도포지션은 시세가 오름에 따라 점점 계약 수를 늘려 평균 계약 단가를 낮추거나 높이는 매매방법 — 역자 주.

갖고 있다고 말하면 신참은 또 이렇게 묻거든요. "몇 포인트에서 매수포지션을 잡았나요?" 하고 말이죠. 시장은 내가 어디에서 매수포지션을 취했는지 전혀 상관하지 않아요. 내가 어디에서 매수포지션을 시작했는가와 현재 시장 환경이 상승인가 하락인가와는 아무 상관도 없는 일이에요. 또한 내가 매수포지션을 시작한 지점과, 현재 매수포지션의 위험 대비 수익 비율과도 상관이 없고요.

매매에서 가장 중요한 규칙은 훌륭히 방어이지 멋진 공격이 아니거든요. 매일 나는 내가 갖고 있는 포지션이 모두가 잘못됐다고 가정해보죠. 그러면 손절 포인트가 어디인지 알게 돼요. 그렇게 해서 나는 내가 감당할 수 있는 최대 손실의 범위를 벗어나지 않을 수 있게 돼요. 바라건대 시장이 내 쪽으로 움직여서 하루를 즐겁게 보내게 되면 좋겠지만, 시장이 나와 반대 방향으로 움직인다면 나는 시장에서 나오는 계획을 꺼내 들게 되죠.

영웅이 되려고 하면 안 돼요. 자존심도 버려야 하죠. 항상 자기 자신에게 의문을 던지고, 자신의 능력에 대해 회의해 볼 필요가 있어요. 절대 자신이 매우 훌륭한 트레이더라고 생각하지 마세요. 그러는 순간이 트레이더로서 사망 선고를 받는 순간이니까요.

전해오는 얘기에 의하면 역사상 가장 위대한 투기꾼 중 한 사람으로 평가되는 제시 리버모어(Jesse Livermore)는 "끝까지 가면 누구도 시장을 이길 수 없다"라고 말했다더군요. 트레이더가 되기 위해 이 업계에 뛰어든 사람에게는 악담이 아닐 수 없죠. 누구도 시장을 이길 수 없다고 생각하면 성공적인 미래가 없는 것처럼 느끼게 되잖아요. 그래서 내 좌우명은 '훌륭하게 방어하자'에요. 매매에 성공했을 때 그 성공이 자신의 비상한 예지력 때문이었다고 생각지 마세요. 항상 자신감을 유지하되 과하지 않게 주의를 기울여야 해요.

하지만 존스 씨는 수년간 매우 성공적으로 매매하셨잖아요. 그렇다면 이제는 과거보다 더 큰 자신감을 가질 수 있지 않나요?

아니요. 과거보다 훨씬 더 겁에 질려있어요. 매매를 시작한 이후로 두려움은 항상 커지고만 있어요. 왜냐하면 이 업계에서의 성공이 얼마나 하루살이와 같은 것인가를 이해하기 때문이죠. 나는 성공하려면 겁을 잔뜩 먹고 있어야 한다는 사실을 인식하고 있죠. 내게 큰 타격을 주는 매매는 언제나 내가 좋은 때를 보낸 후에 왔고, 나는 그러한 경험을 통해 중요한 것을 깨달을 수가 있었어요.

내가 존스 씨의 매매에 대해 갖고 있는 인상은, 존스 씨는 흔히 변곡점 근처에서 포지션을 잡는다는 점이에요. 때때로 존스 씨가 변곡점을 집어내는 정확성은 신비에 가까웠어요. 변곡점 바로 근처에서 포지션을 잡는 일을 가능하게 하는 매매결정 과정에 관해 말씀해주실 수 있나요?

나는 모든 시장의 장기간의 방향성에 대해 매우 자신 있는 견해를 갖고 있어요. 또한 내가 아픔을 견디는 시간은 매우 짧아요. 결과적으로 계속 하락하는 장에서 수 주 동안 매수하고 청산하고 하는 일을 반복하는 것은 내게 흔한 일이죠.

말하자면 적시타가 나올 때까지 여러 번의 시도를 감행한다는 얘기군요?

그렇죠. 나는 나 자신을 시장의 기회주의자들 중에서도 으뜸가는 기회주의자라고 생각해요. 무슨 말이냐 하면, 만약 내게 시장에 관한 한 가지 생각이 형성되면, 나는 그 생각을 매우 낮은 위험부담을 안고 구현하려고 한다는 거예요. 여러 번 반복해서 나의 생각이 그릇됐다고 판명되거나, 내가 내 견해를 바꾸게 될 때까지 말이에요.

다르게 말하면 "폴 존스가 장기 국채 선물을 저점에서 두 틱 올라왔을 때 매수했다" 하는 말을 듣는 것이 "폴 존스가 장기 국채 선물을 저점에서 두 틱 올라왔을 때 매수한 것은 이번이 다섯 번째다" 하는 말을 듣는 것보다 훨씬 좋은 소식이 되겠군요?

분명 그런 면이 있죠. 그리고 변곡점을 집어내는 것에 대한 다른 측면은 나는 언제나 스윙 트레이더였다는 거예요. 이 말은 나는 변곡점에서 가장 큰 돈이 형성된다고 믿는다는 의미죠. 사람들은 천장이나 바닥을 잡으려다 '큰코 다친다'고 말하죠. 추세의 중간에 뛰어올라야 돈을 벌 수 있다고들 하는데, 내 경우에는 12년 동안 이 업계에 종사하면서 추세의 중간에서는 기회를 놓치기 일쑤였지만 많은 천장과 바닥을 잡아봤거든요.

시장에 큰 움직임이 있을 때 그 중간에 뛰어올라 이익을 내려고 시도하는 추세추종자가 있다면 그에게는 매우 넓은 손절의 폭이 필요하죠. 하지만 나는 그렇게 큰 폭의 손절을 설정하는 것에 대해 편안함을 느낄 수가 없어요. 또한 시장이 추세를 형성하는 기간은 전체의 15퍼센트에 불과하거든요. 나머지 기간은 횡보하죠.

시장에 관해 일반인들이 알고 있는 것 중 가장 두드러지게 잘못 알고 있는 것이 있다면 무엇일까요?

시장이 조작될 수 있다는 믿음이죠. 말하자면 월스트리트에 어떤 단체가 있어서 이들이 시장에서 가격의 움직임을 제어하고 있다는 것이죠. 나도 어느 시장에서든 하루나 이틀, 아니 아마도 한 주 정도는 동요를 일으킬 수 있을 거예요. 만약 내가 한 시장에 적절한 시기를 틈타서 뛰어들어 위쪽으로 조금 밀어붙였다고 가정해보죠. 나는 아마 상승장이라는 착각을 불러일으키는 데 성공할 수도 있을 거예요. 그러나 시장이 정말 견실한 상승장이 아니라면 내가 매수를 멈추는 순간 가격은 아래로 되돌아 올 거예요. 누구나 알래스카의 앵커리지에 세계에서 제일 아름다운 삭스 피프스 애비뉴(Saks Fifth Avenue) 백화점을 열 수는 있어요. 굉장한 여름용 남성복 코너를 갖추고 말이죠. 그러나 누군가 그 옷을 사주지 않으면 그 사람은 망하게 되죠.

그 외에 시장에 관해 사람들이 잘못 생각하는 것이 있다면 무엇일까요?
월스트리트 종사자들은 뭔가를 알고 있다는 생각이죠. 저의 어머니가 전형 적인 예라고 할 수 있어요. 어머니는 월스트리트 위크(Wall Street Week)를 보 시는데, 출연자들이 하는 모든 말을 거의 종교적 계시로 받아들인다니까요. 나 는 사람들이 월스트리트 위크와 반대로 돈을 걸면 딸 수 있는 확률이 더 높다 고 확신해요.

존스 씨는 사실상 모든 주요 시장에서 거의 매일 다른 트레이더들과 대화를 나누시는 걸로 알고 있는데, 혹시 그 사람들의 반대편에 서게 될 때 불안감을 느끼기도 하나요?
그럼요. 누가 승자의 반대편에 서기를 원하겠어요? 나는 뛰어난 매매 기록 을 갖고 있는 그들과 나누는 대화를 아주 중요하게 여기고, 또 그들과 함께하 고 싶어 하죠.

그 사람들의 견해가 자신의 시야를 흐리게 하지 않도록 하기 위해 어떤 조치를 취하나 요? 예를 들어 존스 씨가 시장을 아래로 볼 때 존스 씨와 대화를 가지는 사람들의 75퍼센 트가 상승 마인드를 갖고 있다고 가정해 보죠. 그럼 어떻게 하시겠어요?
기다리죠. 좋은 예를 하나 말씀드리죠. 지난 수요일까지 나는 원유시장을 하락으로 보고 있었어요. 그 당시 원유는 2달러 상승이 반쯤 진행된 상태였죠. 내가 아는 어떤 뛰어난 원유 트레이더는 그 기간 동안 시장을 상승으로 보고 있었어요. 그 사람의 견해가 위쪽이어서 나는 매도포지션을 잡지 않았죠. 그러던 중에 시장이 상승을 멈추고 정체되더라고요. 하루는 그가 "여기서 그만 포지션을 청산해야 할 것 같아"라고 말하더군요. 그 순간 원유 매도는 위험이 낮은 매매라는 사실을 알아차렸죠. 특히, 정확히 그 시점에 OPEC(석유수출국기구)에서 가격상승의 요인이 되는 뉴스를 내놨거든요. 그래서 더욱 하락이라는 믿음이 있었죠. 나는 큰 매도포지션을 잡았고, 그 매매는 아주 성공적인 결말을 냈죠.

존스 씨가 주목하는 시장 조언자가 있다면 말씀해 주세요.

마티 츠바이크(Marty Zweig)와 네드 데이비스(Ned Davis)가 뛰어나죠. 밥 프렉터(Bob Prechter)는 챔피언이라고 할 수 있어요. 프렉터는 최고의 시장 기회주의자이기 때문에 가장 뛰어나다고 할 수 있죠.

여기서 기회주의자는 무엇을 의미하나요?

프렉터가 그렇게 성공할 수 있었던 것은 엘리어트 파동이론을 이용하여 위험 대비 높은 수익의 기회를 만들어냈기 때문이죠. 나 역시 내 성공의 많은 부분이 엘리어트 파동이론에서 기인했다고 생각해요.

존스 씨 생각에 저평가되고 있다고 느끼는 조언자가 있다면 누군가요?

네드 데이비스가 주식시장에 관해서는 내가 본 것 중 가장 훌륭한 연구를 하고 있다고 생각해요. 비록 그 사람이 잘 알려져 있기는 하지만 적절한 평가를 받는다고는 생각하지 않아요.

그럼 반대로 고평가되고 있다고 여기는 분석가가 있다면 말씀해 주시죠.

"남을 심판하지 마라. 그래야 너희도 심판받지 않는다(마태오복음 7장 1절)."

존스 씨와 같은 수준의 업적에 도달할 수 있었던 트레이더는 극히 소수에 불과했죠. 무엇이 자신을 남들과 다르게 만들었다고 생각하시나요?

내 생각에는 현 시점까지 발생한 모든 것을 지난 역사로 취급할 수 있는 능력이 나의 강점 같아요. 나는 3초 전에 시장에서 저지른 나의 실수에 대해서도 별로 연연해하지 않거든요. 내가 정말 염려하는 점은 '다음부터 나는 무엇을 할 것인가'이죠. 한 시장에 감정적으로 집착하는 일이 없도록 노력하는 거예요. 또한 나의 현 시점의 매매 의견이 내가 시장에 대해 언론에서 했던 말로 인해 영향을 받는 일이 없도록 하죠.

자신의 포지션에 대해 의리를 지키는 그런 행동을 하지 않는 것이 존스 씨의 매매에서 중요한 요소이군요.

중요하죠. 그래야만 폭넓게 열린 이성적 시야를 가질 수 있고, 그런 시야가 있어야만 정말로 무슨 일이 일어나고 있는지 감지해 낼 수 있으니까요. 말하자면 매매에 임할 때 나의 그런 요소는 편견이 전혀 없는 깨끗한 정신을 가지게 하고, 그런 정신이 있어야 특정 시장에 관한 옳은 예상을 골라낼 수가 있어요.

자신이 운용하는 자금이 엄청나게 불어남으로 해서 전과 같은 수준의 수익률을 달성하며 매매하는 일이 많이 어려워졌나요?

엄청나게 더 어려워졌어요.

그렇다면 만약 더 작은 자금을 운용한다면 상당히 더 높은 수익률을 달성할 수 있으리라고 생각하시나요?

그럼요. 의심의 여지가 없죠.

운용 자금이 너무 커서 불리해진 것이 펀드매니저로서 얻게 되는 수익 장려 사례금보다 더 큰 비중을 차지하는지도 모른다는 의문을 가져보신 적은 없나요?

매일 그것에 관해 생각하죠. 슈웨거 씨의 책이 출판될 때쯤 해서 무슨 일이 생기는지를 보면 재미있을 거예요.

신규 투자금은 더 이상 받지 않으시나요?

예. 받지 않은 지 오래됐어요.

존스 씨는 중개인도 해 보셨고 펀드매니저도 해 보셨죠? 이 두 직업의 유리한 점과 불리한 점을 비교해서 말씀해주실 수 있으신지요?

중개인 일을 그만둔 이유는 이해가 상충하는 점이 많이 있다고 느꼈기 때문이에요. 예를 들어 고객이 돈을 잃어도 고객에게 수수료를 부가해야 하죠. 그것 때문에 처벌 받지는 않거든요. 내가 펀드매니저 일을 하게 된 이유는 돈을 잃었을 때 돈을 잃은 매매에 대해서는 수수료를 부과하지 않았다고 말하고 싶어서였어요. 사실 매매에 많은 돈이 들 수 있어요. 나의 총 경비면 브롱크스 동물원(Bronx Zoo)도 밀어버릴 수 있을 거예요. 나는 절대 사과하지 않아요. 왜냐하면 돈을 따지 않는 이상 수수료를 받는 일은 없으니까요.

존스 씨 개인 돈도 존스 씨의 펀드에 묻어 관리하시나요?

내 재산 중 85퍼센트는 내 펀드에 투자되어 있어요. 그 주된 이유는 나 자신이 나의 펀드가 세상에서 가장 안전한 곳이라고 믿기 때문이죠. 나는 무척이나 방어적이며 보수적으로 매매할 것이고, 따라서 내 소중한 돈을 다시 찾을 수 있다는 것에 대해 의심의 여지가 없죠.

1987년 10월 한 달 동안 수익률이 아주 좋으셨군요. 그 기간은 많은 트레이더에게 하나의 큰 재앙이 닥친 때였는데 말이에요. 그 당시에 대해 조금 더 구체적으로 말씀해주실 수 있나요?

주식시장의 붕괴가 있던 그 주는 내 인생에서 가장 흥분됐던 때였어요. 1986년 중반부터 주식시장의 큰 폭 하락을 예상하던 우리는 어쩌면 발생할지도 모르는 금융시장의 파멸에 대비하여 계획을 세워놨었죠. 10월 19일 월요일에 출근했을 때 "시장이 오늘 무너지는구나" 하고 생각했어요.

어떻게 그렇게 확신할 수 있었죠?

전 주 금요일에 가격이 하락하며 기록적 거래량을 보였어요. 1929년에도 시장 붕괴가 있기 이틀 전에 똑같은 일이 발생했거든요. 우리의 '비교분석 모델'은 1929년에 적용되어 시장의 붕괴를 완벽히 잡아냈죠[존스의 '비교분석 모델'은 그의 연구 책임자 피터 보리쉬(Peter Borish)에 의해 개발됐으며, 1980년대 시장을 1920년대 시장과 비교했다. 이때 이 두 시대의 시장은 현저한 상관관계를 나타냈다. 이 '비교분석 모델'은 1987년 존스의 주가지수 매매에 중요한 도구로 사용됐다]. 주말에 재무장관 베이커(Baker)가 서독과의 협의가 이루어지지 않아 미국은 더 이상 달러를 방어하지 않을 것이라는 연설을 했는데, 이 연설은 시장에는 죽음의 입맞춤과도 같았죠.

언제 매도포지션을 현금화하셨나요?

시장이 붕괴하던 그날(10월 19일) 장이 마감될 때 매도포지션을 정리했고, 또한 약간의 매수포지션을 취했죠.

그해 10월의 수익 대부분은 주가지수 시장의 매도포지션에서 나왔나요?

아니요. 채권 포지션에서도 엄청난 수익이 났어요. 시장 붕괴가 있던 그날 우리는 그때까지 가졌던 어떤 채권 포지션보다 더 큰 포지션을 취했어요. 채권 시장은 10월 19일 종일 하락을 면치 못하고 있었죠. 그날 하루 동안 나는 우리 고객의 자산과 우리 자신의 자산이 과연 금융시장에서 안전한가 하는 것에 관해 많은 걱정을 하게 됐어요. 우리는 월가의 여러 중개인 회사에 우리의 자산을 예치하고 있었는데, 그곳에 예치된 우리의 펀드들이 위험에 처해있을 수도 있다고 생각한 것이죠. 내게는 견디기 힘든 상황이었어요.

계속 생각했어요. '연방준비이사회는 어떤 조치를 취할까?' 나는 연방준비 이사회가 엄청난 유동성을 공급하여 즉각적으로 낙관적 환경을 조성하려 할 것이라고 생각했죠. 하지만 하루 종일 채권 시장이 약세를 보였기 때문에 매수 포지션을 시작할 엄두가 나지 않았어요. 폐장을 30분 남겨두고 채권이 갑자기 방향을 바꾸기 시작하더군요. 그때 '연방준비이사회가 움직이기 시작했구나. 이제 채권 가격의 거대한 상승이 이로 인해 초래되겠구나' 하는 생각이 내 머리 속에서 착착 진행되는 거예요. 채권 시장이 제대로 움직이는 것을 본 순간 나의 행동은 거칠어지기 시작했죠.

존스 씨는 1987년 10월을 앞으로 진행될 더욱 부정적인 시간에 대한 초기 경보라고 생각하시는지요?

10월 19일에 금융계, 특히 월가에 치명적인 일격이 가해졌는데, 사람들은 쇼크 상태로 그런 사실을 인식하지 못하고 있어요. 나는 보트에 치여 엉덩이가 프로펠러에 뜯겨나간 적이 있었는데 그때 든 첫 번째 생각은 '제기랄 몇 바늘 꿰매려면 일요일 오후를 망치는 수밖에 없겠군' 하는 것이었죠. 나는 쇼크 상태였기 때문에 내가 얼마나 심하게 베였는지 내 친구들의 얼굴 표정을 보기 전까지 인식할 수 없었어요.

모든 것은 만들어지는 시간보다 파괴되는 시간이 수백 배 빠르거든요. 세우는 데 10년 걸린 구조물도 하루면 해체시킬 수 있잖아요. 만약 우리 경제 내부의 이 엄청난 레버리지가 움직이기 시작하면 상황은 엄청 빨리 악화될 것이고, 사람들은 현기증을 느낄 거예요. 나도 믿기 싫지만 나의 본능적 느낌은 그렇게 될 것 같다는 말이죠.

나는 빚은 결국 모든 사회를 파멸시킨다는 사실을 역사를 배우며 알았어요. 우리는 우리의 아메리칸 익스프레스 카드를 꺼내 긁으며 실컷 즐겨보자고 한 것이나 마찬가지에요. 레이건은 번영으로 가는 우리의 차비를 빌려서 자신의 임기 중 호경기를 확고히 했죠. 우리는 미래를 담보로 차입했고, 곧 그 빚을 갚아야 한다는 것이죠.

그렇다면 현재의 상황이 레이건의 경제 정책 때문이라는 말씀이군요?

레이건은 국민에게 나라에 대한 자긍심을 갖도록 했어요. 훌륭한 일이죠. 그렇지만 경제적인 관점에서 레이건은 지금까지 있었던 재앙 중에서도 최악의 재앙이었다고 생각해요. 기본적으로 레이건은 적자를 줄이겠다는 약속으로 국민의 눈을 속이고는 이 나라 역사상 가장 큰 소비 파티를 벌였던 거예요. 민주당도 책임이 없다고 볼 수 없는 게, 민주당이 약 1,500억 달러에서 1,800억 달러에 이르는 적자에 대해 목소리를 냈다면 모두들 매우 걱정했을 테니까요.

존스 씨에게는 우리가 깊은 경기침체나 대 불황을 겪기 이전에 현재의 문제를 해결할 수 있는 어떤 방법이 보이나요?

그렇지 않기 때문에 내가 이렇게 겁에 질려있는 거예요. 현재의 딜레마를 해결할 어떤 청사진도 찾을 수 없으니까요. 아마 어떤 거시 경제적 힘이 작용하고 있을 거예요. 그 힘은 우리가 제어할 수 없는 초대형 경제 사이클의 한 부분이고요. 아마 우리는 대부분의 선진 문명을 희생시켰던 것과 같은 종류의 사이클에 직면해 있는지도 모르죠. 로마나, 16세기 스페인이나, 18세기 프랑스, 또는 19세기 영국 등의 문명국이 직면했던 사이클 말이에요. 나는 우리가 시련의 한 기간을 경험할 것이라고 생각해요. 우리는 재정적 고난이 무엇을 의미하는지를 다시 배우게 될 거예요.

매매에서 시스템을 사용하시나요?

우리는 이 세상에 알려진 모든 매매시스템을 시험해 봤어요. 놀랍게도 진짜 효과가 있는 시스템 한 개를 찾을 수 있었죠. 아주 훌륭한 시스템이에요. 자세한 내용은 말씀드릴 수가 없네요. 그 이유는 잘 아시죠?

그 매매시스템은 어떤 영역에 속하는 것인가요? 역투자인가요, 아니면 추세추종형인가요?

추세추종형이죠. 이 시스템의 기본이 되는 전제는 시장은 움직일 때 강하게 움직인다는 거예요. 좁은 박스권에서 횡보하다 갑작스럽게 가격 폭이 확대되면 사람들은 본능적으로 그 가격의 움직임에 돈을 걸게 되죠. 가격 폭의 확장을 보게 되면 시장이 그 확장의 방향으로 움직일 준비를 하고 있다는 분명한 신호로 생각하면 돼요.

현재 그 시스템으로 펀드 중 일부를 운용하고 있나요?

약 6개월 전부터 그 시스템을 사용해서 매매하기 시작했어요. 아직까지는 잘 되고 있고요.

훌륭한 시스템은 훌륭한 트레이더와 견줄 수 있다고 생각하시는지요?

많은 수의 시장에서 매매할 경우 훌륭한 시스템이 훌륭한 트레이더보다 더 효율적일 수 있을 것 같아요. 그 이유는 무제한의 계산 능력이라는 장점 때문이죠. 하여간 모든 매매결정은 문제 해결 과정의 산물이니까요. 그 과정이 사람에 의한 것이든, 기계에 의한 것이든 말이에요. 그러나 상호 작용하고 변화하는 시장패턴에서 의미를 찾아내는 일이 복잡하다는 것을 감안하면 훌륭한 트레이더는 일반적으로 훌륭한 시스템보다 더 좋은 결과를 이끌어 낼 수 있을 거예요.

하지만 훌륭한 시스템은 운용 자금을 분산하는 데 도움을 줄 수 있지 않나요?

그렇죠. 명백한 사실이에요. 시장이 큰 추세 국면에 있을 때, 그 국면의 15퍼센트의 기간 동안 훌륭한 시스템이 내가 잡아내는 가격움직임의 열 배나 큰 움직임을 잡아낼 수 있을 거예요.

다음의 인터뷰는 두 주 후에 진행한 것이다. 이 기간 동안 존스는 그의 주식시장에 대한 견해를 약세에서 강세로 바꿨다.

--- *interview*

2주 전에는 절대적인 약세 마인드를 갖고 계셨는데 무엇 때문에 시장 견해를 바꾸게 됐나요?

월스트리트 저널에 내가 S&P를 2,000계약 매도했다는 기사가 나서 모두들 나의 포지션을 알게 된 것 말고 다른 이유를 말하라는 것인가요? 시장이 아래로 내려가지 않았기 때문이에요. 내가 첫 번째로 하는 것은 철로에 내 귀를 대어보는 거예요. 나는 항상 가격이 먼저 움직이고 펀더멘털은 뒤따라온다고 믿으니까요.

말하자면 존스 씨의 판단이 옳았다면 가격은 내려갔어야 했는데 그렇지 않았다는 것이군요?

엘리 툴리스가 내게 가르친 것 중 시간의 중요성에 대한 것이 있어요. 나는 매매할 때 가격에 대한 스톱만을 사용하는 것이 아니라 시간에 대한 스톱도 사용해요. 시장에서 가격의 돌파가 있어야 한다고 생각하는데, 그것이 발생하지 않는다면 돈을 잃고 있지 않아도 대부분은 시장에서 빠져나오죠. 1929년의 '비교분석 모델'에 따르면 시장은 아래로 내려가야 했지만 그렇지 않았죠. 지난 3년 동안 이런 중대한 불일치는 처음이었어요. 강한 경제가 주식시장의 붕괴를 지연시키고 있다고 생각해요.

나는 우리가 1929년의 모델과 불일치를 경험 하는 이유 중 하나로 지금은 대출이 훨씬 더 용이하기 때문이라고 생각해요. 볼보가 자동차를 120개월 할부로 판매하고 있잖아요. 생각해보세요. 누가 10년 동안 차를 안 바꾸겠어요? 10년 전 자동차 할부의 평균 기간은 24개월이었는데 지금은 55개월이 평균이죠. 결말은 같겠지만 대출이 쉬워지면서 현금 경제였던 1920년대의 그 과정이 오늘날에는 지연되고 있다고 생각해요.

오늘 인터뷰를 시작하기 전에 존스 씨가 말씀하시는 것을 듣고 나는 존스 씨가 자신의 매매 성공으로 인해 편집증에 걸린듯하다는 인상을 받았습니다.

이 나라의 불행이 더 깊어지게 되면, 펀드 회사로서 우리는 성공하고 다른 사람들은 다친 이유가 우리에게는 지식이 있었기 때문이었다고 이해될 것입니다. 우리는 공정하지 않은 방법으로 남들이 취할 수 없었던 지식을 얻은 게 아니라, 매일 숙제를 성실히 해서 지식을 습득했습니다. 사람들은 대중이라는 무리를 깨고 나아가야 평범한 사람 그 이상이 될 수 있다는 사실을 믿으려 하지 않아요.

제가 인터뷰했던 다른 트레이더들처럼 존스 씨도 트레이더 견습생들을 훈련시킨 적이 있는 것으로 아는데, 그 동기가 무엇이었나요?

내가 스물한 살 때 나를 자기 밑에 들여서 가르쳐주신 분이 계시잖아요. 내 일생 동안 가장 의미 있는 사건이었다고 할 수 있죠. 나도 그와 같은 것을 다른 사람들에게 베풀어야 한다는 의무감을 느끼고 있었어요.

어떤 방식으로 훈련시킬 사람들을 찾으셨나요?

수없이 많은 인터뷰를 치러야 했죠. 지원자들이 홍수처럼 밀려들었거든요.

몇 명이나 뽑으셨나요?

약 35명쯤 됐어요.

그 사람들 성공했나요?

몇 명은 아주 잘 해냈어요. 하지만 전체적으로는 성공 반 실패 반이라고 말할 수 있겠군요.

그런 결과가 나온 이유가 훌륭한 트레이더가 되려면 타고난 재주가 필요한 때문이라고 생각하시나요?

그렇게 생각해본 적은 없었어요. 그러나 지금은 그럴지도 모른다는 생각이

드는군요. 저의 단점 중 하나가 항상 너무 낙관적인 경향이 있다는 것이죠. 특히 다른 사람들의 성공에 대한 능력을 판단하는 면에서 그래요.

존스 씨가 빈곤으로 고통 받는 지역의 아이들에게 교육비를 지원하기로 맹세한 일명 '꿈은 이루어진다 프로그램'은 유진 랭(Eugene Lang)에 관해 보도한 TV 프로그램 '60분 (60 minutes)'에서 영향을 받은 것인가요?

맞아요. 그 TV 프로그램이 있은 후, 그 주에 유진 랭과 대화를 나누기 위해 그에게 갔죠. 그리고 3개월도 안 돼 우리 스스로 장학 프로그램을 설립하게 됐죠. 나는 항상 레버리지 효과를 굳게 믿어왔어요. 우리의 장학 프로그램에 내가 진짜 매력을 느낀 것은 이 프로그램의 효과가 기하급수적으로 파급될지도 모른다는 가능성이었어요. 한 아이를 도움으로써 그 아이뿐만 아니라 그 아이의 가족과, 나아가 다른 아이들에게도 효과를 미칠 수 있다는 가능성 말이에요.

그리고 최근에는 '로빈 후드 기금'이라고 불리는 새 원조 프로그램을 창설했어요. 도움의 손길이 필요한 현장에서 가난한 사람들에게 음식과 쉴 곳을 제공하며 봉사하고 있는 사람들을 찾아가 그들에게 자금을 지원하려고 해요. 운영 자금이 사실상 전혀 없는 여건에서 묵묵히 일해온 사람들을 돕는 것이죠. 자금을 비효율적으로 집행하는 일이 다반사인 관료들을 돕자는 것이 아니에요.

존스 씨의 삶에 자선 사업이 큰 부분을 차지하나요?

그렇다고 말할 수 있어요. 시장이 내게 너무 많은 것을 베풀어서 무언가를 되돌려 줘야 한다고 느끼고 있어요. 다른 사람들보다 내가 더 잘 나서 내가 성공을 거뒀다고 생각하지 않거든요. 신의 은총으로 때를 잘 만났고, 좋은 곳에 있을 수 있었던 거예요. 그래서 나눔에 대한 엄청난 의무감을 항상 느끼죠.

이겼을 때의 짜릿한 기분과 졌을 때의 고통, 어느 쪽이 더 강렬한가요?

매매를 망친 날보다 더 나쁜 날은 없을 거예요. 너무 의기소침해져서 머리를 드는 것조차 힘에 부치죠. 만약 승리했을 때의 희열과 실패했을 때의 고통이 비슷한 크기의 감정적 경험이라면, 그 두 경험을 연달아 겪어 보는 것도 괜찮을 것 같군요. 그 만큼 살아있음을 실감하게 하는 것은 아마 없을 거예요. 매매는 생존해 있다는 사실을 강렬하게 느끼도록 해주죠. 감정적으로 극과 극을 오가거든요.

평범한 트레이더들에게 가장 해주고 싶은 중요한 조언이 있다면 한 말씀 해주시죠.

돈을 따야 한다는 생각에 집착하지 말아야 해요. 그보다 가진 것을 어떻게 방어할 것인가에 몰두해야 하죠.

앞으로 10년 또는 15년 후 그때도 여전히 매매를 하고 계실까요?

다른 할 일이 있을 것 같지는 않은데요.

폴 존스는 이 업계에 발을 들여놓은 순간부터 성공하는 트레이더였지만, 초기 몇 년 동안은 그의 실적이 심한 변동성을 겪은 것도 사실이다. 충격적 매매경험이 한번 있고 난 후에야 그는 자신의 마음 깊숙이 위험관리의 중요성을 영구히 새겨놓게 됐다. 1979년 면화매매에서 쓰라린 경험이 있은 후부터 그는 위험을 낮게 가져가며 고수익을 지속적으로 올릴 수 있었다.

오늘날 위험관리는 존스의 매매방식의 근간을 이루며 그의 성공의 초석이되고 있다. 그는 매매에 임할 때 이 매매로 얼마나 벌 수 있을까를 생각하지 않고, 얼마를 잃을 가능성이 있을까에 대해서만 생각한다. 그는 머릿속으로 각각의 포지션을 시장에 따라 평가하는데, 이 때 어떤 포지션이 지금까지 얼마나 큰 수익을 올렸는가는 전혀 고려되지 않으며, 항상 전날의 종가가 그 포지션의 최초 진입 가격으로 간주된다. 이런 위험관리 방법은 그의 매매에 일절 완충제를 제공하지 않으므로 그는 자신의 포지션에 대해 결코 자만에 빠지지 않게 된다. 그는 각 포지션별 리스크에 신경을 쓰면서, 또한 실시간으로 전체 포트폴리오의 수익성을 주의 깊게 살핀다. 만약 그의 전체 자본이 1거래일 동안 1, 2퍼센트 하락하면 그는 즉각 그의 모든 포지션을 정리하여 위험을 차단하게 된다. "시장에 다시 진입하는 것이 시장에서 빠져나오는 것보다 항상 더 쉽거든요"라는 말로 그는 그 이유를 설명했다.

존스는 시장이 자신의 포지션의 역방향으로 가기 시작하면 다시 방향을 바르게 잡을 때까지 포지션의 크기를 계속 줄여나간다. 그렇게 함으로써 그가 최소의 매매를 하는 때는 최악의 매매를 하는 때와 시기가 같게 된다. 또한 전체 포트폴리오상 손실이 발생하는 달에는 자동적으로 위험에 대한 노출을 줄여 1개월 동안 절대 두 자리 숫자의 손실을 기록하지 않도록 만전을 기하고 있다. 연속해서 큰 수익을 올리는 때는 자신을 과신하는 오류를 범하지 않으려 특별히 주의를 기울인다.

존스는 수많은 방법을 동원하여 위험관리에 철저히 임해오고 있다. 그는 "매매에서 가장 중요한 수칙은 방어를 훌륭히 해내는 것이죠. 멋진 공격이 아니에요"라는 말로 리스크 관리의 중요성을 강조했다.

Gary Bielfeldt _ 게리 빌펠트

피오리아에서도 국채가 매매된다

오랫동안 나는 BLH라는 이름이 선물시장에서 큰손으로 언급되는 것을 들었는데, 특히 세계에서 가장 규모가 큰 선물시장인 국채 선물시장에서 이 이름은 자주 언급됐다. 나는 BLH가 거대한 펀드 회사라고 생각했다. 그러나 국내 최고의 트레이더들을 찾아다니는 동안 나는 BLH가 게리 빌펠트라는 한 개인을 지칭한다는 사실을 알게 됐다.

게리 빌펠트는 어떤 사람일까? 그는 국채 선물시장의 큰손으로 월스트리트의 주요 회사들과 경쟁할 만큼의 자본을 어디에서 얻었을까?

빌펠트는 25년 전 단 1,000달러라는 투자자금으로 매매를 시작했다. 매매 자금이 너무 적었던 그는 옥수수 한 계약을 매매하는 데 국한될 수밖에 없었다. 옥수수는 농산물 가격이 침체돼 있던 당시에 가장 작은 규모의 선물 계약 중 하나였다. 이렇게 출발은 보잘것없었지만 빌펠트는 그의 계좌를 어마어마한 크기로 키웠다.

그는 어떻게 그렇게 할 수 있었을까? 빌펠트는 분산 투자를 믿지 않는다. 그의 매매철학은 한 분야를 선택하여 그 분야의 전문가가 되는 것이다. 그의 매매경력 중 많은 부분이 콩시장에 집중됐었고, 콩시장과 연관된 곡물 시장에 콩시장보다는 적은 비중으로 초점이 맞춰져 있었다.

빌펠트는 처음부터 풀타임 트레이더가 되고 싶었지만 적은 자본으로 인해 초창기에는 파트타임으로 매매를 할 수밖에 없었다. 그 시기에 그는 작은 중개인 사무실을 운영하며 생계를 유지했다. 당시 그가 당면했던 문제는 여유자금이 없는 트레이더인 자신이 어떻게 프로 트레이더로 활동하기에 충분한 종자돈을 확보할 수 있을까 하는 것이었다. 이런 종자돈에 대한 아쉬움은 빌펠트를 다소 무분별하다고도 할 큰 위험을 감행하도록 자극했다.

빌펠트는 1965년까지 처음의 1,000달러 자금을 갖은 고통을 겪으며 10,000달러로 키웠다. 그는 콩시장에 대한 자신의 기본적 분석과, 대학 시절 농업 경제학 교수였던 토마스 히에로니무스(Thomas Hieronymus)가 자신과 일치하는 견해를 갖고 있는 것에 근거하여 콩값이 높이 상승하리라 굳게 믿게 된다. 그리고 '모 아니면 도' 라는 식으로 콩 20계약을 매수하게 되는데, 10,000달러짜리 계좌에는 엄청나게 큰 레버리지의 포지션이라 아니할 수 없었다. 10센트만 가격이 하락해도 그의 계좌는 깡통계좌로 전락할 수 있었으며, 미미한 하락에도 추가 증거금을 넣지 않으면 반대매매를 한다는 전화를 받을 수 있는 상황이었다. 최초의 가격움직임은 아래쪽이었다. 추가 증거금을 요구하는 끔찍한 전화를 받아야 하는 지점에 거의 근접했으나 그는 굳건히 버텼고, 시장은 마침내 위쪽으로 방향을 틀었다. 그가 포지션을 현금화했을 때 그의 자산은 그 한 번의 매매로 두 배 이상 늘어나게 됐고, 그 매매로 빌펠트는 자신이 그토록 추구했던 풀타임 트레이더가 될 수 있었다.

그 후 빌펠트는 별다른 실수 없이 지속적으로 자신의 계좌를 계속 키웠다.

1980년대 초기에 빌펠트의 매매 크기는 이미 콩과 곡물 시장에서 정부가 정해 놓은 투기적 포지션의 크기 제한이 거추장스러울 정도가 됐다. 1983년에 콩시장에서 매매 실책을 저지른 빌펠트는 이를 동기 삼아 국채 선물시장으로 자신의 관심의 초점을 돌려 포지션 크기의 문제를 해결하게 된다. 당시 국채 선물시장에는 포지션 크기에 대한 제한이 없었다(결국 국채 선물시장에도 포지션 크기 제한이 도입됐지만 10,000계약을 한계로 하는 제한은 600계약을 한계로 하는 콩시장에서의 제한과 비교해 볼 때 여전히 엄청난 크기의 매매를 보장하는 것이다).

1983년 콩시장에서 빌펠트가 손실을 입은 일은 그의 인생에서 최고의 행운이었는지도 모른다. 그가 국채 시장으로 옮긴 때는 마침 국채 시장이 큰 상승을 위한 바닥을 다지고 있던 때였는데, 그는 상승을 확신하며 정확한 시점에 엄청나게 큰 매수포지션을 구축했던 것이다. 1984년 중반부터 1986년 초반까지 국채가 폭발적으로 상승하던 시기에 그는 거대한 이익을 얻는 완벽한 포지션을 유지하고 있었다. 장기간에 걸친 시장 움직임을 읽고 포지션을 장기간 유지하는 그의 능력은 같은 시점에 포지션을 시작한 대부분의 프로 트레이더들이 달성할 수 있었던 것보다 훨씬 더 큰 수확을 그에게 가져다줬다. 이 국채 매수포지션은 빌펠트의 인생에서 최고의 매매였으며 그가 새로운 단계로 비약하는 계기를 마련해줬다. 이것이 바로 옥수수 1계약을 거래하던 트레이더가 어떻게 엄청난 영향력을 가진 기관투자자들과 같이 메이저리그에서 국채 선물을 매매하는 트레이더가 됐는가 하는 이야기인 것이다.

빌펠트는 선물시장이라는 고수익·고위험의 세계에서 대규모로 거래하는 트레이더의 일반적인 이미지와는 한참이나 거리가 먼 사람이다. 피오리아와 같은 작은 도시에서 세계 최대 규모의 채권트레이더 한 명이 채권을 매매하며 살아가고 있다고 상상하기란 쉽지 않은 일이다. 빌펠트는 고향에 대해 남다른 애착심을 갖고 있어서 시카고 선물거래소의 회원 트레이더가 될 생각은 해 본적도 없다고 했다. 시카고로 간다는 것은 그가 소중히 여기는 삶의 가치들을 포기하는 행위였다. 그가 정직하고 열심히 일하며 가족과 공동체에 헌신하는 점을 고려하면, 그를 작은 도시에서 살아가는 모범적인 미국시민의 표상이라고 해도 과언이 아니다. 빌펠트의 중요한 목표 중 하나는 매매로 번 돈의 일부를 자신의 고향을 위한 사업에 재투자하는 것이다.

나는 빌펠트를 안락하게 꾸민 그의 넓은 사무실에서 인터뷰했다. 모서리가 곡선인 거대한 그의 책상은 가격을 보여주는 열 개의 스크린과 마주하고 있었다. 그러나 이런 엄청난 기계 장치와는 대조적으로 빌펠트는 차분하고 조용한 사람이었다. 내가 그의 사무실에서 보낸 오후 내내 그는 한 번도 스크린에 눈길을 주지 않았다. 거대한 스크린 장치 앞에서 상기된 표정으로 매매에 임하고 있는 그의 모습을 상상해보기란 불가능한 일이었다.

빌펠트는 말이 별로 없고, 말을 할 때도 조용조용 말하는 사람이었다. 그는 또한 매우 겸손했으며, 뽐내는 것으로 여겨질까 염려하여 자신이 이룩한 업적에 대해 말하기를 주저했다. 그는 너무나 신중한 성격의 소유자라 별스럽지 않은 내용으로 여겨지는 사실조차도 드러내고 싶어 하지 않았다. 예를 들어 인터뷰 중 어느 연도에 그가 순 손실을 본 이유에 대해 얘기하게 됐는데 갑자기 그는 내게 녹음기를 꺼달라고 요청했다. 그런 사전 조치가 필요하다면 그가 말하려는 것은 다소 놀라운 얘기일 텐데, 나는 그것이 무엇인지 전혀 상상할 수 없었다. 그러나 그가 녹음을 하지 않는다는 전제로 말한 내용은 충격적인 것과는 거리가 먼 얘기였다. 그는 그해의 손실은 매매가 아닌 다른 몇 가지 일에 지나치게 몰두해서 발생하게 됐는데, 특히 시카고 선물거래소 이사회의 일원으로 역임하며 시카고로 잦은 출장을 가야만 했기 때문이었다는 내용의 얘기를 했던 것이다. 그는 다른 일 탓에 매매에서 손실 보았다며 핑계를 대는 듯한 인상을 남길까 염려되어 자신의 이 얘기를 싣지 말라고 요청했던 것이다. 더구나 그 일들은 그가 자신에게 주어진 당연한 의무라고 여기는 일들이기도 했다.

말수가 적고 겸손하며 신중한 빌펠트의 성격은 인터뷰를 무척 어렵게 만들었다. 사실 이 인터뷰가 내가 행한 인터뷰 중에서 질문의 길이가 답변의 길이보다 평균적으로 더 길었던 유일한 인터뷰였다. 나는 자료가 충분했기 때문에 이 인터뷰를 이 책에서 제외시킬까 하고 생각하기도 했다. 그러나 나는 빌펠트의 이야기가 흥미로웠고, 그에게서 강렬한 인상을 받아서 '제외'라는 쉬운 길을 택하는 데 주저할 수밖에 없었다. 절충안으로 나는 이 장을 나의 서술에 많이 할애를 하고 빌펠트와의 인터뷰는 몇 부분만 소개하기로 결정했다.

--- *interview*

본인이 시장을 분석하고 매매를 할 때 근본적으로 사용하는 접근 방식이 있다면 말씀해 주시겠어요?

나는 항상 기본적 분석을 주된 도구로 사용하려 해요. 하지만 모든 펀더멘털을 다 아는 것은 매우 어렵다는 사실을 깨닫고는, 기본적 분석이 잘못됐을 경우에 대비해 다른 기댈 곳이 있어야 한다는 생각을 하게 됐죠. 보통 펀더멘털 재료 중 80퍼센트 정도만 알면 잘 해낼 수 있어요.

기본적 분석에 보충해서 기술적 분석이 필요하단 말씀이신가요?

그렇죠. 그래서 나는 나만의 추세추종형 시스템을 개발했어요.

매매할 때 그 시스템을 일관되게 사용하시나요?

주로 언제 포지션을 정리해야 하는지를 알려주는 보조적인 장치로 사용해요.

예를 하나 들어주실 수 있나요?

1988년 초에 나는 경기 후퇴를 예상하고 채권 매수포지션을 갖고 있었어요. 모든 것이 정확히 맞아 들어가는 것 같았는데, 3월 초에 채권 시장이 조금씩 하락하기 시작하더군요. 어느 지점에선가는 자신의 잘못을 인정해야 하잖아요. 이 경우에 나의 시스템이 내게 포지션을 정리해야 하는 이론적 근거를 마련해줬죠.

그 매수포지션에서 무엇이 잘못이었나요?

기본적으로 경기가 내가 예상했던 것보다 훨씬 더 견실했어요. 나는 1987년 10월 주식시장의 붕괴가 커다란 공포 요인을 남겼다고 생각했는데, 실제로는 그렇지 않았지요.

추세추종 시스템에 대해 빌펠트 씨는 어떤 견해를 갖고 계신가요?

매매를 처음 시작하는 사람에게 추세추종 시스템이 어떻게 기능하는지를 배우는 것만큼 도움이 되는 것도 없어요. 얼마간 추세추종 시스템으로 매매를 하다 보면 신참 트레이더들은 이익은 최대한 커가도록 놔두고 손실은 빨리 잘라야 한다는 원칙을 배우게 되죠. 추세추종 시스템을 사용해서 그런 원칙을 익히면 일시적으로나마 트레이더로서 성공할 확률은 높아지죠.

시중에서 판매되는 매매시스템에 관해 견해가 있다면 말씀해 주시겠어요?

몇 년 전에 몇 개의 시스템을 살펴봤는데, 이들 시스템들은 일반적으로 너무 많은 매매를 유발하더군요. 시스템이 너무 잦은 매매를 유발하면 그에 비례해서 수수료가 많이 들게 되잖아요. 많은 수수료는 시스템이 성공할 확률을 현저히 줄이는 요인이고요. 추세추종 시스템이 시장에서 살아남으려면 중장기적 관점의 추세를 적용해야 한다고 생각합니다. 민감한 시스템은 너무 많은 수수료를 유발할 따름이죠.

추세추종 시스템이 바람직한 매매 습관을 가르치는 도구로 사용되는 것에 더해 효과적인 매매방법도 제공할 수 있다고 보시는지요?

어떤 시스템을 개발하고 있는 사람이 있다면 그 시스템과 자신의 판단을 결합하라고 권고하고 싶군요. 다시 말해 자금의 반은 시스템에 의한 매매를 하고 나머지 반은 자신의 판단에 의한 매매를 하라는 얘기입니다. 시스템이 효과적으로 작동하지 않을 경우를 상정해서 말이에요.

빌펠트 씨도 그렇게 매매하시나요?

예전에는 지금보다 더 많이 시스템에 주목하곤 했어요. 하지만 지금은 기본적으로 나 자신의 판단에 초점을 두고 있지요.

그 이유가 자신의 판단을 더 신뢰해서인가요, 아니면 시스템이 전처럼 그렇게 잘 작동하지 않아서인가요?

시스템을 이용하여 매매하고 있는 사람들이 너무 많아 시스템은 예전처럼 먹혀들지 않아요. 너무 많은 사람들이 같은 것을 할 때 시장은 과도기를 겪게 되지요.

채권 시장을 기본적 분석으로 평가할 때 초점을 두는 주요한 요소들은 무엇인가요?

두말할 필요도 없이 경기가 가장 중요한 요소지요. 중요한 다른 네 가지 요소로는 인플레, 달러화 가치, 무역수지, 재정 적자가 있어요.

빌펠트 씨는 25년 넘게 매매를 해오고 계시죠. 빌펠트 씨보다 더 긴 시간을 매매한 트레이더는 드물다고 할 수 있겠군요. 지금까지의 매매에서 가장 극적이었다고 할 수 있는 매매가 있다면 말씀해 주시겠습니까?

극적이었다는 수식어를 붙일만한 매매가 꽤 있는데, 그중에서도 가장 돋보이는 것은 내가 1983년과 1984년 채권 시장의 바닥을 잡으려고 시도했던 때였지요.

채권을 사려는 시도를 언제 시작했나요?

채권이 63~66의 박스권에서 움직일 때 바닥을 잡으려고 시도하기 시작했죠.

매매를 시작할 때 얼마나 많은 위험을 허용했나요?

보통 0.5에서 1.5포인트 사이입니다[장기국채선물의 1포인트는 32틱(tick)이며, 1계약 당 1,000달러와 같다].

괜찮아 보이는 지점에서 진입했다가 여의치 않으면 손절을 하고, 다시 다른 지점에서 진입을 시도하고, 그렇게 매매하셨나요?

예, 그렇게 했죠.

결과적으로 채권은 50포인트대까지 하락했으니까 제 추측으로는 정확한 지점에서 매수 포지션을 구축하기까지는 몇 번의 타격을 입으셨을 듯한데요?

예. 그렇습니다. 한동안 수차례에 걸쳐 손실을 봤었지요.

마침내 손절이 필요 없는 지점에서 포지션을 구축한 때가 언재였는지 기억하시나요?

나는 1984년 5월에 5년 만기 국채가 13.93퍼센트의 이율로 입찰되고 있을 때 완전히 강세 마인드를 갖게 됐어요. 나는 1974년부터 은행 업무와 관계된 일을 하고 있었는데, 1984년 5월 당시는 13퍼센트 이율의 3년 만기 융자를 받을 사람을 찾지 못하는 상황이었거든요. 그런데 정부 발행 5년 만기 채권이 거의 1퍼센트 포인트 높게 팔리고 있더라고요. 더구나 피오리아에서는 경기 침체가 최고조에 달해 있었는데 말입니다. 실업률이 20퍼센트에 육박했고, 농업의 위기는 점점 심화되는 중이었지요. 나는 이미 금리는 충분히 올라갔다고 감지하고 그때부터 1986년 4월까지 장기 국채를 상승 쪽으로 대량 매매를 했습니다. 그것이 내 최고의 매매였고 가장 긴 추세였다는 것에는 의문의 여지가 없어요.

매매를 잘 하려면 어떤 요건이 필요할까요?

이익이 나는 포지션은 최대한 유지하고, 손실이 나는 포지션은 빠르게 털어버릴 수 있는 방안을 마련해 두는 것이 가장 중요합니다.

장기간의 추세를 십분 이용하려면 포지션을 자르지 않고 유지할 수 있어야 하는데, 그것이 가능하도록 어떤 조치를 취하나요? 다시 말해 설익은 이익을 챙기고 싶은 유혹을 어떻게 뿌리치시나요?

극기와 인내심을 얻는 최선의 방법은 매매를 시작하기 전에 그 매매에 관해 철저하게 처음부터 끝까지 고찰해보는 것이에요. 여러 가지 돌발 상황에 대처할 전략적 계획을 수립해 놔야만 한다는 말입니다. 그렇게 하면 뉴스가 시장에 충격을 가해 가격이 급락하거나 급등하더라도 이에 휘둘리지 않을 수 있어요. 또한 스스로 조사하고 연구하여 도출한 장기적 목표 지점이 있으면 큰 도움이 되지요. 장기적 목표 지점을 수립하고 시장이 자신이 생각한대로 움직일 때 방어적 스톱주문을 그 움직임에 따라 옮기는 거예요. 다른 방법으로는 추세추종 시스템을 사용하여 그 시스템이 내는 신호에 따라 포지션을 정리할 수도 있겠죠. 목표 지점을 숙고해서 지정해놓고, 시장의 추세가 바뀔 경우를 대비해 포지션을 어떻게 정리할지 대책을 마련해두면 이익이 나는 포지션을 자르지 않고 극대화할 수 있는 가능성은 훨씬 커지게 됩니다.

왜 대부분의 트레이더들은 돈을 잃을까요?

너무 자주 매매를 해서 그렇죠. 수수료를 지불하기 위해서라도 시장 방향을 자주 맞춰야만 하는 상황이 되거든요.

성공하는 트레이더의 특성은 무엇인가요?

가장 중요한 것은 수양을 통해 극기심을 갖는 것이에요. 인터뷰한 사람들 모두 그렇게 말하지 않던가요? 두 번째로 참을성이 필요해요. 훌륭한 포지션을 구축했을 때 그 포지션이 최대의 이익을 만들 때까지 기다릴 줄 알아야 하거든요. 세 번째로 시장에 진입하기 위한 용기가 필요합니다. 그리고 그 용기는 충분한 자금에서 나오고요. 네 번째로는 잃을 각오가 되어 있어야 해요. 이 또한 충분한 자금과 관계된 항목이지요. 다섯 번째로 따겠다는 강한 욕망이 있어야 합니다.

다 이해하겠는데 잃을 각오가 되어 있어야 한다는 말씀은 선뜻 납득이 가지 않는군요. 그 부분에 대해 조금 더 설명해 주시겠습니까?

매매에서 잃을 때 어려움 없이 대처할 수 있고, 다음 매매에 정상적으로 임할 수 있는 능력이 있어야 한다는 말입니다. 실패한 매매로 감정적인 괴로움을 겪으면 곤란하지요.

그럼 이어서 용기란 무엇을 의미하는지 조금 더 이야기해 주실 수 있겠어요?

말하자면 미식축구에서 몸무게가 120킬로그램인 풀백이 라인을 넘어 달려올 때 80킬로그램의 라인베커(수비의 두 번째 열에 위치하는 선수)가 그를 저지하려고 달려드는 용기와 같은 것이지요. 시장에 뛰어들 때 그런 용기가 필요합니다. 모두가 달러를 상승 쪽으로 생각하고 있고 엔화가 큰 폭으로 하락하고 있을 때, 다수의 의견에 반대하며 엔화를 매수하려면 용기가 필요하지요.

성공을 무엇으로 판단할 수 있을까요?

대부분의 사람들은 자신이 속한 분야에서 일을 얼마나 잘 해냈느냐에 따라 성공을 판단하죠. 학교 선생들은 학생들이 얼마나 공부를 잘 하며, 그들이 어떤 삶을 사느냐에 따라 자신의 성공을 판단할 테고, 트레이더들은 시장에서 돈을 벌었느냐 아니면 잃었느냐로 성공을 판단하겠지요.

빌펠트 씨 개인적으로는 성공을 무엇으로 판단하시나요?

나는 축적한 돈으로 무엇을 하느냐로 성공을 판단하고 싶군요. 아내와 내가 지금까지 해온 일들 중 하나를 소개하자면 우리는 재단을 하나 설립해서 다양한 프로그램들을 지원하고, 우리가 속한 공동체와 함께 우리의 성공 중 일부를 나누고 있습니다.

빌펠트 씨는 그 재단에 자금만 지원하시나요, 아니면 운영상 실무적으로 참여하시나요?

나와 내 가족은 여러 종류의 프로젝트들을 평가하고, 어떤 프로젝트에 자금을 제공할지를 결정하는 일에 직접적으로 관여하고 있어요.

그 재단은 언제 설립하셨나요?

재단 설립은 1985년에 했는데 1970년대 초반부터 이미 이에 대해 생각하고 있었어요. 성공하게 되면 재단을 하나 설립해서 우리 지역 사회에 도움을 줘야겠다고 항상 계획하고 있었지요.

그 계획이 트레이더로 성공해야겠다는 신념에 중요한 동기를 부여했나요?

물론입니다. 많은 도움이 됐어요.

트레이더로 막 첫발을 내디디려는 사람들에게 해줄 조언이 있다면 한 말씀 해 주시죠.

처음 시작하는 사람들이 우선 명심해야 할 점은 한 번의 매매로 너무 많은 손실을 보면 안 된다는 것이에요. 손실을 만회하는 것은 매우 어려운 일이거든요. 대부분의 트레이더들이 시작부터 너무 큰 위험에 도전하려는 경향을 갖고 있어요. 큰 매매는 충분히, 그리고 신중하게 생각해야 하는데 대부분의 사람들은 그러지를 않아요.

이 시점에서 빌펠트는 나에게 녹음기를 꺼달라고 요구했다. 그는 포커를 칠 때 필요한 전략이 매매에 적용될 수 있으며, 그 관련성이 무엇인지에 대해 이야기했다. 그가 포커와 관련된 자신의 언급을 비공개로 해달라고 한 이유는 매매를 도박의 한 형태로 인식시키지 않을까 하는 우려 때문이었다. 나는 그가 매매를 포커에 비유하여 설명한 예가 매우 적절하다고 생각했고, 그를 설득해서 결국 이 부분을 공개할 수 있게 됐다.

포커와 매매가 어떻게 유사한지에 대해 설명해 주시겠어요?

나는 아주 어릴 때 포커 치는 법을 배웠어요. 아버지께서 손에 쥔 패의 승산에 따라 게임을 운영해야 한다는 개념을 가르쳐 주셨지요. 포커 칠 때 모든 판에서 패를 끝까지 쥐고 가지는 않잖아요. 만약 그렇게 한다면 돈을 잃을 확률은 훨씬 더 커질 테니까요. 좋은 패를 쥔 판에서 게임에 임하고, 나쁜 패를 쥐게 된 판에서는 처음 태운 돈을 벌금으로 물고 죽어야지요. 카드가 더 돌면서 패가 아주 좋아질 때, 다시 말해 승률이 자신에게 치우쳐 있다고 느낄 때 레이즈(raise)를 하며 그 판을 최대한 키우는 것입니다.

포커 전략의 원리를 매매에 적용하면 매매에서의 승률을 상당히 높일 수 있어요. 나는 절정의 매매 찬스를 기다리며 머릿속에는 인내심이라는 단어가 항상 깨어있도록 하지요. 이는 포커에서 승산이 있는 패를 기다리는 것과 같은 것이에요. 매매가 좋지 않아 보일 때는 작은 손실을 감수하며 포지션을 정리합니다. 이는 포커에서 나쁜 패를 받았을 때 처음 태운 돈을 벌금으로 물고 죽는 것과 같은 이치지요. 반면에 승률이 자기 쪽으로 많이 기울게 되면 이때는 정말 공격적으로 매매를 해야 합니다. 포커에서 좋은 패를 잡았을 때 레이즈(raise)를 하는 것과 같이 최대한 레버리지를 활용해야 하죠.

빌펠트의 이야기는 한편으로는 인내심을 가지면서, 또 다른 한편으로는 공격적 매매 마인드를 가질 때 무엇을 얻을 수 있는지에 대한 고무적인 예를 제공한다. 그는 소량의 자본으로 시작했으며, 직원의 도움이나 정교한 기계의 혜택 없이 독자적으로 매매하여 세계에서 가장 성공한 트레이더 중 한 사람이 됐다. 더구나 그의 궁극적 목적과, 그 목적에 부합하는 행동 때문에 그의 매매 성공은 한 지역 사회 전체에 긍정적인 영향을 미치게 됐다.

빌펠트와의 인터뷰 중에서 내가 그에게서 뛰어난 통찰력을 느끼게 된 부분은 그가 매매를 포커에 비유해서 설명한 부분이었다. 빌펠트가 이 비유와 나중에 이 책에서 소개될 제임스 로저스(James B. Rogers, Jr.)의 "인내를 갖고 최적의 매매 기회가 올 때까지 기다리라"는 조언과의 유사성은 음미해 볼만한 일이다.

Ed Seykota _ 에드 세이코타

모두가 자기가 원한 것을 얻는다

에드 세이코타는 일반 대중에게 뿐만 아니라 금융 업계에서도 전혀 알려진 바가 없는 인물이지만, 그가 이룩한 것을 고려하면 그가 이 시대 최고의 반열에 있는 트레이더임은 틀림없는 사실이다. 1970년대 초기에 세이코타는 어느 대형 증권회사에 취직하게 되고, 거기에서 그는 최초로 선물시장에서 고객의 돈을 운용하는 데 사용되는 상업용 컴퓨터 매매시스템을 고안하여 개발하게 된다. 그의 시스템이 상당한 이익을 낼 수 있다는 것이 입증되지만, 운용진의 주관적 추측과 간섭으로 시스템의 성과는 큰 손상을 입게 되고, 이 경험은 세이코타가 회사에서 나와 독립하게 되는 촉매제 역할을 했다.

그 후 몇 년간 세이코타는 자신의 시스템을 이용하여 자신의 돈과 몇몇 고객의 돈으로 매매를 하게 되는데, 이 기간 동안 세이코타가 운용한 계좌들은 실로 놀라운 수익률을 경험하게 됐다. 예를 들어 1972년 5,000달러로 시작한 그의 고객 계좌는 1988년 중반에 이르러 액면가로 250,000퍼센트 이상 불어났다(인출한 돈까지 표준화하여 계산한다면 그 계좌는 이론적으로 수백만 퍼센트 불어난 것이 된다). 나는 같은 기간 동안 세이코타가 달성한 이 기록과 유사한 기록을 남긴 다른 어떤 트레이더에 대해서 들어본 바가 없다.

나는 이 책을 위해 인터뷰를 시작할 때만 해도 세이코타에 대해서 아무것도 알지 못했다. 세이코타의 이름은 마이클 마커스(Michael Marcus)와의 인터뷰에서 여러 번 언급됐는데, 마커스는 그를 자신이 트레이더로 성공하는 데 가장 많은 영향을 끼친 사람으로 묘사했다. 마커스는 인터뷰를 마친 후 친절하게도 "에드 세이코타와 인터뷰하세요. 그는 뛰어난 트레이더일 뿐만 아니라 훌륭한 지성의 소유자에요. 정말이에요"라고 말하며 세이코타를 추천했다.

마커스는 전화로 나를 세이코타에게 소개해줬고, 나는 그에게 이 책의 개념에 대해 간단하게 설명했다. 나는 마침 서부에 있었기 때문에 뉴욕으로 돌아가는 길에 리노(Reno)에 들러 세이코타를 인터뷰하는 일이 내게는 가장 안성맞춤이었다. 세이코타는 인터뷰에 응하겠다고 했지만 과연 내가 두 시간 안에 인터뷰를 완료할 수 있을지에 대해서는 회의적이었다(두 시간은 비행기를 갈아타는 동안 비어있는 시간이었다). 나는 조금 빡빡하기는 하지만 전에도 두 시간 만에 인터뷰를 완료한 경험이 몇 번 있다고 말하며 그를 안심시켰다. 나는 "우리의 대화가 초점에서 벗어나지 않는 한 가능합니다"라고 말하며 이유를 부연했다.

나는 변경된 여정에 맞춰 비행기 예약을 변경하는 일을 잊은 채로 비행기 출발 시간에 임박해서야 공항에 도착하게 됐다. 비행기에 탑승할 시간이 충분하지 않다고 나에게 말하는 발권 담당자와 고성의 언쟁을 벌이고 나서야 나는 공항을 가로지르며 질주하여, 비행기가 출발하기 몇 초를 남기고 게이트에 다다를 수 있었다. 발권 담당자가 비행기 시간이 없다고 주장하며 시간을 끄는 통에 하마터면 정말로 비행기를 놓칠 뻔했던 것이다. 리노에 도착할 때쯤 되자 허겁지겁 비행기에 올라타며 긴장했던 기분은 모두 사라지고 있었다. 공항에서 세이코타의 집까지 택시를 타고 가기에는 너무 멀어서 나는 렌트카를 얻었다. 아주 이른 아침이었는데 산악 지대를 구불구불 오르는 도로 아래로 펼쳐진 경치가 장관을 이뤘다. 라디오를 이리저리 돌려 찾아낸 클래식 음악방송은 모차르트의 클라리넷 콘체르토를 내보내고 있었는데 경치와 어우러져 찬란한 분위기를 만들어냈다.

세이코타의 집은 타호 호수(Lake Tahoe)와 면해 있었다. 그는 그의 집에 사무실을 두고 그곳에서 일했다. 인터뷰를 시작하기 전에 우리는 그의 집 뒤편의 호숫가를 잠시 산책했다. 쌀쌀하고 청명한 아침이었고 주변 풍경은 목가적이었다. 나는 그가 일하는 곳과 추한 빌딩을 내려다보고 있는 월스트리트의 내 사무실을 비교하며 이보다 더 극과 극인 대조는 없으리라는 생각에 나는 나의 질투심을 인정하지 않을 수 없었다.

내가 인터뷰했던 거의 모든 트레이더들과는 대조적으로 세이코타의 책상에는 어떤 가격 스크린도 놓여있지 않았다. 단 하나의 스크린도 존재하지 않았던 것이다. 그가 매매를 위해 하는 일이란 다음날의 시장에 대해 매매신호를 생성하는 컴퓨터 프로그램을 몇 분 동안 조작하는 것이 전부였다.

나는 세이코타와 인터뷰를 하는 동안 그의 지성과 감성이 모두 강렬하다는 사실에 놀랐는데, 그 이유는 내가 이런 양립을 특이하다고 생각했기 때문이었다. 그는 독특한 관점으로 사물을 보는 방법을 갖고 있었다. 그가 자신이 디자인한 프로그램 중 하나를 사용해서 생성한 3차원의 도표를 컴퓨터 모니터에 띄우고 분석 기술에 관해 얘기할 때, 나는 절정에 달한 과학자를 보는 듯했다 (그는 MIT에서 전자공학 학위를 받았다). 그러나 대화가 매매에 관한 심리학으로 진행됐을 때 그는 인간 행동에 대한 빼어난 감수성과 통찰력 보여줬다.

세이코타는 실제로 최근 몇 년 동안 심리학 분야에 매우 열중했다. 심리학과 사람들이 문제를 해결하는 데 도움이 되도록 심리학을 적용하는 일은 시장을 분석하고 매매하는 것보다 세이코타의 생활에 더 중요한 요소가 된 것 같았다. 어쩌면 세이코타는 나의 이런 비교를 다소 작위적이라고 생각할지도 모른다. 왜냐하면 그에게 매매와 심리학은 하나이며 같은 것이기 때문이다.

우리의 대화는 내가 의도한 것처럼 그렇게 주제에 집중되지 않았다. 사실 너무나 여러 방면으로 뻗어나가 두 시간이 흐르는 동안 표면적인 것조차 건드리지 못했다. 나는 조금 더 늦은 비행기를 타면 될 것이라고 생각하며 인터뷰를 계속했는데, 알고 보니 내가 놓친 비행기는 리노에서 뉴욕까지 가는 마지막 직행 비행기였다.

세이코타는 내가 리노에서 하루를 보내게 되리라고 처음 전화로 대화할 때 이미 예상했다고 말했다. 그는 사람의 성격을 꿰뚫어보는 놀라운 감각을 갖고 있었다. 예를 들어 그는 대화를 진행하던 중에 "시계를 몇 분 정도 빠르게 맞춰놓고 생활하나요?" 하고 물었는데, 나는 이 질문이 너무나 정곡을 찌르는 질문이라고 생각했다. 왜냐하면 이 질문은 우리가 함께한 시간이 얼마 되지 않았지만 세이코타는 이미 나의 천성 중 한 가지를 감지했다는 의미가 되기 때문이었다. 그날 아침 내가 거의 비행기를 놓칠 뻔한 일을 생각해보면 이 질문은 우연치고는 타이밍을 너무나 잘 맞춘 것이었다.

세이코타의 성공은 매매에만 그치는 것이 아니었다. 나는 그에게서 삶의 의미를 발견하고 자신이 원하는 삶을 사는 사람이라는 인상을 깊게 받았던 것이다.

--- *interview*

어떻게 해서 처음 매매와 연관을 갖게 됐나요?

1960년대 후반에 미국 재무부가 은을 파는 것을 멈춰서 나는 은값이 틀림없이 상승할 것이라고 판단했어요. 나는 이런 나의 선견지명을 활용하려고 상품 선물 계좌를 하나 만들었죠. 내가 때를 기다리고 있는데 중개인이 구리를 얼마간 매도하라고 조르는 거예요. 그래서 구리를 매도했는데, 곧 스톱주문이 발동돼서 약간의 돈을 잃고 포지션을 정리하게 됐죠. 그것이 나의 첫 매매 경험이었어요. 그리고 나서 나는 틀림없이 도래할 은의 거대한 상승장을 다시 기다리기 시작했어요. 마침내 기다리던 날이 왔고 나는 매수포지션을 잡았는데, 은값이 떨어지기 시작하는 거예요. 나는 엄청난 당혹감에 휩싸였고, 금전적으로도 상당한 손실을 입었죠.

처음에 그런 상승 재료에 은값이 떨어질 수는 없다고 생각했어요. 그러나 은값은 떨어졌고, 그것이 현실이었죠. 곧 스톱주문이 발동됐어요. 이 매매로 나는 아연실색하며 시장이 어떻게 뉴스를 미리 반영하는가를 교육받게 됐죠. 그 후 나는 시장이 작동하는 메커니즘에 더더욱 매료됐어요.

그때쯤이었어요. 리처드 던키안(Richard Donchian)이 발행하는 마켓레터를 읽게 됐는데, 순전히 기계적인 추세추종 시스템이 시장에서 승리할 수 있다는 내용이었어요. 이 또한 있을 수 없는 일로 여겼죠. 그래서 컴퓨터 프로그램을 만들어 그 이론을 시험해 보게 됐어요(그 당시 컴퓨터 프로그램은 펀치 카드로 작성됐다). 놀랍게도 그의 이론은 실험에서 사실로 드러났지요. 지금도 나는 내가 정말 매매를 해야 하는지, 그리고 왜 매매를 하는지에 대해 깨닫고 있다고는 확신하지 못해요. 어쨌든 시장을 분석하고, 돈으로 나의 견해를 확인해 보는 일은 그 당시 다른 취업의 기회와 비교해 볼 때 너무나 매혹적인 일이었어요. 그래서 풀타임으로 매매하며 이를 생계수단으로 삼게 됐죠.

매매와 관련된 첫 번째 직업은 무엇이었나요?

1970년대 초에 대형 증권사의 애널리스트로 취직해서 월스트리트에서 첫 직업을 갖게 됐죠. 계란과 영계 시장(영계(broiler)는 2.5파운드(약 1.13kg) 이하의 요리용으로 준비된 닭고기를 말한다. 이후 계란과 영계 선물시장은 거래량이 감소하여 거래소에서 사라졌다)을 담당하도록 배정됐는데, 나 같은 신입사원이 매매에 관한 조언자 역할의 자리에 배치되는 게 신기했어요. 한번은 시장을 한동안 관망해야 한다는 취지의 논설을 내놓은 적이 있었죠. 경영진에서 나의 논설을 회보에서 제외하더군요. 많은 거래를 유발할 논설이 아니기 때문이었죠. 뻔하잖아요.

나는 분석 업무에 컴퓨터를 응용하기를 원했죠. 그 당시 컴퓨터는 회계에 사용되는 펀치 카드에 불과했는데, 전산실 책임자는 나를 자신의 자리를 위협하는 인물로 여기는 듯했어요. 나를 전산실에서 계속 내쫓았거든요. 한 달 정도 그 곳에서 일하고는 그만 두겠다고 했더니 부장이 불러서 이유를 물어보더군요. 그전에 부장이 나와 대화하려고 관심을 보인 적은 한 번도 없었죠.

나는 다른 증권사로 옮겼는데 그 회사는 조직을 재정비하고 있었어요. 그래서 관리 감독이 훨씬 더 느슨했죠. 나는 관리가 소홀한 틈을 타서 주말이면 회계 컴퓨터를 이용하여 매매시스템을 시험했어요. IBM 360 컴퓨터였는데 냉방이 잘 된 큰 방 하나를 다 차지하고 있었죠. 약 6개월에 걸쳐 4개의 간단한 시스템을 실험할 수 있었는데, 이때 약 백 가지 변수를 10개 상품의 10년간 데이터에 적용할 수 있었어요. 오늘날 그 정도 작업은 PC로 하루 만에 끝낼 수 있는 일이죠. 하여간 나는 결과를 얻었어요. 내 실험은 추세추종 시스템으로 돈을 벌 가능성이 있다는 사실을 확인시켜줬죠.

주말을 이용한 것으로 봐서 시스템을 컴퓨터로 실험하는 일은 본연의 임무가 아니었나 보군요? 그렇다면 실제로는 무슨 일을 하는 데 고용된 것이었나요?

나는 주중이면 주말에 아무 일도 없었던 듯이 행동하며 일상적인 업무에 임했죠. 내가 했던 일은 로이터(Reuters)의 기사를 출력하는 기계를 지켜보고 있다가 종이 모서리가 분홍색이 되면 새 두루마리 종이를 채워 넣는 것이었어요.

또 뉴스를 하나씩 뜯어내서 기계 뒤의 벽에 붙이는 임무도 있었죠. 뉴스와 뉴스 사이에 빈 줄을 만들어 뜯어내려면 요령이 필요했거든요. 그래야 가장자리가 가지런해지죠. 웃기는 일은 아무도 뉴스를 읽으려 하지 않았다는 사실이에요. 왜냐하면 뉴스를 보려면 기계에 바짝 붙어 앞으로 잔뜩 숙여야 했거든요. 그래서 나는 뉴스를 읽고는 개인적으로 그것을 중개인들에게 배달하기 시작했죠. 그 일을 하며 부수적으로 얻을 수 있었던 것은 많은 중개인들의 매매방식을 관찰할 수 있었다는 거예요.

그러니까 사무실 사환과 별반 다를 바 없는 일을 하신 것 같군요. 왜 그런 하잘것없는 일에 응하셨죠?

이 업계에 계속 머무르기를 원했기 때문에 무슨 일을 하든, 얼마를 받든 상관이 없었어요.

전에 있던 직장에 그대로 계시지 그러셨어요? 거기에서는 최소한 애널리스트였잖아요?

그곳에서는 내가 바보 같았어요. 나는 매매할 때가 아니라고 생각되면 매매를 권고하라는 경영진의 압박에 불만을 표시했거든요. 또, 매매시스템을 실험하는 데 회사 컴퓨터를 쓸 수 있도록 허락받는 게 내가 절대적으로 바라던 일이었고요.

옮기는 직장에서는 컴퓨터를 사용하도록 허락받게 되리라고 생각하셨나요?

아뇨. 하지만 그 회사는 대대적인 구조조정을 단행한 지 얼마 안 돼서 대부분의 경영진이 해고된 상태였고, 그래서 내가 컴퓨터를 쓰는 일에 대해 꼬치꼬치 간섭할 관리 체계가 부실하겠다고 판단했죠.

컴퓨터 매매시스템에 대한 연구는 어떻게 활용됐나요?

경영진은 내 연구 결과를 사용해서 자금을 운용하는 데 관심을 갖게 됐고, 그로 인해 나는 최초로 상업용의 대규모 컴퓨터 매매시스템을 개발한 사람이 됐죠.

'대규모'란 무슨 의미죠?

내 프로그램은 수백 명의 영업 직원에 의해 판매됐고, 운용 자금은 수백만 달러에 달했거든요. 1970년대 초반에는 큰돈이었죠.

어떻게 그 정도로까지 경영진으로부터 지원을 이끌어 낼 수 있었나요?

그 사람들도 리처드 던키안에 대해 잘 알고 있었거든요. 리처드 던키안은 추세추종 매매시스템의 개발 분야에서 선구자적 인물이잖아요. 그 당시 그는 손으로 모든 것을 해야 했죠. 하여간 그런 이유로 경영진은 자금 운용에 매매시스템을 적용한다는 아이디어에 이미 호의적인 성향을 갖고 있었어요. 또한 그 당시 컴퓨터가 아주 새로운 것이었기 때문에 '컴퓨터 시스템' 하면 대단히 특별하고 전문적인 것으로 받아들여졌지요.

그 매매시스템의 성과는 어땠나요?

시스템은 훌륭했어요. 문제는 경영진이 시스템의 신호를 주관적 판단으로 무시했다는 점이었죠. 예를 들면 한번은 설탕이 5센트 주변에서 거래되고 있을 때 시스템에서 매수신호가 나왔는데 경영진은 시장이 이미 과매수 상태라 판단하고 그 매수신호를 무시하기로 결정했어요. 시장이 계속해서 상승하니까 이번에는 '첫 번째 20포인트 조정 시 매수한다'는 규칙을 들고 나오는 거예요 [100포인트는 1센트와 같다]. 그런데 그런 조정이 발생하지 않고 시장이 계속 위로 나아가니까, 이번에는 자신들의 규칙을 '첫 번째 30포인트 조정 시 매수한다'로 수정하더군요. 시장이 주목할 만한 조정 없이 계속 위로 움직였더니, 그 규칙을 50포인트 조정 시로 바꾸고 나중엔 결국 100포인트 조정 시로 바꾸더군요. 마침내 설탕이 9센트 주변에 이르러서야 대세 상승이라며 더 오르기 전에 사자는 결정을 내리고는 운용하고 있던 계좌들이 매수포지션을 취하도록 조치하는 거예요. 대략 예상하시겠지만 설탕시장은 그 후 곧 천정에 다다랐죠. 경영진은 매도신호까지 무시함으로써 자신들의 실책을 더욱 가중시켰죠. 그 매도신호도 매우 큰 이익을 내는 것으로 드러났거든요.

결과적으로 경영진의 개입 때문에 가장 큰 이익이 났어야 할 해에 오히려 손실을 입은 거예요. 이론적으로 그해 60퍼센트의 수익이 있을 수 있었는데 상당수의 계좌가 돈을 잃었죠. 이와 같은 경영진의 간섭은 내가 결국 그 회사를 그만두게 된 주된 이유 중 하나였어요.

다른 이유는 무엇이었나요?

경영진은 내게 더 많은 매매가 발생하도록 시스템을 수정하라고 요구했어요. 그래야 더 많은 수수료 수입이 생기니까요. 그렇게 하는 일은 누워서 떡 먹기지만, 그러면 시스템의 실적이 심각하게 저하될 것이라고 설명해줬죠. 하지만 별로 개의치 않더군요.

회사를 그만두고 무엇을 하셨죠?

연구 부서에서 일하는 것을 그만뒀지, 회사를 그만 둔 것은 아니었어요. 나는 중개인으로 계좌를 관리하면서 그 곳에 계속 머물렀죠. 2년이 지난 후 마침내 중개인 일도 그만두고 펀드매니저가 됐어요. 회사를 나와 펀드매니저가 되면서 나는 수수료로 먹고 사는 일을 집어치울 수가 있었죠. 수수료는 고객에게 돈을 벌어줘야 한다는 의욕과는 반대되는 의욕을 유발시킬 수 있거든요. 나는 수익을 만들어야 한다는 의욕만 일어나도록 하는 요금 체계로 전환하게 됐어요.

회사를 그만둔 후에도 계속 시스템으로 매매하셨나요?

예, 몇 년에 걸쳐 그 시스템에 상당한 수정이 있기는 했지만요.

시스템의 실적은 어땠나요?

나는 '모범계좌' 외에는 실적을 발표하지 않아요. 그 모범계좌는 실제 고객의 계좌로 1972년 5,000달러로 시작해서 지금은 1,500만 달러가 넘게 됐죠. 인출이 없었다면 이론적으로 몇 배 더 큰 수익이 났을 거예요.

그런 실적에도 자금을 운용해달라는 요구가 쇄도하지 않는 이유가 뭘까요?

요구를 받기는 하지만 웬만하면 새 계좌를 허락하지 않고 있어요. 새 계좌를 수락할 때는 세심한 심사와 심도 있는 인터뷰를 통해서 고객의 동기와 마음가짐을 알아본 후에 하게 되죠. 나는 나와 연합한 사람들이 내 실적에 미세하지만 아주 중요한 영향을 미친다는 사실을 알게 됐어요. 예를 들어 고객들이 장기적 시야로 나와 나의 방법을 지지할 수 있으면 그들은 도움이 되지만, 자기들의 계좌가 단기 상승과 하락으로 출렁일 때 너무 많은 관심을 나타내면 장애가 돼요.

최초 몇 개의 계좌로 시작하셨나요?

1970년대 초에 6개의 계좌로 시작했죠.

그 6개의 계좌 중에서 지금도 운용 중인 계좌는 몇 개나 되나요?

4개요. 한 고객은 1,500만 달러를 벌었는데 스스로 운용하려고 다 인출했어요. 다른 사람은 1,000만 달러 이상 벌었는데 해변에 집을 사서 은퇴했고요.

첫 번째 시스템을 설계하기 전에 매매에 관한 것은 어디에서 배웠나요?

내가 영향을 받고 영감 얻은 것으로『어느 주식 투자자의 회상』이라는 책과, 리처드 던키안의 「5일과 20일 이동평균선의 크로스오버 시스템」, 그리고 그의 「주간 법칙 시스템(weekly rule system)」을 들 수 있어요. 나는 던키안을 기술적 매매의 선구자 중 한 사람이라고 생각해요.

첫 번째 매매시스템은 어떤 것이었나요?

나의 첫 번째 시스템은 던키안의 이동평균 시스템을 변형한 것이었어요. 나는 지수(指數)평균 방식이 계산하기도 더 쉽고 시간이 갈수록 계산상의 오류가 사라지는 효과도 있어 그 방법을 사용했죠. 그 당시 내 시스템은 아주 새로운 것이어서 많은 사람들이 '지수 시스템'을 '접수 시스템'으로 잘못 부르곤 했어요.

첫 번째 시스템이라는 말은 결과적으로 다음의 시스템이 있었다는, 즉 시스템을 몇 차례 바꿨다는 말 아니겠어요? 그렇다면 시스템에 변화를 줄 필요가 있는 때를 어떻게 아시나요?

시스템을 변화시킬 필요는 없어요. 관건은 트레이더가 자신에게 맞는 시스템을 개발하는 것이죠.

최초의 시스템과는 잘 맞지 않았나요?

내 최초의 시스템은 어떤 편차도 허락하지 않고 엄격히 규정을 적용하는 매우 간단한 것이었어요. 나는 나의 직감을 무시하며 그 시스템만을 따르는 게 쉽지 않은 일임을 알게 됐죠. 나는 내가 시스템보다 더 많이 안다고 생각하고 시스템에 계속해서 참견하게 됐는데, 나의 이런 참견은 주로 타이밍을 잘못 맞춘 것이었어요. 그때 당시 나는 추세추종 시스템이 효율적으로 작동하리라고 진짜로 믿었던 게 아니었어요. 추세추종 시스템이 쓸모없다는 것을 증명하는 많은 논문들이 있잖아요. 더구나 시장을 파악하려는 노력도 하지 않고 그냥 앉아 빈둥대는 것은 내 지성과 MIT 교육을 낭비하는 일이라고 여겼어요. 그렇지만 궁극적으로는 추세에 맞춰 하는 매매에 대해 더 많은 확신을 얻었고, 뉴스에 좌지우지되지 않는 능력이 더 커지면서 나는 추세추종 시스템에 대해서도 믿음을 가질 수 있었죠. 또한 '숙련된 트레이더의 규칙'을 시스템에 계속 추가함으로써 결국 내 시스템은 내 매매방식과 더 잘 맞는 시스템이 됐지요.

자신의 매매방식을 말씀해주실 수 있나요?
내 방식은 근본적으로 추세추종형이에요. 거기에 특정 패턴 인식과 자금관리법이 중요한 요소로 작용하죠.

일반적 추세추종 시스템을 훨씬 능가하는 그런 놀라운 실적을 달성할 수 있었던 방법은 무엇인가요? 물론 매매 비법을 공개하실 필요는 없고요.
장기간 살아남아서 부를 이룩하는 열쇠는 '기술적 시스템에 어떻게 자금 관리 방법을 병합할 것인가' 하는 문제와 많은 관련이 있어요. 세상에는 노장(老長) 트레이더도 있고, 용기 있는 트레이더도 있어요. 그렇지만 노장이면서도 용기 있는 트레이더는 그리 많지 않지요.

재치 있고 틀림없는 말씀이에요. 그래도 여전히 의문은 남는데, 조금 풀어서 말하자면 세상에는 자금 관리 규정을 겸비한 많은 추세추종 시스템이 있잖아요. 그렇다면 그런 시

스템보다 훨씬 더 좋은 실적을 거둔 이유가 무엇이냐는 말이죠.

내게는 재능이라는 게 있는 것 같아요. 이 재능은 나의 인생철학과 관련이 있는 것 같고요. 시장을 좋아하고 낙천적 마음가짐을 견지하는 자세는 내 인생철학에서 비롯되거든요. 또한 내가 매매를 하며 계속 배울 때 내 시스템도 함께 진화하는 것이죠(여기서 말하는 시스템이란 기계적인 컴퓨터 버전을 칭함). 덧붙여 말하고 싶은 것은 나는 나 자신과 내가 살아가는 방식을 시스템의 한 종류라고 생각한다는 거예요. 그리고 그 시스템은 두말할 나위 없이 내가 항상 따르는 것이죠. 때때로 컴퓨터의 기계적 매매시스템을 전혀 사용하지 않고 매매하기도 하고, 때로는 나의 강한 직감에 근거해 시스템의 매매신호를 무시하기도 해요. 그리고 어떤 때는 모조리 그만두고 쉬기도 하죠. 이렇게 시장에 들락거리며 얻게 되는 즉각적 결과는 아마도 본전이거나 그보다 조금 더 못할 거예요. 그렇지만 만약 내게 창의적인 면을 발산할 자유가 없다면 스트레스가 점진적으로 쌓여 폭발해 버릴지도 몰라요. 일할 수 있는 환경을 만드는 일은 매매 수명을 증가시키는 것 같아요. 또 긴 매매 수명은 성공을 위한 조건들 중 하나이기도 하고요.

시스템매매와 자유재량에 의한 매매를 비교할 때, 이 두 매매방법의 상호 장·단점은 무엇인가요?

시스템매매도 결국은 자유재량에 의한 매매라고 할 수 있어요. 여전히 펀드매니저는 얼마의 위험을 감수할 것인가를 결정해야 해요. 또한 어느 시장에서 매매할 것인가, 자산 변동의 기능으로서 얼마나 공격적으로 매매자금을 늘리고 줄이고 할 것인가 등을 결정해야 하죠. 이런 결정 사항들은 매우 중요한 것들이에요. 매매 타이밍보다 더 중요할 수도 있지요.

매매의 몇 퍼센트가 시스템에 기초해서 실행되나요? 그리고 세월의 흐름 속에서 그 퍼센티지에 변화가 있었나요?

세월이 갈수록 나는 더 기계적이 됐어요. 왜냐하면 첫째로 나는 추세추종 매매를 더욱 확신하게 됐고, 둘째로는 나의 기계적 프로그램은 세월이 갈수록 더 많은 매매 기술들을 구현하게 됐거든요. 여전히 내가 시스템보다 더 잘할 수 있다고 생각하는 때가 있지만, 결국 그런 일탈은 돈을 잃는 과정을 통한 자기 교정의 시간이 되죠.

그렇다면 추세추종 시스템의 현재와 미래에 대한 전망을 해주시겠습니까? 시스템이 널리 보급되고 그 사용이 아주 보편적이 되면 결과적으로 시스템은 쓸모없게 되리라고 생각하지 않으시는지요?

아뇨. 의식적이든 무의식적이든 간에 모든 매매는 일종의 시스템에 의해 이뤄져요. 많은 훌륭한 시스템들이 추세추종에 기초를 두고 있죠. 삶 그 자체도 추세에 기초를 두고 있어요. 철새가 겨울을 나기 위해 출발하면 계속해서 남쪽으로 날아가잖아요. 기업은 추세를 살펴 그 추세에 따라 생산품을 변화시키죠. 미세한 원생생물들도 화학물질이나 밝기의 증감에 따라 추세를 형성하며 움직이죠.

매매시스템의 수익성에는 주기가 있는 것 같아요. 추세추종 시스템의 수익성이 아주 높아지면 그 인기가 상승하게 되죠. 그래서 시스템의 사용자가 늘어나면 시장은 추세형성을 멈추고 방향 없이 움직이게 돼요. 그러면 이런 시스템들의 수익성은 낮아지고, 자본이 빈약하거나 경험이 부족한 트레이더들은 떨어져 나가게 되죠. 무엇보다 오래 살아남는 것이 성공의 열쇠에요.

매매할 때 고려할 사항 중 하나로 기본적 분석상의 재료를 포함하는 것에 대해서는 어떻게 생각하시나요?

사실 우리가 읽는 기본적 분석상의 재료들은 일반적으로 쓸모없는 것들이에요. 왜냐하면 시장은 이미 그런 재료들을 가격에 반영해 놨거든요. 나는 그런 재료들을 '기본적 개그쇼'라고 부르죠. 그러나 남들이 알아채기 전에 일찍이 그런 재료를 낚았다면 그것은 가치 있는 '기본적 깜짝쇼'가 되겠죠.

재미있는 답변이군요. 그렇다면 본인께서는 기술적 분석만 사용하신다는 말씀이신가요?

나는 근본적으로 추세를 따르는 트레이더에요. 그리고 20년의 매매 경험에서 나오는 직감도 사용하죠. 내게 중요한 것을 순서대로 말하라고 하면, (1)장기 추세, (2)현재의 차트패턴, (3)매매 타이밍 이 세 가지이고, 이것들이 나의 매매를 구성하는 근본적인 요소들이죠. 한참 아래에 네 번째 요소로 기본적 분석상의 아이디어를 들 수도 있겠지만 대체로 그런 아이디어들은 돈을 잃게 만들었죠.

올바른 매매 타이밍을 찾는다는 것은 조정 시 매수 포인트를 결정한다는 의미인가요? 그렇다면 큰 가격움직임을 놓칠 수도 있는데 어떻게 그런 오류를 피할 수 있죠?

아, 아니에요. 나는 매수할 때 현재 가격보다 높은 곳에서 매수하죠. 시장 모멘텀이 내가 기대하는 방향으로 강력하게 작용하는 그 지점을 찾으려 노력하고, 그렇게 함으로써 위험을 줄이죠. 나는 바닥이나 천정을 잡으려고 시도하지 않아요.

그 말씀은 상승 마인드일 때 단기적인 강한 상승을 확인할 때까지 포지션을 취하지 않고 항상 기다린다는 말인가요? 아니면 가끔 조정 시 매수를 하기도 하나요?

내가 상승 마인드를 갖고 있다면 나는 조정 시 매수하지도 않고, 강세 확인을 위해 기다리고 있지도 않을 거예요. 왜냐하면 나는 이미 포지션을 취한 상태일 테니까요. 나의 매수 스톱주문이 발동되는 순간 내 생각은 상승 쪽으로 향하죠. 상승 쪽으로 향한 내 생각은 매도 스톱주문이 발동될 때까지 지속돼요. 상승 마인드를 갖고도 매수포지션이 없다면 논리적이라고 할 수 없잖아요.

혹시 역투자자적인 견해를 매매에 적용하기도 하나요?

가끔요. 예를 들면 최근 어떤 금시장 강연회에서 거의 모든 강연자가 약세 의견을 얘기했어요. 그때 나는 "금이 아마도 바닥에 다다랐나 보다" 하고 속으로 중얼거렸지요[시장은 실제로 그 강연회가 있은 후 상승했다].

그런 종류의 아이디어로 매수에 임하기도 하시나요?

아뇨. 그 당시 추세는 여전히 약세였지만 내 매도포지션에 경고등이 켜졌던 것이죠.

가장 극적이었다거나 격정적이었다고 생각되는 매매경험이 있으면 말씀해 주시겠어요?

극적이고 격정적인 매매경험은 부정적이기 십상이죠. 자만심은 거대한 함정이에요. 희망, 공포 그리고 탐욕처럼 말이에요. 나의 가장 큰 오류는 내가 보유한 포지션과 감정적으로 연루되자마자 발생했어요.

그 경험을 한편의 드라마로 엮어달라고 부탁해도 될까요?

지난 일을 길게 늘어놓으며 이야기하고 싶지 않군요. 나는 좋지 않은 매매는 가능한 빨리 잘라버리고 잊어버리려는 경향이 있어요. 그리고는 새로운 기회를 찾아가죠. 땅에 묻은 지나간 매매경험을 다시 파내서 세세하게 들추고 싶지는 않네요. 최소한 인쇄 매체를 통해서는 말이에요. 글쎄요, 타호 호수의 겨울이 깊어가는 어느 저녁에 식사를 마치고, 녹음기 없이 벽난로에 둘러앉아, 그렇게 얘기를 나눌 기회가 온다면….

그래요. 그렇다면 많은 것을 깨닫게 한 구체적인 매매 실수를 얘기해달라고 부탁해도 될까요?

난 수년 동안 은으로 시달림을 당했어요. 내 초기 손실 중 하나도 은에서 발생했고, 최악의 손실도 은에서 났어요. 마치 은이 내 피 속으로 들어와서 나를 무력화시키는 것만 같았어요. 은은 나를 유혹하며 위험관리용 스톱주문을 더 아래로 끌어내리도록 했죠. 일시적인 급락에 당하지 않으려면 그렇게 해야 한다고 말이에요. 당연히 가격은 잠시 멈춘 후 아래로 더 빠지게 됐죠. 나는 은의 급등락에 하도 여러 번 죽어나서, 급기야 내가 은제 탄환에만 죽는 늑대인간이 아닌가 하고 생각하게 됐죠. 하지만 최면과 긍정적 상상 요법으로 그런 나 자신을 고쳤어요. 만월인 밤에는 산책하는 일을 삼가기도 했고요. 지금까지는 어느 정도 효과가 있는 듯해요.

매매결정은 어떻게 하시나요?

대부분 내 매매시스템이 하죠. 그러나 때때로 충동적인 직감이 오면 시스템을 무시하기도 해요. 다행히도 나는 내 포트폴리오에 치명적 손상을 입힐 만큼의 큰 포지션을 잡지는 않아요.

세이코타 씨께서 생각하는 훌륭한 매매 요소가 있다면 말씀해 주시겠습니까?

훌륭한 매매의 요소는 1번도 손절, 2번도 손절, 3번도 손절이에요. 이 세 가지 규칙을 따르면 기회는 반드시 오게 돼 있죠.

연속해서 잃을 때는 어떻게 하시나요?

연속해서 잃게 되면 매매횟수를 줄여요. 어려운 시기가 지나갈 때까지 자제심을 갖고 기다리는 것이죠. 연속적으로 잃는 기간 중에 무리해서 매매를 시도하다가는 감정적으로 황폐화될 수 있어요. 손실을 만회하겠다고 서두르다가 치명적인 손상을 입게 될 수도 있거든요.

세이코타 씨는 근본적으로 시스템 트레이더인데, 시스템을 따르는 것은 연속적인 손실 구간에도 매매 활동에 변화가 없다는 것을 의미하지 않나요?

내 컴퓨터 프로그램에 시장의 움직임에 따른 매매 활동의 조절과 같은 몇 가지 논리를 적용해 놨어요. 그래도 여전히 중요한 결정들은 기계적 시스템의 영역 밖에서 할 필요가 있어요. 예를 들어 성장 중인 어떤 계좌의 일부 포지션이 매매량의 한계에 다다라있는 상황에서 이 계좌의 분산을 어떤 식으로 유지할지 결정한다던가, 아니면 시장에 거래량이 너무 없는 상황에서 성장 중인 어떤 계좌의 분산을 유지하는 방법을 결정하는 일 등은 기계적 시스템의 영역 밖에 있어요.

나는 수익성에 따라 활동량을 변경하는 심리적 경향이 있어요. 돈을 따게 되면 공격적이 되고, 잃게 되면 공격적 태도가 없어지는 경향이죠. 이런 경향은 바람직한 것 같아요. 반대로 돈을 많이 잡아먹는 심리적 경향은 잃었을 때 감정적이 돼서 손실을 만회하려고 과도하게 큰 포지션을 취하는 경향이죠.

세이코타 씨는 매매에 관해 스스로 공부해서 깨우쳤나요, 아니면 쓸 만한 것들을 가르쳐준 트레이더가 있었나요?

내 스스로 지속적으로 나와 다른 트레이더들을 연구하며 나를 가르치죠.

포지션을 취하기 전, 어느 지점에서 포지션을 정리하겠다는 결정을 미리 하시나요?

나는 포지션을 잡을 때 동시에 손절용 스톱주문을 넣어두죠. 이익이 나고 추세가 계속되면 일반적으로 이 스톱주문을 움직여 이익을 고정시켜놔요. 때때로 시장이 난폭해지면 이익을 챙기고 나와 버리죠. 내가 판단해서 포지션을 정리하는 것이 스톱주문이 발동돼서 포지션이 정리되는 것보다 더 나은 결과를 가져다주지는 않아요. 하지만 포트폴리오의 변동성을 줄여주고, 변동성이 줄게 되면 나는 자신감 얻을 수 있죠. 포지션을 잃는 것은 괴로운 일이지만 자신감 잃는 것은 절망적인 일이거든요.

한 번의 매매에 최고 자산의 몇 퍼센트까지 위험을 허락하나요?

매매체결이 불리하게 이뤄졌을 때 생기는 위험을 포함해서 한 번의 매매에 5퍼센트 이하의 위험만을 허락해요. 가끔은 주요 뉴스가 거래량이 적은 시장을 자극해서 가격이 나의 손절 스톱주문을 단번에 뛰어넘기도 하죠. 그럴 때는 5퍼센트 이상의 손실을 보기도 하고요.

거래량이 적은 시장에서 입은 손실 중에서 가장 안 좋았던 예를 하나 말씀해주실 수 있나요?

서둘러 부실한 포지션을 정리하려 할 때면 모든 시장의 거래량이 너무 작아요. 대부분의 시장에서 긴급 뉴스로 인해 가격이 나와 반대로 빠르게 움직인 것을 경험했어요. 뉴스가 시장에서 소화되고 나면 시장의 거래량은 이전보다 더 높은 수준으로 증가하죠. 설탕 가격이 10센트에서 40센트까지 움직인 거대한 상승장에서 나는 수천 계약의 포지션을 가지고 있었어요. 그 포지션을 정리하기 위해 몇 센트를 포기해야 했었죠[설탕 시장에서 1센트는 계약 당 1,120달러와 같다].

세이코타 씨와 같은 성공을 거둔 트레이더는 극히 드물다고 생각되는데, 무엇이 자신을 다른 사람들과 다르게 만들었다고 생각하시나요?

내 성공은 시장에 대한 나의 애정 덕분이라고 생각해요. 나는 재미 삼아 매매하는 트레이더가 아니에요. 매매는 나의 삶이죠. 내게는 매매에 대한 열정이 있어요. 단순히 취미로 하는 그런 게 아니니까요. 또 어쩌다 직업으로 선택한 것도 아니고요. 나는 이 일을 하며 살아가도록 태어났다는 것에 의심의 여지가 없어요.

꼭 지키는 매매규칙이 있다면 말씀해 주시죠.
a. 손절은 신속히 하라.
b. 이익은 최대화하라.
c. 작게 매매하라.
d. 의심의 여지없이 규칙을 따라라.
e. 규칙을 어겨야 할 때를 알아라.

마지막 두 규칙이 재미있군요. 이 둘은 상충되잖아요. 진지하게 말하면, 의심의 여지없이 규칙을 따르는 것과 규칙을 어겨야 할 때를 아는 것 중 어느 쪽을 더 신뢰하나요?

둘 다 신뢰해요. 나는 대체로 규칙들을 따라요. 그렇지만 시장을 연구하다 보면 때때로 새로운 규칙을 발견하게 되죠. 이 새로운 규칙은 이전에 있던 규칙들 중 어느 하나를 깨게끔 하거든요. 개인적인 한계점에 다다를 때가 간혹 있어요. 그때는 시장에서 완전히 나와서 다시 나의 규칙을 따를 준비가 됐다고 느낄 때까지 휴가를 가죠. 어쩌면 규칙을 어기는 데 필요한 더 명료한 규칙을 언젠가는 만들 수 있을 것 같아요.

규칙이 트레이더 자신의 매매방식을 반영하지 않는다면 트레이더가 오랫동안 그 규칙을 따르는 일은 불가능하다고 생각해요. 결국 한계점에 도달하게 되고, 트레이더는 그만두거나 규칙을 변화시켜야 하죠. 아니면 따를 수 있는 새로운 규칙들을 찾아야겠죠. 이는 트레이더가 성장하고 진화하는 과정의 한 부분이라고 생각해요.

매매의 크기를 변화시키는 일은 트레이더가 성공하는 데 얼마나 중요한 것인가요?

매매 크기를 바꾸는 이유에 따라서 매매 크기의 변화가 좋은 아이디어가 될 수도 있을 거예요. 잘 생각해 보세요. 만약 성공적인 수정 방침이 있다고 하면, 예를 들어 시스템 S를 수정하는 M이라는 방침이 있다고 한다면 그냥 M으로 매매하는 게 더 낫지 않겠어요?

직감은 중요한가요?

물론 중요하죠. 무시하게 되면 미묘하게 논리적 사고에 영향을 미치게 돼요. 명상과 숙고를 통해 직감의 배후에 무엇이 있는지 알아낼 수 있어요. 만약 그 느낌이 지속적이라면, 그것은 놓치기 십상인 어떤 정보를 무의식적으로 분석한 귀중한 자료일 수도 있어요. 그렇지 않다면 시장 상황을 반영하는 것이 아니라 흥분되는 스릴을 맛보고자 하는 내부의 욕망이 위험하게 발현된 것일 수 있고요. 직관과 욕망의 차이를 잘 구분할 줄 알아야 해요.

세이코타 씨에게 최악의 해는 언제였나요? 또 무엇을 잘못하셨죠?

1980년이 최악의 해였죠. 상승장이 끝났는데도 나는 계속 상승 쪽을 고집했고, 저가 매수를 시도했어요. 시장은 끊임없이 주저앉았죠. 나는 그 전에는 메이저급의 하락장을 경험해 본 적이 없었는데, 중요한 교육이 나를 기다리고 있었던 것이죠.

1980년 당시에 시스템상의 자금 관리 규칙에 문제가 있었나요? 아니면 규칙을 무시하셨나요?

거대한 변동성으로 나의 시스템은 대체로 시장 참여를 중지하고 있었는데, 나는 계속 매매를 했어요. 터무니없이 과매도 됐거나 과매수 됐다고 생각되는 장에서 바닥과 천정을 잡으려고 시도했던 것이죠. 그러나 시장은 마냥 한 방향으로 나아갔고, 나는 많은 돈을 잃었죠. 결국 내가 시도하고 있는 방법이 무용지물이라는 것을 알고는 한동안 매매를 그만뒀어요.

일반적인 트레이더들에게 해줄 수 있는 가장 중요한 조언이 있다면 무엇인가요?

뛰어난 트레이더를 찾아 매매는 그에게 맡기고, 자기가 정말 하고 싶은 일이 무엇인지 찾아 나서라는 거예요.

차트를 보는 것이 매매에서 성공하는 데 도움이 된다고 생각하시나요?

추세추종은 차트를 이용하는 방법 중 하나라고 생각해요. 차트를 이용하는 것은 서핑과 조금 비슷하거든요. 좋은 파도를 포착하기 위해서 조류와 공진에 관계된 물리학이나 유체역학 등을 알 필요는 없잖아요. 언제 좋은 파도가 일어나는지 느낄 줄 알고, 정확한 시점에 행동을 취하는 추진력이 있으면 되는 것이죠.

1987년 10월에 개인적으로 어떤 경험을 하게 됐는지 말씀해 주시겠습니까?

1987년 10월에 시장 붕괴가 있던 날 나는 돈을 땄어요. 그 달 전체로 봐서도 수익이 났고, 그해 전체적으로도 플러스였죠. 그러나 붕괴가 있는 다음날 돈을 잃었어요. 왜냐하면 이자율 시장에서 매도포지션을 취하고 있었거든요. 붕괴가 진행되는 동안 대부분의 추세추종 트레이더들은 주식시장과 주가지수 시장에서 빠져나왔거나 매도포지션을 취했을 거예요.

5년 전이나 10년 전과 지금 시장은 다른가요? 지금은 훨씬 더 많은 전문 펀드매니저들이 시장에 참여하고 있으니까 말이죠.

아뇨. 지금이나 5년, 10년 전의 시장이나 똑같아요. 왜냐하면 시장은 계속 변화하거든요. 과거에도 시장이 계속 변화했듯이 말이죠.

매매의 크기가 커지면 매매는 더욱 어려워지나요?

시장을 움직이지 않고 거대한 포지션을 움직이기란 무척 어렵죠. 그래서 매매의 크기가 커지면 매매는 더욱 어려워져요. 하지만 매매의 크기가 커지면 자신을 지원해줄 수 있는 능력 있는 사람들을 더 많이 알게 되기 때문에 그런 면에서 매매가 더 쉬워질 수도 있죠.

어떤 종류의 지원을 의미하시는지요?

전문가다운 자세를 갖춘 경험 많은 중개인들과 같이 기쁨과 슬픔을 나눌 수 있는 경험 많은 트레이더들을 알고 있다는 것 자체가 지원군을 얻은 것이죠. 또한 과거 한때 날렸던 분들도 큰 추세의 시작과 끝을 감지하는 능력이 있는 것 같아요. 나는 내 친구들과 동료들, 그리고 가족으로부터도 소중한 지원을 얻고 있어요.

혹시 외부의 상담 서비스를 이용하시기도 하나요?

나는 외부의 상담자들 다수를 추적하고 있어요. 대부분 경제지를 읽거나 나의 중개인들에게 들어서 그들의 의견을 알게 되는데, 그들의 의견은 득도 없고 실도 없는 경우일 때가 대부분이죠. 그러나 그들이 자만하기 시작할 때 '이 사람들은 곧 문제에 봉착하겠구나' 하고 느끼게 돼요.

마켓레터는 어떤가요?

마켓레터는 일반적으로 사람들이 최근의 시장 움직임에 대해 요구하는 뉴스를 공급해 주는 것이거든요. 그래서 시장에 뒤처지는 경향이 있죠. 마켓레터를 쓰는 일은 흔히 업계의 초보자들이 하는 일이에요. 물론 주목할 만한 예외가 있기는 하지만 대체로 경험 없는 트레이더나 트레이더가 아닌 사람들에 의해 작성되죠. 훌륭한 트레이더는 매매를 하고 훌륭한 작가는 글을 쓰잖아요.

매매결정을 할 때 다른 트레이더의 견해를 이용하시나요, 아니면 완전히 자신만의 생각으로 혼자서 모든 결정을 내리시나요?

일반적으로 다른 트레이더들의 조언은 듣지 않아요. 특히 '확실한 것'을 낚았다고 믿는 사람들의 조언은 절대 안 듣지요. 경험 많은 노인들이 "어쩌면 기회일지도 모른다"라고 말할 때, 그 분들의 얘기가 맞는 경우는 종종 있어요. 더구나 그 기회는 추세의 초입에서 언급되는 경우가 흔하죠.

본인이 트레이더로서 계속해서 돈을 벌 수 있겠다는 확신을 어느 시점에서 가졌나요?

나는 다음과 같이 묘사되는 두 가지 심적 상태를 연속해서 경험하고 있죠. ⓐ "나는 계속해서 돈을 딸 수 있다" ⓑ "나는 운이 좋았을 따름이다" 연속되는 큰 손실에 맞닥뜨리기 바로 직전에 내 능력에 대한 자신감이 최고조에 달하곤 하죠.

여러 다른 시장에서 가격의 패턴들은 얼마나 유사하나요?

공통적 패턴은 개개의 시장 움직임을 압도해요. 예를 들어 채권들의 가격은 바퀴벌레가 벽을 타고 오르락내리락 하는 모양으로 여러 면에서 공통적인 패턴을 보이죠. 불행한 일은 바퀴벌레를 뒤쫓아 가는 사람들에게는 반대 포지션으로 상대해주는 사람이 없다는 사실이죠.

주식시장의 움직임은 다른 시장들의 움직임과 다른가요?

주식시장의 움직임은 다른 모든 시장들의 움직임과 다르고, 또한 주식시장의 움직임과도 다르죠. 만약 내 말을 이해하기 어렵다면 그것은 시장을 이해하려는 시도가 무익하기 때문일 거예요. 나는 주식시장을 이해하려고 시도하는 일은 음악을 이해하려고 시도하는 것만큼이나 무의미하다고 봐요. 하지만 많은 사람들이 돈을 따기보다는 시장을 이해하려 하죠.

"주식시장의 움직임은 주식시장의 움직임과 다르다"는 말은 무슨 의미인가요?

쉽게 발견한 과거의 모양이 미래에 똑같이 반복되는 일은 거의 없어요. 그런 면에서 주식시장의 움직임은 그것 자체의 움직임과 다르다는 것이죠.

인플레, 달러 그리고 금에 대해 장기간의 전망을 부탁드려도 될까요?

인플레는 사회가 낡은 질서를 쓸어버리는 방편의 일부에요. 좋든 싫든 모든 통화가치는 결국 떨어지게 되어 있거든요. 예수 시대에 1센트를 투자했다 치고, 연간 3퍼센트 복리로 계산해보세요. 그리고 오늘날 그 만큼의 액수 근처에라도 가본 사람이 아무도 없는 이유를 생각해 보세요.

금은 채굴되고 정제되고 그리고 다시 땅에 묻혀야 하죠. 시간이 가면 갈수록 지구의 금 매장량은 줄어드는 것 같아요. 많은 금이 지하 금고에 축적되고 있잖아요. 내 예상으로는 이런 경향이 지속되면 하나의 '세계 금 중앙 은닉처'가 형성될 것 같아요.

훌륭한 트레이더들은 매매에 특별한 재능을 타고나나요?

훌륭한 음악가와 훌륭한 운동선수가 그들의 분야에 재능을 타고나듯이, 훌륭한 트레이더는 매매에 특별한 재능을 타고나죠. 위대한 트레이더들은 자신의 재능에 흡수돼 버린 사람들이에요. 그들이 재능을 가진 것이 아니라 재능이 그들을 지배하는 것이죠.

매매의 성공에 재능과 노력 중 어느 것이 더 중요한가요?

나는 재능과 노력의 경계가 무엇인지 잘 모르겠군요.

매매의 성공에 행운은 얼마나 많은 역할을 하나요?

행운은 매매의 성공에 엄청난 역할을 해요. 어떤 사람들은 좋은 머리를 타고날 만큼 운이 좋았는가 하면, 또 어떤 사람들은 더 좋은 머리에다 행운까지 안고 태어났지요.

방금 한 대답을 진지하게 풀어서 말씀하신다면?

'행운', '지성', '타고난 재능' 등은 달인들에 대한 개인적 의견을 표현하는 단어들이죠. 사람은 자신이 천직이라고 여기는 일을 잘 하는 경향이 있어요. 나는 대부분의 훌륭한 트레이더들에게 보통 사람들과는 조금 다른 매매에 대한 번뜩임이 있다고 생각해요. 어떤 사람들은 음악에 타고잖아요. 타고난 화가, 타고난 세일즈맨, 타고난 애널리스트도 있지요. 매매를 잘 하는 재능을 습득하기는 어렵다고 봐요. 그렇지만 재능을 타고 났다면 그 재능을 발견하고 개발할 수는 있겠죠.

매매는 세이코타 씨의 개인적 삶에 어떤 영향을 미쳤나요?
나의 개인적 삶은 내 매매인생과 융합되어 있어요.

돈을 딴 기쁨은 돈을 잃은 고통만큼 강렬한가요?
돈을 딴 기쁨과 돈을 잃은 고통에는 돈을 딴 고통과 돈을 잃은 기쁨이 뒤따르죠. 새옹지마에요. 또 참여하지 않은 기쁨과 고통도 생각해볼 필요가 있어요. 이런 느낌들의 상대적 강도는 트레이더가 트레이더로서 전념하지 않으면 않을수록 상승하는 경향이 있죠.

처음 수백만 달러를 만들었을 때, 제시 리버모어(Jesse Livermore)의 경험을 되풀이하지 않기 위해 그중 일부분을 떼어 안전한 곳에 따로 보관해 놨나요[리버모어는 20세기 초에 큰돈을 벌었다 날렸다를 반복한 유명한 투기꾼이다]?
리버모어의 경험은 그의 심리작용에 기인한 것이지 그가 돈을 어디에 놔뒀든 그것과는 상관없었던 것 같아요. 사실 내가 읽은 기억으로는 제시 리버모어가 번 돈의 일부를 떼어 금고에 넣어뒀다가 그 돈이 필요하면 열쇠를 찾아 도로 꺼내곤 했던 듯해요. 따라서 번 돈의 일부를 떼어 안전한 곳에 보관하는 행위는 같은 경험을 반복하지 않으려는 조치가 아니라 그의 경험을 재현하는 데 필요한 조치죠.
손실을 입었을 때 이를 즉각 만회하겠다는 불타는 욕망으로 감정에 불을 지르면 과도한 매매를 하게 되고, 그러면 계좌가 거덜 나기 십상이죠. 그러면 따로 떼어놨던 돈을 도로 찾아 또 과도한 매매를 하게 될 거예요. 이런 드라마를 연출하는 것이 흥분되는 일일 수는 있겠지만 엄청난 비용이 드는 일이죠. 돈을 따로 떼어 놓는 대신 매매의 규모를 작게 하고, 자산 감소 기간 동안은 체계적으로 위험을 계속 줄이는 거예요. 그렇게 하면 안전한 돈은 점진적으로 확보되고, 더불어 금전적으로나 감정적으로 차분한 만족을 얻게 되죠.

그런데 세이코타 씨의 책상 위에는 가격 스크린이 없군요.

가격 스크린을 책상 위에 두는 것은 슬롯머신을 책상 위에 두는 것과 같아요. 종일 구멍에 돈을 집어넣는 것이죠. 나는 가격 데이터를 매일 장이 마감되면 확인하고 있어요.

왜 그렇게 많은 트레이더들이 시장에서 돈을 잃고 퇴출되는 것일까요?

대부분의 새끼거북이들이 다 자라지 못하고 죽는 것과 같은 이유예요. 많은 자들이 부름을 받지만 선택되는 자는 얼마 없지요. 이 업계는 많은 사람들을 끌어당김으로써 굴러가고, 거르는 과정을 통해서 우수한 사람들은 남게 되고 그렇지 못한 사람들은 퇴출되지요. 퇴출된 사람들은 자신들의 천직을 찾을 때까지 다른 일들을 시도해 봐야겠죠. 이 이치는 다른 업종에도 똑같이 적용돼요.

돈을 잃는 트레이더가 돈을 따는 트레이더로 자신을 변화시키려면 무엇을 해야 할까요?

할 수 있는 일은 거의 없어요. 돈을 잃는 트레이더는 자신을 변화시키기를 원치 않을 거예요. 자신을 변화시키는 일은 돈을 따는 트레이더들이 하는 일이거든요.

성공적인 매매를 위해 심리학과 시장분석 중 상대적으로 더 비중을 두는 쪽은 어느 쪽인가요?

심리학은 시장분석의 질을 향상시키는 동기가 되고, 그 분석을 쓸모 있게 만들어요. 심리학은 운전수이고 시장분석은 도로지도라 할 수 있죠.

세이코타 씨는 심리학 분야에 중점적으로 관심을 기울여 오셨잖아요. 그렇다면 어떤 사람과 얘기해 보면 그 사람이 성공할 트레이더인지 실패할 트레이더인지를 알 수 있나요?

예. 보통 성공하는 트레이더는 오래전부터 어느 분야에서나 성공하고 있었죠.

성공하는 트레이더의 특성은 무엇인가요?

1. 매매에 대한 애착
2. 따고자 하는 의욕

이 두 가지죠.

모든 트레이더가 따고 싶어 하지 않나요?

따든 잃든 모두가 시장에서 자기들이 원하는 것을 얻어요. 어떤 사람들은 잃고 싶어 하는 것 같아요. 그들은 돈을 잃음으로써 성공하는 것이죠.

내가 아는 한 트레이더가 있어요. 그 사람은 큰 폭의 상승이 시작되는 어떤 시장도 놓치지 않는 듯했어요. 두 달 만에 10,000달러를 약 250,000달러로 만들더군요. 그런데 그러고 나서는 그의 성격이 변하더니 그 돈 전부를 잃는 거예요. 이후에도 이런 과정은 정기적으로 반복되더군요. 한번은 그와 함께 매매를 했는데, 그의 성격이 변하는 것을 보고 나는 시장에서 손을 떼고 나와 버렸죠. 나는 두 배의 이익을 거뒀지만, 그 사람은 늘 그랬듯 싹쓸이를 당하더군요. 나는 내가 하는 것을 그에게 말해줬고, 그에게 펀드 관리 수수료까지 줬어요. 그렇지만 어쩔 수가 없더군요. 나는 그 사람이 변할 수 있다고 생각하지 않아요. 그 사람은 변화를 원하지도 않고요. 그는 흥분을 즐기고, 순교자가 되려 하죠. 자기 친구들로부터 동정을 받고, 다른 사람들이 자신을 주목하도록 하려 해요. 아마도 그는 다른 사람들의 투자에 관여할 때도 투자보다는 그 사람들과 사교적 관계를 맺는 데 더 만족감을 느낄 거예요. 그런 면에서 그는 진정 자기가 원했던 것을 얻은 셈이죠.

사람들은 자기들의 매매패턴을 심도 있게 관찰해 보면 결국 자기들이 진정으로 원하는 것을 얻고 있다는 사실을 알게 될 거예요. 그렇지만 대부분이 그 사실을 이해 못하거나 받아들이고 싶어 하지 않을 따름이에요.

내 친구 중에 의사가 한 명 있어요. 그 친구가 어떤 암 환자에 대해서 이야기해 줬는데, 그 여자는 자기의 병을 주로 타인의 주목을 끌고, 자기 주변 사람들을 지배하는 데 사용한다는 거예요. 내 친구는 그 여자의 가족들과 미리 짜고 실험을 하나 해 봤는데, 그 여자에게 그녀의 암을 낫게 할 수 있는 주사가 있다고 말했다는 거예요. 그 여자는 계속 이런저런 핑계를 대며 주사를 맞으러 오는 것을 피하다 나중에는 아예 무시해버렸다더군요. 아마도 자신의 정치적 입지가 자신의 생명보다 더 중요했나 보죠. 사람들의 매매성과는 그들이 진정 중요하게 여기는 것이 무엇인지를 잘 반영하죠. 아마도 인정하고 싶지 않겠지만 말이에요.

엄청 화려하고 재미있는 트레이더들 중에서도 이익만을 위해서 매매하지는 않는 사람들이 있어요. 흥분도 즐겨야 하는 것이죠. 이익을 늘리는 좋은 방법 중 하나로 목표를 세우고 이를 형상화하는 게 있어요. 그렇게 해서 이익을 얻는다는 목표를 의식 세계뿐만 아니라 잠재의식 세계에도 각인시키는 것이죠. 나는 많은 트레이더들과 함께 그들이 중요하게 여기는 것이 무엇인지 조사하고, 이에 따라 그들의 목표를 조절하는 일을 해왔어요. 최면, 호흡, 속도 조절,

형상화, 게슈탈트 요법, 마사지 등등을 조합하여 사용하고 있죠. 대개 이들 트레이더들은 두 부류로 나뉘어요. (1) 훨씬 더 성공적인 트레이더가 되거나 (2) 처음부터 자신들은 진정으로 트레이더가 되기를 원하지 않았다는 사실을 인식하게 되죠.

기술이 부족해서 돈을 잃는 사람들도 분명 있잖아요? 비록 그들이 진정으로 따기를 원할지라도 말이죠.

자연이 우리에게 불타는 욕망을 주면서, 그 욕망을 만족시킬 방법도 같이 줬다는 것은 정말 행복한 현실이에요. 돈을 따기를 원하지만 기술이 없는 사람들은 기술이 있는 사람들에게 도움을 청하면 되죠.

나는 때때로 시장이 직면한 방향과 관계된 꿈을 꾸곤 하거든요. 그런 꿈들은 아주 드물게 꾸지만 신기하게도 시장 방향을 정확히 맞추곤 했어요. 혹시 세이코타 씨도 이와 비슷한 경험을 한 적이 있으세요?

꿈에서 시장의 방향을 봤다고 주장하는 사람들을 몇 명 알고 있어요. 꿈의 기능 중 하나로 의식 상태에서는 다루기 힘들었던 감정과 정보를 조절하는 기능이 있죠. 예를 들어 한번은 많은 친구들에게 은은 계속 상승한다고 내 예상을 말한 적이 있어요. 그러나 은은 오르지 않고 내려왔죠. 나는 매매신호를 무시하고 일시적 조정이라고 생각하며 나 자신을 위로하려 했어요. 왜냐하면 돈도 잃고 면목도 잃는 상황에 놓여 있었으니까요. 내가 틀렸다는 것을 받아들일 수가 없었어요. 그 시기에 같은 꿈을 여러 번 꿨어요. 크고 번쩍번쩍 빛나는 은으로 만든 비행기를 타고 있는데, 그 비행기의 엔진이 멈추더니 피할 수 없는 충돌을 향해 아래로 추락하기 시작하는 그런 꿈이었죠. 결국 나는 매수포지션을 정리하고 매도포지션을 취했어요. 그러고 나니 그 꿈은 더 이상 꾸지 않게 되더군요.

성공을 무엇으로 가름하시나요?

나는 성공을 가름하지 않아요. 축하할 따름이죠. 성공은 자신의 천직을 찾아 그것을 추구하는 것과 관계가 있다고 생각해요. 돈을 버는 것과는 상관이 없죠.

세이코타의 얘기에 담긴 유머를 한낱 신소리로만 받아들여서는 안 될 것이다. 그의 함축적인 대답에는 많은 지혜가 담겨있다는 사실을 알아야 한다. 개인적으로 나에게 가장 충격적으로 와 닿은 그의 말은 "누구나 시장에서 자기가 원하는 것을 얻는다"는 말이었다. 나는 세이코타가 이 말을 처음 했을 때 그가 단지 장난스럽게 굴고 있을 뿐이라고 생각했다. 그러나 곧 그가 정말로 진지하게 이 말을 했다는 사실을 알아차렸다. 이 말에 대한 나의 반사적 반응은 '믿을 수 없다'였다. 이 말에 의하면 돈을 잃는 모든 사람들은 잃기를 원하고 있고, 자신이 목표한 만큼의 돈을 따지 못하는 사람들은(나도 이 부류다) 성공의 경계선을 넘지 못하게 하는 어떤 내면적인 필요를 충족시키고 있다는 얘기가 된다. 받아들이기 어려운 명제가 아닐 수 없었다. 나의 엄밀한 논리적 사고로는 보통 무시해 버릴 말이지만, 세이코타의 시장과 인간에 대한 지식을 고려해 볼 때, 어떤 진리가 담겨있는 말일 수도 있다고 생각하지 않을 수가 없었다. "누구나 시장에서 자기가 원하는 것을 얻는다"—너무나 도발적인 개념이 아닐 수 없다.

Larry Hite _ 래리 하이트

리스크를 주시함

래리 하이트는 대학생 때 들은 한 수업 때문에 금융시장에 흥미를 갖게 됐다. 그러나 월스트리트로 오기까지 그의 여정은 모세가 이스라엘 땅으로 가는 여정만큼이나 에두르는 것이었다. 그의 이른 성년기는 이 청년이 나중에 큰 성공을 거두게 되리라는 어떤 암시도 하지 않았다. 그의 학교 성적은 형편없었으며, 졸업 후 그는 임시직으로 여러 직업을 짧은 기간 동안 전전했다. 그러다 나중에는 배우와 시나리오 작가라는 두 가지 직업을 동시에 갖게 되는데, 이 분야에서도 어떤 괄목할 만한 성공을 거두지는 못하지만 그럭저럭 먹고 살만은 했고 동시에 보람도 느꼈다. 영화로 제작되지는 않았지만 그가 쓴 시나리오 중 하나는 자주 제작의 예약이 옵션으로 팔렸는데, 이는 그로 하여금 자기가 받는 옵션 가격을 고정 수입원의 하나로 보게 만들었다.

어느 날 하이트는 라디오에서 H. L. 헌트(H. L. Hunt)가 값싼 석유 채굴권 옵션을 대량으로 매수하여 작은 위험을 안고 어쩌다 찾아오는 큰 이익을 낚는 기회를 얻을 수 있었으며, 이로 인해 큰돈을 벌었다는 얘기를 듣게 되고, 같은 날 밤 그는 한 파티에서 비틀즈의 매니저인 브라이언 엡스타인(Brian Epstein)을 짧은 시간 동안 만나게 된다. 이 두 사건은 그의 머릿속에서 융합되어 그가 직업을 다시 바꾸는 계기로 작용한다. "최소한의 투자로 많은 돈을 만들 가능성을 확보하는 사람들이 있구나. 락 음반 제작자라…" 하고 그는 중얼거렸다. 그는 몇몇 그룹사운드와 음반 제작 계약을 체결하지만 그들 중 누구도 진짜 스타덤에 오르지는 못한다. 이번에도 큰 성공을 거두지는 못했지만 프리랜서로 만족할만한 수입을 얻을 수는 있었다.

그러는 동안에도 하이트의 진짜 관심은 금융시장에 여전히 머물러 있었다. "월스트리트에서 일하던 사람이 시나리오 작가가 됐다는 얘기는 흔히 들을 수 있지만, 배우 겸 시나리오 작가로 일해서 번 돈으로 월스트리트에서 경력을 쌓은 사람은 내가 유일할 걸요"라며 그는 농담조로 말했다. 1968년 하이트는 마침내 자신의 최고 관심 사항을 추구하기로 결정한다. 선물시장에 매혹됐지만 그 분야에 진입할만한 지식이 없던 그는 우선 주식 중개인으로 금융시장에서의 활동을 시작하게 된다. 그러나 그는 수년 후 결국 상품시장의 풀타임 중개인이 된다.

이후 10여 년이라는 세월이 흐른 뒤 하이트는 장기적으로 훌륭한 성과를 거두는 매매에 필요한 요소들을 알게 됐다고 확신하게 되고, 이런 확신은 그로 하여금 궁극적으로 민트 투자신탁운용(Mint Investment Management Company)을 설립하게 되는 계기가 되었다. 하이트는 자신의 매매 아이디어가 엄정한 과학적 검증을 거칠 필요가 있다고 깨닫게 된다. 그는 잠시 동안 무보수로 경영을 도와주겠다는 통계학 박사인 피터 매튜즈(Peter Matthews)의 제의를 받아들이고, 1년 후에는 방위관계 전자업체에서 컴퓨터 시스템 설계자로 일하던 마이클 델만(Michael Delman)을 고용하게 된다. 매튜즈와 델만은 그들 자신들의 아이디어를 제안하기도 했지만, 그보다 더 중요한 것은 그들의 활동이 하이트의 매매에 대한 개념과 방법이 실제 통계학적으로 옳다는 점을 증명하는 수학적 증거들을 제공했다는 사실이다. 하이트는 민트 투자신탁운용의 성공이 매튜즈와 델만이 없었다면 불가능했을 것이라고 강조했다.

민트 투자신탁운용의 목표는 가장 큰 수익률을 달성하는 것이 결코 아니었다. 하이트의 철학은 극도로 엄정한 위험관리를 전제로 최고의 성장률을 달성하자는 것이었다. 민트가 빛나는 진정한 이유가 바로 이 점에 있다(위험 대비 수익률). 1981년 4월 매매를 시작하여 1988년 중반까지 민트는 복리로 연 평균 수익률 30퍼센트 이상을 기록했다. 그러나 가장 인상적인 부분은 수익의 일관성에 있다고 할 수 있는데, 연 수익률이 최저 13퍼센트에서 최고 60퍼센트의 범위 내에서 움직였기 때문이다. 6개월의 기간 내에서 가장 큰 손실은 15퍼센트였으며, 12개월의 기간 내에서 가장 큰 손실은 1퍼센트 이하였다(달력의 연도를 말하는 것이 아님).

당연히 민트의 화려한 실적은 운용 중인 자산의 괄목할 만한 성장을 낳았다. 1981년 4월 2백만 달러로 시작한 민트는 지금은 8억 달러 이상을 운용하고 있다. 또한 주목할 점은 운용 중인 자금의 급성장이 민트의 실적에 나쁜 영향을 미치지 않았다는 사실이다. 하이트는 민트가 궁극적으로 20억 달러를 운용할 수 있으리라고 생각하고 있다. 이는 선물 펀드회사 사상 전례가 없는 거액이다.

우리의 인터뷰는 구름이 잔뜩 낀 어느 날 뉴욕의 세계무역센터(World Trade Center) 건물의 꼭대기에 있는 '세계의 창(Windows of the World)'이라는 이름의 식당에서 점심을 먹으며 진행됐는데, 한참 후 종업원으로부터 우리가 식당에 남은 유일한 손님이라는 암시를 받고 하이트의 사무실로 자리를 옮겨 거기에서 인터뷰를 마무리했다.

처음 시장에 흥미를 가지게 된 계기는 무엇인가요?

대학에 다닐 때 경영학과 수업을 하나 들었는데 담당 교수님이 예리한 유머 감각을 가진 분이었어요. 예를 하나 들어드리죠. 그 교수님은 한 은행의 감사 일도 보고 있었는데, 하루는 회계 감사를 마치고 은행을 떠나려다 돌아서서는 은행장에게 농담으로 "딱 걸렸어" 하고 말했데요. 그런데 그 은행장이 그 자리에서 심장마비를 일으켰다더군요. 그 후 다시 회계 감사가 열렸는데, 그 은행장이 7만 5천 달러를 횡령한 사실이 발견됐다고 해요. 그건 그렇고, 하루는 수업 시간에 그 교수님이 주식, 채권 등 모든 금융증서에 관해 설명하셨죠. 그리곤 말씀하시길 "자 이제 정말 돌아버릴 것 같은 시장을 소개하죠. 바로 상품시장입니다. 상품시장에서 사람들은 5퍼센트의 증거금만 있으면 매매를 할 수가 있어요. 게다가 그 증거금도 대부분의 사람들이 대출을 받죠" 하시는 거예요. 그런데 무슨 이유에서인지 나에게는 5퍼센트의 증거금으로 매매한다는 개념이 완벽하게 이성적으로 들리더군요.

금융시장에는 언제 처음으로 참여하셨나요?

많은 세월이 흐른 후죠. 락 음악 프로모터로 일할 때였어요. 내가 관리하는 그룹사운드들이 일하는 클럽에서 어느 주말에 3건의 각기 다른 총격 사건이 일어난 적이 있었는데, 그 참에 직업을 바꿔야겠다고 결심했죠. 내가 진짜 관심을 갖고 있는 금융시장으로 가야겠다고 말이에요. 선물시장에 정말 참여하고 싶었지만 그 분야에서 일자리를 얻는 방법을 전혀 알지 못했어요. 그래서 우선 주식 중개인부터 시작하기로 결정했죠.

월스트리트에 있는 아주 오래된 증권 회사와 첫 면접을 가졌어요. 목소리를 낮춰야만 할 것 같은 위압감을 느끼게 만드는 사무실을 갖춘 회사였죠. 나를 면접한 사람은 점잖고 품위 있는 목소리로 말하는 코네티컷에 사는 남자였는데, 그는 "우리는 고객을 위해 블루칩(Blue chip)만 삽니다" 하고 말하더군요.

금융에 관한 배경지식이 없었던 나는 '블루칩'이라는 용어를 잘 몰랐어요. 하지만 전통 있는 투자회사 내에서 쓰이는 용어로 왠지 어울리지 않는다는 느낌이 들더군요. 그래서 면접이 끝나고 그 용어가 어디에서 유래됐는지 알아봤죠. 그런데 그 용어의 기원이 관영 도박장으로 유명한 몬테 칼로(Monte Carlo)에서 사용되는 가장 비싼 칩의 색깔에서 찾을 수 있다는 거예요. 나는 "아, 이제 알겠다. 이게 바로 도박이었구나" 하고 중얼거렸죠. 나는 갖고 있던 그레이엄(Graham)과 더드(Dodd)의 책을 버려버렸어요[그레이엄과 더드가 쓴 『증권분석의 원리(Principles of Security Analysis)』라는 책은 주식시장분석의 '바이블'로 통하는 책이다]. 그러고 나서 『딜러 이기기(Beat the Dealer)』라는 책을 샀죠. 그때부터 성공적인 투자는 확률의 문제라는 생각을 갖게 됐어요. 확률을 계산할 수 있다면 시장을 이길 방법을 찾아보고 시험해볼 수 있게 되거든요.

유리한 확률을 얻는 방법을 개발할 수 있으리라는 믿음은 어떻게 해서 생겼나요?

그 당시 모든 것을 이해했다고 생각하지는 않지만 세월이 흐르면서 나는 시장이 비효율적이라고 인식하게 됐죠. 내게 경제학자인 친구가 한 명 있어요. 그 친구는 나에게 마치 아이에게 말하듯 내가 시도하는 것이 왜 무익한지에 대해 설명하곤 했죠. 시장이 효율적이기 때문에 안 된다는 거예요. 나는 내게 "시장은 효율적이다" 하고 말한 사람치고 가난하지 않은 사람이 없다는 사실을 알 수 있었어요. 내 친구는 내가 돈을 따는 컴퓨터 시스템을 개발할 수 있다면 다른 사람은 가만있겠느냐, 그러면 그 모든 시스템들은 서로 쓸모없게 된다, 이렇게 주장했죠.

그 친구 분의 주장에서 잘못된 점은 무엇인가요?

시스템을 개발해도 사람들은 실수를 범하기 마련이죠. 시스템이 돈을 잃으면 어떤 사람들은 자신들의 시스템을 변경하고, 어떤 사람들은 이 시스템에서 저 시스템으로 옮겨 다닐 거예요. 매매신호가 나왔을 때 자신의 생각을 뿌리치고 매매신호를 따르는 일이 불가능한 사람들도 있어요. 자금 운용자 회합에 가서 밤에 다른 사람들과 술 한잔할 때면 항상 듣게 되는 이야기가 있어요. "내 시스템이 딱 맞췄는데, 그 매매를 하지 않았지 뭐야. 아마 내 생애 가장 큰 승리가 될 수도 있었을 텐데 말이야"라고 하는 말이죠.

여기서 매우 중요한 교훈을 발견할 수 있어요. 그것은 사람들은 변하지 않는다는 사실이죠. 그렇기 때문에 이 게임이 계속될 수 있고요. 1637년 네덜란드에서 튤립이 5,500플로린에 거래되다 50플로린으로 폭락했잖아요. 99퍼센트나 하락했죠. 어쩌면 "그 당시에 투기적 매매는 비교적 새로운 것이었고 사람들은 매매에 초보적이었다, 자본주의도 초기단계에 있었지만 지금 사람들은 훨씬 더 약지 않느냐." 이렇게 생각할지도 모르겠어요. 그렇다면 1929년으로 가서 에어 리덕션(Air Reduction)과 같은 주식을 보세요. 233달러에 거래되던 것이 폭락해서 31달러까지 떨어졌죠. 87퍼센트 하락이에요. 그럼 또 이렇게 생각할지도 모르겠어요. "광란의 1920년대는 제정신이 아닌 시대였고, 지금은 분명 그때와 다르다." 이렇게 말이에요. 그렇다면 1961년으로 이동해서 207달러에 거래되던 텍사스 인스트루먼트(Texas Instruments) 같은 주식을 보세요. 이 주식은 결국 49달러까지 떨어졌죠. 77퍼센트의 하락이에요. 만약 1980년대 우리는 훨씬 더 많은 것을 안다고 생각한다면 은 가격을 보시면 돼요. 1980년에 50달러로 천장을 친 은은 그 후 5달러까지 떨어졌죠. 90퍼센트 하락이에요.

요점은 인간은 언제나 똑같기 때문에, 만약 뒷북치는 일을 예방하는 매우 엄격한 방법을 사용한다면 시스템을 과거 데이터에 적용해 시험해봄으로써 미래에 어떻게 작동할지를 추측할 수 있다는 사실이에요. 그것이 우리가 가진 기술이죠.

시장은 변할 수 있고, 미래는 과거와 사뭇 다를 수도 있지 않을까요?

물론 시장은 변할 수도 있어요. 하지만 인간은 변하지 않죠. 우리가 아직 검증 단계에 있을 때, 그러니까 자금 운용을 실제로 시작하기 전에 말이에요, 같이 일하던 마이클 델만이 시스템의 실적을 가늠하는 방법으로 '보유 기간'을 사용하자는 개념을 들고 나왔죠. 달력 연도만을 기반으로 하는 시스템 평가는 너무 자의적이라면서요. 진짜 알고 싶은 것은 임의의 보유 기간 동안 플러스 실적을 올릴 수 있는 확률이거든요. 피터 매튜즈는 시뮬레이션을 통해 6개월의 보유 기간들 중 90퍼센트, 12개월의 지속기간들 중 97퍼센트, 18개월의 지속기간들 중 100퍼센트가 수익이 나는 기간이라고 판명했죠.

우리의 평가 방법이 미래에도 적용될 수 있다고 내가 얼마나 확신하고 있는지 말씀드리죠. 우리 직원 중 영국 군대에서 대령으로 제대한 사람이 있어요. 군에서 그의 주특기는 세계 각지의 폭발물을 해체하는 일이었죠. 한번은 "어떻게 그런 위험한 일을 할 수 있었죠?" 하고 내가 물었더니 그는 "그렇게 어렵지 않아요. 폭탄은 여러 종류인데, 예를 들어 말레이시아에 있는 폭탄은 중동에 있는 폭탄과 다르죠. 폭탄이 있는 곳에 가서 어떤 종류인지를 확인한 뒤 해체하면 돼요" 하고 대답하더군요. 그래서 나는 "질문 하나 더 하죠. 모르는 폭탄과 맞닥뜨렸을 때는 어쩌나요?" 하고 물었죠. 그는 나의 눈을 지그시 바라보더니 "그 폭탄과의 첫 경험을 기록해야죠. 그리고 그 경험이 마지막 경험이 아니길 빌어야죠"라고 말하더군요.

하루는 사무실에 와서 이 강철 심장의 사나이가 울음을 터뜨리기 일보직전인 것을 보게 됐어요. 무엇 때문에 그러냐고 물었죠. 그랬더니 연방준비이사회가 주요 정책을 바꿨다는 거예요. 이 정책의 변화는 여러 시장의 추세를 극적으로 돌려놨죠. 10달러에서 출발해서 거의 15달러까지 타고 올랐던 우리의 펀드도 하룻밤 사이에 12달러 아래로 주저앉게 됐어요. 그 사나이가 한 대형 스위스 은행을 고객으로 받아 계좌를 개설한 직후였거든요. 나는 그에게 "전화해요" 하고 말했죠. "뭐라고요?" 하며 그가 어리둥절한 표정을 짓더군요. 나는 "전, 화, 하, 라, 고, 요" 하며 또박또박 강조하며 반복해서 말했죠.

내가 중개인으로 일할 때 한 상사가 내게 가르쳐 준 것이 있어요. '고객이 돈을 잃을 때 그에게 전화하지 않으면 다른 사람이 전화할 것이다' 라는 것이었죠. 솔직하게 말하면 나도 중개인으로 있으면서 똑같은 짓을 했어요. 고객 유치를 위해 전화를 하다, 저쪽에서 자기 중개인에 대한 불평을 늘어놓으면 나는 "아, 그래요? 참 나, 그런 매매를 어떻게 추천할 수가 있지?" 하고 말했거든요.

그래서 나는 그 스위스 은행과 전화 통화를 하며 '시뮬레이션을 해보니 이런 일은 몇 년마다 한 번씩 일어나는 일로, 아홉 달 후면 펀드는 신고점에 다시 도달하게 될 것이다, 이 점은 확신 할 수 있다' 고 설명해 줬죠. "사실 나는 방금 돈을 빌려서 그 펀드에 대한 내 투자를 더 늘렸어요"라는 말도 해줬어요. 저쪽에서 놀라는 목소리로 "그게 정말이에요?" 하고 묻더군요. 그래서 사실임을 확신시켜줬죠.

펀드는 곧바로 다시 뛰어올랐고 그 계좌는 투자금의 두 배로 부풀었어요. 그리고 오늘날 그 은행은 가장 큰 고객들 중 하나가 됐죠. 내가 어떻게 그런 확신을 할 수 있었을까요? 나는 시스템을 잘 알고 있었거든요. 이 사업이 멋진 이유는 내일 무슨 일이 일어날지는 알 수 없어도 긴 시간이 지난 후에는 어떻게 되리라는 것을 알 수 있다는 사실 때문이죠.

보험 사업이 기막힌 비유가 될 수 있겠군요. 60세 남자 한 명이 있다고 가정해 보죠. 1년 후 그가 살아있을 확률에 대해서는 전혀 알 수가 없겠죠. 그렇지만 10만 명의 60세 남자들로 가정 해보면 1년 후에 그들 중 몇 명이 살아있을 것이라는 예상치는 훌륭하게 도출해 낼 수 있잖아요. 우리도 그와 같은 일을 하는 거예요. 큰 수치의 법칙이 우리에게 유리하게 작용하도록 만드는 것 말이에요. 그런 의미에서 우리는 매매하는 보험회계사 같은 것이죠.

선물을 매매하다 재산을 다 날린 친구가 한 명 있어요. 그 친구는 내가 컴퓨터 시스템을 신앙처럼 따르며 시스템에 따라 매매할 수 있다는 사실을 이해 못했죠. 하루는 그 친구와 테니스를 치다 그 친구가 "래리, 매매를 어떻게 그렇게 할 수 있지? 지겹지 않아?" 하고 묻더군요. 나는 "매매를 재미로 하나? 따려고 하지" 하고 말했죠. 컴퓨터 시스템에 의해 매매하는 일은 매우 지루할 수도 있어요. 하지만 엄청 돈이 되거든요. 다른 트레이더들과 모임을 가지면 매매에 관한 영웅담들이 교환되곤 하는데, 나는 할 말이 없어요. 내겐 모든 매매가 같으니까요.

추세추종 시스템을 사용하는 많은 펀드매니저들이 있고, 그들 중 상당수의 사람들은 시스템의 신호를 충실히 따르죠. 그렇다면 무엇이 민트를 그들과 다르게 만들었을까요? 어떻게 업계 평균을 훨씬 상회하는 수익/위험 비율(return/risk ratios)을 달성할 수 있었죠?

왜냐하면 우리는 우리들이 잘 모른다는 사실을 잘 알고 있기 때문이에요. 어떤 정보를 가지고 있든, 그리고 무엇을 하든 인간은 오류를 범할 수 있어요. 1억 달러를 상회하는 부를 축적한 친구가 한 명 있는데, 그 친구가 내게 두 가지를 가르쳐 줬죠. 첫째, 매매의 관점에서 볼 때 전부를 걸지 않는다면 인생은 꼬이지 않을 것이다. 둘째, 발생할 수 있는 최악의 결과를 안다면 엄청난 자유를 얻은 것이다. 이 가르침이 전하는 진실은 발생할 수익을 계량화 할 수는 없지만 발생 가능한 위험은 계량화 할 수 있다는 것이죠.

이 충고가 얼마나 중요한지 예를 하나 들어드리죠. 세계 최대의 커피 트레이더 중 한 명으로 꼽히는 사람이 런던의 자기 집으로 나를 초대했어요. 그 사람의 서재에 들어섰을 때, 나는 권력에 관해 지금까지 쓰인 거의 모든 책을 그가 소장하고 있다는 사실을 알 수 있었죠. 그는 그때까지 내가 가본 어떤 식당보다 더 고급스러운 식당으로 나를 데려갔죠. 저녁을 먹으며 그는 "래리, 어떻게 커피에 관해 나보다 더 많이 알 수 있나요? 나는 세계 최대의 커피 트레이더에요. 배가 지금 어디에 있는지도 알고, 장관들과도 알고 지내는 사이죠" 하고 말하더군요. 나는 "맞아요. 나는 커피에 관해서는 아무것도 모르죠. 사실 나는 커피를 마시지도 않거든요" 하고 말했죠. 그는 "그럼 어떻게 매매를 하죠?" 하고 묻는 거예요. 나는 "리스크만 보면 돼요" 하고 말했죠. 그 화려한 저녁 식사는 몇 시간 지속됐는데, 그 동안 그는 나에게 다섯 번이나 어떻게 매매하느냐고 물었고 나는 다섯 번 모두 위험관리를 한다고 그에게 말했죠.

3개월 후 그가 커피 시장에서 1억 달러를 날렸다는 얘기를 들었어요. 그 사람은 내가 한 말이 무엇을 뜻하는지 이해하지 못했던 거예요. 내가 한 말이 무슨 뜻이었을까요? 그 사람이 커피에 관해 나보다 더 많이 알고 있는 것은 사실이에요. 그러나 요는 그가 리스크를 보지 않는다는 사실이죠.

민트 투자신탁에서 사람들이 지키는 첫째 규칙은 어떤 매매에서도 전체 자산의 1퍼센트 이상을 위험에 노출하지 말라는 것이에요. 단지 1퍼센트의 위험만을 용인함으로써 나는 개별 매매에 중립적인 마음가짐을 가지게 돼요. 위험을 작고 고르게 지속하는 일은 절대적으로 중요한 일이에요. 예를 들어 내가 아는 한 펀드매니저는 큰 계좌를 하나 갖고 있었는데, 그 계좌에서 돈이 인출되어 자신이 매매하던 자금이 반으로 줄게 됐죠. 그런데 그 펀드매니저는 포지션의 크기를 반으로 줄이지 않고 이전과 같은 수의 계약을 계속 매매 했어요. 반으로 줄었던 매매자금은 결국 10퍼센트만 남게 됐죠. 위험관리를 하찮게 여

기다간 큰코 다쳐요. 리스크는 실수를 용납하지 않거든요. 위험을 관리하지 않으면 결국은 시장에서 퇴출당하게 돼 있어요.

민트 투자신탁이 실천하는 두 번째 규칙은 항상 추세를 따르고, 우리가 만든 시스템을 결코 거역하지 않는다는 것이죠. 사실 누구도 시스템을 거역할 수 없다는 합의서를 써놨어요. 매매는 항상 똑같아요. 그래서 민트에서는 해로운 매매가 결코 발생하지 않았죠. 매매나 베팅에는 네 종류가 있어요. 이로운 베팅, 해로운 베팅, 돈 따는 베팅, 돈 잃는 베팅이죠. 대부분의 사람들은 돈 잃는 베팅을 해로운 베팅이라고 생각하는데, 이는 명백히 잘못된 생각이에요. 이로운 베팅에서도 돈을 잃을 수 있거든요. 만약 어떤 베팅의 확률이 50대 50이고, 1달러를 잃을 위험에 2달러를 따는 조건이라며, 잃게 되더라도 이 베팅은 이로운 베팅이죠. 이런 매매나 베팅을 많이 하면 결국 이기게 되어있어요.

위험을 줄이기 위해 민트에서 실천하는 세 번째 규칙은 분산이죠. 우리는 두 가지 방법으로 분산 투자를 실천하고 있어요. 첫째, 우리는 다른 어떤 펀드 매니저보다 세계 도처의 다양한 시장에서 매매하고 있을 거예요. 둘째, 우리는 가장 뛰어난 시스템 하나만을 사용하지 않아요. 균형을 확보하기 위해 단기 목표에서 장기 목표까지 아우르는 서로 다른 많은 시스템들을 사용하죠. 이들 시스템의 일부는 그렇게 좋은 실적을 거두지 못해요. 하지만 상관없어요. 이 시스템들의 존재 목적이 좋은 실적에 있는 게 아니니까요.

위험관리를 위해 민트가 실천하는 네 번째 규칙은 변동성에 주의를 기울이는 것이죠. 시장의 변동성이 너무 커서 예상한 수익/위험 비율이 부정적으로 왜곡될 때 그 시장에서 나와 버려요.

근본적으로 우리는 시장에 접근할 때 신호등 불빛을 따른다고 할 수 있어요. 시스템의 매매신호를 수용하는 결정을 할 때 말이죠. 초록색 신호등이 켜지면 우리는 시스템의 모든 매매신호를 수용하죠. 황색 신호등이 켜졌을 때는 시스템의 매매신호를 받은 포지션들만 정리해요. 하지만 새로운 포지션을 취하지는 않아요. 마지막으로 적색 신호등이 켜지면 모든 보유 포지션들을 정리하고 어떤 새로운 포지션도 취하지 않죠.

예를 하나 들어드리죠. 1986년 커피가 1달러 30센트에서 2달러 80센트까지 치솟았다. 1달러로 다시 주저앉았을 때, 우리는 매수포지션을 장이 상승 중일 때 1달러 70센트에서 정리했어요. 그 후 장이 계속 더 오를 때도 매매하지 않았고, 다시 내려올 때도 매매하지 않았죠. 계속 매매했다면 조금 더 이익을 거뒀을지도 모르지만, 그런 시장에서 나와 있음으로 해서 우리는 엄격한 위험관리를 달성할 수 있었던 것이죠.

다시 말해 하이트 씨와 다른 추세추종형 펀드매니저와의 중요한 차이점은 하이트 씨의 경우 매매를 하지 말아야 할 때를 결정하는 방법을 개발해 놨다는 것이군요?

어떤 게임에서나 각각의 선수에게는 위치상의 이점이 있다고 할 수 있어요. 가장 약한 선수일지라도 그가 차지한 위치상의 이점만큼은 활용할 수 있죠. 매매에는 세 종류의 선수가 있다고 할 수 있죠. 업자, 거래소 안의 중개인, 그리고 투기꾼이에요. 업자는 상품에 관해 가장 정확한 지식을 갖고 있고, 포지션을 정리하는 최선의 수단을 갖고 있어요. 예를 들어 선물시장에서 좋지 않은 포지션을 갖고 정리에 애를 먹는다면 현물 시장에서 선물과 반대 포지션을 취해 위험을 없애면 되죠. 거래소 안의 중개인에게는 속도라는 이점이 있어요. 누구도 거래소 안보다 더 빠를 수는 없어요. 투기꾼에게는 제품에 대한 지식도 없고 속도도 없죠. 그렇지만 그는 매매하고 싶지 않을 때는 하지 않아도 되는 이점이 있어요. 투기꾼에게는 확률이 자신에게 이로울 때만 베팅하는 자유가 있죠. 그리고 이는 아주 중요한 위치상의 이점이에요.

조금 전에 변동성 확대를 매매를 그만두는 신호로 사용한다고 말씀하셨잖아요. 그렇다면 매매참여의 여부를 결정하는 도구로 사용하기 위해 얼마나 많은 날들의 과거 데이터를 이용하여 변동성의 크기를 판단하나요?

10일에서 100일 사이의 지점이에요.

10일에서 100일 사이라고 말씀하신 것은 의도적으로 뭉뚱그려서 말씀하신 건가요, 아니면 그 기간 내에서 여러 다른 단위의 기간을 사용한다는 말씀인가요?

그 기간 내에서 다양한 단위의 기간을 살피고 있다는 말이죠.

1퍼센트 손절 규칙의 논리는 잘 이해했습니다. 그러나 질문이 하나 있는데, 시스템에서 반대 방향으로 매매신호가 나오지 않은 상황에서 손절로 포지션이 정리[13]됐고, 그 후 시장이 다시 정리된 포지션의 방향으로 되돌아섰을 때, 원래 포지션으로 어떻게 복귀하나요?

신고점을 찍으면 복귀하죠.

하지만 시장이 폭이 넓은 박스권을 형성한다고 가정했을 때, 손절과 신고점에서의 재진입을 반복하면 지속적으로 손실을 보지 않을까요?

그런 경우도 있기는 하지만 문제가 될 정도로 자주 있지는 않아요.

위험관리를 그 누구보다 중요시하시는데, 그런 자세를 체득하게 한 매매경력상의 특별한 경험이 있는지요?

처음 상품시장에 관여했을 때 9월에 돼지고기를 매수해서 7월 전에 팔면 거

---

13) 예를 들어 매수포지션이 매도신호가 생성되지 않은 상황에서 돈 관리 규정에 의해 손절로 정리됐다면 시스템 상으로는 여전히 매수포지션을 취하고 있는 것이 된다. 따라서 가격이 얼마나 오르든 매수신호는 발생되지 않게 된다. 그러나 만약 매도신호가 발생됐다면 시스템은 매수신호를 발생시킬 지점을 주시하게 되는 것이다.

의 항상 이익이 난다는 사실을 알게 됐어요. 그래서 나는 친구 몇 명과 펀드를 구성해서 돼지고기 매매를 하게 됐죠. 결과는 성공이었어요. 펀드는 두 배로 부풀었고, 나는 나를 천재처럼 생각하게 됐죠.

그 당시 옥수수 시장이 전문인 친구가 한 명 있었어요. 나는 옥수수에 관해서는 아무것도 몰랐거든요. 아는 것은 돼지고기밖에 없었죠. 그 친구는 나에게 새 옥수수를 매수하고 묵은 옥수수를 매도하라고 추천했죠. 매수포지션이 있는 계약 월과 매도포지션이 있는 계약 월이 서로 상쇄돼서 비교적 안전한 매매라고 생각했어요. 그래서 엄청 큰 포지션을 취했죠. 그런데 내가 포지션을 취하자마자 정부에서 놀라운 수확량 예상치를 발표하는 거예요. 이 뉴스로 내가 매수포지션을 취하고 있던 달은 하한가로 곤두박질쳤고, 매도포지션을 취하고 있던 달은 상한가로 치솟았죠.

나는 심히 절망해서 계단으로 걸어 나가서는 말 그대로 무릎 꿇고 큰 소리로 "오 하느님, 얼마를 잃든 상관없습니다. 하지만 빚을 지는 일만은 없도록 하여 주십시오" 하고 빌었어요. 그 당시 나는 한 세련된 외국 회사에서 일하고 있었는데, 내가 신의 가호를 빌고 있을 때 한 스위스 은행원이 계단을 내려오고 있었어요. 지금까지도 그 사람이 나를 보고 무슨 생각을 했을지 궁금하다니까요.

시장의 리스크에 주의를 기울이지 않아 야기된 충격적 경험이 그것 말고도 또 있나요?

없어요. 그렇지만 지금까지 금융시장에 있으면서 리스크를 주시하지 않아서 패가망신한 다른 사람들을 계속해서 목격했죠. 리스크를 심각하게 받아들이지 않으면 반드시 시장에서 퇴출되게 되어 있어요.

어릴 때의 일인데, 나보다 나이가 많은 친구가 한 명 있었어요. 그 친구는 늘 싸움에 말려들곤 했죠. 내가 처음 오토바이를 가지게 됐을 때 그 친구가 "래리, 오토바이 탈 때 자동차와는 절대 싸우지 마. 네가 지게 돼 있거든" 하고 말해줬어요. 매매에도 같은 이치가 적용되죠. 시장과 싸우면 지게 돼 있거든요.

헌트(Hunt) 형제가 아주 좋은 예이죠. 한번은 어떤 사람이 내게 "헌트 형제가 잃다니 이해가 안 가는군. 수십억 달러의 재산가들이 말이야" 하고 말하더군요. 예를 들어 10억 달러가 있다고 해보죠. 그런데 200억 달러 상당의 은을 매수 했다면 1,000달러 가진 사람이 2만 달러 상당의 은을 매수한 것과 똑같은 위험부담을 안게 되죠. 200억 달러라는 수치는 예를 들기 위해 조금 과장했지만 말이죠.

가난하게 자란 친구가 있는데 그와 나는 아주 친한 사이죠. 그 친구 아버지는 청소부였어요. 그건 그렇고, 이 친구 아주 영민한 친구였는데 옵션 차익매매에 뛰어들었죠. 그 분야에 소질이 대단해서 큰 부를 이룩했어요. 한번은 그가 영국에 사놓은 궁전 같은 저택을 방문한 적도 있었죠.

그 친구, 훌륭한 차익매매자였는지는 몰라도 매매에는 젬병이더군요. 그 친구가 돈을 벌어주는 매매시스템을 하나 개발했었죠. 하루는 그가 "금에서 나온 매도신호를 받아들이지 않으려고 해. 맞는 것 같지 않아. 하여간 신호의 거의 50퍼센트는 틀린다니까" 하고 나에게 말했죠. 그는 매도신호를 받아들이지 않았을 뿐만 아니라, 실제로는 매수를 해버렸던 거예요. 예상하시겠지만 시장은 아래로 흘러내렸죠. 나는 "나와!" 하고 그에게 말했지만, 그 친구는 "아냐, 돌아설 거야" 하며 고집을 피웠어요.

그 친구는 포지션을 정리하지 않았고, 그래서 자신의 대저택을 포함해 모든 재산을 다 잃었죠. 지금 그는 빈민가에서 컨테이너 박스를 하나 빌려 거기에서 살고 있어요. 나는 오늘날까지 그 저택의 이름을 기억해요. 비버리(Beverly)였어요. 그는 여전히 나의 가장 친한 친구 중 한 명이에요. 그가 대저택을 잃었을 때 나도 마음의 충격이 컸죠. 일장춘몽이로구나! 단 한 번의 매매로 모든 게 다 날아갔으니까요. 만약 그가 자신의 시스템을 따랐다면 큰돈을 벌었을 텐데, 참 아이러니죠.

얘기 하나 더 해드릴까요? 내게 옵션 시장에서 5천 달러로 10만 달러를 만든 사촌이 한 명 있어요. 하루는 내가 그에게 "어떻게 해서 그런 이익을 얻었지?" 하고 물었죠. 그는 "아주 쉬워. 옵션을 사서 오르면 그냥 갖고 있고, 내리면 최소한 본전이 될 때까지 기다리면 되는 거야" 하고 말하더군요. 나는 "이봐, 매매를 직업으로 하는 사람으로서 한 가지 조언을 해줄게. 장기적으로 가면 너의 전략은 먹혀들지 않을 거야" 하고 말했죠. 그런데 그는 "래리, 걱정 안 해도 돼. 장기적으로 갈 필요가 없거든. 백만 달러를 벌 때까지만 먹혀들면 되니까. 내가 하는 일은 내가 알아. 나는 손실은 절대 용납 안 해" 하고 말하더군요. 나는 "그래, 알겠다" 하고 말았죠.

이어지는 매매에서 그는 메릴 린치(Merrill Lynch) 옵션을 9만 달러어치를 샀어요. 그런데 이번에는 옵션 가격이 아래로 내려만 가는 거예요. 한 달 후 그와 대화를 나눌 기회가 있었는데, 그가 내게 말하길 자기가 만 달러 빚을 지고 있다는 거예요. 나는 "가만 있어봐. 10만 달러에서 9만 달러어치 옵션을 샀으면 여전히 1만 달러가 남아있어야 하잖아. 옵션이 만기일에 휴지 조각이 됐어도 말이야. 어쩌다 1만 달러나 적자가 났지?" 하고 물었죠. 그는 "처음 그 옵션을 산 건 4달러 50센트였어. 가격이 1달러로 내려앉았을 때, 나는 2만 개를 더 사면 가격이 2달러 25센트까지만 회복되면 본전을 찾게 된다는 생각을 했지. 그래서 은행에 가서 만 달러를 빌렸어" 하고 말하더군요.

리스크를 중시해야 하는 것은 매매의 문제만이 아니에요. 어떤 종류의 경영 판단에도 다 적용되는 것이죠. 내가 일했던 한 회사에서 있었던 일이에요. 그 회사 사장은 인품이 훌륭한 분이었죠. 그 사장은 아주 명석하긴 해도 어째 불안해 보이는 옵션 트레이더를 한 명 고용했어요. 어느 날 그 옵션 트레이더가 돈을 잃고 있는 포지션을 방치한 채 사라져버렸죠. 사장은 트레이더가 아니었기 때문에 나에게 조언을 구했어요. 그는 내게 "래리, 자네는 내가 어떻게 해야 한다고 생각하나?" 하고 물었고, 나는 "포지션을 정리하셔야 합니다" 하고 말했죠. 그러나 사장은 그 포지션을 계속 유지하기로 결정했어요. 손실이 조금 더 악화됐지만 다행히 시장은 이내 돌아섰죠. 사장은 그 포지션을 약간의 이익을 남기며 정리했어요.

그 일이 있은 후 나는 같이 일하던 회사 동료에게 "밥, 우리 이제 다른 직장 알아봐야 할 것 같아" 하고 말했죠. 그가 "왜지?" 하고 묻더군요. 나는 "우리 사장이 어떤 사람인지 알아? 지뢰밭 한가운데 있게 된 사실을 알고 행한 조치가 눈을 질끈 감고 그냥 죽 걸어가는 거였어. 이제 사장은 지뢰밭 한가운데 있게 되면 가장 적절한 조치가 눈을 감고 그냥 앞으로 걸어가는 것이라고 생각한다니까" 하고 말했죠. 그로부터 1년이 채 안 되어 사장은 대규모의 델타 중립 스프레드 포지션을 정리해야만 하게 됐죠[델타 중립 스프레드 포지션은 시장이 어느 방향으로 움직이든 포지션 전체의 가치에는 별 변화가 없는 옵션 포지션의 형태를 일컫는 용어]. 그런데 곧바로 포지션 전체를 정리하지 않고 한쪽 방향씩 정리하기로 결정한 거예요. 그 포지션을 다 정리할 때쯤에는 회사의 자금이 거의 다 바닥나게 됐죠.

위험관리의 실패 외에 사람들이 매매에서 돈을 잃는 이유가 있다면 말씀해 주시죠.

통계적 접근이 아니라 개인적인 선입견으로 매매를 하면 돈을 잃게 되는 경우가 많아요. 예를 들면 '월스트리트 위크'라는 방송 프로그램에 고정 패널로 나오는 한 65세 내지 70세쯤 돼 보이는 사람이 있죠. 하루는 그 방송 프로그램에서 그 사람이 "나의 아버지가 내게 가르쳐 준 교훈이 채권은 포트폴리오의 초석이라는 것이에요" 하고 말했어요. 생각해 보세요. 이 사람이 업계에 처음 발을 들여 놓은 이래로 이자율이 내려간 적은 8년 단위로 기간을 나눠볼 때 단한 번의 기간밖에 없었죠[채권의 가격은 이자율이 하락하면 상승한다]. 그에게 채권이라는 단어는 실제로 이 단어가 의미하는 것 이상의 의미를 나타내고 있음이 분명해요.

하이트 씨는 여러 종류의 시장에서 매매를 하시는데 시장이 달라도 매매방법은 같나요?

우리는 시장을 보고 매매하지 않아요. 돈을 보고 매매하죠. 우리 회사의 마케팅 책임자인 미키 퀘닝턴(Mickey Quenington)이 나를 이에프맨(E. F. Man)의 전 CEO에게 소개한 적이 있어요[이에프맨은 하이트가 자신의 투자 신탁운용 지분 50퍼센트를 넘겨주고 자금 지원을 받은 회사다]. 그 사람은 늙은 아일랜드 사람이었는데 상당히 거칠었어요. 그는 나에게 "매매할 때 금과 코코아시장을 어떻게 차별화하지요?" 하고 물었죠. 나는 "두 시장 다 1퍼센트 베팅의 원칙을 지키죠. 나에게 두 시장은 똑같아요" 하고 대답했어요. 내 대답을 듣고 이 사람 화가 잔뜩 나서는 "아니, 지금 금과 코코아시장에 차이점이 없다는 말이요?" 하고 나에게 소리 지르다시피 했어요. 미키와 그가 그렇게 친한 사이가 아니었다면 아마 나를 자기 사무실 밖으로 던져버렸을 거예요.

나는 엄격한 집안의 영국 여자와 결혼했는데, 이 사람은 자기 집안이 나를 조금 천하게 여기는 것에 대해 항상 염려하고 있었죠. 한번은 런던 타임스(London Times) 기자와 인터뷰를 했는데, 이 기자가 런던 코코아시장이 앞으로 어느 방향으로 움직이겠느냐고 물었어요. 나는 그에게 "솔직히 나는 시장을 보지 않습니다. 내가 살피는 것은 리스크, 수익률, 그리고 돈이죠" 하고 대답했죠. 나는 그의 기사에서 마지막으로 인용된 사람이었어요. 그 기자는 자신의 기사를 "하이트는 코코아시장에는 관심이 없는 사람이었다. 그의 관심은 돈이 유일한 것이었다"라는 문구로 끝을 맺었죠. 내 아내는 그 기사를 읽고는 "훌륭하세요. 이제 다시는 친정에 못 가게 생겼네요. 친정 식구들이 자기들의 생각이 옳았다는 증거를 확보했으니까 말이에요"라고 말하더군요.

　　만약 모든 시장에서 같은 식으로 매매를 하신다면 최적화 이론을 신뢰하지 않는다는 말씀인데 제 생각이 맞습니까[최적화란 한 시스템을 과거 데이터에 여러 변수를 적용하여 시험하고 최고의 결과를 가져오는 값을 선택하여 실제 매매에 적용하는 과정을 일컫는다. 이렇게 미세하게 조정된 시스템에도 문제가 있는데 그것은 과거와 미래를 연결하는 일이 그렇게 쉬운 일이 아니기 때문이다]?

　　물론이죠. 격언 하나를 알려드리죠. "놀라운 진실이 있다면 그것은 완벽하지 않아도 부자가 될 수 있다는 사실이다." 우리는 최적의 방법을 찾지 않아요. 우리가 찾는 것은 가장 확실한 방법이죠. 과거 데이터에 완벽하게 적용되는 시스템은 누구나 그냥 앉아서 개발할 수 있는 거예요.

　　기술적 지표 중 과대평가됐다고 생각하는 것이 있다면 말씀해 주시겠어요?

　　과매수와 과매도 지표죠. 어떤 실험에서도 이들 지표는 검증되지 않았어요.

　　그럼, 특히 가치 있다고 생각하시는 지표가 있다면 말씀해 주시겠어요?

　　나는 지표를 가지고 매매하지는 않아요. 하지만 지금 두 가지가 머릿속에 떠오르는군요. 첫째, 만약 시장이 중요한 뉴스에 기대했던 대로 반응하지 않는다면 이는 아주 중요한 것을 의미해요. 예를 들어 드리죠. 이란/이라크 전쟁이 발발했다는 뉴스가 처음 나왔을 때 금은 1달러밖에 상승하지 못했어요. 나는 "중동 전쟁이 발발했는데 금값이 1달러밖에 상승하지 못하다니, 대 세일이 있겠군" 하고 중얼거렸죠. 그 후 시장은 급락했어요. 둘째는 에드 세이코타가 가르쳐 준 것인데, 시장이 역사적 고점을 찍으면 이는 아주 중요한 것을 말하고 있는 거예요. 얼마나 많은 사람들이 시장이 그렇게 오를 이유가 없다거나, 바뀐 것은 아무 것도 없다고 말해도 상관 마세요. 신고점을 찍었다는 그 자체가 바뀐 것이 있다는 사실을 말하고 있으니까요.

에드 세이코타에게서 배운 다른 것이 있다면 말씀해 주시죠.

하루는 에드 세이코타가 나에게 자신의 철학을 설명했죠. "자산의 1퍼센트를 위험에 노출시킬 수도 있고, 5퍼센트를 노출시킬 수도 있고, 10퍼센트를 노출시킬 수도 있어요. 하지만 많이 노출시킬수록 그 결과로 변동성이 더 커진다는 사실을 반드시 알아야 해요." 이렇게 말이죠. 그의 말은 절대적으로 옳았어요.

매매시스템을 개발하는 데서 절대적이었던 사업 동료들에 대해 얘기해 주셨는데, 그분들 외에 하이트 씨에게 가치 있는 것들을 가르쳐 준 다른 트레이더가 있다면 말씀해 주시겠습니까?

물론 있죠. 나를 중개인 겸 애널리스트로 채용해준 잭 보이드(Jack Boyd)가 있어요. 나는 핸디(Handy)와 하르만(Harman)이 자기들의 연간 보고서에서 은 재고가 총 30억 온스와 70억 온스라고 말한 것을 읽고 나서 은 시장에 관한 보고서를 하나 쓰게 됐어요. 그 보고서에서 나는 "핸디와 하르만에 따르면 일부 사람들이 생각하는 것보다 두 배나 많은 은 재고가 있거나, 아니면 일부 사람들이 생각하는 것의 반도 안 되는 은 재고가 있습니다"라고 했죠. 내 보고서는 잭의 관심을 상당히 끌게 됐고, 내가 잭에게 채용되는 계기가 됐죠.

수년간 잭은 그의 회사를 위해 매매추천을 하고 있었어요. 나는 만약 누군가가 그의 추천을 모두 따랐다면 그는 매년 돈을 벌었으리라는 사실을 확인하게 됐죠. 결국 나는 잭에게 어떻게 하면 그렇게 할 수 있냐고 묻게 됐어요. 그는 "래리, 시장이 어디로 가는지 알고 싶으면 이렇게만 하면 돼" 하고는 자기가 보는 차트를 바닥에 흩어놓더니, 책상 위로 뛰어올라갔어요. 그리고는 "보라고, 보이지 않아!" 하고 말했어요. 상상해 보세요. 잭은 190cm가 넘는 거구였거든요.

잭이 한 행동은 숲 전체를 보라는 의미였나요?

맞아요. 나는 작은 이익을 거두며 부자가 된 사람을 그렇게 많이 알지 못해요. 잭 보이드와 일했던 경험은 내게는 무척이나 소중한 일이에요. 그를 처음 만났을 때부터 나는 그의 방법이 옳다는 사실을 알았어요. 다시 말해 모든 시장을 아우르는 매매를 하고, 위험을 관리하고, 추세와 함께하면 반드시 이익이 난다는 사실을 알았던 것이죠. 내게는 너무나 명백하게 보였어요.

마지막으로 해주실 말씀이 있다면 한 말씀 해주시겠어요?

나는 매매에서뿐만 아니라 인생도 승리하기 위해 두 개의 기본 규칙을 갖고 있어요.

(1) 베팅하지 않으면 딸 수 없다.

(2) 칩을 다 잃으면 베팅할 수 없다.

하이트의 매매철학에는 두 가지 기본 요소가 있다. 첫째, 많은 학자들의 견해와는 반대로 하이트는 시장이 비효율적이라고 굳게 믿고 있다. 이 말의 의미는 만약 자신에게 유리하도록 확률을 높이는 방법을 개발할 수 있다면(그렇다고 그 확률이 대단히 높을 필요는 없다) 돈을 딸 수 있다는 것이다. 둘째, 효과적 매매 방법은 돈을 따는 데 필요조건이지만 충분조건은 아니다. 매매에서 살아남아 돈을 따기 위해서는 시장의 리스크 또한 주시해야 한다. 그렇지 않으면 곧 리스크의 먹이가 될 것이다.

하이트는 위험을 다음 네 가지 기본 원칙을 적용하여 엄정히 관리하고 있다:

1. 그의 시스템은 절대 시장의 추세에 역행하여 매매하지 않는다. 이에 대한 예외는 없고, 그는 항상 자신의 시스템을 따른다.
2. 각각의 매매에 허락되는 최대 리스크는 전체 자산의 1퍼센트 이내로 제한된다.
3. 민트 투자신탁은 분산 투자를 최대한 실행한다. 첫째, 그들의 시스템은 실제로 많은 개별 시스템들로 구성돼 있다. 각각의 개별 시스템은 수익률뿐만 아니라 상호 연관성의 결여 정도를 고려하여 선택된다. 둘째, 민트는 온갖 다양한 시장을 아우르는 매매를 하고 있는데(전체 60개 가까이 된다) 미국 내와 해외 5개국의 각종 거래소들, 그리고 다양한 종류의 시장들, 즉 주가지수 시장, 이자율 시장, 통화시장, 원자재 시장, 농산품 시장 등을 아우르는 것이다.
4. 끊임없이 모든 시장의 변동성을 관찰하여 위험/수익 비율이 미리 정해놓은 한계를 초과하는 경우 그 시장에서 포지션을 정리하거나 매매를 일시적으로 중단하는 것이다.

끝으로 내가 발견한 것 하나를 언급하자면 화려한 직업을 전전하며(시나리오 작가, 배우, 락 프로모터) 먹고 살 정도의 수입밖에 올리지 못하던 래리 하이트는 자신이 최고의 열정으로 추구했던 펀드매니저라는 직업에서 눈부신 성공을 거뒀다. 나는 래리 하이트의 경우를 에드 세이코타가 한 다음과 같은 발언의 놀라운 예라고 생각한다.

"자연이 우리에게 불타는 욕망을 주면서 그 욕망을 만족시킬 방법도 같이 줬다는 사실은 정말 행복한 현실이에요."

MARKET WIZARDS

Michael Steinhardt

William O'Neil

David Ryan

Marty Schwartz

2부
주식시장의 마법사들

Michael Steinhardt _ 마이클 스타인하트

다른 관점이라는 개념

　마이클 스타인하트가 주식시장에 흥미를 갖게 된 계기는 그가 유대교의 교리에 따라 13세 때 성인식을 받던 시기로 거슬러 올라간다. 그때 그의 아버지가 주식 200주를 그에게 선물로 줬던 것이다. 그는 10대 때 친구들이 밖에서 야구를 하는 동안 자신은 동네 증권사 객장을 들락거리며 어른들과 함께 '티커 테이프[14]'를 지켜봤다고 회상했다. 매우 명석한 학생이었던 마이클 스타인하트는 1960년 19세의 나이로 펜실베니아 대학교 경영대학원을 졸업하며 학교 교육을 굉장히 빨리 끝마친다. 스타인하트는 졸업 후 곧바로 월스트리트로 진출하여 보조 연구원으로 그의 첫 직업을 시작하게 된다. 그 후 몇 년의 세월 동안 그는 금융 관련 저널리스트로도 활동했고, 연구 애널리스트로도 일했다. 1967년, 재능 있는 애널리스트로 명성을 얻은 것을 기반으로 스타인하트는 다른 두

---

14) 티커 테이프(ticker tape) : 주가, 거래량, 등의 정보를 종이테이프에 프린트하여 연속적으로 출력하는 장치 — 역자 주.

명의 사업 동료와 '스타인하트, 화인 앤드 버코비츠(Steinhardt, Fine and Berkowitz)'라는 이름의 투자회사를 설립하게 된다. 이 회사가 '스타인하트 파트너스(Steinhardt Partners)'의 전신이다(화인과 버코비츠는 1970년대 말에 회사를 떠나게 된다).

스타인하트의 회사는 설립 후 21년의 세월 동안 경이적 운용 성과를 달성했다. 이 기간에 스타인하트 파트너스는 연간 30퍼센트 복리 수익률을 이룩했던 것이다(수익에 대한 인센티브 수수료 20%를 제하고 나면, 25퍼센트에 약간 못 미치는 수익률이 된다). 같은 시기 S&P500 지수는 배당을 포함하여 연간 8.9퍼센트의 복리 수익률밖에 기록하지 못했다. 1967년 회사 출범 당시 1,000달러를 투자했다면, 1988년 봄 수익 인센티브 수수료를 다 제하고도 93,000달러 이상으로 성장하게 된다. 이 수치의 크기는 다시 S&P500과 비교해 보면 실감나게 느낄 수 있다. 같은 시기 1,000달러를 S&P500 주식 바스켓에 투자했다면 6,400달러로밖에 성장을 못했을 것이기 때문이다. 수익은 스타인하트가 달성한 실적의 일부에 지나지 않는다. 스타인하트는 또한 수익의 일관성을 경이롭게 유지하기도 했다. 스타인하트 파트너스는 단 두 해 손실을 봤는데, 두 번 다 전체 손실은 수익에 대한 인센티브 수수료를 제하고도 2퍼센트가 채 안 되는 것이었다.

스타인하트의 우수한 성과는 수많은 방법을 사용하여 달성된 것이다. 그는 장기 투자자이며 동시에 단기 트레이더이고, 주식의 매수포지션뿐만 아니라 매도포지션도 스스럼없이 취한다. 만약 최선의 투자 선택이라고 생각되면 회사 자본의 큰 부분을 주식이 아닌 다른 투자 수단, 예를 들어 재무부 발행 채권과 같은 곳으로 옮기기도 한다.

물론 스타인하트 파트너스의 성과는 일개 개인이 혼자 이룩한 것이 아니다. 회사의 두 공동 설립자뿐만 아니라, 오랜 세월 동안 많은 트레이더들과 애널리스트들이 회사와 함께 했다. 그러나 스타인하트가 궁극적인 책임자라는 데는 의심의 여지가 없다. 그는 매일 회사의 포트폴리오를 수도 없이 점검한다. 스타인하트는 회사의 트레이더들에게 고유한 판단을 할 수 있는 자유재량을 일정 폭 허용하지만, 만약 어떤 트레이더의 포지션에 불안을 느끼게 되면 그에게 자신이 취한 포지션의 타당성을 정확하게 입증하도록 요구한다. '이건 아니다'라는 느낌이 강력할 때 스타인하트는 직원의 매매결정을 번복하고 포지션을 정리해버린다.

스티인하트는 회사 포트폴리오를 이와 같이 세심히 관리/감독하여 그의 밑에서 일하기가 쉽지 않다는 평판을 얻게 됐다. 지난 세월 동안 회사를 떠난 많은 트레이더들에게 스타인하트는 분명 견디기 버거운 사람이었을 것이다. 뱃머리 형태로 굽은 스타인하트의 책상을 염두에 둔다면, 한 저널리스트가 프로필을 작성하며 그에게 '아합 선장(소설 『백경』의 주인공)'이라는 별명을 붙인 것도 무리는 아니다. 그러나 스타인하트의 냉혹한 면은 그의 직업상 역할에서 기인한 바가 크다. 미식축구 팀을 지도하고 관리하려면 그렇듯이 그의 그런 성격은 트레이더들이 모인 집단을 관리하는 데서는 어쩌면 미덕인지 모른다.

내 개인적으로는 스타인하트의 냉혹한 면을 본 적이 없다. 내가 인터뷰한 스타인하트는 편안하고 부드럽게 말하며, 인내심 있고 유머가 넘치는 사람이었다(물론 우리의 인터뷰는 시장이 열리지 않는 시간에 진행됐지만 말이다). 스타인하트는 농담하는 방식이 유별났다. 그는 세무서 직원을 가장하여 친구들에게 전화를 걸고, 시장이 끝나기 직전에 중개인에게 전화하여 못 알아듣게 의도적으로 웅얼거리며 가짜 주문을 넣고, 자기에게 전화한 기자나 애널리스트를 놀려주려고 코미디언인 닥터 어윈 코레이(Dr. Irwin Corey)를 흉내 내면서 애매모호한 말을 주절주절 늘어놓는 것으로 알려져 있다. 그의 말에는 유대인 특유의 어투가 곳곳에 배어있다. 예를 들어 그는 새로 유행하는 펀드 상품을 가리켜 '개똥 소유권'이라고 불렀다.

스타인하트 씨의 매매철학의 중심적 요소는 무엇입니까?

나는 내가 하는 일을 '매매'라는 단어를 사용해서 생각해본 적이 없어요. 내 거래 빈도가 비교적 높은 점을 감안하면 내가 트레이더일 수는 있겠지만, '투자'라는 단어도 '매매'라는 단어만큼이나 내가 하는 일을 잘 표현한다고 봅니다. 내 생각에 '매매'라는 단어는 매수 시점에 이미 매도를 예상한다는 의미를 내포하고 있는 것 같습니다. 예를 들어 내일 시장이 상승할 것을 예상해서 오늘밤 주가지수 선물을 매수하고 내일 매도할 계획이라면 이는 매매죠. 내 일의 대부분은 훨씬 더 오랜 기간을 염두에 두고 하는 것이고, 훨씬 더 복잡한 이유 때문에 하는 것이죠. 예를 들어 1981년 채권 시장에서 매수포지션을 취했을 때 그 포지션은 2년 6개월 동안 지속됐으니까요.

잘 알겠습니다. 그러나 이 책의 기획 의도 때문에 스타인하트 씨가 하는 일을 그래도 '매매'라고 부르겠습니다.

그렇다면 슈웨거 씨는 매매와 투자의 차이를 어떻게 정의하시죠?

나는 두 가지 중요한 차이점이 있다고 생각합니다. 첫째, 트레이더는 매수포지션뿐만 아니라 매도포지션도 거리낌 없이 취하죠. 그에 반해 투자자는 항상 매수포지션만을 취합니다. 예를 들자면 뮤추얼 펀드의 포트폴리오 매니저 같이 말이죠. 시장에 대한 확신이 서지 않았을 때 뮤추얼 펀드의 포트폴리오 매니저는 운용 자금의 70퍼센트 정도만 투자할지도 모르죠. 그렇지만 그들은 항상 매수포지션만을 취하고 있잖아요. 두 번째 차이점은, 트레이더는 주로 시장의 방향에 관심을 두죠. 시장이나 어떤 주식이 '상승할까? 아니면 하락할까?' 하고 말이죠. 투자자는 투자하기에 가장 적합한 주식을 찾는 데 더 많은 관심이 있어요. 제가 트레이더와 투자자를 구분하며 어느 한쪽에 더 훌륭한 가치를 부여하는 것은 아니에요. 이 구분은 단지 이 책의 중심 주제를 명백히 하기 위한 것이죠. 하여간 내가 제시한 이 두 차이점에 비추어보면 스타인하트 씨는 분명 트레이더 쪽인 것 같아요. 원래 질문으로 돌아가서, 스타인하트 씨는 자신의 매매철학을 어떻게 정의하시나요?

나의 특징적 방식은 대부분의 사람들과 조금 다르다고 할 수 있어요. 가장 중요한 개념은 '다른 관점'입니다. 나는 대중들이 시장을 보는 관점과는 다른 관점을 개발하려 애써요. 나는 이런 '다른 관점'을 통해 시장에 참여하여, 나의 관점이 더 이상 대중들과 다르지 않다고 느낄 때까지 나의 관점을 이용하죠.

현재 시장에 적용된 '다른 관점'의 예를 하나 들어주실 수 있나요?

1년 6개월 전부터 지니테크(Genetech)에 매도포지션을 취하고 있어요. 이 포지션으로 수개월 동안 많은 돈을 잃었던 때가 있었지만, 나는 포지션을 정리하지 않았죠. 왜냐하면 나는 지니테크가 만드는 TPA라는 약의 미래에 대해 '다른 관점'을 계속 유지하고 있었거든요[TPA는 응고된 혈액을 용해하기 위해 정맥에 주입되는 주사약]. 1, 2년 안에 TPA는 약효가 더 뛰어나고 가격도 훨씬 저렴한 약이 나오게 됨으로써 2류 의약품이 될 것이다, 하는 생각이 나의 관점이었지요. 지니테크 사 전체가 이 약 하나로 유지되고 있었어요. 만약 우리의 관점이 옳다면 이 회사는 주당 20내지는 30센트의 순이익밖에 못 낼 것이고, 주식은 10달러 이하로 거래되겠죠. 현재[1988년 6월] 이 주식은 27달러에 거래 되고 있어요. 65달러로 고점을 찍고 여기까지 떨어졌지요[11월 말경 지니테크는 15달러까지 떨어졌으며, 스타인하트는 여전히 매도포지션을 유지하고 있었다]. 내 생각에 대중의 관점은 여전히 지니테크를 제약업계에 혁명을 가져올

다수의 제품을 생산할 1급 바이오테크 회사로 간주하는 것 같아요. 나의 관점이 대중과 다른 한, 나는 매도포지션을 유지할 거예요.

'다른 관점'이 쉽게 이해되는 명료한 예군요. 여기서 한 가지 의문점이 생기는데…, 이렇게 가정해보죠. '다른 관점'으로 주식에 매도포지션을 취했는데, 시장이 상승한다는 말이죠. 기본적 분석상 어떤 변화도 없다면, 시장이 상승하면 할수록 매도 쪽은 더 매력적으로 보이겠죠. 그렇지만 '자금 관리'라는 관점에서 보면 어느 지점에선가 이 매도포지션은 손절돼야 할 텐데, 여기서 두 개의 근본적인 매매원리가 상충되는 것 같은데요?

이 업계에서 통용되는 상투적 어구들이 있어요. 그 말들이 정확할 수도 있고 아닐 수도 있지만, 나는 그런 말들을 신뢰하지 않죠. 예를 들어드리죠. 주식이 천장을 치고 하락하는 것을 보기 전에는 매도포지션을 취해서는 안 된다는 일반적인 견해가 있어요. 다시 말하면, 그 주식에 문제가 있음을 모든 사람들이 명백히 볼 때까지 매도포지션을 취하지 말라는 얘기죠. 어떤 면에서 보면 이 견해가 이해되기도 해요. 어쩌면 표면적으로는 매도포지션을 취하기에 더 안전한 방법이고, 더 편안히 잠들 수 있는 방법일 수도 있어요. 그렇지만 나는 그렇게 해본 적이 없어요. 나는 시장에서 돈을 따려면 위험을 기꺼이 감수해야 한다는 마음가짐을 한결같이 지키고 있어요. 나는 기관에서 적극 추천하고 많은 사람들의 총애를 받는 주식에 매도포지션을 취하는 경향이 있어요. 대체로 나는 너무 일찍 매도포지션을 잡는 경향이 있고, 그래서 대개 매도포지션의 초기에는 손실을 보죠. 내가 매도포지션을 취했는데 주식이 상승한다면, 내가 얼마간의 위험에 봉착한 듯이 보일 수도 있겠죠. 하지만 나의 '다른 관점'에 변화가 없는 한, 나는 포지션을 유지할 거예요. 내가 틀렸다면, 틀린 거겠죠.

'다른 관점'에서 보는 기본적 분석상에 변화가 없는 한 시장이 포지션의 반대 방향으로

얼마를 가든 그 포지션을 꽉 잡고 놓지 않는다, 이 말씀인가요?

바로 그것입니다. 물론 오금이 저릴 정도로 무서운 상황이 벌어지면 압박감을 조금 누그러뜨리기 위해 포지션의 반대 방향으로 약간의 매매를 할지도 몰라요. "그래, 이건 무리야. 매수자 외에는 아무도 보이질 않잖아. 매수 쪽에 끼어서 돈을 조금 딸 수 있는지 한번 알아보지 뭐." 이렇게 말할지도 모르겠어요. 말하자면 나 자신을 둘로 갈라놓는 것이죠. 내가 진심으로 믿는 기본적 분석상의 견해가 있지만, 나는 내 견해를 시장에서 목격되는 단기적 열기에서 떼어놓는 거예요. 그런 상황에서 나는 매도포지션을 취하고 있겠지만, 가끔은 매수를 할지도 몰라요.

그런 기간 동안 실제로 매수포지션을 취하게 되나요, 아니면 매도포지션과 청산 사이를 오락가락 하게 되나요?

매도포지션의 청산 근처에도 가지 않을 거예요. 왜냐하면 그렇게 하는 것은 매우 단기적인 관점에서 하는 일이니까요. 아마도 포지션을 20, 30이나 40퍼센트 정도 축소했다 다시 원래 크기로 돌아갔다 할 거예요.

만약 어떤 주식에 대해 아주 부정적인 견해를 갖게 돼서 매도포지션을 취했지만 그 주식이 속한 산업 전체에 대한 견해는 부정적이지 않다면, 때때로 그 업계의 다른 주식을 매수함으로써 자신의 매도포지션에 대한 방어를 하기도 하나요?

때때로 시도해봤지만 대개 성공적이지 못했어요. 한 가지 문제로도 충분한 나에게 문제 하나를 더 주는 셈이 되더라고요. 보통 반대 방향에 있는 두 번째 주식에 대한 지식은 비교적 빈약한 편이거든요. 왜냐하면 그저 헤지(hedge)를 위해 잡았기 때문이죠. 만약 포지션에 문제가 있어서 방어할 필요가 있다면 완전히 다른 포지션을 또 하나 잡는 대신 그 문제를 직접 해결하는 것이 더 낫지 않을까요? 예를 들어 어떤 제지업 주식에 매도포지션을 취했다고 가정해보죠. 그런데 이 주식이 사납게 치솟아서 다른 제지 주식에 매수포지션을 취해서 매도포지션을 헤지 한 거예요. 어쩌면 매도 쪽 주식이 매수 쪽 주식보다 더 많이 오를 수도 있고, 아니면 매수 쪽 주식이 더 많이 오를 수도 있겠죠. 누가 알겠어요? 실수 했다면 그 실수를 곧바로 처리하면 되지, 더 복잡하게 만들 필요가 없잖아요?

'다른 관점' 이라는 개념 외에 스타인하트 씨의 매매철학을 구성하는 요소들은 무엇인가요?

특별한 것은 없어요. 나는 손절용 스톱주문 따위를 사용하지 않고, 강세장 매수나 조정 시 매수 같은 그런 규칙도 사용하지 않죠. 박스권 상승 돌파, 하락 돌파 따위는 거들떠보지도 않아요. 차트를 사용하지 않으니까요.

차트를 전혀 사용 안 하나요?

차트를 보면 멍해져요. 자, 이 주식을 보죠. 차트가 훌륭하군요. 바닥을 다지고 있어요. 조금만 더 올라가면 상승 돌파하겠네요. 주절주절, 궁시렁궁시렁 [스타인하트는 이때 코미디언 제키 메이슨(Jackie Mason) 같은 어투로 말했다]. 내게는 모두 같아 보이는데 말입니다.

하지만 단지 정보를 얻는다는 견지에서, 주식이 수년간 어떻게 움직였는지를 알아보는 쉽고 빠른 방법으로 차트를 사용할 수 있지 않을까요?

나처럼 주식을 세밀히 관찰하면 가격대라든가, 추세라든가, 가격 범위라든가 하는 것들에 대한 감이 잡히죠.

예를 들어 어떤 주식이 10달러에서 40달러로 상승했다면, 이 주식이 10달러에서 40달러까지 가는 동안 어떤 여정을 거쳤는지 궁금하지 않겠어요?

나는 그런 것을 궁금해하지 않아요.

특별히 지키는 매매규칙이 있다면 말씀해 주시죠.

먼저 매매규칙의 예를 하나 들어보세요.

흔한 예로 포지션을 취하기 전 어느 지점에서는 반드시 포지션을 청산하겠던가 하는 것이죠. 그것이 반드시 위험관리 규칙일 필요는 없고….

나는 어떤 손절 규칙이나 수익 목표를 설정하는 규칙 따위를 갖고 있지 않습니다. 그런 식으로 사고하지 않죠.

이때 스피커폰으로 전화가 왔다. 발신자는 담배업계에 제기된 소송의 판결에 관한 긴급 뉴스를 스타인하트에게 전해줬다. 그는 "배심원 평결이 나왔어요. 40만 달러 벌금형을 받은 리지트(Liggett)그룹을 제외하고 모두 무죄에요. 손해 배상도 없고요" 하고 말했다. 스타인하트는 "기본적으로 피고 쪽에 다소 유리한 판결이 나온 거네요" 하고 대답했다.

---

interview

약 한 달 전에 담배 주식에 매도포지션을 취했죠. '만약 원고들이 소송을 이기면 주식은 아래로 한참 빠질 것이고, 만약 원고들이 져도 주식은 그다지 상승하지는 못할 것이다' 라는 게 내 생각이었어요. 왜냐하면 담배 회사들은 지금까지 소송에서 져본 적이 없고, 소송을 한 번 더 이긴다고 그리 큰 뉴스가 될 것도 아니기 때문이었죠. 이것도 '다른 관점'의 예가 될 수 있겠군요. 내가 얼마나 잃게 될지를 지켜보는 일도 재미있을 것 같아요. 내 원래 생각은 '그리 많이 잃지는 않을 것이다'였으니까요. 여기를 보세요[스크린에서 뉴스의 헤드라인을 읽음]. "리지트 그룹, 흡연자의 죽음에 책임 있다" 음, 내가 잃을 것 같지는 않은데, 이런 문구를 보면 놀랄 사람이 몇 명 있을 것 같아요.

그럼 우리가 하던 얘기를 계속해보죠. 예를 들어 기본적 분석에 근거해 매도포지션을 잡게 됐는데 그 주식이 상승한다고 가정해 보죠. 그럴 때 '내가 모르는 어떤 중요한 것 때문에 분석이 잘못 됐구나' 하는 점을 어떻게 인식할 수 있나요?

그런 상황이 꽤 자주 발생하죠. 주식을 사거나 팔았는데 자신의 의도대로 주식이 움직이지 않는 때가 있어요. 나는 하루 여섯 번씩 우리의 포트폴리오를 점검합니다. 내가 직접 선택하지 않은 많은 주식이 우리의 포트폴리오에 있죠. 예를 들어 누군가가 주식회사 타임(Time Inc.)에 매도포지션을 취했다고 해보죠. 이유는 잡지 사업이 좋지 않다거나, 뭐 그런 걸로 말이에요. 그런데 주식의 움직임이 정말 견실한 거예요. 그래서 매도포지션을 처음 시작했을 때보다 10퍼센트 상승했단 말이죠. 이럴 경우에 나는 타임 사 포지션에 책임이 있는 사람에게 가서 몇 가지 핵심 질문을 하게 됩니다. '세상을 놀라게 할 사건이 언제 발생할 것 같으냐? 이 회사 경영권이 넘어가겠다는 생각을 없애줄 사건이 언제 일어날 것 같으냐?' 하는 것들이죠.

어떤 면에서 나는 포트폴리오의 부정적 측면만을 보는 감시자와도 같아요. 만약 한 포지션에 문제가 있으면 이 포지션을 지속적으로 살피죠. 이런 일은 회사에서 나를 매우 어려운 사람으로 만듭니다. 왜냐하면 나는 상황이 안 좋을 때나, 주식이 생각대로 움직이지 않을 때면 맞닥뜨리게 되는 사람이거든요.

기본적 분석에 근거해 주식의 움직임을 예상했는데 예상이 맞지 않은 경우가 있겠죠? 이런 경우의 주가 움직임은 생각을 바꾸게 만드나요?

나는 매매의 맞은편에 있는 사람도 나만큼 알고 나만큼 모른다고 간주하려 노력해요. 예를 들어 텍사코(Texaco)를 52달러에 매수했는데 갑자기 50달러로 내려갔다고 가정해봅시다. 누가 52달러에 텍사코를 팔았든 그 사람은 나와는 한참 다른 견해를 갖고 있을 거예요. 내 의무는 그 사람의 견해가 무엇인지를 알아내는 것이죠.

만약 답이 안 나오면 어떻게 하나요?

표면적이든 심각하든 일반적으로 무언가를 얻게 돼요.

담배 업계의 상황을 한번 생각해 보죠. 전체적으로 보면 장이 마감되고 나온 그 뉴스는 시장을 하락 쪽으로 보게 하는 것 같군요. 만약 내일 담배 주식이 조금 내려갔다 곧 다시 제자리로 되돌아온다면 포지션을 정리하실 건가요?

어찌 되든 그 포지션은 정리할 거예요. 애초부터 뉴스가 나오면 바로 정리하려 했거든요.

그러니까 뉴스가 나오는 순간 '게임 끝'이었다는 말씀이군요?

그래요. 내가 매도포지션을 취한 유일한 이유였으니까요.

대답이 너무 간단한데요. 그럼 제가 이렇게 질문을 드려보죠. 장기적 포지션으로 담배 주식을 매도했는데 시장이 오늘 나온 뉴스에 개의치 않고 내일 상승 마감한다면, 그래도 매도포지션을 정리하실 건가요?

나의 논리가 무엇이었느냐에 달렸겠죠. 만약 담배 회사에 매도포지션을 취했던 이유가 담배 소비가 현재 사람들이 예상하는 것보다 훨씬 더 많이 감소하리라는 예감 때문이었다면 내일 장의 움직임은 별 의미가 없을 겁니다. 만약 내일 장이 폭등한다면 이를 매도포지션을 늘릴 좋은 기회로 여겨야겠죠.

그럼 시장이 예상했던 대로 뉴스에 반응하지 않아도 매도포지션을 취한 주된 논리가 여전히 유효하다고 생각되면 문제될 것이 없다는 말씀이군요.

그렇죠. 하지만 정말 끔찍한 뉴스가 나왔는데도 시장이 상승한다면 그때는 생각해 봐야 할 것들이 생기겠죠. 때때로 시장은 내가 모르는 많은 정보를 갖고 있고, 예상을 빗나간 시장반응은 중요한 것을 암시하는 수가 있으니까요.

자신의 분석이 완전히 잘못된 것으로 드러난 적은 없었나요?

물론 있었죠.

그럼, 그 잘못을 돈을 잃고 있다가 깨닫게 됐나요?

그래요. 게다가 그리 이른 시기에 깨달은 것도 아니었어요.

이때 스타인하트에게 전화가 걸려왔다. 그는 통화 내내 수화기에 대고 엉뚱한 말을 늘어놓으며 의도적으로 웅얼거렸다. 그리고 나서는 나에게 자기가 가끔씩 하는 짓궂은 장난에 대해 설명해 줬다.

--- *interview*

예를 들어 말이죠, 한동안 대화를 못 나눴던 중개인에게서 전화가 걸려오면 서류 넘기는 소리를 쉭쉭 내고는 "ZCU [웅얼거림] 30,000주 매수" 하는 거예

요. 내가 무슨 말을 했는지 알아들으셨어요?

아뇨. [웃음]

물론 그래야죠. 그렇지만 내가 영어로 무슨 말을 했던 것처럼 들렸죠? 어쨌든 그 중개인은 다시 전화를 할 거예요. 나는 비서에게 그에게서 전화가 오면 지금 화장실에 있다고 전하라고 해놓죠. 그는 몹시 허둥대며 계속 전화를 할 거예요. 왜냐하면 장 마감이 5분밖에 남지 않았는데 나는 여전히 전화를 받을 수 없으니까요. 그리고 3시 58분에 내가 그에게 전화해서, "주문 체결됐지? 뭐라고? 무슨 문제야? 당장 체결해!"라고 하면 그는 "주식 이름을 제대로 못 들었는데, 뭐라고 하셨죠?"라고 말하죠. 그러면 나는 또 웅얼웅얼하고는 그가 무슨 말을 하기도 전에 전화를 끊어버려요.

스타인하트 씨의 펀드는 흔히 헤지 펀드(hedge fund)로 알려져 있어요. 왜냐하면 전형적인 뮤추얼 펀드(mutual fund)와는 운용 방식이 사뭇 다르기 때문이죠. 헤지 펀드의 의미에 대해 상세히 말씀해주실 수 있을까요?

대개 A.W. 존스 그룹(A.W. Jones Group)을 최초의 헤지 펀드로 치죠. 처음에 헤지 펀드라는 용어는 글자 그대로의 의미를 나타냈어요. 이런 개념이죠. 자금 운용 업계에 종사하는 우리는 주식시장의 추세를 예측할 수 있는 능력을 갖고 있지 못하다. 왜냐하면 시장 방향은 수많은 변수들이 작동하여 만듦으로, 개인이 이를 지속적으로 예측하는 능력을 갖는다는 것은 대체로 불가능하다고 할 수 있기 때문이다. 그러나 자금 운용자로서 우리가 할 수 있는 일은 세밀한 분석을 통해 어느 회사가 다른 회사에 비해 더 나은 경영을 하는가를 정확히 판단하는 일이다. 그렇다면 비교적 견실하다고 판단되는 주식을 매수하고 부실한 주식에 매도포지션을 잡아 균형을 유지하면 시장에 노출되는 위험이 완전히 제거될 것이다. 이런 것이죠. 예를 들어 드리죠. 포드(Ford)를 좋아하고 제너럴 모터스(General Motors)를 싫어한다고 가정해보죠. 포드를 매수하기 위해 들어간 1달러마다, 이에 대응하여 제너럴 모터스에 1달러 가치의 매도포지션을 잡는 거예요. 어쩌면 매도포지션에서 돈을 잃을 수도 있겠지만 판단이 훌륭했다면 결국 이익이 나게 돼있다는 것이죠. 결론적으로 헤지 펀드의 원래 개념은 주식을 고르는 능력을 강조하는 것이었어요.

현재도 여전히 그런 방식으로 매매를 하는 사람이 있나요?

아뇨. 오늘날 헤지 펀드라는 용어의 원래 의미는 퇴색됐어요. 지금 헤지 펀드는 운용 책임자가 성과에 따라 보수를 받는 합자회사를 가리켜요. 전통적으로 운용 책임자는 운용 중인 자금의 크기에 따라 보수가 책정됐죠. 헤지 펀드의 운용자는 전통적인 자금 운용자보다 훨씬 많은 재량권을 갖는데, 이 점이 헤지 펀드의 핵심적 특징이라고 할 수 있죠. 여기서 재량권이라는 말은 주식에 매수포지션뿐만 아니라 매도포지션도 취할 수 있는 것, 옵션과 선물을 매매할 수 있는 것 등등을 의미하는 것이죠.

헤지 펀드의 원래 개념은 어떻게 사라지게 됐나요?

1960년대, 헤지 펀드 운용자가 갖는 재량권은 젊은 사람들에게 이른 나이에 자신의 사업을 시작하는 기회를 제공했고, 이로 인해 수많은 젊고 공격적인 사업가들이 양산됐죠. 자신의 사업을 시작하는 데 헤지 펀드처럼 좋은 기회를 제공하는 영역은 드물었어요. 1960년대는 놀라운 주식과 화려한 영웅담이 넘쳐났던 때였죠. 경이적 성장을 이룩한 주식도 부지기수였어요.

헤지 펀드 사업으로 몰려들었던 사람들은 헤지의 이론적 개념을 실천하는 사람들이 아니었어요. 그들은 사업체의 오너가 되고 많은 주식을 매수할 수 있는 재량권을 갖는다는 사실에 더 많은 관심을 가졌죠. 그들은 주식의 매도포지션을 잡아 매수포지션을 방어하도록 하는 재량권을 가졌지만, 매도포지션을 진지하게 생각하는 사람은 아무도 없었어요. 영어에서 헤지(hedge)는 아주 구체적인 의미를 나타내죠. 하지만 현재는 대부분의 헤지 펀드에 이런 질문을 던질 수 있어요. "헤지는 어떻게 된 거야?"

결국 이름만 헤지 펀드라는 말씀이군요.

맞습니다. 사실 자신들을 헤지 펀드로 부르지도 않곤 했어요. 헤지 펀드라는 용어가 난처하게 느껴졌기 때문이죠. 헤지 펀드라는 용어는 매도포지션을 취한다는 의미를 함축하고 있고, 매도포지션을 취하는 것은 미국을 싫어한다는 느낌을 주거든요. 마치 재앙이 어디 없나 하고 찾아다니는 듯한 기분이 든다 이거죠. 결국 민영 합자회사[조롱하는 억양으로 이 단어를 말했다] 이런 용어가 사용되기 시작했어요.

1950년대와 1960년대 비교적 굴곡이 적고 지속적인 추세가 형성됐지만 오늘날 이런 추세는 찾기 어렵고, 따라서 과거보다 오늘날 헤지 펀드의 진짜 개념은 더 설득력을 갖게 됐죠. 그런데 역설적이게도 왜 오늘날은 헤지 펀드의 순수 이론적 개념을 실천하는 사람이 없을까요?

왜냐하면 제약이 너무 많은 방법이거든요. 관련성이 있는 두 주식에 1달러 매수와 1달러 매도를 한다는 것은 많은 달러를 비효율적으로 활용한다는 의미죠. 포드와 제너럴 모터스 둘 다 동일한 거시경제적 요인들에 영향을 받는데, 이 두 주식에 얼마나 많은 차이가 있겠어요. 매수 쪽에 몇 달러 태우고 매도 쪽에 몇 달러 태워서, 운 좋으면 1년에 10퍼센트 차이를 볼 수는 있어요. 그것도 자신의 견해가 옳았을 경우에 말입니다.

서부 연안에 우리와 제휴하고 있는 한 회사가 있는데, 이 회사는 주식 매도 포지션만을 전문으로 하는 회사죠. 이 회사에서 개별 주식을 매도할 때 동일한 액수만큼 주가지수를 매수해서 시장 노출을 중립화하자는 아이디어가 나온 적이 있어요. 자기들이 주로 내세우는 것은 하락할 주식을 골라내는 능력이거든요. 내가 최근 들어본 얘기 중에서 헤지 펀드의 이론적 개념에 가장 가까웠죠. 그렇지만 실행에 옮기지는 않더군요.

그럼 스타인하트 씨의 펀드는 헤지 펀드의 개념에 얼마나 부합한다고 생각하시나요?

매도포지션을 활발히 사용한다는 점에서 헤지 펀드의 개념과 맞는다고 생각합니다. 우리는 항상 얼마간의 매도포지션을 갖고 있지요. 나는 또한 시장에 노출된 순 자산과 위험을 생각하고, 이에 대비하여 계획하고 조정하는 데 많은 시간을 보내요. 우리 회사가 설립된 이래 21년 동안 우리 회사의 시장 노출은 평균 40퍼센트였어요.

시장에 자산의 40퍼센트를 매수 쪽으로 노출시켰다는 말씀인가요?

그렇죠. 나는 '과연 전형적인 뮤추얼 펀드 중 가장 보수적이라는 곳에서도 지난 20년 동안 자산을 평균 80퍼센트 이하로 노출시켰을까' 하는 의구심이 들어요.

평균 40퍼센트 순매수였다고 하셨는데, 최고와 최저의 범위는 어느 정도였나요?

내 기억으로 15에서 20퍼센트 정도 순매도 한 때가 있었고, 100퍼센트 이상 순매수 한 때도 있었던 것 같군요.

순매수뿐만 아니라 순매도도 하는, 상당히 신축적인 매매를 하시는군요.

그렇습니다. 우리 회사의 매매방법에 대해 강조하고 싶은 부분은 우리가 시장 노출의 크기를 조정하는 데 신축적이라는 것이죠. 신축성은 우리의 투자 운용 무기고에 있는 무기들 중 아주 중요하고도 강력한 무기라고 할 수 있어요. 때로는 무척이나 중요한 무기가 되기도 하죠.

전반적인 시장 방향에 대한 전망은 어떤 방법으로 하시나요? 시장 전망은 분명 스타인하트 씨의 매매방법에서 중요한 요소라고 생각되는데요?

몇 마디 말로 '이것이다' 하고 설명할 수 있을 것 같지는 않군요. 이렇게만 말씀드리죠. 많은 변수들이 있는데 그중 어떤 것들은 특정 시기에 더 중요하다가 다른 시기에는 덜 중요하게 되죠. 그리고 그 변수들은 항상 변화해요. 오랜 시간 이 일을 했기 때문에 내게는 50퍼센트보다 조금 더 높은 51퍼센트의 올바른 예측을 할 수 있는 능력이 생겼죠.

그 말씀은 회사의 주된 수익이 전반적인 시장 방향의 변화를 예상하며 시장 노출을 조정하면서 나오는 것이 아니라, 개별 주식을 잘 선택하는 것에서 나온다는 의미인가요?

아니에요. 내가 조금 과장해서 말한 것 같은데, 이점이 1퍼센트는 넘겠죠. 내 말의 요지는 마치 예측을 맞출 확률이 80퍼센트 이상 가능하다고 말하는 것처럼 이점이 그렇게 클 수 없다는 것이에요.

시장의 방향을 맞추는 것과 개별 주식을 선택하는 것 중 어느 것이 스타인하트 씨가 전체적으로 남들보다 뛰어난 성과를 거두는 데 더 많이 기여하고 있고 더 중요한가요?

지난 21년을 돌이켜보면 성공을 가져다주는 행위에 고정된 패턴이 있지는 않더군요. 어떤 해에는 몇몇 잘 고른 주식들이 힘차게 움직여줘서 뛰어난 성과를 거둘 수 있었고, 또 어떤 해에는 시장의 방향과 함께함으로써 예외적 수익을 올릴 수 있었어요. 예를 들어 드리죠. 1973년에서 74년 시장이 엄청 빠질 때, 우리의 포지션은 순매도였어요. 그래서 많은 수익을 거둘 수 있었죠. 어떤 때에는 채권에서 많은 재미를 본 적도 있었죠. 패턴은 없다는 사실에 주목해야 해요. 이 아수라장 같은 경쟁의 세계에서 성공하는 방식을 공식으로 정의 할 수 있다고 생각한다면 그건 자기 자신에게 현혹돼 있는 거예요. 왜냐면 누구도 변화의 속도를 따라 잡을 수 없거든요. 한 공식이 얼마간 맞았다 하더라도, 그 공식의 성공 그 자체가 그 공식의 필연적 실패를 수반하죠.

1973년에서 74년에 순매도포지션을 취할 정도로 주식시장이 내려가리라고 확신하게 된 동기는 무엇인가요?

경기후퇴를 예상했거든요.

무슨 근거로요?

그 당시의 높은 인플레는 결국 높은 금리로 이어질 것이고, 이는 경제에 찬 물을 끼얹을 것이라고 생각했지요.

1982년 주식시장이 큰 바닥을 형성하기 전에도 주식시장에 비관적 시각을 갖고 계셨나요?

그리 심하게 비관적이지는 않았어요. 그렇지만 1981년과 1982년, 재무부 중기 채권에 레버리지가 큰 포지션을 잡아 엄청 큰 재미를 봤죠. 비록 시간에 맞춰 이자율 상승의 끝을 예측할 수는 없었지만 한 가지 분명했던 점은 이자율 이 내려오지 않으면 다른 무엇도 별 매력이 없다는 것이었죠. 장기국채로 14퍼센트 수익이 나는 것과 비교할 때 주식은 가격 경쟁력을 얻으려면 당시 가격보다 실제로 훨씬 더 낮게 매매됐어야 했거든요. 따라서 어떤 주식을 살까 살펴볼 가치도 없었죠. 매도포지션을 고려해 볼 수는 있었겠지만 말입니다. 그 당시 특이했던 점은 다른 어떤 것에 가치가 생기려면 이자율이 반드시 방향을 바꿔야 한다는 것이었어요. 그때가 언제냐 하는 것이 문제였죠. 다른 시기와는 대조적으로 이 시기는 명백히 하나의 메시지만 전하고 있었죠. 미국 재무부의 확정금리부 증권[15]이 시대의 근본적 가치라는 메시지 말이에요.

역투자자 마인드를 조금이라도 가진 사람이라면 1980년대 초에 잠정적으로 엄청난 기회를 가져다줄지도 모르는 이자율을 살펴야 했습니다. 경제에 조금이라도 삐걱거리는 소리가 나면 연방준비이사회는 고삐를 늦출 테니까요. 게다가 인플레가 천정을 친 것을 이미 봤을 때니까요.

그렇다면 문제의 일부는 이미 노출되어 있었군요?

그렇죠. 그래서 그나마 희망을 가질 수가 있었던 거예요. 다 드러나면 너무 늦거든요.

역투자자 마인드를 언급하셨는데, 역투자자라면 그 당시 금리가 계속 오르는 상황에서 금리의 고점을 잡으려 시도했을 텐데요?

전적으로 맞는 말입니다. 사람들은 역투자자가 되는 일이 승리를 담보한다고 생각하죠. 그러나 역투자자는 대중과 반대로 가는 사람을 가리키잖아요. 대중은 항상 틀린다, 그래서 대중의 반대편에 있는 자는 항상 승리한다, 이 말은 진부한 속담에 불과해요. 세상은 그렇게 돌아가지 않거든요. 이자율이 처음 8퍼센트로 올랐을 때 채권을 매수한 많은 역투자자가 있었지만, 이자율은 그 후

---

15) 확정금리부 증권(U.S. Treasury fixed income securities) : 미국 재무부가 발행한 채권, 즉 미국국채를 이름

9퍼센트, 10퍼센트로 마구 치달았죠. 금리가 사상 최고치를 계속 갈아 치울 때 사람들은 채권을 매수해서 엄청난 돈을 잃었어요.

이론적인 역투자자와 역투자 기법을 실무에 적용하는 일에는 아주 중요한 차이점이 있습니다. 역투자자로서 돈을 따기 위해서는 정확한 타이밍을 알아야 하고, 포지션의 크기를 적절하게 조절할 줄 알아야 합니다. 포지션의 크기가 너무 작으면 매매의 의미가 없고, 너무 크면 조금만 타이밍이 어긋나도 싹쓸이를 당하게 되지요. 매매 과정에는 용기와 책임감, 그리고 자신의 심리상태를 자각할 줄 아는 능력이 필수적이죠.

제 생각에 상당 기간 시장이 포지션과는 반대로 움직였을 것 같군요.

맞아요. 아주 고통스러운 시간이었죠. 왜냐하면 내게 투자한 대부분의 사람들은 나를 주식 투자자로 알고 있었거든요. 내가 채권에 대해 무엇을 아는가? 이자율이 하늘로 치솟을 것이라고 세상에다 대고 외치는 헨리 카우프만(Henry Kaufman)의 말을 반박하는 나는 누구인가? 이런 생각들을 하며 괴로워했죠. 나는 과거와 다른 어떤 것을 하고 있었고, 이는 투자자들이 경보 안테나를 세우는 계기가 됐어요. 특히 기관 투자자와 같은 사고방식을 가진 사람들의 경보 안테나 말이에요. 그뿐만이 아닙니다. 나는 엄청난 크기의 포지션을 잡고 있었거든요.

100퍼센트 이상의 레버리지로 포지션을 잡으셨나요?

예. 한번은 5년 만기 채권에 회사 자본의 3배에서 4배에 달하는 레버리지로 포지션을 잡은 적도 있어요. 주식에서는 '얼마까지만 투기성 매매를 허락한다' 하고 감시하는 경찰이 있잖아요. 신용거래 보증금(margin requirement) 말입니다. 그렇지만 채권에서는 만기에 따라 매수액의 98퍼센트까지 융자가 가능하거든요. 실제로는 제한이 없는 것이나 마찬가지지요.

채권을 사기 시작했을 때부터 시장이 바닥을 칠 때[이자율이 천정에 다다랐을 때]까지 시간이 얼마나 걸렸나요?

1981년 봄부터 사기 시작했는데, 내 생각에 채권은 1981년 9월 30일에 바닥을 친 것 같아요.

그 반년 동안 이자율은 얼마나 더 올라갔나요?

정확히 기억이 나지는 않는데, 하여간 고통스러울 만큼 올라갔지요. 특히 내 포지션의 크기를 생각하면 더욱 그랬죠.

주로 주식만 매매하는 트레이더였다가 처음으로 채권에 대규모 공습을 감행하셨는데, 이내 상당한 손실이 초래됐잖아요. 자신의 판단이 잘못됐다는 의심은 해보지 않으셨나요?

나 자신을 줄곧 의심했죠. 1981년 여름은 내가 사업을 하며 가장 어려운 경험을 한 시기였어요. 지식이 넓고 생각도 깊은 많은 투자자들이 내가 하는 일을 정말 못마땅해 했지요. 나 역시 나 자신에 대한 확신이 없었고요.

"아마도 내가 판단을 잘못했나 보다." 이렇게 말하고 포지션을 청산하거나, 아니면 최소한 줄이려는 시도를 해보지도 않았나요?

아뇨, 안 해봤어요.

스타인하트 씨의 매매원칙 중 하나는 자신의 기본적 분석이 옳다고 믿는 한 포지션을 유지하는 것이군요. 여기에 어떤 예외가 있었나요? 말하자면 기본적 분석의 관점에 변화가 없었지만 손실을 감당하지 못해 포지션을 정리한 그런 때는 없었나요?

매도포지션을 잡았는데 그 포지션 전체를 유지할 자신감을 잃었던 적이 몇 번 있었죠. 1972년이 정말 그랬어요. 니프티-피프티[16] 현상이 절정에 달했던 시기였죠. 1987년 10월을 빼면, 그 기간이 내 투자 인생에서 최악의 기간이었다고 할 수 있어요. 그 당시 '기업이 평균보다 상당히 높은 성장을 장기간 지속적으로 유지하는 한 얼마에 그 회사 주식을 사든 문제가 되지 않는다' 하는 이론이 있었어요. 많은 성장주들이 미쳤다고 할 정도로 어닝(earning)의 수십 배로 매매됐죠. 우리는 폴라로이드(Polaroid)가 어닝의 60배에 매매될 때 이 주식에 매도포지션을 취했어요. 어닝의 60배는 너무나 터무니없는 수치라고 생각했거든요. 그런데 이 주식의 값이 어닝의 70배로 올라가더라고요. 시장이 이성을 잃은 것처럼 보였어요. 우리는 스스로에게 "어닝의 40배와 80배의 차이점은 무엇인가?" 하고 다시 질문해 보지 않을 수 없었어요. 장기간 지속될 성장률을 예측하며 변수를 요리조리 조정해주면 몇 십 배가 아니라 몇 백 배도 가능하다는 얘기가 되거든요. 그 당시 사람들은 그런 방식으로 생각했던 거예요.

그래서 그 기간 동안 뒤로 물러섰나요?

때때로 그랬습니다. 너무 많은 돈을 잃고 있었으니까요.

그 후 PER은 한참 더 올라갔으니까 물러서신 것은 잘한 조치로 판명 났겠군요? 아니면 물러서지 않고 계속 포지션을 고집하는 것이 더 나았을까요?

거의 모든 경우, 지나고 나서 돌이켜보면 '포지션을 지키는 것이 옳았었구나' 하고 생각하게 되죠.

1987년 10월의 시장 경험은 투자자로서 겪은 가장 어려운 시장 경험 중 하나였다고 언

---

16) 니프티-피프티(Nifty - Fifty) : 가격상승의 특징이 오르는 주식만 계속 오르는 차별화를 보이는 것으로, 1970년대 초대형 우량주들이 이런 현상을 보임 — 역자 주.

급하셨는데…, 물론 많은 사람들과 교류를 하셨을 테고…, 그렇다면 철저한 역투자자면서 1987년 10월에 손실을 보셨다는 게 조금 의아스러운데요. 왜냐하면 그렇게 모든 사람이 강세장의 행복감에 빠져 있던 해에 큰 매수포지션을 취했으리라는 생각이 들지 않거든요. 어떻게 된 것인가요?

실제로 1987년 봄에 나의 투자자들에게 내가 시장 상황을 염려하고 있는 이유와 시장 노출을 상당량 줄이고 있는 이유를 설명하는 편지를 썼어요. 그러면서 시장이 역사적 관점에서 볼 때 터무니없이 높은 수준에서 움직이는 이유를 계속 생각해 봤죠. 그리고 다음과 같은 결론에 도달했어요. '근본적인 문제는 미국 주식시장에서 발생하고 있는 두 가지 현상이 복합적으로 특이하게 작용한 데서 기인한다. 하나는 발행 주식 수의 상당량이 지속적으로 감소하고 있다는 것이고, 다른 하나는 융자를 주고받는 일에 대해 사람들이 더 편안하게 생각하게 됐다는 것이다' 하는 것이었죠. '은행들이 융자를 주는 데 거리낌이 없고, 정크본드[17] 시장이 활황이며, 기업 경영자가 자사주 매입을 옳은 결정으로 여기는 한 주식 가격은 비정상적이게도 상승 쪽으로 치우칠 것이다' 하고 생각하게 됐어요. 내 생각에 1987년 동안 주식이 고평가 상태에 있었던 중요한 이유는 그것뿐이더군요.

따라서 '이 상황을 변화시킬 것은 무엇인가?' 하는 의문이 중요하게 다가왔죠. 그 대답은 경기후퇴였어요. 경기후퇴가 언제 오든 그 결과는 끔찍할 것으로 생각됐습니다. 왜냐하면 정부는 호황기 동안 경기 사이클에 대응하는 재정정책을 펼치지 않았고, 그로 인해 경기후퇴에 맞서 싸울 유연성을 상실했거든요. 그렇지만 1987년 가을에는 경제가 약화하기는커녕 오히려 팽창했어요. 당연히 연방준비이사회가 매를 들었죠.

---

17) 정크본드(junk bond) : 신용등급이 낮은 기업이 발행하는 고위험 고수익 채권 — 역자 주.

내가 예상하지 못했던 것은 그렇게 극적이지도 않은 사건이 시장에 그렇게 큰 충격을 가할 수도 있다는 사실이었어요. '연방준비이사회의 금리인상이 중요한 이유는 진실로 무엇인가?' 하고 나 자신에게 되물었죠. 일반적으로 금리인상은 주식시장에서 100포인트 내지 200포인트의 하락을 가져오는데, 500포인트는 너무 심했어요. 역사에 비추어 보면 재무장관 베이커가 독일을 비난했던 것에 어떤 중요성이 있었나요? 통화의 올바른 가치평가에 대한 생각이 달랐을 뿐이었어요. 전혀 새로운 사건이 아니었죠. 돌이켜 보면 10월 19일이 지난 후 현실 세계에 무슨 일이 일어났나요? 아무 일도 없었잖아요. 그래서 그 문제는 시장 내부에서 기인했다는 결론에 이르게 됐어요. 주식시장 참여자들이 임박한 금융시스템의 붕괴를 예견했던 것도 아니고, 엄청난 경기침체를 내다봤던 것도 아니었어요.

그렇다면 10월 19일의 가격 붕괴가 그렇게 극단적이었던 것은 어떻게 설명될 수 있을까요?

10월 19일의 대 붕괴를 초래한 문제는 다음 두 가지 사항이 결합된 것입니다. 첫째는 현실 세계에서 비교적 작은 변화가 있었고, 둘째는 1980년대 생긴 여러 가지 제도상의 변화에 시장 메커니즘이 대응할 능력을 갖고 있지 않았던 것이에요. 개인투자자와 전문가 제도[18]라는 시장 안정화의 요소들이 그 중요성을 현저히 잃고 있었어요.

포트폴리오 보험이 주가 하락을 더욱 심화시켰다고 생각하시나요[포트폴리오 보험

---

18) 전문가 제도(specialist system) : 어떤 주식의 수요와 공급이 불균형을 이룰 때 개인이나 단체가 완충 역할을 하여 그 불균형이 제거되도록 매매를 해 주는 것 — 역자 주.

(portfolio insurance)은 주가가 하락할 때 주식 포트폴리오의 위험 노출을 줄이기 위해 주가지수 선물에 체계적으로 매도포지션을 취하는 것을 가리킨다]?

그것도 새로 생겨난 것들 중의 하나죠. 한편으로 안정화의 요소들이 줄어들고, 다른 한편으로는 시장을 한 방향으로 몰아대는 것들, 즉 포트폴리오 보험, 프로그램매매, 자산의 세계적 배분 등이 1980년대에 생겨났던 거예요. 제가 말하고자 하는 바는, 이런 전략을 구사하는 사람들은 매수자인 동시에 매도자인 경향이 있다는 것이죠. 주식시장은 여기에 대처할 준비가 안 되어 있었던 것이고요.

10월 19일 스타인하트 씨의 포지션 방향은 어땠나요?

나는 80에서 90퍼센트 매수포지션을 취하고 있었고, 그날 당일에 포지션을 더 늘렸어요.

왜 그랬죠? 여전히 강세 마인드를 유지했나요?

내가 포지션을 늘린 것은 순전히 역투자적 매매방법에서 기인한 것이었죠. 왜냐하면 시장에 엄청난 움직임이 있을 때, 대부분은 격한 감정과 극단적 사고가 그런 움직임을 연출한 것으로 보면 맞거든요. 감정을 자제하고 조금 떨어져서 시장을 보면 매매가 잘 풀리는 경향이 있어요. 그날 내가 매수를 한 것은 300포인트, 400포인트, 500포인트, 이렇게 아래로 내려가는 날이면 언제나 단행할 그런 행동이었습니다.

매수포지션은 계속 유지하셨나요?

아니요. 이후 두 달에 걸쳐 포지션을 줄여나갔죠. 대폭락과 그로 인해 심하게 흔들리게 된 내 신념은 매매에 영향을 미쳤어요. 그래서 시장에서 벗어나 방관자로 시장을 바라보기로 했죠. 현금을 보유하고 편하게 상황을 다시 재고

하는 일이 시장 안에서 허우적대는 것보다 낫다고 생각했어요.

매수포지션을 취하게 한 기본적 전제가 더 이상 유효하지 않다고 생각하셨나요?

시장 안정성을 감소시킨 힘의 크기를 과소평가 했다고 생각했지요.

1987년 10월 동안 몇 퍼센트 손실을 보셨나요?

10월 한 달 동안 20퍼센트 이상의 자산 감소가 있었어요.

1987년 10월의 경험을 뒤돌아 봤을 때, 가르침을 준 오류가 있다고 생각하시나요?

나와 자주 대화를 나누는 훌륭한 투자자가 있어요. 그 사람이 "내가 시장에 들고 가는 것은 28년 동안 범한 오류 목록이 전부입니다" 하고 말한 적이 있죠. 나는 정말 그의 말이 옳다고 믿어요. 사람에게는 오류를 범하면 같은 오류를 다시 범하지 않게 하는 어떤 잠재의식적인 현상이 있어요. 내가 매매하는 방식, 그러니까 장기 투자, 단기 매매, 개별 주식 선택, 타이밍, 업종 분석 등은 나로 하여금 너무나 많은 결정을 하게 하고 오류를 범하게 하죠. 이렇게 많은 결정과 오류를 범하는 것에 이점이 있다면 그것은 이로 인해 나는 내가 투자자로서 살아온 세월에 비해 훨씬 더 현명해졌다는 것이죠.

전형적인 뮤추얼펀드는 사서 마냥 기다리는 방식의 투자를 고수하죠. 뮤추얼펀드의 이런 전략은 기본적으로 잘못된 개념이라고 생각하시는지요?

그래요. 하지만 '잘못된'이라고 말하기에는 조금 뭣하군요. 오히려 '너무 제한적인 전략'이라는 말로 표현하고 싶어요. 주가가 떨어지는 시기의 고통을 감수하고라도 미국 주식의 장기적 성장과 같이 가겠다는 목표는 훌륭해요. 그렇지만 전문적 운용으로 생기는 가능성이라는 관점에서 보면 이 방법은 너무나 많은 것을 탁자 위에 올려놓고 방치하고 있는 것이죠. 그래서 불완전한 전략이고요.

그렇지만 여전히 펀드의 대부분은 이 부류에 속하죠.

그렇습니다. 하지만 이전보다는 줄었죠. 점점 더 많은 사람들이 시장 타이밍에 주목하고 있어요. 그들에게 타이밍을 잘 맞추는 필수적 역량이 있어서가 아니라, 사서 마냥 기다리는 방법이 무엇을 의미하는지를 깨닫게 되어서죠. 내가 어렸을 때는 '주식을 사서 지하 금고에 넣어두고 잊어버려라'가 일반적인 격언이었는데, 이제 더 이상 이 격언은 통하지 않아요. 우리는 먼 미래에 대한 확신을 잃은 겁니다.

뮤추얼펀드 업계는 변화할 것이라고 생각하시나요?

뮤추얼펀드 업계는 대중 투자자들의 입맛에 무척 민감하기 때문에 대중들의 현재 욕구를 충족시킬 상품을 개발할 거예요.

손실을 보는 시기에는 어떻게 대처하시나요?

그 질문에 딱 들어맞는 대답이나 공식은 없어요. 매매에 관한 다른 많은 질문들에도 마찬가지죠. 이 업계에서 다른 사람을 어떤 방향으로 이끌어 가기 위해 정확한 말로 표현할 수 있는 것은 아무 것도 없어요.

다시 말해 손실 기간의 성질이 기간마다 다르기 때문에 일반적으로 적용 가능한 현명한 방법 같은 것은 없다는 말씀이군요. 스타인하트 씨 자신에게조차도 말이죠.

맞아요.

펀드 회사의 트레이더로 어떻게 출발하게 됐는지 말씀해 주시겠습니까?

1960년대 후반에 이 사업을 시작했을 때 나는 애널리스트 경력밖에 없었어요. 롭로즈(Loeb Rhoads)에서 농기계와 경기에 민감한 소비재를 분석하는 애널리스트로 일했었죠. 나는 이 사업을 두 친구와 같이 시작했는데, 그들도 애널리스트였어요. 우리의 사업이 성장하면서 매매는 더더욱 중요한 부분이 됐죠. 나는 매매에 대한 경험이 별로 없었지만 회사의 트레이더가 됐어요.

매매경험도 별로 없었는데 어떻게 트레이더 역할을 맡으셨죠?

아마 애널리스트로서 두 친구들만큼 소질이 없었나 봐요.

사업 초기에도 트레이더로서 좋은 실적을 거두셨는데, 경험도 없이 어떻게 그렇게 해낼 수 있었죠?

나의 아버지는 평생을 도박꾼으로 사셨죠. 나는 이 사업에 도박의 요소가 있다고 생각해요. 물론 이 말이 정당화될 수는 없겠지만 말이죠. 아마 아버지로부터 도박의 재능을 물려받지 않았나 생각해요.

20년 이상 주식시장에서 매매를 해오셨는데, 그 기간에 목격하신 주목할 만한 변화가 있다면 말씀해주시겠습니까?

현대와 20년 전을 비교해보면 그 당시 트레이더의 지적능력이나 정보력은 아주 보잘것없는 것이었어요. 증권사의 트레이더들은 의사소통도 원활히 못하는 브룩클린(Brooklyn) 출신의 애송이들이었죠. 그들의 보수는 형편없었고, 결정권도 거의 없었어요. 따라서 처음 매매를 시작했을 때는 갓난아기에게서 사탕 뺏어 먹는 것과 같더군요.

한번은 어떤 트레이더가 펜 센트럴(Penn Central) 주식 70만 주를 팔아야 했어요. 당시 그 회사는 이미 회사 갱생법에 따라 절차를 밟고 있었죠. 마지막 매매 가격이 7달러였는데, 매도자는 시세판을 점검해보지도 않더군요. 그래서 나는 70만 주를 6달러 12.5센트에 살 수 있었죠. 매도자는 주식이 마지막 시세보다 1달러 밑에서 팔리지 않아 다행이라 생각하더군요. 하지만 나는 주위를 둘러보고 방금 산 70만 주를 6달러 87.5센트에 팔았죠. 그 가격이면 70만 주가 아니라 그 3배도 팔 수 있었을 겁니다. 나는 그 거래로 50만 달러도 넘게 벌었죠. 단 12초 만에요.

얼마 동안 그런 환경이 지속됐나요?

1975년에 주가 종합 처리 테이프[19]가 도입되기 전까지죠. 지금은 경쟁이 훨씬 더 치열해졌어요. 매매에 참여하는 사람들도 엄청 똑똑해졌고요. 다른 변화는 소매로 거래하는 사람들의 숫자가 괄목하게 줄었다는 것이죠. 시장은 기관들에 의해 움직이게 됐어요. 개인들은 뮤추얼펀드로 간접 투자를 하죠. 증권 중개회사는 개인 고객들에게 주식을 팔기보다는 멍청한 뮤추얼펀드와 자기들이 '금융 상품'이라고 부르는 터무니없는 것에 주식을 팔아요.

아마도 가장 중요한 변화는 이 업계 전체가 훨씬 더 단기 지향적이 됐다는 사실일 겁니다. 과거 투자자였던 모든 사람들이 이제는 트레이더죠. 기관들은 자신들의 회사를 가장 높은 수익률을 달성하는 것이 목적인 회사라고 정의를 내리죠. 과거에는 자기들은 장기투자자라고 말했거든요. 장기 추세를 예측하는 능력에 대해 사람들이 갖던 믿음은 크게 감소됐어요. 1967년 한 증권사가 맥도날드의 주당 어닝(earning)을 2000년까지 예상하여 보고한 적이 있었죠.

---

19) 주가 종합 처리 테이프(consolidated tape) : 주가의 시세와 거래량을 빠른 속도로 계속해서 전달하는 전자 시스템 — 역자 주.

그런 것이 일반적이었어요. 그 당시 사람들은 장기간의 어닝을 예상할 수 있다고 생각했어요. 왜냐하면 기업은 안정적으로 성장했고, 따라서 앞으로의 성장도 예상 가능했으니까요. 사람들이 미국이라는 나라와 안정적 성장을 신뢰했던 것이죠. 하지만 지금의 주식은 그런 류의 장기적 분석을 허락하지 않아요.

1970년대와 80년대에 장기 성장 추세를 분석하는 일이 더 이상 효과가 없게 됐다는 사실은 매매가 어떻게 변할 것인가를 암시하고 있어요. 1950년대와 60년대 영웅은 장기투자자였지만, 오늘날의 영웅은 꾀가 많은 사람이에요. 골드스미스(Goldsmith) 같이 자본주의의 미덕을 칭송하는 사람들이 있어요. 골드스미스는 자신이 굿이어(Goodyear) 사에 행한 것을 자랑스레 말하지만 그 사람이 굿이어에 무얼 했나요? 그는 7개월 동안 그곳에 있으며 8백만 달러를 벌었어요. 경영권을 지키길 원하는 굿이어 사에 대규모 주식을 비싼 값에 팔고 경영에서 물러났죠. 그 자가 굿이어에 자기가 한 짓을 말하는 이유는 스스로 양심의 가책을 느껴서 어떻게든 자신의 행위와 자본주의의 과정을 연결해 자신을 합리화해보자는 것이에요. 골드스미스같이 그린메일[20]을 노리는 자들은 경영자에 대해 트집을 잡고 한탄하는 소리를 해야 하죠. 그렇지만 그들은 회사를 경영하는 일에 대해 쥐뿔도 모르는 자들이에요. 몇몇 법이 해제되면서 사람들은 과거에 할 수 없었던 일을 하게 됐어요.

어떤 법을 말씀하시는 것이죠?

법무부가 기업 인수에 대해 새로운 해석을 내린 것과 어떤 것이 독점이다 하고 내린 정의를 말하는 겁니다.

---

20) 그린메일(greenmail) : 개인이나 단체가 어떤 기업의 주식을 다량으로 매집하여 그 기업에 적대적 인수의 의도가 있는 척 가장하면, 그 기업은 방어 목적으로 프리미엄을 붙여 그 주식을 되사게 되는데, 이런 이유로 기업이 주식을 되사는 것을 가리켜 그린메일이라 함 — 역자 주.

아마추어들에게 해줄 수 있는 중요한 조언 한 말씀 부탁드립니다.

이 업계의 미끼 중 하나는 가장 문외한이라고 할 수 있는 사람이 때때로 엄청나게 잘 해낸다는 것이죠. 이는 이 일을 잘 해내는 데 전문성을 꼭 갖추어야 하는 것은 아니라는 인상을 주게 되는데, 참 불행한 일이에요. 왜냐하면 엄청난 덫이거든요. 그래서 내가 해주고 싶은 중요한 조언은 '이 업은 경쟁이 치열한 업이다' 하는 말이에요. 주식을 사거나 팔려고 결정할 때 이 업으로 일생의 대부분을 보낸 사람들과 경쟁하고 있다는 사실을 인식하라는 말입니다. 많은 경우 이들 전문가들은 자신의 반대편에 있으며, 평균적으로 그들이 자신을 이긴다는 사실을 명심하라는 것이죠.

그 말씀은 대체로 초보 트레이더는 자신의 돈을 전문적으로 운용되도록 하는 것이 더 낫다는 뜻인가요?

'전문적 운용'이라는 용어가 이 업계의 평균적인 전문가들에게 적용될 수 있는 용어인지 확신이 서지 않는군요. 내가 말하고자 하는 바는 주식에 투자하여 훨씬 높은 수익을 거둘 수 있다고 가정하는 타당한 이유가 있어야 한다는 것이에요. 재무부 장기 채권에 투자해서 9퍼센트 내지 10퍼센트의 수익을 낼 수 있고, 단기채권의 경우 7퍼센트 내지 8퍼센트의 수익을 낼 수 있다면, 그보다 훨씬 위험한 주식에 투자해서는 몇 퍼센트의 수익을 얻어야겠습니까? 아마 훨씬 높은 수익이 나야겠죠. 그 수치가 얼마인지를 결정하고, 그 수치를 달성할 현실적인 기회와 수단이 있는지 생각해보라는 것이죠.

다시 말해 시장을 과소평가 하지 마라, 이렇게 말해도 될까요?

그래요. 주식은 위험하기에 더 높은 수익이 난다는 헛소리는 잊어버려야 해요. 그건 진실이 아니에요. 주식은 훨씬 더 위험하기 때문에 주식투자로 더 높은 수익을 올릴 수 있다는 확신의 근거가 반드시 있어야만 하고, 그래야만 이 게임에 참여할 수 있다는 말입니다. 뮤추얼펀드에 투자하면 더 높은 수익을 얻을 것이라고 생각해서도 안 되고요.

하지만 역사적으로 주식시장이 이자 수익보다 훨씬 더 많은 수익을 가져다 준 건 사실 아닌가요?

물론입니다. 그러나 통계적인 속임수도 많이 가미돼 있어요. 평균 수익을 계산할 때 어느 시점에서 계산을 시작하느냐에 따라 산출되는 값은 상당한 차이를 보이죠. 예를 들어 1968년이나 1972년에서 시작하면 주식이 그렇게 좋게 보이지는 않을 겁니다.

매매를 잘 하려면 어떤 요소가 필요한가요?

매매를 잘한다는 말은 자신의 아이디어를 따르는 신념과 자신이 오류를 범한 때를 깨닫는 유연성 사이에서 균형을 잘 맞춘다는 것이죠. 매매를 한다는 것은 무언가에 신념을 가지면서, 동시에 수많은 잘못을 범한다는 말이에요. 신념과 겸손 사이의 균형은 오랜 경험과 많은 오류를 통해서 가장 잘 습득하게 되죠. 또한 매매의 상대편을 주의 깊게 살펴야 합니다. "왜 저 사람은 팔기를 원할까? 내가 모르는 무엇을 아는 것일까?" 하고 항상 자신에게 질문을 해봐야 하죠. 마지막으로 자신과 다른 사람에게 지적인 면에서 정직해야만 합니다. 내 판단으로는 모든 훌륭한 트레이더들은 진실을 갈구하는 사람들이에요.

스타인하트의 '다른 관점'은 기본적으로 역투자자의 시장 접근 방식이다. 그러나 시장심리를 조사한 수치나 상승 견해를 조사한 수치 등을 사용하는 것

만으로는 성공적인 역투자자가 될 수 없다. 시장은 그렇게 쉽게 성공을 허락하지 않는다. 시장심리는 가격이 천정에 다다랐을 때 매우 낙관적이며, 바닥에 다다랐을 때 매우 비관적이기는 하지만, 불행하게도 극도의 낙관적 시장심리와 비관적 시장심리는 또한 추세가 확장할 때 나타나는 시장 성격이기도 한 것이다. 요점은 역투자자가 되는 것만으로는 불충분하고 정확한 때에 역투자자가 되어야 한다는 것인데, 정확한 시점의 판단은 간단한 공식 몇 개를 근거로 도달되는 것이 아니다. 성공적 역투자자가 되려면 진정한 기회를 포착하는 능력이 필요하다. 스타인하트가 기회를 포착하는 데 사용하는 도구는 예리한 기본적 분석 능력과 시장 타이밍의 기술을 결합한 것이었다.

스타인하트의 위험 대비 매우 높은 수익률이라는 성과에 또 하나의 중요한 열쇠는 유연성이었다. 매도포지션을 매수포지션처럼 편안하게 생각하고, 자신의 기본적 분석에 의해 확고한 신념이 섰을 때는 주식시장이 아닌 다른 시장에서도 매매하기를 꺼려하지 않는 점은 그의 유연성을 잘 설명해준다. 그는 "매도포지션, 헤지, 채권 시장, 선물시장 등등 고려해볼 것이 많으면 많을수록 더 유리한 위치를 점하는 것이죠"라고 말했다.

내가 많은 훌륭한 트레이더들에게서 감지할 수 있었던 특징 중에 한 가지는, 그들은 절호의 매매 기회라고 생각되면 엄청난 규모의 포지션을 과감하게 취할 줄 안다는 점이었다. 정확한 시점에 가속기 페달을 과감히 밟을 수 있는 기술과 배짱은 예외적으로 빼어난 트레이더들이 평균보다 조금 나은 트레이더들과 차별화되는 특징들 중 하나이다. 1981년과 1982년에 스타인하트가 재무부 중기 채권에 엄청난 규모의 포지션을 잡은 일은 이런 특징의 완벽한 예라고 할 수 있다.

신념을 갖는 능력은 아마도 모든 트레이더에게 소중한 자질이 될 수 있을 것이다. 그러나 역투자자에게 신념은 본질적이며 필수적인 것이다. 스타인하트는 자신이 옳다고 믿는 한 어떤 어려움에도 확고부동하게 대규모 포지션을 유지하는 놀라운 신념을 몇 차례나 증명해 보였다. 1981년 이자율이 6개월간 절정으로 치달을 때 재무부 중기 채권 포지션을 유지한 그의 신념은 눈여겨볼 만하다. 그는 시장이 자신과 반대로 움직였어도 흔들리지 않았을 뿐만 아니라, 주식 트레이더가 뜬금없이 채권을 매매하는 일에 의문을 제기하며 불만을 표시하는 투자자들이 주는 심리적 압박감도 버텨냈다. 이 모든 과정을 겪으면서도 스타인하트는 흔들리지 않았고, 오히려 포지션을 늘리기까지 했다. 이는 자신이 옳다는 확고한 신념이 있었기 때문이다. 그의 이런 신념이 없었다면 마이클 스타인하트라는 이름은 세상의 이목을 절대 끌지 못했을 것이다.

스타인하트는 또한 절대적 공식이나 고정된 패턴 따위는 없다는 점을 강조했다. 시장은 항상 변화하고, 성공적인 트레이더는 이런 변화에 적응할 줄 아는 자들이라는 것이다. 스타인하트는 확고히 정착된 방법을 찾으려 하는 트레이더는 얼마 못 가서 실패하게 되어있다는 견해를 갖고 있었다.

William O'Neil _ 윌리엄 오닐

주식 선택의 기술

    윌리엄 오닐은 거침없는 낙천주의자이며, 미국 경제 시스템과 그 가능성의 열정적 팬이다. "미국에서는 아주 좋은 기회가 매년 발생하죠. 준비하고 있다가 기회가 왔을 때 잡아야 해요. 작은 도토리가 거대한 참나무로 자랄 수 있다는 사실을 발견하게 될 거에요. 지속적으로 열심히 노력하면 무엇이든 가능해요. 성공은 이룰 수 있어요. 성공하겠다는 결심이 성공의 가장 중요한 열쇠에요"라고 오닐은 말했다.

    오닐은 자신이 한 말의 산 증인이며, 그의 삶은 미국의 전통적인 성공 스토리인 것이다. 그는 오클라호마(Oklahoma)에서 배고픈 대공황의 시대에 태어나, 텍사스(Texas)에서 자랐다. 엄청난 수익을 올리는 투자자일 뿐만 아니라, 굉장한 성공을 거둔 사업가인 그는 두 직업 모두에서 거대한 부를 이룩했다.

    오닐은 1958년에 하이든, 스톤, 앤드 컴퍼니(Hayden, Stone, and Company)라는 증권사에서 중개인으로 금융계에서의 첫 직업을 가졌다. 거기서 그는 훗

날 자신의 투자 전략의 중요한 구성 요소를 형성하게 되는 연구를 시작하게 된다. 오닐의 매매 개념은 시작부터 대단히 효과적인 것으로 드러났다. 1962년부터 63년까지, 세 개의 매매, 즉 코벳(Korvette) 매도, 크라이슬러(Chrysler) 매수, 신텍스(Syntex) 매수를 조합한 특이한 포지션을 구축하여 이익이 날 때마다 그 포지션의 크기를 늘리는 방법으로 최초 5,000달러 투자자금을 200,000달러로 부풀렸던 것이다.

1964년 오닐은 투자로 번 돈으로 뉴욕 증권 거래소에 회원권을 구입하고, 윌리엄 오닐 앤드 컴퍼니(William O' Neil and Co.)라는 이름의 기관 투자자를 고객으로 하는 연구 및 중개회사를 설립하게 된다. 그의 회사는 주식시장의 종합적 정보를 전산화하여 제공하는 회사들의 리더였으며, 오늘날 미국에서 가장 높이 평가받는 증권연구회사들 중 하나로 꼽힌다. 윌리엄 오닐 앤드 컴퍼니는 500개 이상의 대형 기관과 28,000명의 개인 구독자들에게 데일리 그래프스(Daily Graphs)라는 차트 서비스를 제공하고 있다. 이 회사의 데이터베이스는 주식 7,500 종목의 각각에 대한 120종의 통계 수치를 보유하고 있다.

오닐의 가장 겁 없는 사업은 1983년 월스트리트 저널(Wall Street Journal)에 맞서 인베스터스 데일리(Investor' s Daily)를 출범한 것이다. 적자를 면하기까지 많은 시간이 걸릴 것이라는 사실을 알았던 그는 자신의 자금을 투입하여 그 신문의 재정을 조달했다. 1984년, 2백만 부 이상이 발행되던 월스트리트 저널의 그늘에서 3만 부도 안 되는 부수로 인베스터스 데일리의 발행이 시작됐을 때 많은 사람들은 이 사업에 대해 회의적이었다. 그러나 1988년 중반부터 인베스터스 데일리의 구독자 수는 11만 명으로 늘어났고 독자층도 급속히 상승하고 있는 중이다. 적자를 벗어날 수치로 예상되는 20만 구독자는 더 이상 허황된 수치로 여겨지지 않는다. 오닐은 인베스터스 데일리가 결국 80만 구독자를 갖게 될 것이라고 믿었다. 그의 인베스터스 데일리에 대한 끊임없는 확신은 사람들이 이 신문의 금융시장 일람표에서 다른 어디에서도 구할 수 없는 통계 정보를 얻을 수 있다는 사실에 기인한다. 주당 순이익(EPS) 순위, 상대강도(relative strength), 거래량의 퍼센트 변화가 이들 통계 정보인데, 이는 인터뷰에서 논의될 것이다.

1988년 오닐은 자신의 매매 개념을 『주식으로 돈 버는 방법(How to Make Money in Stocks)』이라는 제목의 책을 통해 종합적으로 정리했다. 맥그로힐(McGraw Hill) 출판사에 의해 출판된 이 책은 그해 투자 부분의 베스트셀러였으며, 명료하고 간결한 문체로 훌륭하면서도 특별한 매매 조언을 제공하고 있다.

오닐은 각종 사업에 손을 댔지만 그것이 주식 투자 전문가로서의 그의 성적에 해를 끼치지는 않았다. 그는 지난 10년 동안 주식 투자로 연간 평균 40퍼센트 이상의 수익을 기뒀다. 그에게 가장 큰 수익을 올려준 주식은 1970년대 케네디안 오일(Canadian oil) 주식과 1970년대 후반부터 1980년대 초반 픽앤세이브 앤드 프라이스 컴퍼니(Pic' n' Save and Price Co.) 주식이다.

오닐의 가장 유명한 시장에 관한 조언은 월스트리트 저널에 두 페이지짜리 전면 광고를 내서 거대한 상승장이 임박했다는 사실을 알린 일일 것이다. 이 광고들의 타이밍은 더 이상을 바랄 수 없는 최상의 것이었다. 1978년 3월과 1982년 2월에 이 광고들이 나왔던 것이다.

오닐은 자신의 회사인 윌리엄 오닐 앤드 컴퍼니에 어떤 허례허식도 용납하지 않는 듯했다. 나는 지금껏 그렇게 북적거리는 회사를 본 적이 없었다. 그러나 오닐은 자신에게 어떤 특별대우도 허락하지 않고 있었다. 최고 경영자가 맞나 싶게 그는 사무실을 두 명의 직원과 함께 공유하고 있었다. 나는 오닐에게서 주장이 강하고, 표현이 명료하며, 자신감이 넘치는 사람이라는 인상을 받았다. 또한 그는 미국의 시장에 대해 강한 강세 마인드를 갖고 있었다.

오닐 씨의 주식 투자 기법을 적절히 표현하는 말로 '개성 있고 독창적'이라는 단어들이 떠오르는군요. 매매 아이디어를 처음 어디에서 개발하게 됐는지요?

대부분의 사람들이 거치는 같은 과정을 저도 거쳤어요. 몇 명의 사람들에게서 투자 추천 레터를 구독했는데 대부분 쓸모가 없더군요. 저평가된 주식, 그러니까 PER이 낮은 주식을 사라는 말 같은 그런 이론은 그다지 맞는 이론이 아님을 알게 됐죠.

언제 처음 효과가 있는 시장 접근방법을 발견하게 됐나요?

1959년에 나는 시장에서 아주 좋은 성과를 거두는 사람들에 대한 연구를 했었죠. 그 당시 드레퓌스(Dreyfus) 펀드는 1,500만 달러 정도를 운용하는 아주 작은 회사였어요. 펀드를 운용하는 잭 드레퓌스(Jack Dreyfus)는 자신의 경쟁 상대들보다 두 배나 높은 수익을 올리고 있었죠. 그래서 나는 그 회사의 사업 안내서와 분기 보고서를 구해서 봤어요. 또한 그 회사가 각각의 주식을 정확히 어느 시점에 매수했는지를 차트로 확인해 봤죠. 100종목 이상이나 되는 주식이었어요. 테이블 위에 그 차트들을 늘어놨을 때 처음으로 그럴듯한 발견을 하게 됐죠. 약간도 아니고, 대부분도 아니고, 모든 주식이 신고점에 올랐을 때 매수됐더라고요.

그래서 뛰어난 성과를 얻는 방법으로 내가 배우게 된 첫 번째 사항은 저점에 다다른 주식을 사는 것이 아니라, 넓은 바닥을 그리다 그 바닥에서 벗어나 신고점을 형성하기 시작하는 주식을 사야 한다는 것이었죠. 즉 큰 움직임이 시작되는 시점을 찾으려 애써야 한다는 거예요. 그래야 수개월, 혹은 수십 개월씩 주식을 타고 앉아 마냥 출발을 기다리며 시간을 낭비하지 않는다는 것이죠.

나는 과거 수년간 크게 상승한 주식들을 연구했어요. 그리고 그 주식들이 큰 상승이 있기 전에 보인 공통적인 성질이 무엇인지 발견하려 노력했죠. 예전 부터 사람들이 믿어왔던 것들, 예를 들어 PER 같은 것에 얽매이지 않았어요. 시장이 움직이는 실제적 현상을 기반으로 많은 변수들을 조사해서 나만의 매매방법을 개발했죠.

상승할 주식을 선택하는 오닐 씨의 방법을 구체적으로 설명해 주시겠습니까?

나는 외우기 쉽게 두문자(頭文字) 단어를 하나 만들었어요. 바로 캔슬림(CANSLIM)이죠. CANSLIM의 7개 알파벳은 거대하게 상승한 주식들이 그 상승의 초기 단계에 보인 7개의 주요 성질을 나타내는 거예요.

CANSLIM의 C는 주당 현재 순이익(Current earnings per share)을 나타내죠. 가장 훌륭한 움직임을 보인 주식들은 거대한 상승이 있기 직전에 전년 동기 대비 현 분기 순이익이 평균 70퍼센트 성장했어요. 개인투자자들뿐만 아니라 다수의 연금 펀드매니저들조차 현 분기 순이익에 변화가 없거나 하락한 종목의 보통주를 매수하는데, 이는 정말 놀라운 사실이에요. 현재의 순이익이 좋지 않다면 주식이 상승할 이유는 전혀 없거든요. 우리의 연구 결과가 증명하듯 최고의 주식들은 주가가 폭등하기 전에 대단한 이익 성장을 보이는데, 왜 그저 그런 순이익을 용납하고 받아들여야 하느냐 이것이죠. 따라서 우리가 주식을 고르는 첫 번째 기본 규칙은 주당 분기 순이익이 전년 대비 최소한 20에서 50퍼센트는 상승해야 한다는 것이에요.

CANSLIM의 A는 주당 연간 순이익(Annual earnings per share)을 나타내죠. 우리가 연구한 바로는 현저한 상승을 겪은 주식들은 급등하기 전 5년 동안 평균 매년 25퍼센트의 이익 성장률을 보였어요. 이상적인 것은 매해 주당 순이익이 전해의 순이익보다 높은 것이죠.

최고의 주식은 현재 빼어난 순이익을 올리면서, 동시에 순이익의 평균 성장률이 높은 주식이에요. 인베스터스 데일리에 발표되는 '주당 순이익 순위'는 지난 2분기 동안의 주식의 순이익 성장을 퍼센트로 알려주고, 동시에 지난 5년 동안의 평균 순이익 성장을 퍼센트로 알려줘요. 또한 이 수치를 우리가 다루는 다른 모든 주식과 비교해서 보여주죠. 주당 순이익 순위 95는 기업의 현재 순이익 성장과 지난 5년 동안의 역사적 순이익의 성장 모습이 다른 모든 기업들의 95퍼센트보다 더 좋다는 의미에요.

CANSLIM의 N은 새로움(New)을 의미하죠. 새롭다는 것은 새로운 제품, 새로운 서비스, 업계에서 일어난 변화, 새로운 경영진 등을 포함할 수 있어요. 우리가 연구한 바에 의하면, 최상의 상승을 기록한 주식들의 95퍼센트는 방금 언급한 유의 새로운 것을 경험했어요. 새롭다는 것은 또한 주식의 신 고가를 의미할 수도 있죠. 우리는 여러 세미나에서 투자자의 98퍼센트가 신고점을 찍은 주식을 사기를 꺼려한다는 사실을 알 수 있었어요. 하지만 너무 높아 보이는 주식은 더 높이 올라가고, 너무 낮아 보이는 주식은 더 낮게 내려가는 것이 일반적이라는 사실은 주식시장의 아이러니가 아닐 수 없죠.

CANSLIM의 S는 발행주식 수(Shares outstanding)를 의미해요. 우리가 조사한 주식들 중 최고의 성적을 낸 주식들의 95퍼센트가 엄청난 주가 상승이 있던 기간 동안 주식 수가 2,500만 주 이하였어요. 이들 주식의 평균 주식 수는 1,180만 주였고, 460만 주의 주식 수가 이들 주식들의 중간치였죠. 많은 기관투자자들이 매수를 대형주에 국한해서 자신들에게 불리한 조건을 줬어요. 그렇게 함으로써 자동적으로 일부 최고의 성장주들을 놓치게 된 것이죠.

CANSLIM의 L은 선도주 또는 느림보 주(Leader or Laggard)를 의미해요. 1953년부터 1985년까지 최고 상승 주식 1위에서 500위까지가 대폭 상승이 실제로 일어나기 전 평균 상대강도가 87이었어요[상대강도(relative strength)는 주가의 지난 12개월 동안의 움직임을 다른 모든 주식들의 움직임과 비교하여 산출한 수치를 일컫는다. 예를 들어 어떤 주식의 상대강도가 80이라는 말은 이 주가의 움직임이 지난 1년 동안 다른 모든 주식들의 80퍼센트보다 우월했다는 것이다]. 그래서 주식을 고르는 또 하나의 기본 규칙은 선도주를 선택하라는 것이죠. 다시 말해 높은 상대강도 수치를 나타내는 주식을 고르고 느림보 주는 피하라는 말이에요. 나는 주식 매입을 상대강도 80 이상인 회사의 주식으로 한정하는 경향이 있어요.

CANSLIM의 I는 기관의 후원(Institutional sponsorship)을 의미해요. 기관 투자자는 주식 수요의 가장 큰 원천이죠. 선도주는 일반적으로 기관이 매집하는 주식이에요. 그렇지만 과도한 기관의 후원은 바람직하지 않죠. 왜냐하면 회사에 무슨 잘못이 생기거나 시장 전체에 안 좋은 일이 생기면 대량 매도를 내놓는 것이 기관이거든요. 그래서 기관이 가장 많이 소유한 주식은 느림보 주식이 될 수도 있어요. 또 회사의 실적이 너무나 명백하고, 거의 모든 기관에서 그 회사의 주식을 보유했을 때는 그 회사 주식을 매수할 시점을 놓친 것일 수도 있어요.

CANSLIM의 M은 시장(Market)을 의미하죠. 주식 4개 중 3개는 시장 평균이 움직이는 방향을 따라 같이 움직여요. 그래서 매일 매일의 가격과 거래량을 어떻게 이해해야 하는지를 배울 필요가 있는 거예요. 그러면 시장이 천정에 다다랐다는 암시를 읽을 수가 있거든요.

그렇게 엄격한 선별 과정을 거쳤기 때문에 매매에서 높은 승률을 달성할 수 있었나요?
지나온 세월을 돌이켜 봤을 때 내가 매수한 주식의 3분의 2는 이익이 났어요. 내가 산 주식 매 10종목 마다 한두 종목만이 정말 뛰어난 성적을 거뒀고요.

CANSLIM 공식의 대부분의 지표들, 예를 들어 EPS 같은 지표는 주가가 신고점을 찍기 전에 이미 그 주식을 사라는 신호를 보내지 않나요? 그렇다면 신고점으로 올라설 때까지 기다리지 않고, 아직 바닥을 다지고 있을 때 매수하는 게 더 낫지 않을까요?

바닥을 다지는 주식을 붙들고 저항선을 뚫고 올라서주길 기다리면 안 돼요. 왜냐하면 그 주식이 영원히 저항선을 극복하지 못할 수도 있거든요. 너무 늦게 사도 안 되지만 너무 일찍 사도 안 되죠. 요점은 손실의 가능성이 가장 적을 때 사는 거예요. 박스권 내에서 매수를 하게 되면 주식이 10~15퍼센트의 범위를 왔다 갔다 하며 춤을 추는 과정을 겪게 되는 경우가 흔한데, 그러면 견디지 못하고 포지션을 잃기 십상이죠. 하지만 옳은 타이밍을 정확히 잡으면 주식은 일반적으로 그리 넓게 널뛰기를 하지 않아요. 내가 최대로 허락하는 손실은 7퍼센트인데, 타이밍이 정확하면 그 지점까지 내려가 손절을 해야 하는 일은 발생하지 않죠.

빼어난 주식은 높은 상대강도, 즉 80이상의 상대강도를 보인다고 하셨죠. 높은 상대강도가 좋은 것이긴 하지만 너무 높은 경우는 없나요? 다른 말로 하면 상대강도 99는 그 주식이 과매수 됐고, 폭이 깊은 조정을 만날 수도 있다는 가능성을 나타내는 것은 아닐까요?

그 점에 대한 판단은 차트를 보면서 내려야죠. 요점은 상대강도가 얼마나 높으냐가 아니라, 주가가 가장 최근에 다져진 바닥에서 얼마나 멀리 뻗어나갔느냐 하는 것이에요. 상대강도가 높은 주식을 사되, 공고히 다진 바닥에서 막 떠오르기 시작한 주식이어야 해요. 나는 주식이 높은 상대강도를 보이면서 이미 바닥에서 10퍼센트 이상 치고 올라왔다면 그 주식은 일반적으로 사지 않게 될 거예요.

대세 하락의 장에서 위로 치고 올라오는 주식은 거의 없죠. 그래서 CANSLIM의 M을 잘 이해했습니다만…. 그런데 이 규칙은 이론상으로는 쉬워도 실제로는 그렇게 호락호락 하지 않을 것 같아요. 시장의 천정과 보통 상승장에서 나타나는 일시적 조정을 어떻게 구 분할 수 있죠?

시장 평균이 천정을 형성할 때 나타나는 현상은 단 두 가지에요. 첫째, 시장 평균값이 신고점에 올라서지만 거래량이 작지요. 이것이 의미하는 것은 이 지점 에서 주식의 수요가 적다는 것이고 따라서 체력이 허약하다는 것이죠. 둘째, 거 래량이 며칠간 폭증하는데, 가격은 종가로 볼 때 거의 위쪽으로 나아가지를 못 하지요. 이 경우 시장이 천정을 처음 칠 때 거래량의 증가가 더 이상 발생하지 않을 수 있어요. 왜냐하면 주식의 배분이 상승 도중에 다 완료됐기 때문이죠.

전체 시장의 방향을 판단하는 다른 방법은 선도주들이 어떻게 움직이는지 를 중점적으로 점검하는 거예요. 만약 상승장을 주도했던 선도주들이 급락하 기 시작하면 시장이 천정을 쳤다는 주요 신호로 볼 수 있어요. 또 주의를 기울 일 중요한 부분은 연방준비은행의 대출 금리에요. 보통 연준이 금리를 두세 번 올리면 시장은 어려운 국면으로 접어들게 돼요.

때때로 일간 등락주선(advance/decline line)은 시장이 천정을 쳤다는 신호로 살펴 볼 유용한 지표가 될 수 있어요[등락주선(advance/decline line)은 뉴욕 증 권 거래소(New York Stock Exchange)에 상장된 주식 중 상승한 주식의 총 수와 하락한 주식의 총 수의 차이를 매일 조사하여 선으로 표현한 것이다]. 흔히 등 락주선은 시장 평균보다 늦게 움직이고, 시장 평균이 신고점을 경신한 후에도 이전의 고점을 뚫지 못하곤 하죠. 이 말은 시장 상승에 참여하는 주식 수가 줄 어들었다는 의미거든요.

전체 시장이 하락 국면으로 접어들었다고 믿게 되면, 매수포지션을 정리하는 것 외에 매도포지션을 잡는 것도 추천하시겠나요?

나는 대개 전문 트레이더가 아닌 일반인에게는 매도포지션을 권하지 않아요. 매도포지션을 다루는 일은 상당히 까다롭거든요. 나도 지난 아홉 번의 하락장에서 매도포지션으로 그럴듯한 수익을 얻은 것은 2번밖에 안 돼요.

주가가 너무 높아 보인다는 이유로 그 주식에 매도포지션을 취해서는 안 돼요. 중요한 것은 고점에서 매도포지션을 취하는 것이 아니라 정확한 시점에 매도포지션을 취하는 것이죠. 개별 종목에 매도포지션을 취하는 것은 전체 시장이 천정을 확인했다는 신호가 있은 후에만 고려해볼 수 있는 문제에요. 매도포지션을 취하기에 가장 좋은 차트패턴은 주식이 세 번째나 네 번째 저항선에서 박스권을 뚫고 올라오려다 실패한 모양이에요. 그리곤 거래량이 증가하며 박스권의 저점을 뚫고 아래로 내리꽂혀야 하죠. 박스권 아래로 첫 번째 가격 붕괴가 있은 후 보통 몇 번의 되돌림이 시도돼요. 그러나 이전 박스권은 물량을 터는 저항선으로 작용하죠. 그 박스권에서 매수포지션을 취했던 사람들은 돈을 잃고 있을 것이고, 그들 중 많은 사람들이 본전 근처에서 포지션을 정리하기를 열망하고 있는 것이죠. 따라서 가격이 붕괴된 후 되돌림이 있을 때가 매도포지션을 취할 좋은 타이밍이 될 수도 있어요.

매도포지션에 내재한 '무제한적인 위험'이라는 요소가 특별히 문제가 되나요?

아뇨. 나는 무제한적인 위험을 절대 용납하지 않아요. 나는 매도포지션이 나의 의도와 반대로 작용할 때 처음 6-7퍼센트의 손실에서 그 포지션을 정리하죠. 매도포지션을 취하기 전에 손실이 나면 반드시 어느 가격에서 포지션을 정리하겠다는 결정을 미리 해둬야 해요.

주식을 고르는 과정에서 절대적인 CANSLIM 공식에 더해 위험관리도 오닐 씨의 매매 전략에서 중요한 역할을 하는군요. 매매에서 위험관리라는 요소에 대해 조금 더 말씀해주실 수 있는지요?

나의 철학은 모든 주식은 나쁜 주식일 수 있다는 거예요. 가격이 오르지 않는 한 좋은 주식이란 없다는 것이죠. 주가가 떨어질 때 손절은 빨라야 해요. 모든 매매에서 방향을 맞추는 것이 주식시장에서 승리하는 비법이 아니에요. 사실 반만 맞춰도 시장에서 반드시 승리할 수 있죠. 방향을 잘못 맞췄을 때 최대한 돈을 적게 잃는 것이 열쇠예요. 나는 어떤 주식을 사든지 최대 7퍼센트 이상의 손실을 보지 않는다는 규칙을 정해 놨어요. 만약 주식이 매수가격의 7퍼센트 아래로 내려가면 포지션을 자동적으로 시장 가격에 매도해 버리죠. 망설이거나 다시 생각해 보는 일은 절대 없어요.

"팔면 손해니까 팔 수 없다"라고 말하는 사람들이 있죠. 만약 주가가 자신이 지불한 가격보다 아래로 내려갔다면 팔아야만 손해가 나는 게 아니라 이미 손해가 난 것이거든요. 손실을 커지도록 방치해 두는 것은 대부분의 투자자들이 범하는 가장 심각한 오류예요. 대중은 빨리 손절한다는 것의 이치를 잘 이해하지 못하죠. '7퍼센트 손실에서 손절'과 같은 규칙을 정해두지 않는다면 1973년과 74년에 진행됐던 하락장에서 쥐고 있던 주식이 70~80퍼센트의 손실을 봤을 수도 있어요. 나는 이와 같은 유형으로 파산에 이른 사람들을 봐왔죠. 짧게 손절하기를 꺼린다면 주식을 하지 않는 게 좋아요. 브레이크 없는 차를 운전하시겠어요?

나는 내 책에 『당신이 돈을 따거나 잃는 이유(Why You Win or Lose)』라는 책에서 저자 프레드 켈리(Fred C. Kelly)가 한 이야기를 되풀이해 놨죠. 이 이야기는 투자자가 매도 결정을 내려야 할 때 그 결정을 어떻게 뒤로 미루게 되는지 설명해 주는 예 중에서 내가 아는 가장 훌륭한 예에요. 한 남자가 칠면조 덫을 만들었어요. 그 뒷은 큰 박스에 경첩으로 문을 달고, 옥수수를 길게 뿌려 칠면조를 그 박스 안으로 유인하는 구조였죠. 그 남자는 문에 연결된 긴 새끼줄을 잡고 있다가 충분한 숫자의 칠면조가 박스 안으로 들어오게 되면 그 새끼줄을 당겨 문을 닫아 버리는 것이죠. 일단 문을 닫으면 박스로 다가가지 않고는 문을 다시 열 수가 없어요. 박스로 다가가게 되면 박스 주위를 어슬렁거리던 칠면조들은 놀라서 다 도망가게 되겠죠.

하루는 그 남자의 박스 안에 12마리의 칠면조가 들어왔어요. 그러고는 한 마리가 밖으로 걸어 나와 11마리가 돼 버렸죠. 그는 "12마리일 때 줄을 당겼어야 했는데…. 어쩌면 조금 더 기다리면 그 놈이 다시 들어올지도 몰라" 하고 생각했죠. 그가 12번째 칠면조가 돌아오기를 기다리고 있는 동안 두 마리의 칠면조가 또 나가버렸어요. 그는 "11마리에 만족했어야 했어. 한 마리만 되돌아오면 그땐 정말 줄을 당겨야지" 하고 생각했죠. 그가 다시 한 마리를 기다리는 동안 이번엔 3마리의 칠면조가 나가버렸죠. 그런 식으로 결국에 가서는 그 남자의 박스는 텅텅 비게 됐죠. 그 남자의 문제는 밖으로 나간 칠면조 중에서 몇 마리가 되돌아 올 것이라는 생각을 떨쳐버릴 수가 없었던 거예요. 이것이 손실을 감수하고는 매도를 할 수 없는 전형적인 투자자의 마음가짐이죠. 주식이 회복될 때를 한없이 기다리는 거예요. 이 이야기에서 우리가 배워야 할 점은 '주식시장에서 위험을 줄이려면 칠면조의 수를 세는 것을 그만두라'는 것이죠.

그렇군요. 정리를 하자면 주식을 선택할 때는 CANSLIM 공식을 사용하고, 방향을 잘못 읽었을 때는 7퍼센트 손절 규칙을 사용한다, 이 말씀이시군요. 그렇다면 돈을 따고 있는 포지션을 현금화하는 시기는 어떤 방식으로 결정하나요?

우선 주식이 제대로 움직이는 한 놓아서는 안 돼요. 제시 리버모어(Jesse Livermore)는 "큰돈을 벌게 해주는 것은 당신의 머리가 아니라, 들썩이지 않고 가만히 앉아있는 당신의 엉덩이입니다"라고 말했죠. 두 번째는 절대로 정확히 상투에서 팔 수 없다는 점을 인식해야만 해요. 따라서 현금화한 후 주식이 더 오른다고 자신을 책망하는 것은 어리석은 일이죠. 목표는 주식으로 꽤 많은 수익을 올리는 것인데, 그 목표가 달성됐다면 자신이 현금화한 후에도 주식이 계속 상승한다고 화낼 필요는 없지 않겠어요?

오닐 씨는 책에서 많은 사람들이 중요하다고 생각하는 여러 가지 요소들에 대해 쓸모없는 것들이라고 말씀하셨죠. 예를 들어 PER, 배당, 분산투자, 과매수/과매도 지표는 별 소용이 없다고 하셨잖아요. 이런 것들에 가치를 부여하는 전통적 개념이 잘못됐다고 생각하는 이유를 설명해주실 수 있을까요? 우선 PER부터 시작해보죠.

PER이 낮기 때문에 주식이 저평가됐다고 말하는 것은 당치도 않아요. 우리가 연구한 바에 의하면 PER과 크게 상승하는 주식 사이의 상관관계는 거의 없었어요. 크게 상승한 주식들 중 어떤 주식은 큰 상승을 막 시작했던 시점의 PER이 10이었고, 또 어떤 주식들은 50이었죠. 우리의 조사 기간인 1953년부터 1985년까지의 33년의 기간 동안 크게 상승한 주식의 상승 초기 평균 PER은 20이었어요. 같은 기간 다우존스의 평균 PER은 15였죠. 큰 상승을 마무리 지었을 때 이들 주식들의 평균 PER은 약 45에 달했어요. 이것이 의미하는 것은 만약 누군가가 과거에 평균 이상의 PER이라는 이유로 주식을 사지 않았다면, 그 사람은 가장 큰 이익을 안겨줬을 대부분의 주식에서 자동적으로 제외됐다는 얘기죠.

많은 투자자들이 범하는 흔한 오류가 단지 PER이 낮아 보인다는 이유로 주식을 사는 거예요. 일반적으로 PER이 낮은 데는 그럴만한 이유가 있죠. 오래 전에 내가 시장에 대한 연구를 처음 시작했을 때 어닝(earning)의 4배에 매매되는 노스롭(Northrop)을 산 적이 있었어요. 그리고 나서 이 주식이 어닝의 2배까지 내려앉는 것을 믿기지 않는 듯이 지켜보게 됐죠.

다른 흔한 오류는 PER이 높은 주식에 매도포지션을 취하는 것이죠. 내가 아직도 기억하고 있는 예를 하나 말씀드리죠. 1962년 한 투자자가 내 친구의 증권사 사무실 문을 밀치고 들어왔어요. 그는 큰 소리로 "제록스(Xerox)가 어닝의 50배에 매매된다는 것은 엄청난 고평가다"라고 단언했죠. 그 사람은 88달러에서 매도포지션을 취했는데, 제록스는 그 후 1,300달러까지 치솟았죠. 물론 액면 분할을 안 한 걸로 계산해서 말이에요.

그럼 배당에 관해 말씀해 주시겠어요?

배당과 주식의 움직임 사이에 상관관계는 없어요. 사실 많은 배당을 하면 할수록 회사의 체력은 더 약해지거든요. 왜냐하면 배당으로 나간 자금을 대신하기 위해 더 높은 이자를 지불해야 하는 수도 있기 때문이에요. 배당 때문에 주식이 떨어지는 것이니까 주식을 갖고 있어도 된다는 생각은 순진한 생각이에요. 만약 4퍼센트 배당을 받았는데 주식이 25퍼센트 하락한다면 결국 21퍼센트 손실을 보는 것이죠.

다음으로 과매수/과매도 지표를 다뤄주시겠어요?

나는 과매수/과매도 지표를 거의 거들떠보지도 않아요. 한번은 그런 유의 기술적 지표들을 전문으로 하는 유명한 전문가를 고용한 적이 있었죠. 1969년 시장 붕괴가 있을 때 나는 포트폴리오 매니저들에게 포지션을 정리해서 현금화하라고 설득하려 하고 있었는데, 바로 그 순간에 그 전문가가 자신의 지표들이 시장이 매우 과매도인 상태를 나타낸다며 주식을 현금화하기에는 너무 늦었다고 포트폴리오 매니저들에게 말하고 있더라고요. 그의 지표들이 '과매도' 되자 시장 붕괴는 정말 가속화되더군요.

오닐 씨가 쓸모없이 여기는 전통적 개념의 마지막 항목으로 분산 투자가 남아있군요.

분산 투자는 무지한 자들을 위한 헤지(hedge)에요. 나는 단지 몇 종목만 보유하고 그것들에 관해 많이 아는 것이 훨씬 더 낫다고 생각해요. 아주 꼼꼼하게 따지면 훌륭한 종목을 고를 기회가 늘어나고, 또한 고른 주식을 더 주의 깊게 관찰할 수 있게 돼요. 주의 깊게 관찰하는 것은 리스크 관리에 중요하죠.

일반 투자자에게 한 번에 얼마나 많은 종목을 보유하라고 조언해 주시겠어요?

5,000달러 투자자금이 있다면 1내지 2종목, 10,000달러면 3-4종목, 25,000달러면 4-5종목, 50,000달러면 5-6종목, 100,000달러 이상은 6-7종목 정도죠.

우리가 지금까지 얘기한 것 외에도 대중의 오해라고 생각하시는 것이 더 있으면 말씀해 주시죠.

대부분의 투자자들이 차트를 야바위쯤으로 생각해요. 단지 5~10퍼센트의 투자자만이 차트를 이해하죠. 많은 전문 투자자들조차도 차트에 관해서는 완전히 무지해요. 의사가 엑스레이나 심전도를 사용할 줄 모르면 돌팔이이듯이, 투자자가 차트를 사용할 줄 모른다면 바보나 마찬가지죠. 차트는 무엇이 어떻게 되고 있는지에 대한 귀중한 정보를 제공해요. 차트가 아닌 다른 방법으로는 쉽게 확보할 수 있는 정보가 아니거든요. 차트는 엄청나게 많은 숫자의 여러 가지 주식을 체계적인 방법으로 추적해 나갈 수 있도록 해주죠.

조금 전에 시장 평균이 천장에 다다른 신호로 거래량을 사용하는 것에 관해 말씀하셨죠. 개별 종목을 매매하는 데도 거래량을 하나의 지표로 사용하시는지요?

개별 종목의 거래량은 그 종목의 수급 척도에요. 주식이 신고점을 찍으며 새로운 영역으로 옮겨가기 시작할 때 거래량은 최근 수개월 동안의 일간 평균 거래량보다 최소 50퍼센트는 상승해야 하죠. 중요한 시점에서 높은 거래량은 주식이 움직일 준비가 됐다는 너무나 귀중한 정보를 알려주고 있는 거예요.

또한 거래량은 이렇게도 사용될 수 있어요. 주식이 상승 후 숨 고르기의 기간 조정에 들어서면 거래량은 상당량 감소해야 하죠. 다시 말해 시장에 매도 물량이 거의 출회되지 않아야 한다는 것이에요. 기간 조정기에 거래량 감소는 일반적으로 시장이 견실하다는 사실을 말하는 것이죠.

연속해서 손실을 보는 기간에는 어떻게 대처하시나요?

연속 손실을 겪는 이유가 자신의 오류 때문이 아니라면, 이는 시장 전체가 잘못되고 있다는 것을 말하는 거예요. 만약 5회 내지 6회 연속 손실을 봤다면 뒤로 물러나 주식을 현금화할 때인지를 살펴봐야 하죠.

CANSLIM 공식의 M은 시장이 추세적으로 하락하는 기간 동안에는 시장에서 나와 쉬는 일의 중요성을 강조했다고 할 수 있겠죠. 최소한 매수포지션만 취하는 사람들은 반드시 그렇게 해야 하겠죠. 그런데 뮤추얼펀드는 구조상 상승 기간이나 하락 기간에도 많은 양의 주식을 보유하고 있잖아요. 그렇다면 오닐 씨는 뮤추얼펀드에 투자하는 것을 바람직하지 않은 투자 선택이라고 생각하시나요?

예상과는 정반대의 대답이 될 텐데…, 나는 뮤추얼펀드를 두말할 나위 없이 뛰어난 투자처라고 생각해요. 나는 모든 사람들이 자신의 집을 소유하고, 얼마간의 부동산도 보유하고, 그리고 개인 주식 계좌를 갖거나 뮤추얼펀드에 투자해야 한다고 생각하죠. 이것이 월급 이상의 상당한 목돈을 만드는 유일한 방법들이에요. 뮤추얼펀드는 뛰어난 투자처지만 문제는 사람들이 뮤추얼펀드에 투자하는 올바른 방법을 모른다는 거예요. 뮤추얼펀드에서 성공을 거두는 열쇠는 아무 생각 없이 지내는 거예요. 뮤추얼펀드를 사면 15년이나 그 이상의 세월 동안 묵혀둬야 해요. 그래야 정말 큰돈이 만들어지죠. 그렇게 하려면 세 번, 네 번, 혹은 다섯 번의 하락 추세를 버텨내는 용기가 필요해요. 여러 성장주로 포트폴리오를 구성한 전형적인 성장주 펀드는 상승 추세에서 75에서 100퍼센트 올라가는 반면 하락 추세에서는 20에서 30퍼센트밖에 내려오지 않거든요.

그럼 펀드와 개인 주식 계좌는 아주 다르게 취급해야 한다는 말씀인가요?

아주 아주 다르죠. 개별 주식에 대해서는 손절포인트를 설정하는 것이 절대적이에요. 왜냐하면 주식이 얼마나 떨어질지 알 수 없으니까요. 한번은 어떤 주식을 100달러에 판 적이 있는데, 그 주식은 그 후 1달러까지 떨어졌죠. 나는 그렇게까지 떨어질 것이라고는 전혀 생각을 못했는데, 하여간 만약 내가 그 주식을 팔지 않고 보유했다면 어떻게 됐겠어요? 그런 실수를 한번 범하면 절대 회복하지 못하죠.

이와는 반대로 뮤추얼펀드에 투자했다면 하락 추세의 기간에도 그냥 버텨야 해요. 대부분의 펀드들은 미국 경제 전반을 아우르는 100종목 이상의 주식에 분산투자하고 있고, 따라서 하락 추세가 끝나고 시장이 돌아서면 펀드도 다시 회복되니까요. 반드시 그렇게 돼야 뮤추얼펀드죠. 하지만 안타깝게도 하락 추세의 기간에 대부분의 사람들은 겁을 먹고 다른 투자처를 찾아 말을 갈아타는데, 이렇게 되면 장기 투자 계획은 물거품이 돼버리죠. 실제로 성장주에 분산 투자한 우량 펀드가 급락할 때는 이를 추가 매수의 기회로 삼아야 해요.

이렇게 말해도 될까요? 일반 대중은 펀드를 개별 종목을 취급할 때 사용해야 할 방법으로 취급하는 경향이 있고, 개별 종목은 펀드를 다룰 때 사용해야 할 방법으로 다루는 경향이 있다. 다시 말해 개별 주식을 취급할 때는 손실이 나도 자르지 않고 계속 주식을 보

유하는 경향이 있고, 뮤추얼펀드는 급락할 때 현금화해버리는 경향이 있다는 것이죠.

바로 그거예요. 감정의 개입 때문에 사람들이 시장에서 행하는 대부분의 조치들은 잘못된 것들이에요.

이 문제의 연장선에서 투자자들이 일반적으로 범하는 큰 오류들을 말씀해 달라고 부탁드리고 싶군요.

내 책에 열여덟 가지 일반적 오류를 나열해 놓은 장이 있어요.

아래에 제시된 '일반적 오류 목록'은 1988년 맥그로힐(McGraw Hill) 출판사에 의해 출판된 오닐의 책 『주식으로 돈 버는 방법(How to Make Money in Stocks)』에서 인용된 것이다.

1. 대부분의 투자자들은 주식을 고르는 신뢰할만한 기준을 사용할 줄 모르기 때문에 출발점에서 몇 발 못 가서 좌절하고 만다. 돈을 만들어줄 주식을 발견하기 위해 무엇을 알아봐야 하는지를 모르기 때문이다. 따라서 그들은 얘기할 가치도 없는 4등급의 주식을 덥석 사는 것이다. 이 주식들은 시장에서 움직임이 특별히 훌륭한 것도 아니고, 선도주도 아니다.

2. 비참한 결과를 보장하는 확실한 매매방법은 가격이 하락 중일 때 주식을 사는 것이다. 하락 중인 주식은 몇 개월 전보다 싸기 때문에 훌륭한 바겐세일로 여겨질 수 있다. 예를 들면 내가 아는 한 사람은 인터내셔널 하베스터(International Harvester)를 1981년 3월에 19달러에 매수했는데, 매수 이유는 가격이 급락해서 너무 싸 보였기 때문이었다. 이것은 그의 첫 번째 주식 투자였는데, 이 투자에서 그는 전통적으로 초보자가 범하는 오류를 범했던 것이

다. 그의 매수 시점은 이 주식이 그해의 저점 가까이 있을 때였는데, 나중에 그 회사가 아주 심각한 어려움에 처해 파산에 이르게 될 수도 있는 상황인 것으로 밝혀졌다.

3. 하락 중일 때 주식을 사는 것보다 더 나쁜 습관은 주가가 하락할 때 물타기를 하는 것이다. 주식 수는 주가가 오를 때 늘려야 하는 것이다. 만약 40달러에 주식을 사서, 주가가 30달러로 떨어졌을 때 물타기를 해서 평균 매수가를 35달러로 만들었다고 가정해보자. 이는 자신이 범한 오류를 계속 추구하며, 밑 빠진 독에 귀중한 돈을 허비하고 있는 것이다. 이 아마추어적 전략은 심각한 손실을 초래하며, 이렇게 몇 번 큰 손실을 입으면 재기는 불가능할 수 있다.

4. 대중은 저가에 판매되는 싸구려 주식을 좋아한다. 100주, 1,000주 이렇게 딱 떨어지는 단위로 대량의 주식을 사는 것이 현명하다고 잘못 생각하는 것이다. 그리고 주식 수가 많으면 기분이 좋아지고, 조금 더 있어 보인다고 생각한다. 그러나 견실한 회사의 비싼 주식을 30주나 50주를 사는 것이 훨씬 이득이다. 투자한 자금이 얼마냐가 중요하지 몇 주를 갖고 있느냐가 중요한 것이 아니다. 가장 질이 안 좋은 상품을 사는 것이 아니라 가장 훌륭한 상품을 사야 하는 것이다. 2달러, 5달러 또는 10달러 주식의 유혹은 견딜 수 없이 강렬할 수도 있다. 그러나 10달러 이하로 팔리는 대부분의 주식은 회사가 열등한 회사이거나, 아니면 최근 들어 문제가 발생한 회사라서 그런 것이다. 우리가 최고의 상품을 최저가로 살 수 없듯이 주식도 이와 다르지 않다.

저가 주식을 사려면 할증료도 물어야 하고 수수료도 더 비싸다. 게다가 위험 부담도 더 큰데, 그 이유는 떨어질 때 가격이 높은 주식보다 15에서 20퍼센트 더 빠른 속도로 떨어지기 때문이다. 전문 투자자들과 기관 투자자들은 일반적으로 5달러에서 10달러의 주식은 사지 않는다. 따라서 질 낮은 주식은 빈약한 추종자들의 지원이 있을 따름이다. 앞서서도 이미 말했듯, 기관의 지원은 주가가 치솟아 오르는 동력 중에 하나인 것이다.

5. 주식투자를 처음 하는 사람들은 시장에서 대박을 터뜨리기를 원한다. 투자에 필요한 방법과 기술을 익히고, 반드시 해야 할 조사와 연구도 하지 않은 채 너무 많은 것을 너무 빨리 얻으려 한다. 자신들이 하고 있는 것이 진정 무엇인지 알려고 노력하고, 이를 위해 시간을 투자하는 일 없이 빨리 쉽게 돈을 벌려고 하는 것이다.

6. 미국의 주류 사회는 정보, 소문, 이야기, 투자 추천 서비스, 이런 것에 혹하여 주식을 사고는 희희낙락하기를 좋아한다. 다시 말해 그들은 자신들이 힘들게 번 돈을 다른 사람의 말만 듣고 기꺼이 위험으로 내모는 것이다. 자신들이 하고 있는 것이 확실히 무엇인지 알지도 못하면서 말이다. 소문은 대부분 소문으로 끝난다. 혹 남에게서 얻은 정보가 옳은 정보일 때도 있지만, 역설적이게도 그런 때에도 주가는 아래로 내려가는 경우가 더 많다는 것이다.

7. 투자자들은 배당과 낮은 PER 때문에 2류 주식을 산다. 그러나 배당은 주당 순이익만큼 중요하지 않다. 사실 기업이 배당을 많이 지급하면 할수록 그 기업의 체력은 약해질 수 있다. 그 이유는 배당으로 나간 자금의 공백을 메우기 위해 높은 이자를 지불하게 될 수도 있기 때문이다. 투자자는 주가의 널뛰기가 하루 이틀만 돼도 배당을 다 날릴 수 있는 것이다. 또한 낮은 PER은 회사의 좋지 않은 과거 기록 때문일 수도 있다.

8. 사람들은 회사의 이름을 보고 주식을 산다. 자신들이 잘 알고 자신들과 친숙한 회사의 주식을 사는 것이다. 그러나 제너럴 모터스(General Mortors)에서 일한 적이 있다고 해서 제너럴 모터스의 주식이 좋은 주식이라고는 할 수 없다. 우리가 이름도 모르는 투자하기 좋은 회사들은 부지기수이며, 우리는 조사와 연구를 통해 그런 주식들을 찾아낼 수 있고, 또 그렇게 해야만 한다.

9. 대부분의 투자자들은 좋은 정보와 훌륭한 조언을 발견하는 능력을 갖고 있지

못하다. 좋은 조언을 들었을 때 많은 투자자들은 그 조언이 좋은 조언인지 아닌지를 분간하지 못하거나, 그 조언에 따라 행동하지 못한다. 주식 투자를 조금 하는 친구나 그저 그런 중개인, 매매추천 제공자 등은 돈을 잃기 십상인 정보와 조언을 제공한다. 친구들과 중개인들, 그리고 매매추천 제공자들 중 극소수만이 시장에서 성공적인 매매를 하고 있는 자들이며, 그들만이 우리가 주의를 기울일 가치가 있는 자들이다. 뛰어난 주식 중개인과 매매추천 제공자들은 뛰어난 의사, 뛰어난 변호사, 뛰어난 야구 선수가 흔하지 않은 것만큼이나 드문 존재이다. 프로 구단에 입단한 아홉 명의 야구선수 중 단 한 명만 메이저리그로 진출한다. 물론 대학을 졸업하는 대부분의 야구 선수들은 프로 구단에 입단조차 못한다.

10. 대중의 98퍼센트 이상이 주식이 새로운 국면으로 접어들어 신고점을 찍으면 매수하기를 겁내게 된다. 그저 너무 높아만 보이는 것이다. 개인적 느낌이나 견해는 시장보다 훨씬 덜 정확하다는 사실을 알아야 한다.

11. 매매 기술을 갖추지 않은 투자자들 대부분은 손실이 그리 크지 않으면 고집스럽게 손실이 나는 주식을 지키게 된다. 적은 비용을 지불하고 포지션을 털어버릴 기회인데도 인간이라 감정적으로 대응하게 되고, 그러면 손실이 만회되기를 바라며 기다리게 되는 것이다. 이렇게 되면 손실은 훨씬 더 커지고, 결국 포지션을 정리하는 비용은 끔찍하게 늘어나고 만다.

12. 비슷한 성질로 투자자들은 작고 쉽게 얻은 이익은 현금화하고, 손실이 나는 주식은 보유한다. 이 전략은 올바른 매매과정과 정반대이다. 그들은 손실이 나는 주식을 먼저 처분하지 않고 이익이 나는 주식을 먼저 처분한다.

13. 개인투자자들은 세금과 수수료에 너무 많은 신경을 쓴다. 투자의 첫째 목적은 무엇보다 순이익을 내는 것이다. 세금을 과도하게 염려하다 보면 세금 피난의 수단으로 건전하지 못한 투자를 하게 된다. 과거 어떤 때에는 투자자들

이 장기적 이득을 얻기 위해 너무 오래 주식을 갖고 있다 많은 이익을 되돌려 주기도 했다. 오늘날 투자자들 중 일부는 세금 때문에 주식을 팔 수 없다는 확신을 갖고 있다. 이는 강한 자기 욕심이며, 나약한 판단력일 뿐이다.

주식을 사고파는 데 지불하는 수수료는 매매에 임할 때 올바른 결정을 내리는 것, 필요할 때 행동을 취하는 것 등과 같은 매매의 중요한 요소들과 비교해 볼 때 비교적 보잘것없는 요소이다. 특히 수수료를 대폭 할인해 주는 중개인을 통하면 더더욱 그렇다. 부동산보다 주식을 소유하는 큰 장점 중 하나는 주식매매의 수수료가 엄청나게 더 낮다는 점과, 주식은 시장에서 즉각 현금화 할 수 있다는 점이다. 이는 주식시장에서는 낮은 비용으로 자신을 방어할 수 있다는 의미이고, 또한 엄청난 이익을 안기는 추세가 형성돼 그 추세가 계속 진행될 때면 언제든 기회를 잡을 수 있다는 의미이다.

14. 많은 사람들이 옵션을 빨리 돈 버는 방법으로 생각하고 옵션에 너무 많은 투기를 한다. 그들은 옵션을 살 때 장기 옵션은 고려하지 않고 엄청난 변동성과 리스크의 단기 저가 옵션에만 치중하는데, 이는 잘못된 것이다. 시간이 짧다는 것은 단기 옵션 매수자에게 불리하게 작용하게 된다. 많은 옵션 투기꾼들이 또한 네이키드 옵션[21]이라고 불리는 것을 발행하는데, 이는 있을 수 있는 작은 이익을 탐하여 엄청난 위험을 감수하는 것밖에 안 되기 때문에 비교적 건전하지 못한 투자이다.

15. 초보 투자자들은 지정가에 매매 주문을 내는 것을 좋아한다. 그들은 거의 시장가 주문을 내지 않는다. 이런 매매과정은 좋다고 볼 수 없는데, 왜냐하면 정작 중요한 큰 시장 움직임에 중점을 두지 않고 8분의 3포인트다, 4분

---

21) 네이키드 옵션(naked option) : 옵션 매수자가 옵션을 행사할 경우 인도할 수 있는 기초 자산을 보유하지 않은 채 발행되는(=매도되는) 옵션 — 역자 주.

의 1포인트다 하는 자잘한 것에 목숨을 걸고 있는 꼴이기 때문이다. 지정가 주문은 시장을 완전히 놓치는 결과를 가져올 수도 있고, 큰 손실을 피하게 될 매도주문의 체결을 그르칠 수도 있다.

16. 어떤 투자자들은 매수나 매도 결정을 내리는 데 어려움을 겪는다. 다시 말해 그들은 마음의 결정을 못 내리고 갈팡질팡하는 것이다. 그들이 신념을 가지지 못하는 이유는 자신들이 하는 일이 무엇인지 제대로 알지 못하기 때문이다. 그들에게는 계획도 없고, 매매원칙이나 규정도 없기 때문에 자기들이 무엇을 해야 할지 확신이 서지 않는 것이다.

17. 대부분의 투자자들은 주식을 객관적인 시각으로 보지 못한다. 그들은 항상 유난히 좋아하는 주식이 있고 그 주식에 희망을 걸고 있다. 그들은 시장의 견해에 귀를 기울이지 않고 자신들의 희망과 견해만 믿는데, 실은 시장의 견해가 옳은 때가 훨씬 더 많다.

18. 투자자들은 주식 분할, 늘어난 배당, 뉴스, 증권사 추천, 전문가 추천 등 별로 중요하지도 않은 것에 늘 영향을 받는다.

--- *interview*

평생을 미국 경제와 주식을 연구한 분으로서 월스트리트의 많은 회사들이 제공하는 리서치의 질적 수준에 관해 견해가 있다면 말씀해 주시겠습니까?

파이낸셜 월드(Financial World)의 어느 기사에 최고 수준의 애널리스트들도 일반적으로 S&P 평균보다 실적이 낮다고 보도된 적이 있어요. 중요한 문제 중 하나는 증권사 리서치의 80퍼센트가 기업을 잘못 선택했다는 것이죠. 각 업종의 애널리스트는 자신들이 조사해서 제출해야 할 리포트의 개수가 있지만, 각 경제 사이클에서 몇몇 소수의 업종들만이 시장 리더거든요. 실제로 어떤 리포트를 써야 하는지에 대한 충분한 심사가 없는 것이죠. 월스트리트의 리서치가 안고 있는 또 다른 중요한 문제는 매도 추천이 거의 없다는 것이고요.

25년이 넘게 주식 투자자로서 성공을 일관되게 유지했다는 점으로 볼 때, 오닐 씨는 취보 이론(random walk theory)을 그다지 중요하게 여기지 않을 것이다, 이렇게 가정해도 될까요?

주식시장은 효율적이지도 않고, 취보적이지도 않아요. 시장에는 틀린 견해 들이 너무 많기 때문에 시장은 효율적일 수 없고, 또한 투자자들의 강한 정서 는 추세를 형성하기 때문에 시장은 취보적일 수 없어요.

매매에서 성공하기 위해 다음 세 가지 기본 요건을 갖추어야 한다는 것은 가장 보편적인 상식이다. 첫째, 효과적인 선택 과정, 둘째, 위험관리, 그리고 셋째는 앞의 두 사항을 철저히 지키는 극기심이다. 윌리엄 오닐은 성공하는 트 레이더의 모범이 어떠한지를 완벽한 묘사로 보여주는 듯하다. 그는 주식을 선 택하는 특별한 전략(CANSLIM)을 고안했으며, 엄격한 위험관리 규칙을 정해놨 고, 자신의 주식 선택의 전략과 위험관리 규칙에서 일탈하지 않는 극기심을 갖 고 있었다. 이 장에서 자세히 소개된 주식 선택 방법에 더해 트레이더들과 투 자자들은 인터뷰의 끝부분에 인용한 '일반적 오류 목록'에서도 많은 유용성을 발견해야 할 것이다.

David Ryan _ 데이빗 라이언

보물찾기와 같은 주식 투자

데이빗 라이언은 저가 주식을 매수하는 것에 대해 바람직하게 생각하지 않는다. 그러나 항상 그런 것만은 아니었다. 그는 13살 때 월스트리트 저널(Wall Street Journal)을 뒤적거리다 1달러짜리 주식을 발견했던 때를 회상했다. 그는 신문을 손에 쥐고 아버지에게 달려가, "내 방에 올라가서 1달러 갖고 오면 이 주식 살 수 있어요?" 하고 물었다. 그의 아버지는 주식투자는 그렇게 하는 것이 아니라고 그에게 말하며 "주식에 투자하기 전에 그 회사에 관해 조사하고 연구해야 한단다" 하고 설명해줬다.

며칠 후 월스트리트 저널을 또 뒤적거리던 라이언은 와드 푸드(Ward Foods)에 관한 기사를 발견하게 된다. 와드 푸드는 '꿀 한입'이라는 과자와 '땅콩 캔디바'를 만드는 회사였다. 그는 사탕을 많이 먹었기 때문에 와드 푸드를 최고의 투자처라고 생각하게 된다. 그의 아버지는 그를 위해 계좌를 하나 만들어 주게 되고, 라이언은 와드 푸드 주식 10주를 사게 된다. 그는 자기 친구 모두에게 캔디바를 사도록 했는데, 그러면 회사가 돈을 더 많이 벌게 될 테고, 따라서 자신의 주식이 오를 것이라 생각해서 그랬다고 회상했다. 이것이 라이언이 주식 투자자로서의 경력을 처음 시작한 공식적인 기록이다.

주식시장에 대한 라이언의 관심은 그가 성장하면서 더더욱 커지게 된다. 16살쯤 돼서는 주간 차트를 정기 구독했고, 윌리엄 오닐(William O' Neil)을 비롯한 많은 애널리스트들이 개최하는 투자 강연회에 나갔다. 대학에서는 주식 관련 서적이 눈에 띄면 닥치는 대로 모조리 다 읽었다.

윌리엄 오닐은 라이언의 우상이었다. 1982년 대학을 졸업한 라이언은 오닐의 회사에 취업을 시도해 보기로 결심한다. 라이언은 오닐의 회사를 찾아가 접수원에게 오닐의 업적에 대한 자신의 관심에 대해 언급하며, 무슨 일이든 시켜만 주면 기꺼이 하겠다고 말한다. 그는 회사에 발을 들여놓을 수만 있다면 어떤 보잘것없는 일도 수용할 의사가 있다고 말하며, 보수를 받지 않고 일할 수도 있다는 것을 시사했다. 라이언은 채용됐고, 이후 투자에 성공하여 4년 만에 회사의 부사장으로 승진하게 된다. 그는 회사 역사상 최연소 부사장으로서 포트폴리오 매니저의 임무와 함께 오닐을 직속 보좌하여 기관 고객들에게 주식을 골라주는 임무를 수행하고 있다.

라이언은 1985년 스탠포드 대학(Stanford University)의 교수였던 놈 자데(Norm Zadeh)가 주최하는 미국 투자 선수권대회의 주식 부문에서 우승하여 개인적인 명성을 획득하게 된다. 그해 그는 161퍼센트라는 놀라운 성적을 올렸다. 마치 자신의 1년 성과가 요행에 의한 것이 아니었음을 증명이라도 하듯 1986년 다시 이 대회에 참여하여, 전해의 성적을 복사라도 한 듯이 160퍼센트의 실적을 올리고 2위로 입상하게 된다. 1987년 그는 다시 한 번 세 자리 숫자의 실적으로 이 대회에서 우승을 하며 3년 통산 누적 수익률이 1,379퍼센트라는 놀라운 기록을 세우게 된다.

내가 인터뷰한 대부분의 트레이더들이 매매에 대한 열정을 갖고 있었지만 라이언처럼 지칠 줄 모르고 매매에 열광하는 사람은 없었다. 라이언에게는 주식을 고르는 모든 과정이 굉장히 흥분되는 하나의 게임과 같았다. 그는 이 게임을 보물찾기라고 묘사했고, 이렇게 재미있는 게임을 즐기는 것만으로도 급료를 받을 수 있다는 사실이 여전히 믿기지 않는다고 했다.

내가 인터뷰한 트레이더들의 사무실은 전혀 치장이 없는 것에서부터 정교하게 꾸며놓은 것까지 다양했다. 그러나 라이언의 사무실은 명백히 그 범주를 벗어난 최하위에 속했다. 라이언에게는 소박하든 호화롭든 개인 사무실이라 할 만한 공간이 없었다. 라이언이 일하는 곳은 한 층을 통째로 틔운 널찍하고 시끄러운 공간의 한 켠으로, 그는 그곳에 칸막이를 두르고 업무를 보고 있었다. 나는 그의 업무 환경을 보고 어이가 없었지만 라이언은 쾌적한 업무 공간에 대해서는 별 관심이 없는 듯 했다. 라이언은 벽장 안에서 일하라고 해도 차트와 컴퓨터만 주면 만족할 것 같았다.

--- *interview*

윌리엄 오닐 앤드 컴퍼니(William O'Neil & Company)에서 처음 일을 시작했을 때 시장을 분석하는 임무도 있었나요?
아뇨. 하지만 입사하자마자 나만의 연구를 시작했어요.

개인 시간을 활용해서 연구하셨단 말씀인가요?
예. 나는 매일 밤, 그리고 주말마다 집으로 일거리를 가져갔어요.

무엇을 연구하셨나요?

차트를 살펴보고, 기업들에 대해 과거에 있었던 추천들을 조사했어요. 또한 사람들에게 엄청난 이익을 안겨줬던 주식들의 역사적 모형을 연구했죠. 주식이 큰 움직임이 있기 직전에 보이는 모습을 내 머리 속에 각인시켜 놓으려 했던 것이죠. 나는 오닐이 보는 것과 똑같은 것을 보려고 애썼어요. 오닐은 나의 역할모델이었거든요.

그 당시 매매도 하셨나요?

예. 회사에서 일을 시작한 직후[1982년] 20,000달러 계좌를 하나 열었죠.

성과는 어땠나요?

처음에 수익이 나서 1983년 6월쯤에 그 계좌는 약 52,000달러까지 불어났어요. 하지만 모든 수익을 다 뱉어내야만 했죠. 원금의 일부도 까먹었고요. 1984년 중반에는 내 계좌가 16,000달러까지 주저앉았어요.

무엇을 잘못하고 있었는지 아셨나요?

예. 1983년 6월부터 1984년 중반까지 내가 범한 모든 오류에 대해 책상에 붙어 앉아 연구해 봤어요. 나의 가장 큰 오류는 장이 다우(Dow)가 1,296에서 1,078까지 내려오는 중간 규모의 하락추세였는데도, 1982년 8월부터 1983년 6월까지 진행됐던 상승장에서 하듯 공격적인 매매를 계속했다는 거예요. 나는 또한 너무 과도하게 상승을 확장한 주식을 잡는 실수도 범했고요. 내 말은 가격이 바닥권에서 이미 15에서 20퍼센트나 벗어난 주식을 샀다는 얘기예요. 바닥권에서 단지 몇 퍼센트만 벗어난 주식을 샀어야 했는데 말이죠. 그렇지 않으면 위험이 너무 크거든요.

나는 나의 오류를 통해 배움으로써 나의 잘못을 바로잡았어요. 1984년 후반에는 내가 소유했던 부동산 중 일부를 팔아 그 돈 모두를 주식 계좌에 넣었죠.

1983년 중반부터 1984년 중반까지 실적이 좋지 않았어도 자신의 잘못이 무엇인지 알아냈기 때문에 자신감이 생겨서 그랬나요?

그렇죠. 나는 매우 열심히 공부했고, 인내하고 극기할 결심이 섰기 때문에 잘 해내리라는 생각을 하게 됐었죠. 그래서 1985년 미국 투자 선수권대회에 참여했던 거예요. 나는 161퍼센트의 수익으로 그해 주식 부문에서 우승했고, 그 후에도 계속해서 그 대회에 참여해서 1986년과 87년 모두 100퍼센트를 훨씬 넘는 수익을 올렸어요. 나는 똑같은 일을 계속 반복했어요. 주식이 내가 좋아하는 모습과 성질을 모두 보이면 그 주식을 사는 것이죠.

올해는 어떤가요[1988년 5월]?

지금까지는 손실이에요. 시장이 예전과 다른 모습을 보이고 있어요. 주식은 지난 3년 동안 그랬던 것처럼 그렇게 빨리 움직이지 않아요. 올해 나는 훨씬 적은 돈으로 매매하고 있는데, 왜냐하면 올해는 많은 돈을 딸 가능성이 현저히 낮다고 생각해서예요.

한동안 시장에 관한 모든 책을 손에 잡히는 대로 다 읽은 적이 있다고 언급하셨죠. 성공적인 주식 트레이더가 되고자 심각하게 고민하는 초보자들에게 어떤 책들을 추천해 주시겠습니까?

오닐의 책 『주식으로 돈 버는 방법(How to Make Money in Stocks)』을 우선 필수 도서로 추천해 드리고요, 니콜라스 다바스(Nicholas Darvas)의 『내가 주식으로 200만 달러를 번 방법(How I Made Two Million Dollars in the Stock Market)』을 반드시 읽어볼 또 한 권의 책으로 말씀드릴 수 있어요. 많은 사람들이 제목을 보고 웃지만, 읽기에 재미나고 많은 것도 배울 수 있는 책이에요. 추천하고 싶은 또 다른 책으로 에드윈 르페브르(Edwin Lefevre)의 『어느 주식 투자자의 회상(Reminiscences of a Stock Operator)』이 있어요[이 책은 제시 리버모어(Jesse Livermore)의 실제 이야기로 알려져 있다]. 제시 리버모어 자신도 얇지만 아주 훌륭한 책을 한 권 썼는데, 제목이 『주식 매매하는 법(How to Trade in Stocks)』이에요.

또 다른 책이 있나요?

개별 종목을 선택할 때 무엇을 봐야 하는지를 잘 설명해 놓은 것으로 리차드 러브(Richard Love)의 『급등주들(Super Performance Stocks)』이 있어요. 이 책은 역사상 가장 훌륭한 이익을 안겨 줬던 주식들에 관해 자세한 연구를 해놨죠. 주식 고를 때 유용한 또 다른 책으로 커밋 자익(Kermit Zieg)과 수잔나 에이치 자익(Susannah H. Zieg)이 공동으로 집필한 『성장주의 프로필(Profile of a Growth Stock)』이 괜찮아요. 마티 츠바이크(Marty Zweig)의 『월스트리트에서 돈 따기(Winning on Wall Street)』도 읽어볼 만하고, 매도포지션을 취하는 것에 대한 좋은 정보를 얻을 수 있는 스탠 와인스타인(Stan Weinstein)의 『상승장과 하락장에서 이익 남기는 비법(Secrets for Profiting in Bull and Bear Markets)』도 추천할 만하죠. 끝으로 내 스스로 타당성이 있다고 생각하는 엘리어트 파동 분석에 관해서는 프로스트(Frost)와 프렛처(Prechter)가 공동 저술한 『엘리어트 파동원리(Elliott Wave Principle)』와 베크만(Beckman)이라는 영국 사람이 지은 『놀라운 타이밍(Super Timing)』이라는 책이 있어요. 내가 언급한 책들은 다 좋은 책들이지만 사실은 시장 그 자체로부터 배우는 것이 가장 많죠. 나는 주식을 살 때마다 사는 이유가 무엇인지를 기록해요[그는 차트에 메모를 하여 철해 놓은 바인더를 하나 꺼내 보여줬다]. 이렇게 하면 돈을 벌어다 줄 주식의 성격과 모습을 머릿속에 각인시키는 데 도움이 되죠. 그렇지만 더 중요한 점은 이렇게 하면 내가 범한 오류로부터 배우고 깨닫는 데 도움이 된다는 거예요.

트레이드 일지를 쓰면서 어떤 것들을 배웠나요?

너무 멀리 뻗어나간 주식은 사지 말 것, 오닐의 주식 고르는 기준을 사용할 것, 최대한의 자제력과 극기심을 유지할 것, 이 세 가지죠. 자제력과 극기심이 강하면 강할수록 시장에서 더 잘 해낼 수 있어요. 남이 주는 정보와 소문에 귀가 솔깃하면 할수록 더 많은 돈을 잃게 돼있죠.

이 일지를 쓰신 것이 매매에서 성공할 수 있었던 중요한 요인 중 하나였나요?

물론이죠.

본인이 주식을 고르는 과정을 설명해주실 수 있겠습니까?

주식의 차트를 점검하는 것부터 시작해요. 기술적으로 강한 모습을 보이는 주식은 기록해 두죠. 즉, 나중에 자세히 봐야 할 모든 주식을 적어두는 거예요.

라이언 씨의 회사는 7,000개의 종목을 추적해 오고 있잖아요. 그렇지만 라이언 씨가 7,000개의 종목을 정기적으로 점검하는 일은 불가능할 것 같은데요?

7,000개의 종목을 다 보는 것은 아니지만 한 주에 4,000종목 정도는 점검할 수 있어요. 다시 말해 데이터베이스의 반 이상은 본다는 얘기죠. 10달러 이하로 거래되는 주식이 1,500에서 2,000종목은 된다는 점을 감안해보세요. 나는 그런 저가주는 어쨌든 보지 않으니까요.

"10달러 이하짜리 주식은 피하라" 이 말이 좋은 매매규칙이 될 수 있을까요?

물론이죠. 왜냐하면 그렇게 싼 이유가 분명 있거든요.

그렇지만 장외 시장의 많은 종목들이 제외될 텐데요?

물론이죠. 장외 시장의 많은 소형주들이 제외되겠죠.

그렇지만 그런 주식들이 가끔은 최고의 수익을 가져다주지 않나요? 아무도 주의를 기울이지 않는 주식들 말이에요.

가끔은 그렇지만 그런 주식들의 대부분은 수년 동안 그 가격대에 머물러 있어요. 차라리 저가 주식이 15달러나 20달러 정도의 가격대로 올라와 뭔가 있다는 것을 보여줄 때까지 기다리는 게 낫죠.

종목을 선택하는 과정으로 차트를 점검하고, 관심이 가는 종목을 기록하고 그 다음은 무엇을 보시나요?

5년 동안의 순익 성장이 어땠는가를 보고, 지난 두 분기 동안의 순익을 전년과 비교해 보죠. 분기별 비교는 순익 성장률과 속도가 감소되지는 않았는지에 대해 알게 해줘요. 예를 들어 지난 5년 동안 30퍼센트의 성장률이라면 매우 인상적일 수가 있지만, 최근 두 분기 동안 순이익의 성장이 10퍼센트나 15퍼센트밖에 안 됐다면 강력한 성장 기간은 끝났을 수도 있거든요. 물론 이 두 요소, 즉 5년간의 순이익 성장의 기록과 최근 두 분기 동안의 순이익은 우리 회사의 주당 순이익 순위에 잘 나타나 있죠[주당 순이익 순위에 관해서는 오닐(O' Neil)의 인터뷰를 참고].

주당 순이익 순위에서 어느 정도의 주식을 찾나요?

높으면 높을수록 좋아요. 최소한 백분위 수 80 이상은 돼야 하고, 90 이상이면 더 좋겠죠. 실제로 내가 사는 많은 주식들이 주당 순이익 순위의 백분위 수 99에요.

내 경험에 비춰보자면 시장은 일반적으로 앞서 예상한다는 거예요. 라이언 씨의 주당 순이익에 관한 의견 중 한 가지 내가 의아하게 생각하는 점은 '순이익 성장이 엄청나게 긍정적이기 한참 전에 주식값은 이미 위로 달릴 만큼 달렸다' 라는 것이죠.

많은 사람들이 그렇게 생각하죠. 사람들은 "그 주식을 사기에는 너무 늦었어. 순이익 수치가 이미 나올 만큼 나왔잖아" 하고 말하죠. 그러나 엄청난 상승을 보인 주식들 수백 종목을 분석한 결과, 많은 경우 발표되는 순이익 수치와 함께 주식값도 계속 상승을 유지했어요.

아주 좋은 순이익에도 움직이지 않는 주식은 왜 그럴까요?

시장 전체가 하락추세에 있어서 그런 주식들이 못 올라가는 것일 수 있죠. 하지만 짓누르는 시장의 무게가 사라지면 그런 주식들은 날개를 달고 지붕 위로 날아갈 거예요.

만약 시장이 상승추세라면요? 그 상황에서 주가가 날아오르지 못하는 이유가 뭘까요?

인식의 문제죠. 사람들은 순이익이 과거처럼 그렇게 강한 성장을 하지 못하리라고 생각할 수도 있어요.

주식을 걸러내는 데 EPS와 실적 하락 외에 사용하는 또 다른 것이 있나요?

상대강도가 매우 중요해요[상대강도(relative strength)는 한 주식의 가격 변화를 조사 대상이 된 다른 모든 주식과 비교하여 매긴 순위이다. 더 자세한 정의를 위해서는 오늘의 인터뷰를 참고].

어느 정도의 상대강도를 원하나요?

최소한 80 이상이죠. 90 이상이면 더 좋고요.

내가 볼 때는 거의 ….

이미 너무 많이 갔다, 더 이상 강한 힘을 발휘할 수 없다?

흐음, 반드시 더 이상 강한 힘을 발휘할 수 없다는 말은 아니지만…. 어떤 주식이 천정에 다다랐을 때 그 주식의 상대강도는 높을 수밖에 없지 않나요? 높은 상대강도의 주식만 고집한다면 때때로 천정에 다다른 주식을 살 수도 있는데 그런 상황은 어떻게 피해가나요?

보통 그런 상황은 피할 수가 있어요. 왜냐하면 차트를 조사하는 첫 단계에서 다져진 바닥에서 너무 멀리 벗어난 주식은 제외되니까요. 상대강도가 매우 높은 주식들이 수개월 동안 시장 평균보다 훨씬 더 나은 움직임을 계속 진행하는 예는 아주 흔하죠. 예를 들어 마이크로소프트(Microsoft)는 50달러일 때 상대강도가 97이었어요. 하지만 결국 161달러까지 뻗어나갔잖아요.

상대강도가 높으면 높을수록 더 낫다는 말씀인가요?

맞아요. 나라면 상대강도 95의 주식보다 99의 주식을 선택하겠어요. 하지만 상대강도가 떨어지기 시작하면 그 주식을 정리하겠죠.

결국 상대강도 값 그 자체에만 주의를 기울이는 게 아니라 상대강도의 추세에도 주목한다는 말이군요?

예. 바로 그거에요. 상대강도의 상승추세가 꺾이기 시작하면 나는 매우 조심스러워져요. 비록 그 강도가 여전히 80을 훨씬 넘는다 해도 말이에요.

최초 주식을 걸러낼 때 제1순위 EPS, 제2순위 상대강도, 이렇게 말하면 순서가 맞나요?

아뇨. 상대강도를 1순위에 두겠어요. 깜짝 놀랄만한 실적 발표가 있기 전에 상대강도가 먼저 치고 나가는 경우가 흔하거든요.

주식 선택의 필터로 업종별 상대강도도 사용하나요?

예. 인베스터스 데일리(Investor's Daily)는 업종의 상대강도를 0에서 200까지의 순위로 매기고 있죠. 나는 보통 상위 50위권 안의 업종을 좋아해요.

주식의 상대강도를 조사하고, EPS를 살피고, 업종의 상대강도를 보고…. 그 다음으로 계속 이어지는 주식 선별 과정은 무엇인가요?

다음은 발행 주식 수를 체크하죠. 나는 3천만 주 이하의 주식을 찾아요. 5백만에서 천만 주 사이면 더 좋고요. 3천만 주 이상의 주식은 상당히 성숙한 주식이에요. 몇 번의 주식 분할을 이미 거친 주식이죠. 결국 수요와 공급에 관한 문제예요. 공급이 많은 주식은 움직이는 데 많은 돈을 필요로 하거든요.

그 외에는 또 무얼 보시나요?

기관이 얼마나 보유하고 있는지를 살피죠. 왜냐하면 그들은 주식을 끌어올리는 동력이니까요. 그렇지만 그들이 너무 많이 보유하고 있으면 곤란하죠. 내 생각에 뮤추얼펀드가 1에서 20퍼센트 정도의 범위 내에서 보유하고 있다면 딱 좋을 것 같군요.

주식 선택의 과정에 포함돼야 할 다른 중요한 요소가 또 있나요?

예. 주식으로 사람들의 이목을 끌 어떤 새로운 것이 있어야 해요. 예를 들면 리복(Reebok) 신발은 엄청 유행했죠. 컴팩(Compaq) 노트북은 대단한 인기를 끌었고, 마이크로소프트는 소프트웨어 분야의 리더죠.

그 조항은 오랫동안 있었던 대부분의 기업을 고려대상에서 제외시키지 않나요?

그래요. 새로운 것도 없고 폭발적 인기를 끄는 어떤 것도 없는 제너럴 일렉

트릭(General Electric) 같은 회사는 제외되겠죠. 때때로 예외는 있어요. 예를 들면 제너럴 모터스(General Motors)는 지난 5년 동안 계속 옆으로만 기었는데, 지금 방향을 바꾸려는 것처럼 보여요.

제너럴 모터스라면 최근 디자인의 방향을 고품격 방식으로 바꾼 것이 새로움이 될 수 있지 않을까요?

예. 하지만 대부분의 경우는 막 떠오르며 성장 중인 회사에서 새로운 것을 찾을 수가 있어요.

내 생각으로는 7,000종목을 조사하게 되면 꽤나 많은 수의 종목이 선별 기준에 부합될 것 같은데요?

평균 70종목 정도만이 선별 기준을 만족시키죠. 왜냐하면 모든 기준을 충족하기란 쉬운 일이 아니거든요. 그 다음에 나는 이들 70종목을 약 7종목으로까지 좁혀나가죠.

70종목에서 7종목으로 좁혀갈 때는 어떤 과정을 거치나요?

모든 선별 기준을 만족시키는 종목들 중에서 특히 바닥을 잘 다진 주식들을 선택해요. 또한 주식의 움직임이 어떠했는지도 살펴보죠. 예를 들면 '주가가 두 배로 뛰었는가' 하는 것들이에요. 내가 사는 많은 주식들은 이미 두 배나 세 배씩 뛰어 오른 주식들이죠.

장기간의 긴 바닥을 형성하고 있는 주식이 아니라 이미 그 바닥을 벗어나 두 배 뛰어 오른 주식을 실제로 매수하는군요?

그렇죠. 왜냐하면 그런 움직임은 어떤 특별한 무언가가 진행되고 있다는 사실을 말하는 것이니까요. 만약 상황이 그렇게 좋은 것이면 두 배 상승은 시작에 불과할 수도 있어요. 어쩌면 두 배 더 상승할지도 모르죠. 종합해서 말씀드리면 나는 순이익과 기술적 분석의 관점에서 볼 때 시장에서 가장 강한 주식을 찾는 거예요.

라이언 씨가 주식 선택에서 높은 성공률을 보이는 것은 바로 그 엄격한 선별 과정을 사용하기 때문인가요?

아뇨. 높은 성공률이라고 할 수는 없어요. 50대 50이거든요. 내가 매매에 성공하는 이유는 빠른 손절 때문이에요. 내가 나 자신에게 허락하는 최대 손실은 7퍼센트예요. 그렇지만 일반적으로는 그보다 훨씬 빨리 손실이 나는 주식을 정리하죠. 나는 두 배 세 배 뛰어오르는, 한 해 몇 안 되는 주식에서 수익을 올려요. 그렇게 올리는 수익은 다수의 작은 손실을 모두 커버하죠.

일반적으로 얼마나 오랫동안 주식을 보유하나요?

큰 수익이 나는 주식은 약 6개월에서 12개월이고, 그렇게 큰 수익이 아니라면 약 3개월 정도죠. 그리고 손실이 나는 주식은 2주 이내에 잘라내요.

주식을 살 때 목표 가격을 설정하나요?

아뇨. 나는 일반적으로 주식이 치고 달리다 숨고르기를 한 다음에 아래로 꺼지는 것까지 봐야 해요. 그때가 현금화하는 시점에요.

라이언 씨는 사람들이 시장가 주문으로 매매를 해야 한다고 생각하나요?

장이 지루하게 이어질 때, 그러니까 앞뒤로 왔다 갔다 하며 확실한 방향 없이 진행될 때는 지정가 주문을 낼 수도 있을 거예요. 그러나 정말 주식이 크게 움직일 것이라고 생각한다면, 그리고 처음부터 주식을 사는 이유가 그런 생각 때문이었다면 8분의 1포인트를 놓고 옥신각신할 이유가 없죠. 바로 사는 거예요. 아래로도 마찬가지지요. 주식이 떨어질 것이라고 생각한다면 바로 팔아야죠.

1982년에 텍스톤(Textone) 주식을 사려고 시도하다 시장가 주문의 중요성을 배운 적이 있어요. 당시 15달러에 거래되고 있었는데, 나는 14달러 75센트로 지정가 주문을 냈죠. 다음날 이 주식은 1달러 50센트나 급등했고, 전날에는 15달러에 살 수 있었던 주식을 16달러 50센트에 도저히 살 엄두가 나지 않았어요. 그 주식은 결국 45달러까지 내달렸죠.

주식이 신고점을 찍을 때 매수에 임하는 것을 라이언 씨의 매매방식 중 하나라고 볼 수 있을 것 같습니다. 그런데 라이언 씨가 사용하는 기본적 분석상의 주식 선별 조건은 주식이 신고점에 다다르기 한참 전에 이미 작동하고 있지 않나요?

그런 경우도 있지만 나는 돈을 딸 가능성이 가장 클 때 주식을 사려고 하는 거예요. 주식이 박스권의 저점에서 다시 고점으로 이동할 때, 그 지점에는 수개월 동안 손실 상태에서 주식이 회복되기를 마냥 기다리고 있는 사람들이 많이 있거든요. 그 사람들 중 일부는 본전에 포지션을 정리하고 싶어 하는데 이것이 저항선을 만들죠.

그 말씀은 저항선을 뚫고 신고점을 찍은 주식은 앞으로 한참을 달리게 될 훤히 열린 드넓은 운동장에 들어섰다는 얘기인가요?

맞아요. 먼저 탔던 사람들 중에서 손실을 보고 있는 사람이 아무도 없고, 처음 정거장에서 내리려는 사람 역시 없으니까요. 모두가 이익을 보고 있고 모두가 행복하거든요.

그렇지만 주가가 신고점으로 치고 올랐다 다시 박스권으로 내려앉는 경우도 많이 있잖아요. 이런 경우에는 샀다 팔았다를 반복하며 휘둘림을 당하게 되는데, 이런 상황에는 어떻게 대처하나요?

거래량을 보면 많은 것을 알 수 있어요. 어느 날 거래량이 두 배로 오르고 주식이 신고점으로 올라섰다면, 이것이 의미하는 바는 많은 사람들이 이 주식에 관심을 가지고 있으며 사기를 원한다는 말이죠.

다시 말해 휘둘림을 피하기 위해 사용할 수 있는 중요한 지표로 거래량이 있다, 이 말씀이군요.

예. 만약 주식이 신고점을 찍으며 한 단계 상승했지만 거래량이 단지 10퍼센트밖에 늘지 않았다면 나는 조심스러워져요.

주식이 박스권을 뚫고 올라서서 신고점을 형성하는 첫날 매수에 임하나요, 아니면 며칠 숨고르기를 하도록 기다리나요?

신고점을 찍는 순간 매수하죠.

만약 주식이 박스권을 뚫고 나와 신고점을 찍을 때 매수했는데 이 주식이 다시 이전 박스권 안으로 주저앉는다면 어느 지점에서 실패한 돌파였다고 결론을 내리나요? 예를 들어 어떤 주식이 16달러와 20달러의 박스권을 오가다 21달러로 올라서서 매수를 했다고 가정해보죠. 만약 이틀 후에 이 주식이 다시 19달러로 내려앉는다면 어떻게 하시겠어요?

나는 주식이 박스권으로 재진입할 경우 최소한 포지션의 50퍼센트를 줄인다는 규칙을 세워놓고 있어요.

조금이라도 재진입하면 그렇다는 말씀인가요? 박스권의 최상단 바로 아래라도 50퍼센트

축소 규칙이 적용되나요, 아니면 최소한 하락폭이 어느 정도 돼야 한다, 하고 정해놨나요?

조금이라도 박스권 안으로 밀리면 바로 자르죠. 주식이 저항선을 뚫고 신고점을 찍은 후 다시 저항선 가까이까지 밀리지만, 다시 박스권 안까지 밀리지 않는 경우가 있어요. 그런 경우라면 나는 계속 포지션을 유지할 거예요. 하지만 만약 저항선이 20달러에 걸쳐있는데 주식이 19달러 75센트까지 밀린다면 나는 주식의 움직임이 지속적이지 않다는 이유로 최소한 포지션의 반은 팔아버릴 거예요. 흔히 주식은 박스권 안으로 다시 밀리면 계속 내려가 박스권의 최하단부까지 내려가게 되죠. 주식이 20달러 저항선을 뚫고 21달러까지 갔다가 19달러 75센트로 다시 밀리면 박스권 하단인 16달러까지 계속 빠지게 되는 경우가 흔하거든요. 따라서 손절은 빨라야 하죠.

기술적 관점에서 주가가 박스권 안으로 재진입 한다는 것은 앞으로 계속될 하락을 의미하나요?

예. 주식은 사는 날부터 이익이 나야 해요. 사실 첫째 날 이익이 난다는 것은 그 매매에서 돈을 따게 될 것을 암시하는 가장 훌륭한 지표 중 하나거든요.

인베스터스 데일리(Investor's Daily)에 이전 50일의 평균과 비교해서 거래량이 퍼센티지로 가장 높게 증가한 주식들을 나열해 놓은 표가 있잖아요. 그 표를 매매에 참고하시나요?

예. 이제 막 이륙 준비를 마친 주식을 찾는 데 도움이 되죠.

그 표를 이미 선별해 놓은 주식을 확증하는 데에 사용하시나보죠?

예. 한 주 동안 관심 종목을 선택하는 여러 과정을 거치고 나서, 나는 때때로 관심 종목이 신문의 그 지면에 나오길 기다리죠. 적절한 매수 타이밍을 찾기 위해서 말이죠.

매매도구로 거래량을 사용하는 것에 대해 조금 더 자세히 말씀해주실 수 있을까요?

주식이 상승하다 숨고르기를 하기 시작할 때 거래량이 줄고 있는지를 봐야해요. 거래량이 하락추세를 형성하고 있어야 한다는 말이죠. 그러고 나서 거래량이 다시 늘기 시작할 때면 대개 주식이 폭등할 준비가 돼 있다는 의미에요.

다시 말하면 숨고르기 기간에는 줄고 있는 거래량이 좋은 것이군요. 만약 계속해서 높은 수준의 거래량을 본다면, '어쩌면 시장이 천장에 다다랐는지도 모른다' 이렇게 생각하기 시작하시나요?

예. 왜냐하면 거래량 수준이 계속 높다는 의미는 많은 사람들이 포지션을 정리하고 있다는 말이거든요. 주식이 치고 오르기 시작할 때는 거래량이 많아야 하고, 숨고르기 중일 때는 거래량이 줄어야 하죠.

거래량에서 보는 또 다른 신호가 있나요?

시장이나 종목이 바닥에 다다랐을 때 가격하락이 더 이상 진행되지 않으면서 거래량이 늘어나는지를 볼 필요가 있어요. 예를 들어 다우(Dow)가 2,200에서 2,100으로 하락한 후, 다음날 장 중 2,085로 또 내려갔다가 높은 거래량을 동반하며 상승마감 했다면 이는 이 지점에서 지지가 있음을 증명해주는 것이죠. 이 지점에서 많은 사람들이 들어온다는 거예요.

주식을 고를 때 사용하는 척도로 지금까지 설명해 주신 것은 기본적으로 오닐의 캔슬림(CANSLIM) 공식인 듯하네요[캔슬림(CANSLIM) 공식에 관해서는 오닐의 인터뷰 참고]. 오닐의 방법에 자신만의 독자적인 요소를 가미하신 것이 있나요?

예, 있어요. 나는 우리가 추천하여 엄청 이익이 난 종목들 중 대부분이 순이익의 30배 이하의 가격에서 상승을 시작했다는 사실을 알게 됐어요. 오닐은

PER이 중요하지 않다고 하지만 나는 중요하다고 생각해요. 왜냐하면 매매의 성공률이 PER이 낮은 종목에서 더 높으니까요.

그렇지만 엄청 낮은 PER을 의미하는 것은 아니죠?
내가 낮은 PER의 주식을 말할 때 의미하는 주식은 PER이 S&P500 PER과 같은 것에서부터 두 배 높은 것까지를 말하는 거예요. 따라서 S&P500이 순수익의 15배라면 PER이 15에서 30 사이의 주식을 사야 하는 것이죠. S&P500 수준의 두 배가 넘어선 단계에서 시작하려면 매매타이밍이 더 정확해야 해요. 더 높은 PER에서 조금 더 많은 실수를 하게 돼 있거든요.

그렇다면 높은 PER의 주식은 피한다는 얘기군요?
대부분의 경우에는 그렇죠. 순수익의 성장 추세가 강하면서 전체 시장의 평균 PER과 같은 선상에서 매매되는 주식을 발견할 때가 가장 크게 이익이 나는 경우에요.

높은 PER의 주식을 피했다면 의료생명 업종 전체가 크게 움직였을 때 참여하지 못했겠군요?
그 경우는 얘기가 조금 다른 것이, 업종 전체가 높은 PER로 매매되고 있었거든요.

그 말씀은 신산업에는 예외를 둬야 한다는 것인가요?
그렇죠. 이 규칙에 철저하게 엄격할 필요는 없어요.

1980년대를 1960년대와 1970년대에 비교해 볼 때, 기본적으로 시장의 행태는 같다

고 할 수 있을까요?

그럼요. 같은 성질의 주식들이 계속해서 수익을 안겨다 주죠. 시장은 전혀 변하지 않았어요. 1960년의 최고의 주식을 1980년의 최고의 주식과 비교해 보면 이 둘은 똑같은 성질을 보일 거예요.

매도포지션에 관해서 하실 말씀은 없으신지요?

나는 매도포지션에 관해 더 공부해야 하고 경험을 더 쌓아야 해요. 하지만 내 생각에는 매도포지션을 잡을 때는 우리가 지금까지 얘기한 오르는 주식의 모든 성질들을 뒤집어 보면 될 것 같아요. 훌륭한 성장 대신 지난 5년간 보잘 것없는 성장을 보이고, 분기 순이익이 감소하고, 상대강도가 약해지고, 상승추세가 꺾였고, 신 저점을 찍기 시작한 이런 주식이면 되겠죠.

만약 시장이 긴 하락추세로 접어든다면 매도포지션을 취하는 것이 뛰어난 실적을 올리는 데 결정적 요소가 될 수 있다고 생각하시는지요?

예. 도움이 될 수도 있다고 생각해요. 그렇지만 오닐은 매도포지션이 주식을 사는 것보다 세 배는 어려운 일이라고 말할 거예요. 오닐은 지난 아홉 번의 하락장에서 단 두 번밖에 괄목할만한 수익을 거두지 못했다고 말하죠. 그는 하락장에서의 최선은 쉬는 일이라고 생각해요.

장이 하락추세라는 사실을 너무 늦기 전에 아는 방법은 무엇인가요?

보유한 개별 종목들이 얼마나 잘 움직이고 있는지를 보면 알 수 있죠. 만약 전체 시장이 상승하는데 선도주들이 하락을 시작한다면 하락추세의 시작이 무르익고 있다는 사실을 나타내는 거예요. 내 경우에는 연속해서 다섯 종목에서 여섯 종목을 스톱주문으로 정리하게 되면 경계경보를 울리게 되죠.

하락추세를 알리는 신호로 보는 또 다른 것이 있나요?

다우(Dow)와 등락주선(advance/decline line)이 불일치하는지를 살펴요[등락주선은 매일 뉴욕증권거래소에 상장된 종목 중 상승 종목 수에서 하락 종목 수를 빼, 그 값을 누계하여 선으로 나타낸 것이다]. 등락주선은 다우보다 몇 개월 일찍 천장을 치는 경향이 있어요.

1987년에 그런 현상이 발생했나요?

1987년 첫 분기에 등락주선이 천장을 쳤죠. 8월에 주식시장이 천장을 친 것보다 훨씬 이전이었어요.

그 당시 등락주선을 보고 천장을 예상하셨나요?

아뇨, 아직은 아니었어요. 많은 개별 종목들이 여전히 좋은 움직임을 보이고 있었으니까요. 시장이 진짜 천장에 다다랐구나 하는 결정적 단서는 다우가 신고점인 2,746을 찍고 조금 밀린 후, 아주 희박한 거래량으로 다시 상승을 한 뒤, 90포인트라는 큰 폭의 하락을 했던 일에서 찾을 수 있었죠. 나는 그것을 본 후 시장으로부터 철수해야겠다고 결정했어요.

거래량이 희박한 상승 때문에요?

예. 그리고 상승에 참여한 종목 수가 매우 적었다는 사실하고요. 등락주선이 이전 상승일 만큼 높게 올라가지 못했거든요. 또한 8월 말에 연방금리가 3년 만에 처음으로 상승했어요. 이게 시장에 엄청난 충격을 줬다고 생각해요.

라이언 씨는 이 업계에 발을 들여놓은 지가 그리 오래되지 않은 분이잖아요. 앞으로도 오랫동안 거의 매년 성공적인 매매를 할 수 있다고 확신하세요?

예. 왜냐하면 향후 수년간 성공적인 매매의 기반이 돼 줄 아주 정교한 원칙들을 확립해 놨고, 더불어 끊임없이 배우고 익힐 계획이니까요.

자신이 트레이더로서 점점 발전하고 있다고 느끼시나요?

자신이 행하는 모든 매매로부터 무언가를 배우려 한다면 시간이 지남에 따라 점점 더 나은 트레이더가 될 수밖에 없지 않을까요?

다른 일반적인 주식 투자자들에 비해 자신이 훨씬 더 큰 성공을 거둘 수 있었던 이유가 무엇이었다고 생각하나요?

나는 내가 좋아하는 일을 하고 있고, 이 일의 매력에 푹 빠져 있어요. 회사에서 8시간에서 9시간 일하고, 집에 가서도 시장분석에 많은 시간을 보내요. 나는 토요일마다 차트가 내게 배달되게끔 해놨어요. 일요일마다 서너 시간을 그 차트들을 살피는 데 할애해야 하죠. 하고 있는 일이 진정 자신이 좋아하는 일이라면 더 크게 성공할 수 있다고 생각해요.

많은 투자자들이 시장을 분석하는 데에 자신들의 자유 시간을 소비하고 있지만, 여전히 아주 작은 이익밖에 올리지 못하거나 아니면 돈을 잃기까지 하죠.

그건 아마도 그들이 주식을 고르는 체계적이고 정제된 방법을 발견하지 못해서 그럴 거예요. 그들은 신문에 난 기사를 하나 읽고는 "이거 좋은 주식인데, 사야겠어" 하고 말하죠. 아니면 자기들의 중개인이 추천한다고 그 주식을 사거나요.

초보 트레이더들에게 조언 한마디 부탁드릴까요?

누구에게나 해주고 싶은 가장 소중한 나의 조언은 자신의 오류에서 배우라는 거예요. 그것이 성공하는 트레이더가 되는 유일한 길이에요.

마지막으로 해주실 말씀이 있다면요?

시장에서 가장 재미있는 것은 다음에 큰돈을 안겨줄 종목은 무엇일까 하고 그 종목을 찾아 헤매는 일이죠. 큰 움직임을 초래할 모든 조건들을 갖춘 주식을 찾으려 노력하는 것 말이에요. 500주를 매매할 때나 지금이나 그로 인해 느끼게 되는 재미의 크기는 조금도 변하지 않았어요. 주식을 큰 움직임이 있기 전에 발견할 때 얻게 되는 만족감은 예전이나 지금이나 여전히 똑같죠.

마치 무슨 게임처럼 말씀하시는군요.

게임이에요. 내게는 거대한 보물찾기 게임과 같아요. 여기 이 안에[그는 주간차트 책을 툭툭 치며 말했다] 큰돈을 안겨줄 주식이 있고, 나는 그것을 찾으려 노력하는 것이죠.

주식으로 돈 버는 방법에 관한 전통적인 지혜는 "저가에 사서 고가에 팔아라"라는 다소 싱거운 말로 요약될 수 있을 것이다. 그러나 데이빗 라이언은 이 말에 동의하지 않는다. 그의 매매철학은 고가에 사서 더 고가에 파는 것이다. 사실 라이언은 10달러 이하에 팔리는 주식은 보통 매수 고려 대상에서 제외한다.

라이언의 성공은 기본적으로 정확한 방법을 사용하고 이 방법을 따르는 데 대단한 극기심을 발휘하는 것에 있었다. 라이언이 보여주듯 엄청난 성공을 거두기 위해 매매방법이 독창적이어야만 하는 것은 아니다. 라이언은 자신의 매매방법 대부분은 윌리엄 오닐의 가르침과 그의 책에서 배웠다고 말했다. 그는 끊임없는 노력과 심도 있는 연구를 통해 오닐의 매매철학을 아주 효과적으로 적용할 수 있었다.

트레이더들은 자신들이 정해놓은 규칙을 일탈할 때 대부분 손실을 보게 된다. 라이언도 예외는 아니었다. 1983년 중반부터 1984년 중반까지 그는 대단히 좋지 않은 실적을 경험했다. 그는 자신의 이전 매매성과에 도취돼 자신의 핵심 매매규칙 중 하나를 반복해서 어겼기 때문이었는데, 그 규칙은 너무 멀리 뻗어나간 주식은 사지 말라는 것이었다[가장 최근의 박스권을 이탈하여 멀리까지 치고 올라간 주식]. 1983년과 84년의 경험은 라이언에게 잊을 수 없는 기억으로 남아 그가 다시는 똑같은 실수를 범하지 않도록 만들었다.

트레이더 일지를 기록하는 것은 라이언의 매매방법에서 하나의 핵심적 요소이다. 주식을 살 때마다 그는 해당 주식의 차트에 그 주식을 사는 이유를 주석으로 달아놓는다. 그는 포지션을 현금화하거나 포지션에 더 많은 물량을 더할 때마다 새 차트에 그 이유를 달아 이전 차트와 함께 철을 해놓는다. 이러한 과정은 돈을 가져다주는 주식의 중요한 성질들을 그의 머릿속에 굳건하게 자리 잡게 하는 데 도움이 됐다. 그러나 더 중요한 점은 이 과정이 자신의 과거 시장 참여의 행태를 뒤돌아 볼 수 있게 해서 비슷한 매매 오류를 반복하지 않도록 한 일일 것이다.

라이언의 기본적인 시장 접근방법은 윌리엄 오닐의 시장 접근방법이 그랬듯이 움직임이 강한 가치주를 사는 것이었다. 또한 그는 포트폴리오를 분산하는 것보다 몇몇 최고의 주식에 초점을 두는 것을 더 신뢰한다. 라이언이 경험으로 얻은 중요한 발견은 그의 가장 훌륭한 매매들은 일반적으로 매수를 한 첫날부터 이익이 나는 주식들이었다는 사실이다. 이것은 다른 많은 트레이더들에게도 이로운 메시지를 전달한다. 라이언은 손실이 나는 포지션을 빨리 자르는 데 주저하지 않는다. 어떤 매매든지 7퍼센트의 가격하락이 그가 용납하는 최대 리스크이다. 엄격한 손절 규칙은 많은 성공적인 트레이더들이 공유하는 매매방법의 필수적인 요소인 것이다.

Marty Schwartz _ 마티 슈와츠

챔피언 트레이더

마티 슈와츠와의 인터뷰는 장이 마감되고 그의 사무실에서 진행됐다. 인터뷰에서 나는 그가 매매라는 주제에 관해 주장이 매우 강하며 열정적임을 알게 됐다. 이러한 열정은 간혹 아픈 기억을 되살리는 주제(예를 들어 프로그램매매)가 언급될 때 넘쳐 올라와 노여움으로 변했다. 사실 슈와츠는 '노여워한다는 것은 매매에서 유용한 자질임을 알게 됐다'고 선뜻 얘기했다. '시장의 흐름을 따라가야 한다'는 얘기는 슈와츠의 매매철학이 아니었다. 그의 관점에서 보는 시장은 피 튀기는 격투기 경기장이며, 다른 트레이더들은 그의 적일 따름이었다.

나는 또한 슈와츠가 자신의 일상 업무를 철저히 수행하는 모습에서 깊은 인상을 받았다. 그는 내가 도착했을 때 시장분석 작업을 하고 있는 중이었고, 인터뷰를 하면서도 자기가 계산해놓은 수치를 이리저리 뒤적거리며 훑어봤다. 내가 떠날 때에도 그의 시장분석 작업은 여전히 완료되지 못했다. 그는 매우 피곤해 보였지만 그래도 그가 저녁에 작업을 다 마치리라는 생각에는 의심의 여지가 없었다. 지난 9년의 세월 동안 슈와츠는 자신의 일상 업무에 대해 한 순간도 철저히 임하지 않은 적이 없었던 것이다.

슈와츠는 매매로 돈을 잃는 10년의 세월을 보내고 난 후에야 대단히 성공적인 전문 트레이더로 발전할 수 있었다. 그의 말에 의하면 초창기 그는 많은 연봉을 받는 주식 애널리스트였는데, 주식으로 돈을 잃어 항상 빈털터리였다고 한다. 그러나 마침내 그는 자신의 매매방법을 바꿨고, 그로 인해 자신을 반복해서 돈을 잃는 트레이더에서 놀라울 정도로 지속적이고 기복 없이 수익을 올리는 승자로 변모시킬 수 있었다. 그는 1979년 전업 트레이더가 된 이래로 매년 엄청난 퍼센티지의 수익을 기록하고 있는데, 이런 수익을 달성하면서 자산의 3퍼센트를 넘기는 손실을 기록한 달이 없을 정도로 안정성을 유지했다.

슈와츠는 자기 집에 사무실을 마련하고 그곳에서 혼자 매매를 한다. 그는 자신이 다른 사람을 고용하고 있지 않다는 사실을 자랑으로 여겼다. 얼마나 큰 성공을 거두든 슈와츠와 같은 종류의 고립된 트레이더들은 세상에 잘 알려지지 않은 것이 일반적이다. 그러나 슈와츠는 스탠퍼드 대학의 놈 자데(Norm Zadeh) 교수가 주최하는 미국 투자선수권대회에 여러 차례 참가하여 어느 정도의 명성을 얻게 된다. 그 대회에서 거둔 그의 성적은 놀라웠다. 그는 4개월 동안 진행되는 대회에 10번 참가하여 9번이나(주로 40만 달러로 시작함) 다른 모든 참가자들의 수익을 합한 것보다 더 많은 수익을 올렸다. 이 아홉 번의 대회에서 그의 평균 수익률은 210퍼센트였다. 이 수치는 연간(年間)으로 환산한 것이 아니다(그는 나머지 한 번의 대회에서는 4개월 동안 거의 본전과 마찬가지인 결과를 얻었다)! 그는 1년 동안 지속되는 대회에도 한 번 참가했는데, 그 대회에서는 781퍼센트의 수익률을 기록했다. 슈와츠가 그 대회에 참가한 이유는 자신이 최고의 트레이더라는 점을 세상에 알리기 위함이었다. 위험 대비 수익률이라는 관점에서 보면 그는 최고의 트레이더임에 틀림없다.

우선 슈와츠 씨의 초창기 이야기를 듣는 것부터 시작하죠.
어디까지 되돌아가서 얘기하기를 원하시죠?

본인이 적당하다고 생각하는 시점이면 어디든 괜찮습니다.
음, 솔직해지려면 어린 시절로 돌아가야 할 것 같군요. 사실 이런 얘기는 소파에 편하게 누워서 해야 하는데 말이죠. 나는 뉴 헤븐(New Haven)의 한 가난한 가정에서 태어나 성장했어요. 나는 어릴 때도 매우 열심히 일했죠. 아마도 일고여덟 살 때였을 거예요. 눈발이 거세게 날리면 나는 눈 치울 삽을 들고 나갔다가 눈이 그칠 즈음에 10달러를 들고 집으로 돌아오곤 했죠.

요즘도 하루 열두 시간은 일해야 해요. 일을 하지 않으면 뭔가 불안함을 느끼죠. 내가 슈웨거 씨와 이렇게 마주 앉아서도 이걸 뒤적이는 이유는 그 때문이에요. 나는 여러 가지 비율과 오실레이터(oscillator)를 수학적으로 계산해서 나만의 차트를 만들죠. 나는 항상 경쟁자들보다 더 많이, 더 잘 준비하고 있자고 다짐해요. 준비하는 방법은 매일 밤 내가 해야 할 일을 하는 것이죠.

나는 자라면서 교육은 성공으로 가는 승차권이라고 인식하게 됐어요. 아마도 우리 집안에서 교육이 많이 강조된 때문이었겠죠. 하여간 나는 열심히 공부했고 고등학교 때는 우등생이었으며, 고등학교를 졸업한 후에는 앰허스트 대학(Amherst College)에 진학하게 됐어요. 대학 생활은 내 인생에서 가장 좋은 경험 중 하나였죠. 신입생 오리엔테이션에서 누군가 이런 말을 하더군요. "여러분 좌우를 한번 둘러보세요. 여러분들 중 절반은 중위권 이상의 학생이 되고, 나머지는 중위권 이하의 학생이 될 것입니다." 나를 포함해서 그 대학에 입학한 대부분의 학생들은 고교 시절 상위 5퍼센트 안에 드는 학생들이었어요.

내가 모든 것에서 최상위가 될 수 없다는 사실은 받아들이기 힘든 현실이었죠.

내가 난관에 부딪쳐 몸부림친 것은 그때까지의 내 생애에 처음 있는 일이었어요. 미적분을 못해서 과외를 해야 했거든요. 개념이 이해가 안 되더라고요. 그러다 마침내 감을 잡았을 때, 그러니까 머릿속의 전구가 깜박거리며 빛을 발하기 시작했을 때는 마치 한 폭의 장엄한 그림을 보는 듯하더군요. 열심히 공부해서 깨닫는 기쁨을 그때 실로 경험하게 됐죠. 전에는 공부가 단지 목적을 이루는 수단이었는데, 배우는 그 과정 자체가 진짜 즐거움임을 알게 됐어요. 앰허스트에서의 날들은 내게 깊은 영향을 미쳤어요.

나는 1967년 대학을 졸업하고 컬럼비아 대학의 경영 대학원(Columbia Business School)에 입학하게 됐어요. 그때는 정부가 대학원생 징병 유예 제도를 막 폐지했던 때였는데, 나는 컬럼비아에서의 생활이 썩 즐겁지도 않고, 베트남에서 전쟁을 하고 싶지도 않아서 장교를 모집 중인 미 해병 예비 부대에 지원했죠.

해병대에서 살아남으려면 어느 정도 미쳐야 해요. 아주 특이한 조직이거든요. 사람을 극한의 상황까지 몰고 가서는 자기들이 원하는 대로 개조해 버리죠. 그렇지만 나는 그 조직을 매우 높이 평가하게 됐어요. 왜냐하면 해병대는 탄생 이래 줄곧 자신들의 훈련 과정을 고수해오고 있으니까요. 소대장 한 명이 46명의 목숨을 책임지게 돼요. 당연히 훈련을 잘 받아서 필요한 모든 기술을 제대로 습득해야 하기 때문에 해병대는 교육생을 엄청난 스트레스로 내모는 거예요. 해병대의 기대에 부합하지 못하면 해병대 사관이 될 수 없어요. 내가 알기로는 약 50퍼센트가 탈락했던 듯해요.

그 당시 콴티고 기지의 사관 후보 학교에서 내가 유일한 예비 장교였어요. 199명이 정규군인으로 베트남에 갔지만 나는 집으로 돌아왔죠. 나는 그것 때문에 지원했으니까요. 또한 나는 그곳에서 유일한 유대인이었는데, 그곳 사람들은 유대인을 그리 달갑게 여지지 않았죠. 한번은 소대 선임하사가 내 이마에 매직으로 다윗의 별[22]을 그렸어요. 나는 그를 피똥 싸도록 패고 싶었지만, 그가 다윗의 별이 갖는 역사적 중요성을 잘 모른다는 사실을 알고는 그만뒀어요. 나는 그자가 나를 벼랑 끝으로 내몰아 도중하차시키려고 온갖 방법을 동원하고 있다는 사실을 알았거든요. 그곳에서 가장 힘들었던 경험은 이마의 매직을 지우는 일이었어요. 기분 엿 같더군요[그는 이 부분에서 웃었다]. 하여간 나는 인내했고, 성공적으로 과정을 마쳤죠. 나는 내가 그 과정을 끝마친 경험이 훌륭한 업적을 달성한 일이라고 생각해요. 시간이 지나면서 상했던 나의 감정은 조금씩 치유됐고, 내가 겪었던 쓰라린 고통도 차츰 잊혔어요.

나는 혹독한 해병대 훈련으로 이전에 경험해보지 못한 어려운 일도 해낼 수 있다는 자신감을 갖게 됐어요. 앰허스트 대학이 나의 이성을 강하게 했듯이 해병대는 나의 육체를 강하게 했죠. 나는 이 두 경험으로 후회하지 않을 만큼 열심히 하면 거의 모든 일을 해낼 수 있다는 확신을 갖게 됐어요. 그리고 이 두 경험은 내가 매매에서 성공하는 토대가 됐죠. 이 두 경험으로 내가 곧바로 성공할 수 있었다는 말은 아니에요. 사실 곧바로 성공하지 못했거든요.

나는 해병대를 나와서 컬럼비아 대학으로 돌아와 재미없는 아르바이트를 몇 개 하면서 MBA 과정을 끝냈죠. 내 첫 번째 직장은 쿤롭(Kuhn Loeb)이었어요. 그곳에서 나는 주식 애널리스트로 건강과 소매업 분야를 전문으로 했죠. 2년을 그곳에 머물러 있었어요. 직장을 바꾸는 일은 월스트리트에서 연봉을 인상 받는 가장 좋은 방법이에요. 현재 몸담고 있는 회사에서는 절대로 자신을 스카우트하려는 회사만큼 주려고 하지 않죠.

1972년에 나는 다른 회사로 옮겼어요. 그 회사 이름과 다른 구체적인 부분

---

22) 다윗의 별 : 유대교의 상징 — 역자 주.

은 밝히지 않겠어요. 그 이유는 내 얘기를 계속 들어보면 쉽게 짐작이 가실 거예요. 그때가 내 인생과 경력에서 가장 힘든 시기였어요. 그 회사는 30명의 애널리스트를 두고 있었는데, 열 명씩 세 그룹으로 나뉘어 있었죠. 일하기 싫어하는 연구부서의 최고 책임자는 각 그룹의 선임 애널리스트들 중 한 명이 그 그룹의 애널리스트들이 작성한 연구보고서를 읽도록 시켰어요. 우리 그룹의 방침은 연구보고서를 그룹 내에서 회람하고 다른 애널리스트들이 이에 대해 평론을 한 뒤 외부에 발표하는 것이었어요.

나는 병원경영 주식들에 관해 부정적 보고서를 쓴 적이 있어요. 이 업종은 결국 전기/가스 주식들이나 내는 수익률 정도로까지 떨어지리라고 얘기했죠. 늘 그렇듯이 내 원고도 그룹에서 회람됐죠. 그런데 내 원고를 본 애널리스트 중 한 명이 어느 날 밤, 캘리포니아에서 자기 집으로 돌아가는 비행기 안에서 술에 취해서 자기 고객 한 명에게 내 보고서에 관해 얘기한 거예요. 그리곤 내 보고서를 그에게 복사해주기까지 했죠. 그 자는 내가 작업한 것을 다른 사람에게 보여줄 수 있는 어떤 권한도 없었어요. 그 주식들은 내 보고서가 발표되기도 전에 급락하기 시작했죠. 왜냐하면 그 고객이 부정적 보고서가 나오려 한다는 소문을 퍼뜨리기 시작했거든요.

쓴 경험이었어요. 뉴욕증권거래소에서 6시간 동안 증언을 해야 했다니까요. 우리 회사의 변호사가 "슈와츠 씨를 변호해 드리겠지만, 회사의 입장과 슈와츠 씨의 입장이 대립되는 상황에서는 그에 대해 알려드리겠습니다" 하고 내게 말하더군요.

그 당시 자초지종이 어떠하다는 사실을 알고 계셨나요?

아뇨. 그렇지만 진실만을 얘기하면 모두 괜찮아지리라고 생각했어요. 그래서 그렇게 했고요. 나는 완전히 무죄로 판명됐죠. 거래소는 내가 함정에 빠졌다는 사실을 알게 됐어요. 거래소의 한 조사관이 모든 정황을 다 꿰맞춰 일이 어떻게 진행됐는지를 밝혀냈고, 그래서 내 보고서를 사전에 유출시켰던 그 제약 업종 애널리스트는 결국 사실을 실토하게 됐죠. 아주 고약하고도 힘든 경험이었어요. 매우 불쾌했죠. 나는 내 사무실 문을 닫고는 일에서 손을 놨어요. 일을 열심히 해서 성공해야겠다는 동기와 욕구를 잃었고, 열정적 추진력도 소진됐거든요.

그리고는 어떤 일을 했나요?

여전히 보고서 작성하는 일을 했지만 마음은 이미 일에서 떠나있었어요. 안 좋은 경험에 더해 당시는 1973년이었거든요. 나는 시장이 천장에 다다랐다는 느낌을 갖기 시작했어요. 그때 나는 기술적 분석에 많은 흥미를 갖게 됐는데, 당시 등락주선(advance/decline line)은 수개월 전부터 주목할 만한 천장을 형성하고 있었거든요. 시장 전체는 물론이고 내가 담당하는 주식들도 하락하리라는 감을 잡게 됐죠. 여전히 사람들은 회사들이 얼마나 많은 제품을 어느 가격에 팔고 있는지를 알고 싶어 했죠. 나는 긍정적 보고서를 쓸 기분이 생기지 않았어요. 주가가 떨어지고 있는데 어떤 물건이 얼마나 팔리든 무슨 상관이에요. 나는 성장주들을 담당하고 있었는데, 그 당시 이 주식들은 순이익의 40배나 50배에 매매됐죠. 말도 안 되는 일이었어요.

더 이상 부정적 보고서를 쓸 용기가 나지 않았나요? 그리고 사전에 유출된 그 부정적 보고서는 결국 어떻게 됐나요?

그 당시 월스트리트에서는 아무도 부정적 보고서를 내놓지 않았어요. 병원 경영 산업에 대한 내 부정적 보고서는 완료 허가를 받았죠. 사실 회사가 진정으로 그 보고서를 인쇄해서 배포할 의향이 있었다고는 믿지 않아요. 그렇지만 보고서가 이미 유출된 뒤라 어쩔 수 없이 급하게 인쇄해야 했죠. 안 그랬다가는 어떤 비난을 받게 될지 모르는 일이니까요.

그런 뒤에는 어떻게 됐나요?

나는 장이 하락추세일 때 직장을 잃었고, 그 후 4개월 동안 실업자로 지냈죠. 그 4개월은 아주 흥미 있는 기간이었어요. 왜냐하면 나는 재난으로부터 가장 많이 배운다고 생각하거든요. 내게 20,000달러가 있었어요. 그 당시 20,000달러는 큰돈이었는데 나는 그 돈으로 매매를 하려고 했죠. 그때 한 미친 놈을 알게 됐어요. 그 친구는 상품매매에 적용하는 컴퓨터 프로그램을 개발해 놓고 있었죠. 그 당시는 오늘날 어느 PC에서나 할 수 있는 종류의 프로그램을 돌리려면 거대한 기계를 시간제로 빌려야 했어요. 그 친구는 여러 종류의 이동평균과 뭐 그런 도구들을 사용하고 있었죠. 나는 내 돈의 일부를 그에게 투자했다 대부분을 날리게 됐고, 나의 허황된 꿈도 내 돈과 함께 사라져버렸죠.

돈을 거의 다 날린 나는 일자리를 다시 얻어야 한다고 판단했어요. 그렇지만 엄청난 충격이 나를 기다리고 있었죠. 비록 내가 백 퍼센트 정직했고 또한 솔직했다 하더라도 나는 불명예를 안고 있었죠. 사람들은 "아, 자네 그 보고서를 썼던 친구 아닌가?" 하고 말했어요. 내가 도덕적으로 깨끗했고 완전히 무죄였다는 사실은 생각하지도 않았죠. 사람들은 그저 괜한 분쟁에 말려들기를 원치 않았던 거예요. 내가 야기한 분쟁이 아니었는데도 말이에요.

친구 한 명의 도움으로 나는 에드워드 앤드 핸리(Edwards & Hanly)라는 회사에 취직을 하게 됐는데, 소매 위주의 증권사였지만 스타급 애널리스트를 다수 보유하고 있었죠. 거기에서 밥 졸너(Bob Zoellner)를 만났어요. 그는 그 회사의 경영 자문이었는데, 정말 훌륭한 트레이더였죠. 1974년에 회사가 경비 지출을 많이 했을 때 그는 주식 매도포지션을 잡아 수익을 올려 회사 재정에 수

혈을 해줬어요. 거의 그 혼자서 회사를 지탱하고 있던 셈이죠. 졸너는 1976년에 자신의 헤지 펀드를 시작해서 엄청난 성공을 거뒀죠.

내가 하는 일이 주식 애널리스트라 나는 냄새를 잘 맡는데, 이 점은 내게 도움이 되곤 했어요. 전에는 점심 먹으러 밖으로 나간 적이 없던 수석 애널리스트가 점심시간이면 어김없이 나가는 모습을 본 뒤부터 나는 다른 일자리를 찾아 면접을 보러 다니기 시작했죠. 1975년 가을에 회사가 파산에 이르렀을 때 나는 롭 로즈(Loeb Rhoads)에 취업했어요.

1976년에 아내 될 사람을 만났는데 아내는 내게 깊은 영향을 미쳤어요. 인생에 연습이란 없음을 알게 해줬죠. 인생은 항상 본 방송인데, 나는 엉망으로 질퍽거리고 있었어요. 비록 안정적으로 많은 봉급을 받고 있었을지라도 시장에서 지속적으로 돈을 잃어 빈털터리였거든요.

우리는 1978년 3월에 결혼했어요. 그 당시 나는 E. F. 휴턴(E. F. Hutton)에서 일하고 있었는데, 유부남이 되고 보니 출장을 더 자주 다니게 되더군요. 스물다섯 살 때는 각지에 흩어져있는 대학 동창들을 전국을 돌아다니며 만나는 일이 아주 재밌었는데, 30대가 되니까 피곤한 일이 되더라고요. 집사람은 내가 출장 갈 때면 가기 싫어하는 나를 문밖으로 내몰다시피 해야 했죠.

나는 내 일을 '탭댄스'라고 부르며 지긋지긋해 했어요. 내가 하는 일은 포트폴리오 매니저들을 만나서 내가 연구한 주식들에 관한 의견을 그들에게 제공하고, 그들이 우리 회사를 통해 매매하도록 만들어서 회사에 수수료 수입을 올려 주는 그런 일이었어요. 한번 출장을 가면 휴스턴(Houston)에서 다섯 명쯤 만나고, 샌안토니오(San Antonio)로 날아가 저녁을 먹고, 밤늦게 달라스(Dallas)로 날아가서는 다음날 아침 약속에 대비하는데, 나는 꼭 그 일이 나를 창녀처럼 만드는 것 같아서 염증을 느끼게 됐죠.

가족을 원했지만 경제적인 책임을 감당할 능력이 내게는 없다고 생각했기 때문에 나는 처음에는 결혼하기를 망설였어요. 왜냐하면 내게는 가진 돈을 한 순간에 다 날릴 위험이 도사리고 있었거든요. 그 시점에 나는 '내가 자성예언(自成豫言)의 덫에 빠진 게 아닐까' 하고 의구심을 갖게 됐죠. 사람들은 실패를 어떻게 수습해야 하는지 아는데, 그 이유는 자신들이 그 실패를 만들어냈기 때문이에요. 바람직하지 못한 원인과 결과의 연속적 순환이죠. 실패를 하고, 그 실패를 어떻게든 처리하고, 그리고 또 똑같은 순환을 반복하며 그 속에서 뒹구는 거예요.

1978년 중반, 주식 애널리스트로 그때까지 8년 동안 일한 나는 더 이상은 참을 수 없는 지경에 이르게 됐죠. 뭔가 다른 일을 해야만 했어요. 나는 항상 혼자서 일하기를 원했어요. 고객도 없고 아무에게도 대답할 필요도 없이 말이에요. 그것이 내게는 궁극적 목표였어요. 수년 동안 "왜 나는 성공할 채비를 다 갖추고도 잘 해내지 못하는 것일까?" 하고 골똘히 생각하다 이제는 반드시 성공해야 할 시점이라고 판단했어요.

증권 중개회사는 사람을 스카우트할 때 대부분 그 사람의 요구를 수용하지만 일단 회사에 들어가면 그런 요구들은 더 이상 안 먹혀요. 그래서 나는 휴턴에서 스카우트제의를 받았을 때 내 사무실에 시세판을 설치해달라고 요구했죠. 나는 시세판을 가진 유일한 주식 애널리스트였어요. 휴턴에서 일하던 마지막 해에 나는 사무실 문을 닫고 지냈죠. 시장을 지켜보기 위해서였어요. 나는 내 친구 밥 졸너와 하루에도 수없이 많은 대화를 나눴고, 그는 시장의 움직임을 분석하는 방법을 내게 가르쳐줬어요. 예를 들어 시장에 좋은 뉴스가 나왔는데도 시장이 하락한다면 시장 체력이 아주 안 좋다는 뜻이고, 반대로 시장에 안 좋은 뉴스가 나왔는데도 시장이 상승한다면 시장 체력이 튼튼하다는 뜻이죠.

그해 나는 많은 종류의 뉴스레터를 정기구독하기 전에 얼마 동안 공짜로 보내 주는 것을 이용해 받아봤죠. 나는 나 자신을 융합하는 사람이라고 생각하는데, 그 이유는 내가 새 방법을 창조하는 것이 아니라 여러 가지 방법들을 취합한 뒤, 그 방법들을 통합하고, 나만의 방법으로 재구성하기 때문이에요.

그즈음 나는 난터켓(Nantucket)에 사는 테리 론드리(Terry Laundry)라는 사람을 알게 됐는데, 그 사람은 '매직 티 예측(Magic T Forecast)'이라고 불리는 정통 학설과는 거리가 있는 독특한 방법을 갖고 있었어요. 그는 MIT의 공학부를 졸업했고 수학적 배경 지식을 갖추고 있었는데, 그 점이 관심을 끌더군요. 그의 근본적 이론은 시장의 올라가는 시간과 내려가는 시간의 양이 같다는 주장이에요. 단지 그 크기가 다를 뿐이고요.

내가 경험한 바로는 시장은 올라갈 때보다 내려갈 때 훨씬 빠른 속도를 내던데요. 이 현상은 그의 이론을 부정하는 것 아닌가요?

하락 이전의 시장 움직임이 분산 과정을 보이는 수가 있어요. 나는 이러한 과정을 'M-천장(M-top)'이라고 부르죠. 시간 요소를 측정하는 데 사용하는 지점은 가격의 고점이 아니라 오실레이터(oscillator)의 고점이에요. 오실레이터의 고점은 가격의 고점에 선행하죠. 사실 이 점이 그의 이론의 핵심이에요. 그의 이론에는 내가 깨닫게 된 독특한 방법이 있었고, 그 방법은 나에게 엄청난 도움을 줬죠.

론드리의 책 제목은 무엇인가요? 기록해둘 필요가 있을 듯하네요.

책은 없어요. 여러 종류의 뉴스레터에 자신의 이론을 발표하고, 얼마간의 팜플렛이 전부죠. 사실 조금 우스운 얘긴데, 내가 배런(Barron)지의 글에서 그에 관해 언급한 후, 그에게 팜플렛을 요구하는 사람들이 많이 생겼어요. 그 사람 조금 별난 데가 있어서 자기에게 남아있는 팜플렛이 더 이상 없다며 사람들의 요구를 거절했죠. 팜플렛을 더 인쇄했다면 돈을 조금 벌 수도 있었을 텐데 말이에요.

나는 언제 시장에 진입하면 위험부담을 더 낮출 수 있는가를 결정하는 데 사용하는 나의 여러 가지 지표들을 더 발전시키고 통합했어요. 내가 중점을 둔 것은 수학적 확률이었죠. 가끔은 시장이 2표준편차가 아니라 3표준편차까지 가는 경우도 있지만, 시장 움직임의 98퍼센트가 2표준편차에서 멈춘다는 확률에 기초해서, 주중 어느 날이든 이에 부합하는 베팅을 하게 되죠. 그리고 만약 내가 틀린 경우는 위험관리 기법을 사용해서 일정액을 지불하고 시장을 나오게 돼요. 이 점이 가장 중요한 부분이에요.

하여간 나는 받아보던 모든 뉴스레터를 정기 구독했고, 나의 방법을 개발했죠. 그리고 미친 듯이 매매를 해서 1979년 중반까지 5,000달러의 자금을 140,000달러로 튀겼어요. 딱 2년만이었죠.

돈을 잃는 트레이더에서 따는 트레이더로 언제 변모하셨나요?

돈을 버는 일에서 자존심을 분리시키고부터예요. 다른 말로 하면 나의 잘못을 인정하기 시작하면서부터죠. 전에는 나의 잘못을 인정하는 일이 돈을 잃는 일보다 더 화가 났거든요. 그 전에는 내가 예상한 일은 발생하고야 만다는 신념을 가졌었죠. '충분히 생각해서 판단했으니까 나는 틀릴 수가 없다' 이렇게요. 돈을 따는 트레이더가 되고부터 나는 "이게 맞는 것 같지만 틀렸다면 바로 나와 버려야지. 돈을 잃지 않아야 매매를 또 할 수 있잖아" 하고 나 자신에게 말하게 됐죠. 돈을 딸 수 있는 기회는 항상 내 앞에 있다는 철학을 가지고 있으면 손실을 감수하는 일이 그렇게 고통스럽지는 않아요. 오류를 조금 범한다고 해서 그게 뭐 문제가 돼요?

기본적 분석에서 기술적 분석으로 완전히 전환하셨나요?

물론이죠. "기술적 분석가 중 부자를 본적이 없다." 이렇게 말하는 사람들이 있어요. 나는 그렇게 말하는 사람들을 보면 정말 조소를 금치 못하죠. 너무나 거만하고 터무니없는 말이니까요. 나는 기본적 분석을 9년 동안 연구하고 사용했지만 정작 나를 부자로 만든 것은 기술적 분석이었어요.

그렇지만 애널리스트로서 여전히 기본적 분석을 하고 있지 않았나요?

그래요. 월급을 벌기 위해서였죠. 그런데 아내가 내게 "혼자 해보세요. 당신은 이제 34살이고, 늘 혼자 일하기를 원하셨잖아요. 최악이라고 해야 전에 하던 일로 되돌아가기밖에 더 하겠어요" 하고 말하더군요.

나는 항상 나 자신을 용기 있고, 과감하고, 강하다고 생각했지만 막상 기회를 잡아야 할 때에는 정신 못 차릴 정도로 겁에 질려있었던 거예요. 그 당시 내게 140,000달러가 있었는데, 그중 약 30,000달러는 세금으로 묶여있었고, 92,500달러는 미국 증권 거래소(American Stock Exchange)의 회원권을 구입하는 데 써야 했죠. 마켓메이커[23]로 거래소에 들어갔을 때 내 수중에는 약 20,000달러만 남아있어서 처가에서 50,000달러를 빌려서 투자자본금을 70,000달러로 만들었죠.

일을 시작하자마자 이틀 동안은 돈을 잃었어요. 내가 진심으로 존경하던 졸너가 메사 석유(Mesa Petroleum)의 옵션이 매우 저평가됐다는 견해를 피력해서 나는 그 옵션을 매수했죠. 둘째 날 나는 거래소에서 그에게 전화를 해서는 "틀림없다고 확신하세요?" 하고 물었죠. 당시 총 10개의 옵션을 보유했던 듯해요. 1,800달러를 잃고 있었는데, 죽을 맛이더군요. 자본금의 거의 10퍼센트의 손실을 보고 있다는 생각에 망연자실했죠. 나는 처가에서 빌린 돈을 나의 자본금

---

23) 마켓메이커(market maker) : 특정 주식을 보유하고 그 주식의 매매가 원활하도록 매수와 매도주문을 내어주는 중개회사나 개인. 마켓메이커는 매수와 매도 가격을 제시하고, 이들 가격에 응하는 상대방이 있으면 대응하여 매매를 체결한 후 즉각 그 매매를 상쇄하는 매매를 하게 되는데, 이 과정은 불과 몇 초 동안에 완료된다 — 역자 주.

으로 생각하고 있지 않았거든요. 셋째 날부터 메사 옵션은 오르기 시작했고, 나는 더 이상 의심할 여지가 없게 됐죠.

거래소에 들어온 지 4개월이 지났을 때, 나는 100,000달러의 수익을 올렸고, 그 다음해에는 600,000달러를 벌어들였어요. 1981년 이후부터는 일곱 자리 이하로 벌어본 적이 없죠. 1979년에 친한 친구에게 "옵션 매매로 한 달에 40,000달러 벌 수 있는 사람은 없어" 하고 말했던 기억이 나는데, 지금은 내가 아무 문제없이 하루 만에 그렇게 하고 있어요.

거래소 안에서 많은 수익을 올리고 계셨는데 왜 그곳을 나오게 되셨죠?

그 당시는 점심시간이 되면 거래가 잠잠했어요. 나는 점심 먹으러 위층 사무실로 올라가곤 했는데, 그때마다 내 책상에 앉아 샌드위치를 먹으며 차트도 보고 갖가지 시장 견해도 살펴봤죠. 그러면서 거래소의 포스트에서 옵션 매매를 할 때보다 책상에 앉아서 더 많은 것을 볼 수 있다는 사실을 깨닫게 됐어요. 컴퓨터로 가격을 살피면서 말이죠. 거래소에서 전문가(specialist)[24]들은 시세 기계들에 표시하는 자신의 기호를 선택하게 되어 있어요. 그것 때문에 임대료를 지불하거든요. 그래서 거래소에서는 자신이 보고자 하는 것을 보려고 내내 이리저리 뛰어다녀야 했는데, 나는 위층에서 훨씬 더 편안함을 느꼈죠.

약 1년 6개월 후, 내가 많은 돈을 벌기 시작하면서 거래소는 내게 더 이상 만족을 주지 못했어요. 매매하기에 훨씬 더 넓은 무대가 있었죠. 내가 거래소를 떠난 다른 이유는 1981년에 세법(稅法)이 바뀌면서 주식과 옵션보다 선물 매매가 더 돈이 되게 됐기 때문이에요.

---

24) 전문가(specialist) : 미국 거래소에서 특정 종목의 마켓메이커(market maker)로 활동하는 회원. 전문가는 마켓메이커의 일종으로 일반적으로 한 종목에 한명의 전문가가 있다 — 역자 주.

나는 선물을 매매하며 첫해에 두 배, 다음해에 네 배, 그 다음해에 여덟 배, 이렇게 수익을 내려 하지 않았죠. 1987년 선물매매에서 올린 수익이 1982년 선물에서 난 수익보다 괄목할만하게 더 많지는 않아요. 왜냐하면 매매에서 수익이 나면 부동산과 다른 곳에 재투자했거든요. 내 삶의 질을 높이기 위해서였죠.

나는 1970년대에는 늘 빈털터리였어요. 다시는 빈털터리가 되고 싶지 않았죠. '매달 돈을 버는 한 모든 것이 정상이다'가 나의 철학이에요. 나는 가장 큰 부자가 되고 싶지도 않고, 가장 큰 부자가 될 수도 없을 테지만 그렇다고 해서 뭐가 달라지겠어요? 나는 나의 선물매매를 자랑스럽게 여겨요. 왜냐하면 자본금 40,000달러로 시작해서 2천만 달러로 키웠기 때문이에요. 그것도 3퍼센트 이상의 자산가치 하락을 경험한 적 없이 말이에요.

그 기간 동안 주식 매매도 계속 하셨나요?

예. 그렇지만 다른 관점에서 주식을 봤죠. 조금 더 긴 시간 동안의 범위를 생각하며 주식을 매매했어요. 어떤 주식을 100,000주 가졌을 때와 S&P 선물을 100계약 보유했을 때 느끼는 압박감은 다르거든요.

주식의 매도포지션도 매수포지션만큼 쉽게 접근하시나요?

아뇨. 주식의 매도포지션은 다루기 훨씬 어려워요.

업틱 규정[25] 때문인가요?

아니요. S&P 선물에 매도포지션을 취하는 것이 훨씬 더 쉬워서죠. 왜냐하

---

25) 업틱 규정(up-tick rule) : 주식의 매도포지션을 취할 때 최고가로 나온 매수주문에 응하여 매도주문을 낼 수 없고, 그보다 한 단계 위 가격에서 매도주문을 낼 수 있게 한 규정. 이 규정은 2007년 7월 6일에 폐기됐다 ─ 역자 주.

면 투자비용에 비해 훨씬 더 많은 수익을 올릴 수 있거든요. 또한 나는 전문가 제도(specialist system)도 싫어해요. 그 사람들은 항상 남을 속여서 모조리 빼앗으려 들죠. 이들 전문가들에 대한 내 생각을 말씀드릴까요? 나는 지금껏 살아오면서 자신들의 재능에 어울리지 않게 큰돈을 버는 사람들 중에서 이들보다 더 재능 없는 사람들을 보지 못했어요. 전문가 노트[26]는 무엇과도 비교가 안 될 정도의 엄청난 이득이죠. 일반적인 시장 상황에서 전문가들은 자신들의 위험을 사전에 다 알 수가 있어요. 만약 누군가가 8분의 1 아래에서 20,000주를 매수주문을 냈다면 전문가들은 그 사실을 아니까 그 주식을 마음 놓고 살 수 있어요. 왜냐하면 8분의 1 아래에서는 여차하면 팔 수 있기 때문에 그들은 보호를 받는 것이죠. 나는 친구들에게 딸이 있으면 전문가의 아들에게 시집보내라고 말한다니까요.

나는 제도권 내의 대부분의 기관들에 대해 좋지 않은 감정을 갖고 있어요. 나는 내가 그들에게 대항하여 싸우고 있는 투사라 상상하곤 한다니까요. 그리고 이런 생각은 내가 더 나은, 그리고 더 공격적인 트레이더가 되는 데 일조하죠. 내가 일을 하며 차가운 지성을 유지하고 돈 관리에 만전을 기하는 한 말이에요.

10월 19일 주식 대폭락이 있던 주간은 어땠나요?

나는 매수포지션을 취하고 있었어요. 이 점에 관해 생각해 봤는데 다시 그때로 돌아가더라도 또다시 매수포지션을 취할 거예요. 왜냐고요? 10월 16일 시장은 108포인트 빠졌어요. 당시 증권거래소 역사상 가장 큰 일간 하락폭이

---

26) 전문가 노트(specialist's book) : 전문가가 자신이 보유한 주식과 다른 거래소 회원들이 자신에게 의뢰한 각종 주문을 시간 순으로 기록해 놓은 노트 — 역자 주.

었죠. 내게는 정점에 다다른 듯이 보였기에 매수 기회로 생각했죠. 문제는 그날이 금요일이었다는 사실이에요. 일반적으로 금요일의 하락은 다음 월요일의 하락으로 이어지죠.

만약 주말에 재무장관 제임스 베이커(James Baker)가 이자율을 놓고 독일을 몰아세우는 말을 하지 않았다면 월요일 장이 그렇게까지 나쁘지는 않았으리라고 생각해요. 그는 너무 위협적이었어요. 나는 베이커가 하는 말을 듣자마자 '이제 죽었구나' 라고 생각했죠.

그렇다면 주말에 이미 자신이 어려움에 처했다는 사실을 알았다는 말인가요?

예. 또한 내 친구인 마티 츠바이크(Marty Zweig)가 금요일 저녁에 '월스트리트 위크' 라는 프로에 출연해서 불황이 올 수 있다고 말했죠. 다음날 그에게 전화를 했는데, 그가 말하길 시장은 여전히 500포인트의 하락 리스크를 안고 있다더군요. 물론 그가 하루 만에 그런 일이 일어난다는 사실까지는 몰랐지만요.

그때 그가 그렇게 하락마인드를 가지게 된 이유는 무엇인가요?

자신의 통화 지표가 아주 안 좋았기 때문이었을 거예요. 당시 채권가격이 급격히 떨어지고 있었던 것을 기억하시죠?

월요일 얼마나 큰 타격을 입으셨나요? 그리고 언제 포지션을 정리하셨죠?

월요일 S&P의 고점은 269였어요. 나는 267.5에서 매수포지션을 정리했죠. 나는 이 점에 대해 아주 자랑스럽게 여겨요. 왜냐하면 손실을 보고 있는 포지션에 손절 방아쇠를 당기기란 매우 어려운 일이거든요. 나는 그냥 모두 다 내던졌죠. 월요일 장이 시작될 때 40계약의 매수포지션을 갖고 있었던 듯한데, 다 던지고 나니까 315,000달러를 잃게 되더라고요.

매매에서 최악의 자살 행위는 연속적인 물타기에요. 만약 내가 그랬다면 그날 5백만 달러를 잃었을지도 모르죠. 손절은 고통스러웠고 속은 타들어갔지만, 나는 나의 리스크 포인트를 존중했고 고통을 감내했죠.

나는 해병대에서 받은 훈련 덕택에 그 고통을 이길 수 있었다고 생각해요. 해병대에서는 공습 상황에서 절대 얼지 말라고 가르치죠. 해병 장교 지침서에 나오는 전술 중 하나로 전진하거나 후퇴하라는 전술이 있어요. 상대가 공격을 퍼부을 때 가만히 있으면 안 되며, 후퇴도 하나의 공격이 될 수 있다는 전술인데, 왜냐하면 뭔가 조치를 취했기 때문이에요. 시장에서도 마찬가지에요. 가장 중요한 점은 복귀에 대비해 충분한 총알을 보유하고 있어야 하죠. 나는 10월 19일 이후부터는 정말 잘 해냈고, 사실 1987년은 내가 최고의 수익을 낸 해가 되기도 했어요.

10월 19일에 매수포지션을 아주 잘 처리하셨군요. 그런데 매도포지션은 생각해보지 않으셨나요?

생각해 봤죠. 그렇지만 나는 내게 "지금은 돈을 딸 궁리를 할 때가 아니다. 딴 돈을 어떻게 지킬까를 염려해야 할 시간이다" 하고 말했죠. 정말 어려운 시기에는 방어에 방어, 또 방어죠. 나는 내가 가진 것을 지키는 일이 얼마나 중요한지를 알거든요.

나는 시장이 무너지는 날 포지션을 대부분 정리하고 가족을 지켰어요. 포지션을 정리한 뒤, 오후 1시 30분에 다우가 275포인트 하락했을 때 은행의 금고 박스로 가서 금을 인출하고, 30분 후에는 다른 은행으로 가서 현금을 인출했어요. 그리고 나서 최악의 사태에 대비하며 재무부 발행 단기채권을 사기 시작했죠. 지금까지도 그런 일은 처음 봤거든요.

은행 시스템의 마비 가능성을 정말 심각하게 염려하셨군요?

왜 아니겠어요. 나중에 이 업계의 운영진 쪽 사람들에게서 얘기를 들었는데, 그 얘기를 일반 대중이 알았다면 아마 심장이 멎었을 거예요. 은행은 증권사의 지급 요구에 일절 응하지 않고 있었고, 화요일 아침에는 모든 시스템이 마비 상태에 있었어요. 그렇기 때문에 당시 내가 취한 그런 경계는 옳은 일이었어요.

내가 불황을 두려워하는 이유는 1929년에 대학을 졸업한 나의 아버지와 연관이 있다고 생각해요. 그때 대학을 졸업하신 분들과 대화를 나눠보면 그분들은 마치 10년의 세월을 자기들의 삶에서 잃어버린 듯이 말씀하셨어요. 그 당시는 미국에서 진행되는 실속 있는 일이란 아무것도 없었고, 나는 그런 상황을 너무나 두려워하기 때문에 내 머리 속에는 그 시대의 기억이 항상 살아있죠. 내가 기하급수적으로 수익을 늘리려 하지 않는 이유도 그 때문이라고 생각해요. 시장 붕괴가 있던 날 요람에서 잠자는 아들의 얼굴을 봤을 때, 나는 이 아이가 "아빠, 그때 왜 아빠가 할 수 있는 모든 조치를 취하지 않으셨어요?" 하고 묻는 일이 절대 없어야 한다고 생각했죠.

매매는 언제 다시 시작하셨나요?

그 주의 수요일에요. 우스운 점은 내가 매매를 시작하며 S&P를 한 번에 한 계약이나 두 계약만 사고팔았다는 사실이죠. S&P는 한 틱씩 움직이지 않고 한 포인트씩 움직이고 있었어요[한 포인트는 한 계약 당 500달러이고, 한 틱은 한 계약 당 25달러이다]. 나는 그런 상황을 어떻게 유리하게 이용할 수 있는가에 관한 방법을 몰랐어요. 과거 경험에 비추어볼 때 좋은 기회의 기간에 와있다는 사실은 알았는데, 규칙이 다시 쓰이고 있었던 거예요. '절대 가족의 안전을 담보로 매매하지 말라'가 나의 신조에요. 그 당시 더 많은 돈을 반드시 벌어야 할 필요도 없었거든요. 수요일에 시장은 내가 매도포지션을 잡아야 한다고 생각하는 지점까지 올라왔고, 나는 수요일 장 마감까지 S&P 12계약의 매도포지션을 잡았죠. 내게는 보잘것없이 작은 꼬마 포지션이었어요.

그날 밤, 밥 프렉터(Bob Prechter)가 긴급 메시지로 부정적 소견을 내놨어요 [밥 프렉터는 『엘리어트 파동 이론가(Elliott Wave Theorist)』라는 제목의 뉴스레터 편집자이다. 이 뉴스레터는 널리 구독되고 있으며 많은 사람들이 따라 하고 있다]. 다음날 아침 시장은 엄청난 하락 압력을 받게 됐죠. 부분적으로 밥 프렉터의 부정적 소견 때문이기도 했지만, 사실은 국내 최대의 펀드매니저 중 한 명이 자신의 거대한 매수포지션을 정리하고 있는 중이었기 때문이었죠. 그 기간 동안 그가 8억 달러를 잃었다는 얘기가 있었어요. 나는 아침 장이 개시되기 직전에 S&P 거래소의 내 중개인에게 전화를 걸었더니 그가 "12월 물이 230에 매도주문 나오네요. 어, 이제 220이네요. 210이에요. 200에 매매되는데요" 하고 말하더군요. 나는 "청산!" 하고 소리 질렀죠. 고작 열두 개의 계약으로 250,000달러를 벌었어요. 내 생애에서 가장 기억에 남는 매매 중 하나였죠.

프로그램매매를 어떻게 생각하시는지요[프로그램매매에 대해서는 부록1 참고]?

지랄 같은 것이죠. 과거 시장에는 물이 빠지고 들어오는 자연스러운 흐름이 있었는데 프로그램매매가 이 흐름을 죽였어요. 프로그램매매를 하는 회사들은 시장을 움직이려고 엄청난 권력을 휘두르죠. 거래소 내의 트레이더들은 그냥 그들의 공범자가 돼버리고요. 내게 피해의식이 있어서 그러는 게 아니에요. 나는 프로그램매매에 적응했고, 또 그딴 게 있어도 돈을 따잖아요. 그렇더라도 프로그램매매는 지랄 같은 거예요.

어떤 사람들은 프로그램매매를 비난하는 일은 당찮다고 말하기도 하거든요.

바보들이라 그런 말을 하는 거예요.

그 사람들 중에 대단한 지식인도 있는데요?

아니요. 전부 바보들이에요. 나는 그 사람들 모두가 바보임을 증명해 보일 수 있다니까요.

어떻게요?

감독관들이 조사를 좀 해줬으면 하는 게 있어요. 장이 일 중 고점과 저점 근처에서 마감되는 빈도가 이전보다 아주 높아졌거든요. 지난 2년간 장이 일 중 고점과 저점의 2퍼센트 범위 내에서 마감되는 것이 20퍼센트 가량 됐어요. 수학적으로 볼 때 우연히 발생할 수 있는 분포의 형태가 아니에요.

프로그램매매가 마치 도덕적이지 않다는 듯한 말씀을 하시는군요. 주식을 선물의 반대 방향으로 매매하는 일에 어떤 비윤리성이 있죠?

왜냐하면 프로그램 트레이더들은 그들이 염두에 두고 있는 또 하나의 측면이 있기 때문이에요. 투자 은행(investment bank)에 '업무장벽(Chinese wall) 제도'가 있는데, 이 제도는 차익거래자와 투자 은행가가 서로 얘기를 하면 안 되니까 같은 거래소에 있지 못하도록 하는 규제잖아요. 그렇다면 증권거래위원회(SEC)는 왜 프로그램 대행 트레이더가 회사의 계좌를 담당하는 선임 트레이더와 같이 앉아서 매매하도록 허락하는지 내게 설명을 좀 해줬으면 좋겠어요.

방금 든 예는 선행매매[27]의 한 부분에 대한 말씀이군요. 내 질문의 의도와는 조금 어긋난 예인 듯한데요. 내가 얻고자 하는 대답은 주식값과 선물가격에 차이가 생길 때 주식을

---

27) 선행매매(front running) : 중개인이 고객의 주문이 시장을 움직일 것을 예상하고, 고객의 주문에 앞서 자신의 주문을 먼저 체결시켜두는 비윤리적이고 불법적인 매매 행위 — 역자 주.

사고 선물을 팔거나, 선물을 사고 주식을 팔아 그 차이만큼의 이익을 굳히는 일에 무슨 도덕적 잘못이 있느냐에 대한 대답이에요.

증권사가 채권과 주식간의 교환(debt/equity swap)에 관한 정보를 하루 전에 미리 갖고 있는 상황을 수도 없이 목격했어요. 예를 들어 뉴저지(New Jersey) 주(州)가 20억 달러 가치의 주식을 팔아 채권을 매입할 때 증권사는 하루 전에 그것에 관해 알고 있다는 얘기에요. 자기들이 20억 달러 가치의 주식을 다음 날 4시에서 4시 15분 사이에 팔 것을 아니까 수천 계약의 선물을 미리 매도해 두는데, 비열한 짓이잖아요.

방금 든 예는 첫째, 내부자 정보를 이용한 매매이고, 둘째, 선행매매이며, 셋째, 한 방향 매매거든요. 프로그램매매가 아니죠. 내가 예를 하나 들어 드리죠. 이렇게 가정하죠. 어떤 회사에 컴퓨터 프로그램이 있는데, 이 프로그램이 선물과 비교해서 주식이 저평가 됐을 때나 고평가 됐을 때 신호를 내보내는 거예요. 그리고 이 회사는 고객 업무를 하지 않고….

제가 먼저 예를 하나 들어드릴게요. 만약 증권사가 고객대상 상품 중에 하나를 정리하기 위해 80센트 할인이 필요하다면, 자기들의 포지션을 50센트 할인해서 먼저 정리할 거예요. 그들은 엄청나게 싼 거래비용이라는 이득을 갖고 자기들의 고객보다 먼저 매매할 수 있죠. 자기 자신에게 대행 수수료를 물지는 않잖아요.

우리가 나누는 대화의 주제를 명확히 할 필요가 있겠네요. 이렇게 상황을 설정해 보죠. 선행매도도 없고 고객 업무도 없는 어떤 한 개인이 자기 돈으로 차익매매를 해서 이익을 남기려 한다고 말이죠. 그것이 그 사람의 매매방법이라면, 슈와츠 씨의 매매방법보다 그 사람의 방법이 더 못한 이유가 뭐죠?

왜냐하면 바보가 하는 짓이기 때문이에요. 재무부 단기채권 수익률보다 80

베이시스[28] 포인트가 많다는 이유로 그걸 벌려고 주식 바스켓을 구성하는 사람은 누구를 막론하고 바보니까요. 그들은 내가 주식 애널리스트 일을 그만두면서라도 피하고자 했던 바보들과 똑같은 바보들이에요. 재무부 단기채권을 놔두고 80포인트의 베이시스를 먹겠다니, 그게 바보짓이죠. 증권사가 이 야바위 상품을 파는 이유는 더 많은 주문이 생성되도록 하기 위해서예요. 많은 주문은 현재 월스트리트의 궁극적 동력이 됐고요.

고객의 돈으로 매매하지 않아도 프로그램매매는 잘못됐다는 말씀이군요?

나는 증권 애널리스트로 성장했어요. 사물을 분석하여 가치를 찾고, 가치가 있으면 매입하죠. 주식과 주가지수 선물을 연동해서 샀다 팔았다를 반복하는 일은 전혀 이롭지 않아요.

프로그램매매도 샀다 팔았다 하는 것이고, 슈와츠 씨도 샀다 팔았다 하는데, 슈와츠 씨가 다른 점은 무엇이죠?

나의 매매는 무한대의 수익을 추구하죠.

그 매매방법이 차익매매로 수익을 얻으려는 방법보다 더 공정한 이유는 무엇인가요?

나도 차익매매를 하는 것이 헌법적 권리로 보장되며 사람들은 차익매매를 할 수 있다고 생각해요. 하지만 결과적으로는 상상할 수 없는 악용이 자행되죠. 나는 증권사에서 일하는 아이들에게 "야, 이 개자식들아, 너희는 도덕도 윤리도 없냐! 너희들 때문에 무슨 일이 생길지 알아? 너희들은 이 업계 전체를 죽이고 있어, 알기나 해!" 하며 소리치고 그자들은 나에게 저주를 퍼붓죠. 그자

---

28) 베이시스(basis) : 현물가격과 선물가격의 차이 — 역자 주.

들이 독점적 프로그램매매를 그만뒀을 때 "이제 만족하나요? 희망을 이루셨네요!" 하고 말해서, 나는 "아니, 아직 끝나지 않았어" 하고 말했죠. 나는 그들의 최후를 말하지 않았어요. 그들이 300,000달러 이상의 연봉을 더는 받지 못하게 되면서 자기들의 진정한 가치가 얼마인지를 알게 되고, 결국 집 없는 거리의 부랑자가 돼서 연봉 50,000달러 일자리도 못 구하고 쩔쩔매게 될 때가 온다는 결말 말이에요. 그때가 오면 모든 것이 제자리로 돌아가게 되죠.

제자리로 돌아간다는 얘기가 나와서 말인데, 이 주제를 갖고 너무 한 방향으로만 나갔던 듯하군요. 다시 제자리로 돌아가죠. 슈와츠 씨가 겪은 가장 극적인 매매경험을 말씀해주시겠습니까?

1982년 11월은 창자가 끊어지는 듯한 아픔의 시간이었어요. 그 당시에는 지금보다 훨씬 작은 자본을 갖고 있었는데 하루 만에 600,000달러를 잃었죠.

무슨 일이 있었나요?

선거일이었어요. 공화당이 국회의원 선거에서 예상 밖의 선전을 했죠. 시장은 43포인트 올랐는데, 그 당시로서는 사상 최대 폭의 상승이었죠. 나는 매도포지션을 갖고 있었는데 저능아처럼 포지션을 더 늘렸어요. S&P가 500포인트로 상한가로 치달아 거래는 이루어지지 않았고, 장 마감은 한 시간도 안 남았었죠.

당시 나와 함께 일하던 아내는 그날 외출 중이었는데, 다음날 아내가 들어와서 보고는 10분마다 "줄여요, 줄여요" 하고 말하더군요. 나는 포지션을 정리하기 위해 계속해서 손실을 감수해야 했어요.

손실을 입으면 감정적으로 매우 흔들리게 돼요. 대부분의 트레이더들은 그 손실을 즉각 만회하려고 시도하죠. 더 크게 매매하는 거예요. 한 번에 손실을 모두 되찾으려 시도하면 언제나 실패하게 마련인데 말이에요. 투자든, 매매든,

도박이든 다 마찬가지에요. 라스베가스의 주사위 던지기 테이블에서 '주머니에는 항상 일정액의 돈만 갖고 있고, 절대 돈을 빌리지 말라'는 규칙을 배웠어요. 최악의 오류는 실패한 베팅을 만회하려 돈을 더 태우는 짓이거든요. 건물 밖으로 나오면 건물의 전체와 사물을 여러 다른 각도에서 다시 볼 수 있잖아요. 선물매매에서도 마찬가지로 포지션을 정리하면 다른 시각을 가지게 되죠.

그날 파괴적 손실을 입은 후, 나는 항상 작게 매매하되 매매에서는 흑자를 얻으려 노력했어요. 얼마나 많이 따느냐보다 나의 리듬과 자신감을 되찾는 게 더 중요한 일이었거든요. 나는 보통 때 매매하던 포지션의 10분의 1이나 5분의 1로 포지션의 규모를 줄였는데 효과를 봤어요. 1982년 11월을 57,000달러의 손실로 마무리 했으니까요. 11월 4일 하루 동안 600,000달러를 얻어맞았지만 말이에요.

1982년 선거일의 손실을 야기한 매매 실책으로 딱 집어 말할 수 있는 것은 무엇일까요?

선물시장이 상한가에 치달았고 현물 시장도 200포인트나 상승했는데, 매도 포지션의 크기를 늘린 일은 정말 어리석은 짓이었어요.

그날을 돌이켜보며 "내가 왜 그랬지?" 하고 자신에게 물어봤나요?

그 전 달에 엄청난 이익을 냈기 때문이라고 생각해요. 나는 늘 가장 큰 승리를 얻으면 곧이어 가장 큰 패배를 맛봐야 했어요. 주의력이 흐트러졌기 때문이죠.

아직도 매매에서 실책을 범하나요? 제가 묻는 바는 매매원칙에서 벗어날 때가 있냐는 말이지 손실을 입느냐가 아니에요.

항상 매매 실책은 범하게 되어 있어요. 최근에도 한번 있었죠. 아주 끔직한 실책이었어요. 나는 S&P와 장기채권의 매도포지션을 갖고 있었는데, 장기채권이 이동평균선 위로 올라가는 바람에 당황하게 됐어요. 그런데 단기채권은 뒤따르지 않더라고요. 내 규칙 중에 단기채권과 장기채권의 이동평균선이 일치하지 않으면 포지션을 취하지 말라는 규칙이 있어요. 즉, 한쪽의 이동평균선은 가격 위에 있는데, 다른 한쪽의 이동평균선이 가격의 아래에 있는 경우 말이에요. 왜냐하면 이자율은 단기채권과 장기채권이 서로 일치하지 않을 때 그렇게 멀리 못 움직이거든요. 내 규칙에 따르면 나는 장기채권 매도포지션을 청산하는 조치만 취해야 했는데 그러지 않고 매도포지션을 청산하고 매수포지션을 취했어요. 이 실책으로 엄청난 대가를 치러야 했죠. 매도포지션에서 20,000달러만 잃었으면 됐는데, 다음날 여섯 자리 숫자의 손실을 감당해야 했죠. 그해의 가장 큰 손실이었어요.

트레이더라는 직업에서 가장 좋은 점은 항상 더 발전할 수 있다는 사실이죠. 트레이더는 그가 성공적이든 어떻든 자신이 얼마나 많은 실책을 범했는지를 알고 있어요. 대부분의 직업에서 사람들은 자기들이 범한 실책을 덮는 데 급급하지만 트레이더는 자신의 실책에 맞서 싸우지 않으면 안 돼요. 숫자는 속일 수 없거든요.

가끔 매매규칙을 언급하셨는데요, 그 규칙들을 자세히 말씀해주실 수 있나요?

[슈와츠는 때로는 목록을 보기도 하고, 때로는 즉흥적으로 말했다] 나는 포지션을 취하기 전에 항상 차트와 이동평균선을 체크해요. 가격이 이동평균선 아래에 있는지 위에 있는지를 점검하죠. 내 도구들 중에서도 가장 뛰어난 도구라고 할 수 있어요. 나는 이동평균선과 반대로 매매하지 않으려 노력해요. 이동평균선과 반대로 움직이는 일은 자기파괴적 행위죠.

시장이 가장 최근의 저점을 뚫고 내려갔을 때, 어떤 종목이 가장 최근의 저점 위에서 버티고 있는가를 보죠. 만약 그런 종목이 있으면 그 종목은 시장보다 훨씬 강하다는 얘기에요. 내가 찾는 종류의 불일치가 바로 그것이죠.

항상 포지션을 취하기 전에 "내가 정말 이 포지션을 가지기를 원하는가?" 하고 자신에게 물어봐야 해요.

성공적인 수익을 올리고 나면 포상으로 하루 정도 쉬세요. 나는 두 주 이상 훌륭한 매매를 지속하는 일이 어렵다는 사실을 알게 됐어요. 연속 12일간 수익을 올리는 기간을 가져 본 적은 있지만, 결국은 신경쇠약이 의심될 정도로 녹초가 돼버렸죠. 그래서 좋은 수익을 연속해서 올리면 나는 더 크게 매매하려 하지 않고 더 작게 매매하려 노력해요. 내가 거대한 손실을 입는 일은 언제나 거대한 이익을 본 직후에 발생했거든요.

다음 규칙은 사실 내 문제인데…, 나는 이 규칙을 어기지 않으려 항상 애쓰고 있죠. 이 규칙은 '바닥을 잡으려는 시도는 가장 비싼 대가를 치르는 도박과 마찬가지다'죠. 충분한 타당성이 있다면 때로 이 규칙을 어겨도 괜찮아요. 예를 들어 나는 오늘 S&P가 급락해서 매수에 임했죠. 2주 전에 '248.45가 S&P를 매수하기에 가장 적절한 포인트다'라고 써 놨거든요. 오늘의 저점이 248.5였어요. 결과적으로 오늘 약세장에서 사서 큰돈을 벌 수 있었죠. 내게는 계획이 있었고, 그 계획을 실행해서 성공을 거뒀지요. 물론 항상 계획이 성공만 하지는 않지만요. 오늘 매매는 위험했지만 나는 포지션을 과도하게 늘리지 않았고, 내가 감당할 위험의 범위를 잘 알고 있었거든요.

자연스레 다음 규칙으로 넘어가게 됐네요. 포지션을 취하기 전에는 항상 손실을 얼마까지 허용할지를 정해놔야 해요. 정해놓은 손절포인트를 지켜야 하죠. 내게는 고통의 한계점이 있는데, 그 지점에 다다르면 나는 전부 다 청산해요.

장기채권과 단기채권이 가격과 이동평균선상의 관계에서 다른 모습을 보일 때, 다시 말해서 가격이 한쪽에서는 이동평균선 위에 있는데 다른 한쪽에서는 아래에 있을 때는 어떤 포지션도 취해서는 안 돼요. 두 채권이 같은 모습을 보일 때까지 기다려야 하죠[일반적으로 말해 가격이 이동평균선 위에 있으면 상승추세를 의미하고, 그 반대의 경우는 하락추세를 의미한다].

이 목록 끝에 이렇게 쓰여 있네요. 노력하고, 또 노력하고, 그리고 더 노력하라.

그 목록에 추가할 또 다른 것이 있다면 말씀해 주시죠.

가장 중요한 것은 돈 관리에요. 돈 관리, 또 돈 관리, 그리고 한 번 더 돈 관리를 해야 하죠. 이 업계에서 성공한 사람이라면 누구나 같은 말을 할 거예요.

내가 지속적으로 향상시켜야 할 매매기법은 수익을 가져다주는 포지션을 조기에 자르지 않고 최대한 키우는 기법이에요. 나는 그게 잘 안되더라고요. 항상 노력하지만 잘 안 돼요. 아마도 나는 죽는 날까지 이 기법을 연구하고 있을 거예요.

무엇을 잘 못해서 그게 잘 안되죠?

나는 이익을 현실화하기를 너무 좋아해요. 현금 인출기에서 나는 소리는 내게 그 무엇보다 달콤한 음악이죠. 아래로 400포인트의 위험을 감수했는데, 위로 200포인트의 이익만 챙기게 돼요. 1,000포인트나 상승하는 장에서 말이에요. 이율배반적이죠.

위험관리의 측면에서 어떤 방법이나 계획을 갖고 계시잖아요. 그렇다면 이익의 측면에서도 어떤 방법이나 계획을 사용해보려고 시도해 본적이 없나요?

있죠. 하지만 완성하지를 못했어요. 나는 다양한 수익률을 경험했지만 내가 나 자신에 대해 가장 큰 불만이 바로 이 점이죠.

그 점에 관해 어려움을 겪는 이유가 무엇일까요?

내가 어떤 격변의 가능성을 두려워하는 일과 관련이 있다고 생각해요. 나는 마치 코미디언 필즈(W. C. Fields)처럼 군다니까요. 나는 여러 개의 은행 계좌를 갖고 있고, 몇 개의 은행 금고에는 금과 현금을 보관해 두고 있죠. 내 자산은 극도로 분산돼 있어요. 나는 내가 한 곳에서 실패하면 다른 어떤 장소에 나를 구해줄 무언가가 항상 대기하고 있다고 생각하죠.

생각나는 다른 매매규칙이 또 있나요?

있어요. 밤사이 포지션에 대해 매우 염려한 경우거나, 아니면 주말에 많은 걱정을 한 경우에 특히 그런데, 다음날 장이 시작됐는데 자신이 생각했던 것보다 훨씬 좋은 가격에 포지션을 정리할 수 있다면 말이죠, 그런 경우에는 일반적으로 포지션을 그대로 유지하는 게 더 나아요. 예를 들어 드리죠. 얼마 전에 나는 S&P에 매도포지션을 취하고 있었는데 밤사이 채권시장이 매우 강한 것을 보고 무척 불안해 했죠. 다음날 아침 주식시장은 거의 변화 없이 시작됐어요. 나는 손실 없이 포지션을 정리할 수 있다는 사실에 매우 안도하면서 포지션을 청산했고요. 하지만 그건 실책이었어요. 그날 시간이 조금 지나자 S&P는 무너지기 시작했죠. 자신의 공포 시나리오가 현실화되지 않았을 때는 포지션을 늘리는 것이 맞아요.

자산의 크기가 가장 크게 축소된 때를 퍼센트로 말해주실 수 있나요?

얼마 전에 나의 성과가 펀드 유치 때문에 평가된 적이 있어요. 전업(專業) 트레이더로서 나의 경력을 통틀어 월간 자료로 볼 때 자산이 가장 크게 축소된 달은 3퍼센트의 축소가 있던 달이었죠. 내 두 아이의 출생이 있던 두 달이 내가 가장 안 좋은 실적을 올린 때였어요. 라마즈 분만 교실에 온통 신경이 가 있었거든요.

'매달 이익을 내도록 노력하자'가 나의 신조에요. 사실 매일 이익을 내려고 노력하죠. 나는 매우 지속적인 성과를 거두고 있어요. 평가한 달의 90퍼센트 이상이 수익을 낸 달로 기록됐으니까요. 특히 자랑으로 여기는 점은 4월 이전에 손실을 본 해는 거의 한 번도 없었다는 사실이죠. 손실을 제어하는 데 더 많은 배려를 하고 있어요. 이 때문에 내가 낼 수 있는 만큼의 큰 수익을 올리지 못하는지는 몰라도 말이에요.

매년 같은 크기의 자본으로 다시 시작하시나요?
그게 나의 방침이죠. 1월 1일이 되면 나는 가난해져요.

1월에는 더 작게 매매하시나요?
반드시 그렇지는 않아요. 1월에는 집중력이 더 강해지죠.

1월에 손절을 더 빨리 하시는군요.
아뇨, 나는 항상 손절을 빨리 해요. 내가 매매에서 성공하는 열쇠는 바로 빠른 손절이거든요. 포지션은 언제든지 다시 잡을 수 있고, 포지션이 없으면 사물을 다르게 볼 수 있어요.

더 명료하게 말인가요?
훨씬 더 명료하게요. 손실을 입는 포지션을 쥐고 있을 때 느끼는 압박감은 사람을 극도의 긴장상태로 몰고 가죠.

펀드에 대해 얘기해보죠. 개인투자자로서 수년 동안 많은 돈을 축적하셨는데, 무엇 때문에 다른 사람의 돈을 운용하면서 걱정거리를 늘리려 하시는지 궁금하군요.

나는 다소 지루함을 느끼고 있는 중이었는데, 펀드를 운용하는 일이 신선한 도전으로 다가왔어요. 또한 1987년 10월의 시장붕괴가 있은 후 아래쪽의 위험을 적절하게 예측한다는 일은 불가능함을 인식하게 됐고요. 외부 자금을 이용해서 더 많은 레버리지를 확보하려는 거예요.

얼마나 많은 돈을 운용하려 하시나요?

액수에 관한 구체적인 언급은 하고 싶지 않군요. 다만 하나나 두 개의 큰 자금을 맡게 되리라는 점만은 말씀드릴 수 있어요. 공모를 통해서 많은 돈을 확보할 수는 있겠지만 많은 수의 투자자들을 상대하고 싶지는 않아요.

사람이 많이 연루되면 될수록 머리가 아플 가능성은 더 커지죠. 예를 들면 이런 거예요. 한번은 거대한 자금을 운용하는 펀드매니저를 만났는데, 그가 나에게 사람을 몇 명이나 고용하고 있냐고 묻더군요. 나는 사람을 한 명도 쓰고 있지 않다고 말했죠. 그랬더니 그는 자기는 70명을 데리고 있다더군요. 그 사람은 그만두고 싶어도 마음대로 그렇게 하지 못하죠. 왜냐하면 자기 손에 70명의 생계가 달려있으니까요. 나는 그런 종류의 압박감을 떠안고 싶지는 않아요.

이곳에 고립돼 있는 듯한 인상을 받았는데…, 혼자 일하기를 좋아하시나요?

혼자 일하는 것을 받아들일 수 있기까지 여러 해를 보내야 했죠. 시내의 한 사무실에 나가곤 했거든요. 그곳에는 많은 친구들이 있었지만 시간이 흘러감에 따라 그곳에 머무는 사람 수가 점점 줄어들었고, 따라서 내가 그곳에 가야 하는 이유도 점점 줄어들었어요. 요즘은 매일 여섯 명의 사람들과 전화 통화를 해요. 나는 그들에게 내 매매방법을 알려주고 있죠. 그 사람들도 자기들 나름의 매매방법이 있고요.

다른 사람을 교육시켜 트레이더로 채용해보려고 한 적은 없었나요?

네 명 채용했었는데 아무도 견디지를 못하더군요. 모두들 나한테 겁먹었죠. 나는 그들을 통해 나를 복제해내려다 실패했어요. 그들에게 나의 모든 매매방법을 가르쳤지만 지적인 면은 단지 부분에 불과했어요. 그들에게 나의 근성까지 강요할 수는 없었으니까요.

대부분의 트레이더가 돈을 잃는 이유는 무엇일까요?

자신이 잘못 판단했음을 인정하기보다 돈을 잃는 쪽이 쉽기 때문이에요. 돈을 잃고 있는 포지션을 들고 있는 트레이더가 뭘로 자신을 합리화 할 수 있을까요? 그들은 "본전이 되면 포지션을 청산해야지." 이렇게 말하죠. 본전에서 포지션을 청산하는 일이 왜 그리 중요할까요? 그 이유는 자신의 자존심이 보호되기 때문이죠. 나는 "자존심? 웃기고 있네. 돈을 따는 게 훨씬 더 중요해." 이렇게 말하게 된 뒤부터 돈을 따는 트레이더가 됐어요.

슈와츠 씨에게 조언을 구하는 사람들에게는 무슨 말을 해주나요?

나는 이 일을 해보려고 생각중인 사람들에게 용기를 주려고 항상 노력하죠. 나는 그들에게 이렇게 말해줘요. "지금까지 자신이 꿈꾸어왔던 것보다 더 큰 부자가 될 수도 있다고 생각하세요. 나도 내가 꿈꾼 것보다 더 큰 부를 이뤘습니다."

나는 경제적으로나 생활적으로나 내가 늘 원했던 자유를 얻었어요. 언제든 휴가를 갈 수도 있죠. 나는 연중 반은 웨스트햄프턴 비치(Westhampton Beach)에서 머물고, 나머지 반은 뉴욕에서 거주하죠. 인생을 한껏 즐기게 됐죠. 내 아이들은 모든 아버지들이 집에서 일하는 줄 안다니까요.

더 나은 트레이더가 되고자 노력하는 평범한 트레이더에게 해줄 수 있는 최선의 조언이 있다면 한 말씀 부탁드리죠.

돈 버는 일에서 가장 중요한 것은 손실을 방치하지 않고 손실을 받아들이는 자세를 배우는 것이죠. 또한 자본이 두세 배로 늘 때까지 포지션의 크기를 늘리지 말아야 해요. 대부분의 사람들은 돈을 따기 시작하면 곧바로 베팅의 크기를 늘리는 잘못을 범하죠. 베팅의 크기를 늘리는 일은 빠르게 전부를 날리는 지름길이에요.

마티 슈와츠의 이야기는 매매에 입문하자마자 실패를 경험한 사람들에게 용기를 주는 이야기이다. 슈와츠는 많은 월급을 받았지만 매매를 시작한 뒤 10년 동안을 돈을 잃으며 거의 빈털터리로 살았다. 그러나 그는 결국 상황을 반전시키는 데 성공하여 세계 최고의 트레이더 중 한 명이 됐다.

그는 어떻게 자신의 상황을 반전시켰을까? 이 질문에 두 가지 근본적인 대답이 있을 수 있다. 첫째, 그는 자신에게 맞는 매매방법을 발견했다. 그는 돈을 잃는 기간 동안 기본적 분석을 이용하여 매매를 결정했으나, 기술적 분석에 몰두하고부터 비로소 돈을 따는 트레이더로 변모하기 시작했다. 여기서 주목해야 할 점은 기술적 분석이 기본적 분석보다 더 나은 방법이라는 말이 아니라, 기술적 분석이 그에게 맞는 방법이었다는 점이다. 제임스 로저스(James Rogers)처럼 이 책에 인터뷰가 소개된 트레이더 중 일부는 기술적 분석을 완전히 도외시하고 오로지 기본적 분석만 사용하여 시장에 접근한다. 그러나 그들은 엄청난 돈을 버는 성공적인 트레이더들이다. 우리가 배워야 할 핵심적 교훈은 각자 자기 자신에게 맞는 최선의 방법을 찾아야 한다는 사실이다.

슈와츠가 실패에서 성공으로 전환할 수 있었던 두 번째 요인은 매매를 대하는 그의 태도에 생긴 변화이다. 그가 얘기했듯이 그는 돈을 따야 한다는 욕구가 자신의 판단이 들어맞아야 한다는 생각보다 우선하기 시작한 뒤부터 매매에서 성공을 거둘 수 있었다.

슈와츠의 짧은 손실 기간과 낮은 손실 폭이 증명하듯이 위험관리는 그의 매매방법의 핵심적 요소였다. 그는 매매에서 매번 자신의 최대 허용 손실포인트를 정함으로써 이러한 성공적 위험관리의 성과를 달성할 수 있었다. 그리고 큰 손실이 있은 후뿐만 아니라, 연속해서 매매에서 돈을 땄더라도 매매의 크기를 대폭 줄이는 기법 또한 그의 성공에 크게 기여했음이 틀림없다. 심적 불안정을 초래하는 손실이 있은 후에 포지션의 크기를 줄여야하는 이유에 대해 부연 설명을 할 필요는 없을 것이다. 그러나 연속해서 돈을 딴 후에도 같은 조치를 취하는 이유는 조금 더 설명이 필요한 듯하다. 슈와츠가 설명했듯이 그의 큰 손실은 항상 큰 이익이 있은 직후에 발생했다. 나는 대부분의 트레이더들도 비슷한 경험을 했으리라 생각한다. 연속해서 매매에서 돈을 따게 되면 자만에 빠지기 쉽고, 자만은 부주의한 매매로 이어지게 된다.

대부분의 트레이더들은 자제심, 노력 등과 같은 규칙들이 자신들의 성공 이유라고 말한다. 따라서 최고 수준의 트레이더가 독특하고 피부에 와 닿는 규칙을 제공하면 그들이 한턱 크게 썼다는 의미로 받아들일 수 있다. 슈와츠는 시장 움직임이 자신이 걱정했던 상황과 반대일 때 걱정하던 포지션을 처분하지 말고 유지하라는 규칙을 내놨다. 나는 이 규칙을 듣고 그의 통찰력에 매혹됐다. 이것이 의미하는 바는 취하고 있는 포지션에 부정적인 펀더멘털상의 변화가 발생했다거나, 아니면 취하고 있는 포지션의 방향과 반대되는 기술적인 돌파가 일어났다거나 해서 자신의 포지션에 대해 많은 걱정을 할 충분한 근거가 마련됐는데, 시장이 의외로 손실 없이 포지션을 정리할 수 있도록 움직인다면 이는 자신이 취하고 있는 포지션 방향으로 강력한 힘이 지지하고 있다는 의미이다.

MARKET
WIZARDS

James B. Rogers, Jr.

Mark Weinstein

3부

다양한 시장에 참여하는 마법사들

James B. Rogers, Jr. _ 제임스 B. 로저스 주니어

가치를 사고 히스테리를 팔다

로저스는 1968년 600달러라는 보잘것없는 돈으로 주식시장에서 매매를 시작했다. 1973년 그는 동업자 조지 소로스(George Soros)와 함께 퀀텀 펀드(Quantum Fund)를 설립하게 되고, 퀀텀 펀드는 나중에 최고의 수익을 올리는 헤지 펀드 중 하나가 된다. 1980년 얼마간의 부를 축적한 로저스는 은퇴한다. 로저스는 '은퇴'라는 단어를 자신의 개인 포트폴리오를 운용하는 일을 의미하는 데 사용했는데, 이 일은 상당한 연구를 지속적으로 요구하는 것이었다. 그의 '은퇴'는 또한 컬럼비아 대학의 경영대학원에서 하는 투자에 대한 강의도 포함했다.

나는 그와의 인터뷰를 간절히 원했는데, 그 이유는 우리 시대 가장 예리한 투자자 중 한 명으로 로저스가 갖는 화려한 명성과 TV의 금융 관련 프로그램에서의 인터뷰와 지면에서 그가 말한 것들이 항상 명료하게 일반상식을 표명했기 때문이었다. 나는 로저스와 일면식도 없는 사이였기 때문에 그에게 편지를 보내 위대한 트레이더에 관한 책을 출판할 예정이라고 설명하며 인터뷰를 요청했다. 나는 내가 이전에 썼던 선물시장에 관한 책도 한 권 동봉했는데, 그 책에 나는 "일반상식은 그다지 일반적이지 않다"라는 볼테르(Voltaire)에게서 인용한 문구를 써 넣었다. 나는 이 문구가 그에게 매우 적합하다고 생각했다.

로저스는 며칠 후 나에게 전화해서 책을 보내줘서 고맙다고 말하며 인터뷰에 응할 의사가 있음을 표시했다. 그러나 그는 "그런데 말이에요, 어쩌면 나는 슈웨거 씨가 인터뷰하고 싶어 하는 그런 사람이 아닐지도 몰라요. 내게는 포지션을 수년 동안 유지하는 게 흔한 일이거든요. 더구나 나는 세계에서 가장 서툰 트레이더인지도 몰라요. 왜냐하면 나는 타이밍을 정확히 맞춰 시장에 진입해본 적이 없거든요" 하고 말하며 나에게 주의를 당부했다. 그는 내가 편지에서 나는 위대한 투자자가 아니라 위대한 트레이더에 관심이 있다는 말에 대해 언급하고 있었다.

내가 '트레이더'라는 용어를 사용하며 의도했던 구분 중 하나는, 트레이더는 주식시장 전체가 어느 방향으로 움직일 것인가에 주된 관심을 가지는 반면, 투자자는 전체 시장 평균보다 더 큰 수익을 올릴 최고의 주식을 선택하는 데에 초점을 둔다는 점이었다. 다시 말해 투자자는 항상 매수포지션만 취하지만, 트레이더는 매수포지션을 취하기도 하고 매도포지션을 취하기도 한다는 점이다. 나는 내가 트레이더와 투자자를 어떻게 구분하는지를 로저스에게 설명하며, 그가 내가 정말 인터뷰하기를 원하는 성향의 사람이라고 강조했다.

나는 가을 같은 어느 봄날 오후에 그의 집을 방문했다. 그의 집은 귀족풍으로 넓게 꾸며놓은 뉴욕의 타운하우스였다. 그 집의 분위기는 뉴욕의 한 가정이라기보다 영국의 평온한 성을 연상시켰다. 만약 그날 오후에 내가 로저스와 대화를 나누기 위해 고풍스러운 가구로 채워진 그의 응접실에 앉아 잔잔히 흐르는 허드슨 강을 내려다보고 있었던 때가 내가 뉴욕을 처음 본 경험이었다면, 정말이지 나는 뉴욕을 평화롭게 살아가기에 안성맞춤인 도시라고 결론 내렸을지도 모른다. 로저스는 나를 맞아 인사하고는 즉각 "아직도 슈웨거 씨가 사람을 잘못 선택하셨다는 생각이 듭니다" 하고 말했다. 다시 한번 그는 자기 자신을 트레이더라고 생각하지 않는다는 사실에 관해 얘기하고 있었다. 바로 아래는 로저스의 이 언급에 관한 얘기이고, 이어서 인터뷰를 바로 시작했다.

-- *interview*

내가 전화상으로 얘기했듯이 나는 나 자신을 트레이더라고 생각하지 않아요. 1982년 독일 주식을 매수하려 했을 때가 기억나는군요. 나는 중개인에게 "X와 Y와 Z 주식을 매수하시오" 하고 말했죠. 나에 대해 잘 몰랐던 그 중개인은 "그 다음엔 뭘 하면 되죠?" 하고 묻더군요. 나는 "주식을 사고 확인증을 보내주시오" 하고 말했죠. 그는 "연구보고서도 조금 보내드릴까요?" 하고 물었지만 나는 "아니요. 필요 없습니다" 하고 말했어요. 그는 "그럼, 전문가들의 견해라도 조금 보내드릴까요?" 하고 다시 물었고, 나는 "아니요. 됐습니다" 하고 말했어요. 그는 "내가 전화로 주식값을 알려 드릴까요?" 하고 또 물었어요. 나는 "아니요. 절대 그런 일은 하면 안 됩니다. 왜냐하면 댁이 내게 가격을 알려줘서 내가 이 주식들의 값이 두세 배나 뛰었음을 알게 되면 팔아야 한다는 유혹에 빠질 수가 있거든요. 나는 독일 주식을 최소한 3년은 보유할 계획입니다. 우리는 과거 2세대 내지는 3세대 동안 한 번도 경험해 본 적이 없는 엄청난 상승장을 경험하게 될 겁니다" 하고 말했죠. 그 중개인은 어처구니가 없어 말문이 막혔나 봐요. 그는 나를 미친 사람으로 생각했을 겁니다.

나는 지금 얘기한 나의 거래를 트레이더들이 하는 매매라고 생각하지 않아요. 시장에 큰 변화가 온다고 판단하고 포지션을 취했을 뿐이죠. 하여간 나의 거래는 옳았습니다. 나는 그 독일 주식들을 1982년 말에 사서 1985년 말과 1986년 초에 다 팔았지요.

무엇 때문에 그 당시 독일에 대해 그렇게 좋은 견해를 가지게 되셨나요?

1982년 8월에 이미 상승장은 시작됐는데, 더 중요한 점은 독일이 1961년 사상 최고점을 찍은 이래로 어떤 형태의 상승장도 경험해보지 못했다는 사실이었어요. 무려 21년 전의 일이잖아요. 독일 장은 1962년에 무너진 후부터 근본적으로 계속 옆으로 기고 있었어요. 게다가 독일 경제가 초호황을 누리고 있었기 때문에 시장에 근본적 가치가 존재했죠.

나는 항상 무언가를 사거나 팔 때 먼저 돈을 잃지 않는 것이 확실한지에 대해 따져봅니다. 만약 훌륭한 가치가 존재한다면, 나의 판단이 틀렸더라도 아마도 돈을 그렇게 많이 잃지는 않겠죠.

그러나 10년 앞서 같은 이유로 독일 주식을 매수했을 수도 있지 않았나요?

물론 맞는 얘깁니다. 1971년에 똑같은 이유로 독일 주식을 사서 10년 동안 주가가 옆으로 기어가는 모습을 지켜봤을 수도 있었겠죠. 그 동안 미국 시장은 큰 상승을 경험하고 있었는데 말이에요. 하지만 그때는 촉매로 작용하는 무언가가 있었어요. 큰 변화가 일어나려면 항상 촉매가 필요한 법이거든요. 그 당시 촉매는 다가오는 독일의 선거였어요. 나는 사회당이 패배하리라고 예상했습니다. 야당인 기독민주당이 투자를 활성화할 기본정책을 마련해 놓고 있다는 사실도 알았고요.

'수년간 정권을 내주고 있던 보수 기독민주당은 선거에서 승리하면 커다란 변혁을 꾀할 것이다'가 내 기본적 판단이었어요. 또한 많은 독일 기업들이 보수의 승리를 기대하며 1982년 설비투자와 확장을 보류하고 자본을 축적해 두고 있다는 사실도 알고 있었죠. 따라서 정말로 보수가 승리한다면 묶여있던 자본은 엄청난 투자로 폭발할 듯했어요.

당시 선거는 막상막하였나요?
내 생각으로는 그렇지 않았어요.

여론조사에서 말이죠.
여론조사는 그랬던 듯하군요. 왜냐하면 보수가 이긴 바로 그날 시장이 폭발했거든요.

만약 보수가 졌다면 어땠을까요?
조금 전에 이유를 얘기했듯이, 그렇게 큰돈을 잃었으리라고는 생각하지 않아요. 나는 큰 변화가 있으리라고 많은 기대를 하고 있었고, 상승장은 2년, 3년, 아니면 4년간 지속될 것이라고 예상했죠.

로저스 씨는 매매에 임할 때 대단한 확신을 갖고 임한다는 인상을 받게 되는군요.
예, 일반적으로 그래요. 확신이 없으면 매매에 관심을 두지 않죠. 투자에 관해 누구나 배울 수 있는 훌륭한 규칙이 하나 있다면, 그것은 '아무것도 하지 않는다' 입니다. 할 거리가 없으면 절대 아무것도 하지 말라는 말이죠. 대부분의 사람들은 말이죠, 그렇다고 내가 대부분의 사람들보다 낫다는 말은 아니지만, 항상 매매를 해야 하는 줄로만 알아요. 항상 뭐든 하고 있어야만 하죠. 사람들은 크게 매매하고 나서 이렇게들 말하죠, "이봐, 나 똑똑하지. 세 배 수익을 냈잖아." 그러고는 그 돈으로 또 다른 매매에 즉각 착수하죠. 그냥 가만히 앉아있지를 못해요. 어떤 새로운 것이 발생할 때까지 기다리지를 못한다는 말이에요.

로저스 씨는 상황이 자신에게 유리하게 놓일 때까지 언제나 기다리나요? '시장이 위로 갈 것도 같은데…, 승패를 걸어볼까?' 이렇게 말씀해 보신 적은 정말 없나요?

방금 하신 말씀은 노숙자쉼터로 가는 가장 빠른 지름길에 대한 얘기에요. 나는 돈이 앞에 놓인 모습이 훤히 보이고, 내가 해야 할 일은 다가가서 줍기만 하면 되는 상황이 올 때까지 기다립니다. 그 전에는 아무것도 하지 않아요. 사람들은 시장에서 돈을 잃으면 이렇게 말하죠. "돈을 잃었잖아. 뭐든 해서 만회해야지." 절대 그러면 안 됩니다. 어떤 좋은 기회를 발견하기까지는 그냥 가만히 앉아있어야 해요.

최대한 매매 횟수를 적게 하라는 말씀이군요.

그것 때문에 나는 나 자신을 트레이더라고 생각하지 않는 거예요. 나는 무언가가 다가오기를 기다리는 사람이거든요. '누워서 떡 먹기'라는 속담과 같은 상황을 기다리죠.

로저스 씨의 모든 매매결정은 기본적 분석에 기초하나요?

예. 하지만 가끔은 코모더티 리서치 뷰로우(Commodity Research Bureau)가 제공하는 차트가 촉매로 작용하기도 해요. 때때로 차트에서 가격이 거대한 장대 양봉을 형성하며 오르는 모습을 보기도 하고, 또 가격이 거대한 장대 음봉을 형성하며 하락하는 모습을 보기도 하죠. 이 경우에는 차트에서 시장의 히스테리를 감지할 수 있습니다. 나는 그런 모습을 보면 조심스러워져요. 방향을 잘못 잡으면 안 되니까요.

예를 조금 들어주실 수 있나요?

그러죠. 2년 전에 콩이 9달러 60센트로 수직 상승한 후 매도포지션을 잡았어요. 내가 이 매매를 생생하게 기억하는 이유는 같은 날 밤 트레이더 몇 명과 함께 저녁 먹으러 나갔는데, 그중 한 명이 자기가 콩을 매수한 여러 가지 이유를 얘기했어요. 나는 "자네에게 상승장의 견해가 잘못된 이유를 말해줄 수는 없지만, 시장이 히스테리를 보이면 나는 매도포지션을 취한다는 사실은 말해줄 수는 있네" 하고 말했었죠.

히스테리에 역으로 가는 시점을 어떻게 포착하나요?
시장이 갭으로 움직일 때까지 기다려요.

갭으로 움직이는 동안을 말씀하시는 건가요, 아니면 그런 움직임이 끝났다는 어떤 신호가 있을 때까지 기다리나요? 예를 들면 반전일(reversal day)[29] 같이 말이죠.
아니요. 나는 반전일 같은 것은 잘 모릅니다.

문득 시장 히스테리의 전형적인 일례가 생각나는 군요. 1976년 말에서 1980년 초까지 금시장은 초고속 상승을 경험했죠. 그때 금에 매도포지션을 취하셨나요?
그럼요. 675달러에 매도했지요.

거의 200달러나 일찍 매도했군요.
나는 훌륭한 트레이더가 아니라고 말씀드렸잖아요. 나는 거의 항상 너무 일찍 들어가요. 하지만 그 당시 금 매도는 시장이 천장에 닿기 4일전이었어요. 그렇게 이르지는 않았죠.

---

29) 반전일(反轉日) : 주가가 신 저가를 기록한 후 매입 세력의 가담으로 반등하거나, 신 고가를 형성한 후 대량의 매도 물량으로 하락하는 날 — 역자 주.

시간상 너무 일렀다는 말이 아니라, 가격으로 볼 때 꽤나 살 떨리는 구간을 견뎌야 했다는 얘기죠. 그런 구간을 거치는 동안 뭔가 잘못 됐다는 생각을 하게 되는 지점이 있지 않나요?

있었어요. 676달러로 올라섰을 때였죠. [웃음]

그래도 포지션을 그냥 유지하셨군요?

그래요, 혼돈의 기간이었으니까요. 지속될 수 없는 상황이었죠. 죽어가는 금시장의 마지막 헐떡임이었어요.

시장에서 마지막 폭발 단계의 지문(指紋)을 포착하셨다는 말씀인가요, 아니면 금이 고평가 됐다는 말씀인가요?

둘 다입니다. 금은 과도하게 평가돼 있었어요. 그렇지만 근본적으로 – 슈웨거 씨의 '지문'이라는 표현이 마음에 드는군요 – 시장에 히스테리의 지문이 묻어있었어요. 공황(恐慌)과 반대로 가면 거의 언제나 이기게 되어 있어요. 끝까지 버틴다면 말입니다.

공황을 보면 자동적으로 그와 반대로 가시나 보죠?

공황과 히스테리 그 자체는 나로 하여금 무엇이 어떻게 되고 있는지 살피도록 하는 촉매일 따름이에요. 내가 그로 인해 무언가를 하게 된다는 의미는 아닙니다. 1980년 초 금시장의 경우, 내가 본 세계가 금시장의 하락을 의미했을 뿐이죠. 몇 개월 전 연방준비이사회 의장이 된 볼커(Volcker)는 인플레를 잡겠다고 말하고 있었고, 나는 그의 말을 진담으로 받아들였어요. 또한 기름값이 떨어지리라고 생각하게 됐는데, 기름값이 하락하면 금값도 하락하리라고 생각했죠.

그 이유는 본인이 금과 기름은 같이 움직인다고 믿었기 때문인가요, 아니면 세상 사람들이 그렇게 믿는다고 생각했기 때문인가요?

그 당시 세상 모든 사람들이 그렇게 믿었어요.

그렇지만 로저스 씨는 어땠나요? 금값과 기름값의 관계를 사실로 여겼나요?

나는 사실이 아님을 알고 있었죠.

내가 이 점에 관해 질문하는 이유는 나는 금값과 기름값의 관계를 우연의 일치라고 느꼈기 때문이에요.

맞아요. 그게 전부죠. 아주 짧은 기간 동안 단 한번 금값과 기름값이 같이 움직였을 뿐이에요.

그 말씀은 본인이 논리에 맞지 않다고 생각하는 관련성이라 할지라도, 다른 사람들이 그 관련성을 믿기 때문에 그에 기초해서 매매할 때도 있다는 말씀인가요?

아니에요. 나는 내 생각이 사실이며 진실인가만을 고려합니다. 그 당시의 주된 고려사항은 볼커 연방준비이사회 의장의 인플레를 꺾어놓겠다는 말이었는데, 그때 그의 말이 내게 진지하게 와 닿았어요. 기름값이 떨어질 채비를 갖췄다는 사실은 인플레가 꺾이게 되리라는 예상에 힘을 보탰지요.

사실 1979년 10월에 결정적 조치가 나왔죠. 그때 연방준비이사회는 이자율을 조정하는 정책에서 통화량 증가를 조절하는 정책으로 선회했고요. 하지만 금시장은 이를 신뢰하지 않았음이 틀림없어요. 왜냐하면 그 후에도 금값은 몇 달간 계속 올랐으니까요. 이와 같은 상황은 시장이 히스테리 상태여서 변화하는 펀더멘털에 주목하지 못하기 때문일까요?

정확한 지적이에요. 때때로 어떤 중요한 일이 발생해도 시장은 이에 개의치 않고 계속 나아가죠. 놀라운 일이 아닐 수가 없어요. 나는 '내가 무언가를 본다고 해서 다른 사람들도 본다는 의미는 아니다' 라는 사실을 경험을 통해 알게 됐어요. 많은 사람들이 사고파는 행위를 계속 유지하는데, 그건 그들이 오래전부터 그래왔기 때문이죠.

말하자면 시장이 어떤 중요한 뉴스, 예를 들면 1979년 10월 연방준비이사회의 정책 변화와 같은 뉴스에 반응하지 않는다고 그 뉴스가 중요하지 않다는 의미는 아니라는 말씀이군요?

뉴스는 훨씬 더 중요하게 되죠. 시장이 가지 말아야 할 방향으로 계속 간다면, 특히 그것이 히스테리로 인한 폭발이라면, 내 앞에 호박이 덩굴 채 굴러들어온 것이니까요.

조금 더 최근의 예를 하나 들어주실 수 있나요?

그럼요. 1987년 10월의 일이에요. 그건 그렇고 10월 19일이 내 생일입니다. 1986년 말과 1987년 초, 나는 주식시장에 한 번 더 큰 상승이 있은 다음, 1937년 이래로 처음 보는 깊은 하락이 도래한다고 예상했습니다. 그렇지만 그 하락이 내 생일에 발생하리라는 예상은 하지 못했는데, 그때까지 내가 받아본 생일 선물들 중에서 최고의 선물이었지요.

그때의 하락이 그렇게 폭이 깊을 것이라는 예상을 하셨나요?

1987년 1월 존 트레인(John Train)이 나를 인터뷰했을 때, 나는 그에게 "시장은 이렇게 진행하다가 어느 시점에서 하루 만에 300포인트 떨어질 것입니다" 하고 말했죠. 그는 나를 마치 미친 사람처럼 쳐다보더군요. 나는 마음속으로 '다우는 3,000 전후까지 나아갈 것이고, 300포인트면 10퍼센트밖에 되지 않는다' 하고 그림을 그렸죠. 1929년에 시장은 하루 만에 12퍼센트 하락했어요. 하루 10퍼센트는 그 당시 시장의 성질을 고려해보면 그다지 거대한 움직임이 아니었습니다. 시장은 이미 하루 3, 4, 5퍼센트의 움직임을 수차례 경험했으니까요. 그래서 나는 "시장이 하루 300포인트 하락하지 말란 법이 어디 있습니까?" 하고 말했었죠. 그러나 그것이 508포인트일 줄은 꿈에도 생각해본 적이 없어요.

1987년의 주식시장 붕괴를 예상하시며 1937년과 비교하신 이유는 무엇인가요?

왜냐하면 1937년에 다우가 6개월간 49퍼센트 하락했기 때문이죠. 내가 말하고자 했던 바는 우리는 빠르고, 깊고, 끔직한 대규모 붕괴를 경험하게 되리라는 점이었어요. 예를 들어 1973년에서 1974년의 기간 동안 50퍼센트가 빠졌던 일과는 그 속도가 다르다는 말입니다. 그때는 2년의 시간이 소요됐잖아요.

그렇다면 1929년에서 1930년의 기간과 비교하지 않고, 1937년을 비교의 대상으로 삼으신 이유는 무엇인가요?

왜냐하면 1929년에서 1930년의 기간은 대규모의 불황기였거든요. 나는 이번의 경우는 대규모의 금융위기로 인한 시장의 하락임을 알았어요. 우리가 불황을 겪게 된다고는 생각하지 못했습니다. 나는 금융위기와 경제위기를 구분하고 있었거든요.

금융위기를 예상한 이유는 무엇인가요?

분위기 때문이었어요. 세상에는 돈이 넘쳐났고, 세계 모든 주식시장이 역사적 고점을 찍으며 치솟고 있었어요. 학교를 졸업한 지 3년밖에 안 된 애송이가 한 해에 50만 달러를 벌었다는 얘기는 아주 흔했어요. 그것이 현실일 수는 없었죠. 시장에서 이런 비현실적 상황을 목격할 때는 천장이 멀지 않았음이 분명해요. 그래서 그해 여름 시장 붕괴에 대비하여 포지션을 취했어요.

주식에 매도포지션을 취하셨나요, 아니면 풋옵션을 매수하셨나요?

주식에 매도포지션을 취했고, 콜옵션에도 매도포지션을 취했죠. 저는 옵션을 사지 않습니다. 옵션을 사는 일도 노숙자쉼터로 가는 지름길이에요. 어떤 사람이 증권위원회의 요청으로 연구를 했는데, 그 결과 옵션의 90퍼센트가 손실로 마감된다는 사실을 발견했어요. 만약 옵션을 살 경우 90퍼센트는 손실을 보게 돼있다면 옵션을 팔 경우에는 90퍼센트는 이익을 본다는 말 아니겠습니까? 그래서 나는 하락마인드를 갖고 옵션을 이용할 때 콜을 팔지요.

언제 포지션을 청산하셨나요?

10월 19일이 있던 주간에요. 그때 모두가 미국의 금융 시스템은 끝났다고 생각했던 일을 기억하시지요?

즉, 그 시점에 포지션을 정리하신 이유는 전과는 반대 방향으로 히스테리가 극에 달했기 때문이라는 말씀이군요?

정확히 말씀하신 거예요. 그 주간은 교과서에나 나오는 히스테리의 예였죠. 그런 상황에서 가용 자금이 있으면 시장에 참여하여 군중의 히스테리와는 반대로 매매해야 합니다. 어쩌면 그 주간에 단 한 번 있을 수 있는 세상의 종말이 왔을 수도 있었고, 나 역시 완전히 모든 것을 잃었을 수도 있었어요. 그러나 그런 종류의 히스테리와 반대로 매매하면 95퍼센트는 승리하게 되어있어요.

1987년 10월과 1988년 1월 사이에 나는 매도포지션을 전혀 갖고 있지 않았습니다. 내 인생에서 내가 매도포지션을 갖고 있지 않던 몇 안 되는 기간들 중의 한 기간이었지요. 나는 상승마인드를 갖든 하락마인드를 갖든 항상 매수포지션과 매도포지션을 다 갖고 있으려 하거든요. 그렇게 판단이 잘못됐을 경우를 대비하죠. 장이 엄청나게 좋을 때에도 돈을 잃으며 헤매는 사람은 항상 있고, 장이 무척이나 좋지 않을 때에도 돈을 따며 잘 해나가는 사람은 항상 존재하는 법이에요.

시장의 붕괴가 있은 후 매도포지션을 취하고 싶은 어떤 주식도 발견할 수가 없었다는 말씀이신가요?

나는 만약 내 판단이 옳고 세계의 종말이 당장 닥친 문제가 아닌 이상 모든 것은 올라간다고 생각했어요. 내가 알기로 펀더멘털상 거덜 나고 있는 회사들의 주식마저도 말입니다. [1988년] 1월에 나는 다시 두 개의 주식에 매도포지션을 취했는데, 그중 한 개에서 돈을 잃고 있지만 그래도 괜찮아요. 왜냐하면 얼마간의 매도포지션으로 나를 방어할 때에 더 편안함을 느끼니까요.

많은 사람들이 1987년 10월의 붕괴를 프로그램매매 때문이라고 하죠. 로저스 씨는 이를 터무니없는 책임 전가라고 생각하시나요?

물론입니다. 프로그램매매 때문이라고 말하는 사람들은 시장을 이해 못하는 사람들이에요. 정치인들과 돈을 잃는 사람들은 언제나 핑계거리를 찾아요. 1929년에 사람들은 시장 붕괴를 매도포지션을 잡는 사람들과 증거금율[30] 때문이라고 했죠. 주식이 하락할 수밖에 없었던 많은 이유들이 있었는데도 말입니다. 10월 19일 문제의 핵심은 왜 매도자는 있었는데 매수자는 없었느냐 하는 것입니다.

---

30) 증거금율 : 증권을 신용으로 거래할 때 증권사에 매매약정을 이행한다는 증거로 예탁하는 금액을 증거금이라 하며, 이 금액은 약정대금의 일정한 비율에 해당하는데 이 비율을 증거금율이라 함 — 역자 주.

내가 10월 19일 직전의 주말에 더 심한 하락마인드를 갖게 됐던 이유가 생각나는군요. 한 주 전에 [연방준비이사회 의장] 앨런 그린스펀(Alan Greenspan)이 무역수지가 많이 개선됐으며, 모든 상황은 적절히 통제되고 있다고 발표했어요. 이틀 후 무역수지가 발표됐는데, 세계 역사상 유래가 없는 최악의 수치였지요. 나는 곧바로 "이 사람은 바보 아니면 거짓말쟁이군. 상황이 어떻게 돌아가는지 전혀 감을 못 잡는 것 같은데" 하고 말했어요. 그러고 나서 10월 19일 직전의 주말에 [재무장관] 베이커가 달러를 가는 대로 가도록 방치하여 독일을 혼내주겠다고 세상에다 대고 말했지요. 왜냐하면 독일이 자기의 요구대로 통화정책과 재정정책을 완화하지 않았기 때문이었어요. 1930년대의 무역전쟁이 다시 발발한 듯하더군요.

마음이 돌연 허둥대기 시작했어요. 나는 이미 매도포지션을 갖고 있었는데, 일요일 밤에 매도포지션의 물량을 늘리려고 싱가포르에 전화했죠[싱가포르 시장은 미국 시장보다 일찍 개장한다]. 사람들은 월요일에 매도하기에 너무나 좋은 이유를 가지고 시장에 들어왔는데, 시장에는 정작 사려는 사람이 없었어요. 살 이유가 없었으니 매수자가 있을 수가 있었겠어요? 그 월요일에 매수에 임했던 사람들조차도 두려움에 떨며 하락마인드를 갖게 됐고요.

시장붕괴가 그린스펀과 베이커에 의해 야기됐다는 말씀인가요?

많은 원인들이 있었어요. 그린스펀, 베이커, 통화량 긴축, 무역수지의 점진적 악화, 그리고 6주전 2,700까지 치솟은 시장 등이 그 이유들이죠. 확인해보면 아시겠지만, 1987년 동안 S&P와 다우는 오른 반면 개별 주식들은 조금씩 침하하고 있었어요. 나는 1986년 12월 금융주에 매도포지션을 잡았고, 1987년 내내 다우와 S&P가 지붕을 뚫고 하늘로 날아가고 있었는데도 돈을 잃지 않았어요.

시장의 히스테리와 반대로 갔는데 돈을 잃은 경우도 있었나요?

예. 매매 초창기에 아주 비싼 등록금을 내고 하락장에 대해 배웠지요. 1970년 1월이었어요. 그 당시는 내가 여전히 옵션을 사던 때였는데, 나는 내가 가진 모든 돈으로 풋옵션을 샀어요. 모든 돈이라고 해 봤자 그렇게 많은 돈은 아니었어요. 하여간 1970년 5월 시장은 침몰했고, 나는 바닥에서 풋옵션을 팔았어요. 그 매매로 내 돈은 세 배로 불었습니다. 나는 내가 천재 같아서 혼잣말로 "나는 제2의 버나드 바루크(Bernard Baruch)가 될 것이다" 하고 중얼거렸지요.

그 다음의 내 계획은 시장이 급상승하기를 기다렸다가 주식에 매도포지션을 잡는 일이었어요. 풋옵션을 사지 않고 주식에 매도포지션을 잡기로 한 이유는 돈을 더 빨리 벌기 위해서였죠. 어김없이 시장은 급상승했고, 나는 내가 가진 모든 자금을 동원해서 매도포지션을 취했어요. 짐작하시겠지만 2개월 후에 나는 완전히 거덜났죠. 나는 내가 뭘 하고 있는지도 몰랐다는 말이죠.

내가 매도포지션을 잡았던 주식 중에 메모렉스(Memorex)라는 주식이 있는데, 나는 이 주식이 48달러일 때 매도했어요. 그 당시에는 버티는 능력이 없었거든요. 심리적으로, 감정적으로, 그리고 가장 중요하게는 경제적으로 그럴 능력이 없었어요. 나는 72달러에 메모렉스 매도포지션을 청산하고 말았는데, 그후 메모렉스는 약 96달러까지 치고 올랐다가 2달러로 곧장 곤두박질쳤죠.

그 주식을 48달러에 매도를 한 일은 100퍼센트 옳은 판단이었지만, 나는 완전히 빈털터리로 전락했어요. 시장은 내 판단이 옳은지 어떤지에 대해 전혀 관심이 없더군요. 이 경험은 내가 '시장의 히스테리'에 관해 알게 되는 계기 중하나가 됐어요.

그 특별한 경험으로부터 무엇을 배웠나요?

시장은 내가 올라갈 수 있다고 생각하는 것보다 더 상승하고, 내려갈 수 있다고 생각하는 것보다 더 하락한다는 사실을 배웠어요. 나는 내가 무언가를 알게 되면 다른 사람들도 안다고 생각했어요. 신문을 읽으며 상황을 감지했지, 내게 내부자 정보가 있었던 게 아니니까요. 내가 깨달은 바는 나는 알지만 사람들은 모른다는 사실이에요. 대부분의 사람들은 6개월에서 1년, 혹은 2년 앞의 시간을 내다보는 통찰력을 갖고 있지 못해요. 메모렉스 경험은 주식시장에 어떤 일이 벌어질지는 알 수 없다는 사실을 내게 가르쳤어요. 왜냐하면 무엇이 어떻게 돌아가는지 모르는 사람들이 시장에 널려있기 때문이죠.

로저스 씨는 우리가 이미 경험한 하락장이 더 뚜렷하게 진척되리라고 예상하시나요?

예, 그래요. 나는 시장이 결국 1987년 10월의 저점을 깨고 내려가리라고 예상해요.

더불어 매우 깊은 경기후퇴도 예상하시는지요?

현재[1988년 4월]로써는 금융시장의 침몰이 나의 주된 예상입니다. 그러나 정치인들이 서투른 짓을 해서 망치게 되면 금융시장 침몰이 경제의 침몰로 이어질 수도 있겠지요.

심각한 경기후퇴 없이도 금융시장의 침몰이 가능한가요?

그럼요. 여러 번 있었던 일이에요. 그 때문에 내가 조금 전에 1937년을 예로 들었어요. 나는 경제가 침몰한다는 예상은 하지 않아요. 왜냐하면 내 예상대로 달러가 약세를 지속할 경우 미국 경제의 많은 분야들, 예를 들어 철강, 농업, 섬유, 광업, 등은 호황을 누릴 테니까요.

그렇다면 주식시장이 10월의 저점 아래로 떨어져도 경제는 여전히 견실하다는 말씀이군요?

물론이죠. 정치인들이 서툰 짓만 하지 않는다면 말입니다.

서툰 짓이란 무엇을 말씀하시는 것이죠?

세금 올리고, 관세 올리고, 무역보호정책을 내놓고…. 정치인들이 할 가능성이 있는 서툰 짓은 수도 없이 많습니다. 틀림없이 그들은 서툰 짓을 할 거예요. 항상 그래왔으니까요. 나는 금융시장의 침몰이 도래하리라는 사실을 알아요. 그리고 만약 정치인들이 이를 이해하지 못하면 우리는 경제의 침몰도 경험해야 할지 모릅니다.

금융시장의 침몰에 작용할 촉매는 무엇일까요?

무역수지는 다시 안 좋아질 테고, 이것이 결과적으로 달러의 위기를 재차 유발하겠죠.

무역수지 적자의 주된 원인을 무엇으로 보시나요?

대체로 재정적자는 무역적자를 야기합니다. 재정적자를 해소하지 않고 무역적자를 해소할 수는 없어요.

적자 문제의 중요성을 고려할 때 이 시점에서 어떤 조치를 취할 수 있을까요?

오늘날 전 세계가 안고 있는 근본 문제는 미국이 저축보다 더 많은 소비를 한다는 사실입니다. 저축과 투자를 촉진시키기 위해 할 수 있는 모든 조치를 취해야 해요. 저축세와 자본이득세, 배당에 대한 이중과세를 없애고, 개인퇴직계좌(IRA), 자영업자은퇴계좌(Keogh), 그리고 기업연금(401k) 등 세제혜택이 있는 저축상품에 더 많은 지원을 해야 해요. 이와 동시에 소비를 억제하는 모든 조치를 취해야겠죠. 우리의 과세구조를 저축과 투자가 아니라 소비에 세금을 매기는 부가가치세를 활용하는 구조로 변화시켜야 합니다. 또한 정부지출을 획기적으로 줄여야 해요. 경제에 그렇게 많은 고통을 주지 않고도 정부지출을 줄일 수 있는 방법은 많이 있어요. 우리에게 어려운 문제가 닥칠 수도 있어요. 하지만 우리가 자초하여 그 문제를 악화시키지 않는다면 해결하기에 그렇게 어려운 문제가 아닐 수도 있어요. 만약 우리에게 고통을 감내할 각오가 없다면 우리는 1930년대와 같은 종류의 침몰을 겪게 되겠죠.

비교적 작은 고통으로도 정부지출을 '획기적으로' 줄일 수 있는 방법이 있다고 언급하 셨는데 구체적인 예를 들어주실 수 있나요?

예를 두 개만 들어드리죠. 사실 한 묶음으로도 들어드릴 수 있지만 말입니다. 미국 정부는 국내 설탕 값을 떠받히려고 한 해 50억 달러를 지출하고 있어요. 따라서 세계 시장에서 설탕이 1파운드에 8센트에 거래되는데, 미국인들은 설탕 1파운드를 도매가로 22센트나 지불해야 하죠. 50억 달러라는 수치가 피부에 와 닿나요? 만약 정부가 모든 사탕수수재배 농가에 "자, 여러분의 일생 동안 매년 100,000달러씩 지불해드리겠습니다. 그리고 아파트와 포르쉐 자동차도 제공해드리겠습니다. 만약 사탕수수 재배를 그만둔다면 말입니다" 하고 말하면 모든 미국인들의 살림은 더 나아지겠지요. 그러면 한 해 수십억 달러를 절약하게 되고, 우리 모두가 설탕을 낮은 가격에 살 수 있으니까 나라 전체가 더 잘 살게 되죠.

정말 큰돈을 절약해볼까요? 우리의 연간 무역수지 적자가 얼마인지 아십니까? 1,500억 달러예요. 그럼, 우리가 미군을 유럽에 주둔시키려고 매년 지출하는 비용이 얼마인지 아십니까? 역시 1,500억 달러입니다. 53년 전에 그곳에

점령군으로 미군은 보내졌어요. 이 나라의 대부분의 사람들은 군대를 유럽에 보내자는 결정이 났을 때에는 태어나지도 않았죠. 우리 군이 지금 거기에서 하는 일은 아무것도 없어요. 그냥 앉아서 빈둥거리며 맥주나 마시고, 뱃살이나 찌우고, 아가씨 꽁무니나 쫓아다니는 게 전부입니다. 회계감사원에 의하면 유럽의 우리 군은 그곳에서 30일간의 전쟁을 버틸 수 있는 총알마저도 갖고 있지 않다더군요. 그런데도 그곳에 젊은이들을 유지하려면 한 해에 1,500억 달러가 필요합니다. 나는 만약 우리가 한 해 1,500억 달러의 지출을 그만두고 미군을 고향으로 데리고 오면 유럽은 자신들을 방어하게 된다고 주장하고 싶어요. 그러면 재미있는 결과가 생기겠지요. 유럽 사람들은 자신들을 방어하기 위해 무기를 어디서 구입하겠어요? 우리 미국에서 구입합니다. 왜냐하면 그 사람들은 쓸 만한 방위산업 설비를 갖추고 있지 않거든요.

그렇지만 그런 조치를 취할 가능성은 희박하지 않나요? 어떤 정치인도 그런 해결책을 이야기조차 하지 않겠죠.

그 점은 나도 잘 알고 있어요. 현재 워싱턴의 바보들로서는 불가능한 일이죠. 결국 정치인들이 일을 망쳐놓을 거예요. 그들은 해야 할 일을 하지 않을 게 뻔해요. 자기들의 표와 다음 선거에서 이기는 데에만 관심이 있을 뿐이죠. 도저히 문제를 풀지 않으면 안 되는 지경으로 내몰리기 전까지 그들은 계속 현 상태를 유지할 테고, 그때가 되면 큰 재앙이 우리를 기다리고 있겠지요.

만약 정치인들이 행동에 나서지 않는다면 우리는 매우 높은 인플레 아니면 깊은 경기후퇴, 이 둘 중에 하나를 선택해야만 하는 운명에 직면하게 되나요?

어느 쪽이든 극심한 상황이 되겠죠. 내가 생각하는 바로는—나는 그냥 상상할 뿐이지, 반드시 이렇다고 판단하는 게 아닙니다—현재 상황이 진행되다 경기후퇴의 징후가 점차적으로 나타나리라고 봐요. 처음 정치인들은 "이 고통은 감당해야 할 고통입니다. 궁극적으로 우리의 시스템을 견실하게 만들어주게 되므로 이 고통은 우리에게 이롭습니다" 하고 말하겠죠. 얼마간 사람들은 이 말을 받아들이겠지만 서서히 고통을 느끼기 시작하고, 그 고통은 심각한 수준이 되겠지요. 그렇게 되면 정치인들은 포기하고, 인플레로 고통에서 벗어나려 하겠죠. 하지만 그 시점에서 인플레를 통해 고통에서 벗어나는 방법은 돈을 찍어내는 방법밖에 없습니다.

시나리오는 경기후퇴로 시작해서 높은 인플레로 끝나는군요.

그래요. 그러나 사나운 인플레가 먼저 오고 뒤이어 디플레가 오는 수도 있겠죠. 또 한 가지 상당히 가능성 있는 가정은 우리가 결국 외환 관리를 받게 될지도 모른다는 점이죠. 다행히도 나는 2, 3년을 내다보며 지금 투자 결정을 해야 할 필요가 없어요.

외환 관리는 어떤 종류를 말씀하시는 건가요?

외환 관리라는 말로 내가 의미하고자 하는 바는 자본 유출의 제한이에요. 유럽에 갈 때 1,000달러 이상 가지고 갈 수 없다든가, 정부 승인 없이 외국으로 송금할 수 없다든가 등등일 테죠.

그런 상황에서 통화의 상대적 가치는 어떻게 되는 것인가요?

달러의 종말이죠. 외환 관리는 달러를 더욱 약화시킬 거예요. 그러면 정치인들은 더욱 엄격한 외환 관리를 하게 되고, 그러면 상황을 더욱 악화시키겠죠.

'종말'이라는 말은 달러가 아르헨티나의 페소처럼 된다는 말씀이신가요?

안 될 이유가 뭡니까? 절대 그런 일은 발생하지 않는다는 근거가 무엇이죠? 남북전쟁시대에 유행하던 말을 기억해보세요. "초록색 달러는 사절."이라고 했잖아요.

달러의 붕괴를 피할 수 없는 것처럼 말씀하시는군요.

1983년에 우리는 세계최대의 채권국이었고, 1985년에 우리는 1914년 이래로 처음으로 채무국이 됐어요. 하지만 1987년 말경, 우리의 외채는 리오그란데 강[31] 남쪽의 모든 나라들, 즉 브라질, 멕시코, 페루, 아르헨티나를 포함한 모든 나라들의 외채 합산보다 더 커졌어요.

로저스 씨가 의미하신 상황 전개 과정을 이렇게 다시 풀어서 말해도 될까요? 재정적자의 상황을 반전시킬 어떤 의미 있는 조치도 취해지지 않을 것이고, 계속되는 재정적자는 무역적자의 상황을 더욱 악화시키거나 아니면 좋지 않은 상태로 계속 유지되도록 할 것이다. 그리고 이는 조만간 달러를 엄청난 하락 압력에 놓이게 할 것이다. 이렇게 정리할 수 있을까요?

절대적으로 맞는 말이에요. 그래서 내가 달러의 매수포지션을 갖고 있지 않은 겁니다.

이 시나리오에 채권시장은 어떻게 작용하게 될까요?

어느 순간 외국인들은 약해지는 달러를 인식하고 이 나라에 돈을 넣지 않으려하겠죠. 이는 이제 미국인들이 채권을 감당해야 한다는 의미인데, 미국인의 저축률은 3에서 4퍼센트에 불과합니다. 미국인들로 하여금 채권을 감당하도

---

31) 리오그란데 강(the Rio Grande) : 미국과 멕시코의 국경을 이루는 강 — 역자 주.

록 하려면 이자율이 매우 높아야 합니다. 연방준비이사회가 돈을 더 찍어내는 방법으로 높은 이율을 회피하려 한다면, 그때는 달러의 종말이 오게 되고 연방준비이사회는 모든 수단을 완전히 상실하게 될 겁니다. 그렇게 되면 우리는 초인플레와 25에서 30퍼센트에 이르는 이자율 속에서 살아가게 되겠죠. 어떤 경로로든 우리는 결국 높은 이자율과 마주하게 됩니다. 만약 정치인들이 경기침체의 고통을 감수하기로 결정하면 이율은 그다지 높지 않을 수도 있겠지만, 결국 그들은 포기하고 돈을 찍어내기 시작 할 거예요.

그렇다면 조만간 채권시장은 붕괴하겠군요.

물론이죠. 조만간 우리는 영국이 그랬듯이 장기채권 시장을 상실하게 될 겁니다. 그렇지만 그 '조만간'이 언제일지는 잘 모르겠군요. 3년 후일 수도 있고, 10년 후일 수도 있겠죠.

방금 영국에서 있었던 상황을 말씀하셨는데, 그 당시 영국 채권은 얼마나 떨어졌나요?

약 70퍼센트였죠.

디플레가 먼저 일어나는 시나리오와 인플레가 먼저 일어나는 시나리오 중 어느 쪽이 맞는지 판단하기 위해 어떤 부분들을 조사하시나요?

통화량, 재정적자, 무역적자, 인플레율, 금융시장, 그리고 정부 정책입니다. 나는 미국뿐만 아니라 다른 주요국에 대해서도 이 모두를 살펴봐요. 하나의 거대한 3차원의 퍼즐과 마주한 듯한 기분이 들죠. 3차원 퍼즐은 결국에 다 맞춰지지만, 거대한 테이블에 퍼즐조각을 흩어놓고 맞춰나갈 수 있는 그런 퍼즐은 아니에요. 항상 그림이 변하거든요. 그리고 매일 몇 개의 조각들은 버리게 되고 몇 개의 새 조각들이 추가되죠.

시나리오를 놓고 봤을 때 금값의 장기 전망을 어떻게 보시는지 말씀해 주시겠습니까?

1934년 정부가 금값을 1온스 당 35달러로 고정하고 나서부터 금 생산량은 1935년부터 1980년까지 매년 하락했어요. 금을 찾아다닐 인센티브가 없으니 생산량이 계속 하락할 수밖에 없었죠. 45년이라는 긴 기간 동안 금 소비는 계속 늘어났는데, 특히 전자산업의 혁명이 있던 1960년대와 1970년대 더욱 그랬지요. 수요는 점점 늘어나는 반면 공급은 계속 줄었죠. 1970년대에 금시장이 엄청나게 상승했던 일은 당연했습니다. 인플레율이 영 퍼센트였더라도 수요와 공급 때문에 1970년대 금시장은 크게 상승했을 겁니다.

1980년대 상황은 완전히 바뀌었어요. 금값을 35달러에서 875달러까지 몰고 가서 사람들을 금광사업에 뛰어들게 하는 그런 일은 없습니다. 1980년 이래로 금 생산량은 매년 증가했거든요. 보고된 금광 확장과 광맥 개발의 예상치에 기초해서 말하자면 금 생산은 최소한 1995년까지 매년 늘어날 계획이에요. 동시에 금을 재생하는 기술도 대단히 발전했죠. 결론적으로 과거보다 훨씬 많은 금이 공급될 테고, 이 추세는 최소한 1990년대 중반까지 계속되리라는 얘기에요.

나는 약간의 금을 보험의 의미로 갖고 있지만, 1970년대처럼 1990년대에도 금이 인플레에 대한 훌륭한 헤지 수단이 된다고는 생각하지 않아요. 그 이유는 수요와 공급이 너무나 다르기 때문이죠. 1990년대 인플레의 헤지 수단이 무엇이 될지는 아직 잘 모르겠습니다만 다행인 점은 내가 지금 그걸 판단할 필요는 없다는 사실이에요.

지금 설명하신 금의 수급에 대한 현실은 분명 금값에는 부정적인 얘기군요. 그렇지만 조금 전에 말씀하신 '달러의 종말' 상황과 수급 현실을 함께 고려해보면 '달러의 종말'이 금의 내부적 수급 밸런스를 교란시킬 수도 있지 않을까요?

있을 수 있는 일입니다. 금값이 구매력을 유지할 수도 있겠지요. 금시장이 조금 더 나을 수도, 조금 더 안 좋을 수도 있겠지만 아주 좋은 시장은 아닐 것입니다.

다시 말해 '금은 어제의 인플레 헤지 수단이었다'는 말씀이군요.

장군들은 항상 마지막 전쟁에서 앞으로 나서고, 포트폴리오 매니저는 항상 마지막 상승장에서 투자에 나서죠. 금에는 언제나 가치가 내재해 있다는 개념은 터무니없는 얘기에요. 역사적으로 금이 구매력을 상실한 때는 여러 번 있었어요. 때때로 그 기간이 수십 년이었던 적도 있었고요.

금에 관해 한 가지 더 말씀드리죠. 조금 전에 내가 말한 조각이 제거되기도 하고 새 조각이 추가되기도 하는 3차원 퍼즐을 기억하시죠? 그 퍼즐 안에 남아프리카가 있다는 사실을 잊지 마세요. 남아프리카의 상황 때문에 금값은 조금 더 복잡한 문제가 됐어요. 나는 남아프리카가 결국 폭발하게 된다고 100퍼센트 예상하고 있어요. 왜냐하면 내 생각에 남아프리카 정부는 돌이킬 수 없는 오류를 계속 범했거든요. 만약 내일 혁명이 나서 흑인들이 정권을 잡게 된다면 남아프리카 백인들은 자기들이 보유한 모든 금을 내다 팔게 될 테고, 금값은 실제로 많이 내리게 되겠죠.

나는 그런 상황에서 금값이 폭등하리라 생각할 텐데요. 왜냐하면 금광에서 생산이 중단되리라는 판단으로 대중은 공황을 겪을 테니까요.

혁명이 진행되는 동안에는 금값이 오르겠지만 혁명이 완료되면 금값은 떨어지게 돼요. 모든 사람들은 금값 하락을 보고 어리둥절해 하며 "금값이 왜 떨어지는 거야?" 하고 묻겠지요. 하지만 금값이 떨어진 후에는 금을 사야 하는데, 그 이유는 혁명의 기쁨이 혼란을 가져오게 되기 때문입니다.

지금까지 주식시장, 채권, 통화, 그리고 금에 대한 로저스 씨의 장기적 안목에 관해 대화를 나눴는데, 이제 기름값에 대한 견해를 말씀해 주시겠습니까?

그러도록 하죠. 경기후퇴가 닥치면—언젠가 경기후퇴가 닥치는 건 확실합니다—기름값은 한참 빠지게 될 겁니다. 이 말을 책에 써넣어도 돼요. 나는 개의치 않아요. 기름값은 분명 12달러 아래로 내려갈 텐데, 그 지점이 11달러가 될지, 7달러가 될지, 3달러가 될지는 모르겠군요[이 인터뷰가 있던 시점의 기름값은 약 16달러였다].

로저스 씨가 지금까지 말씀하신 일반적인 시나리오, 다시 말해 주식시장의 하락과 달러 가치의 하락 등과 같은 시나리오를 감안할 때 보통 사람들이 자신들을 방어하기 위해 할 수 있는 조치는 무엇일까요?

유럽과 극동의 통화를 사고, 단기채권과 농지를 사야겠지요.

처음 어떻게 매매에 흥미를 갖게 되셨나요?

매매가 아니라 투자입니다. 월스트리트에 우연히 발을 들여놓게 됐지요. 1964년 대학을 막 졸업한 나는 대학원 진학을 준비하고 있었는데, 그해 여름에 한 남자를 통해 일자리를 하나 얻게 됐어요. 그 사람은 월스트리트의 한 회사에서 일하는 사람이었죠. 그 당시 나는 월스트리트에 대해 아무것도 몰랐어요. 주식과 채권의 차이점에 대해서도 몰랐죠. 사실 주식과 채권에 다른 점이 있는지도 몰랐다는 말이 맞겠군요. 월스트리트에 대해서는 뉴욕 어딘가에 있고, 1929년에 별로 안 좋은 일이 그곳에서 발생했다는 정도가 알고 있던 전부였어요.

그해 여름이 가고, 나는 옥스퍼드에 진학해서 1964년부터 1966까지 그곳에서 대학원 공부를 했어요. 옥스퍼드에서 알고 지낸 모든 미국인들은 정치에 관심이 있었지만 나는 파이낸셜 타임스를[32] 읽는 데 더 많은 관심이 있었죠.

옥스퍼드에 다니는 동안 매매를 하셨나요?

아주 적게요. 주식을 낱개로 샀어요. 내가 주식시장에 투자한 돈은 옥스퍼드에서 받은 장학금이었는데, 연초에 장학금을 받으면 그 돈으로 최대한 오랫동안 투자했죠.

자금의 출처가 그렇게 튼튼하진 않았군요.

[웃음] 그 두 해 중 한 해라도 많은 돈을 잃었다면 엄청난 어려움에 직면하게 됐겠죠.

그럼 처음부터 돈을 따면서 시작하셨다는 거군요?

예, 돈을 벌었죠. 그 기간은 1964년부터 65년까지 진행된 상승장이었거든요. 1966년 여름 옥스퍼드를 떠날 때 하락장이 시작됐지만 내가 모든 비용을 다 지불한 후였어요. 운이 좋았죠. 만약 1965년부터 67년까지 옥스퍼드를 다녔다면 몽땅 다 날렸을 거예요.

옥스퍼드를 떠난 후에는 어떻게 됐나요?

2년 동안 군대에 있었어요. 그 기간에는 돈이 없어서 시장에 참여하지 못했고요. 1968년에 군에서 제대하던 날 바로 월스트리트로 일하러 갔죠. 나는 가능한 모든 것에 투자했어요. 내 첫 번째 아내가 "TV를 사야 해요" 하고 말하면, 나는 "지금 TV가 뭣 때문에 필요해요. 그 돈을 시장에 투자합시다. 그러면

---

32) 파이낸셜 타임스(Financial Times) : 영국의 대표적 경제 일간지 — 역자 주.

TV를 10대도 살 수 있게 돼요" 하고 말했죠. 아내가 "소파가 필요해요" 하고 말하면, 나는 "그 돈을 얼마 동안만 시장에 넣어두면 소파를 10개도 살 수 있어요" 하고 말하곤 했어요.

월스트리트에서는 어떤 일자리를 얻었나요?
보조 애널리스트였습니다.

어떤 주식을 담당하셨죠?
기계장치와 광고대행업이었어요.

자신이 담당하는 주식에도 투자를 하셨나요?
무엇도 가리지 않고 투자했지요.

성공적으로요?
1968년 8월 1일에 시장에 들어왔는데, 그때는 시장이 정확히 천장에 다다랐을 때였죠. 그렇지만 내게는 남은 돈이 여전히 좀 있었어요. 나는 1970년 1월에 하락장이 도래했다는 사실을 알아냈어요. 내가 어떻게 그 사실을 알아냈는지는 모르겠습니다. 앞서서도 말씀드렸지만 나는 가진 모든 돈으로 풋옵션을 샀고, 5월이 되니 내 돈이 세 배로 불더군요. 그리고 7월에 주식에 매도포지션을 잡기 시작했고, 9월에 이르러서는 다 털렸지요. 그 2년은 대단했어요. 천재에서 바보까지 다 경험했으니까요.

1970년 9월에 원점으로 다시 돌아오셨군요. 그리고 어떻게 됐나요?
내가 가진 모든 것을 절약해서 그것들을 시장에 쏟아 부었어요. TV나 소파

따위엔 전혀 관심이 없었고, 그래서 내 아내는 나를 버렸죠. 나는 사업가의 화신과 같았어요. 거대한 소매 체인점을 설립하여 점포에 모든 자본을 쏟아 붓는 사업가마냥, 나는 시장에 모든 자본을 쏟아 부었었죠.

그 당시 주식만 매매하셨나요?

채권, 주식, 통화, 상품을 매매했어요.

언제 그렇게 많은 시장과 연관되게 됐나요?

처음부터 거의 모든 시장에서 매매했다고 할 수 있어요. 채권과 주식은 첫날부터 했고요. 통화도 꽤 일찍 시작했죠. 옥스퍼드에 있을 때 스털링화 대비 달러화 가치가 언젠가는 상승하리라는 사실을 알았기 때문에 가능한 많은 돈을 달러로 보유하고 있었죠. 그날이 오고 있다는 사실은 알았는데, 정작 그 날은 내가 옥스퍼드를 떠나고 1년 후에 오더군요. 나는 또다시 시장 진입을 너무 빨리했던 셈이죠.

1960년대 후기 금을 사면서 상품시장과 연관을 갖게 됐어요. 이 업에 종사한 지 얼마 안 돼서인데, 일자리 때문에 면접을 본 일이 있었습니다. 면접관이 "월스트리트 저널에서 무엇을 읽나요?" 하고 묻더군요. 나는 "상품 관련 페이지가 내가 우선적으로 읽는 페이지입니다" 하고 말했죠. 그 사람은 이 말에 깊은 인상을 받았는데, 왜냐하면 자기가 우선적으로 읽는 페이지도 상품 관련 페이지였거든요. 그때의 상품이라는 말은 지금의 상품이 의미하는 바와는 사뭇 다른 의미를 갖고 있었어요. 그는 나에게 자리를 하나 제안했지만 나는 거절했죠. 그랬더니 거의 강제로 붙잡으려 하더군요. 그 면접이 1970년에 있었는데, 나는 그때 이미 상품을 매매하고 있었어요.

1970년에 원점으로 돌아오셨는데, 그러고 나서 어떻게 다시 회복하여 궁극적으로는 매매의 성공으로까지 발전하게 됐나요?

내 초기의 손실은 나에게 많은 가르침을 줬어요. 그때 이후로-이런 말은 별로 하고 싶지 않지만-나는 거의 실수를 범하지 않았죠. 내가 무엇을 하는지 알기 전에는 아무것도 하지 말아야 함을 빨리 깨우쳤어요. 매우 정확하고 올바른 생각을 갖고 아주 바람직한 가격을 보기 전에는 아무것도 하지 않고 기다리는 게 더 낫다는 것을 알게 됐죠. 그래야 자신의 판단이 잘못됐어도 크게 다치지 않아요.

그 시점 이후로 손실이 난 해가 있었나요?

아니요, 없습니다.

퀀텀펀드는 어떻게 시작됐나요?

조지 소로스가 사장이었고 내가 부사장이었죠. 사장 한 명, 부사장 한 명, 그리고 비서 한 명으로 출발했어요.

조지 소로스는 어떻게 알게 됐나요?

1970년에 안홀드 엔드 에스 블라이크로더(Arnhold and S. Bleichroeder)에서 근무하며 그의 밑에서 일하게 됐는데, 1973년에 증권사 규정이 새로 개정되어 트레이더가 매매 수익률의 일정 부분을 취하지 못하게 하는 바람에 우리는 회사를 그만두게 됐어요. 회사에 남을 수도 있었지만 자금을 운용할 수는 없었죠. 그래서 우리는 떠나야만 했는데 결국 전화위복이 됐죠. 우리는 회사를 나와 우리의 회사를 설립했거든요.

퀀텀펀드에서는 어떤 종류의 매매를 하셨나요? 내가 알기로 퀀텀에서는 자금이 일반 펀드와는 다르게 운용됐다던데요.

우리는 주식, 채권, 통화, 상품, 등등 모든 곳에 투자했습니다. 매수포지션 뿐만 아니라 매도포지션도 잡았고, 전 세계의 시장을 누볐죠.

두 분이 따로 독자적인 매매결정을 내렸나요?

아뇨. 업무 영역을 분류한다면 조지 소로스가 트레이더였고 나는 애널리스트였다고 할 수 있습니다.

예를 들어 로저스 씨가 달러에 매도포지션을 잡는 아이디어를 내놓으면 소로스 씨는 그 타이밍을 결정하는 그런 식이었나요?

예. 말하자면 그렇죠.

시장 견해가 다를 때는 어떻게 했나요?

우리의 견해가 다를 때는 일반적으로 아무것도 하지 않았어요.

두 분이 매매에 동의해야만 매매가 성립됐다, 이 말씀이군요.

규칙이 정해져 있지는 않았어요. 때때로 견해가 달라도 누군가가 강한 확신에 차 있을 때는 매매를 했거든요. 그렇지만 우리의 견해가 대부분 일치했기 때문에 그런 경우는 아주 희박했어요. 여러 가지를 철저히 점검하고 나면 매매가 옳은지 그른지가 분명해지죠. 충분히 생각하고 나면 합의에 도달하게 되는 거예요. 합의라는 단어 사용이 조금 꺼림칙한데, 왜냐하면 합의에 의한 투자는 대부분 실패로 결말나기 때문이에요. 하여간 우리는 거의 항상 의견 일치를 봤던 듯합니다.

상품이나 통화와 같이 레버리지 효과가 있는 시장에서 매매를 할 때, 자금 배분은 어떻게 결정하셨나요?

자금이 완전히 묶일 때까지 항상 최대의 레버리지를 활용했어요. 돈이 완전히 바닥나면 포트폴리오를 보고 그 시점에서 가장 마음에 안 드는 포지션을 제거해 버렸어요. 예를 들어 만약 옥수수를 사고 싶은데 돈이 바닥났다면, 옥수수 사기를 포기하거나 다른 뭔가를 팔았어요. 마치 아메바 프로세스와도 같지요. 아메바가 어떻게 자라는지 아시죠? 어떤 방향으로 자라다 압력에 부딪히면 다른 방향으로 자라잖습니까. 아메바와 똑같은 포트폴리오지요.

위험을 평가할 때 개별 포지션에 기초하지 않고 전체 포트폴리오를 근거로 하셨나요? 예를 들어 한 시장에서 돈을 잃고 있는데 포트폴리오를 줄여야 할 상황이라고 가정했을 때, 돈을 잃고 있는 그 시장이 아니라 다른 시장의 포지션을 줄일 가능성도 충분히 있었나요?

맞습니다. 우리는 항상 우리가 생각하기에 가장 마음에 안 드는 포지션을 포트폴리오에서 줄였어요.

오늘날에도 퀀텀펀드의 방식은 상당히 자유로운 방식으로 여겨지는군요. 내 생각에 투자 전략이라는 관점에서 볼 때 그 당시는 매우 독창적이지 않았나 싶은데요?

분명 독창적이었죠. 나는 아직도 모든 시장에서 매매하는 사람을 본 적이 없어요. 내가 '모든 시장'이라고 하는 말은 전 세계의 통화, 상품, 채권, 주식 시장에서 매수포지션뿐만 아니라 매도포지션을 취한다는 의미에요. 나는 지금 은퇴했지만 아직도 이 모든 시장에서 매매하고 있습니다. 사람들은 나에게 "로저스 씨, 은퇴한 거 맞아요? 우리에게 많은 직원이 있어도 우리는 이 모든 시장을 추적하지 못하는데…. 은퇴했다는 얘기는 무슨 말이에요? 전 세계 주식 시장에서 매도포지션을 잡고 있잖아요" 하고 말하곤 하죠.

사실은 저 역시 로저스 씨가 은퇴했다고 말했을 때 조금 웃었거든요.

은퇴한 지금의 나는 누구보다도 더 활동적입니다. 사람들은 나에게 "어떻게 시장 모두를 추적해 갈 수 있나요?" 하고 묻지요.

저도 똑같은 질문을 드리고 싶은데요.

나는 사람들이 말레이시아 야자유 사업의 상황이 어떤지 이해하지 못하면서 미국 철강 사업에 어떻게 투자할 수 있는지 납득이 안 가요. 조금 전에도 설명했듯 투자는 항상 변화하는 거대한 3차원의 퍼즐이거든요.

그 모든 시장을 분석하는 데 드는 시간을 어떻게 만드시나요? 그냥 관련 자료를 읽기만 해도 엄청난 노동일 텐데요.

요즘은 과거처럼 그렇게 정열적으로 자료를 읽지는 않아요. 지난 수년간 나는 엄청난 시간을 들여 머릿속에 많은 자료들을 쏟아 부었죠. 많은 시장에 관해 엄청난 양의 정보를 습득했고, 시장을 보는 방법을 터득했어요. 학생들을 가르치다 보면 학생들은 내가 많은 수의 시장과 그 시장들의 역사에 대해 알고 있다는 사실에 놀라곤 합니다. 내가 이렇게 많은 시장을 알고 있는 이유는 상품, 채권, 주식에 관계된 많은 서적을 탐독하는 데 오랜 세월 동안 엄청난 시간을 쏟아 부었기 때문이에요. 일례로 나는 1861년 면화값이 0.5센트에서 1달러 5센트까지 치솟았던 거대한 상승장에 관해서도 알고 있을 정도니까요.

시장에 관한 그런 정보를 어떻게 알아내시나요?

장기간의 역사적 차트에서 이례적인 해를 찾기부터 시작합니다. 1861년 면화시장과 같은 그림을 보면 나는 나 자신에게 "무엇이 이런 상황을 야기했을까? 왜 이런 일이 발생했지?" 하고 묻게 되고, 나의 질문에 대한 답을 찾아내러고 시도하게 되죠. 그렇게 하면 엄청난 양의 정보를 얻고 배울 수 있어요.

사실 내가 컬럼비아에서 가르치는 수업 중 하나로 학생들이 '상승론자와 하락론자'라고 부르는 수업이 있는데, 이 수업에서 나는 학생들에게 역사적으로 중요한 시장 움직임을 찾아오라고 시켜요. 어떤 시장이든 상관없고, 움직임이 위로든 아래든 상관없어요. 나는 학생들에게 중요한 시장 움직임이 도래함을 감지하기 위해 그 당시 사람들은 무엇을 알았어야 했는지를 말하도록 지시합니다. 고무가 2센트일 때 사람들은 "고무는 절대 안 올라" 하고 말했어요. 그러나 고무 값은 12배 올랐습니다. 누군가는 고무 값이 오를 것을 알았지요. 나는 학생들에게 "그 당시에 있었다면 무엇을 볼 수 있었겠습니까?" 하고 물으며 학생들이 주목하도록 유도하죠. 학생들은 "전쟁이 발발할 것이기 때문에 시장이 오른다고 생각했을 거예요" 하고 말해요. 그러면 나는 학생들에게 '그 당시에 있었다면 어떻게 전쟁이 일어난다는 사실을 알 수 있었겠느냐' 하고 다시 묻지요. 이 수업은 학생들에게 여러 시장에 걸쳐 넓은 범위의 역사적 시야를 갖도록 하고, 시장을 분석하는 방법을 배우도록 해줍니다.

나는 살아오며 수천 수백 가지 상승장과 하락장을 경험했고, 연구했어요. 모든 상승장에는 그것이 IBM이든 귀리이든 상승론자들은 시장은 계속 상승한다는 분명한 이유를 항상 들고 나옵니다. "공급이 부족해질 거야.", "이번엔 달라.", "기름은 배럴당 100달러는 돼야 해.", "기름은 상품이 아니야." [웃음] "금은 다른 상품과는 달라" 하는 말들을 수백 번은 더 들은 듯해요. 정말 그럴까요? 지난 5,000년 동안 금은 다른 상품과 다르지 않았어요. 금값이 엄청 오른 기간도 있었고, 수년간 내려간 기간도 있었지요. 신비한 일은 아무것도 없습니다. 분명 금은 가치를 담고 있어요. 하지만 밀, 옥수수, 구리, 등도 다 가치를 담고 있어요. 모든 것에 가치가 담겨 있죠. 이 모든 것들은 지난 수천 년 전부터 있었습니다. 그중 어떤 것들은 다른 것보다 조금 더 비싸기도 하지만, 이

것들 모두가 상품이에요. 항상 그랬고, 앞으로도 언제나 그렇습니다.

1987년의 주식시장이 '이번에는 다르다'라는 자만심의 최근 예 중 가장 명백한 예라는 생각이 드는군요.

그렇습니다. 다시 주식이 부족해진다는 말이었지요. 1968년 월스트리트의 한 대형 증권사가 주식이 부족하게 될 이유와 주식시장이 수년간 계속 상승할 이유에 관해 대단히 학문적인 이론을 발표했는데, 그때가 바로 시장의 천장이었어요. 1987년에도 똑같은 얘기가 온통 넘쳐났지요. "주식이 부족해질 거야. 모두들 주식을 사고 있잖아" 하는 얘기 말입니다. 하락장의 바닥에서는 [그는 조금씩 크게 웃었다] 돈이 부족해지겠죠. 주식은 어마어마하게 공급되는데 말이에요. 이 점은 확실히 보장해드립니다.

이 장을 편집하는 동안 나는 타임지에서 도쿄증권거래소의 엄청난 상승장에 관한 기사를 우연히 접하게 됐다. 그 기사에서 인용한 다음의 구절 "이번은 다르다"는 최근 예의 백미로 여겨졌다(1988년 8월 8일자, 29쪽). 일본 주식시장에 관한 로저스와의 대화는 잠시 후에 계속된다.

폭발적 성장에 관해 서양의 몇몇 전문가들은 걱정스러운 견해를 갖고 있다. 그들은 경기의 붐이 갑작스러운 붕괴로 이어질 수 있다고 걱정하는 것이다. 만약 그런 일이 발생하면 도쿄시장에서 많은 손실을 본 투자자들은 다른 시장에서도 돈을 빼내야 하는 상황으로 몰릴 수 있고, 이는 연쇄적인 폭락을 유발할 수 있다. 일본 주식은 회사가 내는 이익에 비해 이미 천문학적인 가격으로 거래되고 있다. 최소한 미국적 기준에서 보면 이는 명백하다. 뉴욕증권거래소에서 순익 대비 주가비율(PER)은 약 15배에 달하는 반면 도쿄에서는 뉴욕의 4배인 60배에 달한다. NTT는 순익 대비 무려 158배의 주가를 형성하고 있다. 뉴욕 시에 본부를 두고 있는 퀀텀펀드의 매니저인 조지 소로스는 "일본 당국이 투기 거품이 일도록 조장하고 있어요. 과거 어느 때에도 이처럼 거대한 거품이 서서히 순차적으로 빠진 적은 없었죠"라고 말하며 경고의 메시지를 보냈다.

도쿄의 애널리스트들은 이러한 염려는 근거가 없다고 주장한다. 일본인들은 높은 PER의 이유를 회계 규정에서 일정 부분 찾을 수 있다고 말한다. 그 규정은 회사가 순익을 적게 보고하는 것이 가능하도록 하는데, 회사는 이를 이용하여 세금을 낮게 유지한다. 주가를 부풀리는 다른 원인은 이른바 주식의 상호보유라고 하는 것이다. 많은 일본 회사들은 다른 회사의 주식을 대량 보유하고 있는데, 전통적으로 이러한 주식은 거의 매매되지 않으며, 그로 인해 구매할 수 있는 주식의 수가 적고, 이는 가격의 상승으로 이어진다는 것이다.

--- *interview*

시장 히스테리의 여러 다른 예들에서 많은 유사점이 발견되나요?

항상 같은 사이클이에요. 가격이 아주 낮을 때 몇몇 사람들이 시장이 저평가됐다는 이유로 매수에 나서게 돼요. 그러면 시장은 올라가기 시작하고, 시장이 상승하는 모습을 본 사람들은 펀더멘털상 매수에 임하는 일이 바람직하다거나, 아니면 차트가 좋다거나 하는 이유로 매수에 동참하게 돼요. 다음 단계가 되면 사람들은 그냥 사야 하니까 삽니다. 우리 어머니께서 전화를 하셔서는 이렇게 말씀하시죠. "아무개 주식을 사야겠다" 하고 말입니다. "왜요?" 하고 물으면, "그 주식이 세 배나 올랐다고 하더라"라고요. 마지막으로 마술과 같은 단계가 도래합니다. 사람들은 시장이 영원히 오르리란 생각에 사로잡혀 히스테리 상태로 매수에 임하죠. 이때 가격은 논리적이고 합리적인 경제적 가치를 홀쩍 뛰어넘게 돼요.

아래 방향으로도 같은 과정이 반복 됩니다. 시장은 엄청나게 과대평가되면 서서히 하락하기 시작하죠. 그러면 시장 펀더멘털이 안 좋아지고 있다며 매도에 나서는 사람들의 수가 늘게 돼요. 경제상황이 점차 악화되면서 더 많은 사람들이 매도에 동참하게 되죠. 다음으로 사람들은 그냥 팔아야 하니까 팝니다. 모두가 시장이 물거품으로 사라질 줄 아니까 파는 거예요. 그러면 시장은 히스테리 단계에 다다르게 되고 엄청나게 저평가되죠. 그때는 단기 급등을 기대하며 사는 것도 괜찮아요. 하지만 장기 투자를 목적으로 한다면 시장이 완전히 굳건한 바닥을 다지도록 몇 년 기다리는 게 낫습니다.

극단적인 상승장에 관해서 얘기하자면, 최근에 호주가 25년 전에 25만 달러에 샀던 도쿄의 땅 1.5 에이커를 4억 5천만 달러에 팔았다는 기사를 읽은 적이 있어요. 일본은 오늘날의 '튤립 광란'일까요[1634년부터 1636년까지 튤립의 투기적 광란이 네덜란드를 휩쓸어 튤립 구근 값의 어마어마한 상승과 폭락을 야기했고, 이는 오늘날에도 여전히 유명한 사건으로 회자되고 있다]?

나는 일본 주식시장의 침몰을 보증합니다. 아마도 1년에서 2년 사이일 겁니다. 우리 시장의 여러 주식들은 하락장에서 80에서 90퍼센트 정도 빠질 테고, 훨씬 더 많은 숫자의 일본 주식이 그렇게 빠질 테죠.

미국의 일반적인 트레이더들이 그러한 상황을 이용하는 방법은 무엇일까요?

일본 주식에 매도포지션을 취하고, 일본 주가지수에 매도포지션을 취하고, 일본 콜옵션에 매도포지션을 취하고, 일본 풋옵션에 매수포지션을 취해야겠죠. 많은 일본 주식들이 여기에서 매매되니까 그 주식들에 매도포지션을 취하면 되고, 일본 주가지수는 싱가포르와 오사카에서 팔면 돼요. 대부분의 미국 중개인들은 그 일을 처리해 줄 겁니다. 또한 최소 다섯 개의 일본 대기업의 옵션이 시카고 옵션거래소에서 거래되고 있어요. 나는 일본 시장의 붕괴가 다가오고 있다고 생각하지만, 일본인들이 언제 규정을 바꿀지 모르기 때문에 일본에 대해 매도포지션을 취할 때는 아주 신중을 기하라고 말하고 싶어요.

1980년에서 1981년 동안의 쿠웨이트 주식시장을 기억하는지 모르겠군요. 그 당시 쿠웨이트에서는 주식을 선일자 수표[33]로 살 수 있었습니다. 주식 1,000만 달러어치, 1억 달러어치를 선일자 수표로 살 수 있었어요. 얼마가 되든 상관없었습니다. 모두들 그렇게 하고 있었으니까요. 결국 100억 달러어치 주식을 보유한 여권 발급 직원도 생겼죠. 모두 선일자 수표로 샀어요.

쿠웨이트 시장은 히스테리의 분명한 전형이었지만 나는 매도포지션을 취하지 않았습니다. 나는 요만큼[그는 손가락을 두 번 튕겼다] 오래 생각했어요. 내가 매도포지션을 취하지 않은 이유는 시장이 급락하면 쿠웨이트 사람들이 규정을 만들어 내가 돈을 빼낼 수 없도록 하리라는 사실을 알았기 때문이에요. 물론 시장은 결국 무너졌어요. 만약 내가 매도포지션을 잡았다면 사람들은 나를 비난하며 내가 매도포지션을 잡아 시장의 하락을 야기했다고 했겠죠. 사람들은 작년 10월의 주식시장 붕괴조차도 내 탓이라고 말했거든요. 내가 붕괴가 일어난다고 말했기 때문이래요. 어떤 사람들은 내가 기름값이 떨어진다고 말해서 기름값 폭락을 야기했다고 주장해요. 나도 내가 그렇게 영향력 있고, 엄청난 권력을 가졌다면 좋겠어요.

다시 일본으로 돌아가서, 나는 일본에 대해 얼마간의 매도포지션을 갖고 있는데, 조금 더 포지션을 늘릴 참입니다. 일본 시장에서 무슨 포지션을 갖든, 위기가 올 때 바닥까지 같이 가지는 않을 거예요. 왜냐하면 일본인들은 자신들을

---

33) 선일자 수표(postdated check) : 미래의 입금을 예상하여 미래의 일자를 발행일로 기재한 수표 — 역자 주.

방어할 조치를 취할 테고, 그 조치가 무엇이든 내게는 안 좋은 일일 테니까요. 그건 내가 보증합니다.

돈을 빼낼 수 없을지도 모른다는 말씀인가요?

그렇습니다. 그들은 통화를 동결해버리겠죠. 세 종류의 통화를 만들어 낼 수 있거든요. 그들이 무얼 할지는 아무도 모르죠.

시카고옵션거래소와 같은 미국의 거래소에서 매매되는 일본 물에 대해 매도포지션을 취하면 괜찮지 않을까요?

그들이 통화를 두 단계로 만들었다고 가정하고, 따라서 매매 상대방이 의무를 수행할 능력이 없게 됐다고 생각해 보세요.

결제기관(clearing house)의 책임이 아닌가요?

그래요, 좋아요, 그렇다면 나도 만족이에요. 오랜만에 들어보는 최고의 뉴스군요. 그렇지만 무슨 일이 있어도 나는 주의를 기울일 겁니다. 만약 일본 주식시장이 30,000에서 24,000 또는 20,000으로 내려간다면 그때까지는 괜찮아요. 그러나 12,000에 닿으면 빠져나오는 일을 생각하는 게 좋을 거예요. 그렇게 오래 기다리다 이익을 뱉어내야 할 수도 있거든요. 매우 아픈 경험이 될지도 모릅니다.

퀀텀펀드는 왜 그만두셨죠?

남은 내 인생을 같은 일을 하며 보내고 싶지는 않았어요. 나는 언제나 한 가지 이상의 일을 해보고 싶었거든요. 1968년 뉴욕에 왔을 때 나는 알라바마(Alabama) 출신의 가난한 애송이였는데, 그로부터 1979년까지 나는 세상에 존재하는지도 몰랐던 많은 액수의 돈을 벌었어요. 우리 회사 또한 매우 커졌죠. 세 명으로 시작해서 1979년까지 15명으로 불었습니다. 직원들은 언제 휴가를 갈 수 있는지, 봉급 인상은 언제 되는지 등등을 알고 싶어 했지만 나는 그런 일에는 관심이 없었고 투자에만 관심이 있었죠. 내 인생이 비대해지는 게 싫더라고요.

1979년 9월에 나는 "올해가 회사에서의 마지막 해가 될 것이다" 하고 결심했죠. 그런데 10월에 주식시장에 거대한 붕괴가 일어났고, 우리는 그 붕괴의 시작부터 끝까지 신나는 눈썰매를 즐길 수 있었어요. 나는 너무 재미있어서 한 해만 더 있기로 계획을 바꿨고, 1980년에 그만뒀죠.

1980년이 로저스 씨의 '은퇴'가 시작된 해이군요.
그렇습니다. 1980년에 나는 내 돈을 챙겨서 은퇴했지요.

그 시점이 독자적인 트레이더로 변모하신 시점이군요?
'고용되지 않았다' 라는 표현이 더 낫겠는데요?

그렇지만 컬럼비아에서 가르치시잖아요.
고용되지는 않았어요. 1983년에 스쿼시를 치려고 처음으로 강의를 맡았죠.

가르치는 일을 좋아하셨기 때문이라 생각했는데요.
어쩌다 거기까지 진행됐지요. 처음 시작했을 때는 가르치기를 원하지도 않았습니다. 나는 그냥 스쿼시 치는 법을 배우고 싶었을 따름이었어요.

웃기려고 그렇게 말씀하시는 것이죠? 정말 스쿼시를 치려고 가르치기 시작했다는 말씀이세요?

진짜 진담이라니까요. 컬럼비아가 바로 여긴데, 학장은 강의 하나만 해달라고 나를 계속 들볶았어요. 나는 그에게 "나는 말이죠, 사람들은 경영대학원에 다닐 필요가 없다고 생각합니다" 하고 말했죠. 나는 많은 사람들에게 경영대학원이 시간 낭비라고 생각했어요. 물론 아직도 그렇게 생각하고요. 그런데 내가 은퇴 후 배우고 싶었던 게 하나 있었는데, 그게 스쿼시 치는 법이었어요. 그래서 학장과 거래를 했죠. 공짜로 학기당 한 강좌를 강의하는 대신 컬럼비아 체육관의 평생 이용권을 달라고요. 나의 제안에 학장은 동의했고, 나는 내게 아주 유리한 거래를 성사시켰다고 좋아했어요. 그렇지만 그가 나보다 더 영리했어요. 나는 아직도 가르치고 있잖습니까.

내가 보기에는 가르치는 일을 정말 즐기시는 듯한데요.

아주 재미있어요. 그리고 컬럼비아도 정말 좋은 곳이고요.

무슨 강좌를 가르치시나요?

증권분석, 투자분석, 그리고 전에 얘기했던 '상승론자와 하락론자'이지요.

로저스 씨의 많은 매매경험 중 특히 극적으로 기억되는 경험이 있으면 말씀해 주십시오.

많이 있는데, 그중에서도 조금 전에 얘기했던 10월 19일의 생일선물이 아마 가장 훌륭하고도 극적인 경험이었다고 할 수 있습니다. 1982년 8월도 극적이었고요. 1981년부터 1982년까지 나의 재산의 대부분을 채권에 넣었는데, 1982년에 채권 값은 하늘로 치솟았죠.

안 좋은 극적 경험은 무엇인가요?

1971년 8월은 손에 땀을 쥐게 하는 때였어요. 우리는 일본 물에 매수포지션을 갖고, 미국 물에 매도포지션을 갖고 있었는데, 일요일 밤에 닉슨이 미국은 금본위제를 그만둔다고 발표했어요. 나는 오토바이로 여행 중이어서 그런 일이 있는지조차 몰랐고, 월요일 아침에는 신문도 보지 않은 채 회사에 출근했죠. 그 한 주 동안 일본 주식시장은 20퍼센트가 빠졌고, 미국 주식시장은 올랐어요. 우리는 양쪽 모두에서 엄청난 손실을 봤습니다.

즉각 포지션을 청산해야 했나요?

그와 같은 때에는 청산할 수가 없어요. 일본물을 누구에게 팔 수 있으며, 미국물을 누구로부터 살 수 있겠습니까? 만약 매도포지션을 정리했다면 상황은 더 악화됐겠죠. 그와 같은 상황에서는 자신의 견해가 옳았는지 틀렸는지를 밝혀내야 하지요. 만약 펀더멘털상 중요한 변화가 생겨서 그 변화가 영구히 굳어진다면 처음 손실이 최선의 손실이죠. 그렇지만 펀더멘털에 대한 판단이 기본적으로 옳았다면 아무 일도 하지 않고 가만히 앉아서 시장의 히스테리가 서서히 사라지길 기다리는 것이 바른 조치입니다.

포지션을 유지하셨다는 말씀이군요?

그렇습니다.

그렇다면 다소 불안전한 평가손실[34]을 그대로 감당하고 계셨다는 얘기군요.

평가손실 같은 것은 없어요. 평가손실은 곧 실현된 손실이지요.

---

34) 평가손실(paper loss) : 손실이 발생했으나 포지션을 청산하지 않았기 때문에 아직 실현되지는 않은 손실 — 역자 주.

어떻게 분석하셨기에 포지션을 유지하자는 확신을 갖게 됐나요?

우리의 분석은 세상에 종말이 온 게 아니라는 것이었어요. 미국은 단지 단기 조치를 취했을 뿐이며, 그 조치가 미국의 장기적인 문제를 해결할 수는 없었죠.

실제로 그 포지션의 결과는 어떻게 됐나요?

결과는 좋았습니다. 닉슨의 발표는 브레튼우즈 체제(Bretton Woods Agreement)의 [1944년 환율 안정화를 위해 가이드라인을 정한 국제 협정] 해체와 미국의 쇠퇴로 나아가는 하나의 과정에 불과했어요. 미국 시장은 하락추세의 일시적 반등 국면에 있었죠.

다시 말해 로저스 씨는 닉슨의 발표를 추세를 전환시킬 수 없는 겉치레적인 조치로 보시고 포지션을 그대로 유지하셨군요?

그렇습니다.

그렇다면 이런 일반적인 원칙을 세울 수 있을까요? 정부의 조치가 추세를 반전시키기 위해 실행된다면 그 조치의 화답으로 발생한 급반등에서 매도하라, 이렇게 말이에요.

바로 그렇습니다. 항상 중앙은행과 역행하여 투자하라, 이 말을 좌우명으로 어딘가에 써 놓으면 좋아요. 중앙은행이 환율을 떠받치려 하면 그와 반대로 가면 되죠.

시장 움직임에 관해 일반인들이 가장 잘못 생각하고 있는 점은 무엇일까요?

시장은 항상 옳은 판단을 한다는 말이지요. 시장은 거의 항상 틀린 판단만 합니다. 이 점은 제가 보증할 수 있어요.

다른 것은요?

시장에 예부터 전해 내려오는 명언을 절대 따라 하면 안 돼요. 시장과 반대로 움직이는 법을 배워야하고, 스스로 생각하는 법도 배워야 해요. 임금님이 벌거벗었다는 사실을 분간하려면 혼자 생각할 줄 알아야 하는데, 대부분의 사람들은 그렇게 못하거든요. 사람들은 추세에 순응하기를 원해요. '추세는 친구다' 라는 격언도 있잖습니까. 어쩌면 시카고에서 잠시 동안 효과가 있는 방법일 수는 있지만, 대체로 다른 모든 사람들이 한다고 따라 해서 부자가 되는 경우는 극히 드뭅니다. 잠시 동안 그렇게 해서 돈을 벌 수는 있겠지만, 그렇게 하면 번 돈을 지키는 일도 매우 어려워요.

그렇지만 실제로 추세와 수년 동안 같이 가는 일은 로저스 씨의 매매방식의 일부분이지 않나요? 그렇다면 지금 말은 모순인데요?

그건 종류가 다른 추세로, 경제적으로 정당화된 추세예요. 수요와 공급의 균형이 어떻게 변화하는지 조기에 포착하여 — 반드시 조기에 포착해야 해요 — 수년 동안 성장할 듯한 시장에서만 삽니다. '추세추종' 으로 내가 의미했던 바는 단지 오른다는 이유로 사고, 단지 내린다는 이유로 파는 행위였어요.

항상 따르는 매매규칙이 있다면 말씀해 주시겠어요?

대중과 반대 방향으로 가야 할 때인지 알기 위해 히스테리를 찾되, 반드시 상황을 완벽하게 조사하고 난 후에는 반대로 가야 해요. 또한 세상은 항상 변화한다는 사실을 명심하고, 변화를 인식하고, 변화에 맞는 것을 사야 해요. 뿐만 아니라 무엇이든 기꺼이 사고 팔 수 있어야 하죠. "그런 종류의 주식은 절대 안 사." "전기가스 주식은 절대 살 수 없어." "상품은 절대 매매 안 해." 이렇게 말하는 사람들이 많이 있는데, 그러면 안 돼요. 유연하고 기민하게 대처하고,

무엇에든 투자할 수 있어야 합니다.

만약 평범한 투자자에게 상담을 해준다면 무슨 얘기를 해주시겠어요?

자신이 하려는 바의 실체를 알기 전에는 아무 것도 하지 말라는 말입니다. 2년 연속 50퍼센트의 수익을 올렸는데, 그 다음해에 50퍼센트를 잃었다면, 실제로 MMF[35]에 넣은 것보다 더 안 좋은 수익이거든요. '이것이다'라고 확신하는 것이 다가올 때까지 기다려야 하고 이익이 나면 그 돈은 MMF에 넣어 두고, 또 기다려야 해요. 그렇게 하면 다른 사람들보다 훨씬 앞서 가게 됩니다.

큰 포지션의 매매를 가끔 잘못하기도 하나요? 무슨 말인가 하면, 거의 100퍼센트 확신한 매매였는데 돈을 잃기도 하는지, 아니면 100퍼센트 판단했던 방향으로 나아가는지요?

"나는 돈 잃는 법을 몰라요." 이렇게 이해될까 염려되지만 – 사실 나는 누구보다 어떻게 하면 돈을 잃게 되는지 더 잘 압니다 – 오랜 기간 동안 큰 실수는 한 번도 없었어요. 하지만 내가 그렇게 많은 매매를 하지 않는다는 사실을 염두에 둬야 합니다. 나는 한 달에 세 번씩 매매결정을 하는 그런 사람이 아니라, 1년에 3번에서 5번 정도의 매매결정을 하고, 그 결정을 오랫동안 유지합니다.

매매는 얼마나 자주 하시나요?

매매를 한다는 말과 '1981년 채권을 매수하는 결정을 한다' 하는 말은 차원이 달라요. 1981년 이래로 채권을 보유하고 있지만 나는 나의 채권포지션을 팔았다 다시 사곤 했어요. 매매를 하지만 기본적으로 보유하고 있죠. 1984년 말

---

35) MMF(Money Market Fund) : 투자신탁회사가 고객의 돈을 모아 단기금융상품에 투자하여 수익을 얻는 초단기 금융상품 — 역자 주.

에 달러에 매도포지션을 잡았어요. 1984년 말 이래로 외환매매를 여러 번 했지만, 기본적으로 한 번의 매매라고 볼 수 있습니다. 이 한 번의 매매에 따른 부수적 매매가 여러 번 있었던 거죠.

로저스 씨처럼 장기간에 걸쳐 그렇게 성공적일 수 있었던 투자자나 트레이더는 거의 없었던 듯합니다. 무엇이 자신을 남들과 다르게 만들었다고 생각하나요?

나는 재미 삼아 매매하지 않아요. 절대 재미 삼아 하지 않습니다.

이해가 가는군요. 그렇지만 로저스 씨처럼 그렇게 펀더멘털을 분석할 수 있고, 또한 여러 변수들을 지속적으로 정확히 평가할 수 있는 사람은 몇 안 되죠.

자신의 판단이 100퍼센트 옳다는 사실을 알기 전까지 아무것도 하지 않으면 됩니다. 예를 들어 말이죠, 미국 농산물 가격이 바닥을 칠 때까지 기다리면 세상에 무슨 일이 일어나도─만약 세계가 먹기를 그만두지만 않으면 말입니다─돈을 잃을 수가 없어요. 현재 미국의 농업은 경쟁이 엄청나게 치열해서 많은 소규모 농장들이 문을 닫는데, 따라서 얼마 안 있으면 농산물 값은 올라가는 일만 남았어요. 미국 농산물 가격이 계속해서 추락하는 모습을 그저 바라보고만 있다, 이때다 싶을 때 사면 돼요. 조금 일찍 살 수도 있고, 조금 늦게 살 수도 있겠죠. 나는 일반적으로 조금 일찍 사는 편이지만 그리 큰 문제는 아닙니다. 최악의 상황은 너무 일찍 사는 일인데, 그런 상황은 잘 일어나지 않죠.

본인이 매매를 매우 선별해서 하는 것 외에 다른 사람과 차별화되는 또 다른 점이 있다면 말씀해 주시죠.

나는 경계가 없고, 철저히 유연해요. 나는 모든 것에 열려 있고, 어떤 것도 추구할 자세가 되어 있거든요. 싱가포르 달러에 투자를 한다거나 말레이시아

야자 기름에 매도포지션을 취한다거나 하는 일을 제너럴 모터스를 사는 일보다 더 망설일 이유가 내게는 없어요.

만약 통화에 어떤 시나리오가 있고, 주식시장과 채권시장에도 어떤 시나리오가 있는데, 이들 시나리오들이 서로 상충된다면 이럴 경우에는 어떻게 하시나요?

그럴 때면 아무 일도 하지 않아요. 그런 경우는 부지기수로 발생하죠. 나는 모든 시나리오의 톱니가 맞물려 돌아갈 때까지 아무 것도 하지 않습니다.

차트를 보는 것에 대해서는 어떤 견해를 갖고 계신지요?

나는 기술적 분석가가 부자인 경우를 아직 한 번도 본 적이 없어요. 물론 기술적 분석의 결과를 남들에게 팔아서 많은 돈을 번 사람들을 제외하고 말입니다.

로저스 씨 본인은 차트를 사용하시나요?

예. 매주 차트를 봅니다. 정보를 얻기 위해서죠. 상황이 어떻게 진행되고 있는지를 보죠. 차트를 보면 세상이 어떻게 돌아가는지에 대해 많은 정보를 얻게 되거든요.

그렇지만 차트를 보고 "전에 본 패턴인데, 이 패턴은 일반적으로 시장의 천장을 의미해." 이렇게 말하지는 않는다는 말씀인가요?

차트를 보고 과거에 무슨 일이 발생했는지를 알 뿐이죠.

미래에 발생하게 될 일이 아니라요?

그래요. 과거에 무슨 일이 발생했는지를 모르면 미래에 무슨 일이 발생할지 예상할 수 없거든요. 차트는 나에게 '치고 달리는 상승장이 진행되고 있다'와 같은 정보를 알려줘요. 나에게 실제를 보여주죠. 그게 전부입니다. 조금 전에 말씀하신 게 '전환점'이라는 말인가요? 하여간 나는 "전환점이 도래했다." 이런 말은 하지 않습니다. 사실 전환점이 뭔지도 모르고요.

간단히 말해서 전환점이란….

얘기할 필요 없어요. 머리만 혼란스러워질 듯하군요. 나는 그런 것들은 잘 몰라요. 그리고 알고 싶지도 않고요.

요즘은 추세를 따르는 시스템에 의해 운용되는 자금이 엄청 많잖아요. 그로 인해 시장 움직임에 변화가 생겼나요?

아뇨. 시스템은 컴퓨터에만 있는 게 아니라 오래 전부터 항상 존재했습니다. 100년 전으로 돌아가서 일종의 시스템, 즉 일종의 새로운 매매 공식이 개발되지 않았던 기간이 10년이라도 있었다면 내 손에 장을 지지겠어요.

즉 오늘날의 시장은 1970년대나 60년대, 50년대의 시장과 근본적으로 같다는 말씀이군요.

19세기의 시장과도 똑같아요. 같은 이유로 시장이 오르고 내리죠. 수요와 공급의 법칙에는 변화가 없습니다.

현 시점에서 목표가 있다면 말씀해 주시죠.

모험을 하고 싶어요. 시장에서 차츰 멀어질 수 있었으면 좋겠고요. 그런데 두 가지 문제가 있습니다. 첫째, 투자는 너무 재미있는 놀이라서 포기하기가 여간 어려운 일이 아니에요. 나는 22살 때나 지금이나 변한 게 없어요. 항상 모든 것을 읽고 싶어 하고, 상황이 어떻게 되는지 알고 싶어 하고, 미래를 예견하고 싶어 하죠. 두 번째 문제는 매매를 그만두면 내 자금을 어떻게 해야 하는가에요. 만약 아무개 증권사의 친한 중개인에게 이 자금을 맡긴다면 나는 5년 안에 파산하게 될 텐데, 그렇게 되면 다시 일 할 수밖에 없잖습니까.

마지막으로 하시고 싶은 말씀이 있으시면 한 말씀 해 주시죠.

훌륭한 투자는 정말 일반상식입니다. 그런데 일반상식이 있는 사람이 몇 안 되니 놀라울 따름이죠. 엄청나게 많은 사람들이 똑같은 시나리오를 보고, 똑같은 사실을 보면서도 어떤 일이 일어날지를 알지 못해요. 90퍼센트의 사람들이 같은 곳에 초점을 맞추지만 훌륭한 투자자, 아니 슈웨거 씨의 용어대로 훌륭한 트레이더는 다른 곳에 초점을 둡니다. 진부하고 판에 박힌 지식에서 벗어나는 능력은 그렇게 일반적이지 않은가 봅니다.

제임스 로저스의 독특한 시장 접근방법 전체를 흉내 내기란 어려운 일이겠지만, 그의 매매원리 중 많은 부분이 대다수 트레이더들에게 매우 타당하게 받아들여질 수는 있을 것이다. 그의 기본적인 매매 개념을 다음과 같이 정리해본다.

1. 가치를 사라. 가치를 사게 되면 비록 타이밍이 틀렸다 하더라도 많이 잃지는 않는다.
2. 촉매를 기다려라. 바닥에 닿은 시장은 오랜 기간 방향성 없이 옆으로만 흘러갈 수 있다. 방향성 없는 시장에 돈이 묶이지 않게 하려면 시장의 방향을 바꿀 촉매가 있을 때까지 기다려야 한다.
3. 히스테리를 팔아라. 이 원칙은 너무나 타당하지만 그 적용은 너무나 어렵다. 로저스의 방법은 다음과 같이 요약할 수 있을 듯하다 : 히스테리를 기다

렸다가 히스테리가 오면 시장이 정말 틀렸는지를 알기 위해 세밀히 조사한 후, 기본적 분석 상 정당성이 입증되면 히스테리와 반대로 가고, 그리고는 자신의 판단이 옳았는지 다시 확인한 후 흔들림 없이 포지션을 굳건히 지킨다. 로저스의 이 방법에서 정말 어려운 부분은 마지막 두 단계이다. 로저스와 같은 분석적 기술과 직관적 통찰력을 가져서 '3차원 퍼즐'의 통계 수치들과 사건들로 복잡하게 얽힌 '세계 시장'이라는 미로를 헤집고 나아갈 수 있으며, 놀라운 정확성으로 올바른 장기 예측에 도달할 수 있는 트레이더는 그리 흔하지 않다. 이러한 종류의 정확성이 없다면 흔들림 없이 포지션을 유지하는 능력은 '치명적 장점'이 될 수도 있다. 게다가 충분할 정도의 정확성으로 장기적 경제 추세를 예측할 능력이 있다 해도, 시장의 히스테리로 과열된 '금융 열차'가 자신의 포지션을 마주보고 달려오고 있을 때조차 변함없이 포지션을 유지한다면 이것은 분명 문제라 할 수 있다.

예를 들어 나는 얼마나 많은 트레이더들이 금을 675달러에서 매도한 뒤, 4일 동안 875달러까지 치솟는 모습을 보면서도 그 매도포지션을 유지하고, 나아가 이어지는 장기간의 하락을 계속 타고 내려와서는 마침내 엄청난 이익을 거두며 포지션을 청산할 수 있을지 의문이다. 비록 누군가 이런 묘기를 따라 하는 데 필요한 강철 심장을 가졌다 하더라도 흔들리지 않고 버티는 데 필요한 자금이 부족하거나, 매매를 결정하는 정확도가 모자랄 확률이 더 높을 것이다. 아마 이 특별한 매매 개념에는 다음과 같은 경고의 꼬리표를 달아야 할 듯하다 : 경고! 기술이 부족한 트레이더가 여기 묘사된 매매방법을 적용하려고 시도하다가는 경제적 파멸을 맞이할 수도 있음.

4. 매우 선별적이어야 한다. 확신할 수 있는 매매가 도래할 때까지 기다려야 한다. 매매를 위한 매매는 절대 해서는 안 된다. 높은 확률의 매매가 정확히 포착될 때까지 자금을 깔고 앉아서 참을성을 갖고 버텨야 한다.

5. 유연해야 한다. 특정 시장이나 특정 형태의 매매에 편견을 가지는 일은 자신의 기회 영역을 제한할 뿐이다. "나는 매도포지션은 절대 취하지 않을 것이다"라고 말하는 트레이더는 매수포지션뿐만 아니라 매도포지션도 스스럼없이 취하는 트레이더에 비해 명백히 불리한 조건에 놓이게 된다. 다양한 시장을 조사하고 점검하는 데 열린 마음을 갖고 있는 트레이더는 단지 하나의 시장에만 참여하려는 트레이더보다 분명 유리한 위치에 서게 된다.

6. 예부터 전해 내려오는 상투적인 사장 격언을 절대 따라 하지 마라. 이 원칙을 마음속에 새겨두면 다우가 1,000에서 2,600까지 상승을 마친 후에 모두가 주식 수가 부족하다고 확신하는 상황에서 주식을 살 가능성은 거의 없다.

7. 손실이 나는 포지션을 어떤 경우에 청산해야 하며, 어떤 경우에 유지해야 하는지를 알아야 한다. 만약 자신의 최초 분석에 흠이 있어서(예를 들어 기본적 분석상의 중요한 요소를 간과했다는 사실을 인식하여) 시장이 자신과는 반대로 간다고 믿게 되면, 로저스의 말처럼 '처음 손실이 최선의 손실'이다. 그러나 시장이 자신과 반대로 가더라도 자신의 최초 분석이 옳다고 확신한다면 시장의 히스테리에 맞서 버텨야 한다. 그러나 조심해야 할 점은 두 번째 상황은 내포된 리스크를 완벽하게 이해하는 트레이더에게만 적용된다는 점이다.

Mark Weinstein _ 마크 와인스타인

승률이 높은 트레이더

마크 와인스타인은 한동안 부동산 중개업자로 일하다 전업(專業) 트레이더가 됐다. 그의 매매의 시작은 너무나 순진해서 초기에 그는 거의 돈을 내다버리다시피 했다. 초창기 실패가 있은 후 진지하게 시장을 공부하기 위해, 그리고 매매자금을 다시 마련하기 위해 그는 한동안 시장을 떠나게 된다. 그 후 한 번의 끔찍한 매매경험을 예외로 하면 그는 지속적으로 매매에 성공했다. 와인스타인은 주식, 주식옵션, 주가지수선물, 통화, 상품 등 여러 종류의 시장에서 정열적으로 매매하고 있다. 그는 세부적인 사항을 일일이 드러내기를 꺼려하지만, 그가 이 모든 매매의 경기장에서 상당한 이익을 올렸다는 사실만은 확실하다.

나는 마크 와인스타인을 나의 친구이자 동시에 그의 친구인 사람을 통해서 만났다. 그는 내가 기획하고 있는 책에 많은 흥미를 느꼈지만, 자신을 드러내기를 좋아하지 않는 성격 때문에 자기 이야기를 하는 데 많은 망설임을 보였다. 내게 전화해서 "좋아요. 하도록 하죠. 인터뷰 날짜를 정합시다." 이렇게 말하고는 다음날 또 전화해서 "마음이 바뀌었어요. 대중에게 알려지고 싶지 않군요." 이렇게 말했다. 이런 일이 수차례 반복됐는데, 매번 인터뷰를 함으로써 발생하는 장단점에 관해 전화상으로 긴 대화를 나눠야 했다. 결국 나는 화가 머리끝까지 나서 "와인스타인 씨, 우리가 이런 대화를 나누면서 보낸 시간 동안 인터뷰를 했다면 세 번은 했을 것 같군요"라고 말했다. 이 대화를 끝으로 2개월 동안 그와 연락이 없었다. 그 후 그는 이 책에 참여하기로 동의한 트레이더들의 수준을 알고는 상당히 고무되어 내게 연락해서는 인터뷰를 하겠다고 말했다.

와인스타인과의 만남은 어느 여름날 저녁 나의 사무실에서 이루어졌다. 오후 5시 이후에는 건물의 에어컨이 꺼지는 관계로 우리는 건물의 한쪽 구석에 위치한 로비로 나갈 수밖에 없었다. 그곳도 후덥지근하긴 마찬가지였지만 그래도 사무실처럼 그렇게 숨 막히지는 않았다. 인터뷰는 상점에서 산 샌드위치와 탄산음료를 저녁 삼아 먹으면서 진행됐다.

전화상의 대화를 통해 나는 와인스타인이 대화를 나눌 때 여러 방향으로 화제를 진행하는 경향이 강하다는 사실을 알게 됐다 – 하나의 주제가 나오면 그는 그 주제와 연관된 다섯 개의 주제를 생각해내고, 그렇게 생긴 다섯 개 주제들의 상호 연관성은 어떤지를 다시 생각했다. 그는 매사에 이러한 방법으로 사고하는 듯했다. 편집에 엄청난 시간을 소비해야 할지도 모른다는 염려 때문에 나는 와인스타인에게 주어진 질문에 초점을 맞출 필요가 있다는 점을 강조했다. 인터뷰 동안 와인스타인도 나의 이 주문에 유념하려 많은 노력을 했던 듯했다. 그럼에도 그와의 인터뷰는 다섯 시간 동안 진행됐으며, 200쪽 분량의 대화 기록이 생기도록 만들었다.

어떻게 매매와 처음 관련을 갖게 됐나요?

1972년 내가 부동산 중개업자였을 때 내 친구 중 한 명이 상품 중개인이었어요. 우리는 학교 동창이었죠.

그 친구 덕분에 시장에 흥미를 갖게 됐군요?

내가 시장에 흥미를 갖게 된 이유가 친구의 영향 때문이라고 보기 어려운 점이 우리 아버지의 취미가 도박이었거든요. 아버지는 확률을 산출하는 데 아주 뛰어난 분이셨는데, 나는 도박장의 주사위 던지기 테이블에서 아버지가 도박하는 광경을 지켜보곤 했어요. 그런 면에서 나는 트레이더 기질을 유전적으로 타고 났다고 봐요. 또한 대학에서 수학과 과학을 공부했고, 컴퓨터로 매매 전략을 세우는 상품 중개인 한 명이 친구라는 점도 내가 매매에 매혹되는 계기가 됐다고 할 수 있고요.

첫 매매를 기억하시나요?

아주 명료하게 기억하고 있죠. 8,400달러로 상품 선물 계좌를 열고, 중개회사의 곡물 애널리스트가 내놓은 추천에 따라 옥수수에 매수포지션을 잡았어요. 3일 후에 손실이 7,800달러까지 가더군요.

중개인 친구가 그 애널리스트의 추천을 따라 하라고 조언해줬나요?

예. 그리고 그 친구도 따라 했어요. 그때 내가 몰랐던 점은 시장이 한동안 올라왔다는 사실과, 내가 매수포지션을 잡았을 때는 시장이 이미 과매수 상태였다는 사실이죠. 시장은 일시적 조정을 겪는 게 아니었어요. 나는 너무 늦게 시장 움직임에 편승했었죠. 나는 포지션을 유지할 충분한 증거금을 갖고 있지 못했는데, 직감이 안 좋아서 증거금을 추가하고 싶은 마음이 안 생겼어요.

친구 분은 와인스타인 씨가 자금 운용 원칙에 명백히 위배되는 포지션을 취하는 데도 그대로 방치했던 듯하군요.
내 매매는 '한 방에 부자 되는 방법'의 일종이었죠.

그 당시 시장에 관해 뭐라도 조금 아셨나요?
전혀 몰랐죠. 차트 책을 뒤적이며 TV 테스트 화면을 모아놓은 듯하다고 생각했어요.

포지션에 내포된 위험이 어떤가를 아셨나요?
내가 돈을 딸 확률이 매우 낮다는 사실만 알았는데, 그 이유는 내가 무엇을 하고 있는지를 나조차 잘 몰랐기 때문이죠.

시작하기 전에 뭔가 배워야 한다는 생각은 해보지 않았나요?
아뇨. 나는 부동산 중개업에 신물이 나서 필사적으로 변화를 꾀하고 있었어요.

그 당시 투자한 돈은 와인스타인 씨가 그때까지 저축해 놓은 돈의 많은 부분을 차지했나요?
내가 갖고 있던 모든 돈이었죠.

얼마나 걸려서 충분한 돈을 마련한 뒤 다시 시장으로 돌아올 수 있었나요?
한 6, 7개월 걸렸던 듯해요. 그 동안 하루도 쉬지 않고 일했죠. 내 손이 닿는 아파트는 모조리 임대를 성사시켰고, 몇 개의 호텔식 주거도 팔았어요. 그렇게 해서 약 24,000달러를 모았죠. 그중 4,000달러는 생활비로 떼어두고 나머지 20,000달러로 계좌를 열었어요.

그 기간 동안 시장에 관해 배우려고 노력하셨나요?

예. 금시장을 공부하고, 차트 만드는 법도 배우고, 과매수나 과매도 상태의 시장에 대한 개념도 알게 됐죠. 두 번의 마진콜[36]을 버틸 자금을 확보해 놓고 엄청나게 과매도된 시장에서 매수에 임하면 잃지 않는다는 사실을 알아냈어요. 만약 경제에 어떤 극적인 상황이 발생하지 않는다면 말이죠. 그게 내 매매방법이었어요.

그렇지만 추세를 형성하는 시장에서 그런 방법을 사용하다 잘못하면 완전히 거덜 날 수도 있잖아요?

내 매매방법은 그런 시장에서도 효과적으로 작용하던데요? 나의 무지(無知)가 행운을 가져다줬나 보죠.

다시 시장으로 돌아온 후에는 매매 결과가 어땠나요?

수년간 잘했어요. 작은 부도 축적할 수 있었고요. 그렇지만 대부분이 운이 좋아서 그럴 수 있었죠.

모두가 운이었다고 할 수는 없을 듯하군요. 무엇을 바르게 했기 때문에 돈을 딸 수 있

---

36) 마진콜(margin call) : 포지션이 손실을 입어 계좌의 가치가 유지 증거금 수준에 못 미칠 경우 증권사에서 고객에게 일정 금액을 추가 납부하여 개시 증거금 수준까지 계좌의 가치를 올리라고 통지하는 것 — 역자 주.

었다고 생각하시나요?

지금 내가 알고 있는 점과 연관해서 생각해보면 내가 올바르게 한 일은 거의 없었던 듯해요. 좋은 시장을 만났을 따름이었죠. 그 당시 상품시장의 차트 패턴은 오늘날과 달리 따르기가 훨씬 더 쉬웠어요. 그 당시만 해도 기술적 분석에 관해 알고 있는 사람이 거의 없었거든요. 그래서 시장 움직임이 훨씬 더 규칙적이었죠. 기술적 분석에 관해 가능한 많은 것을 배웠는데, 그때의 시장 상황이 마침 기술적 분석이 아주 잘 먹히는 상황이어서 행운을 얻게 됐죠.

위험을 관리하는 방법이 있었나요?

아뇨. 지금도 없어요. 내 신경 조직과 직관적 반응에 의해 대처할 따름이죠. 느낌이 좋지 않으면 포지션을 정리해 버렸어요. 때때로 이틀이 지나서 정리하기도 했고, 어떤 때는 두 시간이 지나서 정리하기도 했죠.

하루 종일 매매를 하셨나요?

밤낮이 따로 없이 종일 매매를 했어요. 덕분에 친구를 하나둘씩 잃고 있었죠. 내 원룸 사방에 차트를 덕지덕지 붙여놓고 멍하니 앉아서 바라보곤 했는데, 아마도 내 친구들은 나를 미친놈으로 생각했을 거예요.

정말 열심히 노력하셨다는 말씀이군요.

노력일 뿐만 아니라 집착이었죠. 잠잘 때도 매매를 생각하고, 꿈도 매매하는 꿈을 꿨어요. 때로는 다음날 어떻게 할지를 생각하며 밤을 꼬박 새우기도 했고요. 인간이 잠을 안 자도 된다면 나는 하루 24시간 동안 매매를 연구했을 거예요. 그 당시 나를 자극한 것은 돈이 아니었어요. 나는 게임에 중독됐던 거예요. 시장을 분석하고 미래를 예측하는 일에 매혹돼 있었죠.

'금시장은 더 올라갈 것이다' 와 같은 느낌을 갖고 잠에서 깨신 적도 있었나요?

아뇨. 시장 방향과는 아무 관련이 없어요. 그냥 내가 낮에 하던 일을 연장해서 밤에도 계속했을 뿐이죠. 나는 잠자리에 들면서도 매매에 관해 너무나 많은 생각을 해서, 의식을 갖고 낮에 하던 조사를 자면서 무의식 속에서 계속했던 듯해요.

처음 시작할 때 어떤 목표를 갖고 있었나요?

글쎄요. 아메리칸 드림이 백만 달러 벌기라고 하던데, 그 당시는 그게 정말 사실이었죠. 하지만 나는 휴가로 유럽 여행을 가기 전까지는 그런 세속적인 꿈을 꾸진 않았어요.

그때가 언제였죠? 매매를 시작하고 몇 년이나 흐른 후였나요?

1970년대 중반이었어요. 매매한지 3, 4년 됐을 때죠.

그 시점은 백만 달러 지점을 통과한 후였나요?

그래요. 느긋하게 휴식도 취하고, 휴가도 가고, 사고 싶은 것도 생각해 볼 만큼 충분한 돈을 벌었을 때였죠. 그 시점에 나는 아주 자신만만했어요. 내가 소비하는 돈은 매매해서 얻는 수익으로 충당할 수 있다고 생각했죠. 나는 '다음 단계로는 내가 버는 돈의 진가를 느껴보려는 일이 자연스러운 일이다.' 이렇게 생각하게 됐어요. 프랑스의 남부 지역에서 성을 하나 봤는데 가지고 싶더군요. 성 둘레에 연못이 있어서 더욱 끌렸어요. 그곳에서 산다는 상상을 해보니 아주 기분이 좋더라고요. 시장에는 단 350,000달러에 나와 있었고, 한 해 50,000달러면 유지가 가능하겠더군요.

성치고는 그렇게 비싼 것이 아닌 듯한데요?

지금은 아마 5백만 달러는 할 거에요. 나는 미국으로 돌아오자마자 그 성을 살 돈을 당장 벌어야겠다고 생각했는데, 그게 끔찍한 잘못이었죠.

이해가 안 가는군요. 성을 살 수 있는 돈을 이미 갖고 계셨는데 성을 살 돈을 벌 필요가 있었을까요?

돈이 있었지만, 그 성을 사려면 얼마의 여윳돈이 필요하다는 관점에서 생각했거든요. 이 업계에는 1,700만 달러라는 거액을 매매계좌에 갖고 있으면서도 새 자동차를 사지 않는 사람도 있어요.

성을 사려고 계좌에서 돈을 뺄 수는 없었다는 얘기군요?

그렇죠. 미국으로 돌아와서 성을 살 돈을 벌기가 내 목표였어요.

다른 말로 하면, 다음 350,000달러의 수익은 성으로 간다는 말이군요?

예. 그래요.

그래서 어떻게 됐나요?

다음 매매에서 나는 콩에 큰 매수포지션을 취했어요. 첫날 시장은 오르면서 마감됐고 내 포지션은 약 25퍼센트의 수익을 봤죠. 나는 주말에 포지션을 정리할 계획을 세워놓고 있었어요. 내가 범한 가장 큰 과오는 매매에서 얻어야 하는 특정 목표를 정해 놨다는 점이었죠.

시장분석에 의해 정해진 목표가 아니라, 매매에서 얻기를 원하는 350,000달러에 의해 정해진 목표였군요. 특정 목적을 위해 돈을 따려다 보니 매매방법이 전과 달라지던가요?

예. 위험을 생각하지 않고 너무 큰 포지션을 잡게 되더라고요. 논리적인 판단을 하지도 않았고요. 나의 세속적 욕망에 내가 지배를 받았죠. 다음날 시장은 또 오르면서 출발했는데, 장이 끝날 무렵에 갑자기 무너지더니 하한가까지 다다르더군요.

하한가에 갇혀 포지션을 정리할 수 없었나요?

예. 빠져나올 수가 없었어요. 다음날 아침에 증권사 객장으로 갔는데, 시장이 하한가로 출발하더군요. 하한가에서 벗어나는 걸 보려고 하루 종일을 기다렸지만 결국 못 봤어요.

할 수만 있었다면 포지션을 청산하셨겠군요?

거래가 이루어지기만 했다면 가격에 상관없이 팔았겠죠.

그 당시의 기분이 어땠는지 기억하시나요?

나는 쇼크 상태로 의사결정을 할 능력이 없었어요. 잠도 잘 수 없었죠. 다음날 시장에서 거래가 성립될 수 있게 해달라고 기도할 정도였다니까요. 나는 셋째 날 장이 열리기 약 1시간 30분 전에 증권사 사무실에 전화를 했는데, 어떤 희망도 보이지 않는다는 말밖에 들을 수가 없었죠. 객장에 가고 싶지 않더군요. 사람들을 보는 게 두려웠거든요. 나는 그들이 내가 처한 상황을 무진장 즐기고 있다고 확신하고 있었죠.

왜 그렇게 생각하셨나요?

그 증권사 객장에는 내가 버는 만큼 한 번도 벌어본 적이 없는 전문 트레이더들이 몇 명 있었거든요. 상황이 전개되는 걸 보고 그 사람들은 안도감을 느

낀 거예요. 그들이 나처럼 포지션을 잡지 못했던 과거 수년의 세월이 그 일로
다 정당화됐죠. 그들은 정말 냉소적이었어요. 나를 안타깝게 여긴 유일한 사람
은 내 중개인이었는데, 솔직히 나는 그가 계좌를 잃지나 않을까 염려했던 거라
고 생각해요.

다른 트레이더들이 그 일로 와인스타인 씨를 놀리던가요?

그들은 내게 마음에도 없는 위로의 말을 하고는 뒤에서 비웃었어요. 내가
객장에 나타나서 쓰러지는 꼴을 보고 싶어 했죠. 그래서 나는 객장에 나가기를
그만뒀고요.

**그들이 와인스타인 씨가 곤경에 빠진 일을 고소해한 이유는 트레이더로서 자신들의 부
족함이 다소 완화됐다고 느꼈기 때문이었군요?**

그 이상이에요. 이 업계에는 다른 사람들이 돈을 잃는 상황을 보는 그 자체
를 즐기는 사람들이 꽤 많이 있어요.

객장에 나가는 일을 그만두고 낮 동안 무얼 하셨죠?

다른 증권사에 전화해서 가격을 알아봤죠.

본인의 중개인에게 전화하지 그러셨어요?

너무 부끄러웠고, 비웃음거리가 될까 봐 걱정됐어요.

중개인이 놀리던가요?

그 사람에 관해서는 어떻게 생각해야 할지를 몰랐어요. 나는 피해망상증으
로 온통 적개심만 가득해서 아무것도 할 수가 없었거든요. 나는 다른 경쟁사에

기서 그 회사의 곡물 애널리스트와 대화를 나눠봤어요. 내 손을 잡아 줄 어떤 사람을 찾고 있었던 거죠. 그는 펀더멘털이 여전히 좋기 때문에 시장이 하루 더 내려가면 콩 수요가 폭발하게 된다면서 나에게 괜찮을 거라고 말했죠. 물론 네 번째 날도 시장은 하한가에 갔혔고요.

매일 얼마씩 잃고 계셨나요?

하루 약 125,000달러씩 날아갔어요. 그 당시는 평균 연봉이 15,000달러였거든요. 나는 부자로 태어나지 않아서 손실을 그런 식으로밖에 생각할 수 없었어요.

그 당시 본인의 계좌의 크기와 비교해서 손실의 규모를 설명해주실 수 있나요?

나는 그 매매가 있기 전에 거의 150만 달러를 매매계좌에 넣어두고 있었어요. 따라서 매일 자산의 약 10퍼센트씩을 날리고 있었죠.

나는 절망하고 있었어요. 내가 마치 전쟁터의 참호 속에서 피 흘리며 죽어가는 부상병과 같다고 느꼈죠. 시장은 연속 5일째 하한가에 갇혀있었고, 나는 600,000달러 이상을 잃고 있었으니까요. 5일째 되던 날, 공원에서 여자친구의 손을 잡고 앉아있었던 일이 기억나는군요. 그녀의 무릎 위에 얼굴을 묻고 울다시피 했어요. 실제로 정신과적 증상을 앓고 있었다고 할 수 있어요. 나는 이 일을 완전히 그만둬야겠다는 생각을 하게 됐는데, 사람들이 나에게 했던 말들이 진실일지도 모른다는 생각이 들기 시작했거든요. 사람들의 말처럼 지난 수년간 내가 돈을 땄던 것은 순전히 운이 따라줘서인지도 모른다고 생각하게 됐죠. 계속 매매를 하면 모든 것을 잃게 될 테고, 그러면 하기 싫은 일을 하기 위해 다시 돌아가야만 할지도 모른다는 걱정을 했어요.

큰돈을 잃는 일과 성공에서 실패로 추락하는 기분, 이 둘 중에 어느 쪽이 더 큰 충격으로 다가왔나요?

돈이죠. 그리고 하한가에 갇힌 상황, 즉 내가 어떤 조치도 취할 수 없는 상황이 큰 충격이었어요. 내 생각은 이랬어요. '나는 매도포지션을 취하는 일은 미국적이지 않다고 생각했었는데, 진짜 미국적이지 않은 일은 포지션을 청산할 수 없는 일이구나.' 이게 나의 진짜 생각이었죠.

다시 말해 포지션을 청산할 수 없어서 속은 기분이 들었군요?

확실히 속은 기분이었어요. 나는 지금도 일일 가격변동에 제한폭을 두는 일은 잘못된 일이라고 생각해요.

대중을 보호하려고 만든 가격제한폭이 손실이 나는 포지션을 청산하지 못하도록 하기 때문에 오히려 대중에게 독이 되고 있다는 말씀인가요?

그래요. 나는 시장에 어떤 제한도 둬서는 안 된다고 생각해요.

변동성을 줄이는 방법으로 주식시장에도 가격제한폭을 두자는 얘기가 있잖아요. 그런데 그렇게 되면 실제로는 벼룩 잡으려다 초가삼간 다 태우는 꼴이 되겠군요?

확실히 그렇죠. 현재, 일반 투자자들은 포지션을 청산하고 싶으면 그 가격이 어떻든 최소한 청산할 수 있다고 알고 있잖아요. 그런데 그들이 중개인에게 전화를 했는데 시장에서 빠져나올 수 없다는 사실을 알게 됐다고 상상해 보세요.

다시 말하자면 가격제한폭에 대해 우호적 견해를 밝히는 사람들은 실제로 소규모 투자자들의 상황을 더욱 악화시키려는 행위를 한다는 말이군요?

분명히 미친 짓이에요. 가격제한폭은 약삭빠른 기관 투자자들을 위해 제안

되는 법이에요.

아까 하신 말씀으로 봐서는 그 콩매매 때까지는 항상 매수포지션만 취하셨나본데, 맞나요?

예. 나는 매도포지션을 취해본 적이 없었어요. 매도포지션은 미국적이지 않다고 생각했거든요. 그 콩매매 후, 나는 내가 종사하고 있는 일이 자본주의의 극단(極端)이라는 사실을 인식하게 됐고, 내가 어느 방향으로 매매하든 누구도 개의치 않는다는 점을 깨닫게 됐죠. 당시 내가 생각할 수 있었던 점은 '매도포지션을 잡고 있는 사람들은 돈을 따고 있으며, 나는 돈을 잃고 있다' 가 전부였어요.

그 경험으로 인한 정서적 충격은 얼마나 오랫동안 계속 됐나요?

수개월 동안이었죠. 나는 상품 선물을 더 이상 매매하고 싶지 않아서 내 방 벽에 붙어 있던 차트들을 모조리 떼어냈고, 집안에서 상품과 연관 있는 것들을 찾아 모두 찢어버렸어요.

언제 다시 매매를 시작하셨죠?

몇 개월 후에 아메리카 증권거래소의 주식을 매매하기 시작했는데, 끔찍하게 느리다는 사실을 알게 됐어요. 상품시장의 레버리지가 그립더군요. 주식매매를 하며 성공적인 삶을 살 수 있다는 생각은 들지 않더라고요.

그즈음에 유능한 옵션 트레이더인 친구와 우연히 마주치게 됐어요. 내가 그 친구에게 지난 경험을 얘기해줬더니 나더러 자기가 하는 일에 합류하라고 하더군요. 그의 사무실에 나가기 시작하던 첫 주에 그 친구는 나더러 만기가 목전인 텔레다인(Teledyne) 콜옵션을 위로 갈 게 확실하다며 사라더군요. 나는 그의 말을 따랐는데, 그 콜옵션은 휴지조각이 돼버렸어요.

얼마나 잃었나요?

약 40,000달러였어요. 나는 극도의 분노를 느꼈지만, 그가 내게 어떤 결과를 약속하지도 않았기에 내 감정을 드러내고 싶지는 않았어요. 나는 너무 속이 상해서 이틀 동안 사무실에 나가지 않았죠. 그 동안 그 친구는 나와 연락을 하려고 몇 차례 시도를 했는데, 나는 전화를 해주지 않았어요. 결국 그는 우리를 다 알고 있는 한 친구를 통해서 나에게 얘기를 전달하더군요.

친구 분은 자신의 추천이 좋지 않은 결과를 낳아 괴로워했나요?

사무실에 다시 나가니까 그 친구가 말하기를 자기가 정확히 반대되는 매매를 다른 계좌로 해놨고, 그 계좌는 내 계좌이기 때문에 나는 사실 돈을 한 푼도 잃지 않았다고 말하더라고요.

짓궂은 장난치고 조금 유별났군요.

장난은 아니었어요. 그는 나에게 누구에게도 맹목적인 믿음을 가져서는 안 된다는 현실을 가르치려고 했었죠. 자기도 맹목적으로 믿으면 안 된다면서 말이에요. 훌륭한 트레이더가 되려면 자기 자신만을 신뢰해야 한다는 가장 중요한 사실을 가르쳐주기 위한 방법이었죠.

그 후 어떻게 됐나요?

나는 잘 해냈어요. 내 친구는 경이로운 옵션 트레이더였고, 시장에 관해 모르는 것이 없었죠. 나는 그에게서 여러 가지를 배웠어요.

그가 가르쳐준 방법을 이용해서 옵션을 매매하셨나요?

예. 그의 방법에 나의 기술적 분석을 더했죠.

친구 분은 기술적 분석을 사용하지 않았나요?

예. 그는 기술적 분석을 신뢰하지 않았어요. 시세판을 보며 가격 변화의 양상을 주시하는 게 그의 방법이었죠.

와인스타인 씨가 순전한 기술적 트레이더로서 경이로운 성공을 거뒀다는 사실이 기술적 분석에 대한 그의 태도를 바꿀 수는 없었나요?

전혀요. 나에게 기술적 분석은 하나의 위안거리일 뿐이고, 내가 돈을 따는 진짜 이유는 경험 때문이라고 그는 생각해요. 그와 내가 몇 년간 떨어져 있던 때가 있었어요. 하루는 그가 내 사무실로 와서 내가 매매하는 모습을 보고는 마치 아버지처럼 나를 껴안더니 "결국 해냈어." 이렇게 말하더군요. 나는 많은 경험을 얻었을 뿐만 아니라 기술적 분석과 연관된 모든 것, 내가 직접 고안한 것을 포함하여, 모든 것을 익혔다고 그에게 말했더니 그는 "기술적 분석에서 결코 손을 떼지 못하는군. 자네의 매매는 기술적 분석과는 전혀 상관없어. 경험 때문에 그렇게 매매할 따름이지"라고 말하더군요.

와인스타인 씨와 그 옵션 트레이더인 친구 분이 떨어져서 각자 매매하게 된 이유는 무엇인가요?

우리의 매매방식에 일치하지 않는 부분이 있었어요. 그는 유능한 트레이더에요. 그래서 때때로 큰 손실도 기꺼이 감수하죠. 왜냐하면 큰 이익으로 그 정도 손실은 쉽게 상쇄되고, 장기적으로는 결국 자기가 크게 앞서가리라는 사실을 알았으니까요. 그렇지만 나는 그렇게 매매하는 데에 불편함을 느꼈어요. 나는 작은 이익을 보고 매매하고, 손실이 나는 매매는 제거해버리는 방법을 더 좋아했죠. 나는 그가 감수하는 종류의 위험을 떠안고 싶지 않았어요. 또한 내 매매방법은 순전히 기술적 분석에 의한 방법인데, 그는 근본적으로 시세판의 가격 변화를 주시하며 매매했거든요. 하여간 1980년, 나는 독자적인 길을 가기로 결정했죠. 하지만 몇 년 후에 우리는 다시 합쳤어요.

과거에 옵션 매매 대회에 참가하신 적이 있다고 아는데, 그 일에 관해 얘기해 주시겠습니까?

시카고 옵션거래소의 두 회원 트레이더가 최초로 조직한 대회였어요. 47명의 트레이더들이 참여했는데, 각자 5,000달러씩 걸고 승자가 모두 갖는 대회였죠. 각 트레이더는 동일한 청산회사에 100,000달러 계좌를 열고 대회에 임했고요.

대회기간은 몇 개월이었나요?

3개월이요.

와인스타인 씨의 결과는 어땠죠?

100,000달러를 900,000달러로 키웠어요. 피라미딩 없이요[피라미딩(pyramiding)은 이익을 사용하여 레버리지를 증대시키는 것을 말함].

경이로운 실적이군요.

예. 그렇지만 그 당시 시장이 워낙 좋았어요.

1980년 독자적인 길로 나서서 무엇을 매매하셨나요?

모든 것을 매매했죠. 주식 옵션은 계속 매매했고요. 1980년대 초, 주가지수 선물매매가 시작되면서 나의 주요 시장이 됐죠. 상품시장에서도 매매를 했고요. 사실 지난 2년 동안 매매의 거의 90퍼센트가 상품에 치중됐어요.

1970년대에 완패를 경험한 이후 다시 콩매매를 하게 됐을 때는 어땠나요?

나는 오랫동안 콩을 피했어요. 그렇지만 상품시장에서 별로 힘들이지 않고 매매하는 나 자신을 발견하고는 언젠가는 콩에서 잃은 돈을 찾아오겠다고 내심 벼르고 있었죠. 결코 잊어본 적이 없어요.

마치 복수할 날만 기다리고 있었던 듯하군요?

예. 정말 그랬어요. 상품 차트 책을 볼 때마다 내 눈은 콩 차트에 무의식적으로 끌렸어요. 그러면 얼른 그 페이지를 넘기곤 했죠. 다시 진입하기 전에 수년간 그 주위를 맴돌며 힐끗힐끗 콩시장을 봤었죠. 콩이 4달러 75센트까지 내려갔을 때 나는 저점에 다다랐음을 알았어요. 그렇지만 매매에서 잃지 않으리라는 확신이 설 때까지 매수하지 않았죠. 나는 마치 10년 전에 상대 조직에 의해 아내를 살해당한 뒤 복수할 절호의 기회만을 엿보며 기다리는 마피아 두목 같았어요. 나의 기술적 분석이 시장이 정말 바닥을 쳤다는 확신을 가져다줬을 때 나는 매수포지션에 뛰어올랐죠.

콩을 어디에서 매수하셨나요?

6달러 18센트 주변에서요[이 지점은 1988년 가뭄이 가격 폭등을 야기하기 바로 직전의 지점이었다].

어디에서 포지션을 청산하셨죠?

7달러 25센트에서 일부 정리하고, 9달러 92센트에서 나머지를 정리했죠[그 상승의 고점은 10달러 46센트였다].

그 매매로 얼마를 따셨나요?

'돈을 깡그리 다 찾아왔다' 는 말로 대답을 대신할게요.

말씀하시는 걸 들으니 그 매매로 많은 위안을 얻으신 듯하군요?

예. 완벽한 카타르시스였죠. 이전 매매에서 내가 돈을 잃을 수밖에 없었던 이유가 있었다는 사실을 인식하게 됐어요.

그 이유가 무엇이었죠?

내게 경험이 부족했기 때문이었어요. 나는 운이 나빠서 시장에서 퇴출되는 사람은 없다고 생각해요. 항상 어떤 이유가 있어서죠. 매매를 하면서 오판을 했다거나, 아니면 필요한 경험이 없었거나 둘 중 하나죠. 항상 어떤 오류가 연루돼 있어요.

이전의 매매 파트너와 헤어진 이유 중 하나로 자신의 매매방식이 매우 낮은 리스크에 맞춰져 있기 때문이었다고 하셨죠. 그럼 1980년 이래로 경험한 최악의 손실을 퍼센티지로 말해주실 수 있나요?

하도 잊지 않아서…. 그런 종류의 수치를 따로 기록하거나 기억하지 않아요.

그렇군요. 그럼 이렇게 질문해보죠. 지금까지 최악의 매매를 했던 달(月)의 결과는 어땠나요?

나는 손실을 본 달이 없어요.

1980년 이래로 매달 돈을 따셨다는 말씀인가요?

예, 물론이죠. 내가 그렇게 조심스럽지 않았다면 엄청난 돈을 벌었겠지만 조심하는 게 나의 매매방식이죠.

그럼 최악의 손실을 본 주(週)를 기억하시나요?

1980년 이래로 손실을 본 주가 없어요. 손실을 본 날은 며칠 있지만요.

믿기 어려운 얘긴데요. 매매하면서 손실을 본 주가 몇 주 있다고 해도 쉽게 잊을 수도 있지 않겠어요? 그렇다면 어떻게 손실을 본 주가 없다고 장담할 수 있겠어요?

나는 모든 손실을 다 기억하기 때문에 장담할 수 있어요. 예를 들어 지난 2년간 손실을 본 날은 단 3일이에요. 1980년 이래로 수천 번의 매매를 해오며 17번 돈을 잃었어요. 그중 9번은 내 컴퓨터가 다운됐기 때문이고요. 컴퓨터가 다운돼서 가격을 볼 수 없으면 나는 포지션을 정리해 버리거든요.

대부분의 트레이더들은 매매 승률이 50퍼센트만 돼도 행복해 할 거예요. 75퍼센트의 승률이면 눈부신 업적이 되죠. 그런데 와인스타인 씨는 자신의 승률을 99퍼센트 가까이 된다고 말씀하시는군요. 정말 믿기 어려운데요?

리(Leigh)에게 알아보세요. 지난 수년간 내가 행한 수백 번의 매매에 대해 그와 대화를 나눈 적이 있으니까요[리 스티븐스(Leigh Stevens)는 나의 친구이자 와인스타인의 친구이며 나를 그에게 소개시킨 사람이다].

이 인터뷰를 읽는 독자들이 지금 어떤 생각을 할지 상상이 간다. "손실을 본 주는 없었지만 손실을 본 날은 며칠 된다니, 이 말을 믿으란 말이야!" 이렇게

독자들은 혼잣말을 할지도 모른다. 솔직히 나도 와인스타인의 말이 터무니없이 들리기는 마찬가지였다. 더구나 계좌를 조사해서 그가 하는 주장의 진위를 밝힐 수도 없는 것이, 그의 동업자들이 일반인에게 공개되지 않은 개인 회사에서 공동으로 행한 매매 활동의 비밀은 유지돼야 한다고 강력히 주장했기 때문이다. 사실 그의 동업자들은 이 인터뷰를 무척이나 반대했었고, 와인스타인을 인터뷰에 응하지 않도록 설득하는 데 성공할 뻔도 했다. 와인스타인이 나에게 보여줄 수 있었고, 보여주기를 꺼리지 않았던 유일한 계좌는 그가 옵션매매대회에 독자적으로 참여했을 때 사용한 계좌였다. 그리고 그 계좌는 100,000달러를 3개월 동안 9배나 튀긴 사실과 100퍼센트의 매매 승률을 올린 사실을 실제로 입증했다.

나는 그래도 믿기가 힘들어서 리에게 문의해 봤다. 리는 와인스타인과 수년간 친구로 지내는 사이였고, 많은 날들을 그가 하는 매매를 보며 보냈다. 나는 3년 전 리를 알았고, 그와 친하게 지내고 있으며, 그를 정직하고 무모하게 나서지 않으며, 분별력이 있는 사람이라고 확신을 갖고 말할 수 있다. 리는 자기가 직접 목격한 약 100여 건의 매매와, 전화로 대화를 나눈 수백 건의 매매들 중(포지션을 취하자마자 전화로 한 애기들)에서 자기가 기억할 수 있는 돈을 잃은 매매는 단 1건에 불과하다고 확인시켜줬다. 와인스타인이 기억을 잘못해서(나는 여기서 글자 그대로를 의미하는 것이지, 그가 부정직하다는 내용을 완곡하게 표현하는 것이 아니다) 그의 실제 승률이 그가 의미하는 것보다 다소 낮다고 가정하더라도 여전히 그의 승리/패배 비율은 놀라울 정도로 높다.

그렇다면 와인스타인은 어떻게 이러한 승률을 달성할 수 있었을까? 이 질문에 대한 와인스타인 자신의 대답은 인터뷰에서 계속될 것이다. 그러나 나는 더 자세한 이해를 위해 약간의 설명을 추가하는 편이 낫겠다고 생각하게 됐다.

와인스타인은 자신만을 위해 디자인된 최첨단 컴퓨터 시스템을 이용하여 시장 모멘텀의 변화를 측정하는 기술적 지표들을 끊임없이 관찰한다. 그는 이러한 지표들에 표준값을 사용하지 않고 자기 자신만의 값을 사용하는데, 변화하는 시장 여건에 맞춰 그 값은 자주 변경된다. 와인스타인은 이러한 실시간 분석에 광범위한 차트 분석을 결합하는데, 이 차트 분석은 주기 이론, 피보나치 되돌림, 엘리어트 파동 분석과 같은 다양한 기술적 방법들을 포함한다. 그리고 마지막으로 결정적 요소인 신기에 가까운 타이밍 감각을 더한다.

그는 거의 모든 요소들이 톱니바퀴처럼 맞물려 돌아가 타이밍이 현실적으로 완벽하다고 느낄 때에만 매매에 임한다. 돈을 딸 가능성이 높다고 생각되지만 100퍼센트에 가까운 확신은 아니라고 느끼는 많은 매매 기회를 그냥 지나치는 것이다. 시장을 연구하는 데 바친 평생의 세월, 철저한 실시간 분석, 타고난 시장 감각, 그리고 믿기 어려울 정도의 엄격한 매매결정 과정, 이 모두가 결합되어 작용하기 때문에 와인스타인의 거의 모든 매매는 진입 후 20분 안에 어느 지점에선가 최소한의 이익을 낸다. 이로써 와인스타인은 최소한 본전 아니면 그보다 더 나은 결과, 이 둘 중 하나를 보장 받게 되는 것이다.

와인스타인이 주로 몇 시간이나 몇 분 안에 빠르게 이익을 챙기는 단타매매를 한다는 사실 알면 그의 주장을 이해하는 데 도움이 될 것이다. 포지션 매매를 할 때에도 그는 포지션의 일부를 빠르게 이익 실현하여 순이익의 결과를 보장해 둔다. 또한 이익이 난 것을 이 시장에서 저 시장으로 이동시키고, 위험은 최소지만 큰 이익의 가능성이 있는 매매를 찾아 시장을 순환하며 매매한다. 마지막으로 와인스타인은 거래소의 회원 트레이더들을 많이 알고 있어서 매도호가와 매수호가 사이의 스프레드를 이용하는 데 유리한 위치에 있다.

활자 매체상으로는 와인스타인의 얘기가 거만하게 자신을 과시하는 듯하다고 여길 수도 있다. 그러나 이는 와인스타인의 어조를 잘못 이해한 것이다. '말을 세련되게 꾸미지 못하는 성격'이라는 말이 그를 묘사하는 데 더 정확한 표현일 듯하다. 와인스타인은 매매에 관해 얘기하며 "시장이 내려가는 건 명백해요" "누워서 떡 먹기죠" 등과 같은 말을 꾸밈없이 뱉어냈는데, 다른 사람들에게는 매매가 얼마나 어려운 일인지 그가 이해하지 못하는 것만은 확실했다.

그렇게 높은 퍼센티지의 승률을 거둘 수 있는 자신의 능력을 어떻게 설명하시겠어요?

나는 시장을 정말 두려워하거든요. 훌륭한 트레이더들은 시장을 가장 많이 두려워하는 사람들이라는 사실을 깨달았어요. 나는 시장을 두려워하기 때문에 나의 시장 타이밍이 매우 정확하도록 최선을 다하죠. 내가 확신을 갖고 올바르게 매매할 때는 마치 포켓볼 선수가 연속해서 공을 포켓에 넣는 것과 같아요. 시장 상황에 대한 직감이 좋지 않을 때면 나는 매매를 하지 않아요. 시장 타이밍은 나의 시장 경험과 신경조직이 연합하여 결정하죠. 만약 나의 신경조직이 포지션을 청산하라고 명령한다면, 이는 시장의 움직임이 내가 전에 겪었던 경험과 나의 지식의 어떤 부분을 자극했기 때문이에요.

또한 나는 매매에서 많이 잃지 않는데, 그 이유는 내가 정확한 시짐까지 기다리기 때문이죠. 대부분의 사람들은 시장 환경이 시장에 관해 무언가를 말할 때까지 진득이 기다릴 줄을 몰라요. 숲 속이 아직 어두운데도 그 안으로 걸어 들어가죠. 나는 숲에 빛이 비쳐들 때까지 기다려요. 치타는 세상에서 가장 빠른 동물이라 초원의 어떤 동물도 잡을 수 있잖아요. 그런데도 치타는 사냥감을 잡을 수 있다는 완전한 확신이 설 때까지 기다리죠. 덤불 속에서 절호의 기회를 기다리며 한 주 동안 숨어있을 수도 있죠. 새끼사슴을 기다리며 말이죠. 그냥 새끼사슴보다 몸이 약하거나 다리를 저는 새끼사슴이면 더 낫겠죠. 사냥감을 놓칠 확률이 없는 바로 그 순간에만 치타는 공격을 감행해요. 전문가의 매매를 한마디로 요약하라면 나는 이 치타 얘기를 해요.

집에서 매매를 하다 정원의 참새를 자주 봐요. 빵을 주면 한 번에 한입만 조금 베어 물고는 날아가 버리죠. 그렇게 왔다 갔다 하며 조금씩 조금씩 먹어요. 비둘기라면 한입에 낚아챌 빵 한 조각에 참새는 수백 번을 쪼아대죠. 참새는 그래서 비둘기와 달라요. 참새는 절대 총으로 맞힐 수 없어요. 너무 빠르거든요. 나는 참새처럼 데이트레이드를 하죠. 예를 들어 이런 것이죠. 장 중 S&P가 올라갈 것을 확신했을 때, 나는 바닥을 잡으려 하지도 않지만 천장에서 나오려고 시도하지도 않아요. 모멘텀이 가장 강한 무릎에서 어깨까지만 타고 올라가죠. 나는 그렇게 마치 참새가 먹이를 먹는 것처럼 매매해요.

이렇게 정리하면 될까요? '치타는 포지션매매의 비유이고, 참새는 데이트레이드를 비유한 얘기이다. 치타와 참새의 공통점은 잃을 수 없는 상황이 도래할 때까지 기다리는 것이다.' 이렇게 말이죠.

바로 그 얘기에요.

어떻게 매매를 선택하죠?

여러 종류의 기술적 자료들을 사용해요. 차트, 엘리어트 파동, 갠(Gann)의 각도분석, 피보나치수열, 주기 이론, 시장심리, 이동평균, 여러 가지의 오실레이터 등 많은 기술적 자료들이 입력되죠. 사람들은 기술적 분석을 믿을 수 없다고 하는데 그건 자신의 눈에 익은 것만 보려 해서 그런 거예요. 문제는 항상 효과가 있는 기술적 방법은 없기 때문에 언제 어떤 방법을 써야 할지를 알아야 한다는 사실이죠.

그걸 어떻게 알 수 있죠?

경험과 직관이죠. 나는 모든 형태의 기술적 분석의 데이터를 보고, 직관으로 그 데이터의 의미를 판단하죠. 항상 같은 방법으로 시장에 접근하는 수학적 시스템은 신뢰하지 않아요. 나는 '나'라는 시스템에 여러 가지 자료들을 끊임없이 바꿔가며 입력하여 동일한 결과들을 산출해요. 바로 수익이라는 결과 말이에요.

매매를 하기로 결정하는 데 가장 중요하게 작용하는 요인은 무엇인가요?

나는 항상 모멘텀을 잃어가는 시장을 찾아요. 그리고 그 반대로 가죠.

주식시장과 상품시장에서 다 매매를 해 보셨는데, 그 두 시장은 다르게 움직인다고 생각하시나요?

물론이죠. 상품시장에 비해 주식시장에서는 효과적인 추세를 즐길 기회가 거의 없어요.

왜 그렇죠?

기관과 전문가들은 주식을 팔 때 한 가격대에서 팔지 않고 시장이 오를 때 물량을 점진적으로 내놓으며 시장을 압박해요. 그들은 살 때도 마찬가지로 시장이 내릴 때 점진적으로 매입하면서 시장을 떠받기 때문에 주식시장은 방향성 없이 아래위로 출렁이며 진행될 때가 많아요. 내가 아는 많은 훌륭한 상품 트레이더가 주식시장에만 들어가면 돈을 잃는 이유가 바로 이 때문이죠.

그렇지만 와인스타인 씨는 주식시장에서도 지속적으로 성공하셨는데, 무엇을 그들과 다르게 해서 그런 결과가 나왔을까요?

나는 시장이 움직이기 전에 시장의 방향을 알아내려 하지 않아요. 나는 시장이 나에게 방향을 말하도록 놔두죠. 또한 주식시장에는 아주 많은 기술적 분석의 데이터가 있어요(다이버전스, 등락주선, 시장심리, 풋/콜 비율 등). 그래서 시장에 무슨 일이 일어나기 전에 항상 어떤 신호를 받을 수가 있죠.

그렇다면 주식시장에서 사용하는 기술적 분석 방법은 상품시장에서 사용하는 기술적 분석 방법과 다른가요?

나는 개별 종목을 봐요. 각각의 종목은 그 종목만의 독특한 성질이 있죠. 예를 들어 IBM과 GM은 일반적으로 시장 전체가 바닥에 닿기 전에 먼저 상승하고, 시장 전체가 천장에 닿기 전에 먼저 상승을 멈추죠. 다른 예로 전기가스 업종이 시장을 이끌지 않는데도 시장이 정말 훌륭하게 상승하는 모습을 본적이 없어요. 전기가스 업종은 금리 하락이 기대될 때 상승하죠. 금리가 하락하면 포트폴리오 매니저들은 주식에 뛰어들고요. 나는 주가지수 선물매매를 아주 잘 하고 있는데, 이는 내가 주가지수 선물을 매매하기 전에 주식과 옵션매매에서 많은 경험을 쌓았기 때문이에요.

시장에 대해 대중들이 가장 잘못 생각하고 있는 점은 무엇일까요?

매매하는 사람들을 도박꾼으로 생각하는 것이죠. 나는 지난 20년 내내 돈을 번 거래소의 회원 트레이더들을 알고 있는데, 어떻게 그런 사실을 보고도 도박이라고 할 수 있겠어요.

또 하나의 중요한 오해는 사람들은 시장이 뉴스에 반응하리라고 항상 기대한다는 점이죠. 예를 들어 존 F. 케네디가 암살됐을 때, 처음에 시장은 매우 가파르게 하락했지만 곧 되돌아서는 신고점까지 올라갔어요. 그런 가격움직임은 많은 사람들을 당혹하게 만들었죠. 그 뉴스에 팔았던 투자자들은 시장이 방향을 돌리는 모습을 보고는 기관이 시장을 인위적으로 밀어 올린다며 기관을 탓했어요. 그 사람들이 깨닫지 못한 점은 기본적으로 그리고 기술적으로 올라갈 여건을 갖춘 시장은 뉴스로 인해 방향을 바꾸지 않는다는 사실이에요. 그 뉴스가 아무리 극적일지라도 말이죠.

오해라는 범주에 포함시킬 수 있는 항목이 하나 더 있는데, 그것은 언론이 보도하는 시장 하락의 이유예요. 언론은 언제나 사람들이 이익을 챙기기 때문에 시장이 내려간다고 하죠. 사람들이 항상 이익만 챙긴다면 얼마나 좋겠어요. 그렇지만 진실은 대부분의 사람들이 돈을 잃는다는 것이죠. 그리고 시장이 내려가는 이유는 사람들이 손실을 더 이상 못 견디고 항복하기 때문이에요. 고등 교육을 받은 사람들이 언론보도를 보며 모두가 이익을 챙기는데 왜 자기들은 돈을 잃을까 하고 고뇌한다니까요. 언론은 대중에게 시장이 이익을 챙기는 사람들과 손실을 못 견디고 항복하는 많은 사람들 때문에 내려간다고 보도할 책임이 있어요.

항상 지키는 매매규칙이 있다면 말씀해 주시죠.

1. 숙제는 빠트리지 말고 항상 해야 해요.
2. 자만하면 안 돼요. 자만하게 되면 위험관리 능력을 상실하게 되거든요. 가장 훌륭한 트레이더는 가장 겸손하죠.
3. 자신의 한계를 인식해야 해요. 모든 사람에게는 한계가 있어요. 가장 훌륭한 트레이더도 예외는 아니죠.
4. 무리에 휩쓸리지 말아야 해요. 군중은 때가 되면 잃게 되어 있으니까 군중과 반대로 생각할 줄 알아야 하죠.
5. 기회가 나타날 때까지 매매하지 말아야 해요. 쉴 때를 아는 것은 시장 진입 시점을 아는 것만큼 중요해요.
6. 매매전략은 환경의 변화에 맞춰 조정될 수 있을 만큼 충분히 유연해야 해

요. 대부분의 사람들이 내내 같은 전략을 고수하는 오류를 범하죠. "제기랄, 내가 생각했던 대로 시장이 움직이지 않는군"하고 그들은 말해요. 왜 자신이 생각했던 대로 시장이 움직여야 하죠? 삶과 시장은 그렇지 않거든요.

7. 돈을 딴 후 너무 자만에 빠지면 안 돼요. 세상에서 가장 어려운 일이 딴 돈을 지키는 것이죠. 사람들은 매매에서 하나의 목표를 달성하게 되면 다음 목표를 설정하게 되는데, 사실 그 다음의 목표도 처음의 목표와 같은 돈을 더 따는 것이죠. 그런데 많은 사람들은 두 번째 목표를 달성했을 때 첫 번째만큼 그렇게 큰 만족감을 느끼지 못해요. 그러면 자신들이 매매에서 진정으로 원하는 것이 무엇인지 묻게 되고, 그렇게 되면 자멸적인 과정을 감행하게 되죠. 결국 모든 것을 잃는 과정 말이에요.

마지막으로 매매에 막 입문한 트레이더에게 조언 한마디 해 주시죠.

잃는 법을 배워야 해요. 따는 법을 배우는 일보다 더 중요하죠. 항상 따기만 하겠다고 생각한다면 잃었을 때 잃은 이유를 알려고 노력하지 않게 되고, 허망한 적대심만 키우게 돼요. 결국은 시장만 탓하게 되죠.

손실은 빨리 잘라야 해요. 『어느 주식 투자자의 회상』에 나오는 말을 인용하자면, 대부분의 트레이더들은 손실이 나는 포지션을 더 이상 손실이 커지지 않길 바라며 너무 오랫동안 유지하고, 이익이 나는 포지션을 이익이 줄어들까 두려워 너무 일찍 청산한다고 해요. 이와 반대로 해야 해요. 손실이 커질까 두려워해야 하고 이익이 커지길 바라야죠.

와인스타인은 세속적 목표 때문에 일상적인 매매 방법을 일탈했을 때 가장 치명적인 매매 실책을 범하게 됐다. 이는 다른 인터뷰에서도 나타나는 공통적 주제이다. 있을 수 있는 수익이나 손실을 세속적 물질의 가치로 환산하는 일은 분명 실책을 유발하는 요인으로 보인다.

와인스타인의 매매방법의 근본은 모든 것이 정확히 맞물려 돌아가며, 이길 확률이 극대화 될 때까지 기다리는 것이다. 우리들 대부분은 자신이 선별한 매매에 와인스타인과 같은 자신감을 가질 수 있다고는 생각하지 않을 것이다. 그러나 확실한 믿음을 가질 수 있는 매매 기회가 올 때까지 기다리는 일은 이 책의 여러 트레이더들도 언급한 건전한 조언이다.

나는 장기적 관점에서 보면 시장은 절대 취보적(random walk)이지 않다고 생각하지만, 단기적 시장의 출렁임(즉, 일 중 가격움직임)은 대개 취보적이라고 오래 전부터 믿어왔다. 그러나 와인스타인은 나의 이러한 생각에 동요를 일으 켰다.

MARKET WIZARDS

Brian Gelber

Tom Baldwin

Tony Saliba

4부
거래소 안의 마법사들

Brian Gelber _ 브라이언 겔버

트레이더가 된 중개인

　　브라이언 겔버의 경력은 한 대형 증권사의 금융선물매매를 시카고선물거래소 안에서 실행해주는 중개인으로 시작됐다. 겔버는 기관 투자자 고객들을 상대로 뛰어난 조언을 해주다 마침내 자신의 계좌로 매매를 하기에 이른다. 그는 장기채권 선물을 매매하던 초창기에 거래소 내의 가장 뛰어난 중개인들 중 한 명(어쩌면 가장 뛰어난 중개인이었는지도 모른다)이라는 명성과 거래소 안의 가장 규모가 큰 트레이더들 중 한 명이라는 명성을 동시에 얻게 된다.

　　1986년 1월 겔버는 자신의 매매 활동의 범위를 확대하여 고객 계좌를 직접 관리하는 데까지 이르게 된다. 스스로 매매를 할 뿐만 아니라 한 그룹의 트레이더들을 관리감독하고 있는데, 이들은 정부채권시장을 비롯하여 여러 시장에서 선물과 현물 모두를 매매하고 있다. 현재 그는 겔버 그룹(Gelber Group), 겔버 운용(Gelber Management), 겔버 증권(Gelber Security)이라는 세 개 회사의 대표를 역임하고 있으며, 이 회사들은 청산업, 중개업, 자금운용업에 관계하고 있다.

겔버의 느슨한 성격은 그의 직업과 전혀 어울리지 않는 듯했다. 나는 매일 수천만 달러의 채권 포지션을 직접 매매하고, 매매를 감독하기도 하는 사람에게서 기대되는 강렬한 긴장감 대신에 마치 즐거운 여행을 얘기하듯 자신의 일에 관해 얘기하는 사람의 여유로움과 직면하게 됐다.

우리의 만남은 장이 열려 있던 와중에 이루어졌지만 겔버는 채권시장에 그다지 신경을 쓰는 것처럼 보이지 않았다. 사실 인터뷰를 하기 위해 그는 매매 데스크를 비우고 개인 사무실에 앉아있어야 했음에도 무척이나 느긋해 보였다. 그는 "여기서 더 잘할 것 같은데요" 하고 말함으로써 당시 시장 상황이 좋은 기회를 엿볼 수 있는 때가 아니라는 자신의 생각을 내비쳤다.

내가 인터뷰 중인 다른 트레이더들에 대한 겔버의 질문에 대해 나는 토니 살리바(Tony Saliba)를 언급했다. 토니 살리바는 『성공(Success)』이라는 잡지의 최근호 표지를 장식한 인물이었다. 겔버는 내게 그 잡지를 가지고 있냐고 물었고, 나는 서류가방에서 그 잡지를 꺼내 그에게 보여 줬다. 1987년 10월 19일에 주식시장 붕괴가 있던 주의 살리바의 경험을 묘사한 굵은 글씨체의 헤드라인을 읽으며 그는 미소를 지었다. "빅토리! 72시간만에 4백만 달러를 벌다." 겔버는 농담조로 "나는 그날 20분 만에 4백만 달러를 벌었는데 왜 나는 잡지의 표지 모델로 안 뽑아가지?" 하고 말했다. 물론 자신을 뽐내려는 의도로 이 말을 한 것은 아니었다. 그러나 이 말은 훌륭한 트레이더들에 관한 기본적인 사실을 매우 명확하게 요약하고 있다. 많은, 어쩌면 대부분의 훌륭한 트레이더들이 비교적 낮은 인지도를 유지하고 있고, 따라서 대중에게 거의 알려지지 않고 있는 것이다.

어떻게 이 업계에 발을 들여놓게 됐나요?

나는 1976년 대학을 졸업한 후, 배낭을 메고 전국 각지를 여행했어요. 그러다 솔트 레이크 시(Salt Lake City)에서 상품 중개인을 구한다는 구인 광고를 보고 지원했죠. 사실 상품 중개인이 무얼 하는지도 전혀 몰랐어요. 주식 중개인과 비슷하겠다는 생각만 있었죠. 나는 무허가 중개소를 운영하는 사람 밑에서 일하며 자격증을 따게 됐어요.

시작을 이 업계의 음지에서 하셨군요.

사무실 문을 열고 들어서니 한쪽 끝에 한 남자가 앉아 있는 게 보였어요. 그 사무실은 상장도 안 된 싸구려 주식만 취급하는 곳이었죠. 그는 하루 종일 전화에 매달려 자기의 차트 시스템으로 매매하면 돈을 딸 수 있으니 5,000달러나 10,000달러를 자기에게 맡겨보라고 사람들을 설득했어요. 하지만 맡긴 돈에 대해서는 전혀 책임을 지지 않았죠.

나는 증권외무원 등록을 준비하면서 그에게 차트를 정리해줬어요. 나는 "이 사람은 진짜 사기꾼이다"라고 계속 속으로 중얼거렸죠. 그러다 자격증을 받자마자 그만두고, 또 몇 개월을 빈둥거리며 보냈어요. 집세 때문에 간간히 아르바이트는 해야 했죠.

어떤 아르바이트를 하셨나요?

기차의 화물을 하역하는 일이었어요. 그러다 어느 날엔가 톰슨 맥키논(Thomson McKinnon)의 영업점에 가서 "내게 중개인 자격증이 있습니다" 하고 말했죠. 그랬더니 그곳의 책임자가 내게 한 달에 800달러 주겠다며 일하라고 하더군요. 그 당시 내게는 아주 큰돈이었어요. 내가 해야 하는 일은 사람들에게 전화해서 증권 계좌를 개설하라고 권하는 게 전부였어요. 내가 따온 계좌는 전부 내 것이었고요.

그 당시에는 겔버 씨가 시장에 관해서는 잘 몰랐을 것 같군요?

책을 두어 권 읽었고, 차트에 대해서는 조금 알았죠. 처음 일하던 곳에서 차트를 만들고 정리해 봤거든요.

무슨 책을 읽었나요? 그 당시 매매에 관한 책은 별로 없었는데요.

내가 가장 많이 배운 책은 『주식 추세의 기술적 분석(Technical Analysis of Stock Trends)』이라는 책으로 로버트 D. 에드워즈(Robert D Edwards)와 존 매기(John Magee)가 공동으로 쓴 책이죠.

사람들에게 권하고 싶은 다른 책이 있다면 말씀해 주시죠.

우리 회사의 트레이더들에게 반드시 읽게 하는 책이 에드윈 르페브르가 제시 리버모어에 대해 기록한 『어느 주식투자자의 회상』이에요. 나도 최소한 12번은 읽었어요.

그건 그렇고, 내가 톰슨 맥키논 사에서 일한 지 얼마 안 돼 지니메이[37] 채권시장이 생겼어요. 톰슨 맥키논은 일단(一團)의 트레이더들을 모집하여 지니메이 데스크를 출범시켰는데, 나는 그들에게 가서 지니메이 시장에 대해 배우고 싶다고 얘기했죠.

---

37) 지니메이(Ginnie Mae) : 미국 주택도시개발부 산하의 전미 저당 금융 금고 (Government National Mortgage Association)의 별칭. 저소득층과 중산층을 대상으로 모기지 채권을 운용함으로써 서민들의 내 집 마련에 기여하고 있음 — 역자 주.

지니메이에 끌린 이유가 뭐였죠?

새 시장이었고 오래된 상품시장보다는 다루기가 쉬울 듯했어요. 지니메이 시장에 집중하면 나의 실적이 점차적으로 향상되리라 생각했죠. 또한 지니메이 채권을 여러 번 매매도 했어요. 첫 매매에서는 돈을 땄는데 그 다음부터는 계속 잃었죠. 지니메이라면 돈을 벌 수 있겠다는 생각이 들었는데, 계속 잃었어요. 하지만 잃으면 잃을수록 더더욱 알고 싶어지더라고요. 마치 자석처럼 끌렸었죠.

마치 지니메이를 추적해야 한다는 일종의 강박관념에 사로잡혔던 것 같군요?

예. 지니메이로 인해 쓰라린 실패를 경험했기 때문이었죠. 하여간 지니메이 데스크의 트레이더들은 내게 몇 가지를 가르쳐줬고, 나는 나가서 솔트 레이크의 거의 모든 주택금융업자들로부터 계좌를 따냈어요.

그 당시 지니메이 시장을 이해하셨나요?

처음 계좌를 따낼 때는 아무것도 몰랐어요.

그런데 어떻게 사람들에게 판매를 할 수 있었죠?

처음에는 사람들에게 사라며 그냥 들이밀었어요. 그러다 사람들이 나에게 하는 질문을 듣고 그 질문에서 조금씩 배우기 시작했죠. 초창기 나는 사람들의 질문에 당황했는데, 사람들은 내가 자기들에게 팔려는 상품에 당황했던 거예요.

최소한 선물이 어떤 수단으로 쓰일 수 있는지 이해는 하셨겠죠?

예. 처음에는 고작 그 정도의 제한적 지식만 가지고 앞뒤 안 가리고 고객과 만나 더듬거리며 횡설수설했어요. 하지만 그 후로는 소질을 발휘하며 꽤 괜찮게 했어요.

유치하신 계좌는 헤지(hedge)용이었나요?

예. 모두가 헤지용이었죠. 1977년 5월까지 수수료로 한 달에 2,000달러를 벌었어요. 내게는 엄청나게 큰돈이었죠.

전부 지니메이 시장에서요?

그 당시는 그랬죠. 그전에는 밀, 돼지, 돼지 옆구리 살 등의 상품시장에서 중개 업무를 봤고요.

어떤 사람들의 매매를 처리했나요?

전화 판매로 따온 계좌들이죠. 잃을 수 있다는 사실에 대해 잘 이해하지 못하는 사람들이었어요. 그들은 잃게 되면 항상 속상해 했죠.

그들에게 매매추천도 하셨나요?

꽤 많이 했죠.

차트 분석을 사용해서요?

믿으실지 모르겠지만 톰슨 맥키논의 애널리스트들이 작성한 연구보고서를 더 많이 이용했어요. 부수적으로 차트 분석도 이용했지만요. 신참 중개인들은 회사의 연구보고서에 더 많이 의존하는 경향이 있어요.

겔버 씨의 고객들은 연구보고서가 틀렸기 때문에 돈을 잃었나요?

아뇨. 그들이 잃은 이유는 그들이 생각하는 매매가 단기매매였기 때문이었어요. 반면에 연구보고서는 장기적 전망이었거든요.

결국 생각하는 시간의 범위에서 불일치가 있었다는 말씀이군요?

그렇죠. 대부분의 중개인들과 고객들 사이의 기본적 문제가 바로 그거에요. 시장 정보를 빨리 고객들에게 전달해서 고객이 그 정보에 따라 바르게 매매하도록 하는 일은 거의 불가능하거든요.

중개인이 단기매매에서 시장을 능가할 수 있다고 해도 고객에게 그것을 전달할 수는 없다는 말씀인가요?

가능성은 극히 희박하죠. 방아쇠를 당기기 위해 두 사람이 필요한데, 정보는 순식간에 변해버리니까요.

그래서 투자자들에게 장기적 안목으로 매매하라는 조언을 해주시나요?

예. 반드시 그렇게 해야 해요.

이제 거래소 안의 매매에 대해 얘기해 보죠. 과거에 거래소 안의 중개인으로 활동하며, 동시에 장기국채선물을 매매하는 트레이더로 활동하신 적이 있으십니다. 많은 사람들이 묻고 싶어 하리라 생각되는 질문인데, 만약 본인의 매수포지션을 청산하려고 생각하던 참이었는데 고객으로부터 대규모 매도주문을 받았다면 어떻게 일을 처리하시나요?

나는 결코 한두 틱 먹으려고 매매한 적이 없어요. 따라서 고객의 대규모 매도주문이 내가 취하고 있는 매수포지션의 반대 방향으로 시장을 두세 틱 움직이게 하리라는 생각이 들었다 하더라도 행동에는 어떤 변화도 없었을 거예요. 게다가 내게는 너무나 많은 고객이 있어서 그들은 서로 반대 방향으로 움직이는 경우가 더 많았거든요.

좋습니다. 그럼 조금 더 어려운 상황을 설정해보죠. 어떤 중요한 뉴스가 나와서 모든 고객의 주문이 자신의 포지션과 반대 방향으로 갈 때는 어떻게 하나요? 먼저 고객의 주문을 모두 처리해야 했기 때문에 자신은 정작 보유한 포지션에 물려버리게 된 때가 있었나요?

예. 거의 여섯 번 정도 있었는데, 그런 상황 때문에 수년 동안 총 50만 달러의 비용은 들었던 듯해요. 그렇지만 내가 버는 돈과 비교해보면 대수롭지 않은 비용이죠.

말하자면 업무처리 비용이다, 이런 말씀이신가요?

그렇죠.

그렇지만 역시 속이 쓰린 상황임에는 틀림없겠죠. 자신도 나와야 하는 걸 알면서 고객의 주문 때문에 조치를 취할 수 없으니 말이에요.

보통 중개인으로서 일처리를 하다 보면 "자, 1,000계약 팔아야 하는데, 어떻게 하면 제일 잘했다는 소릴 들을까?" 하는 생각에 너무 바빠요. 주문을 처리하고 나면 "아차, 내 매수포지션도 청산해야 하는데…" 하고 중얼거리게 되죠.

고객의 주문을 처리하면서 자신의 계좌로 매매도 하는 거래소 안의 중개인 겸 트레이더들에게는 피할 수 없는 불리한 조건이 내재돼 있나요?

물론이죠. 나는 사람을 채용할 때 "만약 중개인을 하고 싶다면 트레이더가 될 수 없고, 트레이더를 하고 싶다면 중개인이 될 수 없습니다." 이렇게 말하죠.

그렇지만 겔버 씨는 둘 다 하셨잖아요?

그때는 제정신이 아니었어요. 나는 한 시장에서 가장 큰 중개인이며 동시에 가장 큰 트레이더였죠. 나는 거의 쉬지도 못했고 집에 가면 완전히 녹초가 됐어요. 그리고 다음날 일어나면 똑같은 일을 반복했는데, 그런 생활을 3년이나 계속했죠. 좋은 경험이긴 했지만 사실 그러지 말아야 했어요. 동시에 훌륭한 중개인과 훌륭한 트레이더가 되기는 어려워요. 나는 그 일을 잘 해냈지만 덕분에 수명이 몇 년은 단축됐을 거예요.

거래소 안의 대규모 트레이더들 대다수가 트레이더 일만 하나요, 아니면 고객을 갖고 있는 사람들도 조금 있나요?

요즘은 중개인 아니면 트레이더죠. 둘 다는 불가능해요. 의심의 여지가 없죠.

그 말은 대부분의 거래소에 다 적용되는 말인가요, 아니면 장기채권 거래소에만 적용되는 말인가요?

장기채권 거래소에 더욱 잘 적용되는 말이죠. S&P와 뉴욕의 시장들에는 대규모 중개인이며 동시에 큰손의 트레이더인 사람들이 몇몇 있어요.

오늘날 강화된 감시를 고려해보면 이중매매 할 때 요구되는 신뢰조항을 어기면 쉽게 발각되겠죠[이중매매(dual trading)는 고객의 주문을 처리하며 동시에 자신의 계좌로 매매하는 것]?

공개호가시장[38]에서 완벽한 감사추적(監査追跡 : audit trail)을 행하기는 매우 어려운 일이에요.

---

38) 공개호가시장(open outcry market) : 큰소리로 외치거나 손으로 신호를 보내 주문을 내는 시장. 시카고선물거래소(Chicago Board of Trade)를 비롯한 많은 전통적 거래소들이 여기에 속한다. 공개호가제도는 점차 쇠퇴하고 있으며 컴퓨터를 통해 주문을 내는 전자시스템으로 대체되고 있다. 나스닥(NASDAQ)과 같은 e-마켓플레이스(e-marketplace)에서는 아예 물리적 거래소가 없으며 컴퓨터를 통해서만 주문을 내고 매매가 성사된다.

이렇게 가정해보죠. 채권이 95.00에 매매되고 있는데 뉴스가 나와서 시장이 하락 충격을 받았어요. 한 중개인이 고객들로부터 들어온 많은 주문과 자신의 매매를 성사시키는 동안 시장은 95.00에서 94.00으로 곧장 떨어졌어요. 그의 주문은 94.31, 94.30, 94.29에서 체결됐는데, 그의 고객들의 주문은 94.27 이하에서 체결됐다 말이죠(채권가격은 32분의 1이 한 틱이며, 94.31이 의미하는 것은 94와 32분의 31이라는 것이다). 이럴 경우 그 중개인은 자신의 포지션을 정리한 방법을 어떻게 설명할 수 있죠?

그는 자신의 주문이나 고객의 주문을 다른 중개인에게 넘겼을 수 있어요. 아니면 두 주문 모두 성사시키고 자신의 주문전표에는 다른 중개인의 번호를 기입했을 수도 있죠. 감시를 피할 방법은 항상 존재해요. 똑똑한 사기꾼은 언제나 잡아내기 어렵죠.

이중매매를 할 때 생기는 유혹들은 견디기 어려운가요?

아뇨. 내 생각으로는 시장의 효율성 면에서 이중매매에 좋은 점도 있는 듯해요. 그렇지만 이중매매는 개인이 감당하기에는 힘든 일이에요.

규정을 바꿔 이중매매를 금지해야 하지 않을까요?

어려운 질문이군요. 시장의 효율성과 인간의 청렴성, 무엇이 더 중요할까요? 내 생각에 이중매매가 시장 시스템에 엄청난 유동성을 보태주는 것은 확실하고, 그 점은 이중매매를 하는 트레이더 중 극소수가 속임수를 쓴다는 사실보다 더 중요한 것 같아요. 게다가 이중매매를 금지해도 도둑들은 여전히 도둑질을 할 다른 방법을 발견하게 될 거예요. 그자들은 이 업계에서 돈을 버는 방법은 오로지 그것밖에 없다고 생각하니까요.

언제 처음으로 채권시장과 연관을 갖게 됐나요?

1977년 9월에 시카고로 이사 와서 거래소의 회원권을 사고 그 안에서 장기 채권 중개인이 됐죠. 그때 나는 고작 스물다섯 살이었는데 운이 좋았어요. 1977년 11월 뉴욕으로 가서 여덟 개의 대형 회사를 방문했는데 그중 일곱 회사가 내게 계좌를 열어줬어요. 나는 좋은 시기에 좋은 장소에 있었던 거죠.

거래소 안에서 자신의 계좌로 매매를 시작한 때는 언제였나요?

1979년이에요.

거래소 안의 중개인 활동을 포기하고 싶은 유혹에 빠진 적은 없나요? 그러면 매매에 집중할 수 있으니까 말이에요.

사실 그 반대였어요. 나는 고객을 위한 사람으로 이 업을 시작했고, 1979년부터 1981년까지는 엄청나게 많은 단골을 확보했죠. 당시에 나와 나의 고객들은 시장에서 엄청난 힘을 발휘했어요. 어쩌면 내가 했던 가장 슬픈 결정은 트레이더가 되는 일이었는지도 몰라요. 나는 20대에 훌륭한 중개인이었어요. 그 후 10년 동안 꾸준히 그렇게 중개인 활동을 했다면 매매하면서 겪어야 했던 그 모든 고통이 없었어도 지금의 내가 됐을 거예요. 나는 매매를 노력에 비해 돌아오는 것이 적고 별 매력이 없는 게임이라고 생각해요.

그렇게 말씀하시다니 의외인데요. 다른 트레이더들보다 훨씬 더 큰 성공을 거두셨잖아요?

내 말은 나는 중개인으로서 훨씬 더 많은 소질을 갖고 있다는 얘기죠. 나는 정말 유능한 중개인이었고, 중개인 일은 내 적성에도 딱 맞았거든요.

그런데 어떻게 매매에 임하게 되셨나요?

고객들 중에서 내게 "시장을 너무나 잘 알잖아요. 매매를 해보지 그러세요." 이렇게 말하는 사람들이 있었어요. 그래서 매매를 시작하게 됐죠. 처음에는 거부했지만 한 6개월 버티고 나니 매매를 하게 되더라고요. 그 후부터 매매는 점차 성장했어요.

첫 매매를 기억하시나요?

나의 첫 매매는 매수포지션이었어요. 돈을 조금 땄죠. 그리고 장기채권 매수/지니메이 매도의 스프레드를 매매했는데 거의 매수포지션과 비슷한 것이었어요. 시장은 아래로 내려갔고, 나는 그 동안 벌었던 돈 모두와 50,000달러를 더 잃었죠. 중개인으로 한 달에 약 50,000달러를 벌었기 때문에 그 달은 본전치기 했다고 생각했지만 기분은 영 아니었어요. 그래서 나는 포지션 크기를 줄이고 조금 더 자주 매매하기 시작했어요. 그게 1979년 하락장이었는데, 문제는 내가 하락장 내내 상승 마인드를 갖고 장에 임했다는 사실이죠.

왜 상승 마인드를 갖게 되셨죠?

나의 고객들이 내게 이율은 더 높이 올라갈 수 없다고 계속 말했거든요.[39] 예를 들어 시티은행과 시티그룹의 주문을 처리하는데 그들이 하락장 내내 사더라고요. 그들은 자신들의 견해를 행동으로 뒷받침한다고 말하는 사람들로 정평이 나있었거든요.

---

39) 채권 가격은 이자율이 올라가면 내려간다. 초보들은 때때로 이 기초적 개념에 혼란스러워 하는데, 이율이 올라가면 채권 값이 내려가는 이유는 다음과 같다 — 만약 이율이 올라가면 이것이 의미하는 바는 낮은 이율로 이미 발행돼 현재 존재하고 있는 채권은 투자자들의 구미에 당기지 않는 것이 된다. 투자자들로 하여금 이 낮은 이자표의 채권을 구매하게 하기 위해서는 채권의 가격을 충분히 떨어트려 거기에서 얻는 수익을 높은 이자표의 채권을 액면가로 사서 얻는 수익과 같게 해야 한다.

지금 같은 상황에 놓여 있다면 어떻게 하실 건가요?

나는 이제 많은 기관들의 특성에 대해 알고 있어요. 시티은행을 예로 얘기해 보죠. 그 당시 그들이 사면 나도 샀어요. 지금은 그들이 사면 나는 '이 사람들은 지금 자산을 재배치를 하고 있구나.' 내지는 '포트폴리오의 기간을 조정하고 있구나' 하고 결론내리죠. 현재 나는 포트폴리오 매니저들의 견해에 별로 주목하지 않아요. 왜냐하면 그들의 전망은 내 전망보다 훨씬 더 긴 시간을 염두에 둔 것인데, 이전에는 그걸 이해하지 못했죠.

그래서 더 이상 그런 종류의 견해들에 주의를 기울이지 않는다는 얘기군요?

지나치며 듣기는 하죠. 그렇지만 더 이상 배런(Barron) 잡지에서 포트폴리오 매니저들과 한 인터뷰를 읽지는 않아요. 도움이 된 적이 없거든요. 아마 어떤 트레이더에게도 도움이 안 될 거예요.

다시 말해 문제는 다른 사람들의 견해를 들었다는 사실이 아니라 자신과 관계없는 사람들의 견해를 들었다는 사실이군요.

누가 나와 관계가 있는 사람들인지 판단하는 방법을 몰랐죠. 나는 "대형 계좌인데 엄청 사고 있잖아. 시장은 틀림없이 오를 거야." 이렇게만 생각했던 순진한 애송이였어요.

전략이나 계획, 시스템 등도 없이 그냥 충동적으로 매매를 하셨다는 말씀이네요.

그렇죠. 그리고 시간이 지남에 따라 어떻게 해야 돈을 딴다는 사실을 조금씩 이해하기 시작했어요. "나한테 생각이 있는데, 이 생각을 시장에서 증명해 보여야지." 이렇게 말하는 대신에, "이럴 때 어떻게 하면 돈을 벌지?" 하고 자문하기 시작했죠.

그때까지 무엇을 배웠나요?

견해 따위는 그다지 중요하지 않다는 사실을 배웠어요. 시장에 귀를 기울이는 일이 더 중요하거든요. 나는 견해를 가진 트레이더가 아니라 시장에 반응하는 트레이더가 된 거예요.

1980년에는 솔로몬 브라더스(Solomon Brothers) 사(社)가 내 고객이었는데, 그 당시 그들은 채권이 65에서 80까지 상승하는 동안 하락마인드로 시장에 접근했죠. 내가 1979년에 했듯이 큰 고객의 견해에 주의를 기울였다면 다시 엄청난 돈을 내다버려야만 했겠죠.

그때 무엇이 고객에게 귀 기울이지 말라고 알려주던가요?

다른 사람의 견해에 따라 매매를 하다 돈을 잃었던 1979년의 경험이죠. 지식인들의 확고한 견해는 완전히 틀린 견해였어요.

매매의 성공은 무엇에서 비롯됐나요?

나는 가격을 읽는 방법을 배웠고 예리한 직관을 개발했죠. 그 당시 우리는 엄청나게 큰 규모로 매매하는 트레이더였어요. 여기서 우리란 나와 내 고객들을 말하는 거예요. 하여간 이 때문에 우리가 매매하는 지점에서 시장 움직임이 거의 멈춰버렸죠. 우리는 실제로 지지선과 저항선을 만들고 있었는데, 그 당시에는 그렇게 하는 데 많은 게 필요하지 않았어요. 그때 나는 거의 손실을 보는 날 없이 수개월을 보낸 적도 있다고 기억하고 있어요.

기업 고객의 계좌 없이도 그렇게 할 수 있었을까요?

기업 고객의 계좌가 없어도 그렇게 할 수 있었다면 하고 희망해보죠. 자성예언이 아니었기를 희망하는 거예요. 하지만 그렇다 해도 괜찮을 겁니다. 나는 잘 모르겠지만요.

연속 수개월 동안 돈을 따던 기간은 언제 멈췄나요?

1985년 채권 시장이 상승추세의 중간 단계에 있던 때 어려움을 겪긴 했지만, 매매의 측면에서 보면 1986년까지 한 해도 손실을 본 해가 없었어요.

매매에서 성공한 이유는 가격 변화를 읽는 능력 때문이었나요?

예. 나는 주의를 집중해 열심히 노력했고, 기회를 포착하는 데에 타고난 직관도 있었죠.

그 말은 마치 유능한 트레이더로 타고났을 수도 있고, 그렇지 않을 수도 있다는 말로 들리는군요.

어느 정도 맞는 말이에요. 반드시 트레이더로 타고나야 하는 것은 아니지만 타고난 재능이 있다면 더 좋겠죠.

시장에 대해 육감 같은 것을 갖는 것인가요?

예. 본능적인 느낌이 무엇을 해야 할지를 알려주는 경우가 흔하거든요.

매매하는 데에 타고난 재능이 없는 사람들은 시간 낭비를 하는 것일까요? 아니면 열심히 하면 누구나 성공을 거둘 수 있는 것일까요?

열심히 하는 것과 매매에 성공을 거두는 것과는 아무런 상관이 없어요. 약두 주 전에 우리 회사에서 일하는 머리가 아주 좋은 직원이 "정말 감 잡을 수 없는 일이 이 일이에요. 아무리 열심히 해도 안 된다니까요. 열심히 하는 것과 돈을 따고 못 따고와는 별개에요." 이렇게 말하더군요. 중요한 점은 자신을 알아야 하고, 그 깨달음이 시장에서 효과를 발휘하도록 해야 하는 일이죠.

다소 상투적인 말로 들리는군요. 자신을 안다는 말이 무엇을 의미하죠?

예를 하나 들어드리죠. 나는 나 자신을 괜찮은 트레이더라고 생각하지만 우리 직원 중 나보다 더 훌륭한 트레이더가 있어요. 내가 책상에 머리를 쾅쾅 박으며 그 직원보다 더 잘 하려고 몸부림칠 수도 있고, 그렇지 않으면 그냥 있는 그대로 받아들일 수도 있겠지만 그가 벌 수 있는 만큼 벌도록 놔두고, 나는 내가 벌 수 있는 만큼 벌면 돼요.

내가 생각하는 트레이더의 1년 동안의 삶은 이래요. 12달 중 4달은 신이 나죠. 너무 흥분돼서 밤에 잠도 못 자요. 다음날 일하러 갈 때까지 기다리는 시간이 너무 지루하고, 잠을 못 이룬 채 이리저리 뒤척이죠. 1년 중 두 달은 참혹하죠. 너무나 참혹하고 비참해요. 다음 매매를 어디에서 어떻게 해야 할지를 몰라 밤에 잠을 못 이루죠. 나머지 6개월은 따다 잃다를 반복하죠. 그때는 어떻게 하면 돈을 딸까를 궁리하느라 잠을 못 이뤄요.

결론적으로 1년 내내 결코 잠을 잘 수가 없다는 말이죠. 왜냐하면 끊임없이 매매에 관해 너무나 많은 생각을 해야 하기 때문이에요. 정신과 육체가 황폐하게 되기 때문에 자신을 알아야 해요. 자신의 감정을 적절히 조절하기 위해서 말이에요. 그렇지 않으면 크게 딸 때면 하늘을 나는 연처럼 둥실둥실 날아가 버리죠. 곧이어 시장이 자기를 순식간에 땅바닥에 패대기칠 텐데 이에 대한 준비는 없이 말이에요. 아니면 반대로 계속해서 돈을 잃을 수도 있어요. 이런 때는 어쩌면 창문 밖으로 뛰어내리게 될지도 몰라요. 내가 왜 거래소에서 나왔겠어요? 그 이유는 나를 알았기 때문이었죠. 나는 사람들과 관계를 맺으며 살기를 원했는데 거래소 안에서는 불가능한 일이었거든요.

사실 날마다 거래소에서 일하기란 무척이나 혹독한 노동 같군요. 육체적으로도 그렇게 진을 빼는 일인가요?

물론이죠. 나이가 든 사람들을 보면 알 수 있어요. 20대나 30대에는 육체적이거나 정신적인 스트레스로부터 빨리 회복되지만 나이를 먹으면 그렇게 회복이 빠르지 않아요. 그리고 젊었을 때처럼 해내려면 더 많은 애를 써야 하고요.

마치 프로스포츠 같군요. 아무리 뛰어난 소질을 타고났더라도 어느 나이에 도달하면….

맞아요. 그것과 마찬가지에요.

거래소 회원권을 사서 그곳에 들어가 트레이더가 된 사람 100명 중 5년 안에 최소한 100만 달러를 벌 수 있는 사람은 몇 명이나 될까요?

아마도 다섯 명 이하일 거예요.

들어갈 때 갖고 간 돈을 모조리 잃게 되는 사람은 몇 명이나 될까요?

최소한 반은 그렇게 되죠.

겔버 씨는 다른 대부분의 트레이더들보다 더 큰 성공을 거두셨는데 자신의 성공요인은 무엇이었다고 생각하세요?

내가 기복 없이 지속적일 수 있는 이유는 남의 말에 귀를 기울일 줄 알기 때문이에요. 나는 아마 하루에 스물다섯 명 정도의 트레이더들과 대화를 나눌 거예요. 대부분의 트레이더들은 다른 사람의 견해에 귀를 기울이지 않고 그저 자기 생각을 얘기하고 싶어 하죠. 내가 그들과 다른 점은 그들이 무슨 말을 하는지 성실하고 진지하게 경청하고, 그 말을 어떤 방식으로 하는지 주의 깊게 살핀다는 점이에요. 예를 들어 거래소의 큰손들 중 한 사람이 시장이 상승하는 동안 3일 연속으로 전화해서 내 생각을 물을 때면 나는 그 사람이 팔고 있지만 자신의 견해에 대해서는 확신이 없음을 알게 되죠.

겔버 씨에게 그 사람의 행동이 의미하는 바는 무엇이죠?

내가 대화를 나누는 다른 트레이더들도 그와 같은 태도를 보이면 나는 시장이 더 오르리라고 생각하게 돼요.

그렇다면 스물다섯 명의 사람들과 대화를 나눴는데, 그중 스무 명이 시장의 상승에 대해 안절부절못하는 이유가 그들이 말하지 않아도 매도포지션을 갖고 있기 때문이라고 가정해 보죠. 이럴 경우에는 상승 마인드로 시장에 접근하시나요?

예. 나는 이 업계의 많은 사람들을 알고 있는데 그것은 큰 도움이 돼요. 나는 사람들의 말을 경청하고, 돈을 따는 사람들과 함께 가죠. 물론 내 견해를 가질 수 있지만 내 견해가 내가 시장에서 행하는 매매의 모든 원인은 아니에요. 때때로 내 견해가 옳음을 알면 그것을 따르지만 다른 사람이 옳다는 사실을 알게 될 때는 그 사람의 견해를 따르죠. 돈을 어떻게 버느냐에 까다롭게 굴 필요는 없어요. 내 판단이 옳든 그르든 그게 그리 중요한가요? 중요한 것은 돈을 따는 일이잖아요.

스물다섯 명과 대화를 나눴는데 열다섯 명은 상승 쪽이고 열 명은 하락 쪽이다, 이런 경우에는 혼란스럽지 않을까요?

때때로 혼란스럽기는 하지만 나는 1976년부터 이 일을 해오고 있고, 그동안 언제나 사람들을 잘 이해했어요. 비록 그들은 내가 자기들 말에 귀 기울이고 있다고 생각하지 않지만요. 예를 들자면 우리 회사에 최근 최악의 실적을 거두고 있는 트레이더가 한 명 있어요. 나는 그의 말에 주목하고 있는데 어젯밤 그가 내게 매도포지션을 잡아야겠다고 하더군요. 그래서 나는 매수포지션을 취하기로 결정했죠.

그 사람이 잃고 있는 동안은 말이죠?

맞아요. 그 사람이 따기 시작하면 그때는 그때대로 내게 좋은 정보가 되겠죠. 잃을 때는 잃을 수밖에 없어요. "지금 잃고 있으니까 매매하면 안 돼요"라고 트레이더에게 말할 수는 없거든요. 자기가 거쳐야 하는 과정을 거치도록 놔두는 수밖에 별도리가 없죠.

다른 트레이더들의 태도를 읽고 이해하는 일이 현재 겔버 씨의 매매에서 중요한 요소로 자리 잡고 있나요?

예. 나는 성격이 유연한 편이에요. 나는 나와 대화를 나누는 트레이더들을 잘 알고, 그래서 그들을 잘 이해하죠. 슈웨거 씨가 무슨 말을 한다 할 때, 내가 듣겠어요? 내가 아직 잘 모르는 분인데 말이에요. 나는 세세하게 알고 있는 사람들의 말에만 주목한다는 얘기죠.

본인의 매매가 성공하는 데 중요하게 작용하는 다른 요소가 있다면 말씀해 주시겠어요?

마음을 편히 가지면 잘 하고, 너무 노력하면 일을 그르친다는 사실을 깨달았어요.

'너무 노력한다'는 말은 매매하기에 좋은 기회가 아닌데도 억지로 밀어붙이는 것을 의미하나요?

내가 장 중인데도 여기서 슈웨거 씨와 함께 이렇게 긴 시간을 보내는 이유 중 하나가 억지로 밀어붙이지 않기 위함이에요. 지난 수 주 동안 시장 움직임은 매매하기에 좋은 기회를 제공하지 않고 있죠. 우리들이 이런 장에 뛰어들어 돈을 내다버리는 실책을 범하지 않는 점은 자랑할 만하다고 생각해요.

좋은 기회가 없을 때는 자세를 낮추고 그저 기다린다는 말인가요?

오해하지 마세요. 나는 그 정도로 뛰어나지는 않아요. 나이가 들면서 조금씩 나아진다고나 할까요. 지난 2년은 기다림을 배우는 세월이었어요. 리차드 데니스는 거래소를 떠난 후 이렇게 말했죠. "거래소를 떠난 첫해는 내가 가장 고통스러운 경험을 겪게 된 해였다. 내 생애에서 가장 비싼 수업료를 지불해야만 했기 때문이다" 하고 말이에요. 나도 똑같은 경험을 했어요.

거래소에서 그토록 잘 하셨는데 그곳을 떠나게 된 동기는 무엇이었나요?

나는 이 산업이 중개인으로서의 내 재능을 더 이상 필요로 하지 않을 정도로 발전해 버렸다고 느꼈어요. "다음 가격은 얼마인가요?", "어떻게 큰 포지션을 움직이죠?" 하는 것들만 사람들이 알고 싶어 하는 전부에요. 나의 기술에 지불되는 요금 수준도 너무 낮았죠.

고객 업무를 말씀하시나요?

고객 업무와 내 매매를 다 얘기하는 거예요. 시장 거래량이 너무 커져서 나의 스윙매매방법이 쓸모없게 됐죠. 다음의 여덟 틱 예측이 아니라 다음의 한 틱을 예측해야 할 정도로 시장이 커져버렸거든요.

하던 방식대로 매매할 수 없었던 이유가 뭐였나요?

거래량이 너무 커졌고, 시장 규모도 너무 커졌어요. 거래소 안에서는 시장을 바르게 볼 수가 없었죠.

시장 참여자가 너무 많아서요?

맞아요. 장기채권 선물매매가 시작되던 초기에는 거래량이 그리 많지 않았기 때문에 사람들이 위로나 아래로 과도하게 쏠리고 있다는 사실을 쉽게 파악했어요. 이제는 더 이상 그런 시장은 존재하지 않죠.

실적이 저하되기 시작했나요? 제 말은 어떤 불길한 조짐을 보셨는가 하는 것이죠?

1985년에 내가 매매를 시작한 이래 처음으로 100만 달러 이하의 수익이 났어요. 그때 무언가 잘못되고 있음을 알아차렸죠. 나는 기복 없고 지속적인 트레이더였고, 실적도 매년 향상됐었는데 실적을 보니 수익이 세 틱, 네 틱, 이런 식으로 줄어드는 데다 손실은 더 커졌어요. 이에 대한 나의 대응은 더 많은 매매를 하는 적극적인 거래소 트레이더가 되는 일이었어요. 엄청난 크기의 포지션을 취했는데 수익 대비 위험은 터무니없이 비정상적이었죠. 이 사실을 알아차렸을 때 내게 변화가 필요하다는 확신이 들더군요.

그 기간 동안 운이 좋아서 크게 얻어맞는 일을 피할 수 있었나 보죠?

사실 두 번 심한 매를 맞았지만 괜찮은 수익을 내는 다른 매매도 있어서 다행이었죠. 요점은 나는 죽어라 뛰는데 앞으로 나가지 못하고 계속 제자리를 맴돌고 있다는 사실이었어요. 나는 매매를 힘들이며 하고 싶지는 않았는데, 그 당시에는 정신과 육체의 에너지를 모두 고갈시키고 있었죠.

만약 초기처럼 계속 잘 하고 있었다면 거래소에 그대로 머물렀을까요?

그랬겠죠. 거래소 안은 매우 고무적인 환경이에요. 밖으로 나오니 매일 자신에게 동기를 부여해야 되더라고요. 적응하기 꽤 힘들었어요.

거래소 밖에서 매매하기가 더 어려운가요?

종합적으로 고려해보면 그렇지는 않아요. 1987년과 1988년의 수익은 꽤 괜찮았거든요.

거래소에서 나온 첫 해에 상당히 힘드셨다고 하셨잖아요. 그 주된 문제가 여전히 거래소에서 매매하듯이 매매를 했기 때문이었다고 할 수 있을까요?

예. 그게 가장 중요한 이유였어요. 그 다음으로 중요한 이유는 거래소에서 막 나온 때가 1986년인데 시장이 큰 상승추세를 형성하던 시기였다는 사실이죠. 내 매매방식은 추세추종형이 아니었기 때문에 잃을 수밖에 없었어요.

아직도 그런가요?

아뇨, 내 방식은 변했고 더 나아졌죠. 여전히 추세와 반대로 매매하면서 수익을 잘 올리지만 추세를 따르면서도 큰돈을 벌 수 있게 됐죠.

매매시스템을 이용하시나요?

아뇨. 우리는 자유재량으로 매매하는 트레이더들이에요. 기술적 지표들과 시스템은 매매도구로만 사용해요. 우리가 개발한 쓸 만한 시스템이 하나 있는데, 이 시스템은 변동성의 변화에 근거해서 만들어졌어요. 우리는 변동성이 추세의 방향에 대한 실마리를 제공한다는 가설을 세우고 과거 데이터로 검증해본 결과 이 시스템이 양호한 신호들을 보낸다는 사실을 알게 됐어요. 그렇지만 맹목적으로 이 신호들을 따르지는 않아요.

자동화된 컴퓨터 시스템의 실적을 연간 평균 수익으로 말해서 어느 정도 돼야 좋은 실적이라고 생각하시는지요?

최대 자본 손실의 경우 10퍼센트 이하면서 약 40에서 50퍼센트 정도의 수익이면 좋은 실적이겠죠.

그렇지만 시스템은 항상 그보다 더 큰 최대 자본 손실을 경험하죠.
그렇기 때문에 우리는 맹목적으로 시스템을 따르지 않아요.

시스템이 유능한 트레이더와 견줄 수 있다고 생각하시나요?
아직까지 그런 시스템을 본적은 없지만 어딘가에 있을지도 모르죠.

어떤 트레이더들은 좋은 기술을 가지고 있으면서도 성공을 못하는데 그들이 성공을 못하는 이유는 무엇이라고 생각하세요?
실패하는 대부분의 트레이더들은 너무 큰 자존심을 갖고 있어서 자기가 잘못 판단했다는 사실을 용납하지 못해요. 이 업계에 발을 들여놓은 초기에는 자기 잘못을 잘 인정하던 사람들이 시간이 지나면서 그렇게 못하는 경우가 있더라고요. 또 어떤 트레이더들은 잃는 것을 너무 염려해서 실패하기도 하고요.

다른 말로 하면 성공적인 매매는 손실을 피하려 노력이지 손실에 대한 두려움이 아니라는 얘기군요.
아주 잘 말씀하셨어요. 나는 잃는 게 두렵지 않아요. 잃는 것을 두려워하는 순간 끝났다고 보면 돼요.

손실을 받아들이는 능력은 승리하는 트레이더들의 특성인가요?
그렇죠. 톰 볼드윈(Tom Baldwin)이 좋은 예가 될 듯하네요. 그는 시장만을 보고 매매하지 포지션의 크기나 투입 자금을 보고 매매하지 않아요. 무슨 말이냐 하면, 그는 "맙소사 2,000계약의 매수포지션이라니, 너무 많잖아. 조금 팔아야 해." 이렇게 생각하지 않는다는 얘기죠. 절대 매매를 그런 식으로 보지 않아요. 그는 시장이 너무 올랐다고 생각되거나, 아니면 자신의 포지션이 잘못됐다고 판단될 때만 팔죠.

자신의 매매경험 중 특히 극적이었다고 기억되는 매매가 있으면 말씀해 주시겠어요?

1986년 일본인들이 장기채권을 사재기할 때였어요. 월요일 아침에 충동적인 급상승이 있었죠. 나는 시장이 90.00일 때 너무 높다고 생각했는데 91.00에서 거래가 진행되잖아요. 그래서 1,100계약을 가격이 91.00 위로 올라올 때 매도했죠. 그러자 시장은 아래로 물러났고 91.00에서 1,000계약의 매물이 나왔어요. 내가 그걸 보고 회심의 미소를 지은 지 채 5분도 안 돼서 시장은 다시 돌아서더니 92까지 치솟더라고요.

나는 100만 달러를 잃고 있었고 시장은 상한가에 거의 근접하고 있었죠. 그렇게 짧은 시간에 그렇게 많은 손실을 본 적은 없었어요. 그리고 그 손실은 내가 보통 하던 대로 하지 않아서 발생했고요.

그것이 구체적으로 무엇이죠?

나는 보통 연초에는 그렇게 크게 매매하지 않거든요. 처음에 점진적으로 벌다, 번 돈을 가지고 매매하기를 좋아하죠.

겔버 씨의 자금관리 철학에는 매 해를 독립적으로 간주하는 것도 포함되는군요?

맞아요. 그건 그렇고, 그 당시 나는 고점에서 조금 더 팔았어요. 그리고 그 시점 이후부터 오로지 포지션을 청산할 일만 걱정했죠. 내가 참을성 있게 기다렸더니 시장이 뒤로 물러나기 시작하더군요. 그날 총 400,000달러를 잃게 됐는데 처음의 평가손실을 생각하면 그렇게 나쁜 결과는 아니었죠. 그렇지만 나는 그 매매로 심적으로 큰 상처를 입었어요. 나는 시장 움직임에 크게 놀랐던 거예요. 시장이 그렇게 내달릴 수 있다는 사실을 잊고 있었죠. 내가 그렇게 큰 오류를 범할 수 있다는 것도 믿기지 않았고요.

조금 전에 일본인들이 사재기를 했다는 말은 무슨 의미인가요?

일본인들이 무언가를 사기 원할 때 그들이 진정 원하는 바는 시장 점유율이라고 보면 돼요. 일본인들이 어떻게 증권을 사는지 미국이 실감하게 된 첫 경험이었죠. 그들은 싹 쓸어버리더군요.

일본인들이 미국의 채권시장을 신고점으로 밀어 올린 힘이었나요?

그렇죠.

그렇다면 일본인들은 이율이 그렇게 낮은 때에 장기채권 매수포지션을 취함으로 해서 안게 되는 그 모든 위험에 대해 개의치 않은 것이 분명하군요?

그 사람들은 채권을 이율의 시각에서 보는 것 같지 않아요. 그들은 가격이 오르느냐 그렇지 않느냐로 상황을 판단하죠. 만약 오르면 그들은 사고, 그들이 사면 또 오르고, 오르는 것을 본 그들은 조금 더 사죠.

그 이후에 채권시장은 다시 무너졌잖아요. 일본인들은 제때에 포지션을 정리했나요?

물론이죠. 천장에서 누가 가장 많이 산 줄 아세요? 미국 딜러들이었어요. 상승 중에 매도포지션을 잡았던 미국 딜러들은 포지션을 청산하려고 필사적이었죠.

그렇다면 일본 트레이더들은 머리가 좋다는 얘기군요?

아니요. 그들에게는 독특한 방식이 있어요. 그들은 발사된 포탄과 같은 트레이더들이죠. 한쪽 방향으로 가기 시작하면 모두가 쉼 없이 나아가요. 한 일본계 증권사에서 일하는 내 친구가 시세판에 올라온 거의 모든 장기채권을 사들인 어떤 일본인 트레이더에 관해 얘기해줬어요. 그 일본인은 채권을 사들이고 약 15분 후 다시 전화를 하더니 "왜 베이시스[장기채권 현물가격과 선물가격의 차이]가 이렇게 벌어지죠?" 하고 묻더라는 거예요. 그 순진한 일본인 트레이더는 현물가격이 높이 치솟았는데 선물가격이 그렇게 많이 오르지 않은 것을 본 거예요. 내 친구는 그에게 "방금 시중의 채권을 모조리 사셨죠? 그러니 베이시스가 벌어지는 건 당연하죠." 이렇게 말했대요. 일본인들은 자기들이 하는 매매가 어떤 효과를 가져오는지 이해를 하지 못했던 거예요.

일본인들은 1987년 미국 주식시장에서도 1986년 채권시장에서 했던 것과 같은 행동을 했어요. 그들은 실제로 주식시장을 완전히 장악했었죠. 주가가 계속 오른다는 이유로 계속 매수하면서 말이에요.

나는 1987년에 채권을 매도하고 주식을 매수하지 않은 나를 도저히 용서할 수가 없어요. 그랬다면 1987년 매매 중 최고의 매매가 됐을 텐데 말이죠.

그 이유는 채권시장은 이미 너무 많이 올랐는데 주식시장은 아직 오르지 않았기 때문인가요? 그 두 시장이 가치 측면에서 어긋나 있다고 생각하셨나요?

맞아요. 또한 일본인들이 미국의 대형주를 사고 있다는 사실을 알았죠. 채권시장에서 그들의 매수 방식을 이미 경험했기 때문에 결과는 더욱 명백했죠.

그런데 왜 그렇게 하지 않으셨어요?

S&P와 장기채권의 스프레드가 1대 1계약 가격으로 19,000달러에서

25,000달러 사이에서 매매되고 있었어요. 나는 나흘 동안 휴가를 갔는데, 며칠 만에 일본인들의 주식 매수로 스프레드가 30,000달러까지 치솟았죠.

왜 매매 아이디어가 있었는데도 휴가를 떠나기 전에 그 스프레드를 사지 않으셨나요?

나는 스프레드가 박스권을 뚫고 올라오기를 기다렸어요. 26,000달러 위로 올라서면 사려고 했죠. 그런데 30,000달러에서는 방아쇠를 당길 엄두가 나지 않더군요.

언제나 지키는 중요한 매매규칙이 있으면 말씀해 주시죠.

절대 물타기를 하지 말라는 규칙이죠.

보통 수준의 트레이더들이 잘 범하는 실책은 무엇일까요?

크게 자주 매매하고 비밀 정보를 찾아다니는 일이죠.

연속으로 손실을 보는 기간은 어떻게 대처하시나요?

본능적으로 매매 규모를 줄여요. 때로는 잠시 쉬어버리기도 하고요. 모든 것을 깨끗이 잊어버리고 새롭게 출발하는 습관은 좋은 습관이에요.

전체적으로 손실을 보고 있지만 그래도 몇 개의 좋은 포지션들을 갖고 있다고 가정할 때, 그 좋은 포지션들도 다 정리해 버리나요?

물론이죠. 그 포지션들마저 반대로 돌아서게 되어 있어요.

나는 브라이언 겔버와의 대화에서 이중매매와 미국 채권시장에 일본인들이 미친 영향력에 관한 얘기가 가장 흥미로웠다. 그러나 이 얘기들은 매매 기술을 이해하는 데 도움을 주는 내용은 아니다. 더 실용적인 부분들을 다시 정리하자면, 겔버는 증권사의 연구보고서를 잘못 이해하고 사용하지 말라는 경고를 해줬다. 그는 중개인과 고객이 장기적 관점에서 나온 보고서를 단기매매에 사용하는 경향이 있다고 지적하며, 이렇게 정보를 잘못 적용하면 비록 그 정보가 옳을지라도 매매에서 손실을 보게 된다는 점을 얘기해줬다.

매매에서 유연성을 발휘하고 자존심을 버리는 일은 겔버의 성공에 중요한 요소로 작용했다. 돈을 따는 트레이더들에 관해 언급하며 그는 "돈을 어떻게 버느냐에 대해 까다롭게 굴 필요는 없어요. 내 판단이 옳든 그르든 그게 그리 중요한가요? 중요한 것은 돈을 따는 일이잖아요"라고 말했다.

끝으로 연속 손실을 보는 기간에 대처하는 겔버의 방법은 다른 많은 트레이더들도 언급한 내용이라는 사실에 주목해야 한다. 그는 모든 것을 깨끗이 잊고 새롭게 출발하라고 조언해줬다. 모든 것을 털어버리면 트레이더는 더 명료하게 상황을 볼 수 있게 된다. 청산한 포지션이 여전히 매력적으로 느껴지면 트레이더는 회복된 자신감으로 다시 그 포지션을 잡으면 된다.

Tom Baldwin _ 톰 볼드윈

거래소의 겁 없는 트레이더

거래량이 많은 선물시장의 거래소는 볼만한 곳이다. 이곳에서는 많은 트레이더들이 이리 밀치고 저리 밀치며 목청이 터져라 매수, 매도주문을 외친다. 이곳을 처음 보는 사람이라면 이 대소동의 장소가 제도권의 영역이며, 이곳에서 주문처리 과정이 실제로 효율적으로 진행되고 있다는 사실을 기적으로 여길 것이다. 광란의 세계와 같은 선물거래소 안에서도 500명 이상이 있는 장기채권 트레이더석은 어느 곳과도 비교가 안 되는 거대한 곳으로 두드러지게 눈에 띈다. 장기채권 트레이더석은 너무 커서 한쪽 편에서 다른 쪽에서 무슨 일이 일어나고 있는지도 모를 때가 허다하다.

대부분의 사람들이 톰 볼드윈을 장기채권 거래소의 가장 거대한 개인 트레이더로 지목했다. 그의 매매 규모는 주요 기관투자자와 비슷한 수준에 이른다. 그가 한번에 2,000계약(장기채권 액면 가치로 2억 달러)을 매매하는 일은 흔한 일이고, 하루에 20,000계약(장기채권 액면 가치로 20억 달러) 이상을 매매한 날은 전형적인 날에 속한다. 볼드윈은 장기채권을 매매한 지 고작 6년밖에 안 되는 30대 초반의 트레이더였다.

볼드윈이 거래소 내에서의 매매라는 분야에 발을 들여놓게 된 이야기는 성공의 방법이라기보다 실패의 비법에 대한 얘기처럼 들렸다. 1982년 매매경험이 전혀 없는 상태에서 정육 회사의 제품 담당자 일을 그만둔 볼드윈은 시카고 선물거래소의 회원권을 임대하게 된다. 그의 자금은 25,000달러에 불과했는데, 이 보잘것없는 자금 중에서 매달 2,000달러 이상을 회원권 임대료로 지불해야 했고, 매달 최소한 1,000달러는 생활비로 써야 했다. 여기에 더해 그의 아내가 때마침 임신을 하게 됐다.

볼드윈은 안전한 매매를 하는 사람이 아니다. 그의 위험을 감수하는 공격적 태도는 그가 성공하게 된 중요한 요인들 중 하나였다. 그는 시작부터 수익을 올려 첫 해가 끝나기 전에 백만장자가 됐으며, 그 후에도 줄곧 전진하고 있다. 그는 그 동안 자신이 얼마나 땄는지에 대해 구체적으로 말하기를 거부했지만 3천만 달러 정도로 예상하더라도 상당히 보수적인 수치임이 분명하다. 실제 수익은 그보다 훨씬 높을 수 있다.

나는 세계 최대의 선물시장에서 가장 성공한 거래소 내의 트레이더인 볼드윈을 이 책에 꼭 필요한 인터뷰 대상이라고 생각했지만 볼드윈은 나의 인터뷰 제의에 시큰둥하게 반응했다. 그는 과거에 인터뷰를 몇 번 가진 적이 있었지만 더 이상의 인터뷰에 대해서는 부정적인 생각을 갖게 됐던 것이다. 브라이언 겔버의 친절한 도움이 없었다면 — 이 두 사람은 친하게 지내는 사이이며, 서로 트레이더로서의 능력을 높이 인정하고 있다 — 이 인터뷰는 결코 성사되지 못했을 것이다.

겔버는 볼드윈이 예의 없이 굴 수도 있고 상냥하게 행동할 수도 있다며 예의 없이 구는 일에 대비해 두는 편이 좋을 것이라고 내게 말해줬다. 겔버는 처음 매매를 시작하게 된 동기를 묻는 질문에 볼드윈이 퉁명스럽게 "거래소에 가서 매매를 시작했습니다." 이렇게 대답할 수도 있다며 일례를 들어주기까지 했다. 인터뷰 도중에 겔버가 들어준 예는 사실과 별반 다르지 않음이 드러났다.

나는 장 마감이 몇 분 지나지 않았을 때 볼드윈의 사무실에 도착했고 볼드윈은 나보다 몇 분 늦게 자기 사무실에 도착했다. 볼드윈은 새 사무실에 막 이전한 참이었고, 가구가 배달되기 전이어서 우리는 인터뷰를 창문턱에 걸터앉아 진행해야 했다.

볼드윈의 태도는 예의 없지도, 상냥하지도 않았다. '열의가 없다'는 말이 그의 태도를 묘사하는 말로 가장 적절했는지도 모른다. 인터뷰를 시작하며 나는 다음 질문으로 넘어갈 때 조금이라도 주저하면 볼드윈이 인터뷰를 끝내고 가버릴지도 모른다는 불안에 사로잡히게 됐다. 인터뷰가 있던 날은 성패트릭 기념일[40]이었는데, 사무실을 나서는 사람들이 볼드윈에게 근처 바에서 보자고 말할 때마다 나의 이런 불안은 점점 더 커졌다. 나는 볼드윈이 그들과 합류하고 싶어 안달이 나 있음을 감지할 수 있었다. 나는 그가 대답을 마치면 곧장 다음 질문을 던지기 위해 인터뷰를 완전히 즉흥적으로 이끌어 가야겠다고 판단했다. 그의 대답 중 많은 부분이 아주 짤막해서 나는 마치 내가 희귀한 새를 조심스럽게 촬영하는 사진사처럼 느껴졌다. 한번 삐끗하면 새는 날아가 버리고 마는 것이다.

나는 어느 순간이 되면 내가 그의 대답에 이은 즉각적인 다음 질문을 내놓을 수 없는 단계에 도달하게 될 것임을 알았다. 인터뷰가 약 40분 정도 진행됐을 때 나는 그 단계에 도달하고 말았다. 나는 빠르게 질문목록을 내려다보며

---

40) 성패트릭 기념일(St. Patrick's Day) : 아일랜드에 그리스도교를 전파한 성패트릭을 기념하는 날로 사람들이 초록색 옷을 입고 초록색 맥주를 마시며 즐기는 축제일 — 역자 주.

난관을 해결하는 실마리가 될 질문을 찾았지만, 불행히도 내 눈은 이미 다뤘던 질문에서 맴돌았다. 나는 그 질문을 다른 각도에서 물어보려고 시도했으나 그마저도 너무 늦어버렸다. 게임 끝이었다. 볼드윈이 미안하지만 그만 가봐야겠다고 말했기 때문이었다.

-- *interview*

어떻게 처음 매매에 흥미를 갖게 됐나요?

대학원에 다닐 때 상품시장에 관한 수업을 들은 적이 있어요. 매매를 하고 싶었지만 회원권을 살 돈이 없었죠. 1982년에 회원권을 임대할 수 있다는 사실을 알게 돼서 시작하게 됐어요.

항상 거래소 안에서만 매매를 하고 싶었나요? 다른 방법도 있었을 텐데요?

거래소 안만 생각했죠.

매매하는 방법은 어떻게 배웠죠?

한 번에 하나씩 배웠어요. 내게는 항상 한 가지 생각이 있었죠. 하루 종일 거래소에 서서 나의 견해를 만들었거든요. 내 생각이 옳았음을 보게 되면 나는 조금 더 강해지는 거예요. 매매를 하지는 않았지만 말이에요. 그러고 나서 내가 매매를 시작했을 때 내 생각이 대부분 옳다는 사실을 알게 됐죠. 매일 여섯 시간씩 거래소에서 서 있었던 일이 효력을 발휘하더라고요. 계속 반복해서 같은 시나리오가 만들어지는 모습을 봤거든요.

시장패턴에 대한 얘기인가요, 아니면 트레이더들의 행동에 대한 얘기인가요?

둘 다요. 시장패턴도 계속 반복되고, 시장 참가자들도 같은 일을 계속 반복해서 하죠. 그에 맞춰 매매를 하면 돼요.

첫 몇 개월은 어땠나요? 처음부터 돈을 따셨나요?

내 기억에 가장 많이 내려갔던 게 열아홉 틱이었던 듯해요. 그러니 처음부터 상당한 수익을 올렸죠.

거래소에 아무런 배경지식도 없이 와서 시장 방향을 그렇게 잘 맞출 수 있었다면 무슨 유리한 이점이 있었으리라고 생각되는데, 그게 무엇이었나요?

열심히 일했을 따름이에요. 매일매일 하루도 빠지지 않고 여섯 시간을 거래소 안에서 서 있었죠.

그렇지만 참고할 경험이 없었잖아요?

경험이 필요하지는 않아요. 매매하는 데 어떤 교육이 필요한 것도 아니고요. 똑똑할수록 멍청해져요. 많이 알면 알수록 더 해롭죠.

볼드윈 씨의 매매 타입은 스켈핑이라고 할 수 있는데, 스켈핑을 위해 어떤 때에 매매에 임하고, 무엇을 보시죠?

먹을 수 있는 만큼 먹으려 하죠. 한 번의 매매로 몇 포인트를 먹을 수도 있고, 한 틱을 먹을 수도 있어요. 얼마가 될지는 결코 알 수 없어요. 시장을 지켜보며 감을 잡고, 올바른 포지션을 취했을 때 그 포지션과 함께 가는 것이죠.

그렇지만 평균적으로 몇 틱만 먹고 나오지 않나요?

그래요. 큰 포지션에서 평균적으로 네 틱 정도의 수익을 얻죠.

포지션을 유지하는 시간이 엄청 짧을 것으로 생각되는데요?

짧게 가져가려 노력하죠.

분 단위인가요?

예. 아니면 초 단위일 수도 있고요. 그래야 위험이 적거든요. 목표는 항상 위험의 최소화이니까요.

항상 스켈핑만 하셨나요?

처음에는 순전히 스켈핑만 했는데 점점 발전해서 스켈핑과 방향성 매매를 같이 하죠.

현재 방향성 매매가 전체 매매의 몇 퍼센트를 차지하나요?

작아요. 10퍼센트도 안 되니까.

그렇다면 기본적으로 처음 시작했을 때와 별 차이 없이 같은 매매방식을 고수하고 있군요?

그렇죠.

기술적 분석을 사용하나요?

예. 차트를 사용해요.

단기매매를 하시니까 하루 동안의 가격 움직임을 보여주는 차트를 사용하시겠군요?

아뇨. 지난 6개월간의 바차트를 봐요.

차트를 보고 '기본적으로 위쪽이군.' 이렇게 생각하게 되면 주로 위쪽 방향으로 스켈핑에 임하게 되나요?

꼭 그렇지는 않아요. 어떤 견해를 가지고 시작하지만 생각을 바꿀 무언가를 보게 되면 처음의 생각을 바꾸죠.

차트를 보고 갖게 된 매매 의견과 함께 하루를 출발한다는 사실은 볼드윈 씨가 매매에서 승리하는 데 중요한 요소로 작용하나요?

예.

돈을 잃은 기간이 있었나요, 아니면 지속적으로 수익을 올렸나요?

지속적이었어요.

손실을 본 달이 전혀 없었나요?

한두 달 있었죠.

그렇지만 두 달 연속은 아니었겠죠?

예, 절대 아니에요.

거래소 안에서 매매하려고 오는 사람들 중 5년 후에도 여전히 그 안에 남아있는 사람들은 몇 퍼센트나 될까요? 돈을 다 잃어서 퇴출되는 사람들의 수보다 적을까요?

20퍼센트 미만이에요. 대충 어림잡은 수치로 그렇다는 말이고, 그보다 더 적을 수도 있어요.

최소한 200만 달러를 벌어서 지키는 수준까지 도달하는 사람들은 몇 퍼센트죠?

1퍼센트요.

다시 말해 트레이더들 중 극소수라는 얘기군요?

맞아요. 다른 업종과 다를 바가 없어요. GM에서 최고경영자까지 올라갈 수 있는 사원이 몇이나 되겠어요?

그 1퍼센트가 나머지 99퍼센트와 다를 수밖에 없는 이유가 무엇이라고 생각하는지요?

한 가지 이유는 그들이 열심히 노력한다는 거예요. 불굴의 노력 말이에요. 일을 정말 사랑해야 하죠. 다른 이유는 이 업계에서는 돈을 돌처럼 봐야 해요. 돈 때문에 매매해서는 안 되죠.

포지션을 믿는 한 포지션을 유지한다는 의미인가요? "이번 매매로 100만 달러를 잃었잖아. 100만 달러면 호화 저택을 살 수 있는 돈인데…." 이렇게 말하지 않는다, 즉 매매의 결과를 물질적인 것과 비교해 생각하지 않는다는 얘기죠?

바로 그거에요. 대부분의 사람들은 그런 식으로 생각하거든요.

두려움이 거의 없어야 한다는 말이군요?

그래요.

그게 돈을 따는 트레이더의 특성인가요? 돈을 잃는 트레이더보다 겁이 없다는 얘기 말이에요.

그렇죠.

거래소에 새 트레이더가 오면 그 사람이 성공할지 실패할지 알아볼 수 있나요?

예.

그 사람이 실패할 것을 무엇을 보고 판단하시죠?

실패할 사람은 가장 중요한 충분한 노력을 하지 않아요. 대부분의 사람들이 모든 매매에 50대 50의 확률이 있다는 생각을 갖고 거래소에 들어오죠. 그들은 그 이상의 무언가가 있다는 생각을 하지 않고 집중하지도 않아요. 시장에 영향을 미치는 원인들을 주의 깊게 살피지 않는 것이죠. 실패할 사람은 눈빛을 보면 알 수 있어요. 마치 그 사람 앞에 어떤 벽이 놓여있는 듯한 느낌이 들거든요.

시장에 영향을 미치는 원인이란 펀더멘털을 의미하나요?

아뇨. 다른 시장들, 즉 다우나 금과 같은 시장들이 어떻게 돌아가는지 주목하는 일을 말해요. 그리고 거래소 안의 트레이더들이 어떻게 움직이는지도 주시해야 하고요.

패턴을 말씀하시는군요.

예.

다시 말하면 사람들은 세심한 주의를 기울이지 않는다는 얘기군요. 여기저기 기웃거리며 매매할 기회를 엿볼 뿐, 주변에서 일어나고 있는 모든 상황을 파악하려 노력하지 않는다는 말이죠?

맞아요. 그리고 사람들은 너무 높은 비용을 지불하죠. 그 안에서 충분히 오랫동안 견뎌내면 돈을 벌 수 있는데 그러지를 못해요. 어떤 일도 마찬가지겠지만 충분히 오래 견디고 있으면 버는 법이거든요. 따라서 벌기 전에 얼마나 오래 버틸 수 있느냐가 관건이에요.

정말 그렇게 생각하나요?

보통 사람이 백만장자 트레이더가 되지 못하는 수도 있겠지만 만약 5년 동안 그 속에 있었다면 돈을 따야죠. 다른 직업과 마찬가지에요. 새로운 일을 시작하는 처음 6개월 동안에는 편안함을 느끼는 사람이 없잖아요.

볼드윈 씨는 그러지 않았나요?

예. 그렇지만 나는 최소규모의 트레이더였어요. 게다가 나는 편안함을 느끼지 못했는데, 왜냐하면 반드시 돈을 따야만 했기 때문이었죠. 내 전 재산이 25,000달러였거든요.

어느 시점에 성공할 수 있겠다는 자신감을 가지게 됐나요?

재미있는 질문이군요. 사실 이 직업에 종사하며 자신감을 가질 수 있는 사람은 없다고 봐요. 언제든 순식간에 다 털릴 수 있거든요. 나는 매매를 '칼로 흥한 자, 칼로 망한다'는 말로 표현하죠. 큰 포지션을 갖고 있는데 시장이 그 포지션의 반대방향으로 가격제한폭까지 움직이는 그런 상황에 맞닥뜨릴 가능성은 언제나 존재하죠. 반면에 어떤 시장에도 돈을 딸 기회는 널려 있고요.

손실을 보는 날은 몇 퍼센트인가요?

열흘 중 하루요.

시간이 경과하며 그 퍼센티지에 변화가 있었나요?

오랜 기간 그대로 유지됐어요.

자신의 관점에서 볼 때 평균적인 트레이더들, 예를 들어 개미 트레이더들은 어떤 오류를 범한다고 생각하나요?

매매를 너무 많이 해요. 매매 시점을 매우 선별적으로 골라야 하는데 그들은 시장이 움직이는 모습을 보면 절대 그 움직임을 놓치지 않으려 하죠. 그러다 보니 인내심을 갖고 기다려야 할 때에 매매를 밀어붙이게 돼요. 인내심은 많은 사람들이 가지지 못한 유익한 성품이에요.

정확한 매매 시점이 도래할 때까지 기다려야 한다는 말씀이군요?

맞아요. 대부분의 사람들은 처음 다섯 번의 매매에서 전체적으로 돈을 따게 돼요. 그러면 사람들은 '훌륭한데. 공짜로 생긴 돈 같아.' 이렇게 생각하죠. 그리고는 자기들이 초기 매매에서 돈을 딴 이유가 오랫동안의 기다림 때문이었다는 사실을 잊어버리게 돼요. 사람들은 "시장이 이렇게 움직이는 모습은 수도 없이 봤지. 매수하기에 좋은 지점이야." 이렇게 말하며 매수에 임한 결과로 돈을 땄는데 어느 순간부터 매일 매매를 하기 시작하죠.

그 다음 그들에게 일어나는 일은 몇 번의 매매에서 손실을 보는 일인데, 이때 손실을 어떻게 받아들여야 하는지 모르는 게 다반사에요. 수익을 내며 출발했지만 순식간에 본전이 돼버리죠. 그러면 사람들은 망설이기 시작하죠. "어디에서 포지션을 청산해야 하지?" 이렇게 생각하며 망설이는 동안 시장은 계속 그들과는 반대 방향으로 나아가요. 이제 사람들은 순손실의 단계에 들어서게 되고, 그러면 이렇게 말하죠. "여기서 청산한다면 1,000달러가 사라지게 된다!" 주급을 500달러 받는 마당에 1,000달러를 잃는다는 일은 용납할 수 없는 현실이죠. 어느덧 사람들은 돈을 생각하게 되는 거예요.

'돈을 생각하기 시작하면 끝장이다' 라는 말인가요?

예. 개미들에게 흔히 일어나는 일이죠.

볼드윈 씨가 손실에 대처하는 방법은 무엇인가요?

포지션 청산이죠.

빨리요?

가능하면요. 내 말의 요점은 나는 참을성 갖고 기다린다는 사실이에요. 나는 내가 잃고 있음을 알게 되더라도 최적의 기회라고 생각되는 지점까지 기다렸다 빠져나와요. 그런 뒤에는 반대 포지션을 취하죠.

그 말은 포지션이 효율적이지 않다는 사실을 깨닫게 되면 청산하지만 그 시점은 선별한다는 것이군요?

맞아요. 하여간 반드시 포지션을 청산하죠.

이렇게 가정해보죠. 어느 날 시장이 완전히 일방통행으로 가고 있을 때 손절을 하게 됐다고요. 그렇다면 어느 지점에서 항복해야 하나요?

얼마나 멀리 갔느냐에 따라 다르겠죠. 만약 한참을 간 상태라면 어느 지점에선가 무조건 수건을 던져야 해요. 1년에 서너 번은 발생하는 일이죠. 그냥 비용을 지불하고 나와야 해요.

볼드윈 씨는 그렇게 해야 할 때를 대체로 잘 감지하는 편인가요?

예. 예전에 발생했던 일이니까요.

그러니까 매매에서 약간의 손실이 났을 때 시장이 자신의 방향으로 조금 움직일 때까지 기다렸다 올라올 때 팔거나, 내려갈 때 사는 게 서둘러 포지션을 내던지는 것보다 일반적으로 낫다는 말이군요?

맞아요.

그것이 볼드윈 씨의 매매 방식에 중요한 요소인가요?

예. 매매에서는 절대 포기하면 안 돼요. 많은 트레이더들이 손실을 보게 되면 그냥 보유 물량을 던져버리는데, 그 이유는 매매원칙을 고수하는 자제심을 가져야 한다고 배웠기 때문이에요. 좋아요. 그렇게 하는 트레이더들은 언제나 있기 마련이죠. 하지만 좀 더 참을성을 가지고 "그래, 이번 매매는 실패야. 그러나 여기 7에서 나오는 것보다 한 1분만 더 참고 기다리면 10에서 팔고 나올 수 있을 거야" 하고 생각하는 게 더 나을 수도 있다는 말이죠.

포지션 정리로 고통을 멈추고 싶어 하는 게 문제라는 말인가요? 즉 고통을 조금만 더 견딜 자세가 돼 있다면 조금이라도 덜 잃는다, 이런 말씀인가요?

예. 사람들은 너무 빨리 포기하죠. 대부분의 경우 포기하지 않으면 5미터 손실을 2미터 손실로 줄일 수 있는데 말이죠.

처음 이 업계에 발을 들여놓았을 때와 비교해 보면 볼드윈 씨의 매매 크기는 분명 극적으로 성장했다고 할 수 있는데 그로 인해 매매가 더 어려워졌나요?

예. 매매 크기의 변화에 적응해야 하죠. 시장도 끊임없이 변하기 때문에 사고파는 방법을 조금씩 바꿀 필요가 있고요.

장기채권 시장에 들어와서 그 동안 어떤 변화를 목격하셨나요?

더 큰 규모로 매매를 할 수 있게 됐어요. 이제는 매 틱마다 200계약 정도 매매할 수 있죠. 그래도 시장은 출렁이지 않아요.

1,000계약은 어떨까요?

매매 당시의 유동성에 따라 다르겠죠. 그 정도 크기도 대부분 쉽게 정리가 돼요. 포지션을 정리하며 시장 유동성이 얼마나 큰가를 느끼게 되면 감탄하게 되죠.

평균적으로 봐서 1,000계약을 던질 경우 시장은 어느 정도 출렁일까요?

그날 어느 시간에 던졌느냐와 당시 유동성이 어느 정도였느냐에 따라 다를 텐데, 아마도 한두 틱 움직일 거예요.

전혀 큰 움직임이라고 할 수 없군요.

전혀 크지 않죠.

유동성이 그렇게 좋은데도 매매 크기가 장애물이 되나요?

예. 매매 크기가 크면 더 어려워요. 일반적으로 큰 포지션을 취하면 거래소의 사람들 모두가 알게 되죠. 그 사람들은 거기 서서 다 봤기 때문에 최소한 자기들은 다 안다고 생각하죠. 그럼 그들은 손을 놓고 내가 틀렸음이 드러나는 때를 기다리죠. 트레이더가 타인에게 회의적인 시각을 갖는 일은 자연스러운 일이에요.

나는 볼드윈 씨가 오랫동안 매매에서 성공하고 있기 때문에 사람들이 따라 하리라고 생각했는데요.

그것도 맞는 말이에요. 그리고 그 또한 포지션을 잡고 청산하는 일을 어렵게 만들죠. 팔려고 하면 다들 따라서 팔려고 하거든요.

그런 상황에서 어떻게 대처하나요?
매매 지점을 잘 골라야 해요. 대규모 주문이 들어올 때까지 기다렸다 이에 대응하죠.

마치 체스게임과 같이 실제로는 사고 있으면서 거래소 사람들은 볼드윈 씨가 판다고 생각하기를 바라나요?
예. 때로는요. 그렇지만 일반적으로 그렇게 해서는 대규모 매매를 할 수 없어요.

그렇다면 매수포지션을 청산하고 싶을 때 매수주문이 들어올 때까지 그냥 기다리는 경우가 흔하다는 얘기군요?
맞아요.

차트에서 주로 무얼 보시나요?
주중 고점과 저점, 50퍼센트 되돌림, 수렴구간 등 중요한 것들을 보죠.

차트를 단기적인 관점에서 사용하나요, 장기적인 관점에서 사용하나요?
단기적 관점이죠.

단기적이란 어느 정도를 의미하는 것이죠?
가능한 짧을수록 좋아요. 매매에 임하면 가능한 빨리 돈을 따고 위험을 최소화하려 하죠.

나는 채권 값이 한 주나 두 주의 고점 혹은 저점을 몇 틱으로 찍고는 다시 되돌아오는 경우를 허다하게 봤거든요. 이러한 가격움직임은 돌파 시 매매에 임하는 트레이더들에게는 죽음의 덫과 같이 여겨지는데, 이것을 채권 시장의 패턴이라고 할 수 있을까요?

예. 항상 그랬어요.

펀더멘털 수치도 이용하나요?

중요한 펀더멘털 수치가 보도될 때에는 반드시 참고하죠.

펀더멘털 수치들을 간접적으로 사용하나요? 말하자면 새로 나온 정보에 시장이 어떻게 반응하는지를 살펴보는 일과 같은 방법으로 사용하는지요?

예. 그렇지만 새로 나온 펀더멘털 정보를 남들보다 앞서 이용하는 직접적인 사용도 있을 수 있어요. 나는 어떤 수치가 나오면 그에 대응하여 어떻게 매매해야 하는지를 알거든요. 그리고 일반적으로 가장 먼저 그 수치에 반응하는 트레이더고요.

대중보다 앞서 조치를 취한다는 얘기군요. 그런 매매에서 보통 수익이 났나요?

예.

지금까지 수천수만 번의 매매를 해오셨죠. 그중 특별히 심적으로 기억에 남는 매매가 있나요?

첫 100계약을 매매했을 때에요. 내 매매 경력에 한 획을 긋는 사건이었죠.

어떻게 그렇게 매매 규모를 늘렸죠?

매매를 하다 보면 처음 한 계약에서 다섯 계약, 열 계약, 스무 계약, 쉰 계약 이렇게 늘어나는 경향이 있어요.

그렇다면 쉰 계약에서 백 계약으로 점프했겠군요. 그 매매를 명료히 기억하나요?

예. 아주 큰 리스크가 내포된 매매였어요. 시장은 64.25에서 매매가 이루어지고 있었는데 한 중개인이 25에서 100계약 매수주문을 냈죠. 사실 100계약이라고 규모를 말하지 않고 25에 매수하겠다고만 했어요. 그래서 나는 "매도"하고 말했죠. 그 중개인은 내가 장난하는 줄로만 알고 "100계약을 사겠다는 겁니다" 하고 말하더군요. 그는 내가 과거에 그렇게 큰 규모로 매매한 적이 없다는 사실을 알고 있었거든요. 그래서 나는 "그래요? 그럼 100계약 팔죠" 하고 말했어요. 시장은 곧바로 24로 내려가 매도주문이 또 나왔어요.

첫 100계약 매매가 마치 어떤 도발 행위와 같다고 생각되는군요.

거의 그와 유사했다고 할 수 있어요. 나는 그 당시 그렇게 뛰어난 트레이더가 아니었거든요. 나는 즉각 10계약을 사고, 곧이어 또 샀죠. 23에서 다시 매수주문을 내려는데 22에 매도주문이 나오더라고요. 물량을 다 털고 나니 열 명의 다른 트레이더들과 매매를 하게 되더군요. 나는 어떻게 100계약을 청산하는지를 몰랐죠.

그렇지만 그 매매로 수익을 보셨네요.

아, 물론 그랬죠. 사실 '저 보잘것없는 트레이더가 100계약을 매매했다'는 말이 나왔어요. 그래서 장이 마감된 뒤에 위층 사무실로 올라가서 청산회사에 사정을 얘기해야 했죠.

그때가 매매한 지 얼마나 된 때였나요?

6개월이요.

꽤 이른 때였군요. 100계약을 다룰 만큼 자금이 충분하지 않았으리라는 생각이 드는데요?

맞아요. 그때까지 약 100,000달러를 벌어놓고 있었던 듯해요. 아니면 그보다 더 작았거나.

100,000달러면 작은 움직임도 버티지 못할 자금이 아닌가요?

단지 1포인트를 견딜 따름이었죠. [채권선물시장에서 1포인트는 32틱이다 (1틱은 최소의 가격 변화를 말한다)] 나는 "그때는 아주 훌륭한 매매라는 생각밖에 못했네요. 다시는 그런 일이 없을 겁니다." 이렇게 청산회사 사람들에게 말했죠.

100계약을 다시 매매하기까지 얼마의 기간을 보냈나요?

이틀이요.

리스크 측면은 전혀 고려하지 않았나요?

예. 만약 누가 25에 100계약을 사겠다 하고, 내가 괜찮은 매매라고 생각하면 나는 "매도" 하고 외치죠.

머릿속에 이 게임에서 퇴출되지 않으려면 더 조심해야 한다는 생각이 트레이더가 직업인 볼드윈 씨에게는 안 들었나요?

나중에서야 그런 생각이 들었죠.

항상 자제심을 유지하나요, 아니면 자제심을 잃는 날들도 있었나요?

자제심을 잃는 날들도 있었어요.

특히 기억에 남는 그런 날이 있나요?

두 번 있었죠. 200만 달러가 순식간에 날아가는 날도 언제든 있을 수 있다는 사실을 명심해야 돼요.

그 날들은 시장이 일방통행으로 뻗어나간 날이었나요?

예. 일방통행이었죠. 나는 마켓메이커로서 추세의 반대 방향에 서기도 하거든요. 따라서 만약 시장이 일방으로 50틱 움직이면 내가 길을 잘못 든 것이 분명해요. 그러면 어느 지점에서 손실 처리되죠.

1987년 10월 채권의 저점에서 볼드윈 씨의 포지션은 어땠나요?

매수포지션을 갖고 있었죠.

언제부터 매수포지션을 취하기 시작했나요?

저점에 도달하기 전 5포인트 위에서요.

5포인트라고요! 81을 말하는 건가요?

예. 77을 깨고 내려가던 날 나는 수천 계약의 매수포지션을 갖고 있었어요. 다른 트레이더들도 아주 큰 매수포지션을 갖고 있었죠.

그날은 무척이나 큰 갭으로 하락하던 날이었잖아요. 누가 팔고 있었나요?

업자들이 계속해서 팔고 있었어요.

자신의 포지션에 대해 다시 생각해 보게 됐나요?

예.

시장이 76을 뚫으면 70까지도 갈 수 있다, 이렇게 생각하셨나요?

아뇨. 그 지점에서는 '이제 갈만큼 갔다, 다 끝났다' 이렇게 생각해야죠.

왜죠?

기술적 분석상이나 경험상 그렇죠.

매매가 잘못됐어도 포지션 청산이 용이한 지점을 찾을 때까지 참을성을 갖고 견딘다고 하셨는데, 그 예로 지금 얘기하는 매매를 들 수도 있을까요?

예.

지금까지 한번이라도 어떤 유의 매매시스템을 사용해 본 적이 있나요?

아뇨. 매매시스템에 오류가 없다면 매매시스템은 세상에 존재하지 않았겠죠.

매매시스템으로 매매하면 반드시 잃는다는 말인가요?

물론이죠. 왜 매매시스템이 존재하겠어요?

왜 존재하는지 얘기해주시죠.

왜냐하면 사람들이 자신의 능력에 확신이 없기 때문이에요. 만약 정말 훌륭한 매매시스템이 있다면 그걸로 매매해서 수백만 달러를 딸 수 있을 텐데, 왜 그걸 29.95달러에 팔겠어요.

운과 매매는 어떤 관계가 있을까요?

매매나 다른 일이나 똑같아요. 열심히 일하고 시간과 노력을 쏟아 부으면 운은 자연스레 따라오죠. 내가 처음 100계약을 팔아 돈을 땄던 일은 운이었어요. 내게 왜 운이 따랐겠어요? 6개월 이상 매일 그곳에 서서 시장 감각을 개발하고 연마했기 때문이었어요. 그래서 기회가 왔을 때 망설이지 않을 수 있었죠.

운을 잡으려면 그에 필요한 비용을 지불해야 한다는 얘기군요.

맞아요.

유능한 트레이더가 아닌데 어쩌다 두어 번 시장의 방향을 잘 잡고 큰 매매에 성공해서 멀리 앞서 가게 된 사람들이 거래소 안에 있나요? 운만으로 그럭저럭 잘 해낼 수 있는 사람이 있을까요?

아뇨. 오래가지 못해요. 대체로 1년 정도 버티면 돈을 딸 기회가 오지만 그것도 쉬운 일이 아니거든요.

볼드윈 씨에게 영향을 미치는 다른 트레이더들이 있나요? 볼드윈 씨가 그들이 하는 매매를 높이 평가함으로 볼드윈 씨에게 영향을 미치는 사람들 말이에요.

물론 있죠. 그 사람들은 지표와 같은 존재들이죠.

다시 말해 그들을 지켜보는 것은 볼드윈 씨의 매매방법의 일부라는 얘기군요. 예를 들어 아무개 트레이더가 유능한 트레이더인데 계속 돈을 따고 있다, 그런데 볼드윈 씨는 매도포지션을 고려중이다….

그런데 그가 판다면 내 생각이 옳다고 믿죠.

그러나 만약 그가 산다면요?

그때는 망설이게 돼요. 아마 매매하지 않을 거예요.

자존심이 너무 세서 남들로부터 영향을 받지 못하기 때문에 성공하지 못하는 트레이더들도 있나요?

그럼요.

항상 독자적으로는 하지는 않겠다는 마음가짐이 성공을 이루기 위한 조건 중 일부라고 생각하나요?

그래요. 성공을 하면 그 성공에 맞게 행동해야 하죠. 큰돈을 벌게 되면 자신은 절대 오류를 범하지 않는 사람이라고 생각하기 시작해요. 자신이 옳게 매매했던 이유가 자신이 조심스럽게 살폈던 그 모든 작은 요인들 때문이었음을 망각하죠. '나는 시장을 주도하는 사람이다.' 이렇게 생각하는 순간 호되게 한 방 맞죠.

다시 말해 자신의 생각이든 다른 사람의 생각이든 그리 중요하지 않다는 얘기군요. 중요한 문제는 돈을 따느냐, 아니면 잃느냐의 문제지 아이디어가 어디에서 나왔든 상관할 필요가 없다는 말이죠?

그렇죠.

훌륭한 트레이더가 되려면 다소 자기중심적이 돼야 할까요?

사실 최고의 트레이더들에게 '자기'는 없어요. 훌륭한 트레이더가 되려면 자신을 신뢰한다는 관점에서 볼 때 '자기'는 크게 자리 잡아야 하겠죠. 그 외에 '자기'가 매매에 걸림돌이 되어 손실을 입는 매매에서 방해물로 작용하면 안 돼요. 자존심을 버리고 손실이 나는 매매는 청산할 수 있어야 해요.

많은 돈을 벌고 나면 '더 이상 돈을 번다는 일은 무의미하다. 모든 것을 현금화해야 한다' 하는 유혹이 있지 않나요?

나는 그런 생각을 해본 적이 없어요. 처음 시작했을 때는 분명 내 가족을 부양하기 위해 돈을 벌 필요가 있었지만 '100만 달러를 벌어야겠다' 는 식의 목표를 가져본 적은 없어요. 처음에 "야, 이거 괜찮은데! 어쩌면 100,000달러도 벌 수 있을 것 같아"라고 말하는 게 고작이었죠.

100,000달러는 이미 오래 전에 넘어섰잖아요. 다른 어떤 목표가 있나요?

아뇨.

이 일이 좋아서 이 일을 할 뿐이라는 얘기군요?

그렇죠. 그리고 계속 할 수 있기를 바랄 뿐이죠.

볼드윈의 놀라운 매매성과를 생각하면 그가 이 책을 위한 이상적인 인터뷰 대상임에는 의심의 여지가 없는 사실이었다. 그러나 나는 그의 얘기가 나를 비롯한 대다수 거래소 밖의 트레이더들에게는 상관없을 수도 있다고 생각했다. 사실 분 단위 또는 초 단위로 매매하는 거래소 안의 트레이더가 수 주 또는 수 개월간 포지션을 유지하는 트레이더들에게 어떤 의미 있는 것을 말해 줄 수 있겠는가?

그러나 의외로 볼드윈과의 인터뷰는 몇 가지 주목할 만한 매매 아이디어를 제공했다. 아마 볼드윈의 얘기들 중 가장 주목해야 할 점은 그가 매매를 돈의 관점에서 보지 말아야 한다고 강조한 부분일 것이다. 그에게 돈은 매매의 성적을 나타내는 수치에 불과하다. 그에 반해 대부분의 트레이더들은 수익과 손실을 돈이 의미하는 것들로 환원해 생각하는 경향이 있다 – 그리고 이는 올바른 매매결정을 방해하는 생각의 방식일 뿐이다.

예를 들어 5,000달러까지만 손실을 감수하겠다는 계획으로 어떤 매매에 임했는데 빠르게 2,000달러를 잃었다고 가정해보자. 이 시점에서 만약 돈의 관점에서 매매를 생각하기 시작한다면(예를 들어 '3,000달러면 멋진 휴가를 다녀올 수 있을 텐데' 라고 생각하게 되면) 여전히 자신의 포지션을 신뢰할지라도 포지션을 청산해 버리게 될 가능성은 높다. 포지션을 더 이상 신뢰하지 않아 그 포지션을 청산하는 일과, 있을 수 있는 위험을 물질적 가치로 환산하다 충동적으로 포지션을 청산하는 일은 엄연히 다른 차원의 문제이다.

볼드윈의 얘기 중 또 한 가지 흥미로운 주제는 일반적인 매매 상식을 역행한다는 점이다. 그는 손실이 나는 포지션을 너무 서둘러 청산하지 말고 기다리다 더 나은 때를 선택하라고 조언했다. 이 조언은 대부분의 매매 조언에 정면으로 반항하는 듯하다. 사실 매매에 성공하기 위한 기본 원칙 중 하나가 빠른 손절이 아닌가? 그러나 나는 볼드윈의 이 조언이 빠른 손절의 원칙을 부정한다고 생각하지는 않는다. 나는 그가 손절하기 가장 좋지 않은 시점으로 시장이 자신과 반대 방향으로 난폭하게 움직이는 때를 말할 뿐이라고 생각한다. 볼드윈이 말하고자 하는 핵심은 고통을 조금만 더 참으면 손절하기에 더 좋은 상황을 발견할 수도 있다는 점이다. 물론 이 방법은 경험 많고 훈련이 잘 된 트레이더들, 즉 위험관리 전략을 지키는 능력이 있는 트레이더들만이 사용할 수 있는 방법일 것이다.

Tony Saliba _ 토니 살리바

'한 계약' [41]의 승리

토니 살리바는 1978년에 시카고 옵션거래소에 발을 들여놓게 된다. 그곳에서 6개월간 사환으로 일하던 그는 스스로 매매를 해보고 싶은 바람을 가지게 된다. 그는 50,000달러를 지원해 줄 한 트레이더를 만나게 되고, 그 돈으로 초기 매매에서 괜찮은 수익을 올리다 곧 거의 자멸에 가까운 단계에까지 이르게 된다. 그러나 그는 파멸의 문턱에서 자신의 매매기법을 변화시켜 가까스로 살아나게 되고, 그 이후부터는 탄탄대로를 걷게 된다.

살리바의 매매방식은 '매일매일 자잘한 수익에 만족하며 드물게 찾아오는 엄청난 매매 기회를 잡기 위해 만전의 준비태세를 갖추고 있다'는 말로 표현할 수 있다. 그의 부(富) 대부분이 몇 번의 그런 기회를 이용하여 만들어진 것이었

---

41) 옵션에 대한 지식이 없는 독자들은 부록2를 먼저 읽으면 이 인터뷰에 나오는 옵션 매매와 관련된 사항들을 이해하는 데 도움이 될 듯하다.

다. 그중 두 번 – 텔레다인(Teledyne) 주식의 가격 폭등과, 1987년 주식시장 붕괴 –은 이 인터뷰에서 다룰 것이다.

살리바의 매매 업적에서 인상적인 면은 그가 이 일에 종사하며 거뒀던 몇 번의 화려한 대성공이 아니라, 놀라운 수익을 위험관리의 표본이라 할 수 있는 매매방법을 사용하여 달성했다는 사실이다. 사실 언젠가 살리바는 100,000달러 이상의 수익을 70개월 연속해서 올린 적이 있다.

몇 번의 큰 매매 성공으로 수백만 달러의 수익을 거둔 트레이더들은 다수 있지만 그중 적은 수의 트레이더만이 자기들이 거둔 수익을 지킬 수 있다. 그러나 가끔 대규모의 극적인 매매 성공을 거두면서 평상시에도 지속적인 수익을 올릴 수 있는 트레이더는 진정 드물다.

성공적인 매매를 달성하기 위해 살리바가 해야 할 숙제는 광범위하다. 그럼에도 그는 부동산투자, 소프트웨어 회사, 레스토랑 체인점 등 다양한 형태의 사업에 관여하고 있다. 전체적으로 그가 이러한 부수적 사업에서 거두는 수익은 기대에 못 미치지만 다양성을 추구하는 그의 성향은 이 사업들로 인해 만족을 얻고 있다.

이 인터뷰가 진행되던 시기에 살리바는 지금까지 그의 인생에서 가장 중요하다고 할 사업을 추진 중에 있었다. 대규모 매매회사 설립에 드는 비용 수 억 달러를 지원 받기 위해 한 프랑스 은행과 교섭 중에 있었다. 그의 목표는 한 세대의 성공적 트레이더들을 발굴하고 키우는 일이었다.

살리바는 만난 지 5분 만에 절친한 친구처럼 느끼게 되는 친근감이 있는 사람이었다. 그는 순수한 마음으로 사람들을 좋아하는 그런 인물이었는데, 그런 그의 성격은 자연스럽게 드러났다.

우리가 만나기로 약속한 날의 전날 밤에 살리바는 시카고옵션거래소 건물에 있는 헬스클럽에서 대리석 바닥에 미끄러지는 경미한 사고를 당했다. 내가 약속 시간에 나타났을 때 그의 비서는 그 사고로 그가 오전 중에 그곳에 오지 못한다고 말해서 나는 메모를 남기고 돌아왔다. 얼마 후 살리바는 나에게 전화해서 내가 그날 저녁 비행기를 놓치게 할 수도 없고, 그렇다고 다시 시카고에 오게 할 수도 없으니 몇 시간 후에 만나자고 했다.

우리는 라살리 클럽(LaSalle Club)의 바에서 대화를 진행했다. 그 바는 마침 손님이 없어서 우리의 대화를 흩트릴만한 특별한 문제가 없는 듯했다. 처음에 나는 인터뷰를 진행하는 데 너무 집중한 나머지 바의 전면에 설치된 커다란 영화 스크린을 볼 수 없었는데, 시간이 조금 지나고 편안함을 느끼게 되면서 나는 살리바가 나의 질문에 대답하는 동안 스크린을 흘긋흘긋 쳐다보기 시작했다. 나는 〈위험한 청춘〉에서 관능적인 레베카 드 모네이가 톰 크루즈를 유혹하는 열차 씬(scene)이 스크린에 나오고 있음을 즉각 알아차렸다.

내게는 약속을 무리하게 많이 잡는 나쁜 버릇이 있다. 살리바와의 인터뷰가 그날 세 번째 인터뷰였던지라 나는 피곤함을 느끼기 시작했다. 스크린을 본 후 들었던 첫 번째 생각은 "스크린에서 눈을 떼야 한다. 이 일에 집중하기만으로도 나는 너무 피곤한 상태다."였고, 이어서 "살리바에게만 온전히 주목하지 않으면 나는 너무나 무례한 사람이 될지도 모른다. 더구나 그는 인터뷰 일정을 다시 잡게 됨으로써 내가 겪어야 할 불편을 덜어주기 위해 이렇게 절뚝거리며 나와 주지 않았는가" 하는 두 번째 생각이 들었다. 세 번째 생각은 "살리바가 아니라 내가 스크린 맞은편에 앉게 된 일은 천만 다행이었구나!"였다.

-- *interview*

어떻게 트레이더가 되셨나요?

고등학교에 다닐 때 곡물 트레이더 몇 명의 심부름을 한 적이 있어요. 대학에 다닐 때 친구가 중개인이 되고 싶은 생각이 없느냐고 묻더군요. 나는 이 친구의 말이 내가 고등학교 때 심부름했던 사람들이 하던 일과 같은 일을 의미한다고 생각했죠. 그래서 "좋지. 어디에서 말이야?" 하고 물었더니 "인디애나폴리스(Indianapolis)" 하고 그가 대답하더군요. 내가 "인디애나폴리스에 무슨 거래소가 있는데?" 하고 묻자 그는 "없어. 전화로 하는 거야" 하고 말하더군요. 나는 '여보세요, 뉴욕이죠? 매수주문입니다. 여보세요, 시카고죠? 매도주문입니다' 하는 식이구나 하고 생각했는데 그곳에 도착해서야 내가 판매원이라는 사실을 알게 됐어요.

몇 개월이 지났을 때 나는 사무실에 있는 사람들에게 "이 업계에서 돈을 따는 사람들은 도대체 누구예요?" 하고 물었어요. 사람들은 거래소 안에서 매매하는 사람들이 딴다고 하더군요. 그래서 나는 곧장 시카고옵션거래소로 가기로 결정했어요. 나는 거래소 안에서 수년 전에 심부름 하던 트레이더 한 명을 만나게 됐고, 그 사람이 내게 50,000달러를 매매자금으로 지원해줬죠.

심부름하던 아이에게 50,000달러를 지원한다는 일이 흔하지는 않을 듯한데요?

흔하지 않죠. 그렇지만 그 사람은 거부였고, 고혈압 때문에 거래소를 비워야 했어요. 그는 거래소 회원권을 소유하고 있었는데 겨우 10,000달러만 주고 샀어요. 그는 고객의 계좌를 매매해야만 했는데 내가 그걸 도와주기로 했었죠.

그 사람은 왜 살리바 씨가 트레이더로 성공하리라고 생각했을까요?

심부름할 때 내가 똑똑하게 잘했다는 소문이 거래소 안에 돌았어요. 그렇지만 기본적으로 될 대로 되라는 식으로 내게 맡겨본 거예요.

그래서 어떻게 됐나요?

처음 두 주 동안은 50,000달러에서 약 75,000달러까지 불었죠. 변동성 스프레드[시장의 변동성이 커지면 수익이 나는 옵션 포지션]를 갖고 있었는데, 변동성이 계속 커졌어요.

'이거, 누워서 떡 먹기군!' 이렇게 생각하셨나요?

"바로 이거야!" 이렇게 생각했죠. "나는 천재다." 이러면서 말이에요. 하지만 사실 나는 다른 중개인들이 청산하고 있는 포지션을 받아주고 있었던 거예요. 그들은 이익을 챙기고 나가는데 나는 물량을 떠안고 남게 됐죠. 그때가 1979년 봄이었는데 1978년에 엄청나게 변동성이 심한 시장을 겪었던지라 내재변동성이 매우 높은 때였죠. 그런데 시장이 그때부터 움직이지 않더라고요. 당연히 변동성과 옵션 프리미엄은 폭락했죠. 6주 동안 나는 거의 모두를 잃게 됐어요. 최초 50,000달러는 15,000달러로 줄어들었고, 나는 자살하고 싶은 심정이었죠. 1979년 5월 DC10 여객기가 오헤어(O'Hare) 공항에서 추락하여 탑승객 전원이 사망한 사고를 기억하시죠? 그날이 내 계좌가 바닥을 친 날이었어요.

비행기 사고는 살리바 씨의 기분을 비유적으로 표현한 말인가요?

예. 그날 그 비행기의 탑승객 명단에 내가 포함돼 있었다면 얼마나 좋았을까 하고 생각했어요. 내 기분은 그 정도로 참혹했어요. '이제 모든 게 끝이군. 나는 내 인생을 망친 거야' 하고 생각했죠.

다른 사람의 돈을 잃어 죄책감을 느끼셨나요?

예. 그리고 내가 패배자로 느껴졌고요.

처음 시작할 때는 자신감이 있었나요?

처음에는 자신감에 차 있었어요. 매매를 시작하기 전에 4개월 동안 어떤 중개인의 심부름을 해주면서 그 사람이 알고 있는 것들을 모조리 다 배웠거든요.

이제는 게임 끝이라고 생각하게 됐나요?

예. 1979년 6월 나는 다른 일자리를 구하는 게 낫겠다고 판단했어요. 그래서 레비(Levy) 형제에게 갔죠. 레비 형제는 아버지가 지어준 레스토랑 체인의 오너였어요. 그들은 내게 "일자리가 필요하면 언제든지 와. 우리 레스토랑 중에서 하나를 맡길 테니 경영해보라고" 하고 말하더군요. 그래서 나는 "정말이죠? 한 달만 더 해보고 돌아올 테니 그 레스토랑은 그대로 두세요" 하고 말했어요.

갈 곳이 있다는 생각에 한층 더 안심이 됐겠군요?

예. 나는 "좋아, 내 계좌에 아직 15,000달러가 남았잖아" 하고 생각하게 됐죠.

말하자면 인생 여정 중 하나의 정거장에 다다른 것이군요?

너무나 정확한 표현이에요. 나는 경력상의 갈림길에서 다시 돌아가 한 번만 더 시도해 보기로 했어요.

자금을 지원해 준 사람은 살리바 씨가 얼마나 잃었는지 알고 있었나요? 아무 말도 없던가요?

좋은 질문이에요. 그 사람 내게 매일 밤 전화했어요. 그 사람은 수백만 달러의 부자였는데도 마치 세상의 종말이라도 맞이한 듯이 굴더라고요. 나도 많은 사람들에게 매매자금을 대준 적이 있는데, 그중 서너 명이 각자 50,000달러 이상을 잃었죠.

남은 돈이라도 돌려달라고 요구하지는 않던가요?

아뇨. 그냥 끙끙거리며 불평을 늘어놓을 따름이었죠. 사실 그는 유산 상속과 매매가 아닌 다른 사업에서 돈을 벌어 부자가 된 사람이었지 옵션 매매에 대해서는 잘 몰랐거든요. 그가 회원권을 산 일은 뭔가 할 일이 필요했기 때문이었어요. 그는 내게 "5,000달러를 더 잃으면 끝이다" 하고 말했어요. 그래서 나는 몇 주 동안 포지션 규모를 줄여나갔어요.

그 기간 동안 나는 거래소의 경험 많은 중개인들로부터 조언을 구했어요. 그들은 "매매를 잘 하려면 열심히 훈련을 해야 하고, 숙제도 꼬박꼬박 해야지. 이 두 가지만 잘 하면 이곳에서 돈을 벌 수 있어. 부자는 못 되도 하루에 300달러는 벌 수 있는 거야. 그리고 한 해를 그렇게 보내면 75,000달러를 벌게 되지. 그런 식으로 생각해야 해" 하고 말해주더군요. 마치 머릿속에 불빛이 반짝이는 듯했어요. '이렇게 조금씩 모으는 방법이 내가 채택해야 할 방법이다' 라는 점을 인식하게 됐죠. 큰 위험을 감수하며 엄청난 수익을 노릴 게 아니라 말이에요.

그 무렵 나는 변동성이 엄청 큰 텔레다인 주식의 옵션을 매매하고 있었어요. 그래서 보잉(Boeing) 주식의 옵션을 매매하는 쪽으로 선회했죠. 보잉 주식은 아주 좁은 박스권에 갇혀 한참을 옆으로 기고 있었거든요. 나는 스프레드를 초단기로 매매하게 됐어요. 0.25포인트, 0.125포인트, 이렇게 소량을 먹으려 했죠.

나는 하루 평균 300달러 번다는 나의 목표를 엄격히 지켰는데 그게 되더라고요. 그 기간에 나는 자신을 엄격히 통제하고 조직화하는 방법을 배울 수 있었어요. 지금도 열심히 일하고, 숙제는 반드시 하고, 자신을 통제하라는 신조를 지키며 살아가죠.

그건 그렇고, 그 당시 내게는 여전히 텔레다인 옵션의 스프레드 포지션이 남아있었어요. 나는 이 포지션을 청산하는 과정 중이었죠. 시장이 올라가면 돈을 잃는 포지션이었어요. 보잉을 매매한 지 한 5주 정도 지났을 때였는데, 하루는 텔레다인이 급상승하기 시작하더군요. 다시 당하지 않겠다는 생각에 나는 텔레다인이 매매되는 곳으로 급히 가서 내 포지션을 청산해버리고 났더니 거래소의 중개인들이 주문을 내는 소리가 들리더라고요. 나는 그 주문에 반사적으로 곧장 응답했어요. 보잉에서 매매하며 익혔던 기술을 텔레다인에서 반사적으로 적용했죠. 그런데 이번에는 0.25포인트도 아니고 0.125포인트도 아닌 0.5포인트, 1포인트 이렇게 먹게 되더라고요.

그 당시 매매의 크기는 어느 정도였나요?

한 번에 한 계약씩 매매했죠. 거래소 사람들은 내가 거치적거린다며 나를 좋아하지 않았어요. 그들은 10계약, 20계약 이렇게 매매하고 싶어 했거든요.

다시 말하면 살리바 씨가 성가셨다는 얘기군요.

맞아요.

한 계약 매매에 응할 사람을 어떻게 찾죠?

옵션 거래소는 시간 우선의 원칙이 적용돼요. 100개를 팔려고 하는데, 누군가가 1개를 사겠다고 하면 먼저 1개를 팔아야 해요. 그리고 나머지 99개를 다음 사람에게 팔아야죠. 혹 어떤 중개인이 1개를 사겠다고 하는 사람을 무시할 수도 있겠지만, 그러면 규정을 어기게 되죠.

무시당한 적이 있나요?

중개인들은 절대 그렇게 하지 않아요. 그렇지만 거래소 안의 마켓메이커들은 그렇게 하죠.

살리바 씨가 지금 '중개인'으로 의미하는 사람들은 주문을 맡아 체결해 주는 사람들인가요?

예. 거래소의 중개인은 주문을 맡아 체결해 주는 사람들이고, 마켓메이커는 독자적으로 매매하는 거래소 안의 트레이더들이죠. 옵션 거래소에서 이들 두 부류는 다르게 취급돼요.

살리바 씨는 텔레다인을 1계약씩 매매하는 유일한 사람이었나요?

거의 유일했다고 할 수 있죠.

괴롭힘을 많이 당했나요?

아, 물론이죠. 사람들은 끊임없이 나를 '한 계약'이라고 불렀어요. 나를 가장 많이 괴롭혔던 사람은 거래소 안에서 가장 유능한 트레이더였어요. 그는 수백만 달러를 벌었고, 사실상 동시대의 전설로 통했죠. 그는 처음부터 위압적으로 굴며 나를 괴롭혔고, 그로 인해 내 삶이 비참하게 느껴졌죠.

성공한 트레이더들이 자신을 조롱했으니 자존심이 많이 상했겠군요?

아, 당연하죠. 게다가 하루도 빠지지 않고 거의 1년 동안 계속 조롱당했어요.

매매 규모를 조금 늘려야겠다는 유혹을 받지는 않았나요?

규모를 늘렸지만 조롱 때문은 아니었어요. 내가 추락했을 때 나를 엄청 괴롭혔던 그 사람이 내 자극제가 됐죠. 그 사람이 매매에 관해 그렇게 많이 알지는 않았지만 내게 아주 유용한 조언을 한마디 해줬어요. 내가 추락에서 서서히 회복하며 수익으로 방향을 틀 때 그가 내게 규모를 늘리라고 말했거든요. "이 사람아, 대출 업무를 처음 보게 된 은행 직원은 아주 신중하지만 자기 일에 능숙해져 편안함을 느끼게 되면 큰 대출도 성사시킨다네. 자네도 이제 매매 규모를 늘릴 때가 된 것 같아"라고요.

거래소 안에서 겪어야 했던 괴롭힘은 어떻게 끝이 났나요?

1980년 6월에 풋옵션이 도입됐을 때 나를 가장 많이 괴롭혔던 그 일등 트레이더는 풋옵션을 좋아하지 않았어요. 그는 풋옵션이 이 업계를 망친다며 자기는 풋옵션을 거래하고 싶지 않다고 말했죠. 나는 좋은 기회라고 생각하고 풋옵션이 무엇을 의미하는지 확실하게 이해하려고 열심히 공부했고, 풋옵션을 처음 매매하기 시작한 마켓메이커들 중 한 명이 됐죠.

실제로 풋옵션이 도입되어 새롭고도 많은 전략들이 가능해졌죠.

대단했죠. 다른 사람들은 거래소에 있는 기간이 한 2년밖에 안 됐으면서도 자기들의 방식만을 고집하는 경직된 사고방식을 갖고 있었어요. 얼마 안 있어 그 최고 트레이더가 내게 호의를 보이며 같이 일하자고 제안했죠. 우리는 창조적이며 추상적인 개념들을 만들어 가며 한층 앞선 전략들을 연구하기 시작했어요.

그 연구를 위해 컴퓨터를 이용했나요?

아뇨. 우리는 모든 것을 손으로 했어요. 모든 가정과 결과를 손으로 써서 했죠.

그래도 여전히 가격과 변동성의 방향을 보고 곧바로 무언가 추측해야 할 필요가 있지 않았나요?

변동성을 보고 즉각 무언가를 추정해야 할 때는 있어요. 하지만 우리가 시장의 방향을 예상할 필요가 없었던 이유가 우리는 아주 유리한 스프레드를 구축했거든요. 예를 들어 회원사들에게 인기가 좋은 옵션은 아주 고평가 될 때가 있어요.

하여간 결과적으로 그 거래소의 최고 트레이더는 시장을 밀어붙이는 자신의 능력에 매달리기 시작했고, 그로 인해 나는 나만 많은 일을 한다는 생각을 갖게 됐죠. 그는 또한 우리가 고안해낸 작전을 따르지 않고 옆길로 새곤 하더니 급기야 나까지 위험에 빠트리는 짓을 하기 시작하더라고요. 내가 "지금 뭐 하는 거예요?" 하고 말하면, 그는 "생각이 바뀌었어" 하고 대답했죠.

결국 나는 "없던 일로 하죠. 나는 내 길을 가야겠습니다"라고 말하게 됐어요. 그 후 나는 더 큰 규모의 포지션을 잡기 시작했어요. 1981년과 1982년 초 이자율이 지붕을 뚫고 하늘로 날아갈 때 내 전략은 정말 잘 먹혀서 많은 돈을 벌어들이기 시작하게 됐죠. 그리고 1982년의 상승장에서는 매일 200,000달러를 벌어들인 기간도 있었어요. 청산회사 사람들은 내 주문표에 혀를 내둘렀죠. 좀 과장하자면 수십 톤의 종이를 그들에게 쏟아 부었거든요.

어떤 종류의 매매를 하셨나요?

모든 종류의 매매를 했죠. 나는 시장의 방향이 아니라 왜곡된 가격에서 기회를 찾는 트레이더에요. 스크린에 나타난 모든 것들이 서로 어떤 관계를 형성하는지를 보고 매매해요. 그렇지만 내 기본적 전략은 버터플라이[한 행사가격에서 매수나 매도포지션을 취하고 그보다 높은 행사가격에서 그와 반대되는 포지션을 취하며, 또한 낮은 행사가격에서도 반대되는 포지션을 취하여 평형을 유지하는 것 – 예를 들어 IBM 135 콜옵션을 하나 사고, IBM 140 콜옵션을 2개 팔고, IBM 145 콜옵션을 하나 사는 것] 매수라고 할 수 있어요. 그리고 이 버터플라이를 '폭발 포지션'으로 커버하죠.

버터플라이를 산다는 얘기는 몸통을 산다는 말인가요, 날개를 산다는 말인가요[날개는 몸통보다 더 높은 행사가격의 옵션과 몸통보다 더 낮은 행사가격의 옵션을 가리킨다]?

날개에요. 위험은 한정돼 있고, 시장이 난폭하게 움직이지 않으면 시간 가치의 감소가 유리하게 작용하는 포지션이에요[옵션은 기초자산 가격이 그 옵션의 방향으로 움직이지 않거나 변동성의 증가가 없으면 그 가치가 시간이 경과함에 따라 서서히 감소한다. 횡보하는 시장에서는 시장가격과 가까운 행사가격의 옵션 – 버터플라이의 '몸통' – 의 프리미엄이 시장가격에서 멀리 떨어져 있는 옵션 – 버터플라이의 '날개' – 프리미엄보다 더 많이 감소한다]. 물론 버터플라이를 가능한 싸게 사려고 시도하죠. 버터플라이를 여러 개 엮어놓으면 이익이 나는 범위가 꽤 넓어져요. 그런 뒤에 더 먼 만기일에 '폭발 포지션'을 잡지요.

'폭발 포지션'이라는 용어는 무엇을 의미하는 것인가요?

내가 만든 용어에요. '폭발 포지션'은 한정된 위험에 무한대의 이익 가능성을 가진 포지션이죠. 거대한 가격움직임이 있거나 변동성이 확대되면 수익을 거둘 수 있죠. 예를 들어 외가격 콜옵션을 매수하고, 외가격 풋옵션을 매수하여 포지션을 만들면 '폭발 포지션'이 돼요.

폭발 포지션들의 기본적인 공통점은 시장이 움직이면 델타[기초 자산 시장의 가격이 한 단계 변화할 때 예상되는 옵션 포지션의 가격변화]가 자신에게 유리한 방향으로 증가

한다는 얘기군요. 그렇다면 실제로 변동성에 베팅을 하는 일이군요.

바로 그거예요.

결과적으로 버터플라이 매수와 반대되는 효력을 가지는군요.

그렇죠. 버터플라이를 최근(最近) 월에 매수하여 시간 소멸이 나에게 유리하게 작용하기를 바라죠. 그리고 폭발 포지션은 그 다음 달이나, 다음다음 달에 구축해 놓고는 폭발 포지션의 시간 가치 감소에 대한 보충으로 초단타 매매를 하죠.

다시 정리하면 폭발 포지션은 거대한 시장 움직임을 겨냥한 베팅이군요. 그리고 초단타 매매는 폭발 포지션에서 발생하는 시간 가치 상실을 상쇄하기 위함이고요.

맞아요.

항상 하나의 포지션을 다른 포지션으로 상쇄하나요? 다시 말해 항상 델타 중립의 포지션을 구축하시나요[델타 중립 포지션은 기초 자산 시장이 어느 방향으로 움직이든 포지션의 가치에 거의 변화가 없는 포지션을 가리킨다]?

일반적으로는 그렇지만 가끔은 상당한 규모의 방향성이 있는 포지션을 잡기도 하죠.

처음으로 한 정말 큰 매매라고 할 수 있는 매매는 언제 어떤 종목이었나요?

1984년 텔레다인이었죠. 그 주식이 급락하던 때에 나는 외가격의 10월물 콜옵션을 사고 있었는데 주식이 오르기 시작하자 퍼시픽코스트 거래소(Pacific Coast Exchange) 사람들이 내 콜 매수포지션에 압박을 가하더군요. 퍼시픽코스트 거래소에도 텔레다인 옵션이 상장돼 있거든요. 그들은 매일 밤 장이 마감될 때 무차별 타격을 가했어요. 하지만 나는 꽁무니를 빼지 않고 그들의 물량을 받아줬죠. "1.25에 매도라고? 좋아 1.25에 50계약 사주지." 이렇게 대응했죠. 이런 매매가 10일 이상 지속됐어요.

왜 퍼시픽코스트의 트레이더들은 콜옵션을 짓눌렀나요?

그 주식은 160에서 138까지 떨어졌다 다시 150까지 회복했거든요. 그 사람들은 거기서 더 이상 오르지 못하리라고 생각했던 듯해요. 5월 9일, 9시 20분에 사람들은 텔레다인 매매를 중단했어요. 왜냐하면 곧 뉴스가 나온다는 보도가 있어서였죠. 그 뉴스는 "텔레다인은 주당 200달러에 자사주를 매입할 계획임."이라는 내용이었어요.

자사주 매입이었군요!

그래요. 그 주식은 155달러에 시장가격을 형성하고 있었고 나는 180 콜을 보유하고 있었죠. 밤사이 수백만 달러를 벌게 됐어요. 주식은 결국 300달러까지 상승했고, 그 후 4, 5개월 동안 정말 좋은 한때를 보냈어요.

그리고 어떻게 됐나요?

내 인생의 목표 중 하나가 30세 이전에 백만 달러를 벌어 은퇴하는 일이었는데 25세도 안 돼 백만 달러를 벌었죠. 나는 30세가 되면 은퇴하리라 결심하고 있었어요. 1985년 5월 5일, 나의 30번째 생일날 나는 모두에게 잘 있으라는 인사를 하고 거래소를 떠났죠. 다시는 거래소로 돌아가지 않을 작정이었어요.

그때까지 재산을 얼마나 모았나요?

8, 9백만 달러쯤 됐어요.

거래소에서 나와 무엇을 할 것인지에 대한 계획이 있었나요?

아뇨. 나는 이 일을 어떤 방식으로든 계속하긴 하겠지만 거래소에서는 안 하겠다고 생각했죠.

살리바 씨의 은퇴는 얼마나 오래 지속됐나요?

한 4개월 정도요.

은퇴 뒤에 따분함을 느꼈나요?

예. 나는 시장이 그리웠어요. 시장에서 느끼던 짜릿함을 그리워 했죠.

다시 말해 처음 목표는 돈이었는데, 그 목표가 달성되니….

예. 돈은 부수적인 것이 됐죠. 내게 아내와 아이들이 있었거나, 아니면 내 인생에 특별한 존재가 있었다면 다시 돌아가지 않았을지도 모르지만 매매가 내 인생이었죠. 매매는 내가 쓸모 있는 존재로 느끼도록 해 주고 내게 존재의 이유를 제공했어요.

1987년 10월 주식시장 붕괴가 있던 주간은 살리바 씨의 가장 훌륭했던 매매 기간들 중 하나였다고 알고 있는데, 이것에 대해 말씀해 주시겠어요?

나는 큰 움직임을 예상하고 있었어요. 그렇지만 그게 위쪽인지 아래쪽인지는 몰랐죠. 그래서 텔레다인에서 취했던 것과 같은 종류의 포지션을 구축하기 시작했죠.

버터플라이 스프레드와 폭발 포지션을 함께 취하는 것 말씀이군요?

예.

이 경우 폭발 포지션은 어떤 것이었나요?

원(遠) 월물의 외가격 콜옵션과 외가격 풋옵션을 사는 일이었어요. 이 포지션에 대응하여 균형을 맞추는 포지션으로 시간 가치 감소에 유리한 버터플라이 스프레드를 근(近) 월물에 구축해 두는 일이었죠.

무엇 때문에 시장에 큰 움직임이 있으리라고 생각하게 됐나요?

9월 후반에 시장이 난폭하게 휘감겨 돌아가는 모습을 보고 그렇게 생각하게 됐어요.

그 당시 큰 움직임을 아래쪽으로 예상하셨나요?

사실 위쪽이라고 생각했어요. 처음에 나는 시장이 전고점을 넘어서서 내달릴 것이라고 생각했었죠.

언제 생각을 바꿨죠?

붕괴가 있기 전 주의 수요일 날 시장은 하락 압력을 받고 흘러내렸죠. 목요일에도 위로 방향을 틀지 못하고 빙글빙글 돌더라고요. 만약 금요일에 시장이 상승했다면 나는 혼란스러웠겠지만 금요일에 시장은 무너져 내렸고, 나는 하락이라는 확신을 갖게 됐죠.

한 주가 끝나는 날이라서 그렇게 생각하셨나요?

예. 금요일의 움직임이 그 다음 주 월요일로 이어지는 경우는 아주 흔한 일이에요. 최소한 장이 개시되는 시점은 그래요.

다음 주 월요일의 하락 폭이 어느 정도겠다는 어렴풋한 짐작은 있었나요?

내가 진짜 월요일에 일어나리라고 한 생각을 말씀해드리죠. 나는 시장이 갭 하락으로 개장하여 빠르게 내려가다 곧 돌아서서는 보합선까지 올라온다고 봤어요. 사실 금요일에 외가격 콜옵션을 방어 차원에서 조금 사기도 했어요.

그렇지만 시장이 하락하리라는 생각을 했다고 말했잖아요?

예. 그래도 나는 약간의 보험이 필요했어요. 어떤 트레이더가 내게 "살리바, 두 번째 것을 얻으려 할 때 자신의 손이 두 번째 것에 닿을 때까지 다른 쪽 손을 첫 번째에서 떼면 안 돼" 하고 말해 준 적이 있었죠. 나는 항상 그런 식이에요. 언제나 보험이 필요하죠.

그래도 월요일 아침 시장이 급속히 추락하리라는 강한 확신을 갖고 있었던 것만은 분명하잖아요. 『성공』지의 [1988년 4월] 특집 기사는 살리바 씨가 시장의 붕괴를 알았다는 듯이 말하고 있거든요. 이 잡지는 살리바 씨가 거래소의 혼란스러운 분위기에 영향을 받아 포지션을 정리하는 오류를 피하기 위해 의도적으로 거래소로 가지 않고 자신의 사무실로 갔다고 말하기까지 했는데 장이 열리는 날 거래소로 가지 않고 사무실로 가는 일은 무척 드문 일이 아닌가요?

드문 일이죠. 나는 매매할 때 항상 거래소에 있어요. 하지만 그 잡지의 기사는 사람들을 오도하게 했어요. 그들은 잡지를 팔려고 그런 식으로 기사를 쓰죠. 내가 마치 그날 계획적으로 거래소를 피했다는 듯이 만들어놨더군요. 그건 사실이 아니에요. 나는 결제회사(clearing firm)에서 보유하고 있는 포지션을 염려했을 뿐이에요. 특히 한 사람이 거대한 포지션을 보유하고도 정리를 하지 않고 있어서 오랜 시간 전화를 붙들고 있어야 했어요. 그게 실제로 일어난 일이었고, 잡지의 기사처럼 그렇게 드라마틱하지도 않았어요.

그날 회원권도 파시지 않았나요? 회원권을 팔 정도면 시장이 추락하리라는 확신에 차 있었다는 얘기인데요.

시장이 개장되기 전에 회원권을 팔았죠. 나는 회원권을 매수하겠다는 주문이 나온 것을 보고 내가 팔지 않으면 다른 사람에게 기회를 빼앗길 듯했어요. 내게는 회원권이 일곱 개 있었고 그중 한 개를 팔았을 뿐이에요.

회원권 매매는 그것이 첫 번째였나요? 회원권 시장은 그렇게 유동성이 원활하지 않잖아요.

회원권을 그런 식으로 매매해본 건 처음이었어요. 내 말은 하루 만에 팔았다 다시 사는 일과 같은 그런 식의 매매 경험은 없었다는 말이죠. 그렇지만 회원권 매매를 해봤어요. 시장에서 느끼는 분위기에 따라 회원권을 사고팔았죠. 평균적으로 볼 때 나는 회원권 가격에 대해 상승 마인드를 갖고 있다고 할 수 있어요. 이 산업의 번영을 확신하거든요.

그러나 그 상황에서 회원권을 판 것은 훌륭한 매매였겠는데요?

나는 "아! 회원권이 너무 많은데…. 이건 몇 백만 달러의 가치잖아! 약간의 방어가 필요해." 이렇게 생각했죠. 그 회원권은 아침에 452,000달러에 팔았는데, 다음날 오후에 275,000달러에 다시 사게 됐어요.

그 월요일에 얼마나 많이 버셨어요?

그 질문 때문에 머리가 조금 아팠어요. 말하지 않는 게 좋겠네요.

분명 외가격 풋옵션에서 많은 이익이 났을 텐데요. 월요일에 시장이 마감됐을 때 포지션의 몇 퍼센트를 그대로 유지하고 있었나요?

약 95퍼센트요.

대부분을 그대로 유지했군요! 이익이 엄청났을 텐데, 그냥 이익을 챙겨버리고 싶은 유혹이 생기지 않던가요?

내가 포지션을 정리하지 않은 이유는 풋옵션 가격이 충분히 오르지 않았다고 느꼈기 때문이었어요. 풋옵션에 시간 값이 거의 없었죠. 30포인트 내가격의 풋옵션이 30달러에 매매됐어요. 다시 말해 옵션 프리미엄이 거의 내재가치로만 이루어져 있었죠. 시장은 시간 가치 프리미엄을 인정하지 않고 있었어요. 시장의 엄청난 변동성을 생각하면 말도 안 되는 일이었죠.

그래서 다음날까지 기다리기로 결정하셨군요?

예. 그리고 내가 헤지를 하려고 무엇을 했는지 아세요? 월요일 장이 마감될 무렵에 보험을 더 샀어요. 콜옵션 매도포지션 중 수백 개를 청산했죠.

기본적으로 변동성에 더 많은 베팅을 하셨다는 얘기군요.

내가 할 수 있었던 가장 훌륭한 조치였죠. 다음날 사람들은 어느 쪽으로 더 많이 가야 할지 몰라 했죠. 그들 중 반이 풋을 원했고 나머지 반이 콜을 원했어요.

그리고 모두가 변동성을 원했군요.

그래요. 등록기가 분주하게 돌아가며 요란하게 울리기 시작했죠. 그날은 태양이 지구에 너무 근접해서 모두에게 자외선차단제가 필요했는데, 내가 자외선차단제를 조금이나마 갖고 있던 유일한 사람이었죠.

이제 반대쪽에 있던 사람들에 대해 얘기해보죠. 10월에 죽음을 맞이해야 했던 트레이더들은 무슨 오류를 범했을까요?

그 월요일이 일상적인 날일 것이라고 간주했다는 오류죠. '시장은 약간의 조정 중이고 곧 되돌아 설 것이다.' 이렇게 생각하며 매수했고, 그래서 내려가는 동안 계속 사들였죠.

얼어붙어서 아무 조치도 취하지 못한 트레이더들도 있었나요?

그럼요. 연간 백만 달러를 버는 친구가 있어요. 나는 화요일 아침 거래소에 갔을 때 "이봐, 잭. 어떻게 생각해? 오늘 조금 잡아야 하지 않겠어?" 하고 말했는데 그는 아무 말도 없이 멍하니 서 있더군요. 마치 폭탄을 맞아 정신이 나간 듯이 보였어요. 마냥 자신의 노트를 이리저리 뒤적이며 무언가 할 일을 찾으려 애썼지만 무얼 해야 할지 알아내지도 못하고, 결국 그 모든 기회를 다 놓치더라고요.

살리바 씨가 친구와 달리 시장에 대응할 수 있었던 이유는 무엇이었나요?

자기 포지션의 위험이 어떤 것인지를 내 친구는 종잡을 수 없었던 거예요. 나는 항상 내 위험을 한정하기 때문에 내 포지션에 대해 걱정하지 않죠. 매일 아침 거래소에 갈 때 내 머리는 백지 상태에요. 그래서 매일매일 발생하는 상황을 나에게 유리하게 이용할 수가 있어요.

'백지 상태'라는 표현은 매일 중립적인 포지션의 상태에서 시장에 임하게 된다는 말로 이해되는군요. 밤사이에도 포지션을 갖고 계시죠?

내 말은 나는 항상 헤지돼 있고, 준비돼 있다는 말이에요.

항상 자기 포지션의 최대 위험을 알고 있나요? 언제나 최악의 결과는 어떻다는 사실을 알고 있나 보죠?

그렇죠. 어떤 상황이 발생할 수 있겠어요? 시장이 움직이지 않거나, 크게 움직이거나, 아니면 그 중간이거나 하겠죠. 이 중 어떤 상황이 발생해도 나는 나의 최대 손실을 알고 있어요. 나의 손실은 항상 한정돼 있거든요.

거래소에 오는 트레이더들 중 왜 그렇게 많은 사람들이 모든 것을 잃게 될까요?

거래소에 오는 일부 트레이더들 중에는 자기가 시장보다 더 똑똑하다고 생각하는 사람들이 있어요. 나는 이 점이 그들의 가장 큰 문제점이라고 생각해요. 시장을 두려워하지 않고, 자제심과 노력의 윤리를 망각해버리죠. 이들은 어느 순간 한 방에 나가떨어져 버려요. 그렇지만 거래소 대부분의 사람들은 열심히 일하는 사람들이에요.

일반 대중들이 시장에 관해 가장 잘못 생각하고 있는 점은 무엇인가요?

돈을 벌려면 시장이 위로 올라가야 한다는 생각이에요. 바른 전략만 사용하면 어떤 종류의 시장에서든 돈을 벌 수 있거든요. 선물이든, 옵션이든, 아니면 기초 자산 시장에서든, 어떤 상황에서도 전략이 가능하도록 충분한 장치가 마련돼 있어요.

다시 말해 대중들은 상승 쪽으로 너무 편중돼 있다는 얘기군요.

예. 미국적 사고방식이죠. 시장은 올라가야 한다는 생각 말이에요. 3년 동안 상승장을 경험할 때 정부는 프로그램매매에 관해 아무것도 말하지 않았어요. 시장이 아래로 내려가기 시작하니까 갑자기 프로그램매매가 문제가 되더니, 엄청난 수수료가 부과됐어요.

내 어머니, 아버지, 친척들 등등의 보통 사람들이 가지는 가장 큰 오해가 시장이 올라가면 돈을 따고 내려가면 돈을 잃는다는 생각이에요. 사람들은 좀 더 중립적인 관점에서 시장을 볼 필요가 있어요. "이 시장에서는 약간 매수하는 게 낫겠군. 저 시장에서는 약간 매도하는 게 좋을 것 같아. 그러나 매도포지션의 위험은 무한대니까 매도포지션의 위험을 제한해둬야지." 이런 식으로 시장에 접근해야죠.

손실을 보는 기간은 어떻게 대처하나요?

돈을 왜 잃겠어요? 아마도 데이트레이드를 잘못했거나, 손실을 보는 포지션을 갖고 있기 때문이겠죠. 만약 손실이 나는 포지션이 문제라면 청산해 버려야죠.

그게 살리바 씨가 하는 방법인가요?

예. 포지션을 청산하거나 중립화시켜버리죠. 그래야 다시 떠오를 수 있거든요. 타고 있는 배에 구멍이 나서 그곳으로 물이 올라올 때 그 물을 빼겠다고 구멍을 하나 더 뚫지는 않잖아요.

잘못된 결정으로 매매에서 손실을 봤다면 어떨까요? 그럴 때는 무엇을 하시죠?

하루 쉬어요. 모두 청산해 버리고 밖으로 나가 햇살 아래 누워서 한동안 일광욕을 즐기죠. 그러면서 머릿속에서 긴장감을 유발하는 모든 생각을 지워버려요.

훌륭한 매매를 위한 요소들은 어떤 것들일까요?

명료한 생각, 집중하고 있을 수 있는 능력, 그리고 극단적인 자제심이죠. 자제심이 최고라 할 수 있어요. 어떤 매매원칙을 세웠으면 그 원칙을 준수해야 하죠. 그렇지만 자신의 매매원칙이 잘못됐다고 판명됐을 때는 이를 수정할 줄 아는 열린 생각 또한 가져야 해요. "나의 방법은 이런 형식의 시장에서는 잘 먹혔는데, 이제 시장은 더 이상 이런 형식이 아니군." 이렇게 말할 줄 알아야 한다는 말이죠.

항상 지키는 매매규칙이 있으면 말씀해 주시죠.

나는 포지션을 줄였다 늘였다 하며 위험을 분산해요. 처음부터 대량 주문을 내서 한꺼번에 포지션을 구축하지 않아요.

다른 것이 또 있나요?

항상 시장을 존중하고, 어떤 것도 당연하게 받아들이지 않아요. 숙제는 꼭 하고요. 하루를 되씹어보고 정리를 하는 일이죠. 무엇을 잘했는지, 무엇을 잘못했는지 생각해 보면 숙제의 반이 끝나죠. 나머지 반은 미래를 전망해보는 일이에요. 나는 내일 무슨 일이 일어나기를 바라는가? 만약 내가 바라는 것과 정반대의 일이 발생하면 어떻게 되는가? 만약 아무 일도 안 생기면 어떻게 되는가? 이렇게 만약, 만약 하면서 모든 상황을 생각해 보죠. 시장에 임기응변식으로 대응하는 것이 아니라 시장에서 발생할 수 있는 모든 상황을 예상하고 계획해두죠.

처음 수백만 달러를 벌었을 때 최악의 경우에 대비하기 위해 그중 일부를 따로 떼어 놨나요?

아뇨. 내 매매 전략이 성장하고 있어서 새로운 자금이 더 필요했어요. 나중에 더 많이 벌고 나서야 다른 투자처에 돈을 넣을 수 있었죠. 부동산, 체인점,

거래소 회원권 등등에요. 그러다 10월 19일 월요일 시장이 붕괴했을 때 – '붕괴'라는 단어는 정말 사용하기 싫은 단어에요 – 내게 현금이 없다는 사실을 인식하게 됐어요. 그래서 200만 달러를 인출해서 단기채권을 샀죠. 그리고 몇 주가 지난 뒤 그 돈을 연금에 넣었어요.

살리바 씨의 매매방식은 손실을 제한하는 데 초점을 두잖아요. 살리바 씨가 안전망이 필요하다고 처음 느끼게 된 때는 시장에 대재앙이 일어날 수도 있고, 그런 대재앙에 자신도 예외가 아니라는 생각을 했을 때였다고 생각되는군요.

그래요. 천만 달러를 매매계좌에 넣어놓고 있는데 갑자기 거래소의 모든 시스템이 중지돼 버린다고 생각해 보세요.

목표는 어떻게 설정하나요?

나는 최근까지 목표를 돈을 어느 정도 버느냐로 설정했어요. 최초에는 30세가 되기 전까지 백만 달러를 벌기를 원했는데 25세도 안 됐을 때 그 목표는 달성됐어요. 그래서 1년에 그만큼씩 벌어야겠다고 결심했는데 그것도 달성됐고요. 처음에 목표는 모두 숫자로 구성됐어요. 이제 더 이상 숫자는 그리 중요하지 않게 됐죠. 이제는 수익도 가져다 줄뿐만 아니라 재미도 함께 찾게 됐어요. 예를 들어 나는 현재 매매회사와 소프트웨어 회사를 설립하려고 일하고 있는 중이에요. 거기에 더해 가족과 관계된 일도 하고 싶고요.

성공을 무엇으로 판단하나요?

나는 성공을 자신의 분야에서 최고가 되는 일이라고 생각하곤 했어요. 록음악의 브루스 스프링스틴처럼 말이죠. 이 업계에서는 몇 달러를 벌었는가가 되겠죠. 나는 이제 진짜 중요한 것은 삶의 질이라고 생각해요. 많은 사람들이 나를 싱공한 사람이라고 생각하지만 나는 나 자신이 성공했다고 느끼지 않아요. 실제로 나는 성공하지 못했어요. 내가 많은 돈을 벌었다는 사실은 내가 내 인생의 금전적인 부분에서만 성공을 거뒀다는 사실을 말할 뿐이죠. 가난한 사람들을 위해 기부도 하지만 나는 만족스러운 가정을 갖고 있지도 못해요. 성공을 무엇으로 판단하느냐고요? 잘 모르겠어요. 하지만 이 세상에 있는 돈을 다 가지는 게 성공이 아니라는 사실만은 알고 있어요.

그렇게 생각한 적은 있었고요?

예. 솔직히 돈이 중요한 건 사실이잖아요. 왜냐하면 대단한 영향력이 있으니까요. 저기 서있는 사람을 보세요. 나는 저 사람을 전혀 몰라요. 그런데 저 사람이 우리에게 말을 붙이려고 왔다고 가정해 보죠. 그가 아주 안 좋은 첫인상을 내게 남긴다면 나는 그를 존중하는 마음이 생기지 않겠죠. 그러나 곧이어 슈웨거 씨가 그가 5천만 달러를 가진 부자이고, 그는 자수성가한 사람이라고 말한다면 그에 대한 내 생각은 180도 바뀌게 될 거에요. 공정하지 않지만 그게 현실이잖아요.

매매가 개인적인 삶에는 어떤 영향을 미쳤나요?

사업적인 관점에서 볼 때 나는 매매를 잘 하고 있어요. 그러나 사회적인 관점에서 보면 매매는 나를 망치고 있죠. 매매가 여자와 친구들에게 투자해야 할 시간을 다 뺏어가요. 사람들은 때때로 그냥 앉아서 얘기하기를 좋아하잖아요. 슈웨거 씨와 이렇게 마주 앉아 사업에 관한 얘기를 하듯, 사업에 관한 주제가 아니면 나는 사람들 속에 끼지를 못해요.

항상 그렇게 시간에 쫓기나요?

예. 대부분의 사람들은 나처럼 시간에 쫓기지 않는 듯해요. 사람들은 나더러 "TV나 보며 집에서 쉬지 그래" 하고 말하죠.

그런 적이 없었나요?

글쎄요. TV를 켜놓고 있을 때는 있어요. 하지만 내 머리는 항상 매매를 생각하고 있죠. 어젯밤에는 저녁식사 데이트를 하고 자정이 돼서 집에 돌아갔어요. 나는 피곤해서 곧장 잠자리에 들고 싶었는데도 새벽 2시까지 매매를 구상하며 깨어있어야 했죠. 중독과 같아요. 전에는 중독이 더 심했어요. 데이트에 일을 가져온다고 전에 사귀던 여자 친구들로부터 많은 불평을 들었어요. 더 이상 그런 짓은 안 하지만 언제나 매매만 생각하는 습관은 여전하죠.

자신이 남들과 다른 점은 무엇이라고 생각하나요?

무엇이든 할 수 있다고 생각하고, 힘든 일을 두려워하지 않는 자세죠. 예를 들자면 요즘 매매회사를 설립하려고 한 프랑스 은행과 협의 중에 있어요. 나는 사업이 빨리 시작됐으면 하고 매우 기대하고 있는데, 사람들과 함께 일하며 그들이 트레이더가 되도록 훈련하는 일이에요. 그 은행이 내게 얼마나 투자할지 아직 정확히는 모르겠지만 수천억 달러는 확보할 수 있을 듯해요. 나는 이런 유의 도전을 좋아해요.

이 책의 인터뷰에 응한 훌륭한 트레이더들 중 많은 이들이 곧바로 성공을 거두지는 못했다는 사실은 되씹어볼 필요가 있다. 살리바의 초기 매매경험은 너무나 파멸적이어서 그는 자살을 생각하는 지경까지 갔다. 그러나 이들에

게서 공통적으로 발견되는 특성은 자신에 대한 확신과 끈기였다. 초기 실패가 있어도 이러한 자질만 있으면 결국은 성공에 도달하게 되는 것이다. 살리바의 끈기는 그에게 초기의 실패를 딛고 일어설 수 있도록 했을 뿐만 아니라, 그의 매매경력의 여러 부분에서 효과적으로 작용했다. 예를 들어 살리바가 텔레다인을 매매하며 당해야 했던 그런 종류의 끊임없는 조롱을 다른 사람들이 겪었다면 그 사람들 중 대부분은 자신의 전략을 포기하고 말았을 것이다.

텔레다인의 예는 뛰어난 트레이더의 중요한 특징 중 하나를 더 보여주고 있다. 그것은 어려운 상황에서도 엄격히 유지한 위험관리다. 텔레다인을 매매하며 '한 계약'이라는 비웃음을 당했을 때 살리바는 포지션의 크기를 늘리고 싶은 유혹을 분명 느꼈겠지만 그는 자제심을 유지하고, 자신의 자금이 포지션 규모를 늘릴 만큼 충분히 커질 때까지 계속해서 작게 매매했다.

열심히 일하고, 많은 시나리오를 점검하여 모든 가능성에 대비하는 것은 살리바가 성공하는 데 결정적인 요소로 작용했다. 있을 수 있는 만약의 상황을 모조리 예상해봄으로써 그는 10월 19일의 주식시장 붕괴와 같이 남들은 얼어붙어서 아무 것도 할 수 없는 상황을 자신에게 유리하게 이용할 수 있었다. 대부분의 사람들은 생각하는 유능한 트레이더는 매우 민첩하고 육감에 가까운 감각으로 시장을 들락날락하며 순식간에 이익을 낚아채는 이미지이겠지만 현실은 그런 화려한 묘기와 거리가 멀다. 대부분의 뛰어난 트레이더들이 자신의 성공을 노력과 준비 때문이라고 말한다. 사실 토니 살리바와 마찬가지로 매우 성공한 많은 트레이더들이 매일 밤 '숙제'를 하며, 엄청난 양의 시장분석 작업에 방해받지 않으려고 레저활동이나 다른 사업을 멀리하고 있다. '숙제'를 하지 않을 때 그들은 대개 그로 인한 비용을 지불하게 된다. 최근 출장을 가 있는 동안 주문을 넣지 못해 매매를 놓치게 된 일을 언급하며 살리바는 "나는 10,000달러를 비용으로 지불해야 했어요. 10,000달러가 작은 돈 같지만 반복되면 큰 타격이 될 수 있죠"라는 말로 '숙제'를 하지 않았을 때 드는 비용의 예를 들어줬다.

MARKET WIZARDS

Dr. Van K. Tharp

5부

매매의 심리학

Dr. Van K. Tharp _ 반 K. 타프 박사

매매의 심리학

반 K. 타프 박사는 1975년 오클라호마 대학(University of Oklahoma)의 건강 과학 센터(Health Sciences Center)에서 박사학위를 취득한, 연구를 중심으로 하는 심리학자이다. 그는 스트레스가 인간의 활동에 어떻게 영향을 미치는지에 관한 연구에 자신의 열정과 시간을 쏟아 부었다. 그가 가장 관심을 가지는 분야는 '승리의 심리학'이며―특히 '승리'라는 개념이 시장에 적용됐을 때의 심리학적 현상을 분석한다―, 1982년 타프 박사는 돈을 따고 잃는 특성을 측정하는 실험인 투자심리목록(Investment Psychology Inventory)를 개발했다. 나를 포함하여 수천 명의 투자자와 투기꾼들이 설문지와 10분간의 전화 상담으로 구성된 이 실험에 응했다. 타프 박사는 성공적인 투자에 관한 다섯 권의 책을 집필했으며, 이 책들은 그의 투자 강의에서 핵심 소재로 활용된다. 그는 『주식과 상품의 기술적 분석(Technical Analysis of Stocks and Commodities)』이라는 정기간행물의 기고·편집자로 활동 중이며, 또한 각종 금융관련 출판물에서 많은 글을 쓰고 있다. 타프 박사는 TV와 라디오의 경제 프로그램에 자주 초대손님으로 등장하며, 많은 투자 강연회에 초빙돼 강연을 하고 있다.

타프 박사는 현재 캘리포니아의 글렌데일(Glendale) 시에 있는 자신의 사무실에서 트레이더들에게 카운슬링을 해주며 매매 성공에 관한 자신의 연구를 계속 진행하고 있다. 그가 최근 중점적으로 다루고 있는 연구는 최고의 트레이더들을 인터뷰하고 연구하여 성공 모델을 만드는 것이다. 그의 기본적 이론은 최고의 트레이더들이 갖고 있는 성공할 수밖에 없는 자질을 가르치면(특정 매매 방법이 아니라) 성공을 거두지 못하는 트레이더들과 투자자들의 매매성과를 극적으로 향상시킬 수 있다는 것이다. 그는 최근의 프로젝트에서 1회에 이틀, 2회 실시하는 일반 프로그램을 반년마다 계속 실시하는 과정으로 확대하여, 그의 가장 성공적인 고객들을 놀라운 트레이더로 변모시키려 시도하고 있다.

타프 박사와 인터뷰를 마쳤을 때 그는 나에게 자신이 진행 중인 연구의 일환으로 비디오로 녹화하며 나를 인터뷰하고 싶다고 말했다. 나는 그런 인터뷰가 나 자신의 매매성과를 향상시키는 데 도움이 되리라는 생각에 기꺼이 동의했다. 인터뷰는 4시간 이상 진행됐다. 타프 박사는 매우 집요하게 파고드는 질문 방식을 사용했다. 어떤 질문에 최초의 답변이 나오면 그는 "그 외에 또 무엇이 있나요?"라고 물었고, 이 과정을 여러 번 반복했다. 내가 더 이상 대답을 생각해낼 수 없게 되면 그는 나의 시선을 다른 곳으로 향하게 했는데(나중에 이것은 뇌의 다른 부분을 작동시키기 위해 의도된 일이었다고 그는 설명해줬다), 그러면 나는 내가 간과했던 다른 어떤 것을 정말로 생각해내게 됐다. 나는 이 인터뷰로 인해 개인적으로 중요한 깨달음을 얻을 수 있었다고 느꼈다(그 깨달음 중 한 가지는 다음 장에서 짧게 논의될 것이다).

나는 다섯 권의 책과 네 개의 테이프를 포함하는 타프 박사의 기초 과정에 대한 나의 개인적 소감을 이 책에서 언급하고 싶었다. 그러나 이 장을 집필하는 데 필요한 배경 지식을 갖기 위해 그 자료들을 대충 훑어보기는 했지만, 직장에 다니는 동시에 이 책도 써야 하는 내게는 소감을 피력할 수 있을 만큼의 진지한 주의를 기울일 시간(또는 에너지)이 없었다. 이 일은 개인적인 연구과제로 훗날로 미룬다. 하여간 나는 이 책에서 인터뷰한 트레이더 중 한 명이 타프 박사의 성공 모델 연구 프로젝트의 피실험자로 참여했으며, 박사의 지식과 성공적 매매에 대한 통찰력에 깊은 인상을 받았다는 사실을 말해두고 싶다.

--- *interview*

처음 심리학과 매매의 관계에 대해 어떻게 흥미를 느끼게 됐나요?

대학원을 마친 후 나의 주된 연구 관심사항은 여러 종류의 약물들이 인간의 업무 수행 능력에 어떤 영향을 미치는가 하는 것이었어요. 심리학 박사학위를 취득하고, 약 8년 동안 매우 표준적이라고 할 수 있는 심리학 연구 활동을 수행했죠. 예를 들어 지금도 전국의 경찰들이 사용하고 있는 음주측정기를 표준화하는 작업에 일조했었죠. 그 일을 하며 동시에 옵션을 어떻게 매매하면 돈을 잃는가에 대해서도 배우고 있었어요. 사실 나는 너무 빨리, 그리고 너무 지속적으로 돈을 잃어서 마침내 시장에서 나왔을 때 내가 입은 손실은 나의 무언가와 연관이 있다는 결론을 내리게 됐죠.

같은 기간 나는 지역의 종교과학 교회(Church of Religious Science)의 부자되는 방법을 가르치는 교실에 등록해서 나가고 있었어요. 그 교실에서 가르쳤던 원칙 중 하나는 자신에게 발생한 일은 자신의 사고방식을 반영한다는 것이었죠. 나는 매매 심리에 관해 많은 것을 읽었는데, 거기에서 얻은 대부분의 정보를 '민간신앙'이라고 생각하면서도 그것들을 한번 실험해보고 싶어졌어요. 나는 투자자의 강점과 약점을 측정하는 실험인 투자심리목록을 개발하여 그 실험을 수행해 보기로 결정했죠. 그 교실에서 수행할 창의적 연구과제로 말이에요. 그런데 그 교실의 어느 누구도 내 프로젝트에 응하지 않았어요. 그래서 나는 R. E. 맥메스터(R. E. McMaster)에게 나의 투자심리목록을 보냈죠. 맥메스터는 내가 구독하는 뉴스레터의 편집자였는데, 그는 내가 보낸 투자심리목록을 자기의 뉴스레터 구독자 모두에게 보냈어요. 나는 전부 합해서 1,000통에 가까운 답변을 받게 됐고, 그로 인해 이 분야에 대한 나의 관심은 전문가적 차원으로 더더욱 고조됐죠.

그 실험의 응답을 분석하여 무엇을 알게 됐나요? 어떤 놀라운 사실이 발견됐나요?

나는 내 실험에 여러 가지 성공의 척도를 설정해 놓고 '성공 수준'에 따라 실험의 응답에 순위를 매겼죠. 투자에 관해 출판된 글들을 읽어보면 매매 성공에는 열 가지 중요한 영역이 있다는 사실을 알 수 있어요. 따라서 나는 각각의 영역을 측정하는 질문을 고안했어요. 나는 얻게 된 데이터로 여러 가지 통계분석을 실시하여 각 영역과 매매 성공에 중요한 상관관계가 있음을 발견하게 됐죠. 거기에 더해 나는 이 열 개의 영역은 세 그룹으로 재분류될 수 있다는 사실도 알게 됐어요. 나는 이 세 그룹을 '심리적 요인', '관리와 극기심의 요인', 그리고 '결정 능력의 요인'이라고 명명했죠. 그때 이후로 나의 실험은 많이 다듬어졌지만 이 세 그룹은 여전히 사용되고 있어요. 게다가 나는 여전히 그 열 가지 영역을 그대로 유지하고 있고, 여기에 '직관'이라는 한 가지 영역을 더 추가했죠.

타프 씨가 측정하는 그 열한 가지 영역은 무엇인가요?

심리적 요인에는 다섯 가지 영역이 있어요. 견실한 사생활, 긍정적 태도, 돈을 벌겠다는 동기, 심리적 갈등의 부재, 결과에 대한 책임감이죠. 돈을 벌겠다는 동기가 성공과 중요한 연관성은 없어요. 그러나 이 영역을 실험에 포함시켰는데, 그 이유는 그런 동기가 없고 거기에 심리적 갈등 수준이 높을 경우에는 아주 중요하게 다뤄야 할 사항이 되기 때문이죠.

결정 능력의 요인에는 세 개의 영역이 있어요. 시장의 기술적 요소에 대한 견고한 지식, 일반인에게 흔한 편견을 가지지 않고 건전한 결정을 하는 소질, 그리고 독립적으로 사고하는 능력이 그것이죠. 사실 말이 나와서 말인데, 시장의 기술적 요소에 대한 지식은 실험 결과로 볼 때 성공과 관계없는 것으로 드러났어요.

관리와 극기심의 요인에는 세 가지 영역이 있어요. 위험관리, 인내하는 능력, 그리고 여기에 직관을 더했죠. 사실 나는 직관과 매매 성공과의 관계를 발견할 수는 없었지만 이 영역을 실험에 그대로 유지하고 있는데, 그 이유는 내게 흥미로운 점을 보여주기 때문이에요.

그 영역들을 고려할 때 돈을 잃는 트레이더들의 특징은 무엇인가요?

돈을 잃는 트레이더의 인물평을 전체적으로 말하자면 과도한 스트레스를 받고 있고, 스트레스를 방어할 방법이 없으며, 부정적 인생관을 소유하고 있고, 최악을 예상하고, 성격상 많은 갈등을 내포하고 있으며 상황이 잘못되면 남을 탓하죠. 그런 사람들에게는 자신의 행동을 통제하고 지도할 규범이 없고 군중에게 휩쓸리는 경향이 있어요. 거기에 더해 돈을 잃는 트레이더들은 조직적이지 못하고 인내심도 없어요. 그들은 즉각적인 행동을 원하죠. 돈을 잃는 대부분의 트레이더들은 방금 말한 요소들을 모두 갖고 있는 게 아니라 일부만 갖고 있어요.

현재 많은 트레이더들을 상담하고 있잖아요. 처음에 어떻게 시작하게 됐나요?

정기적으로 나의 실험을 사용하고부터 사람들에게서 자신들의 특정 문제에 관해 어떻게 행동하면 되겠냐는 질문을 받게 됐어요. 투자 심리학은 다소 독특한 연구 분야라 그들의 질문 중 많은 부분에 대해 어떻게 응답해야 할지를 알지 못했죠. 그 결과 나는 열 개의 영역 하나하나에 대한 소책자를 만들게 됐어요. 그렇게 하면 그 영역들에 관해 나 자신도 배우고 투자자들에게 도움도 될까 해서였는데, 첫 번째 소책자가 한 권의 책으로 발전하게 됐어요. 그 즈음에 나는 나의 주제를 다섯 권의 학습장에 담아 나의 투자내지는 매매 심리학강의의 골격을 갖춰야겠다고 결정했죠. 두 번째 학습장이 완성됐을 때 나는 신경언어 프로그래밍(Neuro-Linguistic Programming = NLP)을 훈련받기 시작했어요. NLP는 어떻게 성공을 복제하느냐 하는 과학이에요. 나는 NLP의 많은 기술을 나의 강의에 포함시킬 수가 있었죠. 이 강의가 발전하면서 자연스럽게 개별 상담서비스가 생기게 됐어요.

타프 씨의 연구 아이디어와 개념은 초기에 그것들이 생긴 이래로 변화를 겪었나요?

나는 처음 누가 승리할 수 있고 누가 할 수 없느냐를 예측하기 위해 나의 실험을 고안했어요. 이제 나는 승리하고자 하는 마음을 갖고, 승리하고자 전념하는 누구나 승리할 수 있다고 믿어요. 승리하는 방법을 배우느냐, 배우지 않느냐가 문제일 따름이죠.

너무나 많은 사람들이 자신들의 신념을 고집하고, 자신들의 낡은 신념에 계속 매달리죠. 이와 반대로 나의 신념은 끊임없이 진화해요. 그 이유는 나는 나의 신념을 유용성에 따라 평가하기 때문이라고 생각해요. 따라서 나는 나의 신념 대부분이 잘못됐을 수도 있다는 점을 기꺼이 인정하죠. 예를 들어 승리하고자 하는 마음을 갖고, 승리하고자 전념하는 사람들 중에서도 승리할 수 없는 사람이 있을 수 있겠죠. 그렇지만 지금의 내게는 누구나 승리할 수 있다는 믿음을 가지는 것이 가장 이로워요. 내가 그 믿음을 유지하면 사람들이 승자가 되게끔 돕는 데 훨씬 더 효율적이 되거든요.

상담 실패 사례나 성공 사례를 몇 개 말씀해주실 수 있나요?

1년 동안 매매를 하지 못하고 있던 트레이더가 내게 온 적이 있어요. 그는 상담 전체과정을 하기 전에 매매부터 할 수 있게 해달라고 했죠. 그래서 나는 약속 날짜를 정하고 그날 아침에 약 45분간 대화를 갖자며 그날 들르라고 했어요. 나는 그에게서 정보를 수집한 후 그가 심리적 갈등의 문제를 갖고 있다는 전문가 소견을 내놓게 됐죠. 그리고 그는 약 10분 동안의 훈련을 받았어요. 그는 다시 매매를 시작했고, 훈련의 결과를 정신적으로 통합하여 완성하는 기간을 2주 동안 가졌죠. 그는 자신의 문제를 바로잡으려고 많은 돈을 썼고, 많은 일을 시도했어도 아무런 효과를 보지 못했는데 단 10분 동안의 훈련과 2주 동안의 정신적 통합과정을 통해 자신의 문제를 해결할 수 있었어요.

나는 똑같은 훈련을 다른 사람에게도 시도했어요. 그 사람은 상담료를 지불할 능력이 없는 사람이었는데 그런 간단한 훈련이 그에게는 아무런 효과가 없더군요. 그의 문제는 그의 투자와는 아무 상관이 없었어요. 그는 40대 후반이면서도 여전히 아이 같았죠. 왜냐하면 성인으로서 감당해야 할 책임을 질줄 몰랐거든요. 여전히 자신의 어머니와 함께 살고 있었고, 그의 삶의 방식은 전체적으로 아이와 마찬가지였죠. 그가 매매하기를 원했던 유일한 이유는 그런 삶의 방식을 지속할 수 있기를 바랐기 때문이에요. 나는 그가 삶의 방식을 바꾸도록 적극적으로 간여하지 않으면서 그를 도울 수 있었으리라고는 생각하지 않아요. 그리고 그는 자기 삶의 방식을 바꿀 의향도 없었고요.

다른 한 의뢰인은 상담 이틀 후 약간의 변화를 달성했죠. 그런데 2차 프로그램 진행에 대해서는 망설이더라고요. 아마 더 이상의 훈련은 필요 없다고 생각했나 봐요. 그렇지만 결국에 가서는 하기로 결정했죠. 나는 다시 이틀 동안 그의 얘기를 들은 뒤, 우리는 함께 간단한 훈련을 했죠. 그 훈련을 마친 후, 그는 완전히 딴 사람이 됐어요(훈련의 효과를 완전히 자기의 것으로 만들기까지 한 주 정도 소요되긴 했지만요). 그는 두 달 후 내게 전화해서는 시장에서 매매로 650,000달러를 벌었다고 말했죠.

계량적으로 표현할 수 없는 방법을 사용하는 트레이더의 경우(예를 들어 "차트패턴에서 시장이 곧 어느 방향으로 움직이리라는 느낌을 받을 때면 사거나 판다"라고 말하는 트레이더의 경우), 매매의 문제가 기술의 부족과 관계가 있는지, 아니면 성공을 막는 심리적 장애와 관계가 있는지를 어떻게 구분하시나요?

나는 어떤 사람을 의뢰인으로 받아들이기 전에 그 사람이 자기가 효과가 있다고 생각하는 일종의 방법을 갖고 있는지 어떤지를 우선 알아보죠. 그 사람이 자기 방법의 효과에 대해 어떻게 증명하는지 조사하는 거예요. 예를 들어 이 사람은 나를 납득시킬 수 있는가? 이 사람은 자신의 방법을 시험해 봤나? 그 시험은 과거의 데이터에 기반한 것인가, 아니면 실제로 매매신호를 받아서 행한 것인가?

나는 데이트레이드나 단기매매로 돈을 벌기는 어렵다고 확신해요. 그래서 데이트레이드를 성공적으로 할 수 있도록 도와달라고 하는 사람들에 대해서는 회의적이에요. 동시에 나는 기술의 부재 그 자체를 매매의 심리적 장애라고 생각해요. 체계적인 매매방법을 개발하지 않는 사람들이나, 그 매매방법을 시험하지 않는 사람들은 판단력이 흐릿하거나, 목표가 없거나 내부적으로 갈등을 겪고 있거나 하기 때문이죠. 따라서 그들이 도움을 필요로 하는 영역은 체계적 시장 접근방법의 개발을 내적으로 거부하는 자신을 극복하는 일이에요. 만약 누군가가 내게 와서 자기가 도움 받고자 하는 부분이 그것이라고 말하면, 나는 그 사람을 의뢰인으로 받아들이는 데 전혀 주저하지 않겠죠.

대부분의 사람들을 돈을 따는 트레이더가 되지 못하게 하는 주된 심리적 장애는 무엇인가요? 어떻게 하면 사람들이 그 장애를 극복할 수 있나요?

보통 사람들은 시장에 접근하며 자기들의 개인적인 문제들을 함께 가지고 가죠. 시장은 그들의 문제를 자연스럽게 드러낼 수 있는 곳이지만 문제를 풀 수 있는 곳은 아니에요. 대부분의 사람들은 종국에 가서 시장을 떠나지만, 그 중 몇 명은 자기들이 효과적으로 매매하기 위해 하나의 매매체계가 필요하다고 판단하게 되죠. 일반적으로 체계적인 매매방법을 채택한 사람들은 자신들의 문제가 시장을 다루는 데 있지 않고 자기들의 매매체계를 어떻게 다루느냐 하는 데에 있다고 판단하게 돼요.

대부분의 트레이더들이 직면하는 하나의 근본적인 문제는 위험을 어떻게 다룰 것인가죠. 예를 들어 투기적 매매에서 성공하기 위한 두 개의 기본적인 규칙은 손절은 빨리 하고 이익은 최대화하라는 것이죠. 대부분의 트레이더들이 이 두 규칙을 적용할 줄 몰라요. 예를 들어 만약 돈을 버는 일이 자신에게 중요하다면−투자라는 게임을 하는 대부분의 사람들에게 중요하잖아요−작은 손실도 받아들이기 어렵게 되죠. 그 결과 작은 손실은 받아들이기 더 어려운 상당한 손실로 발전하죠. 마지막으로 상당한 손실은 엄청난 손실이 되고 더 이상 그 손실을 안 받아들일 수 없는 상황에 놓이게 되는데, 이 모든 손실은 애초에 작은 손실을 받아들이지 못했기 때문에 발생한 것이죠. 이와 비슷하게 사람들은 이익을 얻으면 곧바로 챙기고 싶어 해요. 그들은 "이익이 사라지기 전에 지금 챙겨야 해" 하고 생각하죠. 이익이 더 커지면 바로 챙겨야겠다는 유혹을 더 견디기 힘들게 돼요. 명백한 진실은 대부분의 사람들이 이익의 관점에서는 위험 회피적이며−큰 이익을 가져다 줄 확률이 높은 유리한 도박보다 작지만 확실한 이익을 선호한다는 뜻이죠 − 손실이라는 관점에서는 위험 추구적이에요−명백한 손실보다 확률이 없는 불리한 도박을 선호한다는 뜻이죠−. 결과적으로 대부분의 사람들은 성공하기 위해 요구되는 행동의 정반대 행동을 하는 경향이 있다는 말이에요. 그들은 이익은 빨리 자르고 손실은 최대한 키우죠. 만약 매매를 하나의 게임으로 생각하고 오류를 범하는 일을 게임의 규칙을 따르지 않는 일이라고 생각한다면 이 두 규칙을 따르는 일이 훨씬 쉬워질 수 있어요. 하루를 시작할 때 자신의 매매규칙을 살펴보고, 하루가 끝나면 자신의 매매를 돌이켜보며, 자신이 규칙을 따랐다면 설령 돈을 잃었다 하더라도 자신을 자랑스럽게 생각하는 거예요. 만약 자신의 규칙을 따르지 않았다면 자신이 한 일을 머릿속에서 자세히 곱씹어보고, 미래에는 더 나은 선택을 할 수 있도록 마음을 다잡는 것이죠.

사람들이 가진 두 번째 중대한 문제점은 스트레스에요. 스트레스는 '근심'과 '생물학적 투쟁/도피 반응'이라는 두 가지의 형태를 띠죠. 우리의 뇌는 정보를 처리하는 데 한계가 있어요. 만약 머릿속이 근심거리로 가득 차 있다면 그 근심거리들이 결정을 하는 데 필요한 공간을 대부분 점유하고 있죠. 그러면 사람들은 효과적으로 작용하는 데 필요한 충분한 능력을 갖지 못하게 돼요.

'투쟁/도피 반응'의 성질은 사람들의 초점을 너무 좁게 만들어요. 사람들은 초기에 흔히 일어났던 반응패턴으로 되돌아가죠. 예를 들어 스트레스에 짓눌린 상태에서 사람들이 하게 되는 일반적인 결정은 결정 자체를 하지 않는 거예요. 초보일 때 하던 짓을 하는 것이죠. 중개인이 조언하는 대로 해요. 결론적으로 간단하기만 하다면 뭐든 하죠. 간단한 해결 방법 중 옳은 방법은 드물거든요. 또한 사람들은 스트레스를 받으면 군중을 쫓아 따라 하는 경향이 있어요. 다른 사람들의 행동이 따라 할 간단한 예를 제공하는 것이죠. 군중을 따라 하는 사람들은 스스로 결정할 필요가 없지만 군중을 따라 하는 일은 시장에서 돈을 잃는 확실한 방법이죠.

'투쟁/도피 반응'의 두 번째 중대한 결과는 그것이 사람들로 하여금 더 많은 에너지를 소비하도록 민든다는 사실이죠. 사람들은 스트레스 받는 사건과 직면하게 되면 자기들이 생각해 낼 수 있는 몇 안 되는 선택 사항에 많은 노력을 쏟게 돼요. 자기들이 하던 일을 계속 해서 더 열심히 하죠. 매매결정에 더 많은 에너지를 쏟는다고 돈이 되지는 않거든요. 그렇게 하면 성급하고 비논리적 결정을 하게 될 따름이죠. 그리고 또 과도한 에너지를 소비하게 되고요. 돈을 잃는 포지션의 청산을 적극적으로 거부함으로써 그 포지션에 많은 에너지를 쏟아 붇는 경우도 있어요. 결과적으로 더 큰 손실이 되죠. 요약하면 '투쟁/도피 반응'은 선택의 폭을 좁게 하고, 많은 에너지를 몇 안 되는 선택사항에 집중시켜 사람들의 성과를 저하시켜요.

스트레스를 다루는 해결책은 스트레스의 원인 파악과 스트레스 방어 방법의 개발이에요. 나는 스트레스 문제가 있는 사람들에게 스트레스 관리 프로그램을 받아보기를 권해요. 또한 스트레스 받는 사건들 중 많은 사건들이 실은 그 사건들을 받아들이는 당사자의 태도 때문이라는 점을 이해하는 일도 중요해요. 그런 태도를 바꾸면 사건도 변화되죠. 예를 들어 돈을 따는 사람들은 손실에 대한 태도에서 돈을 잃는 사람들과 전형적으로 달라요. 대부분의 사람들은 손실에 속상해 하지만 성공적인 투자자와 투기꾼들은 돈을 따는 근본적 자질이 손실을 용납하는 일이라는 사실을 알고 있죠. 우리의 문화는 대부분의 사람들에게 단지 승리만 용납된다고 가르쳤기 때문에 대부분의 투자자들은 손실에 대한 자신들의 생각을 바꿔야만 성공적인 투자자가 될 수 있어요.

사람들이 가진 세 번째 중대한 문제는 갈등을 다루는 문제에요. 사람들에게는 각기 다른 부분의 자기가 존재하죠. 각 부분은 긍정적 의도를 갖고 있고요. 예를 들어 어떤 사람은 돈을 벌려는 부분, 실패로부터 자신을 보호하려는 부분, 자신을 가치 있는 존재로 느끼려는 부분, 가족의 안녕을 돌보려는 부분 등등을 가지고 있을 수 있어요. 그런데 이러한 부분들이 자신의 내부에 자리 잡게 되면 잠재의식 속에서 작동하게 돼요. 즉 어떤 일이 일어나느냐 하면 각 부분들은 지속적으로 새로운 행동을 유발하여 자기들의 의도를 달성하려 하죠. 때때로 유발된 행동들은 심각한 갈등을 초래하기도 하고요. 이 갈등 모델은 나의 가장 유용한 믿음 중 하나에요. 나는 실제로 사람들에게 그런 부분들이 있다고 말하는 게 아니에요. 그러나 내가 그렇게 믿는 이유는 사람들이 자신들의 매매와 관련된 문제를 해결하도록 돕는 데 많은 도움이 되기 때문이에요. 사람들이 자기의 그런 부분들을 인식하게끔 하고, 그 부분들 사이에서 형식을 갖춘 흥정을 이행하도록 한 뒤, 각각의 부분들이 어느 정도 만족을 얻도록 유도하죠. 그리고 가능하면 그 부분들을 통합하여 서로 맞물려 돌아가도록 해야 하죠.

사람들에게 서로 상충하는 여러 다른 부분들이 있다는 개념은 이해하기 좀 어려운 개념인데요. 예를 하나 들어주실 수 있나요?

거래소의 트레이더를 상담한 적이 있어요. 그의 아버지는 돈을 아주 많이 번 사람이었죠. 그러나 그 트레이더는 자기 아버지를 본받아야 할 사람으로 생각하지 않았는데, 그 이유는 자기 아버지가 알콜 중독자였기 때문이었어요. 그 결과 그는 자기 아버지를 닮지 않기 위해 자기를 방어하려는 부분을 내부에 키우게 됐죠. 그는 매매로 1년에 약 75,000달러를 벌 수 있었지만 그 이상 벌게 되면 그 부분이 작동해서 너무 많은 돈을 벌면 안 된다고 다그쳤었죠. 그가 바로 부분들의 흥정을 완성한 후 약 두 달 만에 650,000달러를 번 그 사람이에요.

어떤 사람들은 잠재의식의 단계에서 실제로 돈을 잃기를 원하는데 그 이유는 그렇게 하여 어떤 긍정적인 의도를 성취해야 하기 때문이다, 이런 의미인가요? 그렇다면 그런 경우는 얼마나 흔한 일인가요?

내가 싱담한 트레이더들 중 절반은 그런 성격적 문제를 갖고 있었어요. 나는 아주 흔한 일이라고 생각해요.

지금까지 위험에 대한 잘못된 태도, 스트레스, 갈등, 이 세 가지를 성공적 매매의 장애물이라 하셨는데, 사람들이 시장에서 갖게 되는 또 다른 문제가 있으면 말씀해 주시죠.

네 번째 중대한 문제는 많은 사람들이 감정이 매매를 지배하도록 방치한다는 사실이에요. 사실 매매와 관련된 대부분의 문제가 어떤 식으로든 감정제어 문제를 포함하는 듯해요. 나는 사람들이 자신들의 정신적 상태를 관리하기 위해 사용할 수 있는 방법을 최소한 열 가지는 알고 있어요. 사람들이 즉시 채택할 수 있는 쉬운 방법 한 가지는 자세, 호흡, 그리고 근육의 긴장 관리죠. 이것들만 바꿔도 감정 상태의 변화를 느낄 수 있어요.

마지막으로 다섯 번째 중대한 문제는 의사결정과 관계있어요. 의사결정의 문제에는 여러 가지 측면이 있겠지만, 대부분의 사람들이 범하는 잘못은 일상적인 의사결정 방법을 시장에서 매매하는 데에도 적용한다는 사실이에요. 예를 들어 새 차를 한 대 살 때 거치게 되는 과정을 생각해 보세요. 모델, 제조사, 판매 조건, 서비스, 가격, 액세서리 등에 관해서 생각해 봐야 하잖아요. 이러한 요소들을 평가하여 의사결정을 하려면 한 주 이상의 시간이 소요되겠죠. 대부분의 사람들이 그와 같은 의사결정 방법을 매매에도 적용하는데, 그렇게 해서는 효과적인 매매를 할 수 없어요. 너무 많은 시간이 소요되니까요. 그래서 그 해결책은 매매시스템을 채택하여 그 시스템의 신호에 따라 행동하기에요. 그렇지만 매매시스템을 갖고 있는 대부분의 사람들이 일상적인 의사결정 방법을 시스템으로부터 부여받는 매매신호에 계속 적용하죠. 물론 그렇게 해서는 효과적인 매매를 할 수 없고요. 시간이 오래 걸리고 비효율적인 의사결정 문제를 해결하는 방법으로 내가 찾아낸 최선은 '고정하기'로 명명된 과정을 거쳐 그런 문제의 발생을 미리 차단하는 일이죠. 그 과정은 너무 복잡해서 지금 설명할 수는 없네요.

부정적 감정을 제거하는 방법을 배우면 대다수의 사람들이 성공적인 트레이더가 될 수 있다고 믿나요?

글쎄요. 그 질문은 매매 문제의 원인을 부정적 감정이라 가정하고 있군요. 나는 부정적 감정은 근본 문제의 증상일 뿐이라고 생각해요. 나는 대부분의 경우 성공을 만들기 위한 방안으로 특정 문제들을 해결하는 일이 필요하다고 생각하지는 않아요. 사람들이 효과적인 방법으로 작용하도록 가르치기만 하면 되지만, 가르치는 과정은 사람들이 생각하는 방법을 고치는 일도 포함돼요. 하지만 대부분의 트레이너(trainer)들은 이 점을 강조하지 않죠.

현재 나는 나 자신을 모델링 전문가라고 생각해요. 모델링이 무슨 말이냐 하면, 만약 어떤 사람이 무언가를 잘 하면 나는 그 사람이 어떻게 그것을 잘 하는지를 알아내고, 알아낸 기술을 다른 사람에게 가르치죠. 나는 현재 매매와 투자에 뛰어난 사람들을 모델링 하는 데 집중하고 있어요. 따라서 내가 성공적인 트레이더가 되겠다고 결심한 사람들을 최고의 트레이더가 되도록 가르칠 수 있다고 생각하는 일은 당연한 일이죠.

뛰어난 트레이더들이 뛰어난 이유는 날카로운 분석적 기술을 갖고 있기 때문인가요, 아니면 감정을 더 잘 제어할 수 있어서인가요?

감정을 더 잘 제어할 수 있어서죠. 그렇지만 그 두 요소 모두 지나치게 강조된 점이 있다고 봐요.

그럼 성공적인 매매를 복제하려면 어떻게 해야 하나요?

성공을 복제하는 데 필요한 세 가지 중요한 요소가 있어요. 믿음, 마음 상태, 그리고 정신적 전략이죠. 최고의 트레이더들이 이 세 가지 요소를 어떻게 사용하는지 그 방법을 보고 그대로 모방하여 매매 업무의 모든 면에 적용하면 최고의 트레이더들이 거두는 결과도 자연히 따라오게 돼요. 매매가 아닌 예를 하나 들어 드리죠. 대부분의 무술 전문가들은 맨손으로 합판을 격파하는 데 수년간의 연습이 필요하다고 생각해요. 나는 약 15분 동안 어떤 무술 전문가를 관찰한 후 내 손으로 두 장의 0.5인치 송판을 격파할 수 있었어요. 내 아들에게(당시 10살) 어떻게 하는지 가르쳐 줄 수도 있었죠. 이것이 바로 모델링의 강점이에요.

대부분의 전문가들은 자신의 분야에 무의식적인 능력을 갖추고 있죠. 그들이 자신의 분야에서 능숙하게 일처리를 한다는 말은 무엇을 의미하냐 하면 그들은 자동적으로 자신들의 일을 행한다는 것이에요. 예를 들어 대부분의 사람들이 자동차를 운전할 때 무의식적으로 운전능력을 발휘하죠. 운전할 때 운전은 생각하지도 않잖아요. 무의식적인 능력을 갖춘 사람이 자기가 하는 일을 다른 사람에게 설명할 때는 중요한 사항들을 빼먹기 일쑤예요. 따라서 나는 그들이 빼먹는 사항들을 찾는 데 초점을 두죠. 그리고 다른 사람들이 그런 사항들을 내재화하도록 돕지요.

그럼 첫 번째 요소인 '믿음'이 매매 성공에 중요한 이유는 무엇인가요?

다른 모델링 프로젝트의 예를 하나 들어 드리죠. 미 육군은 미국에서 가장 뛰어난 명사수 두 명의 소총 기술을 모델링 한 적이 있었어요. 그 모델링으로 신병 훈련용 수업을 하나 개발할 수 있었죠. 그 수업은 기존의 4일 과정을 이틀로 줄이면서도 합격률을 80에서 100퍼센트로 향상시키는 결과를 가져왔어요. 게다가 육군은 같은 지식을 사용해 정상급 사수들이 자신들의 실력을 더 향상시키도록 도와줄 수 있었고요. 육군이 수집한 사격과 연관된 믿음에 관한 정보를 살펴보면 상당히 의미심장함을 알 수 있어요.

예를 들어 그 두 명의 뛰어난 명사수는 다음과 같이 믿었죠.

- 총을 잘 쏘는 것은 나의 생존을 위해 중요하다.
- 사냥은 재미있다.
- 머릿속으로 예행연습을 해보는 일은 좋은 성과를 거두기 위해 중요하다.
- 내가 한 발을 놓쳤다면, 이는 내가 어떻게 쏘았느냐와 관계된 문제이다.

이들 두 명사수는 시합을 하기도 했는데, 그때마다 한 사람이 항상 이겼어요. 이 두 사람의 차이점은 그들의 믿음을 자세히 살펴보면 알 수 있죠. 예를 들어 항상 이기는 사수는 시합이 있기 전날 밤에 머릿속으로 1,000라운드의 시합 전체를 예행연습을 하는 일이 중요하다고 믿었고, 다른 사수는 그냥 예행연습만 하는 일이 중요하다고 믿었어요. 게다가 1등만 하는 사수는 매번 과녁의 중심 맞추기가 중요하다고 믿었지만(그런다고 더 많은 점수를 받지도 않는데 말이에요), 다른 사수는 과녁 맞히기만이 중요하다고만 믿었죠. 이들의 믿음을 통해 한 사람이 다른 사람보다 더 나은 이유를 이해할 수 있겠죠?

그럼 이제 이들 두 명사수의 믿음과 육군 신병들의 믿음을 비교해 보죠. 신병들은 다음과 같은 믿음을 가질 수 있을 거예요.

- 총은 나쁜 것이다. 총 때문에 사람이 죽는다.
- 총을 너무 많이 쏘면 귀가 멀지도 모른다.
- 내가 표적을 놓쳤다는 것은 총의 영점이 잡히지 않았다는 의미이다.

이렇게 믿음만 보아도 최정상의 명사수들이 풋내기 신병들보다 월등히 뛰어날 수밖에 없는 이유가 이해되지 않나요?

이제 내가 정상급 트레이더들에게서 발견한 것을 조금 설명해 드리죠. 아마 슈웨거 씨도 책에서 인터뷰한 트레이더들로부터 지금 내가 말하는 믿음을 발견할 수 있었으리라는 생각이 드는군요. 나는 일반적으로 정상급 트레이더들이 다음 사항들을 믿는다는 사실을 알 수 있었어요.

- 돈은 중요하지 않다.
- 시장에서 돈을 잃어도 괜찮다.
- 매매는 게임이다.
- 머릿속으로 미리 상상해보는 일은 성공하기 위해 중요하다.
- 시작하기 전에 이미 게임에서 이겼다.

이외에도 중요한 믿음이 많이 있지만 나는 이 다섯 가지가 가장 결정적이라고 생각해요. 사람들 대부분은 큰돈을 벌려고 시장에 접근하지만, 실은 그것이 돈을 잃는 주된 이유 중 하나죠. 돈이 중요하기 때문에 손실을 받아들이는 데 어려움을 겪게 되고, 이익을 최대화하는 데에도 실패해요. 이와 반대로 매매를 하나의 게임 정도로 가볍게 생각하고 규칙에 따라 게임에 임하게 되면, 손절을 빨리 하고 이익을 최대화한다는 이 결정적인 매매방법을 따르는 일이 엄청 쉬워지죠.

게다가 정신적 리허설과 장기간의 계획수립을 통해 정상급 트레이더들은 매매를 시작하기 전에 이미 모든 시련과 오류를 머릿속에서 경험하게 되죠. 그 결과 그들은 결국에는 자기들이 승리하리라는 사실을 알아요. 그러면 약간의 좌절은 쉽게 극복할 수 있게 되죠.

승자들은 시작하기 전에 이미 게임에서 이겼음을 안다고 말씀하셨잖아요. 그런 자신감이 기존의 승리하는 트레이더들에게 어떻게 이롭게 작용하는지는 쉽게 이해가 가지만, 그런 성격이 초보 트레이더들에게는 역으로 작용할 수도 있지 않을까요? 예를 들어 스키를 처음 타 보는 사람이 1주일도 안 돼 자신의 능력을 전문가 슬로프를 타고 내려갈 수 있는 정도라고 자신감을 가진다면 이는 그렇게 바람직한 성격은 아닐 거예요. 비전문가적인 트레이더들은 어떻게 합리적인 자신감과 불합리한 자신감을 구분할 수 있을까요?

내가 연구한 정상급 트레이더들은 시장에 대해 광범위하게 공부하며 자기들의 일을 시작했어요. 그들은 어떻게 매매하는지에 대한 모델을 개발하고, 그 모델을 정교히 다듬었죠. 그들은 자기들이 승리하리라는 믿음을 가질 때까지 자기들이 하고자 하는 바를 오랜 시간 동안 머릿속으로 구상했어요. 그러고 나서 그들은 성공을 만들어 내는 데 필수적인 자신감과 열정을 가지게 된 거예요. 거기에 더해 내가 좀 전에 묘사한 믿음들을 모두 갖게 됐고요. 결과적으로 나는 합리적인 자신감과 불합리한 자신감 사이에는 세 가지 주된 차이점이 있다고 생각해요. 첫째, 합리적인 자신감은 내가 묘사한 것과 같은 믿음을 모두 가지고 있을 때 발현되죠. 만약 어떤 트레이더에게 자신감만 있고 그 외에 아무것도 없다면 그는 엄청난 문제에 봉착해 있는 거예요. 둘째, 합리적인 자신감은 어떤 유의 매매 모델을 오랜 기간 광범위하게 시험해야만 생겨요. 만약 적절한 시험을 거친 모델을 갖고 있지 않은데도 자신감이 생긴다면 그 자신감은 불합리한 자신감이죠. 셋째, 합리적인 자신감은 트레이더로서 성공하겠다는 강한 열정과 노력이 있을 때만 생기죠. 트레이더가 되고 싶어 하는 사람들 중 대부분이 강한 열정만 갖고 있지 그 일에 전념하지 않아요. 자기들은 그렇게 하고 있다고 생각하지만요. 스코틀랜드 사람의 히말라야 원정에 대해 읊은 W. N. 머리(W. N. Murray)의 시에 이런 구절이 있어요. "사람이 자신의 모든 것을 바쳐 전념하면 신의 섭리도 따라 움직인다."

정말 모든 것을 바쳐 전념하면 자신이 하고 있는 것이 올바르다고 확신할 수 있을 뿐만 아니라, 어찌된 일인지 발생하는 사건들도 자신을 돕는 듯이 여겨지죠. 만약 트레이더가 되고자 모든 것을 바쳐 전념했다면 내가 지금 무슨 말을 하는지에 대해 일정 수준 이해가 갈 거예요. 아마 손실을 보게 됐던 사건들도 자신에게 도움이 됐음을 이해할 수 있을지도 모르겠군요. 반면에 모든 것을 바쳐 전념하지 않았다면 "타프 이 자가 지금 무슨 말을 하는 거지? 나는 모든 것을 바쳐 전념했지만 나에게 도움이 안 되는 사건들만 계속 발생하는데" 이렇게 말할지도 모르죠.

조금 전에 '마음 상태'를 성공을 모델화하는 데 두 번째 중요한 요소라고 말씀하셨잖아요. 구체적으로 이것이 무엇을 의미하는지 설명해 주시겠어요?

사람들에게 자신의 매매 또는 투자의 문제점을 나열하라고 하면 사람들은 두 종류의 문제점을 제시하죠. 자기들이 원인이 아닌 문제점과 '마음 상태'를 관리하는 문제점이에요. 자기들이 원인이 아닌 문제점은 일이 잘못되면 시장 탓하기, 거래소 안의 회원 트레이더들을 탓하기, 내부자 거래 탓하기, 중개인 탓하기, 매매시스템 탓하기 등등으로 구성돼 있어요. 인간은 좋지 않은 일이 발생하면 자신의 탓이 아닌 남의 탓으로 돌리려는 성향을 타고나요. 사회는 이것을 부추기고요. 예를 들어 최근 프로그램매매에 대한 언론 보도는 주식시장에서 돈을 잃은 투자자들이 그들의 잘못 때문이 아니라 프로그램매매 때문에 돈을 잃게 됐다고 실제로 말한 것이나 마찬가지예요. 그렇지만 자신이 아니라 다른 어떤 것을 탓하면 같은 오류를 계속 반복하게 돼요. 왜냐하면 자신의 통제범위 밖의 무언가로 생긴 결과에 대해서는 어찌할 도리가 없으니까요.

무언가가 잘못됐을 때 투자자가 할 수 있는 최선은 어쩌다 자신이 이러한 결과를 초래하게 됐는지를 판단해 보는 일이에요. 지금 나는 자신의 오류에 대해 자신을 탓해야만 한다고 말하는 게 아니에요. 내가 말하고자 하는 바는 어떤 상황의 어느 시점에 그런 결과를 가져오는 선택을 행했는지를 생각해 보라는 말이죠. 그 선택의 시점을 알아내고, 미래에 비슷한 선택의 시점에 봉착할 경우 취할 수 있는 다른 조치들을 생각해 보라는 말이에요. 미래에 비슷한 선택의 시점에서 과거에 했던 결정을 바꾸면 자신이 얻는 결과도 바뀌게 되고, 지금 그것을 상상하면 미래에 그런 조치를 선택하는 일이 쉬워지죠.

사람들이 자기들의 문제점을 받아들이게 되면 그들은 일반적으로 나쁜 결과가 어떤 종류의 마음 상태에서 나온다는 사실을 발견하게 되죠. 이런 마음 상태의 흔한 예로는 다음과 같은 것들이 있어요.

• 나는 시장에서 너무 참을성이 없다.
• 나는 시장에 화가 난다.
• 나는 타이밍을 못 맞출까봐 걱정된다.
• 나는 앞으로 발생할 상황에 대해 너무 낙관적이다.

위에 든 예들은 마음 상태의 문제의 많은 예들 중 단지 몇 개에 불과해요. 마음 상태의 문제를 확인하면 이 문제에 관해 일정한 조치를 취할 수 있게 되는데, 이런 문제들은 자신의 통제 범위 내에 있기 때문이에요. 조금 전에 내가 자세, 호흡, 그리고 근육 관리를 통해서 마음 상태를 조정하는 방법을 언급한 적이 있죠. 스스로 한번 시도해 보세요. 가까운 쇼핑센터에 가서 다른 사람들이 어떻게 걷는지 관찰해 보세요. 그리고 십여 가지 걸음걸이를 그대로 따라 하며 각각의 걸음걸이에 따라 마음 상태가 어떻게 바뀌는지 느껴보세요.

나는 지금 마음 상태의 조절이 매매에서 성공하기 위한 마법과 같은 열쇠라고 하는 말이 아니에요. 단지 해결책의 한 부분에 불과하죠. 하지만 해결 방법이 자신의 내부에 있다고 인식하는 순간 많은 발전을 하게 돼요. 자신이 얻은 결과는 자신의 책임이라는 인식은 성공적 투자의 중요한 열쇠죠. 돈을 따는 사람들은 자기들이 얻는 결과가 자기들 책임임을 알지만 돈을 잃는 사람들은 자기들의 책임이 아니라고 생각해요.

사람들이 자기들의 마음 상태를 관리하려면 어떻게 해야 하는지 실질적인 예를 들어주실 수 있나요?

마음 상태의 조정은 사람들 대부분이 극기라고 부르는 것이에요. 나는 사람들에게 바로 사용할 수 있는 아주 간단한 과정을 가르치죠. 예를 들어 책상에 앉아있다 마음 상태를 바꿔야 됨을 알게 됐다고 가정해보세요. 그럼 의자에서 일어나서, 약 네 걸음 물러나서는 의자에 앉아 있던 자신의 모습이 어땠는지를 보면 되죠. 자신의 자세와 호흡과 얼굴 표정을 느껴보고, 그런 다음에 자신이 갖고 싶은 종류의 마음 상태를 가지면 자신은 어떤 모습일까 상상해 보는 거예요. 자신의 모습이 명료하게 보이면 다시 의자에 앉아서 방금 상상했던 자세를 취하는 거예요. 이 훈련은 거의 모든 상황에서 효과를 발휘하는데, 그 이유는 자세를 바꾸는 것, 자신을 더 객관적 관점에서 보는 것, 그리고 더 바람직한 상황을 상상하는 것 등의 여러 가지 중요한 원리를 포함하고 있기 때문이에요.

성공을 복제하는 데 결정적인 세 번째 요소로 정신적 전략을 말씀하셨죠. 그럼 이번에는 정신적 전략에 관한 조금 더 자세한 설명을 부탁드릴까요? 예도 조금 들어 주시고요.

전략을 이해하려면 사람들이 어떤 방법으로 생각하는지 이해할 필요가 있어요. 사람들은 오감이라는 방법을 통해 생각하죠. 즉 시각적 이미지, 소리, 감촉, 그리고 일부의 사람들에게는 맛과 냄새도 포함되죠. 글자들이 모여 훌륭한 소설을 만들고, 음표들이 모여 훌륭한 심포니를 만들 듯 이들 오감이라는 방법은 정신적 전략을 형성해요. 전략은 요소가 아니라 여러 요소들이 조합되는 방법이에요. 정신적 전략은 사람들이 생각하는 순서라고 할 수 있어요.

이 인터뷰의 범위를 넘어서는 복잡한 주제를 세부적으로 설명하기보다 두 개의 예를 들어 드리죠. 우선 매매신호를 내보내는 어떤 시스템을 갖고 있다고 상상해 보세요. 매매신호는 어떤 차트패턴이라든지, 컴퓨터에 나타나는 특정 신호와 같이 시각적인 것이 대부분이니까 자신의 매매시스템이 시각적 신호를 내보낸다고 상상해 보세요. 자, 이제 다음의 전략을 시도해 보세요.

- 신호를 본다.
- 이 신호가 눈에 익다는 사실을 인식한다.
- 만약 이 신호를 받아들인다면 어떤 그릇된 결과가 발생할지 자신에게 말해 본다.
- 이 신호에 대해 좋지 않은 기분이 든다.

위의 전략을 사용해서 효과적으로 매매할 수 있을 듯한가요? 위의 신호를 받아들이기나 할 듯한가요? 아마도 아니겠죠. 그럼 다음의 전략을 사용하면 어떨까요?

- 신호를 본다.
- 이 신호가 눈에 익다는 사실을 인식한다.
- 이 신호에 대해 좋은 기분이 든다.

이제 신호를 보고 매매할 수 있을 듯한가요? 아마 그럴 거예요. 그래서 비록 두 전략이 아주 비슷하지만 매매라는 관점에서 두 전략은 매우 다른 결과를 초래하죠. 만약 자신이 매매시스템을 사용해서 매매한다면 두 번째 전략처럼 간단한 전략을 써야 효과적으로 매매시스템을 사용할 수 있어요.

타프 씨가 성공 모델링 연구를 위해 표본으로 삼는 정상급 트레이더들 중 두 명은 완전히 다른 매매방식을 갖고 있잖아요. 한 사람은 매우 기계적인 반면, 다른 사람은 훨씬 더 직관적인 방법을 사용하죠. 이 두 사람의 차이점과 유사점을 비교해주실 수 있나요?

우선 그들의 유사점이 광범위하니까 이에 대해 말씀드리죠. 사실 아주 달라 보이는 두 명의 뛰어난 트레이더 사이에서 광범위한 유사점을 발견했다면, 이 유사점은 성공적 매매에 필수적인 요소로 받아들일 수 있겠죠. 예를 들어 두 트레이더 모두 시장이 어떻게 작동하는지에 대한 모형을 개발해 놨고, 그 모델을 시험하기 위해 대규모의 연구를 실시했어요. 이 사람들의 생각은 매우 다르지만 나는 어떤 유의 모형을 개발하고 시험하는 과정은 아주 중요하다고 생각해요. 게다가 이 두 트레이더는 내가 성공한 트레이더에게서 일반적으로 발견하게 되는 믿음이라고 조금 전에 언급한 믿음들을 공유하고 있어요. 셋째로 두 트레이더 모두 자신들의 삶의 목적과 트레이더로서의 목적을 잘 알고 있어요. 그들은 자기들을 '큰 그림'의 일부라 생각하고 흐름과 함께 가요.

기계적 트레이더는 매우 논리적이에요. 그는 자신의 모형을 상상 속에서 시각적으로 구축하죠. 말을 할 때 아주 명확하고, 생각도 매우 정밀해요. 그의 모형은 성공적으로 매매하는 방법과 경제가 어떻게 작동하는가에 초점이 맞춰져 있어요. 그는 자신의 모형이 자신의 사고 과정과 맞아 떨어지는 컴퓨터 알고리즘으로 변환될 수 있어야만 그 모형을 적절하다고 생각하죠. 그 결과 그는 자신이 구축한 이미지와 컴퓨터가 생성하는 결과가 맞아떨어질 때까지 이 둘을 계속 변형함으로써 자신의 모형을 전산화해놓을 수 있었어요. 그의 말에 의하며 '둘 다 괜찮아 보일 때까지' 계속 변형을 한다고 해요. 그 과정은 매우 느리고 많은 노동력을 요구하죠. 나는 그의 모형이 일상적인 의사결정에는 방해가 된다고 생각하는데 그도 이 점에 대해서는 동의하더군요. 그렇지만 장기적인 결말을 보면 이 모형은 그에게 도움을 주죠. 그의 머릿속의 이미지와 컴퓨터 모형이 맞아떨어지면 그는 거의 매매에서 손을 떼다시피 해요. 컴퓨터가 모든 일을 알아서 하죠. 그러면 의사결정은 그에게 한결 쉬운 일이 되고요.

반대로 직관적 트레이더는 성공적으로 매매하는 방법의 모형을 개발하지 않고, 시장이 어떻게 작용할 것인가에 대한 자신의 생각을 모형으로 개발했어요. 그는 또한 시장은 끊임없이 진화하기 때문에 자신의 모형을 알고리즘으로 표현하고 전산화한 후 시험하기보다 시장에서 일어나는 변화에 적응하게끔 하는 일이 더 중요하다고 믿고 있어요. 그는 시장이 어떻게 될 것이라는 자신의 예측을 기반으로 매매하죠. 그 예측이란 머릿속으로 시장을 그려보는 일인데, 그는 머릿속으로 그린 것을 느낌으로 변환하는 경향이 있는 듯해요. 느낌은 실제로 생각의 한 방법이지만 남에게 전달하기 어렵고 컴퓨터로 옮겨놓기도 어렵죠. 그 결과 그는 매매시스템을 컴퓨터로 구현하는 것과 같은 활동은 시간 낭비라고 생각해요. 그가 가장 중요시 하는 부분은 어떻게 매매할 것인가가 아니라 시장이 어떻게 작동하는가를 설명하는 일이고, 그는 시장이 끊임없이 진화한다고 믿어요. 이 두 가지를 염두에 두면 그가 다른 사람들에게 자기가 어떻게 매매하는가를 설명할 때 어려움을 겪게 되는 이유가 이해되죠. 그는 자신의 매매방법을 직관에 의한 방법이라고 말하고, 동시에 일상적인 결정을 쉽게 내려요. 이 점은 자신의 작업을 컴퓨터로 증명할 때까지 신뢰하지 않는 기계적 트레이더와 확연히 비교되는 부분이죠.

해결하기에 가장 어려운 문제는 무엇인가요?
어려운 문제는 딱 두 개라고 생각해요. 그중 하나는 매매에 대한 열정과 전념이 부족한 것이죠. 훌륭한 트레이더가 되겠다는 열정과 전념하는 마음이 없는 사람들은 내가 하라고 하는 것을 하지 않아요. 내가 그런 사람들을 자주 접하지는 않아요. 무료상담이나 염가상담을 한다고 할 때, 때때로 그런 문제를 가진 트레이더들을 보게 되죠. 어린 아이로 남길 원했고, 매매를 자기가 원하는 것을 달성하는 하나의 수단으로 사용하려 했던 그 남자가 전형적인 예죠. 나는 열정과 전념하는 마음이 부족한 트레이더를 상담하는 실수를 그렇게 자주 범하지는 않아요.

두 번째 가장 어려운 상황은 자기들에게는 문제가 없다는 트레이더들이죠. 이런 트레이더들은 계속 자기들의 문제를 반복하게 되는데, 그 이유는 이들은 결코 문제의 원인에 다가갈 수 없기 때문이에요. 나는 이런 유의 사람들도 자주 접하지는 않는데, 사람들이 내게 올 때는 문제를 야기한 것은 자기 자신이라는 점을 인식하고 있거든요. 그렇지만 어떤 면에서 일정 부분은 모든 사람이 자신이 원인이 아니라고 생각하는 문제를 갖고 있다고 할 수 있어요. 내 의뢰인들도 마찬가지고요.

내게 오는 사람들 중에 가장 어려운 타입이 강박상태의 도박꾼이죠. 이 부류의 사람들은 시장의 움직임을 갈망하기 때문에 빚을 잔뜩 지고 나서야 나에게 도움을 청하는 게 대부분이죠. 이런 경우 나는 그들에게 단도박 모임 참여를 권하거나, 그들을 위해 지역의 단체나 기관에 도움을 요청하기도 하죠. 그런데 한 번은 강박상태의 트레이더를 나의 의뢰인으로 받아들이기도 했어요. 그는 지금 내 '슈퍼-트레이더 프로그램'에 포함돼 있죠. 나는 그의 강박관념이 시장이 아닌 자기 자신을 변모시키는 쪽으로 향하도록 방향을 틀었을 뿐이었죠.

매매할 때 발생하는 문제점을 교정하는 일이 항상 해결책이 될 수 있다고 장담할 수는 없어요. 예를 들어 매매에 관해 가르치는 어떤 수업의 방식은 첫 번째 과정에서 기본적인 것에 관해 가르치고, 두 번째 과정에서 간단한 매매시스템을 가르쳐요. 그런 다음 나머지 시간은 그 매매시스템을 사용하여 매매할 때 발생하는 문제점들을 취급하죠. 그런 방식으로 아주 효과적인 수업을 만들어 낼 수 있어요. 다른 방법으로는 같은 수업을 진행할 때 기본적인 것을 제공한 다음, 매매시스템으로 매매할 때 필요한 믿음과 마음 상태, 그리고 정신적 전략을 제공하고, 그런 다음 매매시스템을 제공하죠. 나는 두 번째 방법이 첫 번째보다 더 효과적이라는 쪽에 손을 들고 싶군요. 최소한 나는 그런 방법으로 진행하고 있어요.

'슈퍼 – 트레이더 프로그램'이 생긴 배경과 그 프로그램의 개념, 그리고 앞으로의 방향에 대해 말씀해 주시죠.

어느 크리스마스 이브에 한 트레이더가 전화해서 나와 상담을 마친 후 2개월 만에 650,000달러를 벌었다고 말했어요. 나는 '그 상담은 막 시작된 것일 뿐인데' 하고 생각했죠. 생각하면 할수록 내 머리 속에 다음 질문이 계속 떠오르더군요. "만약 이 상담을 한계점까지 밀어붙이면 어떤 일이 발생할까? 그는 어떤 성과를 이룩할 수 있을까?" 하는 질문이요. 그래서 '슈퍼–트레이더 프로그램'의 아이디어가 나오게 됐죠. 나는 그에게 전화해서 그 아이디어를 제안했고, 그는 당연하다는 듯이 전적으로 동의했죠.

현재 약 4명의 의뢰인이 일반 과정을 마치고 '슈퍼–트레이더 프로그램'으로 옮겼어요. 우리는 정기적으로(보통 6개월에 한 번) 만나 대화를 나누죠. 그 목적은 그들의 성과를 한계점까지 최대한으로 끌어올리는 거예요. 일반인들 대부분은 이 프로그램에 준비가 안 돼 있어요. 하지만 나의 의뢰인들 중 충분한 수의 사람들이 준비를 갖추고 있죠. 3, 4년 후에는 지속적으로 나와 함께 이 프로그램을 실행하게 될 정상급 트레이더들이 50명이 될지도 모르는 일이죠. 그건 그렇고, 현재 나의 우수한 의뢰인들은 최고의 트레이더들을 연구하는 데 필요한 훌륭한 표본이 되고 있어요.

나는 때때로 시장이 당면한 방향을 암시하는 꿈을 꿔요. 그런 꿈들이 그리 흔하지는 않지만 그 꿈들은 높은 확률로 시장의 방향을 맞추죠. 이런 사례는 드문 일인가요?

나는 흔한 일이라고 추측해요. 왜냐하면 사람들이 내게 그와 같은 얘기를 끊임없이 하고 있거든요. 특히 정상급 트레이더들이요. 예를 들어 조금 전에 내가 얘기했던 '기계적인 슈퍼 – 트레이더'와 '직관적인 슈퍼 – 트레이더' 둘 다 시장에 관해 꾼 꿈을 말하며 그 꿈들이 놀라울 정도로 정확했다고 했어요. 그러나 대부분의 트레이더들이 그런 꿈들은 드문 일이라 거기에 의존해 일상적인 매매를 할 수는 없다고 말하죠. 사실 이런 현상은 우리의 상상보다 더 자주 일어나는지도 몰라요. 어떤 상징적인 형태로 말이죠. 그렇지만 대부분의 사람들이 자기들의 꿈을 해석하는 데 별 관심을 기울이지 않고, 그래서 상징적으로 표현된 예견을 놓치게 되죠. 하여간 이 분야가 상당히 흥미롭긴 하지만 이 분야를 그리 깊게 연구해 보지 못했다는 점을 인정해야겠군요.

나는 자신의 창의적 아이디어의 일부가 꿈에서 나왔다고 주장하는 천재 수준의 사람들을 많이 알아요. 마이클 잭슨은 자기가 작곡을 하는 게 아니라 곡이 자기에게 온다고 주장했어요. 폴 매카트니는 꿈에서 '예스터데이'를 들었다고 말했죠. 아인슈타인은 상대성 이론을 근본적으로 꿈에서 생각해냈어요. 내 생각에 이런 유의 유명한 예는 엄청 많다고 봐요. 이 모든 것은 '직관이 정말 무엇이냐' 하는 문제로 통합될 수 있겠죠. 그러나 내게 그 설명을 요구하지는 마세요. 나도 아직 모르거든요. 아직은요.

나는 '타프 씨가 매매를 다시 하지 않는 이유는 의뢰인들의 문제를 다룰 때 필요한 객관적 시각을 매매가 흩트릴 수 있다고 느꼈기 때문일 것이다' 이렇게 추측합니다. 그러나

지난 5년 동안 성공적인 매매에 관해 타프 씨가 알게 된 모든 것을 고려해 볼 때, 나는 다시 해보고 싶다는 유혹이 분명 있었으리라는 생각이 드는군요. 이러한 갈등을 어떻게 해결하시나요? 오랜 세월 적용할 수 있는 해결책으로 무엇을 계획하고 계신지요?

내가 매매를 하지 않는 이유는 두 가지가 있어요. 첫째는 방금 언급하신 의뢰인에게 객관적으로 접근해야 하는 이유이죠. 내가 다른 사람의 매매를 도우면서 그 사람과 마찰이 생기는 포지션을 갖고 있다면 그 사람이 하는 매매에 관해 객관적일 수 없겠죠. 그러나 똑같이 중요한 다른 이유는, 나는 지금 내가 하는 일에 완전히 몰입돼 있다는 사실이죠. 나는 다른 사람을 돕고, 글을 쓰고, 대화를 나누는 등의 일이 좋아요. 이런 일들을 하며 행복감을 느끼죠. 그리고 지금 이 일은 주당 60시간의 일이에요. 만약 매매하기를 원한다면 나는 거의 똑같은 양의 시간을 매매에 투입해야만 하겠죠. 최소한 초기에는 말이에요. 내가 무엇을 원하는지 이미 알고 있는데 그것을 포기해가며 매매를 해야 할 이유가 있을까요? 역사적으로 스포츠 종목에서 대부분의 선수 겸 코치는 선수로서 플레이도 못했고 코치로서 지도도 시원치 않았죠.

또한 슈웨거 씨의 질문은 내가 매매에 열정을 갖고 있고, 그 결과 갈등을 하고 있다고 가정하고 있군요. 그런데 사실 나는 다른 사람을 돕는 데 더욱더 많은 성공을 거두면 거둘수록 직접 매매하는 일에는 점점 더 흥미를 잃게 되더라고요. 현재 나는 내 자신과 사업에 투자하고 있어요.

나는 끊임없이 나의 기술과 지식을 향상시키려 노력하고 있고, 그것이 나에게 이롭게 작용하고 있죠. 지금의 이러한 노력을 약화시킬 이유가 없잖아요? 아마 미래의 어느 시점에 나는 내가 할 수 있는 모든 것을 했다고 판단하거나 하고 있는 일에 변화를 원하게 될지도 모르죠. 아니면 그냥 조금 쉬고 싶어질지도 모르는 일이고요. 예를 들어 지금부터 3, 4년 후 나는 50명이 조금 넘는 정상급 트레이더들만 상담을 하게 될지도 모르고, 그렇게 되면 내가 매매를 해야 할지도 모르는 일이죠. 그렇지만 가까운 미래에 내가 매매를 하는 일은 없을 듯하군요.

매매

개인적 경험

이 책을 위해 인터뷰를 진행하는 동안 나는 이 프로젝트 전체를 구상한 나의 주된 동기 중 하나가 자기발견을 위한 것이었음을 깨닫게 됐다. 지난 수년 간을 돌이켜보면 나는 순이익을 낸 트레이더였지만(최초의 작은 자본을 두 번의 매매에서 상당히 부풀린 적이 있다), 내가 매매에서 실패했다는 기분을 떨쳐버릴 수가 없었다. 나는 시장과 매매에 대한 나의 지식과 경험의 범위, 그리고 큰 가격 움직임을 정확하게 예견한 경우가 꽤 많았다는 점을 고려하면 나는 내가 딴 돈이 푼돈에 불과하다고 느끼게 됐다. '나는 이 정도는 벌어들였어야 했다' 하고 생각하면 내가 매매로 번 돈은 너무나 보잘것없다고 느껴졌다.

이 책 때문에 출장 중이던 나는 어느 날 저녁 반 타프 박사로부터 나의 매매에 관해 장시간에 걸쳐 인터뷰를 받게 됐고, 바로 그 다음날 저녁 예리한 통찰력의 소유자인 에드 세이코타와 나의 매매에 관해 세밀하게 조사하는 대화를 가졌다. 이 경험을 계기로 트레이더로서 내가 나의 진짜 가능성이라고 생각하는 수준에 도달하지 못하는 이유가 무엇인지 집중적으로 생각해 보게 됐다.

이러한 자기 분석의 결과로 나는 나의 중대한 실책 중 하나로 바르게 예견한 큰 가격움직임을 십분 활용하는 데 실패한 사실을 인식하게 됐다. 포지션을 시작할 때의 나의 포지션 규모는 매매에서 내가 예상하는 가능성을 고려하면 항상 너무 작았다. 이 오류에 더해 나는 늘 포지션을 너무 빨리 현금화하는 그릇된 판단을 했다. 보통 가격움직임의 첫 번째 파동에서 조정 시 다시 진입한다는 생각으로 이익을 챙겼기 때문이다. 문제는 그 조정의 폭이 내가 설정한 재진입 포인트보다 늘 얕았고, 나는 시장을 쫓아가기를 거부하다 방관자로서 이후의 가격움직임이 전개되는 모습을 보고만 있어야 했다. 나는 나 자신에게 다음에 또 그런 상황이 발생하면 매매에서 얻을 수 있는 최대한의 것을 얻는 데 혼신의 노력을 기울이겠다고 맹세했다.

나는 그런 맹세를 하고 얼마 지나지 않아 다시 매매에 임하게 됐다. 2주 후 나는 시카고에서 인터뷰를 더 진행하게 되어 그곳으로 가는 비행기 안에 있게 됐는데, 그 비행기 안에서 전날 밤에 살펴봤던 가격 차트에 관해 생각하게 됐다. 나는 귀금속 값이 위로 올라갈 준비가 돼 있는 반면에 외환시장은 가격하락을 더 겪어야 할 듯한 인상을 받았던 기억을 되살렸다. 불현듯 내가 취해야 할 포지션이 뚜렷하게 머리에 떠올랐다. 나의 예상을 종합해 볼 때 귀금속을 매수하고 외환을 매도하는 포지션은 너무나 괜찮아 보였다(이 두 시장은 보통 같은 방향으로 움직이기 때문에 이러한 합성 포지션은 귀금속 매수만으로 구성된 포지션보다 위험이 적음을 의미한다). 나는 머릿속으로 이 매매의 차트를 구성하고, 어디에서 첫 번째 기회를 잡을 것인가를 표시해 봤다.

다음날 아침 나는 가격 차트를 생성할 수 있는 가격표시기를 찾아서 그 앞에 앉아 여러 방향으로 각종 상품 간의 가격 관계를 조사해 봤다. 우선 나는 은, 금, 그리고 백금 사이의 관계를 보고 은이 귀금속 중에서 매수하기에 좋겠다고 결정했다. 그리고는 여러 나라의 통화가 어떻게 가치를 형성하고 있는지 살펴보고는 스위스 프랑이 가장 약해 보인다고 판단했다. 이 두 결정을 내리고 나서 나는 은/스위스 프랑 비율의 차트를 10년에서 1개월에 이르는 여러 가지 시간 범위에서 조사해 봤다.

이 분석은 나로 하여금 은이 스위스 프랑에 비해 수년간 더 뻗어 나가려고 막 출발선에 섰다는 결론을 내리게 했다. 나는 잦은 출장으로 시장에 주목할 수 없었기 때문에 매매할 의향이 없었지만, 내가 생각해 낸 매매가 너무나 그럴듯해 보여 최소한 작은 규모의 포지션이라도 잡아야만 했다. 비율 매매를 확실히 하려면 각각의 시장에 달러 액수로 같은 크기의 포지션을 취해야 한다. 나는 빠르게 그 액수를 최근의 가격 수준에서 계산했는데, 그 결과 스위스 프랑을 1계약 매도하는 데 따라 은을 3계약 매수해야 함을 알게 됐다.

나는 은/스위스 프랑 가격 비율의 단기 차트를 봤다. 당혹스럽게도 그 가격 비율은 전날 아침 내가 포지션을 생각했을 때보다 내가 의도한 매매의 방향으로 이미 급진전 해 있었다. 그날 아침 장이 개시됐을 때 매매를 시도했더라도 매매는 훨씬 더 나은 가격 수준에서 이루어질 수 있었겠지만, 내가 어떻게 해야 할지 결정을 내리려고 노력하는 동안 은/스위스 프랑 비율은 계속 위로 뻗어 나갔다. 나는 완전히 매매 기회를 놓치는 오류를 범하지 않으려면 지금 행동해야 한다고 결정하고 즉각 '은 3계약 매수와 스위스 프랑 1계약 매도'라는 최소한의 포지션을 구축하는 주문을 넣었다. 내가 주문을 넣자마자 가격 비율은 고점을 찍은 듯 뒤로 물러나기 시작했고, 그 후 이틀 동안 계속해서 물러섰다. 결과적으로 나는 나의 매매 아이디어가 나온 이래로 정확히 가장 최악의 시점에서 매매에 임했다. 그런데 은/스위스 프랑 가격 비율은 다시 빠르게 회복하더니, 그 후 며칠이 지나자 나의 포지션은 상당한 수익을 올리고 있었다.

이 시점에서 나는 큰 가격움직임에서 그에 합당한 수익을 올리지 못했던 나의 잘못에 대한 최근의 깨달음에 관해 다시 생각하게 됐고, 따라서 나의 포지션을 유지하겠다는 결심과 나아가 포지션을 두 배로 늘릴 조정 포인트를 선택했다. 약 1주가 지난 후 조정이 왔고 나는 계획을 실행했다. 나의 타이밍은 절묘해서 은/스위스 프랑은 다시 내가 바라는 방향으로 뛰어 올랐다 – 이번 반등은 최초 포지션의 두 배 크기의 포지션으로 타고 올랐다. 나의 계좌의 크기를 감안하면(당시 약 70,000달러), 은 6계약 매수/스위스 프랑 2계약 매도로 구성된 포지션은 내가 보통 취하던 포지션 크기의 두 배에 달했다. 그 후 두 주 동안 나의 포지션은 계속 내달렸고, 나는 조금 전에 언급한 나의 매매 결점을 고치려 노력한 것이 좋은 성과를 낳고 있다고 느꼈다. 이번 매매를 시작하고 1달이 안 돼 나의 계좌는 30퍼센트 늘어나게 됐다.

여기서 나는 딜레마에 빠지게 됐다. 한편으로는 나의 새로운 깨달음이 장기간 포지션을 유지하라고 주문했고, 다른 한편으로는 만약 매매에서 아주 빠르게 매우 큰 이익을 보는 행운을 잡았다면 그 행운을 놓치지 말고 이익을 실현하라는 나의 매매 규칙이 포지션의 청산을 주문했다. 나의 이 매매규칙은 이러한 상황에서는 훨씬 더 나은 지점에서 포지션을 다시 잡을 수 있는 기회가 생기는 경우가 일반적이라는 사실에 기반을 두고 있었다. 은/스위스 프랑 가격 비율이 떨어지기 시작하자 이 매매 규칙이 나의 뇌리에 각인됐다.

가격 차트를 급하게 조사해본 바에 의하면 최소한 얼마간의 이익이라도 챙겨놓는 것이 현명한 판단이라는 생각이 들었다. 그러나 새 직장에 나가게 됐고, 동시에 이 책을 써야 하는 부담감은 내게 매매를 포함한 다른 분야에 시간과 에너지를 집중할 여력을 허락하지 않았다. 따라서 나는 매매를 위해 해야 할 연구도 하지 않은 채 포지션을 그대로 유지한다는 충동적이고 갑작스러운 판단을 내리게 됐다. 그러자 은/스위스 프랑 비율은 빠르게 나와 반대방향으로 나아갔고, 1주도 안 돼 나는 초기 이익의 상당 부분을 돌려줘야 했다.

한 주 전에 나는 그간의 수익이 조정이 와도 편안한 마음으로 견딜 수 있는 충분한 여지를 내게 마련해줬다고 생각했다. 하지만 막상 조정을 접하게 되니 편안한 마음으로 조정을 견딜 수 있는 범위를 너무나 잘못 판단했음을 알게 됐다. 불현듯 그간의 이익을 모두 내어 줘야 할 뿐만 아니라, 손실의 영역으로 미끄러져 내려갈지도 모른다는 걱정을 하게 됐다. 나는 포지션을 모조리 정리해야 할지, 아니면 처음 계획대로 유지해야 할지 결정할 수 없었다.

그날 밤 나는 꿈을 꿨다. 한 친구와 대화를 나누고 있었는데, 그는 선물과 옵션 시장을 분석하는 데 사용하는 소프트웨어의 개발자였지 트레이더는 아니었다. 그런데 꿈속에서 그는 매매를 하고 있었고, 우리는 매매와 내가 현재 겪고 있는 은/스위스 프랑 포지션의 딜레마에 대해 대화를 나눴다.

내 친구는 내가 처한 곤경에 대해 "시장에서는 모두가 자기가 원하는 것을 얻지"라고 얘기했다. 나는 "자네, 에드 세이코타와 똑같은 말을 하는군" 하고 응답했다. 내가 아는 한 친구는 세이코타에 대해 알지 못하기 때문에 나는 그의 말에 의아해 했는데 놀랍게도 그는 "한동안 에드 세이코타와 대화를 나눴는데, 그 이후로 줄곧 매매에서 돈을 따고 있는 중이야" 하고 대답했다.

그는 종이 한 장을 꺼내 놨는데 그 종이에는 매월 말의 그의 자산의 총액이 기록돼 있었다. 그 종이를 봤을 때 놀라지 않을 수 없었는데, 그 이유는 마지막 수치가 1,800만 달러였기 때문이었다. 나는 "버트, 자네 시장에서 1,800만 달러를 벌었군! 몇 백만 달러라도 인출해서 안전한 곳에 보관해 두지 그러나" 하고 소리치지 않을 수 없었지만 그는 "아니, 매매를 위해 이 돈 모두가 필요해" 하고 대답했다. 나는 "그렇지만 그건 미친 짓이야. 3, 4백만 달러라도 인출해 두라고. 그러면 어떤 일이 일어나도 자네는 한참 앞서 있다는 자신감을 가질 수 있지 않겠나" 하고 말했다. 그는 "난 내가 무엇을 하고 있는지 잘 알고 있네. 매일 시장에 관한 숙제를 꼬박꼬박 하는 한 걱정할 필요가 없지" 하고 대답했다.

그의 대답은 내가 매일 해야 할 시장에 관한 숙제를 성실하게 하지 않았음을 확실하게 꼬집어 말하고 있었다. 직접적으로 언급하지는 않았지만 요지는 너무나 명확했다. 그는 시장이 내는 숙제를 내가 꼬박꼬박 하지 않았기 때문에 자기가 향후 매매에서 모든 수익을 되돌려 줄지도 모른다는 염려 때문에 계좌에서 수백만 달러를 인출할 필요가 없다는 사실을 내가 이해하지 못하는 것이라고 말하고 있었다.

내 친구는 "자네는 시장이 내는 숙제를 매일 꼬박꼬박 빼먹지 않고 할 충분한 시간이 없다고 말하지. 새 직장과 책 집필로 너무 바쁘다고 말이야. 자, 내가 한 가지 보여주지" 하고 말했다. 그는 내 책의 판매량과 권당 내게 들어오는 인세, 그리고 책을 쓰는 데 든 총 시간을 가정하고는 노란 종이 위에 여러 가지 계산을 해댔다. 그리고는 마침내 시간당 18달러 50센트라는 수치를 도출한 뒤 "이게 자네가 책을 써서 버는 돈이야" 하고 말했다. 그의 어조는 '책을 써서 버는 그렇게 작은 돈 때문에 매매에 연루된 수만 달러를 위험에 빠트리는 짓은 미친 짓이다' 라는 의미를 담고 있었다(실제로 18달러50센트라는 가정치는 터무니없이 높이 책정된 수입이지만, 이것은 단지 꿈에 불과하다는 점을 염두에 둬야 한다).

마티 슈와츠의 인터뷰를 편집하며 시장이 매일 그에게 내는 숙제를 반드시 하는 그의 근면성을 다루다 잠든 날 밤에 이 꿈을 꾸게 됐던 일은 우연이 아니다. 나는 이 꿈으로 지름길이라는 없다는 사실을 깊이 인식하게 됐다. 만약 훌륭한 트레이더가 되기를 원한다면 매일 시장이 내는 숙제는 반드시 해야만 한다. 충분한 시간이 없다면 시간을 억지로라도 만들어야 한다. 매일 반복되는 훈련을 게을리 함으로 해서 지불해야 하는 비용은 이익을 낼 기회를 놓친다는 관점과 손실을 입는다는 관점에서 모두 상당한 타격이 될 수 있다. 나의 잠재의식이 전달하고자 했던 바는 매매가 중요하다면 시간의 우선순위를 재조정하라는 의미였다.

후기

꿈과 매매

꿈과 매매의 관계는 매우 흥미진진한 주제이다. 독자들은 이 주제에 대한 세이코타와 타프의 얘기를 접했을 것이다. 사실 이 주제를 심도 있게 다룬 또 하나의 인터뷰가 있었으나 그 인터뷰의 주인공이었던 트레이더는 우리가 나눈 대화를 이 책에 포함시켜도 좋다는 자신의 허락을 철회했다. 나는 그의 결정에 다소 의아해할 수밖에 없었는데, 그 이유는 그와의 인터뷰를 소개하는 장은 기본적으로 그를 칭찬하는 내용이었기 때문이었다. 나는 "어떤 부분을 그렇게 불쾌하게 느끼셔서 완전히 이 책에서 빠지시겠다는 것인가요?" 하고 물었다. 그는 "그런 부분은 전혀 없어요. 사실 슈웨거 씨가 나를 인간적으로 잘 묘사해줬다고 생각하죠" 하고 대답했다. 그가 이 책에서 빠지겠다고 한 이유는 최근에 출간된 어떤 책에 자신이 포함된 것에 대해 마음이 상해 있었고, 그로 인해 어떤 책에도 자신이 등장하는 일에 대해 강한 반감을 갖게 됐기 때문이었다. 이름을 밝히지 않겠다는 나의 제안도 그의 결정을 되돌릴 수는 없었으나 우여곡절 끝에 인터뷰 중 꿈과 관계된 부분만은 사용할 수 있는 허락을 받아낼 수 있었다(다음의 대화에 나오는 이름들은 본명이 아니다).

1980년은 옥수수가 신고점을 경신한 해였는데, 나는 시장이 허락하는 최대 크기의 매수포지션을 취하고 있었죠. 어느 날 밤 나는 다음과 같은 꿈을 꿨어요. 나는 내 자신과 대화를 나누고 있었는데, 또 다른 내가 "이봐, 제리, 옥수수가 어디까지 갈 것 같아?" 하고 묻자 "4달러 15센트" 하고 내가 대답했죠. 그랬더니 또 다른 나는 "자네 말은 자네가 감수하고 있는 그 모든 위험이 고작 8센트 때문이라는 것인가? 자네 미친 것 아냐?"라고 묻더군요. 이 말을 듣자마자 잠에서 화들짝 깼죠. 다음날 장이 열리면 바로 내가 갖고 있던 옥수수 포지션 모두를 청산해야 한다고 다짐했어요.

다음날 아침 시장은 조금 오르면서 출발했고 나는 팔기 시작했어요. 시장은 조금 더 올랐고 나는 조금 더 많이 팔았죠. 시장은 조금 더 올라갔어요. 잠시 나는 거래소 안에 있는 나의 중개인이 주문을 반대로 내고 있는 게 아닌가 하는 의구심이 들었지만 그는 주문을 바르게 처리하고 있었죠.

하여간 몇 분 후에 나는 포지션을 완전히 청산하게 됐는데 그때 전화벨이 울렸어요. 내 친구 칼이었죠. 그는 훌륭한 트레이더죠. 칼도 옥수수 매수포지션을 갖고 있었어요. 그는 "제리, 지금 무더기로 팔고 있는 게 자넨가?" 하고 묻더군요. 나는 "그래, 방금 포지션을 모두 정리했네" 하고 말했죠. 그는 "자네 지금 뭘 하고 있는 건가?" 하고 소리 지르더군요. 나는 "칼, 옥수수가 어디까지 갈 것 같은가?" 하고 물었어요. 그가 "약 4달러 15센트에서 20센트까지는 안 가겠나" 하고 대답하기에 다시 "지금 옥수수가 어디 있지?" 하고 물었더니 전화 끊어지는 소리가 딸깍하고 들리더군요. 칼에게는 잘 있으라는 인사를 할 시간조차 없었던 거예요.

그게 옥수수 시장의 천장이었나요?

하루 더 올랐나 그랬지만, 그게 거의 천장이었어요. 내려오기 시작하자마자 나는 내가 갖고 있던 크기의 포지션은 결코 청산하기 쉽지 않았을 것임을 알 수 있었죠.

나는 이 트레이더가 자신의 꿈에 관해 한 얘기를 매우 흥미롭게 들었다. 왜냐하면 나도 때때로 그와 비슷한 경험을 가졌기 때문이었다. 매매에 관해 강한 느낌을 받게 되어(포지션을 잡는 경우와 청산하는 경우를 모두 말하는 것이다) 꿈을 꾸게 되면, 보통은 꿈이 주는 메시지에 주목할 필요가 있다. 물론 어떤 일도 마찬가지겠지만 항상 꿈이 맞는다는 말은 아니다. 그러나 나는 확률적으로 꿈을 관찰하는 편이 더 이롭다고 믿는다.

그 이유는 다음과 같다. 우리의 잠재의식은 꿈을 통해 시장의 바른 분석을 받아들이지 못하도록 우리가 세워놓은 장벽을 뚫고 우리로 하여금 그 분석을 보도록 만드는 것이다. 예를 들어 시장이 오를 것이라고 생각하면서 아직 포지션을 잡고 있지 않다고 가정해보자. 이 경우 포지션을 잡기 전에 조정을 기다리는 것이 현명하다고 생각할지도 모른다. 비록 현실적인 판단은 그런 조정이 올 것 같지 않은데도 말이다. 그 이유는 높은 가격에서 포지션을 잡는다는 것은 어떤 면에서 자신이 이미 실패했다(더 빨리 사지 못했기 때문에)는 것을 확인하는 일이 되기 때문이다. 그리고 이는 인정하기 괴로운 사실이다. 이런 경우, 시장이 위로 치고 달리는 꿈을 꿨다면 그 꿈은 잠재의식이 정신적 방해물을 깨트리는 경우가 되는 것이다.

맺음말

마법사들의 공통점

매매 성공을 불러오는 마법의 지팡이는 없다. 시장의 마법사들은 순전히 기술적 분석만을 사용하는 마법사들과 순전히 기본적 분석만을 사용하는 마법사들, 그리고 그 중간에 있는 마법사들 등등의 다양한 면모를 보여줬다. 그들이 포지션을 유지하는 시간 또한 몇 분에서 몇 년까지 천차만별이었다. 이 책에 나온 트레이더들의 방식이 이렇게 다양해도, 이들에게 다음의 몇 가지 공통분모가 있다는 사실은 확실하다.

1. 인터뷰에 응한 모든 트레이더들은 성공적인 트레이더가 되겠다는 강한 욕구를 가지고 있었다. 그리고 많은 경우 자기들의 목표를 달성하기까지 엄청난 장애물을 극복해야만 했다.
2. 모두가 자기들은 오랜 기간 지속적으로 돈을 딸 수 있다는 자신감을 보여줬다. 그리고 거의 예외 없이 그들은 자기들의 매매를 자기들의 돈을 넣어둘 가장 훌륭하고 안전한 투자처라고 생각했다.
3. 각각의 트레이더는 자기에게 맞는 방법을 발견했으며 그 방법을 충실히 따랐다. 극기, 자제심, 훈련과 같은 단어들이 가장 많이 언급됐다는 사실은 자신

이 세운 방침을 충실히 지키는 일이 얼마나 중요한지를 잘 나타내고 있다.

4. 정상급 트레이더들은 매매를 매우 신중하게 받아들였다. 그들 대부분은 깨어 있는 시간의 많은 부분을 시장분석과 매매 전략에 할애했다.

5. 엄격한 위험관리는 인터뷰한 모든 이들의 매매 전략의 핵심 요소 중 하나였다.

6. 여러 다양한 형태로 많은 트레이더들이 참을성을 갖고 절호의 매매 기회가 스스로 다가올 때까지 기다리는 것이 중요하다는 점을 강조했다.

7. 군중과 떨어져서 독립적으로 행동을 취하는 것의 중요성이 자주 강조됐다.

8. 정상급 트레이더들 모두가 돈을 잃는 일을 게임의 일부로 받아들이고 있었다.

9. 이들 모두 자기가 하는 일에 애착심을 갖고 있었다.

부록 1

프로그램매매와 포트폴리오 보험

프로그램매매는 최근 몇 년 동안 널리 대중들의 주목을 받는 주제였다. 금융시장 역사상 잘 이해되지 않음으로 해서 이처럼 많은 비난을 받은 매매방법은 아마도 없었을 것이다. 나는 프로그램매매를 반대하는 사람들 열 명 중 단한 명이라도 그 용어의 정의를 알고 있는지 의문이다. 이 혼란의 원인은 프로그램매매라는 용어가 프로그램매매 본연의 활동을 묘사하는 데 쓰이기도 하지만, 더 넓은 의미로서 여러 종류의 컴퓨터가 지원하는 매매 전략(예를 들어 포트폴리오 보험)을 포괄하는 의미로 쓰이기도 하기 때문이다.

프로그램매매는 전통적인 차익거래(arbitrage) 활동을 이르는 용어로, 두 개의 서로 밀접한 관계가 있는 시장 사이에서 잠시 동안 가격의 왜곡이 발생할때 한 시장에서 매수포지션을 취하고 다른 시장에서 매도포지션을 취하여 작지만 거의 위험이 없는 이익을 실현하는 매매 전략을 일컫는 용어이다. 프로그램매매자들은 주가가 주가지수 선물과 비교해서 낮다거나 혹은 높다고 여겨지면 여러 개의 주식으로 구성된 바스켓을 같은 달러 가치의 주가지수 선물 포지션과 반대되도록 사거나 판다. 그 결과 프로그램매매는 주식값과 주가지수 선물의 가격이 장기간 왜곡되는 것을 방지하는 효과가 있게 된다. 모든 프로그램매매를 위한 주식의 매도는 얼마 안 있어 환매되고, 대부분의 프로그램매매는 최초 주식 매수/선물 매도포지션에서 출발하므로(주식의 매도포지션을 취할 때 업틱 규정을 지켜야 하기 때문이다) 프로그램매매가 주식시장의 하락에 책임이 있다는 주장은 근거가 매우 빈약한 주장이다. 더구나 많은 경제학적 증거들이 상호 연관이 있는 시장 간의 차익매매가 변동성을 줄인다는 점을 나타내고 있기 때문에 프로그램매매와 변동성의 증가가 연관성이 있다는 주장 역시 상당히 신빙성이 없다.

포트폴리오 보험은 주식 포트폴리오의 가치가 하락할 때 체계적으로 주가지수 선물을 매도하여 포트폴리오의 위험 노출을 줄이는 것을 일컫는다. 이렇게 줄어든 주식의 순매수포지션은 관련된 주가지수가 상승하면 다시 원래 크기의 포지션으로 늘어나게 된다. 포트폴리오 보험의 기반이 되는 이론은 시장의 가격 변화가 갑작스럽지 않고 점진적이라는 것을 전제로 한다. 따라서 가격이 갑작스럽게 큰 폭으로 변화할 때 이 전략의 결과는 이론과는 상당히 동떨어지게 되는데 이 상황이 1987년 10월 19일 발생했던 것이다. 이날 주가가 포트폴리오 보험의 매도 발단 수준을 훌쩍 뛰어넘어 갭 하락 했으며, 이는 엄청난 양의 선물 매도주문을 촉발하게 됐고, 이 주문들은 이론적 수준보다 훨씬 낮은 가격에서 체결됐던 것이다. 포트폴리오 보험이 10월 19일의 하락에 가속도를 붙였을 수는 있었겠지만, 포트폴리오 보험이 없었더라도 — 시간이 다소 더 걸렸을 수는 있었겠지만 — 결국 시장 내부의 힘은 비슷한 가격하락을 초래했을 것이라는 주장도 설득력이 있다고 생각된다. 이 질문에 대한 확실한 대답은 결코 있을 수 없다.(위에서 정의한 프로그램매매가 10월 19일이 있던 주간의 주식시장 붕괴에 일정 역할을 했는지는 의심스럽다. 왜냐하면 개별 주식의 매매 시작이 상당히 지연됐다는 점, 시장에 형성된 가격 수준에 관하여 엄청난 혼란이 있었다는 점, 자동화 주문 입력 시스템 사용에 대한 거래소의 제약 사항들 등을 고려하면 프로그램매매 활동은 상당한 방해를 받았기 때문이다)

부록 2

옵션의 기초 이해하기[42]

옵션에는 두 종류가 있다 : 콜옵션과 풋옵션이다. 콜옵션을 사는 매수자는 행사가격이라고 불리는 지정된 가격에 만기일까지 기초 자산을 사는 권리를 가지게 된다 — 그러나 반드시 사야 하는 의무는 없다. 풋옵션 매수자는 기초 자산을 행사가격에 만기일까지 팔 수 있는 권리를 가지게 된다 —. 그러나 마찬가지로 반드시 팔아야 하는 의무는 없다(그러므로 풋옵션을 사는 것은 시장 방향을 하락으로 전망하는 매매이고, 풋옵션을 파는 것은 상승을 전망하는 매매이다). 옵션의 가격은 프리미엄이라고 불린다. 옵션의 예로 IBM 130 콜의 4월 물 매수자는 IBM 100주를 주당 130달러에 4월 만기가 되기 전에 언제든 살 수 있다.

콜 매수자는 특정 매수 가격을 확보하여 기대되는 가격상승으로부터 이익을 추구한다. 콜 매수자의 최대 가능 손실은 옵션을 구입하는 데 지불한 프리미엄의 달러 가치와 동일하다. 이 최대 손실은 옵션을 만기 때까지 보유했는데, 만기 때 시장가격이 옵션의 행사가격보다 낮을 경우에 발생한다. 예를 들

---

42) 잭 슈웨거의 『선물시장 완전정복(A Complete Guide to the Futures Market : John Wiley & Sons, New York, 1984)』에서 발췌하여 각색함.

어 IBM 130 옵션의 만기가 도래했을 때, IBM이 125달러에 거래되고 있다면 그 옵션은 아무런 가치 없이 소멸되나 만약 만기 때 기초자산의 가격이 행사가격보다 높다면 그 옵션은 가치를 가지게 되고, 따라서 권리가 행사된다. 그러나 시장가격과 행사가격의 차이가 옵션에 지불된 프리미엄보다 작다면 옵션 매수의 결과는 손실을 본 것이 된다. 콜 매수자가 수익을 얻으려면 시장가격과 행사가격의 차이가 콜을 매수할 때 지불한 프리미엄보다 더 커야 하며(이때 수수료로 지불한 비용도 고려돼야 한다), 시장가격이 높으면 높을수록 콜옵션 매수자에게 발생하는 이익은 커지게 된다.

풋 매수자는 특정 매도 가격을 확보하여 기대되는 가격하락으로부터 이익을 추구한다. 콜 매수자와 마찬가지로 풋 매수자의 최대 가능 손실도 옵션 매수 시 지불된 프리미엄의 달러 가치로 한정된다. 만기 시까지 보유된 풋의 경우, 행사가격이 시장가격보다 옵션 매수 시 지불한 프리미엄 크기보다 훨씬 더 높으면 풋 매수자에게는 수익이 발생한다(이때도 수수료로 지불한 비용도 고려돼야 한다).

콜과 풋의 매수자는 제한된 위험에 무제한의 이익 가능성을 확보하는 반면, 매도자는 그 반대의 경우가 된다. 옵션 매도자는 옵션이 행사된다면 행사가격으로 옵션 매수자의 반대의 포지션을 취하겠다는 의무를 떠안는 대가로 옵션 프리미엄을 달러로 받는다. 예를 들어 만약 콜이 행사된다면 매도자는 반드시 행사가격으로 기초자산에 매도포지션을 취해야 한다(왜냐하면 콜이 행사되면 콜 매수자는 행사가격으로 매수포지션을 취하게 되기 때문이다).

콜 매도자는 가격이 횡보하거나 약간 하락하는 시장을 기대하며 거기에서 이익을 추구하는데, 그러한 시장 상황에서는 콜을 팔아 벌어들이는 프리미엄이 가장 매력적인 매매 기회이기 때문이다. 그러나 만약 트레이더가 큰 폭의 가격하락을 예상한다면 기초자산에 매도포지션을 취하거나 풋의 매수가 일반적으로 더 유리할 것이다−이익의 가능성이 무제한인 매매이기 때문이다−. 같은 이치로 풋 매도자는 가격이 횡보하거나 약간 상승하는 시장을 기대하며, 거기에서 이익을 추구한다.

일부 초보자들은 옵션을 매수하는 게 항상 유리한 일이 아닌가 하고 의아해할 수도 있다(시장 견해에 따라 콜 또는 풋을 매수하는 것). 왜냐하면 그런 매매로 무제한의 이익 가능성을 확보하고 제한된 위험을 감수할 수 있기 때문이다. 그러나 이는 확률을 고려하지 않음으로써 생긴 오해이다. 옵션 매도자의 이론적 위험이 무제한적일지라도 가장 큰 발생 확률을 가진 가격 수준(즉, 옵션 매매가 발생했을 때의 시장가격에 가까운 가격)은 옵션 매도자에게 이익을 안겨주는 결과를 낳기 십상이기 때문이다. 개략적으로 말하자면 옵션 매수자는 비교적 손실을 입을 확률은 높으나 손실규모는 제한적이고 확률은 낮지만 엄청난 이익을 얻을 수도 있다. 반대로 옵션 매도자는 비교적 적은 수익이지만 수익을 얻을 확률이 높고 확률은 낮지만 치명적인 손실을 볼 수도 있다. 다시 말해 옵션 매수자는 확률이 높은 작은 손실의 위험을 감수하고 확률이 낮은 큰 이익을 얻겠다는 것이고, 옵션 매도자는 확률이 낮은 큰 손실의 위험을 감수하고 확률이 높은 작은 이익을 얻겠다는 것이다. 효율적 시장에서는 지속적인 옵션 매수자나 매도자 어느 쪽도 장기적으로 유리한 위치에 있을 수 없다.

옵션 프리미엄은 두 개의 요소로 이루어져 있는데 내재 가치와 시간 가치이다. 콜옵션의 내재 가치는 현재 시장가격이 행사가격보다 높을 때 현재 시장가격과 행사가격의 차이이다(풋옵션의 내재가치는 현재 시장가격이 행사가격보다 낮을 때 현재 시장가격과 행사가격의 차이이다). 결국 내재가치란 현재 시장가격에서 옵션이 행사됐을 때 받을 수 있는 프리미엄의 일부분인 것이다. 내재 가치는 옵션 프리미엄의 최저 가격의 역할을 한다. 그 이유는 만약 프리미엄이 내재 가치보다 낮으면 옵션을 사서 곧바로 행사하고, 그 결과로서 생기는 시장 포지션을 즉각 청산해 버리면 수익을 얻을 수 있기 때문이다(최소한 수수료 이상의 이익을 얻는다는 가정 하에서 하는 얘기이다).

내재 가치가 있는 옵션(즉, 시장가격보다 낮은 행사가격의 콜옵션과, 시장가격보다 높은 행사가격의 풋옵션)은 내가격 옵션, 내재가치가 없는 옵션은 외가격 옵션, 그리고 행사가격이 시장가격과 가장 가까운 옵션은 등가격 옵션이라 불린다.

내재 가치가 0인 외가격 옵션도 시장가격이 만기 전에 행사가격을 넘어서는 가능성 때문에 가치를 가진다. 내가격 옵션은 내재 가치보다 큰 가치를 가지는데, 이는 기초 자산 시장에서 포지션을 가지는 것보다 옵션 포지션이 유리하기 때문이다. 이는 자신의 방향으로 가격움직임이 발생할 때 옵션 포지션이나 기초자산 포지션 모두 같은 수익이 생기지만, 옵션 포지션의 최대손실은 제한돼 있기 때문이다. 프리미엄 중 내재 가치를 뺀 부분을 시간 가치라고 부른다.

옵션의 시간 가치에 영향을 미치는 세 가지 가장 중요한 요인은 다음과 같다.

(1) 행사가격과 시장가격과의 관계 : 먼 외가격 옵션은 시간 가치가 거의 없는데, 그 이유는 만기 전에 시장가격이 행사가격에 다가가거나 넘어설 가능성이 희박하기 때문이다. 깊은 내가격 옵션에도 시간 가치가 거의 없는데, 그 이유는 이러한 옵션들은 기초자산 포지션과 거의 같은 효과를 내기 때문이다(극도의 불리한 가격움직임의 경우를 제외하면 두 포지션 모두 같은 양의 이익과 손실을 가져다 줄 것이다). 다시 말해 깊은 내가격 옵션의 경우 행사가격이 시장가격으로부터 너무 멀리 떨어져 있음으로 해서 위험이 제한적이라는 사실을 고려할 만큼 가치가 있지 않다는 것이다.

(2) 만기까지 남은 시간 : 만기까지 시간이 많이 남아있으면 있을수록 옵션의 가치는 더 크다. 그 이유는 수명이 긴 옵션은 만기 전 특정 양의 내재 가치로 상승할 확률이 높기 때문이다.

(3) 변동성 : 시간 가치는 옵션의 남은 수명 동안 예상되는 기초자산 시장의

변동성[가격변화의 정도를 나타내는 단위]이 변화함에 따라 함께 변화한다. 이 관계는 변동성이 크면 옵션이 만기 전에 특정 양의 내재 가치로 상승할 가능성이 크다는 사실에서 나온다. 다시 말해 변동성이 크면 클수록 시장의 가격 변화의 폭도 더 커질 가능성이 있다는 것이다.

변동성은 옵션 프리미엄을 결정하는 매우 중요한 요인이지만, 시장의 미래의 변동성은 사건이 발생할 때까지 결코 정확하게 알 수 없다는 점을 인식해야 한다(반대로 만기까지 남은 시간, 그리고 현재 시장가격과 행사가격과의 관계는 어느 시점에서건 정확히 표시할 수 있다). 따라서 변동성은 항상 역사적 변동성의 데이터에 기초해서 계산해야 한다. 시장가격(즉, 옵션 프리미엄)에 내포된 미래의 변동성 예상치는 내재 변동성이라고 불리며, 내재 변동성은 역사적 변동성보다 높거나 낮을 수 있다.

시장의 마법사들

초판 1쇄 발행 2008년 7월 10일

초판 30쇄 발행 2024년 11월 19일

지은이   Jack D. Schwager

옮긴이   임기홍

펴낸곳   ㈜이레미디어

전 화   031-908-8516(편집부), 031-919-8511(주문 및 관리)

팩 스   0303-0515-8907

주 소   경기도 파주시 문예로 21, 2층

홈페이지 www.iremedia.co.kr

이메일   mango@mangou.co.kr

등 록   제396-2004-35호

책임편집 김광진 | **디자인** 정유정 | **마케팅** 김하경

재무총괄 이종미 | **경영지원** 김지선

ISBN 978-89-91998-18-6 03320

- 가격은 뒤표지에 있습니다.
- 잘못된 책은 구입하신 서점에서 교환해드립니다.
- 이 책은 투자 참고용이며, 투자 손실에 대해서는 법적 책임을 지지 않습니다.

당신의 소중한 원고를 기다립니다. mango@mangou.co.kr